Albert Gier
Das Libretto

Albert Gier

# Das Libretto

Theorie und Geschichte
einer musikoliterarischen Gattung

Wissenschaftliche Buchgesellschaft
Darmstadt

Einbandgestaltung: Neil McBeath, Stuttgart.
Einbandbild: Titelblatt des Librettos von Le Nozze di Figaro
aus dem Jahre 1788.

---

Die Deutsche Bibliothek – CIP-Einheitsaufnahme

**Gier, Albert:**
Das Libretto: Theorie und Geschichte einer musiko-
literarischen Gattung / Albert Gier. – Darmstadt:
Wiss. Buchges., 1988
ISBN 3-534-12368-9

---

Bestellnummer 12368-9

Das Werk ist in allen seinen Teilen urheberrechtlich geschützt.
Jede Verwertung ist ohne Zustimmung des Verlages unzulässig.
Das gilt insbesondere für Vervielfältigungen,
Übersetzungen, Mikroverfilmungen und die Einspeicherung in
und Verarbeitung durch elektronische Systeme.

© 1998 by Wissenschaftliche Buchgesellschaft, Darmstadt
Gedruckt auf säurefreiem und alterungsbeständigem Offsetpapier
Satz: Fotosatz Janß, Pfungstadt
Druck und Einband: Frotscher Druck GmbH, Darmstadt
Printed in Germany
Schrift: Linotype Sabon 9.5/11

ISBN 3-534-12368-9

# Inhalt

(mit Verweisen auf die eingehender besprochenen Libretti)

Vorbemerkung . . . . . . . . . . . . . . . . . VII

### Teil I: Grundfragen der Librettoforschung

Das Libretto – Elemente einer Definition . . . . . . . . 3
Librettoforschung und Librettologie . . . . . . . . . . 15
Vorgeschichte der Librettoforschung . . . . . . . . . . 21
Geschichte und Perspektiven der Librettoforschung . . . . . 27
Zur Sozialgeschichte der Librettisten . . . . . . . . . . 33

### Teil II: Stationen der Geschichte des Librettos

Die Anfänge der Oper in Italien . . . . . . . . . . . 41
   *Dafne* 43 – *Euridice* 44 – *Favola d'Orfeo* 46 – *L'Incoronazione di Poppea* 49
Die Entstehung der *tragédie lyrique* . . . . . . . . . . 56
   *Persée* 60 – *Roland* 64
Die Opera seria und Pietro Metastasio . . . . . . . . . 68
   *Didone abbandonata* 76 – *Olimpiade* 78
Die italienische Oper in England zur Zeit Händels . . . . . 82
   *Serse* 84 – *Imeneo* 88
Die Opera buffa . . . . . . . . . . . . . . . . . 91
   *La serva padrona* 92 – *L'Arcadia in Brenta* 94 – *La Buona figliuola* 97
Der französische *opéra-comique* . . . . . . . . . . . 101
   *Lucile* 105 – *Le déserteur* 107 – *Richard Cœur de Lion* 108
Italienische Librettistik in Wien nach Metastasio . . . . . . 110
   *Orfeo* 111 – *Le Nozze di Figaro* 116 – *Così fan tutte* 123
Das italienische Libretto auf dem Weg zur Romantik . . . . 126
   *Semiramide* 130 – *Norma* 134
Das deutsche Singspiel zu Beginn des 19. Jahrhunderts . . . 137
   *Fidelio* 138 – *Der Freischütz* 141

Eugène Scribe und der *Grand Opéra* . . . . . . . . . . 145
  *Les Huguenots* 149
Giuseppe Verdis Librettisten und die Weltliteratur . . . . . . 154
  *Rigoletto* 157 – *Otello* 159
Richard Wagner als Librettist . . . . . . . . . . . . 163
  *Tristan und Isolde* 167
Nationale Sonderwege (Frankreich, Italien, Rußland) . . . . . 172
  *Faust* 174 – *Werther* 178 – *Tosca* 182 – *Boris Godunow* 187
Die Zusammenarbeit Hugo von Hofmannsthals mit Richard Strauss 191
  *Elektra* 192 – *Die Frau ohne Schatten* 195
Eine problematische Kategorie: Die sogenannte Literaturoper . . 199
  *Pelléas et Mélisande* 203 – *Wozzeck* 205 – *Der Prinz von Homburg* 207
Zeichenhaftigkeit und Abstraktion im neueren Libretto . . . . 211
  *The Rake's Progress* 212 – *Moses und Aron* 218
Epische und filmische Techniken im neueren Libretto . . . . . 221
  *Don Quijote de la Mancha* 228
Der Text im experimentellen Musiktheater . . . . . . . . 230
  *Intolleranza 1960* 232
Kurze Bemerkungen zum Text in der Operette . . . . . . . 238
  *Die lustige Witwe* 242

Anmerkungen . . . . . . . . . . . . . . . . . 245

Verzeichnis der abgekürzt zitierten Literatur . . . . . . . 323

Glossar . . . . . . . . . . . . . . . . . . . 327

Personenregister . . . . . . . . . . . . . . . . 333

## Vorbemerkung

Gegenstand dieses Buches ist das Libretto als literarisches Phänomen. Die Rolle, die dem Text als Bedeutungsträger innerhalb der Kunstform Oper zukommt, seine formalen und inhaltlichen Strukturen sollen beschrieben werden. Dabei wird vorausgesetzt, daß das Libretto als Gattung eine Reihe von Merkmalen aufweist, die im Verlauf seiner vierhundertjährigen Geschichte konstant sind und eine Abgrenzung gegenüber Nachbargattungen ermöglichen.

Der kürzere erste Teil bietet zunächst Elemente einer Definition auf der Grundlage *aller* Texttypen, die im neuzeitlichen Musiktheater Europas vorkommen. Eine kategoriale Unterscheidung zwischen Libretto und Musikdrama oder Libretto und ‚Literaturoper‘ läßt sich vom Text her nicht begründen; Operetten- und Musical-Texte stehen in der Kontinuität der komischen Oper. Im Anschluß an die Begriffsbestimmung werden einige Tendenzen der Libretto-Kritik und literaturwissenschaftlichen Libretto-Forschung sowie Perspektiven künftiger Arbeit aufgezeigt. Hier wie auch im folgenden ist Vollständigkeit der bibliographischen Referenzen auch nicht annähernd zu erreichen; die Nachweise beschränken sich in der Regel auf Arbeiten, denen Sachinformationen oder Deutungsvorschläge entnommen sind. Da der vorgegebene Umfang nicht überschritten werden durfte, mußte die Auseinandersetzung mit abweichenden Meinungen auf ein Minimum beschränkt werden.

Ziel des historischen Teils ist es, die Tragfähigkeit der vorgeschlagenen Definition für die Zeit von den Anfängen der Oper bis zur Gegenwart nachzuweisen und damit einen Beitrag zur Poetik und Dramaturgie der Gattung Libretto zu leisten. Die Analysen einzelner Libretti haben daher *exemplarischen* Charakter: Ein Überblick über die Geschichte der Gattung ist nicht beabsichtigt und wäre im gesteckten Rahmen auch nicht möglich gewesen.

Es wurde versucht, aus der Fülle des Materials eine repräsentative Auswahl zu treffen und dabei möglichst viele nationale Operntraditionen zu berücksichtigen. Eine unübersehbare Schwerpunktsetzung bei Italien und Frankreich erklärt sich zum einen aus den Forschungsinteressen des Verfassers, ist aber auch in der Sache selbst begründet: Die Dominanz dieser beiden Länder ist in der Geschichte des Librettos möglicherweise noch deutlicher ausgeprägt als in der Geschichte der Oper. Während für das 17. bis 19. Jahrhundert (heuristisch) zwischen Libretto-Typen unterschieden wurde, schien dies für das 20. Jahrhundert nicht sinnvoll: Notwendig wäre eine länderübergreifende Klassifikation, für die es seitens der Vergleichenden Literaturwissenschaft und der nationalen Philologien noch kaum Vorarbeiten gibt. Statt dessen wurde versucht, einige Tendenzen aufzuzeigen, die einander wechselseitig keineswegs ausschließen. Phänomene wie die Funkoper der Nachkriegszeit einzubeziehen schien für die zentrale Fragestellung nicht zwingend geboten.

Innerhalb der einzelnen Kapitel werden jeweils einige wenige Libretti eingehender analysiert. Die auszuwählenden Beispiele sollten möglichst repräsentativ sein; um ausführliche Resümees zu vermeiden, wurden gegebenenfalls Werke des gängigen Repertoires bevorzugt, deren Inhalt als bekannt vorausgesetzt werden kann. Mehr als einmal ergab sich dabei die Gelegenheit, verbreitete Vorurteile über angeblich miserable Libretti zu korrigieren. Insofern spiegelt die Auswahl *auch* persönliche Vorlieben des Verfassers.

Bei Stellenverweisen auf Libretti werden Akt (römische Ziffer) und Szene (arabische Ziffer) angegeben. Wann immer möglich und vertretbar, wurde nach leicht erreichbaren Textausgaben zitiert. Leider stand die neue Anthologie italienischer Libretti (hrsg. von G. Gronda und P. Fabbri, Reihe „I Meridiani") noch nicht zur Verfügung. Daten beziehen sich, wenn nicht anders vermerkt, auf die Uraufführung; wenn Daten, Titel u. ä. gängigen Nachschlagewerken entnommen sind, wird in der Regel keine Quelle nachgewiesen. Die Transkription russischer Titel folgt PEnz (vgl. das Verzeichnis der abgekürzt zitierten Literatur S. 323; dort auch zur Zitierpraxis in den Anmerkungen).

Fremdsprachigen Zitaten im Text folgt jeweils eine Übersetzung, die, wenn nicht anders angegeben, vom Verfasser stammt. Auf Wunsch des Verlags wurde ein Glossar weniger gebräuchlicher Termini beigefügt. Bedauerlicherweise war es aus wirtschaftlichen Gründen nicht möglich, die Anmerkungen als Fußnoten zu präsentieren.

Zu danken habe ich der Universität Bamberg, die die Vorbereitung dieses Buches in den Jahren 1994 und 1995 finanziell unterstützte, und meinen Hilfskräften Elena Sterbini und Margit Siber, die ungezählte Leihscheine ausfüllten und Photokopien anfertigten; außerdem zahlreichen Freunden und Kollegen für Materialien, Auskünfte und weiterführende Hinweise. Stellvertretend für alle anderen seien hier nur Norbert Abels (Wiesbaden), Lorenzo Bianconi (Bologna), Sieghart Döhring (Thurnau), Arno Gimber (Madrid), Gerold W. Gruber (Wien), Joachim Herz (Dresden), Theo Hirsbrunner (Bern), Hans Joachim Marx (Hamburg), Peter Ross (Bern), Jürgen Schläder (München) und Hans Zender (Bad Soden) genannt.

In diesem Buch wird das Libretto als literarisches Phänomen betrachtet, die Beziehungen zur lebendigen Wirklichkeit des Theaters bleiben ausgeklammert; dennoch verdankt meine Darstellung exemplarisch geglückten (oder auch gescheiterten) Operninszenierungen zahllose Anregungen. Die gegenwärtige politische und gesellschaftliche Situation ist für die sogenannte Hochkultur und speziell für aufwendige Kunstformen wie die Oper nicht günstig; wenn Mittel gekürzt werden, Spielstätten verschwinden und manche Theater die Zahl der Aufführungen drastisch reduzieren müssen, scheint der Zeitpunkt absehbar, zu dem die in der folgenden Darstellung umrißhaft skizzierte künstlerische Vielfalt der Vergangenheit angehören wird. Gewidmet sei dieses Buch all jenen, die in Wiesbaden, Frankfurt, Stuttgart, Bremen, Halle, Salzburg, Paris und anderswo trotz allem noch versuchen, spannendes Musiktheater zu machen.

# Teil I:
# Grundfragen der Librettoforschung

## Das Libretto – Elemente einer Definition

PETER HACKS schlug als Definition des Librettos vor: „Es ist eine Menge von Worten und geht gelegentlich bei Reclam zu kaufen."[1] Die saloppe Formulierung macht auf ein keineswegs selbstverständliches Faktum aufmerksam: Das Libretto ist sowohl *Text* („eine Menge von Worten") wie *Buch* („geht gelegentlich bei Reclam zu kaufen"). Historisch betrachtet: Ehe das Libretto als Text wahrgenommen wird, ist es Buch. Im Italien des 17. Jahrhunderts verweist *libretto* auf das kleine Format (ca. 10 x 15 cm) der „bücheln" (wie Mozart sagen würde[2]); erst seit Beginn des 18. Jahrhunderts bezeichnet dieses Wort auch den Inhalt, die Operndichtung selbst.[3] In dieser Bedeutung wird es in die meisten europäischen Sprachen entlehnt: Im Englischen ist *libretto* nach Ausweis der historischen Wörterbücher seit 1742 belegt, im Französischen seit 1817 – etwa gleichzeitig findet sich auch die Lehnprägung *livret* –, im Deutschen ist es seit den dreißiger, im Russischen seit den vierziger Jahren des 19. Jahrhunderts nachweisbar, im Spanischen seit 1884.

Nicht nur als Text, auch als Buch verdient das Libretto die Aufmerksamkeit der Forschung: Format und äußere Gestaltung der Drucke sind nicht bedeutungslos. Im 17. und 18. Jahrhundert erfüllt das Libretto die gleiche Funktion wie das Programmheft in unserer Zeit: Es wird am Abend im Theater verkauft, außer dem Personenverzeichnis (meist mit Angabe der Besetzung) enthält es u. a. eine kurze Inhaltsangabe der Oper. Wer es genauer wissen will, kann freilich auch den vollständigen Text mitlesen: Da der Zuschauerraum bis weit ins 19. Jahrhundert hinein hell erleuchtet blieb, war das ohne weiteres möglich. Dank des ‚Büchleins' entging dem literarisch Interessierten keine Nuance der Dichtung, mochte der Vortrag der Sänger auch schwer verständlich sein. Bei Aufführungen italienischer Opern im Ausland (England, Deutschland etc.) wird das Libretto gewöhnlich zweisprachig gedruckt – offenbar galten Inhalt und Wortlaut als gleichermaßen wichtig.

Eine für die Bedeutung von ‚Schwellentexten'[4] sensibilisierte Literaturwissenschaft fände in den älteren Libretti ein dankbares Studienobjekt. Als Programmhefte *avant la lettre* enthalten sie neben Verständnishilfen für die Zuschauer oft auch Hinweise zur Inszenierung: In venezianischen Libretti des 17. Jahrhunderts findet man gewöhnlich eine Widmung, ein Vorwort

Anmerkungen siehe S. 245.

des Dichters, Inhaltsangabe, Personenverzeichnis sowie Listen der Bühnenbilder und Balletteinlagen[5]; zumindest einige dieser Rubriken sind auch in den meisten späteren Textbüchern enthalten. Sie sind nicht nur für eine historisch orientierte Theaterwissenschaft, sondern auch für die literaturwissenschaftliche Librettoforschung von Bedeutung, da sie z. B. die opernästhetischen Vorstellungen der Librettisten widerspiegeln.

Solange der interessierte Zuschauer den Text Wort für Wort verfolgen kann, darf das Libretto (als Text) grundsätzlich gleichen literarischen Rang beanspruchen wie ein Sprechstück, und es gibt auch Liebhaber, die Libretti sammeln und möglicherweise immer wieder lesen; für einen großen, vermutlich den größten Teil des Publikums handelt es sich freilich um Gebrauchsliteratur im wahrsten Sinne des Wortes: Man „gebraucht" das Buch als Verständnishilfe während der Aufführung, hinterher läßt man es im Theater liegen oder wirft es weg. Obwohl sich vor Mozart nahezu alle Autoritäten darüber einig sind, daß in der Oper der Text wichtiger ist als die Musik, scheint die Mehrheit der Zuschauer vor allem an der Kunst der Sänger interessiert. Die Libretti wurden allenfalls flüchtig durchgeblättert, und das sieht man ihnen auch an: Sie sind oft nachlässig gesetzt und auf schlechtem Papier gedruckt.

Im 19. Jahrhundert konzentriert sich die Aufmerksamkeit des Publikums noch stärker auf den visuellen Aspekt einer Opernaufführung.[6] Die Gewohnheit, das Libretto mitzulesen, verliert sich allmählich[7]; zugleich nimmt – vor allem wegen der ständig wachsenden Bedeutung des Orchesterparts – die Verständlichkeit des gesungenen Textes weiter ab. Die Zuschauer betrachten die Worte, deren Sinn dunkel bleibt, zunehmend als *quantité négligeable* und können sich in dieser Einschätzung durch die literarische Avantgarde bestätigt fühlen, die gerade die erfolgreichsten Librettisten mit Hohn und Spott überschüttet.[8] Großverlage wie Philipp Reclam in Leipzig sorgen zwar dafür, daß Texte des gängigen Opernrepertoires preiswert zu haben sind, und die Ausgaben deutscher Libretti sind auch einigermaßen zuverlässig; fremdsprachige Texte dagegen werden oft unsäglich schlecht übersetzt[9], und man kann sich fragen, ob die gängigen Vorurteile über die stümperhaften Librettisten, die eine inkohärente Handlung in schlechte Verse kleiden, nicht großenteils auf deutsche Fassungen italienischer und französischer Opern (in Frankreich analog auf Übersetzungen aus dem Italienischen oder Deutschen – Wagner! – etc.) zurückgehen. „Für die Theorie ist [das Libretto] derjenige Teil der Oper, auf den einzugehen nicht lohnt"[10] – in der zweiten Hälfte des 19. Jahrhunderts (und bis heute) würde die Mehrheit des Opernpublikums diesen Satz wohl unterschreiben.

Die Komponisten freilich scheinen es anders zu sehen: Seit Mozart zeugen zahllose Musikerbriefe von der intensiv, wenn auch häufig erfolglos, betriebenen Suche nach der *conditio sine qua non* der Oper: nach einem guten Libretto.[11] Gänzlich unwichtig kann der Text offenbar doch nicht sein. Oder soll man annehmen, daß zwar ein schlechtes Libretto eine Oper verderben kann, ein gutes aber um so besser ist, je weniger es vom Publikum wahrgenommen wird – was bedeuten würde, daß ein absolut nichtssagendes Libretto das beste wäre?

Um diese und andere Fragen zu klären, scheint es dringend geboten, über das Wesen und die besonderen Merkmale des Opernlibrettos, über die Möglichkeiten, die sich dem Librettisten bieten, und die Zwänge, denen er unterliegt, nachzudenken. Ausgangspunkt der weiteren Überlegungen muß eine Definition sein, die allen Erscheinungsformen des Librettos gerecht werden sollte – angesichts der Veränderungen, die diese literarische Gattung in ihrer rund vierhundertjährigen Geschichte durchgemacht hat, ein schwieriges Unterfangen. Ob unser Definitionsvorschlag zweckmäßig ist, wird sich im weiteren Verlauf der Darstellung erweisen.

Ein wesentliches Merkmal dramatischer Texte ist ihre Plurimedialität[12], die Verbindung von optischen und akustischen (in der Regel: sowohl sprachlichen wie nichtsprachlichen) Ausdrucksmitteln. Das Musikdramatische wäre zu definieren als jener Bereich, in dem Musik durchgehend[13] als ein zentrales Ausdrucksmittel[14] Verwendung findet; des weiteren wäre zu unterscheiden zwischen musikdramatischen Gattungen *ohne* sprachlich manifestierten Text (wie die musikbegleitete Pantomime oder bestimmte Formen des Tanztheaters) und anderen, die sich *auch* verbaler Ausdrucksmittel bedienen.

Dramatische Darstellungsformen, die Musik mit einem literarischen Textsubstrat (und ggf. anderen Ausdrucksmitteln) kombinieren, sind in der europäischen Tradition seit der klassischen Antike mehr oder weniger kontinuierlich nachweisbar und auch für viele außereuropäische Kulturen bezeugt; innerhalb des literarischen Systems bildet die Gesamtheit der in musikdramatischen Werken verwendeten Texte demnach nicht eine an eine bestimmte Epoche gebundene, sondern eine überzeitlich konstante Klasse.[15] Zu den historisch bestimmbaren Gattungen, in denen sich das Musikdramatische ausprägt, zählen die frühe griechische Tragödie und Komödie[16], gewisse Formen des mittelalterlichen geistlichen Spiels und ihre Ausläufer im Barock[17], das populäre Melodram des 19. Jahrhunderts und anderes mehr.

Die wohl wichtigste musikdramatische Gattung (zumindest in der europäischen Theatertradition) ist das Libretto: Seine Geschichte hat (noch) kein Ende, aber mit der Aufführung von Iacopo Peris *Dafne* (1598) immerhin einen Anfang. Im übrigen wird man unter der Rubrik ‚Libretti' sinnvollerweise Texte von Opern, Operetten und Musicals zusammenfassen; die Übergänge zwischen komischer Oper und Operette, Operette und Musical sind (jedenfalls zu bestimmten Zeiten) fließend. Im folgenden wird der Terminus in diesem umfassenderen Sinne verwendet.[18]

An prominenter Stelle wird das Libretto definiert als „ein zur Komposition bestimmter Text, dessen Inhalte und Form entscheidend durch die Rücksicht auf diese Bestimmung geprägt werden"[19]. Damit wäre das Phänomen der sogenannten Literaturoper ausgeschlossen: Ältere oder neuere Sprechdramen, die von Komponisten des 20. Jahrhunderts mehr oder weniger stark gekürzt, aber sonst weitgehend unverändert vertont werden, sind per definitionem nicht zur Komposition bestimmt. Nun läßt sich aber zeigen, daß hinsichtlich der Dramaturgie keine grundlegenden Unterschiede zwischen ‚Literaturopern' und älteren Libretti bestehen[20], anders gesagt: Ein Schauspieltext taugt offenbar nur dann zur Vertonung, wenn er von vornherein librettoähnliche Merkmale aufweist.[21] Ob der Autor seine Dichtung für die Sprechbühne oder für das Musiktheater konzipiert hat, scheint letztlich belanglos. Als Libretto wäre demnach nicht der zur Vertonung bestimmte, sondern jeder vertonbare dramatische Text zu bezeichnen; diese Definition schließt neben der sogenannten Literaturoper auch das Musikdrama Wagnerscher Prägung ein.

Auffälligstes und zugleich äußerlichstes Merkmal des Librettos ist sein *verhältnismäßig geringer Umfang*.[22] Ferruccio Busoni meinte 1926, „daß der in Musik gesetzte Text etwa dreimal soviel an Zeitdauer ausfülle, als der gesprochene. Also müßte ein Operntext um zwei Drittel kürzer gefaßt sein, als wie der Text eines Schauspiels."[23] Freilich richten sich die Erwartungen (oder die Toleranz) des Publikums hinsichtlich der Länge eines Opernabends nach zeitbedingten Konventionen: Arrigo Boitos *Mefistofele* fiel nicht zuletzt deshalb durch, weil die Uraufführung (1868) mehr als fünf Stunden dauerte[24]; das wäre für eine Barockoper keineswegs ungewöhnlich viel gewesen, die Libretti Metastasios sind daher oft ca. 1500 Verse lang, während im 19. und 20. Jahrhundert die Zahl 1000 nur ausnahmsweise überschritten wird[25] (wegen der unterschiedlichen Länge der Verse sind die absoluten Zahlen freilich nur begrenzt aussagekräftig). Die Umfangsrelation zwischen Oper und Schauspiel wird man für das 17. und 18. Jahrhundert statt mit 1 : 3 wohl eher mit 1 : 2 oder 1 : 1,5[26] angeben müssen.

Eine zweite Eigenheit der Gattung Libretto ist wiederholt, unter jeweils unterschiedlichen Aspekten, beschrieben worden: ein besonderes *Verhältnis von Statik und Dynamik*, das auch das *Verhältnis der Teile zum Ganzen* bestimmt. CARL DAHLHAUS hat der „kontinuierlichen Zeit im Schauspiel" die „diskontinuierliche" Zeit der Oper gegenübergestellt[27]: Während sich die Rezitative „dem Redetempo realer Dialoge zumindest annähern", wird in der Arie oder im Ensemble der Zeitverlauf gedehnt bis zum Extrem des Stillstands. Das Schauspiel scheint solche Haltepunkte nicht zu kennen; die Sprechgeschwindigkeit auf der Bühne ist nicht wesentlich anders als im alltäglichen Gespräch.[28] Am Schauspiel orientiert sich „dramaturgisch und in der Zeitstruktur" auch das Musikdrama Wagnerscher Prägung.[29]

Spätestens hier wird deutlich, daß DAHLHAUS sich (zu) einseitig auf die Dialoggestaltung konzentriert: Wagners ‚musikalische Prosa'[30] kennt wie die Figurenrede im Schauspiel keine Textrepetitionen; das verbindet sie mit ‚realen' sprachlichen Äußerungen und unterscheidet sie vom „diskontinuierlichen" musikalischen Diskurs der Nummernoper. Wenn in einer Arie oder einem Ensemble die Zeit stillsteht, liegt das freilich nicht nur an der Wiederholung einzelner Verse: Die Nummer ist sprachlich (als strophisches oder strophenähnliches Gebilde) und musikalisch in sich geschlossen; daraus resultiert eine (mehr oder weniger ausgeprägte) zirkuläre Struktur, die in scharfem Gegensatz steht zur Linearität des Dialogs. Gleichgültig, ob eine Arie die unausgesprochenen Gedanken einer Figur (für das Publikum) hörbar macht, ob sie als einsamer Monolog angelegt oder als Rede an einen (stummen) Adressaten gerichtet ist, eine direkte Antwort wird sie gewöhnlich weder fordern noch zulassen.[31] Als statisches Bild eines seelischen Zustands verweist sie nur auf sich selbst, nicht auf ein Vorher oder Nachher.

Um diese Wirkung zu erzielen, bedarf es weder der strophischen Form des Textes noch der Musik (oder gar der geschlossenen Nummern). Wagners Musikdramen mögen keine Arien enthalten, in sich geschlossene Momentaufnahmen individueller Befindlichkeiten sind nicht nur im *Tristan*[32] allgegenwärtig. Das gleiche gilt für bestimmte Formen des Schauspiels[33]: Im romantischen Drama Victor Hugos[34] tritt die Mitteilungsfunktion der Rede häufig hinter der exuberanten Rhetorik der großen Tiraden zurück. M. de Saint-Vallier in *Le roi s'amuse* führt nicht eigentlich Klage über die Entehrung seiner Tochter, er berauscht sich über mehr als 80 Verse an der *Pose* des Anklägers und Rächers[35]; auf diese Rede vermag der König nicht zu antworten, sondern nur zu reagieren: Er läßt Saint-Vallier festnehmen (V. 381/82). Der Monolog, der seiner Funktion nach einer Arie entspricht, scheint aus einer bildlichen Vorstellung entwickelt: M. de Saint-Vallier dringt in den Festsaal ein und tritt vor den König hin wie die Statue des Komturs vor Don Giovanni (oder vor den Don Juan Molières), seine Rede ist das sprachliche Äquivalent einer nachdrücklich drohenden Gebärde.

Das kontemplative Ensemble der Oper hat seine Entsprechung (sein Vorbild) im Tableau, wie es seit Diderot zu einem wesentlichen Bestandteil des bürgerlichen Dramas geworden war[36]: Wenn die emotionale Beteiligung der Zuschauer am größten ist, erstarren die Schauspieler zum lebenden Bild, damit das Publikum die nach langem Leiden wieder vereinte Familie, den Triumph der Tugend über den Bösewicht u. dgl. in aller Ruhe betrachten kann. Über die Gefühle der Figuren geben Mimik und Gestik, aber auch ihre Position auf der Bühne Aufschluß: Der verlorene Sohn wirft sich dem Vater in die Arme, die Geschwister drängen sich an ihn, der Schurke steht einsam abseits. Die Zeit ist nicht nur angehalten, sie ist aufgehoben: Im räumlichen Nebeneinander des Bildes wird das zeitliche Nacheinander einer Geschichte faßlich, von der Vergangenheit (den Intrigen des Bösewichts und den Prüfungen, die die Guten zu bestehen hatten) bis zur glücklichen Zukunft.

Als „Drama der absoluten Gegenwart"[37] besteht die Oper aus weitgehend statischen Einzelbildern, die zwar *syntagmatisch* zu einer Geschichte mit Ausgangs- und Zielpunkt verknüpft sind; als distinkte Einheiten sind sie aber zugleich eingebunden in ein System von *paradigmatischen*, d. h. den linearen Zeitverlauf transzendierenden bzw. von ihm abstrahierenden Bezügen; sinntragend sind überwiegend oder ausschließlich die paradigmatischen Strukturen.[38]

Das letzte Bild (IV 2) des *Trovatore* von S. CAMMARANO und G. VERDI[39] zeigt Manrico im Kerker, am Tiefpunkt seiner Existenz: Nicht nur, daß er dem verhaßten Rivalen Luna hilflos ausgeliefert ist, er glaubt sich auch von Leonora verraten. Der Verlauf der Geschichte macht klar, wie er in diese Lage geraten ist: Um Azucena vor dem Scheiterhaufen zu retten, hat er die Zigeuner in den Kampf gegen Lunas Soldaten geführt (III 6), sie sind unterlegen, Manrico wurde gefangengenommen.[40] Zugleich steht die Hilflosigkeit des Eingekerkerten aber in Gegensatz zu den Siegen, die er als Krieger und als Liebhaber errungen hatte. Die ersten drei Akte enden jeweils mit einem erreichten oder antizipierten Triumph Manricos: Leonora entscheidet sich für ihn gegen Luna (I), der sie nicht daran hindern kann, dem Geächteten zu folgen (II), und dieser führt die Zigeuner voll Zuversicht in den Kampf (III). Man könnte sich nun vorstellen, Manrico, der anfangs in möglicherweise übersteigertem Selbstbewußtsein die ganze Welt herausfordert, müsse zuletzt seine eigenen Grenzen erkennen, aber so ist es nicht: Dieser romantisch zerrissene Charakter trägt von Anfang an den Willen zum Erfolg und den Willen zum Scheitern in sich. Als Leonora (die dem Klang von Manricos Stimme gefolgt ist!) in der Dunkelheit Luna in die Arme schließt, beschuldigt ihr Liebhaber sie der Untreue (I 4) – offenbar erwartet er geradezu, daß sie ihn verrät. Andererseits verdächtigt er sie im letzten Bild zu Unrecht, sich Luna hingegeben zu haben, ihre Treue bis in den Tod wird zu Manricos letztem Triumph.

Das Libretto, am Beispiel des *Trovatore* wird das besonders deutlich, spiegelt die *Wirklichkeit des inneren Erlebens*, die dem Zeitgesetz nicht unterworfen ist: Gegensätzliche Empfindungen, heterogene Erinnerungsfragmente sind im Bewußtsein gleichzeitig präsent; Gedanken „machen Sprünge", auch im Traum ist der unvermittelte Übergang von einer Vorstellung (einem Bild) zu einer anderen nicht ungewöhnlich. Kausalzusammenhängen kommt dabei geringere Bedeutung zu als Oppositionen und Äquivalenzen. Kollektive Erfahrungen, bewußte wie unbewußte, sind aufgehoben in populären Erzählgattungen wie dem Märchen; im Weltbild solcher Erzählungen spielen extreme Kontraste[41] eine entscheidende Rolle. Auch „das mythische Denken [geht aus] von der Bewußtmachung bestimmter Gegensätze und [führt hin] zu ihrer allmählichen Angleichung"[42].

Wie in Märchen und Mythos steht auch im Libretto äußere Realität häufig zeichenhaft für innere Erfahrung; die Vorliebe der Librettisten für Mythen- und (seit dem 18. Jahrhundert) auch für Märchenstoffe ist vor diesem Hintergrund nicht verwunderlich. Diese (kollektiv- oder individual-) psychologische Ausrichtung der Gattung kann nicht losgelöst von der Einbindung des Librettos in die multimediale Kunstform Oper betrachtet werden; der Musik aber wird nicht nur traditionell die Fähigkeit zugeschrieben, Unausgesprochenes bzw. Unaussprechliches hörbar zu machen; sie basiert auch „auf der ontologischen Grundlage des Prinzips von Wiederholung und Gegensatz, auf der Spannung zwischen dem Gleichen und dem Anderen"[43], wie z. B. die Struktur der Da-capo-Arie zeigt (Übergang vom Gleichen [A] zum Anderen [B], dann Wiederholung des Gleichen [A]).

Der „eher dynamischen Konflikt-Struktur des Dramas" (oder besser gesagt: eines bestimmten Dramentyps, s. u.) steht die *„eher statische Kontrast-Struktur* der Oper", bzw. des Librettos, gegenüber[44]. Zahlreichen Texten liegt eine zentrale Opposition zugrunde, die in unterschiedlichen Figuren verkörpert und in der Situationenfolge des Syntagmas von allen Seiten beleuchtet wird. Dabei kommt es eher selten vor, daß eines der beiden Prinzipien einen vollständigen Sieg erringt, das Ziel scheint eher die Aufhebung des Gegensatzes in einer Synthese zu sein[45]: Die positiven Helden der italienischen Opera seria entscheiden sich nicht für die Vernunft gegen ihre Gefühle, sondern sie überwinden ein unvernünftiges Gefühl (etwa Liebe zu einem nicht standesgemäßen Partner) und entscheiden sich (vernünftigerweise) für eine persönlich wie politisch passende Verbindung.

Oft sind Gegensätze in einer Figur vereinigt, etwa bei den in der Opera buffa wie der seria häufigen Fällen problematischer Identität. Ob sich nun eine Figur für eine andere ausgibt oder ob z. B. ein Findelkind seinen eigenen Namen nicht kennt – fast immer bezeichnen echte und angenommene Identität Extrempunkte der sozialen Hierarchie, die Aristokratin wird zur Bedienten[46], der König zum Hirten[47]. Andererseits können innere Konflikte des Protagonisten nach außen projiziert und in konträren Figuren verkörpert werden: Im *Freischütz* steht Agathe für die helle, Kaspar für die dunkle Seite von Max' Charakter[48]. Hinter dem Sieg des Guten über das Böse mag sich ein gewaltsam unterdrückter Wunsch nach Versöhnung der Gegensätze verbergen[49]. Wie die antithetischen Strukturen von Märchen und Mythos dürften sich auch jene des Librettos am ehesten mit den Mitteln der Psychoanalyse deuten lassen.

Opernnahe Kontrastdramaturgie ist auch im Sprechtheater möglich – das beweisen nicht nur die Dramen Victor Hugos, sondern z. B. auch Maeterlincks symbolistisches Theater[50] und nicht zuletzt jene älteren und neueren Schauspiele, die einer Transposition auf die Opernbühne (Stichwort ‚Literaturoper') keinen Widerstand entgegensetzten. Andererseits scheint sich die antithetische Struktur im Libretto insgesamt deutlicher auszuprägen als im Sprechdrama. Hier dürfte nun in der Tat die unterschiedliche Zeiterfahrung eine Rolle spielen: Nur in Verbindung mit Musik vermag der szenisch realisierte Text den Eindruck zu erwecken, die Zeit stehe still. Im Sprechtheater weist eine in sich geschlossene Rede wie die Saint-Valliers in *Le roi s'amuse* (s. o.) zumindest eine gewisse innere Dynamik auf; dagegen kreist der Text einer Arie (oder eines gesungenen Monologs) um sich selbst, wenn der Librettist die zirkuläre Struktur einer möglichen Komposition antizipiert. Oppositionen (und Äquivalenzen) sind aber um so leichter zu erkennen, je schärfer sich die in Beziehung gesetzten Elemente vom zeitlichen Kontinuum des Handlungsverlaufs abheben.

Eine Opernfigur mag Gedanken, die ihr in wenigen Sekunden durch den Kopf schießen, in einer Arie zusammenfassen, deren Vortrag mehrere Minuten in Anspruch nimmt.[51] Wenn der Zeitverlauf auf der Bühne verlangsamt oder beschleunigt werden kann, treten dargestellte Zeit und Zeit der Darstellung ebenso auseinander wie erzählte Zeit und Erzählzeit in narrativen Texten.[52] Dies gilt für Schauspiel[53] und Musiktheater gleichermaßen, allerdings läßt sich mit musikalischen Mitteln auch das Sprechtempo im Dialog variieren, was im Sprechdrama nur begrenzt möglich ist; daher wird die Differenz zwischen fiktiver Zeit und Realzeit in der Oper als spektakulärer wahrgenommen.

DAHLHAUS[54] erkennt darin ein Indiz für die „ästhetische Gegenwart des Autors" in der Oper, die er mit der Präsenz einer vermittelnden Erzähler-Instanz im Roman in Verbindung bringt. Der Verweis auf Richard Wagner, der das Bühnengeschehen in den Leitmotiven der Orchestermelodie kommentiert, zeigt, daß mit dem ‚Autor' der Komponist gemeint ist; freilich pflegt die Musik (etwa hinsichtlich der Unterscheidung von Rezitativ und Arie) vor allem auszuführen, was im Text angelegt ist. Demnach wäre nicht nur die Oper eine epische Theaterform, sondern auch das Libretto eine epische Dramengattung.[55]

Tendenzen zur *Episierung* lassen sich in jeweils unterschiedlicher Ausprägung zu allen Zeiten und in zahlreichen dramatischen Genera beobachten; im Libretto sind sie aber ohne Zweifel besonders deutlich ausgeprägt. Die *Selbständigkeit der Teile* innerhalb des Werkes[56] haben wir als notwendige Voraussetzung der librettotypischen Kontraststruktur beschrieben. In der Oper des 19. Jahrhunderts wird die Einheit der Zeit und des Ortes nicht von Anfang bis Ende, sondern nur innerhalb der einzelnen Bilder (Akte) gewahrt, die dadurch zu in sich geschlossenen Einheiten werden[57]; von der romantischen Dramenästhetik beeinflußte Librettisten unterstreichen dies, indem sie jedem Akt einen eigenen Titel geben (so z. B. Cammarano im *Trovatore*).

In den Arientexten der Barockoper kommt jeweils eine affektische Reaktion auf die gegebene Situation zum Ausdruck. Die Arien, die von einer und derselben Figur gesungen werden, zeigen als statische Zustandsbilder verschiedene (oft widersprüchliche) Facetten ihres Wesens; dabei geht es weniger um individuelle Charakterisierung als darum, exemplarisch richtiges und falsches Verhalten vorzuführen. Der (lehrhafte) Gehalt erschließt sich über ein komplexes Netz von Beziehungen zwischen den Arientexten; eben deshalb nimmt das Ganze keinen Schaden, wenn einzelne Arien gestrichen oder durch andere ersetzt werden: Natürlich werden dadurch Bezüge zerstört, aber weil das Thema stets gleichbleibt und Situationen, Denk- und Ausdrucksformen hochgradig standardisiert sind, ist es beinahe unvermeidlich, daß auch die neue Arien-Konstellation einen (vermutlich leicht modifizierten) Sinn ergibt.[58]

Ähnlich unfest wie in der Barockoper ist die Textgestalt in der Operette, wo musikalische Einlagen und aktualisierende Extempores im Dialog an der Tagesordnung sind. Ermöglicht wird das durch die dem Lustspiel und den unterschiedlichen Spielarten der komischen Oper (wozu auch die Operette zu zählen wäre) gemeinsame *Episodenstruktur*[59]: Bis zum Ende des 18. Jahrhunderts (und darüber hinaus) wird die ‚Komödienhandlung' meist von einem Liebespaar getragen, das den zunächst aussichtslos scheinenden Kampf gegen den Widerstand der Eltern, eines Vormunds etc. aufnimmt und sein Ziel (die Heirat) zuletzt auch erreicht (wie Almaviva und Rosina im *Barbiere di Siviglia* von C. Sterbini und G. Rossini). Diese Figuren bleiben allerdings in der Regel erstaunlich blaß; im Zentrum stehen ihre Rivalen, etwa ein verliebter Alter (wie Bartolo), oder gewitzte Diener (wie Figaro), die den Liebenden zu helfen versuchen. Sie allein tragen die ‚komische Handlung': Sie scheitern mit allen ihren Unternehmungen (Figaros Versuche, Almaviva in Bartolos Haus unterzubringen, schlagen fehl, und die bereits mißlungene Entführung Rosinas führt allein dank eines glücklichen Zufalls zur Heirat), lernen aber nichts daraus und versuchen weiter mit den gleichen untauglichen Mitteln ihr Glück.[60]

Die Zahl der komischen Figuren und der Episoden, in denen sie auftreten, läßt sich auf Kosten der ‚anderweitigen' Komödienhandlung nahezu beliebig vermehren, so daß im Extremfall nur eine Revue komischer Einzelszenen übrigbleibt[61]; das gilt natürlich besonders für Gattungen, in denen die Parodie breiten Raum einnimmt, wie für den Opéra-comique des frühen 18. Jahrhunderts[62] oder für die Operetten Offenbachs und seiner Zeitgenossen.

Andere Formen der Episierung gewinnen erst im Libretto des 20. Jahrhunderts an Bedeutung[63]: musikalisches Welttheater als *Darstellung von Wirklichkeit in ihrer Totalität*[64] und die *Einführung einer vermittelnden*

*Instanz*, die explizit[65] die Funktion des Erzählers im narrativen Text übernimmt[66]. Außerdem verfügt das Drama zu allen Zeiten über ein Analogon zum auktorialen Erzählerkommentar: Wenn eine Figur (besonders im Monolog) ihre eigenen Empfindungen mit einer analytischen Schärfe beschreibt, die „über das Maß des psychologisch Plausiblen hinausgeht"[67] und die sie in anderen Situationen durchaus vermissen läßt, fungiert sie offenbar als Sprachrohr eines spielexternen (allwissenden) ‚Erzählers'. Diese Durchbrechung der Figurenperspektive dürfte im Libretto häufiger vorkommen als im Sprechdrama (obwohl sie auch dort nicht eben selten ist): Im 17. und 18. Jahrhundert enthält die überwiegende Mehrheit der Arientexte, im 19. und 20. Jahrhundert zumindest ein bedeutender Prozentsatz der gesungenen Monologe solche „transpsychologischen"[68] Bewertungen.

Ungleich schwieriger ist es, eine Bühnenhandlung konsequent aus der Perspektive einer Spielfigur zu entwickeln oder die (unausgesprochenen) Empfindungen verschiedener Figuren zur Anschauung zu bringen. Entsprechende Techniken wurden erst in der Oper des 20. Jahrhunderts häufiger erprobt, vermutlich unter dem Einfluß des Films; in neuester Zeit bedient sich vor allem das Musical perspektivischer Darstellungsweisen.[69]

Den hier angestellten Überlegungen zufolge wäre das Libretto als *epische Dramenform* zu betrachten. In zumindest partiellem Widerspruch dazu scheint freilich DAHLHAUS' These zu stehen: „DIE SUBSTANZ EINER OPER IST DAS SICHTBARE, NICHT DAS ERZÄHLBARE."[70] Den „Idealtypus eines Librettos" stelle „eine Handlung ohne Vorgeschichte" dar[71]; auch die „hinter die Bühne verbannte"[72] verdeckte Handlung sei „prinzipiell opernfremd"[73].

DAHLHAUS, so scheint es, ist hier der von ihm selbst an anderer Stelle[74] konstatierten Neigung gefolgt, „die Opera seria des 19. Jahrhunderts" als „Anschauungsmodell" zu betrachten, „von dem man die herrschende Opernästhetik, die dann als Ästhetik des musikalischen Theaters schlechthin gelten soll, abstrahiert": In der Oper des 17. und 18. Jahrhunderts (auch in der Opera buffa[75]) ist die Handlung fast nie voraussetzungslos (die im Libretto-Druck enthaltene Inhaltsangabe [*Argomento*] informiert vor allem über die Vorgeschichte), und daß bestimmte Ereignisse nicht gezeigt, sondern narrativ (im Botenbericht o. ä.) vermittelt werden, gebieten schon die zeitgenössischen Anstandsregeln. Wenn andererseits die einzelnen Akte (wie häufig in der Oper des 19. Jahrhunderts) durch Ortswechsel und Zeitsprünge voneinander getrennt sind, läßt es sich kaum vermeiden, daß in einem solchen Intervall etwas geschieht, was dann im Dialog nachgetragen werden muß.

Seine These sucht DAHLHAUS am Libretto des *Trovatore* zu belegen, „das miserabel konstruiert und dennoch brauchbar ist": „Die Geschichte mit dem vertauschten Kind, das ins Feuer geworfen wurde, bildet keineswegs den Angelpunkt des Dramas, sondern erscheint, pointiert gesagt, als überflüssiger Zusatz zur Handlung

(...) für das Verständnis der Vorgänge, die im *Trovatore* die eigentliche szenisch-musikalische Handlung bilden, genügt die Voraussetzung, daß Azucenas Mutter verbrannt worden ist und daß der Haß, mit dem Graf Luna Manrico verfolgt, auch vor dessen Mutter nicht halt macht, weil Luna Azucenas Rache fürchten muß. Ob Manrico Azucenas Sohn ist oder nicht, ist streng genommen gleichgültig (...) Das Publikum begreift, auch wenn es die Vorgeschichte und die ‚verdeckte Handlung' kaum durchschaut, dennoch das Wesentliche, weil die Vorgänge, die musikalisch ausgedrückt werden, pantomimisch verständlich sind, ohne daß sie durch Erzählungen und Reflexionen begründet werden müßten."[76]

Zu klären ist hier zunächst der Begriff der ‚pantomimischen Verständlichkeit': Sollte damit gemeint sein, daß das Publikum die zwischen Manrico, Luna, Leonora und Azucena bestehenden Beziehungen auch dann durchschaut, wenn es kein Wort des gesungenen Textes versteht, dann scheint Skepsis angebracht – Charles Bovary hat bekanntlich Edgardo, den Liebhaber der Lucia di Lammermoor, für ihren Widersacher, den Intriganten Normanno für ihren Geliebten und ihren Bruder Henry für ihren Vater gehalten[77]. Den zentralen Kontrast von Triumph und Erniedrigung Manricos dagegen vermag der Zuschauer zweifellos intuitiv zu erfassen, und er wird darauf weniger intellektuell als emotional reagieren (z. B. Mitleid empfinden).

Nun stellt das Libretto Manricos Scheitern nicht als zufällig, sondern als schicksalhaft dar (dem Interpreten steht es frei, das Schicksal als Hypostasierung der dunklen Seite von Manricos Charakter aufzufassen), und in diesem Zusammenhang ist es keineswegs gleichgültig, daß Manrico nicht Azucenas Sohn ist.[78] Vom Standpunkt einer Ideologie, die soziale Identität als Funktion der Abstammung betrachtet, ist ein Graf, der unter die Zigeuner fällt, der Außenseiter schlechthin: Der ihm ‚von Natur' bestimmte Rang ist für ihn unerreichbar, in dem Milieu, wo er lebt, wird er sich aber nie heimisch fühlen können. Die Bereitschaft, an Leonoras Treue zu zweifeln, scheint (ähnlich wie die Eifersucht Othellos[79]) durch ein vages[80] Gefühl Manricos motiviert, in der Welt nicht am rechten Platz zu sein; und die aus diesem Gefühl resultierende Unsicherheit macht es ihm unmöglich, Luna zu besiegen.

Die narrativ vermittelte Vorgeschichte ist somit keineswegs überflüssig, sondern ein höchst wesentlicher Teil des Ganzen. Das gilt freilich nur für das Libretto als einen literarischen Text, nicht (oder nicht notwendigerweise) für die multimediale Kunstform Oper: Innerhalb der Fabel als sinnhaft strukturierter Ereignisfolge begründet die Vorgeschichte, warum Manrico von Beginn an chancenlos ist; der Komponist kann die Ohnmacht des Protagonisten gegenüber einem allmächtigen Schicksal mit musikalischen Mitteln verdeutlichen, ein moderner Regisseur mag den Grund für Manricos Scheitern in seiner Verlierer-Mentalität erkennen und diese Auffassung in Bilder umsetzen – das ist nicht nur legitim, sondern (da das Theaterpublikum den Wortlaut der gesungenen Erzählungen Ferrandos [I 1] und Azucenas [II 1] unmöglich verstehen kann) sogar notwendig.

Der Widerspruch zwischen dem wesentlich epischen Charakter des *Librettos* und der bildhaften Unmittelbarkeit der *Oper* erweist sich somit als scheinbar. Wir haben gesehen, daß für das Libretto eine Dramaturgie des *Zeigens* typisch ist[81]: Die Reihung weitgehend statischer Bilder führt zum Vorrang des Zuständlichen gegenüber dem Prozeßhaften. Nun spielen die

Geschichten, die in Libretti erzählt werden, überwiegend im Innenraum der Seele; unter den ‚Bildern' sind daher zahlreiche Momentaufnahmen der psychischen Verfassung einer Figur, etwa in Form eines Arientextes. Die evokatorische Kraft des Wortes ist nicht geringer als die einer Geste oder einer stumm ausgeführten Handlung. Nicht das Sichtbare, sondern das *Wahrnehmbare* scheint die Substanz des Librettos wie der Oper zu sein. Der Zuschauer ist nicht darauf angewiesen, aus vagen Andeutungen im Text oder aus dem Spiel der Darsteller auf die innere Verfassung der Figuren zu schließen: Das Libretto läßt sie aussprechen, was sie empfinden; die Musik deutet den Text aus, bereichert ihn und macht jene Nuancen hörbar, die sich der begrifflichen Fixierung entziehen; die szenische Realisierung mag sich gelegentlich genötigt sehen, sprachlich Vermitteltes in optische Zeichen umzusetzen. Ein Gegensatz zwischen Bild und Erzählung läßt sich daraus nicht ableiten: Erzählung kann im Libretto nie anders als bildhaft sein.

Als wesentliche Merkmale des Librettos lassen sich somit angeben: (1) Kürze; (2) diskontinuierliche Zeitstruktur; (3) Selbständigkeit der Teile; (4) Kontraststruktur; (5) Primat des Wahrnehmbaren[82].

Zielform des Librettos ist das epische, also nichtaristotelische (offene) Drama[83]; das bedeutet, daß nicht zwischen Libretto und Sprechdrama zu unterscheiden ist – auf offensichtliche Gemeinsamkeiten zwischen Libretti und Sprechdramen, die dem nichtaristotelischen Typus zuzurechnen sind, wurde bereits hingewiesen –, sondern zwischen Libretto und Drama der geschlossenen Form, die sich historisch in der Gattung der klassischen (aristotelischen) Tragödie ausprägt[84]. Diese ist nun aber seit der Renaissance (und bis in die Gegenwart) immer wieder zum Maßstab verabsolutiert wurden, an dem dramatische Texte gemessen wurden[85]; die dominant syntagmatische Ausrichtung der Tragödie[86] wird dann mit organischer Einheit gleichgesetzt[87], während die paradigmatische Struktur des offenen Dramas in die Nähe der Formlosigkeit gerät. In der Tat läßt sich die Kritik, die an einzelnen Libretti geübt wurde, häufig auf den Vorwurf reduzieren, daß sie keine aristotelischen Tragödien sind. Im folgenden geht es darum, repräsentative Erscheinungsformen der literarischen Gattung Libretto von ihren eigenen ästhetischen und dramaturgischen Prämissen her zu verstehen.

## Librettoforschung und Librettologie

Die Kunstform Oper bedient sich (mindestens) dreier Zeichensysteme, um dem Publikum ihre ‚Botschaft' zu übermitteln: Sprache und Musik sind akustische Codes, die szenische Realisierung erfolgt über visuelle Codes (u. a. Mimik, Gestik, Choreographie, Bühnenbild, Kostüm).[1] Der dramatische Text (das Libretto) ist plurimedial[2], da er einerseits Regieanweisungen zur Gestaltung der Bühne, zum Spiel der Darsteller etc. enthält (nicht anders als ein Schauspieltext) und da andererseits, z. B. durch die Unterscheidung von Rezitativ (bzw. gesprochenem Dialog) und Arien oder Ensembles, Raum für Musik geschaffen wird. An diese Vorgaben des Librettos sind freilich weder der Komponist noch ein Regisseur zwingend gebunden; man kann daher zwischen dramatischem, musikalischem und Aufführungstext[3] als isolierbaren, wenn auch nicht voneinander unabhängigen Bestandteilen der Oper als Spektaculum unterscheiden.

Die wechselseitigen Abhängigkeiten zwischen akustischen (verbalen und nonverbalen) und optischen Codes zu analysieren, ist Aufgabe einer Semiotik des Theaters.[4] In der Praxis führt die institutionelle Trennung von Literatur-, Musik- und Theaterwissenschaft dazu, daß Arbeiten zur Oper gewöhnlich eine der drei Komponenten privilegieren; auch wenn die beiden anderen mit einbezogen werden, bedeutet das eine nicht unproblematische Verkürzung und Verzerrung der Perspektive, da das Ganze mehr ist als die Summe seiner Teile. Immerhin gilt es zu unterscheiden: Eine musikologische Untersuchung, etwa zu den Formtypen der Arie, wird eher von der szenischen Realisierung (und vielleicht auch vom Textsubstrat) abstrahieren können, als daß sich Inszenierungstraditionen ohne Ansehen des Librettos und der Musik beschreiben ließen – ungeachtet der Tatsache, daß mit Raum, Licht und Bewegung – die Arbeiten vieler neuerer Regisseure beweisen es – durchaus Sinnzusammenhänge aufgezeigt werden können, die über das im Text und seiner Vertonung Angelegte hinausweisen.

Oft wurde behauptet, das Libretto sei „zwar ein Gebilde aus Worten, aber keine Dichtung im landläufigen Sinne", da „sein Ziel außerhalb seiner selbst" liege[5]; das trifft insofern zu, als der Text im Musiktheater als ‚Ermöglichungsstruktur'[6] auf Vertonung und szenische Realisierung hin konzipiert ist. Mit gleichem Recht müßte man dann allerdings jedem für die

Anmerkungen siehe S. 250.

Bühne geschriebenen Sprechdrama, von Shakespeares *Hamlet* bis zu Goethes *Faust* und Brechts *Leben des Galilei*, den Status der Dichtung verweigern. Schauspieltext wie Libretto konstituieren eine autonome Bedeutungsebene innerhalb einer multimedialen Kunstform: Der Text geht der Vertonung in der Regel zeitlich voraus (auch Komponisten, die ihre eigenen Librettisten sind, wie etwa Richard Wagner, schreiben gewöhnlich erst den Text und setzen ihn dann in Musik); ihm liegt – außer in bestimmten Werken des experimentellen Musiktheaters der Gegenwart[7] – eine Geschichte zugrunde, die ein Leser des Textbuchs auch dann verstehen und nacherzählen kann, wenn er weder eine Aufführung der Oper gesehen noch eine Tonaufnahme gehört hat. Die Musik mag diese Geschichte modifizieren, indem sie z. B. die Empfindungen der Figuren präzisiert oder umdeutet; ein Regisseur mag weitere Änderungen vornehmen (z. B. Striche). Der Sinn des *Textes* verändert sich dadurch nicht.

Die Autonomie des Librettos als eines Bedeutungsträgers ist freilich nicht gleichbedeutend mit künstlerischer Autonomie des Librettisten. Vor allem im 19. und 20. Jahrhundert fordern Komponisten regelmäßig Änderungen von ihren Textdichtern. Dabei sind nicht immer musikalische Gesichtspunkte ausschlaggebend: Wenn Richard Strauss sich sorgt, die Handlung von *Arabella* könnte nicht interessant genug sein[8], greift er auf das ureigenste Terrain seines Partners Hugo von Hofmannsthal über. Eine klare Unterscheidung zwischen musikalischen und dramaturgischen Erwägungen scheint ohnehin kaum möglich: Für den dritten Akt der *Frau ohne Schatten* fordert Strauss acht Verse zusätzlich, nach einem vorgegebenen metrischen Schema.[9] Das bedeutet nicht nur eine zusätzliche Entfaltungsmöglichkeit für die Musik; der „schwarze Ruhepunkt"[10], den der Komponist sich wünscht, ist ein typisches Strukturelement der durch zeitliche Diskontinuität geprägten Gattung Libretto (unabhängig davon, ob der Zusatz an der konkreten Stelle eine Verbesserung darstellt oder nicht).

In einem solchen Fall wird man den Komponisten sinnvollerweise als Mitautor des Textbuchs betrachten. Als Libretto hätte demnach nicht die Reinschrift zu gelten, die der Dichter seinem Partner zur Vertonung übergibt, sondern die von beiden als definitiv erachtete Fassung, die das Partiturautograph oder das erste gedruckte Textheft bietet.[11] Im Zuge der gemeinsamen Arbeit entstandene Varianten, Korrekturvorschläge des Komponisten etc. sind in ihrer Bedeutung mit Entwürfen zu vergleichen, die verschiedene Phasen der Entstehung eines Schauspieltexts dokumentieren. Über den biographisch-anekdotischen Aspekt hinaus ist die Partnerschaft von Librettist und Komponist ein auch in psychologischer Hinsicht interessanter Sonderfall künstlerischer Kreativität, daher verdienen die Zeugnisse ihrer Zusammenarbeit die besondere Aufmerksamkeit der textgenetischen Forschung[12]; Werkstatus wird aber in der Regel nur die endgültige Version beanspruchen können.[13]

Wenn ein Komponist ein Libretto vertont, deutet er es auf individuelle Weise aus; seine Interpretation kann nur eine von zahlreichen (oder zahllosen) möglichen sein, so wie jede Inszenierung eines Schauspiels oder einer Oper die Lesart des Regisseurs darstellt. Diese Analogie war im 18. Jahrhundert, angesichts der großen Zahl konkurrierender Vertonungen von Libretti Metastasios[14], deutlicher zu erkennen als heute. Weil wir keine *Aida* neben der Verdis, keinen *Rosenkavalier* außer dem von Strauss kennen, haben wir uns angewöhnt, dramatischen und musikalischen Text als unauflösliche Einheit wahrzunehmen; das Zeichensystem der Sprache unterscheidet sich aber so grundlegend von dem der Musik, daß die Aussage beider schlechterdings nicht deckungsgleich sein kann.

Als *literarischer Text* ist das Libretto vor dem Hintergrund des Systems literarischer Gattungen und mit den Methoden der Literaturwissenschaft zu analysieren. Nachdem die Operngeschichte lange Zeit nahezu ausschließlich als Teil der Musikgeschichte betrachtet wurde[15], ist die Zahl textzentrierter Arbeiten in den letzten Jahrzehnten deutlich angewachsen.

Die Bereitschaft, Opernlibretti als Teil der nationalen Literaturproduktion zu betrachten, ist in den verschiedenen Ländern begreiflicherweise unterschiedlich ausgeprägt. Italienische Literaturgeschichten pflegen schon seit dem 19. Jahrhundert zumindest Pietro Metastasio einige Seiten zu widmen[16], neuere Darstellungen berücksichtigen auch die Libretto-Produktion anderer Epochen.[17] Dagegen können Eugène Scribes Operndichtungen in französischen Literaturgeschichten selten mehr als eine Fußnote beanspruchen; die Situation in Deutschland ist wegen des Phänomens Richard Wagner nur bedingt vergleichbar.

Zwischen dem Libretto und anderen (nicht nur dramatischen) Gattungen gibt es zahlreiche Interferenzen. Die italienische Oper des 17. Jahrhunderts übernimmt für die Arien (*Canzonette*) Strophen- und Gedichtformen der zeitgenössischen Lyrik, während sich die formale Gestaltung des Rezitativs aus dem Bezug zum Madrigal erklärt[18], d. h., die Elemente, aus denen sich die ältesten Libretti zusammensetzen, lassen sich nicht losgelöst von der Geschichte der lyrischen Dichtung verstehen. Im 19. Jahrhundert spielen Librettisten wie Arrigo Boito eine wichtige Rolle bei der Entwicklung neuer metrischer Formen.[19]

Erwartungsgemäß haben sich besonders Libretto und Schauspiel wechselseitig beeinflußt. Zu allen Zeiten eignen sich die musikdramatischen Gattungen Stoffe oder dramaturgische Techniken des Sprechtheaters an, aber auch gegenläufige Entwicklungen sind nicht selten: Das deutsche Schauspiel ist in der zweiten Hälfte des 17. Jahrhunderts wesentlich durch Übersetzungen italienischer Libretti geprägt, die zu Haupt- und Staatsaktionen umgeformt werden.[20] Das romantische Drama Frankreichs wäre nicht denkbar ohne das Vorbild des Opéra-comique, der Ende des 18. Jahrhunderts bevorzugt historische Stoffe behandelt[21]; von hier führt der Weg über den Typus der Rettungsoper und das Melodram zum Theater Victor Hugos (und zum Grand-Opéra-Libretto).

Beziehungen zwischen den erzählenden Gattungen und dem Libretto sind zunächst und vor allem stofflicher Art: Von Anfang an sind immer wieder Romane und Novellen für die Opernbühne bearbeitet worden; im 20. Jahrhundert (besonders in der Zeit der Postmoderne) ist es aber auch üblich, Opernsujets narrativ weiterzuspinnen.[22] Andere Korrespondenzen sind schwerer zu fassen: Wenn in der erzählenden Literatur ‚musikalische' Strukturen nachgeahmt werden[23], wäre jeweils zu prüfen, ob neben einer genuin musikalischen Form nicht auch die spezifische (‚musikähnliche', s. u.) Dramaturgie des Librettos als Bezugspunkt in Frage kommt. Wagners Leitmotivtechnik etwa, die nicht nur Thomas Mann nachhaltig beeinflußt hat, ist selbstverständlich ein musikalisches Phänomen, bleibt aber nicht ohne Wirkung auf die Konstruktion der Fabel und die sprachliche Gestaltung seiner Operntexte. Eben dies mag die literarische Rezeption Wagnerschen „Beziehungszaubers"[24] ermöglicht (oder zumindest erleichtert) haben.

Solche Analogien zwischen Literatur und Musik (bzw. zwischen der Literatur und den anderen Künsten allgemein) werden mit guten Gründen als Arbeitsfeld der Vergleichenden Literaturwissenschaft (Komparatistik) betrachtet.[25] Auch in themen-, stoff- und motivgeschichtlichen Untersuchungen werden die Grenzen der Nationalphilologien fast zwangsläufig überschritten: Die Geschichte von Don Juan etwa ist seit dem 17. Jahrhundert in Dramen, Gedichten, Romanen, Novellen, Essais und eben auch Libretti aus mindestens 40 europäischen und außereuropäischen Ländern behandelt worden[26]; eines dieser Libretti, Da Pontes *Don Giovanni*, hat das Bild der Figur entscheidend geprägt. Wer Don Juans literarische Fortune untersucht, wird folglich auf Da Pontes Text (und vielleicht auch auf seine unmittelbaren Vorbilder) eingehen müssen; wahrscheinlich wird er dabei von der Tatsache, daß es sich um ein Libretto handelt, so weit wie möglich abstrahieren: Die meisten Vergleichstexte sind keine Libretti; die Suche nach Gemeinsamkeiten kann folglich nur bei Qualitäten literarischer Texte allgemein, nicht aber bei der librettospezifischen Eigenschaft der Vertonbarkeit ansetzen. Ein stoff- oder themengeschichtlicher Ansatz birgt immer die Gefahr, daß das einzelne Werk nicht in seiner Besonderheit, sondern nur als Glied einer Kette wahrgenommen wird; diese Gefahr wächst, wenn die verglichenen Texte unterschiedliche Schreibweisen (etwa dramatisch *vs.* narrativ) repräsentieren, und ist am größten, wenn einige wenige Werke den Einsatz eines Mediums (hier: der Musik) fordern, das in den meisten anderen keine oder nur eine untergeordnete Rolle spielt.

Über Fragestellungen, die sich unterschiedslos auf alle literarischen Gattungen anwenden lassen, ist das Besondere einer bestimmten Gattung nicht zu erfassen. Sozial- oder mentalitätsgeschichtlich ausgerichtete Studien mögen Libretti (neben Sprechdramen, Gedichten etc.) heranziehen[27], um z. B. epochentypische Einstellungen zum Krieg[28] zu ermitteln; darüber, wie die Aussageintention des Autors durch die besonderen Gegebenheiten der Gattung Libretto geprägt bzw. modifiziert wird, läßt sich in einem solchen Rahmen bestenfalls ansatzweise reflektieren. Selbst wenn ein Textcorpus analysiert wird, das ausschließlich aus Libretti besteht, gerät in der Regel nur das ins Blickfeld, was sich problemlos in andere literarische Gattungen übertragen ließe: die nacherzählbare Geschichte oder Fabel[29].

Libretti, so haben wir gesagt, sind literarische Texte; als solche sind sie Gegenstand der Literaturwissenschaft, die unter Umständen genötigt (und berechtigt) ist, den Aspekt der Vertonbarkeit zu vernachlässigen. Auch Musik- und Theaterwissenschaft befassen sich (unter anderen Fragestellungen) mit Libretti: Wenn etwa, wie häufig bei Opern des 17. und 18. Jahrhunderts, Partitur und Aufführungsmaterial verloren sind, gestattet das Textbuch gewisse Rückschlüsse auf die musikalische Gestaltung; vor allem älteren Libretto-Drucken sind auch Hinweise zur Aufführungspraxis zu entnehmen; und anderes mehr.

*Librettoforschung* wird also von verschiedenen wissenschaftlichen Disziplinen betrieben, die dabei unterschiedliche Erkenntnisinteressen verfolgen. Das dem Libretto und anderen literarischen Gattungen Gemeinsame läßt sich von diversen literaturtheoretischen Ansätzen her beschreiben; wer eine *Poetik* des Librettos entwerfen, also das Besondere dieser Gattung bestimmen will, muß dagegen notwendigerweise von der Vertonbarkeit als der *differentia specifica* musikdramatischer Texte ausgehen. Hier handelt es sich zweifellos um die zentrale Fragestellung literaturwissenschaftlicher Librettoforschung; es scheint deshalb angebracht, die Gattungspoetik des Librettos als Gegenstand einer eigenen literaturwissenschaftlichen Teildisziplin zu betrachten, die – zur Unterscheidung von allen anderen Bereichen der Librettoforschung – als *Librettologie* zu bezeichnen wäre.

Mit dem Aspekt der Vertonbarkeit ist das Verhältnis von sprachlichem und musikalischem Zeichensystem angesprochen. Wenn ein dramatischer Text von vornherein als Libretto konzipiert wird, spiegeln sich die Konventionen der zeitgenössischen Musik (und besonders des Gesangs) in der Mikrostruktur: Bestimmte Konsonantenhäufungen in deutschen Wörtern etwa sind schwer zu singen und klingen unschön, deshalb haben die Librettisten des 19. Jahrhunderts sie im allgemeinen vermieden. Im Italienischen kann man keine Vokalisen auf *i* oder *u* singen, weil das wie Wiehern oder Heulen klingt.[30] Solche Regeln und Verbote sind nicht nur auf jeweils ein Sprachgebiet beschränkt, sondern auch epochenspezifisch: Konsonantenhäufungen erregen im 20. Jahrhundert keinen Anstoß mehr, weil das musikästhetische Ideal des Wohlklangs seine Gültigkeit verloren hat.

Vor allem für die italienische Oper ist nachgewiesen worden, daß der Librettist durch die Wahl eines bestimmten Versmaßes gewisse Vorentscheidungen hinsichtlich der musikalischen Gestaltung trifft.[31] Vom 17. bis ins 19. Jahrhundert (ehe sich im Gefolge Wagners die ‚musikalische Prosa' durchsetzt[32]) wird man von sehr subtilen und zeitlich wie geographisch differenzierten Korrespondenzen zwischen metrischer Struktur und musikalischer Periodik auszugehen haben, die sich nur durch Analysen einzelner Werke (bzw. repräsentativer Passagen) erhellen lassen.

Dagegen läßt sich die spezifische *Dramaturgie* des Librettos eher durch raum- und epochenübergreifende Vergleiche erhellen. Im vorangehenden Kapitel haben wir versucht, die für die Gattung charakteristischen Merkmale zu beschreiben; die diskontinuierliche Zeitstruktur des Librettos, so haben wir festgestellt, ist Voraussetzung für eine dominant paradigmatische Ausrichtung: Sinn wird über Kontrast- oder Äquivalenzrelationen zwischen isolierbaren, weitgehend statischen Einheiten (Bilder, Nummern ...) vermittelt, während in der aristotelischen Tragödie die „reine Sukzession"[33] kontinuierlicher Zeit die Regel ist. Die Dialektik von Syntagma (linearer Abfolge des Bühnengeschehens) und Paradigma findet nun ihre Entsprechung im Verhältnis von Melodie und Harmonie, wie es in der europäischen Kunstmusik besteht[34]: Dem zeitlichen Nacheinander der Töne steht das räumliche Nebeneinander gegenüber, das sich im Zusammenklang eines Akkords manifestiert. Insofern wird Zeitlichkeit in der Musik zugleich bewußtgemacht und aufgehoben; etwas Ähnliches leistet das Libretto, wenn es (besonders deutlich in der Form der Nummernoper) das Zeitkontinuum in eine Folge statischer Momente auflöst. Dabei scheint es sich um eine notwendige Voraussetzung der Vertonbarkeit zu handeln[35]: Wagners Anspruch, im Musiktheater die aristotelische Dramaturgie zu verwirklichen, basiert auf einem Mißverständnis[36]; es ist symptomatisch, daß im Libretto des 20. Jahrhunderts die zeitliche Diskontinuität häufig durch bewußten Rückgriff auf die Nummernform unterstrichen wird.[37]

Die Textanalysen des zweiten Teils dieser Darstellung zielen wesentlich darauf ab, zeitliche Diskontinuität und paradigmatische Ausrichtung als Prinzipien der Dramaturgie des Librettos zu erweisen. Die Möglichkeit, daß es sich dabei um ihrem Wesen nach *musikalische* Prinzipien handelt, sei an dieser Stelle zur Diskussion gestellt; im folgenden werden wir uns auf die Beschreibung der Textstrukturen beschränken und auf intermediale Vergleiche, die notwendigerweise spekulativ bleiben müßten, verzichten.

# Vorgeschichte der Librettoforschung

Die Oper im allgemeinen und das Libretto im besonderen sind zu allen Zeiten Gegenstand kritischer und theoretischer Erörterungen gewesen.[1] Schon die ältesten italienischen Textbücher enthalten Vorworte, in denen die Autoren ihre Intentionen erläutern, Abweichungen von den (meist antiken) Quellen rechtfertigen und anderes mehr. Dabei kommt immer wieder das problematische Verhältnis der Oper zur antiken Tragödie zur Sprache: Obwohl die ältesten Libretti eindeutig als pastorale Tragikomödien konzipiert sind[2], wurden die Regeln, die die Theoretiker des 16. Jahrhunderts aus der *Poetik* des Aristoteles abgeleitet hatten[3], als auch für die neue Gattung verbindlich betrachtet; nur wenige Librettisten erteilen diesen Autoritäten eine so klare Absage wie Giacomo Badoaro (1602–1654), der nur eine „einzige Regel" anerkennt: „den Zuhörer zufrieden zu stellen"[4].

Als Zweck der Literatur (wie der Kunst überhaupt) gilt der frühen Neuzeit die Mimesis, die ‚Nachahmung' des Wirklichen.[5] Vor diesem Hintergrund muß die Oper zum Problem werden: Bühnenfiguren, die sich singend verständigen, haben zweifellos keine Entsprechung in der Lebenswelt des Publikums. Daher wird im 17. Jahrhundert die These vertreten, die Musik ahme nicht das Sprechen der Figuren, sondern ihre Affekte nach[6], d. h., sie mache Unausgesprochenes hörbar. Von anderen Autoren wird der Gesang als überhöhte Form des Sprechens aufgefaßt, deren sich etwa die antiken Götter oder die Hirten des Goldenen Zeitalters ohne weiteres bedienen könnten[7], während sie bei zeitgenössischen Figuren unnatürlich wirken müßte.

Damit ist das Problem freilich nicht aus der Welt geschafft. In Frankreich hat SAINT-ÉVREMOND (1614–1703) die neue Kunstform in rationalistischer Manier attackiert: Die Liebenden in seiner Komödie *Les opéra* (1676, gedruckt 1705) singen, statt zu sprechen, „comme on fait à l'Opéra quand on s'entretient de choses indifférentes" (*wie man es in der Oper tut, wenn man sich über unwichtige Dinge unterhält*, I 4[8]). Die Kritik richtet sich weniger gegen die Arie als gegen das Rezitativ: Saint-Évremond empfindet es als unnatürlich, wenn banale Alltagsgespräche gesungen werden.[9] Francesco Algarotti[10] vertrat noch 1755 die Auffassung, Kommunikation qua Gesang wirke weniger unwahrscheinlich, wenn zwischen den Opernfiguren und dem Publikum große zeitliche oder zumindest räumliche Distanz bestehe. Der Baron de Grimm[11] verweist 1765 auf den Sprachcharakter der Musik: Ein „Volk von Erleuchteten und Begeisterten" könnte sich ohne weiteres singend verständigen; in der damals bekannten Welt freilich, so kann man hinzufügen, wären solche Völker schwerlich anzutreffen gewesen.

Seit Ende des 17. Jahrhunderts wurden immer wieder Versuche unternommen, das Niveau der italienischen Oper zu heben, von der Accademia dell' Arcadia[12] bis zu Calzabigi und Gluck[13] und darüber hinaus; die Reformvorschläge beziehen sich zwar nicht ausschließlich, aber doch vorrangig auf das Libretto. Das mag auch damit zusammenhängen, daß bis zum Ende des 18. Jahrhunderts opernästhetische Debatten nicht von Musikern oder Theaterleuten, sondern fast ausschließlich von Literaten geführt wurden. So findet man auch detaillierte Hinweise zur sprachlichen und metrischen Gestaltung eines Operntexts: Grimm[14] rät zu einfacher Sprache und zu „energischem, natürlichem und verständlichem" Stil; er warnt davor, den Alexandriner (also den Vers der klassischen Tragödie) zu verwenden, weil dann „lange und gerundete Sätze" entstünden, „die die musikalische Deklamation verabscheut"; und anderes mehr.

Vor allem in Frankreich wird seit Beginn des 18. Jahrhunderts z. T. erbittert über die Frage gestritten, ob der *tragédie lyrique* oder der italienischen Oper der Vorzug gebühre[15]; die Auseinandersetzung erreicht ihren Höhepunkt in der sogenannten *Querelle des bouffons* (1752–1754)[16], in der die Aufklärer die italienische Musik gegen die Bewunderer Lullys und Rameaus verteidigen, die meist der Aristokratie angehören. Dabei geht es auch um das Verhältnis von Text und Vertonung: Die *tragédie lyrique* räumt der Sprache den Vorrang ein, die Aufgabe des Komponisten besteht wesentlich darin, das im Libretto Ausgesagte zu verdeutlichen; dagegen gesteht die italienische Oper der musikalischen Bedeutungsebene eine gewisse Autonomie zu.

Das Wort-Ton-Problem steht während des 18. Jahrhunderts (und darüber hinaus) im Zentrum der Diskussion über die Oper. Die Position, die GIAMBATTISTA CASTI (1724–1803) 1786 polemisch überspitzt auf die Formel *Prima la musica, poi le parole*[17] [*Erst die Musik, dann die Worte*] brachte, wurde erstmals 1714 von Pier Jacopo Martello vertreten[18]; in der Folgezeit setzt sich die vor allem von Pietro Metastasio[19] propagierte Auffassung vom Primat des Textes durch, ehe Mozart die Forderung aufstellte: „bey einer opera muss schlechterdings die Poesie der Musick gehorsame Tochter seyn"[20]; bis in die Gegenwart haben sich nicht wenige Komponisten und Librettisten[21] dieser Auffassung angeschlossen.

In jenem Brief Mozarts liest man freilich auch: „da ist es am besten wenn ein guter komponist der das Theater versteht, und selbst etwas anzugeben im stande ist, und ein gescheider Poet, als ein wahrer Phönix, zusammen kommen". Es geht, so scheint es, weniger um das Verhältnis der Bedeutungsebenen Text (Sprache) und Musik als um das Verhältnis zwischen Librettist und Komponist. Hier setzt auch die satirische Kritik am Opernbetrieb des 18. Jahrhunderts an[22]: Der Textdichter sei gegenüber dem Impresario, dem Komponisten und vor allem den Sängern in der schwächeren Position, er müsse alle verlangten Änderungen am Libretto vornehmen, seine Verse bereits komponierter Musik anpassen etc.

Nun wird ein Text dadurch, daß er einer vorgegebenen Melodie unterlegt ist, nicht automatisch schlechter (auf der Sprachebene entspricht der Melodie ein Vers- oder Strophenschema, das es genau zu beachten gilt; feste Formen sind aber auch in der Lyrik des 18. Jahrhunderts allgegenwärtig, eine Arie neu zu textieren meint im Grunde nichts anderes, als z. B. ein Sonett zu dichten). Der Inhalt der neuen Verse mag nicht genau deckungsgleich sein mit dem Affektgehalt der Musik, wie er vom Publikum wahrgenommen wird, aber das betrifft die Oper als Bühnenkunstwerk, nicht das Libretto, das bei der Lektüre völlig kohärent wirken mag. Der Stellenwert des Textes innerhalb des musikalischen Theaters verändert sich auch dann nicht, wenn der Komponist seinem Librettisten präzise Vorgaben hinsichtlich der Fabel und ihrer Dramaturgie macht[23]; in jedem Fall entsteht ein Gebilde aus sprachlichen Zeichen, das aus sich heraus verständlich (also autonom) und zugleich auf Ergänzung durch Musik und szenisches Spiel angelegt ist. Die Frage nach dem Primat von Wort oder Ton in der Oper, das mußte auch Straussens *Capriccio*-Gräfin einsehen[24], ist schlechterdings nicht zu beantworten.

Seit den ersten Jahrzehnten des 19. Jahrhunderts werden Tageszeitungen und Zeitschriften zum wichtigsten Informationsmedium in den europäischen Ländern.[25] Damit entsteht auch die moderne Musik- und Theaterkritik: Die Tagespresse, aber auch neugegründete Fachzeitschriften informieren regelmäßig über Opernaufführungen; in Deutschland erscheint seit 1798 die Allgemeine musikalische Zeitung, in Frankreich gibt FRANÇOIS-JOSEPH FÉTIS seit 1827 die Revue musicale heraus, Italien verfügt seit 1842 über die Gazzetta musicale di Milano des Verlegers Ricordi[26]. Unter den Mitarbeitern sind einerseits Komponisten wie Robert Schumann oder Hector Berlioz[27], andererseits aber auch Journalisten, die über keinerlei musikalische Bildung verfügen.

Schon aus diesem Grund ist in Opernkritiken fast immer ausführlich vom Libretto die Rede[28]; oft liefert die Nacherzählung der Handlung das Gerüst des Artikels, in das die Bemerkungen zur Musik (Hinweise auf besonders gelungene Nummern oder Passagen) integriert werden. Die literarische Qualität eines Librettos wird fast immer nach vom Sprechtheater abgeleiteten Normen beurteilt; konservative Kritiker werfen dem Verfasser implizit vor, keine regelrechte Tragödie geschrieben zu haben, während die Vertreter der literarischen Avantgarde die jeweils avanciertesten literarästhetischen Positionen als Maßstab zugrunde legen. Einsichten in die spezifische Dramaturgie des Librettos (oder der Oper) lassen sich aus der journalistischen Kritik kaum gewinnen.

Im 19. Jahrhundert intensiviert sich auch der – mündliche oder schriftliche – Meinungsaustausch zwischen Librettisten und Komponisten.[29] Schon Metastasio hatte gelegentlich zu dramaturgischen (oder auch musikalischen) Problemen brieflich Stellung genommen[30], aber erst Meyerbeers Briefwechsel mit Eugène Scribe[31] oder die Korrespondenz Verdis mit seinen Textdichtern dokumentieren die Entstehung einzelner Libretti von der Stoffwahl bis zur endgültigen Fassung.

Ein breiteres Interesse an solchen Zeugnissen ist nicht vor Ende des 19. Jahrhunderts nachzuweisen. Die erste umfassende Ausgabe der Briefe Verdis erschien 1913, zwölf Jahre nach dem Tod des Komponisten[32]; Richard Strauss und Hugo von Hofmannsthal veröffentlichten ihre Korrespondenz 1926 als Dokument einer Zusammenarbeit, die beide keineswegs als beendet ansahen. Nun gilt im 20. Jahrhundert die Aufmerksamkeit des Publikums und der Kritiker allgemein eher dem künstlerischen Schaffensprozeß als dem vollendeten Werk; die besondere Beachtung, die Berichten aus der Librettisten- (oder Komponisten-)Werkstatt zuteil wird, dürfte allerdings wesentlich auf den Einfluß Richard Wagners zurückzuführen sein.

Wagner war nicht nur der erste weltberühmte Komponist, der die Texte seiner Opern selbst verfaßte; er hat auch das eigene Schaffen in noch nie dagewesenem Ausmaß publizistisch reflektiert und kommentiert. Dadurch wurde er zum Vorbild nicht nur künftiger Wagnerianer: Der Wagner-Gegner[33] Ferruccio Busoni hätte seine Aufsätze zur Theorie der Oper und des Librettos ohne diesen Vorläufer vermutlich nicht schreiben oder zumindest nicht veröffentlichen können.

Allerdings ist es Wagner nicht gelungen, die gedanklichen Voraussetzungen seines musikdramatischen Werkes eindeutig und widerspruchsfrei zu entwickeln; seine Schriften haben vielmehr zahlreiche neue Mißverständnisse provoziert.[34] Ein wesentlicher Grund dafür liegt in Wagners Sprache mit ihrer Vorliebe für die „rätselhafte (...) ‚Unbegrifflichkeit' der Metapher"[35]. Damit steht der Komponist des *Rings des Nibelungen* nun keineswegs allein: Weder die Musik[36] noch die musikalische Dramaturgie verfügen im 19. Jahrhundert über eine allgemein verbindliche, klar definierte Terminologie; wer Gedanken über die Oper äußert, verwendet Umschreibungen, bildhafte Ausdrücke und dergleichen oder legt gemeinsprachlichen Wörtern ad hoc neue Bedeutungen bei. Unter diesen Umständen müssen die ästhetischen oder dramaturgischen Positionen eines Librettisten (oder Komponisten) fast notwendigerweise vage bleiben.

Ein berühmtes Beispiel mag dies verdeutlichen: In der von Verdi gebrauchten Wendung *parola scenica* hat man die Quintessenz seiner Poetik des Librettos und zugleich ein zentrales Merkmal der Gattung überhaupt sehen wollen.[37] Über die Bedeutung sind sich die Kritiker freilich nicht einig[38]: *parola scenica* wird einerseits verstanden als Formulierung, die das Wesentliche einer dramatischen Situation in wenigen Worten zusammenfaßt; andererseits als Qualität (Prägnanz, Anschaulichkeit o. ä.), die ein gelungenes Libretto insgesamt auszeichnet (und es wurde auch die Ansicht vertreten, eine *parola scenica* entstehe erst durch das Zusammenwirken von Sprache und Musik). Dabei wurde stillschweigend vorausgesetzt, daß Verdi die Wendung als stehende Bezeichnung für einen klaren begrifflichen Inhalt gebraucht.

Die vorhandenen Belege[39] sprechen freilich gegen diese Auffassung: Der Komponist verwendet *parola scenica* insgesamt nur zweimal, in Briefen an Ghislanzoni (seinen Librettisten für *Aida*), die im Abstand von drei Tagen geschrieben wurden (14/17. August 1870); hinzu kommen einmal *parola evidente e scenica* in einem Brief an Boito (15. Januar 1881) und, an die Adresse Sommas (der den Text zu *Un ballo in maschera* schrieb), der Einwand, eine Stelle sei nicht hinreichend *scenico*, im folgenden Satz erläutert als „la parola non scolpisce bene" [*die Formulierung ist nicht plastisch genug*, 6. November 1857]. An allen diesen Stellen scheint sich Verdi in einem sehr allgemeinen Sinn auf die ‚Bühnenwirksamkeit' eines Textes (und seiner Vertonung) zu beziehen[40]; eine *parola scenica* ist offenbar nichts anderes als die in einer gegebenen dramatischen Situation passende Formulierung. Zu zwei nicht ganz geglückten Passagen des *Aida*-Entwurfs hat Verdi Verbesserungsvorschläge gemacht (Brief an Ghislanzoni vom 17. August 1870[41]); beide Male löst er Aussagesätze in kürzere Fragen oder Ausrufe auf, die die Darsteller mimisch und gestisch unterstreichen können. Als (sehr allgemeiner) Inhalt der *parola scenica* bliebe demnach das Bestreben, die Aufmerksamkeit des Zuschauers sowohl durch akustische (sprachliche und musikalische) wie visuelle Signale zu fesseln.

Ganz allgemein ist die musikalische Fachterminologie noch nicht hinreichend erforscht[42]; vor allem der individuelle Sprachgebrauch von Librettisten, Komponisten, Sängern etc. in nicht zur Veröffentlichung bestimmten Texten wie Briefen oder Tagebuch-Aufzeichnungen stellt Probleme, die sich mit den vorhandenen Hilfsmitteln kaum lösen lassen.

Aber auch die Gattungsbezeichnungen im Titel der Libretti haben bisher nicht die Beachtung gefunden, die sie als programmatische Äußerungen des Textdichters verdienen. Dadurch, daß die Operndichtung in Italien bis zum Ende des 18. Jahrhunderts fast immer *dramma* heißt[43], ist eine (durchaus irreführende[44]) Verbindung zur klassischen Tragödie impliziert. Neben gängigen Zusammensetzungen wie *dramma per musica* oder *dramma giocoso per musica* für die Opera buffa finden sich Ad-hoc-Bildungen wie *comidramma* (1717), *melolepido drama musicale* (1735)[45], die sicher scherzhaft gemeint sind; ob damit etwa die Gattungsbezeichnungen ernster Opern parodiert werden, wäre nur durch Erhebung weiterer Belege zu ermitteln.

In dem Maße, wie die Gattungszugehörigkeit an Bedeutung verliert und jedes Werk als einmalig wahrgenommen wird, differenziert sich seit dem 19. Jahrhundert auch die Bezeichnungspraxis weiter aus: Wagner nennt *Tristan und Isolde* eine

„Handlung", *Parsifal* ein „Bühnenweihfestspiel" (aber *Die Meistersinger von Nürnberg* eine „Oper"). Möglicherweise sind im 20. Jahrhundert die Sonderfälle häufiger als jene Werke, die sich explizit in eine Tradition stellen; eine terminologische Analyse würde aber auch hier Querverbindungen sichtbar machen, die zumindest als Indizien für textliche oder musikalische Zusammenhänge zu werten wären.

Seit Anfang des 20. Jahrhunderts wird das Libretto Gegenstand musik-, später auch literatur- und theaterwissenschaftlicher Analysen[46]; freilich existiert nach wie vor und mehr denn je ein künstlerischer Paralleldiskurs zur (vor allem universitären) Librettoforschung: Nicht nur Komponisten (Dirigenten, Regisseure, etc.), auch die Textdichter sind bemüht, den Erklärungsbedarf zu decken, den neue Werke des Musiktheaters in zunehmendem Maße hervorrufen. Seit aus den Besetzungszetteln, die im Lauf des 19. Jahrhunderts die Libretto-Drucke abgelöst hatten, wieder Programmhefte oder -bücher geworden sind, steht auch ein geeigneter Publikationsort für Werkstattberichte, Interviews u. dgl. zur Verfügung. Zwar sind die (oft sehr materialreichen) Programmhefte bibliographisch schlecht erschlossen und über öffentliche Bibliotheken kaum erreichbar, aber wichtige Beiträge werden häufig durch Nachdrucke einer breiteren Öffentlichkeit zugänglich gemacht. Libretti des 20. Jahrhunderts sind daher fast immer vor der Folie auktorialer Selbstkommentare zu analysieren.

# Geschichte und Perspektiven der Librettoforschung

Mit Operntexten haben sich Musik- und Theaterwissenschaftler früher befaßt als die Philologen. Am Anfang der ‚Librettoforschung' stehen durchaus praxisbezogene Versuche, eine Dramaturgie der Oper zu entwickeln[1]; die historische Typologie der Beziehungen zwischen Text und Musik, die Edgar Istel 1914 entwirft[2], soll den Komponisten (!) „jenes Mindestmaß dramaturgischer Einsicht"[3] verschaffen, das nötig ist, um erfolgreich für die Bühne zu arbeiten. Istel zielt also auf eine *normative* Poetik des Librettos und orientiert sich dabei an einer aristotelischen Dramaturgie[4], was zu vielen problematischen (und manchen unhaltbaren) Urteilen führt.

Die Tendenz, eine historisch faßbare Dramenform (in der Regel die aristotelische Tragödie) zum Idealtypus des Dramatischen zu verabsolutieren[5], setzt sich trotz kritischer Einwände bis in die Gegenwart[6] fort. Aus musikwissenschaftlicher Sicht hat Anna Amalie Abert[7] 1960 die distinktiven Merkmale des Librettos zusammengefaßt. Eine klare Unterscheidung zwischen dramatischem, musikalischem und Aufführungstext wäre vom Forschungsstand her wohl noch nicht möglich gewesen; so wird das Libretto definiert als „zur Kompos[ition] bestimmte[r] Text, dessen Inhalt und Form entscheidend durch die Rücksicht auf diese Bestimmung geprägt werden"[8]; „es erweckt den Eindruck einer literarischen Gattung, ist aber mit literarischen Maßstäben nicht zu messen"[9], da es nichtliterarischen (musikalischen) Zwecken diene. Diese Auffassung wird bis heute immer wieder vertreten, und keineswegs nur von Musikwissenschaftlern.[10]

Zum Gegenstand literaturwissenschaftlicher Forschung wird das Libretto verstärkt seit den sechziger Jahren; ein erweiterter Literaturbegriff und neue (z. B. literatursoziologische) Ansätze lassen in dieser Zeit ein neues Interesse an Konsum- und Trivialliteratur entstehen. Der Aufschwung einer textbezogenen Opernforschung dokumentiert sich im Erscheinen der ersten (und bisher einzigen) Überblicksdarstellung zur Geschichte des Librettos (1970)[11], in Monographien, die vor allem italienische Forscher einzelnen Librettisten widmen[12], sowie in zahlreichen Sammelbänden[13].

Wertvolle *philologische* Arbeit vor allem zu Libretti des 17. und 18. Jahrhunderts ist auch von Musikwissenschaftlern geleistet worden. Über die italienischen und französischen Vorlagen der Textbücher Händels wissen wir dank der Arbeiten

Anmerkungen siehe S. 254.

R. Strohms[14] verhältnismäßig gut Bescheid; eine neue kritische Edition[15] wird sowohl die Originallibretti wie die für Händel eingerichteten Textfassungen bequem zugänglich machen. Noch umfassender ist eine Sammlung der Libretti Rossinis[16] angelegt, die auch sekundäre Quellen und voneinander abweichende Drucke eines Textbuchs faksimiliert wiedergibt. Für das spätere 19. und das 20. Jahrhundert liegen freilich kaum philologisch zuverlässige Editionen vor. Natürlich sind die Libretti namhafter Dichter und Schriftsteller in den kritischen Ausgaben ihrer Werke enthalten.[17]

Literaturwissenschaftler neigen dazu, entweder *ein* Libretto mit seiner literarischen Vorlage zu vergleichen oder die produktive Rezeption eines (bedeutenden) Autors auf der Opernbühne durch Zeit und Raum zu verfolgen[18]. Die Verfasser sind oft Spezialisten für das Werk jenes Autors, die die Gelegenheit ergreifen, Beruf (Literaturwissenschaft) und Hobby (ihre Liebe zur Oper) zusammenzubringen. Das führt durchaus nicht immer[19], aber doch recht häufig dazu, daß Libretti an Maßstäben gemessen werden, die von der Vorlage – einem Sprechdrama oder einem narrativen Text – abstrahiert sind; während ältere Arbeiten dem Operndichter regelmäßig Unfähigkeit und mangelndes Verständnis für die Perfektion seines Modells vorzuwerfen pflegten, beschränken sich neuere Studien nicht selten darauf, Differenzen zwischen den Texten katalogartig aufzuzählen. Zur Erklärung werden immer die gleichen Klischees angeboten: Zwang zur Konzentration, Unfähigkeit der Musik, andere als emotionale Inhalte auszudrücken, u. a. m. Diese Tendenz wird verstärkt durch die Neigung, die (italienische) Oper des 19. Jahrhunderts als Idealtypus der Gattung aufzufassen.[20]

Die Frage, ob es eine spezifische Poetik und Dramaturgie des Librettos gibt, ist in der Literaturwissenschaft noch kaum diskutiert worden. Vor diesem Hintergrund ist der in diesem Buch unternommene Versuch zu bewerten, eine überschaubare Reihe von Merkmalen der Gattung zu ermitteln, die in den vierhundert Jahren ihrer Geschichte konstant zu sein scheinen, obwohl sie nicht in jedem Text auf die gleiche Weise ausgeprägt sind. Durch die exemplarischen Analysen des zweiten Teils soll vor allem der Nachweis dieser Konstanz geführt werden. Um eine Klassifizierung in Subgattungen zu begründen, ist unsere Textbasis nicht umfangreich genug; die Kapitelgliederung orientiert sich an den in literatur- und musikwissenschaftlichen Darstellungen gebräuchlichen Einteilungen und will rein heuristisch verstanden werden. Um zu besser fundierten Kategorien zu gelangen, sollten überschaubare, räumlich und zeitlich begrenzte Textcorpora monographisch untersucht werden (z. B. die Libretti der in einer Stadt, oder einem Theater, während 30 oder 50 Jahren aufgeführten Opern); als Bezugspunkte hätten dabei einerseits die (hier entwickelte) Merkmalskomplexion des Librettos, andererseits das jeweils zeitgenössische System der literarischen Gattungen zu dienen.[21]

Über diese notgedrungen holzschnittartigen (und durchaus subjektiven) Bemerkungen zum Forschungsstand hinaus sind einige konkrete Desiderate künftiger Forschung aufzuzählen. Vor allem mangelt es wie gesagt an zuverlässigen *Editionen*: Bis heute machen Textbücher und Klavierauszüge oft keine Angaben zur Quellenbasis. Dabei können zwischen handschriftlicher und gedruckter Partitur, originalem Klavierauszug, Autograph des Librettisten und erstem Libretto-Druck beträchtliche Differenzen bestehen – ganz abgesehen von jenen komplexen Fällen, in denen außerdem noch der Zensurbehörde eingereichte Libretto-Manuskripte und ähnliches zu berücksichtigen sind.[22]

Welche Fassung als ‚authentisch' zu gelten hat, ist dabei oft schwer zu entscheiden. Für das 17. und 18. Jahrhundert stellt sich das Problem eigentlich nicht, weil die Autoren (Librettisten und Komponisten) selbst ihre Werke nicht als ein für allemal abgeschlossen betrachteten, sondern für spätere Aufführungen regelmäßig Alternativfassungen erstellten, die als ebenso ‚authentisch' zu gelten haben wie das Original.[23] Da somit die verschiedenen Drucke eines (italienischen) Librettos jeweils eigene und grundsätzlich gleichwertige Fassungen darstellen, liegt die (kostengünstige) Lösung nahe, auf kritische Ausgaben ganz zu verzichten und statt dessen Facsimilia zu veröffentlichen[24]; offensichtliche Versehen allerdings sollten in jedem Fall korrigiert werden.

Dagegen wären für Libretti des 19. und 20. Jahrhunderts kritische Ausgaben wünschenswert, die zumindest die wichtigeren Varianten der unterschiedlichen Textzeugen verzeichneten[25]; für zentrale Werke wäre zusätzlich die Zusammenarbeit von Librettist und Komponist[26] zu dokumentieren. Daß dieses Maximalprogramm schon aus ökonomischen Gründen keine Aussicht auf Realisierung hat, versteht sich von selbst; die Mehrzahl der Leser und Käufer ist nicht an einer (relativ kostspieligen) kritischen Edition, sondern an einer spielbaren Fassung interessiert, die mit dem Textsubstrat einer Repertoire-Aufführung ungefähr übereinstimmt.

Ein Mehr an Zuverlässigkeit ließe sich auch ohne großen Aufwand erzielen: Seit dem 19. Jahrhundert nimmt der Komponist meist aktiv Anteil an der Entstehung des Librettos; der authentische Text wird also am ehesten im Partiturautograph zu finden sein, das freilich nicht immer erhalten und zugänglich ist. Ein zur Uraufführung gedrucktes Libretto dürfte meist die Fassung des Autographs wiedergeben, die ja der Einstudierung zugrunde lag; während der Probenarbeit vorgenommene Kürzungen mögen allerdings schon berücksichtigt sein. Auch ein Klavierauszug, der unmittelbar nach der Uraufführung, vielleicht sogar unter Mitwirkung des Komponisten, erstellt wird, wird wahrscheinlich einen zuverlässigen Text bieten. Natürlich ist die Überlieferungslage in jedem Einzelfall zu prüfen; als Faustregel wäre jedoch festzuhalten, daß eine Libretto-Ausgabe dem Partiturautograph oder ersatzweise dem Textbuch der Uraufführung oder ersatzweise dem ältesten Klavierauszug folgen sollte. Abweichungen von der jeweiligen Vorlage können ohne großen Aufwand, z. B. durch Klammern oder Kursivsatz, gekennzeichnet werden. Vor allem sollte die Textgrundlage eindeutig benannt werden.

Die meisten modernen Editionen sind mit Vorsicht zu benutzen. Für den Nebentext – Titel, Widmung, Vorworte, Personenverzeichnis, Akt- und Szenenmarkierung, Bühnenanweisungen u. ä. – gilt das in noch stärkerem Maße als für die Figurenrede: Die auf den Titel folgende Gattungsbezeichnung wird zumal in Ausgaben älterer Libretti häufig verkürzt wiedergegeben; fast immer fehlen die Schwellentexte, Vorrede, *Argomento* [Inhaltsangabe], Liste der Bühnenbilder etc. A. DELLA CORTE[27] führt in seiner Edition italienischer Libretti des 17. Jahrhunderts eine Szeneneinteilung ein, die in den alten Drucken keinerlei Entsprechung hat. Bühnenanweisungen werden oft weggelassen oder gekürzt; zusätzliche Probleme ergeben sich etwa bei Richard Wagner, der die Regiebemerkungen in den Partituren wesentlich anders formuliert als in den Textbüchern[28].

Die typographische Gestaltung der Libretto-Drucke, die auf die metrische Struktur des Textes verweist[29], wird nur in wenigen modernen Ausgaben respektiert: Das gilt für die Vers-Einzüge in Wagners Operndichtungen[30] ebenso wie für die Gedankenstriche im Versinnern, die in italienischen Textbüchern des 19. Jahrhunderts entweder eine Gliederung in Sinneinheiten anzeigen[31] oder auf Binnenreime hinweisen.

Ein Beispiel mag verdeutlichen, wie durch die Typographie formale Zusammenhänge bewußtgemacht oder eben auch verschleiert werden können: Im ersten Akt von G. Giacosas und L. Illicas *Tosca* verkündet der Mesner dem Kirchenchor begeistert, Napoléon hätte eine schwere Niederlage erlitten; die Nachricht erweist sich jedoch als falsch, im zweiten Akt wird der Gendarm Sciarrone Scarpia den Sieg des Franzosen melden.[32] Die Librettisten verwenden an beiden Stellen achtsilbige Verse; das rasche Tempo des Dialogs wird mehrfach durch Sprecherwechsel innerhalb eines Verses unterstrichen. An der ersten Stelle ist zu lesen:

SAGRESTANO. [...] Tutta qui la cantoria!
               Presto!
ALLIEVI.                  Dove?
SAGRESTANO.                        In sagrestia.
ALCUNI ALL.  Ma che avenne?
SAGR.                          Nol sapete?
               Bonaparte ... scellerato
               Bonaparte ...
ALTRI ALL.                Ebben? Che fu?
[...]
[MESNER. [...] *Hierher die ganze Kantorei! / Schnell! ...* CHORSCHÜLER. *Wohin?* MESNER. *In die Sakristei. /* EINIGE SCH. *Aber was ist passiert?* MESNER. *Wißt ihr nicht? / Bonaparte ... der Schurke ... / Bonaparte ...* ANDERE SCH. *Nun? Was war?* [...]]

Setzt man hier jede Replik linksbündig[33], ist das Versmaß (und damit auch die Analogie zu der Passage im zweiten Akt) für das Auge nicht zu erkennen. Solche Verfälschungen lassen sich nun in der Tat am besten durch Faksimile-Ausgaben der alten Drucke vermeiden.[34]

Fast völlig vernachlässigt wurde bisher die *Rezeptionspragmatik* des Librettos. Wann und wie es (als Text und als Buch[35]) ‚gebraucht' wird, ist weniger klar, als es scheint. Implizit oder explizit gehen anscheinend alle vorliegenden Studien davon aus, daß der Opernbesucher den Text entweder während der Aufführung mitverfolgt oder ihn vorher, vielleicht auch erst während der Pausen, durchliest; die Librettisten der Hamburger Gänsemarkt-Oper (17./18. Jahrhundert) allerdings sprechen ihr Publikum als „Leser dramatischer Texte"[36] an, in ihrer Vorstellung scheint allenfalls eine lose Verbindung zum Theaterbesuch zu bestehen.

Bis zum Beginn des 20. Jahrhunderts und darüber hinaus bestehen Opern wesentlich aus musikalischen ‚Nummern', die sich aus dem Werkganzen herauslösen und einzeln rezipieren lassen – ein Sänger kann während eines Konzerts eine Arie vortragen; Musikliebhaber und vor allem -liebhaberinnen des 19. Jahrhunderts können ihre Lieblingsmelodien auf dem Klavier spielen; die Musikverlage bringen die erfolgreichsten Nummern in immer neuen Arrangements für die unterschiedlichsten Instrumental- oder Vokalbesetzungen heraus. Auch in den zahllosen Opernparodien des 18. und 19. Jahrhunderts[37] wird auf die Musik des Originals nur punktuell Bezug genommen. Die Frage ist, was in allen diesen Fällen mit dem Text passiert.

‚Arrangiert' wird im 19. Jahrhundert offenbar nicht nur die Musik, sondern auch das Libretto. In Lyon erschien etwa 1841 eine „Analyse-Programme" von Fromental Halévys erfolgreicher *Juive*[38] (1835); die Handlung wird Szene für Szene resümiert, der Text einzelner Arien und Ensembles ist jedoch ungekürzt wiedergegeben. Zwischen dem vollständigen (bei fremdsprachigen Opern oft zweisprachigen) Textbuch und der knappen Zusammenfassung im Opernführer oder Programmheft gibt es zahlreiche Zwischenstufen; und wäre nicht auch der Opernführer, aus dem immerhin ein großer Teil des heutigen Publikums seine Informationen über den Inhalt eines Werkes bezieht, ein Gegenstand für die Librettoforschung?

Bisher scheint auch noch nicht untersucht worden zu sein, welche Auswirkungen die audiovisuellen Medien auf die Wahrnehmung des Textes im Musiktheater haben. Der Verlag Philipp Reclam jun. warb in den dreißiger Jahren mit dem Hinweis, „die anerkannt vorzüglichen Reclam-Textbücher" hätten sich „auch für Rundfunk" „durchaus bewährt"[39]; andererseits kann man davon ausgehen, daß zumal Einzelnummern aus Opern heute meist wie absolute Musik, ohne Rücksicht auf den Text, gehört werden. Seit etwa dreißig Jahren ist es im übrigen allgemein üblich geworden, Opern in der jeweiligen Originalsprache zu inszenieren und auf Tonträger aufzunehmen. Infolgedessen ist nun wieder eine neue Form der Textvermittlung entstanden: Die Untertitel bei Fernseh-Opernaufzeichnungen und die Übertitel, die sich zumindest in größeren Häusern durchgesetzt haben, gehören als Konzentrat oder Schwundstufe des Textes ebenfalls zum Objektbereich der Librettoforschung. Es wäre freilich wenig erfolgversprechend, diese Phänomene aus rein literaturwissenschaftlicher Perspektive untersuchen zu wollen; erforderlich wäre ein interdisziplinärer Ansatz, der u. a. semiotische, wahrnehmungspsychologische und mediensoziologische Fragestellungen einbezöge. Von einem Vergleich solcher Textreduktionen mit dem jeweiligen Originallibretto kann man sich auch Aufschluß über die Mechanismen der sprachlichen Informationsvergabe im Musiktheater versprechen.

## Zur Sozialgeschichte der Librettisten

In der breiten Öffentlichkeit ist das Interesse an den Librettisten, ihrer Persönlichkeit und Biographie, größer als an den inhaltlichen und formalen Strukturen des Librettos. Wenn etwa in Programmheft-Beiträgen auf den Operntext und seinen Verfasser eingegangen wird, steht meist der anekdotische Aspekt der Entstehungsgeschichte im Vordergrund, wie sie sich aus zeitgenössischen Dokumenten (Briefen, Tagebuch-Notizen, Presseberichten usw.) rekonstruieren läßt. Den wenigen Librettisten, die die öffentliche Meinung als originelle Schriftsteller oder gar ‚Dichter' gelten läßt, Da Ponte, Boito, Hofmannsthal, mit Einschränkungen Metastasio, W. H. Auden und einige andere, wurden gelegentlich auch Bücher gewidmet, deren thematisches Spektrum vom analytischen Essai bis zur romanhaft ausgeschmückten Lebensbeschreibung reicht.[1]

Daneben gibt es (wenige) wissenschaftliche Untersuchungen, die die Karriere eines Librettisten in sozialgeschichtlicher Perspektive darstellen.[2] Im Vordergrund steht dabei nicht die künstlerische Individualität, sondern die Position des Textdichters innerhalb der Institution Theater, seine Stellung in der literarischen Hierarchie, sein Sozialprestige, Einkommen und anderes mehr. Innerhalb relativ kurzer Zeit kommt es hier zu radikalen Veränderungen: Um 1700 üben Puristen zwar harsche Kritik an der Oper und am Libretto; dennoch betrachten es einzelne Mitglieder der Arcadia, der renommiertesten Dichter-Akademie Italiens, als nicht unter ihrer Würde, Operntexte zu verfassen, Silvio Stampiglia und nach ihm Pietro Metastasio werden dafür mit dem Amt des Kaiserlichen Hofdichters in Wien belohnt. Zu Beginn des 19. Jahrhunderts dagegen haben die literarischen und intellektuellen Zirkel nur noch Verachtung für die Librettisten übrig.[3]

Zu keiner Zeit und in keinem Land bilden die Operndichter so etwas wie eine homogene Gruppe. Es gibt Berufsschriftsteller, die hauptsächlich Libretti verfassen; Dichter und Dramatiker, die seltene oder einmalige Ausflüge zur Oper unternehmen, wie Victor Hugo[4], und reine Amateure wie König Friedrich II. von Preußen[5]. Professionelle Librettisten sind vor allem in der älteren Zeit häufig fest an ein fürstliches oder öffentliches Theater gebunden. Die Sekretäre der Royal Academy of Music[6] haben vor allem die Aufgabe, ältere italienische Libretti für die Londoner Bühne einzurichten, ihre Funktion entspricht also in etwa der eines Dramaturgen. Der etatmäßige Theaterdichter dürfte gewöhnlich in die Probenarbeit einbezogen worden sein; aber auch ein freier Schriftsteller wie Eugène Scribe nimmt regelmäßig Anteil an der Inszenierung seiner Werke.[7] In der Öffentlichkeit mag der Librettist daher eher als Praktiker des Theaters denn als selbständig schaffender ‚Künstler' wahrgenommen werden. Welche Folgen sich daraus für sein Sozialprestige ergeben, wäre im Kontext der jeweiligen Epoche zu untersuchen.[8]

Die Wertschätzung, die der Arbeit des Librettisten zuteil wird, läßt sich beziffern: Zu Honoraren, Tantiemen etc. liegen häufig recht genaue Angaben vor. Wie bei allen derartigen Erhebungen besteht die Hauptschwierigkeit darin, die Zahlen in ein Verhältnis zum Durchschnittseinkommen, zu den Lebenshaltungskosten etc. zu setzen und so vergleichbar zu machen. Die 4000 Francs, die Lully seinem Dichter Quinault dafür zahlte, daß dieser ihm ein Textbuch jährlich lieferte, dürften relativ großzügig bemessen sein; ab 1713 erhielt ein Librettist in Paris ganze 100 Francs für die ersten zehn Aufführungen seines Werkes, die folgenden zwanzig wurden mit 50 Francs entlohnt.[9] Die *opéras-comiques*, die Louis Fuzelier für das Jahrmarktstheater schrieb[10], brachten ihm zur gleichen Zeit je 250 Francs ein, hinzu kam eine Pauschale als künstlerischer Leiter des Theaters[11]. In den zwanziger und dreißiger Jahren des 19. Jahrhunderts schrieb Felice Romani im Schnitt vier Libretti pro Jahr, die mit je 850 Lire vergütet wurden; sein Jahreseinkommen betrug also rund 3400 Lire[12]. Der Dichter und Philologe Niccolò Tommaseo glaubte 1828, mit 2100–2200 Lire auskommen zu können; als Chefredakteur der Gazzetta piemontese allerdings sollte Romani später ein Jahresgehalt von 9180 Lire beziehen[13]. Die Reihe der Beispiele ließe sich beliebig verlängern; eine einheitliche Tendenz würde sich dabei kaum abzeichnen.

Vor allem für das 17. und 18. Jahrhundert stellt sich die Frage nach Bildung und Ausbildung der Librettisten. Eine dichterische oder schriftstellerische Laufbahn setzt in der Zeit der Regelpoetik gewöhnlich gründliche humanistische Studien voraus; noch Da Ponte und seine Zeitgenossen betrachten die (lateinischen und italienischen) Klassiker als verbindlichen Maßstab für ihre eigenen Werke.[14] Andererseits gibt es unter den Textdichtern auch Schauspieler, Musiker[15] oder Sänger, die wohl kaum über eine umfassende literarische Bildung verfügen. Dieser Aspekt ist etwa für die zahllosen Opernversionen mythologischer Sujets von Wichtigkeit: In den Schwellentexten berufen sich die Librettisten häufig auf einigermaßen entlegene antike Quellen. Ob sie die zitierten Texte direkt oder über eine Zwischenstufe, etwa eine ältere Libretto- oder Schauspielversion, benutzt haben, ist oft schwer zu entscheiden. Nur vor dem Hintergrund des zeitgenössischen Bildungshorizonts können individuelle Besonderheiten deutlich hervortreten; auch die Erwartungen und Reaktionen des Publikums sind nicht unabhängig vom kulturellen Vorwissen zu rekonstruieren oder zu bewerten.

Trotz aller regionalen und nationalen Unterschiede und obwohl die Entwicklung innerhalb der einzelnen Sprachräume keineswegs geradlinig verläuft, scheint es möglich, eine Sozialgeschichte der Librettisten in drei große Abschnitte zu gliedern. In der frühen Neuzeit, also bis in die zweite Hälfte des 18. Jahrhunderts, ist der Gebrauchscharakter des Librettos wie der meisten anderen literarischen Gattungen deutlich ausgeprägt: Neben- oder hauptberufliche Dichter verfassen Operntexte zu bestimmten Anlässen, z. B. für ein höfisches Fest, oder im Auftrag des Impresarios für ein öffentliches Theater. Für die formale und inhaltliche Gestaltung gelten im wesentlichen die gleichen Regeln wie für andere Gattungen; das bedeutet, daß jemand, der das *Handwerk* des Dichtens allgemein gelernt hat, sich die spezifisch librettistische Routine in kurzer Zeit aneignen kann[16], wie umgekehrt ein erfahrener Librettist auch Gelegenheitsgedichte und dergleichen zu verfassen vermag. Spezialisten, die nichts anderes als Operntexte dichten, gibt es in dieser Zeit nicht.

Als Hofdichter ist der Librettist von der Gunst seines Fürsten abhängig. Das Beispiel Metastasios, dem sein Welterfolg Ehrungen und Reichtum einbrachte, ist singulär: Im allgemeinen kennt die Großzügigkeit der hohen Herren durchaus Grenzen. Die Honorare öffentlicher Theater reichen zum Lebensunterhalt kaum aus. Meist erwirbt der Impresario durch eine einmalige Zahlung alle Rechte an einem Libretto (oder einer Partitur), er kann es beliebig oft aufführen oder an andere Theater weiterverkaufen, ohne daß der Autor am Gewinn beteiligt wäre. Der festangestellte Librettist hat zwar Anspruch auf die Einnahmen aus dem Verkauf der Textbücher[17]; wenn aber ein erfolgreiches Werk erst einmal veröffentlicht ist, wird es ohne die Zustimmung der Urheber (und ohne Vergütung) nachgespielt, es gibt Raubdrucke und anderes mehr.

Im 19. Jahrhundert ändert sich das: Die Französische Revolution schafft 1791 die Grundlagen des modernen Urheberrechts.[18] Fortan steht den Autoren ein bestimmter Prozentsatz der durch Aufführung oder Druck ihrer Werke erzielten Einnahmen zu, und sie können sich z. B. gegen entstellende Bearbeitungen zur Wehr setzen. Nach und nach werden die meisten anderen europäischen Länder ähnliche Gesetze erlassen, und die Rechtsstellung der Autoren wird sich (auch durch die Gründung von Verwertungsgesellschaften etc.) ständig verbessern.

Hier ist nicht der Ort, diese Entwicklung im einzelnen nachzuzeichnen; wichtig ist nur, daß das Verfassen von Libretti dadurch zu einem ausgesprochen lukrativen Geschäft wurde. In Frankreich ist der Textdichter seit den zwanziger Jahren nicht nur an den Aufführungserlösen, sondern auch an den Honoraren für Notendrucke beteiligt[19]; Eugène Scribe verdiente 1825 (im Jahr der *Dame blanche*) zwischen 50 000 und 60 000 Francs[20], in der Zeit seiner Zusammenarbeit mit Meyerbeer dürfte die Summe noch höher gewesen sein. Natürlich schrieb Scribe auch Komödien und Vaudevilles, aber seine Libretti haben ihm jedenfalls eine runde Summe eingetragen.

Erst in dieser Zeit bildet sich der Typus des *Berufslibrettisten* heraus. Die Textdichter des 19. Jahrhunderts sind im allgemeinen der Welt des Theaters eng verbunden; sie haben entweder praktische Erfahrungen als Sänger, Schauspieler oder Intendanten, oder sie arbeiten als Musik- und Theaterkritiker für Zeitungen und Zeitschriften. Oft treten sie auch als Übersetzer fremdsprachiger Libretti in Erscheinung[21], und ihre eigenen Texte sind fast immer Adaptationen literarischer Vorlagen. Nicht Originalgenies sind gefordert, sondern handwerklich versierte Bearbeiter, die einen beliebigen Stoff den Konventionen des zeitgenössischen Musiktheaters anpassen können. Die quasi *industrielle* Produktionsweise führt konsequenterweise zur Arbeitsteilung im Team: Schon Eugène Scribe pflegte an seinen Werken einen oder mehrere Co-Autoren zu beteiligen. In der zweiten Hälfte des 19. Jahrhunderts kommt es dann immer häufiger zu festen Partnerschaften, besonders in der Operette (vgl. Offenbachs Librettisten Meilhac und Halévy, die Textdichter Lehárs etc.). Eine klare Aufgabenverteilung sichert die Effektivität: In der Regel schreibt einer der beiden die Dialoge (bzw. Rezitative), der andere die Texte der Musiknummern oder ähnlich.

Mit dem 19. Jahrhundert endet auch die Epoche der Berufslibrettisten. Ob dafür künstlerische (z. B. Wagners Kritik an der Opern-Routine) oder eher wirtschaftliche Gründe entscheidend sind, ist schwer zu sagen, zumal die Entwicklung in den verschiedenen europäischen Ländern unterschiedlich verläuft. Jedenfalls sind spätestens seit Ende des Ersten Weltkriegs die vormals so glänzenden Verdienstmöglichkeiten nicht mehr gegeben.

Angesichts dieser neuen Situation bieten sich dem Komponisten, der einen Operntext sucht, verschiedene Möglichkeiten: Er kann sich etwa an einen (mehr oder weniger prominenten) Schriftsteller wenden; da es keine verbindliche Gattungsnorm des Librettos mehr gibt, wird am Anfang jeder Zusammenarbeit die – möglicherweise mühsame – Verständigung über ästhetische Grundprinzipien stehen müssen. Das gleiche Problem stellt sich auch, wenn der Komponist einen versierten Theatermann, einen Dramaturgen oder Regisseur, um ein Textbuch bittet. Schließlich kann er sein Libretto selbst verfassen oder ein Sprechdrama für seine Zwecke einrichten. Im Verlauf des 20. Jahrhunderts sind alle diese Lösungen häufig realisiert worden; das führt dazu, daß sich die Gruppe der Librettisten kaum noch über eine spezifische Qualifikation definieren läßt. Im 17. und 18. Jahrhundert war Vertrautheit mit den Regeln der Dichtkunst, im 19. theoretische und praktische Kenntnis des Theaters erforderlich; die Librettisten des 20. Jahrhunderts dagegen üben dieses Metier als *Amateure* aus, ein ihnen gemeinsamer Erfahrungshorizont ist nicht auszumachen. Eine Sozialgeschichte der Librettisten, die für die frühere Zeit aufschlußreiche Ergebnisse verspräche, ließe sich für das 20. Jahrhundert kaum anders denn als Galerie heterogener Portraits konzipieren.

# Teil II:
# Stationen der Geschichte des Librettos

## Die Anfänge der Oper in Italien

Die Vor- und Frühgeschichte der Oper ist, auch von literaturwissenschaftlicher Seite, gut erforscht. Im Kreis der Camerata Fiorentina, aus dem sowohl der Textdichter Ottavio Rinuccini wie sein erster Komponist Iacopo Peri hervorgingen, wurde in den neunziger Jahren des 16. Jahrhunderts die Ansicht vertreten, in der Antike hätten die Schauspieler den Text der Tragödien vollständig gesungen.[1] Freilich war dabei weniger an die Verselbständigung einer spezifisch musikalischen Ebene als an eine besondere Art der Deklamation gedacht – so faßten es zumindest jene auf, die an die alte Tradition anzuknüpfen suchten. Marco da Gagliano, der Rinuccinis *Dafne* nach Peri ein zweites Mal vertonte (1608), ermahnte im Vorwort seinen Sänger: „persuadasi pur che'l vero diletto nasca dalla intelligenza delle parole" [*er soll sich nur klarmachen, daß das wahre Vergnügen aus dem Verständnis des Textes entsteht*][2].

Das Streben nach Textverständlichkeit erzwingt „eine der radikalsten Umwälzungen in der Musikgeschichte"[3]: An die Stelle der spätmittelalterlichen Polyphonie tritt die Einstimmigkeit (Monodie). Doch damit noch nicht genug: Iacopo Peri entwickelte einen besonders sprachnahen Gesangsstil, wie er in der Vorrede zum Partiturdruck seiner *Euridice* (1600) erläutert:

(...) veduto che si trattava di poesia drammatica, e che però si doveva imitar col canto chi parla (e senza dubbio non si parlò mai cantando), stimai che gli antichi Greci e Romani, (i quali secondo l'opinione di molti cantavano su le scene le tragedie intere) usassero una armonia, che avanzando quella del parlar ordinario, scendesse tanto dalla melodia del cantare, che pigliasse forma di cosa mezzana.[4]

[*(...) angesichts der Tatsache, daß es sich um dramatische Dichtung handelte und daß man also mit dem Gesang das Sprechen nachahmen müßte (und zweifellos hat man niemals singend gesprochen), nahm ich an, daß die alten Griechen und Römer (die nach einer verbreiteten Auffassung ihre Tragödien auf dem Theater vollständig sangen) eine Harmonie gebraucht haben müßten, die, indem sie die Melodie des gewöhnlichen Sprechens übertraf, die Melodie des Singens so absenkte, daß sie die Form eines Mitteldings annahm.*]

Damit hat Peri den *stile recitativo* geschaffen, der Sprechen und Singen verbindet (*cantar recitando*). Was aber ist der Inhalt der musikalischen Rede?

Anmerkungen siehe S. 257.

Et avuto riguardo a que' modi et a quegli accenti che nel dolerci, nel rallegrarci et in somiglianti cose ci servono, feci muovere il basso al tempo di quegli, or più or meno, secondo gli affetti (...).[5]

[*Und nachdem ich auf jene Ausdrucksweisen und Tonfälle achtgegeben hatte, die uns im Schmerz, in der Freude und in ähnlichen Zuständen zu Gebote stehen, bewegte ich den Baß nach deren Zeitmaß, bald mehr, bald weniger, den Affekten entsprechend* (...)]

Der Komponist deutet die Affekte aus, die im Text des Dichters angelegt sind.[6] Dieser Text ist autonom; die Musik fügt ihm keine neue Dimension hinzu, sondern macht seinen Inhalt nur expliziter. Daß dem Wort innerhalb des musikalischen Theaters der Vorrang gebührt, ist unter diesen Umständen ganz natürlich.

Freilich ist die Unterordnung der Musik unter den Text nicht absolut. In der virtuosen Auszierung des Gesangs gewinnt sie ein gewisses Maß an Eigenständigkeit; solche kunstvolleren Formen dürfen freilich nur dann zur Anwendung kommen, wenn die dramatische Situation das zuläßt.[7] Die entsprechenden Stellen zu bezeichnen, ist Sache des Dichters: In den Dialogen mischt er sieben- und elfsilbige Verse in willkürlicher Folge, auch das Reimschema ist unregelmäßig; dagegen formen sich kommentierende Stellungnahmen des Chores und herausgehobene Solo-Gesänge oft zu strophischen Gebilden[8]. Der sprachlichen Geschlossenheit der Strophe entspricht auf musikalischer Ebene die Kohärenz der ‚Nummer'[9], die von Anfang an als *aria* (*arietta*) oder *canzone* (*canzonetta*) bezeichnet wird. Während der *stile recitativo* als eine besondere Art des Sprechens aufzufassen ist, wird die Arie als Gesang empfunden[10]; daraus ergibt sich eine inhaltliche Differenzierung: Die Arie ist der Ort der Affekt-*Darstellung*, während das Rezitativ der Affekt-*Begründung* dient.[11]

Die Unterscheidung von Arie und Rezitativ hat Konsequenzen für die Stellung, die dem Operntext im System der literarischen Gattungen der Zeit zuzuweisen ist[12]: Die Versform des Rezitativs (Mischung von Sieben- und Elfsilbern) entspricht der des Madrigals; das Madrigal aber ist als literarische wie als (von dieser geschiedene[13]) musikalische Form durchaus in der Lage, sich zum hohen Stil der Tragödie und des Epos zu erheben. Dagegen sind den Strophenformen der Lieddichtung, die wir in den Arien wiederfinden, anakreontische Themen und ein mittlerer Zierstil angemessen, der in den hohen Gattungen keinen Platz hat. Als Tragödie wäre somit nur ein musikalisches Drama denkbar, das weder Arien noch Chöre enthielte und ganz aus Rezitativen bestünde[14]. Das zeitgenössische Publikum bevorzugt jedoch die pastorale Tragikomödie, und an eben dieser Gattung orientieren sich die Libretti Rinuccinis und seiner Nachfolger[15]. Im Verständnis der Camerata ist das antike Drama also nicht Strukturmodell oder Stofflieferant, sondern Vorbild einer sowohl ausdrucksvollen wie wortdeutlichen Wiedergabe des Textes durch die Schauspieler.[16]

OTTAVIO RINUCCINIS *Dafne* wurde vermutlich 1598 im Hause Iacopo Corsis, des führenden Kopfes der Camerata, mit der (verlorenen) Musik Peris aufgeführt; konkreter Anlaß war der Karneval[17], was den Exempel-Charakter[18] des Textes erklärt. Der Prologsprecher Ovid, als Dichter der *Metamorphosen* und der *Ars amatoria* doppelt kompetent[19], nimmt die Lehre aus dem folgenden Geschehen vorweg:

> Con chiaro esempio a dimostrarvi piglio,
> Quanto sia, Donne e Cavalier, periglio
> La potenza d'Amor recarsi a vile.[20]

[*An einem deutlichen Beispiel will ich euch beweisen, / wie gefährlich es ist, ihr Damen und Herren, / die Macht Amors geringzuschätzen.*]

Das ist eine ganz karnevalistische Moral: Während des Jahres gebietet die christliche Lehre, um der Rettung der Seele willen die Leidenschaften zu unterdrücken; nur in der Ausnahmesituation des Karnevals darf man ungestraft verkünden, daß die Macht der Liebe gepaart mit menschlicher Schwäche dies unmöglich macht. Die kommentierenden Äußerungen des Chores führen dem Zuschauer diese Wahrheit deutlich vor Augen.

Der Chor der Hirten und Nymphen hat wie in der antiken Tragödie eine Doppelfunktion als Akteur und Beobachter: Zu Beginn klagt er über die Bedrohung, die von dem schrecklichen Drachen Python ausgeht. Nachdem Apollo den Drachen getötet hat, stattet der Chor mit einem Loblied seinen Dank ab. Der pantomimisch dargestellte Kampf des Gottes mit dem Drachen[21] ist die einzige unmittelbar auf der Bühne gezeigte Handlung.

Es folgen drei kurze Dialogszenen: Der Sieger Apollo verspottet Amor, der zwar ebenfalls Pfeil und Bogen trägt, aber keine Ungeheuer zu töten vermag; Amor verspricht seiner Mutter Venus, sich zu rächen und den stolzen Apollo unter sein Joch zu zwingen. In einem kommentierenden Einschub (fünf Achtsilber-Strophen zu je sieben Versen) erinnert der Chor an das Schicksal des Narcissus, der für die Verachtung Amors furchtbar bestraft wurde. – Die zweite Szene führt Apollo und die Jägerin Dafne zusammen; statt des Hirsches, den sie verfolgt, wird der stolze Gott ihre Beute, aber Dafne entzieht sich ihm durch Flucht. Gegenüber Venus rühmt sich Amor in der letzten Szene seines Sieges; der Chor bestätigt die Allmacht des Liebesgottes.

Anschließend berichtet ein Bote ausführlich von der Verwandlung der fliehenden Dafne in einen Lorbeerbaum; als Adressat der Erzählung ist der Chor hier Akteur wie in der ersten Szene. War dort Apollos Sieg über Python gezeigt worden, so geht es hier um die Niederlage, die ihm Amor beigebracht hat. Der Schlußgesang des Chores beginnt mit einer Apostrophe an Dafne, zieht dann aber – ganz im Sinne des Prologs – noch einmal die Lehre aus der Geschichte: Es ist gefährlich, sich der Liebe zu verweigern, Zuneigung, die auf Gegenseitigkeit beruht, ist dagegen der Ursprung allen Glücks.

Der – mit 445 Versen sehr kurze[22]– Text ist spiegelsymmetrisch um eine Mittelachse konstruiert: Im Zentrum steht die Begegnung Apollos mit Dafne; sie wird eingerahmt von der Demütigung und dem Triumph Amors. Um diesen Mittelteil, in dem der Chor kommentierender Zuschauer ist, gruppieren sich Apollos Triumph und Niederlage; eine Art Rahmen bilden der Prolog und der Schlußkommentar des Chors.

| Prolog | | | | Chor |
|---|---|---|---|---|
| Ovid | | | | |
| *Triumph* | | | *Demütigung* | |
| *Apollos* | | | *Apollos* | |
| *Chor Akteur* | | | *Chor Akteur* | |
| | *Demütigung* | | *Triumph* | |
| | *Amors* | | *Amors* | |
| | *Chor kommentiert* | | *Chor kommentiert* | |
| | | **Dafne** | | |

Die titelgebende Dafne ist offensichtlich nicht die Hauptfigur (deshalb ist es auch nicht verwunderlich, daß ihre Metamorphose nicht auf der Bühne stattfindet, sondern ‚nur' berichtet wird). Das *exemplum* für die Macht Amors liefert Apollo – und von ihm wird keine Geschichte erzählt, sondern er wird in zwei einander entgegengesetzten Situationen gezeigt. Darin, daß der strahlende Held binnen eines Augenblicks zum frustrierten Verlierer wird, liegt das Spektakuläre (und Erschreckende) der Liebe, jenes rätselhaften Gefühls, das rationaler Kontrolle entzogen ist und die Maßlosigkeit, den Exzeß zum Prinzip erhebt.[23] Die paradoxe Leidenschaft, wie das 17. Jahrhundert sie begreift, stellt einen Ausnahmezustand dar, der sich vom stets mitgedachten Davor und Danach radikal unterscheidet[24]. Hierin liegt einerseits eine Parallele zum Karneval; andererseits erweist sich die Oper (bzw. das Libretto) dank ihrer Affinität zu einer Dramaturgie des Kontrasts[25] als prädestiniert, um die Auswirkungen der als triebhaft-sinnlich verstandenen Liebe an Beispielen zu verdeutlichen.

Marco da Gagliano führt aus, Rinuccini habe sein zweites Libretto *Euridice* (1600) verfaßt, nachdem er erkannt habe, wie geeignet der Gesang zum Ausdruck der Affekte sei[26].

In seiner Widmung an Maria von Medici[27] rechtfertigt sich der Librettist für zwei Abweichungen von der Tradition: Zum einen läßt der Dichter die Orpheus-Geschichte glücklich enden; Euridices Rückkehr in die Welt der Lebenden ist hier nicht an eine Bedingung geknüpft, die Oper schließt in allgemeiner Freude mit einem Loblied auf die Macht der Musik. Zu seiner Entschuldigung verweist Rinuccini auf die Freiheiten, die sich griechische Dichter und selbst Dante (der Odysseus bei einem Schiffbruch den Tod finden läßt) gegenüber der Überlieferung herausgenommen haben. Der glückliche Ausgang ist nicht nur dem Aufführungsanlaß einer Fürstenhochzeit angemessener, er folgt auch zwingend aus der Zugehörigkeit des Werkes zur Gattung der Tragikomödie, die ihre Protagonisten zwar in Todesgefahr bringen, aber nicht sterben lassen darf[28]. Zum anderen ist die Einheit des Ortes nicht gewahrt; der Szenenwechsel von der Welt der Lebenden ins Totenreich wird mit dem Hinweis auf das Vorbild des Sophokles (in der Tragödie *Aias*) gerechtfertigt.

Die Geschichte des thrakischen Sängers war schon von Angelo Poliziano in dramatischer Form behandelt worden (*Fabula di Orpheo*, ca. 1480), und dieses rätselhafte Werk hat Rinuccini ohne Zweifel beeinflußt.[29] Von der Darstellung der Figur des Orfeo abgesehen – Euridice gewinnt kaum scharfes Profil – scheint vor allem die Zeitgestaltung des Librettos bemerkenswert: Die handelnden Figuren (einschließlich des Chors) erfahren Zeit nicht als Kontinuum, auf die Dehnung eines Augenblicks folgt unvermittelt als verwirrend empfundene, extreme Beschleunigung. Die erste, statische Szene schildert die Freude, mit der Hirten und Nymphen die unmittelbar bevorstehende Hochzeit des Protagonistenpaares erwarten. Nachdem Euridice sich mit ihren Freundinnen entfernt hat, gesteht Orfeo seine Ungeduld:

> Ma deh, perchè si lente
> Del bel carro immortal le rote accese
> Per l'eterno cammin tardano il corso?[30]

[*Aber ach, warum / vollenden die feurigen Räder des schönen, unsterblichen Wagens / ihren ewigen Weg so langsam und zögernd?*]

Während der Sänger sich in die Betrachtung seines Glücks vertieft, überstürzen sich an anderem Ort die Ereignisse: Dafne, die die Unglücksbotschaft von Euridices Tod bringt, ist vor allem deshalb fassungslos, weil das Verhängnis plötzlich (*in un punto*, V. 165), schneller als der Blitz (vgl. V. 166–169) zugeschlagen hat. Als sie – nach längerem Zögern (V. 176–188) – berichtet, was geschehen ist, insistiert sie auf dem Gegensatz zwischen der friedlichen Szenerie, wo der Bach langsam (*lento*, V. 191) durch das Wäldchen fließt, und der Katastrophe: Euridice erbleicht sofort (*repente*, V. 207) nach dem Biß der Schlange, die sie vorher nicht einmal wahrgenommen hat. Der Tempowechsel akzentuiert den Kontrast von höchstem Glück und tiefstem Leid; die Beschleunigung betrifft freilich nur das Berichtete, nicht den Bericht: Dafnes Rede füllt 33 Verse (V. 190–222).

Wie vorher das Unglück kommt auch die glückliche Wendung des Schlusses unvermittelt: Orfeo, das ist von Arcetro, der alles mit angesehen hat, berichtet worden, wurde von einer Göttin entrückt (V. 293–367); als es Abend wird, ist Arcetro beunruhigt, weil der Sänger so lange ausbleibt (V. 584–589) – im Gegensatz zu den Zuschauern wissen die Hirten nicht, daß Venus Orfeo in die Unterwelt geführt hat, wo er das beinahe Unmögliche vollbrachte und den strengen Pluto gnädig stimmte. Da kündigt Aminta den Freunden an, daß es Grund nicht zur Klage, sondern zur Freude gibt (V. 605–613), und alle fragen, wie *in un momento* (V. 615) so großes Leid schwinden konnte. Nun, die beiden Liebenden sind zurückgekehrt, „Come in un punto appar baleno o lampo" (V. 651: *wie plötzlich ein Blitz aufleuchtet*).

In dieser unvollkommenen, der launischen Fortuna unterworfenen Welt kann kein Zustand von Dauer sein. Die Musik aber vermag, so scheint es, den flüchtigen Augenblick festzuhalten: Orfeos Gesang hemmt (unter anderem) den Lauf der Flüsse und Sturzbäche (V. 736); dadurch erweist er sich als wahrer Sohn Apollos, der den Sonnenwagen lenkt (V. 731–733), also den unveränderlichen, irdischer Kontingenz enthobenen Lauf der Gestirne repräsentiert. Hinter den (hier nicht vollständig angeführten) Verweisen auf die Zeitdimension in Rinuccinis *Euridice* steht offensichtlich eine Reflexion darüber, wie das musikalische Drama Zeitlichkeit darzustellen vermag; und wenn der Librettist zwar ausführliche Zustandsschilderungen bietet (vgl. die Idylle zu Anfang und die Schlußapotheose), aber die unvermittelt eintretenden, spektakulären Ereignisse stets indirekt, in Form von Erzählungen einführt, sollte man darin nicht einen Mangel an dramatischer Qualität[31], sondern die Umsetzung einer spezifischen musikdramatischen (bzw. musikalischen) Konzeption erkennen: Wir haben bereits gesehen, daß der zur Vertonung geschriebene Text *Affekte* ausdrücken soll; die äußeren Vorgänge, die Affekte auslösen, entziehen sich, so scheint es, musikdramatischer Gestaltung.

Nur wenige Jahre nach Rinuccini wählte ALESSANDRO STRIGGIO die Orpheus-Geschichte zum Vorwurf für einen Operntext; seine *Favola d'Orfeo*[32] wurde 1607 in Mantua während des Karnevals mit der Musik von Claudio Monteverdi aufgeführt. Ein Zeitgenosse kündigte das bevorstehende Schauspiel an als „una [Comedia] [...] che sarà singolare posciache tutti li interlocutori parleranno musicalmente" [*ein (Schauspiel) (...), das einzigartig sein wird, weil alle Figuren mit Musik sprechen*][33]. Im Bewußtsein des Publikums existiert also noch keine Kunstform ,Oper': Das musikalische Drama ist vor allem Drama (oder *Comedia*), d. h., es definiert sich über den Text.

Dabei steht Striggios Text der Tragödie näher als die Operndichtungen Rinuccinis – nicht nur wegen des (in Monteverdis Vertonung geänderten[34]) tragischen Schlusses; das Spiel ist auch auf eine kathartische Wirkung angelegt. In der ersten Szene, die das Liebesglück Orfeos mit Euridice plastisch vor Augen führt, nimmt der Chor die Lehre aus der folgenden Geschichte vorweg: Nichts im menschlichen Leben ist von Dauer; so wie der Frühling auf den Winter folgt, muß auch der größte Kummer früher oder später vergehen, deshalb ist es widersinnig, sich ganz seinem Schmerz zu überlassen (V. 125–132). Nicht weniger unüberlegt handelt, wer zu sehr auf gegenwärtiges Glück vertraut; diese Konsequenz zieht der Chor aus Euridices plötzlichem Tod (V. 260–263). Apollo, der in Monteverdis *lieto fine* vom Himmel herabsteigt, um seinen Sohn Orfeo dem Irdischen zu entrücken, wirft ihm folglich doppeltes Fehlverhalten vor:

> Troppo, troppo gioisti
> di tua lieta ventura,
> or troppo piagni
> tua sorte acerba e dura (...) (V. 640–643)

[*Zu sehr, zu sehr hast du / dein Glück genossen, / jetzt weinst du zu sehr / über dein bitteres und hartes Geschick.*]

Orfeos Freude und sein Schmerz[35] sind dem Publikum vor Augen geführt worden; die Zuschauer haben die Empfindungen des Sängers geteilt, der Vorwurf des Gottes, so scheint es, muß auch sie treffen – aber Orfeos Affekte sind durch das Medium der Musik dargestellt worden. Musik kann Affekte nachahmen oder auslösen[36]; vor allem, so scheint es, ist sie dazu bestimmt – oder sie sollte dazu bestimmt sein –, ruhige, maßvolle Empfindungen hervorzurufen. Im Prolog beschreibt die Allegorie der Musik selbst ihre Rolle:

> Io la Musica son, ch'a i dolci accenti
> so far tranquillo ogni turbato core (...) (V. 5/6)

[*Ich bin die Musik, die mit süßen Klängen / versteht, jedes erregte Gemüt zu beruhigen*]

– zugegebenermaßen fährt sie fort:

> et or di nobil ira et or d'amore
> posso infiammar le più gelate menti. (V. 7/8)

[*und ich kann mit edlem Zorn oder mit Liebe / auch die kältesten Naturen entflammen.*]

Die Macht der Musik scheint somit ambivalent; signifikant ist nun aber, welche Figuren innerhalb des Librettos für ihre konträren Wesenheiten stehen: Orfeo singt nicht vor den Göttern der Unterwelt; als Proserpina und Plutone auftreten (V. 443 ff.), ist sein Klagelied schon verklungen. (Da der Orpheus-Mythos nur Mittel zum Zweck ist, um den Protagonisten nacheinander im Zustand höchsten Glücks und tiefster Verzweiflung zu zeigen, sind die Umstände, die zu Euridices endgültigem Verlust führen, nebensächlich.) Orfeo singt aber vor Caronte, der sich weigert, ihn ins Totenreich überzusetzen. Sein Lied (V. 364–382) besteht aus sechs Terzinen – die Strophenform der *Divina Commedia* Dantes ist diesem Ort besonders angemessen[37] – und enthält raffinierte Concetti[38], aber Caronte reagiert unerwartet: Er schläft ein (V. 401–404). Dadurch hat Orfeo die Möglichkeit, das Boot des Fährmanns zu benutzen und selbst über den Styx zu rudern. Caronte, den das Lied des Sängers durchaus berührt (V. 383–386), ist zum Mitleid nicht fähig; alles, was man von ihm erwarten kann, ist, daß seine Wachsamkeit für kurze Zeit nachläßt. Der Schlaf Carontes bestätigt die besänftigende Wirkung, die Musica selbst für sich in Anspruch nimmt. Das könnte bedeuten, daß die Musik, die Orfeos Affekte abbildet, zugleich das Heilmittel gegen ein exzessives und möglicherweise gefährliches Mitempfinden der Zuschauer darstellt und so garantiert, daß das Ziel der Katharsis erreicht wird.

Daneben hat die Musik aber auch eine maßlose Seite, die im Libretto durch die Bacchantinnen verkörpert wird. Indem Orfeo dem *affetto* erlaubt, seine *virtute* („Tugend") zu verdunkeln, statt der *ragione* („Vernunft") zu folgen[39], verhält er sich exzessiv („Così per *troppo amor* dunque mi perdi?" [*So verlierst du mich also durch* zuviel Liebe?], fragt ihn die entschwindende Euridice, V. 535), wie die Jünger des Bacchus. Daß der Sänger, der sich in diese gefährliche Nachbarschaft begibt, zuletzt von den rasenden Frauen zerrissen wird, scheint folgerichtig. Der Auftritt Apollos, der den *lieto fine* herbeiführt, akzentuiert den Gegensatz zwischen dem Gott des Maßes und der Vernunft und dem Gott des Rausches; Apollo kommentiert den Zug der Bacchantinnen:

> sottrar mi voglio a l'odiosa vista
> che fuggon gli occhi ciò che l'alma aborre. (V. 625/26)
> [*Ich will mich dem verhaßten Anblick entziehen, / denn die Augen fliehen, was die Seele verabscheut.*]

Im Grunde spielt Apollo damit die gleiche Rolle wie die Prologsprecherin Musica. Daß er Orfeo dem Zugriff der Bacchantinnen entzieht, läßt sich zwar damit begründen, daß der Sänger als Sohn des Gottes ein (im wörtlichen Sinne) geborener Gefolgsmann der *ragione* ist, so daß seine Verirrung nicht endgültig sein kann; dennoch scheint der tragische Schluß, der ohne die doppelte Verkörperung des ‚Apollinischen' auskommt, ästhetisch befriedigender.

Striggios *Orfeo* zeigt besonders deutlich, daß die Affektdarstellung nur Mittel zum übergeordneten Zweck der Affektkontrolle ist[40]; hinter der wie schon bei Rinuccini exemplarisch zu verstehenden Geschichte Orfeos wird dabei die Ambivalenz der Musik, die die Leidenschaften zu dämpfen wie anzustacheln vermag, als Problem erkennbar.

Durch die Experimente der Camerata ist in Florenz keine kontinuierliche Aufführungstradition begründet worden; in der weiteren Entwicklung spielt zunächst Rom die entscheidende Rolle, wo 1600 mit der *Rappresentazione di anima e di corpo* Agostino Mannis (Musik von Agostino de' Cavalieri) die erste geistliche Oper aufgeführt wurde[41]. In der Folgezeit entwickelt sich hier eine erbauliche Form musikalischen Theaters, die vor allem durch Giulio Rospigliosi (seit 1667 Papst Clemens IX.) repräsentiert wird.[42] Die entscheidenden Neuerungen allerdings gehen von Venedig aus: Hier wird Oper von einer höfischen Veranstaltung zu einem kommerziellen Unternehmen; seit 1637 finden öffentliche Aufführungen vor zahlenden Zuschauern statt, in der zweiten Hälfte des 17. Jahrhunderts spielen in der Lagunenstadt zu keiner Zeit weniger als vier Opernhäuser.[43] Anders als in Florenz oder Rom umfaßt das venezianische Publikum prinzipiell alle sozialen Schichten; zwar dürften Adlige und vermögende Bürger bei weitem in der Überzahl gewesen sein[44], aber die unteren Schichten sind nicht von vornherein ausgeschlossen.

Die Spielzeit ist mit dem *Karneval* verbunden, der jährlich zahlreiche Fremde in die Stadt lockt[45]; Karneval bedeutet die spielerische Aufhebung aller Normen, die sonst als verbindlich gelten, es ist also nicht verwunderlich, daß die venezianischen Libretti der aristotelischen Regelpoetik eine strikte Absage erteilen.[46] Die zeittypische „Tendenz zur radikalen Gattungs- und Stilmischung"[47] wird auf die Spitze getrieben, der Bruch mit der Konvention lustvoll ausgekostet. Andererseits wird, wenn hohe Personen in frivole Liebeshändel verwickelt werden, das adlige oder königliche Decorum verletzt – allerdings nicht auf Dauer: In der Regel stellt der Schluß des Stückes die Ordnung wieder her[48], wie auch die Freiheiten des Karnevals mit dem Aschermittwoch enden.

Über den Bezug zum Karneval erschließt sich auch ein auf den ersten Blick so rätselhaftes Werk wie GIOVANNI FRANCESCO BUSENELLOS *L'incoronazione di Poppea* (1642/43)[49]: Das Libretto, das erstmals in der Geschichte der Gattung einen historischen Stoff behandelt, irritiert vor allem durch offensichtliche Unmoral: Es „versammelt fast lauter verwerfliche Charaktere"[50], und, das ist das eigentlich Skandalöse: Für den Tyrannen Nero und die Ehebrecherin Poppea geht die Geschichte gut aus. Dieser Schluß wurde einerseits als Reflex der skeptizistischen und libertinistischen Tendenzen in der Accademia degli Incogniti erklärt, der Busenello angehörte[51]; andererseits soll er eine verkehrte, das heißt: karnevalisierte Welt abbilden[52]. Natürlich schließen diese beiden Deutungen einander nicht aus: Libertinistisches Gedankengut konnte sich nirgends besser entfalten als im Karneval.

*Poppea* beginnt mit einem kurzen Prolog (V. 1–55): Fortuna und Virtù streiten darüber, wem von ihnen der Vorrang gebührt, sie sind sich aber einig darin, daß weder Götter noch Menschen Amor widerstehen können

(V. 51/52). Dieser aber begnügt sich nicht mit der Unterwerfung der beiden Kontrahentinnen, er will seine Überlegenheit unter Beweis stellen:

> Hoggi in un sol certame
> l'un, e l'altra di voi da me abbattuta
> dirà, che il mondo a cenni miei si muta. (V. 53–55)

[*Heute wird durch mich in einem einzigen Wettkampf / die eine und die andere von euch beiden bezwungen werden, / und jede soll sagen, daß sich die Welt auf meine Zeichen hin verändert.*]

Damit endet der Prolog; was folgt, die Opernhandlung, ist Amors Machtdemonstration, ein Exempel, das er gleichsam für Fortuna und Virtù (und für das Publikum) inszeniert. Amor agiert demnach als eine Art vermittelnde Erzähler-Instanz[53], die aufgrund ihrer Göttlichkeit kaum anders denn allwissend sein kann. Wir dürfen uns folglich nicht wundern, wenn das Geschehen ausschließlich aus seiner Perspektive dargestellt wird; und das hat weitreichende Konsequenzen: Selbstverständlich muß zuletzt das Laster (aufgefaßt als erotische Ausschweifung) über die Tugend triumphieren, denn nur so kann Amor beweisen, daß seine Macht größer ist als die der Virtù. Im übrigen werden die Figuren des Spiels allein mit den Maßstäben Amors gemessen: Wer sich der Liebe hingibt, wird positiv, wer sich ihr verweigert, negativ beurteilt.

Offensichtlich sind die Liebenden in der Überzahl: Nerones Zuneigung zu Poppea wird von ihr erwidert; Ottone liebt Poppea, die ihn verlassen hat, und wird seinerseits von Drusilla geliebt; der Valletto begehrt die Damigella, die sich nicht spröde zeigt; die Ammen Ottavias und Poppeas trauern der verlorenen Jugend nach und erinnern sich mit Bedauern an vergangenes Liebesglück. Die Dichter Lucano, Petronio und Tigellino stimmen in Nerones Preisgesang auf Poppeas Schönheit ein (V. 896 ff.); ob sie selbst verliebt sind, erfahren wir nicht, aber es sieht nicht so aus, als ob sie sich Amor verweigerten. Senecas *Famigliari*, die ihn von seinem Suizid abhalten wollen, lieben das Leben. Läßt man die beiden Soldaten beiseite, die (V. 103 ff.) vor Poppeas Haus Wache stehen, während Nerone bei ihr ist, und damit, wenn auch eher unwillig (V. 111 ff.), der Sache Amors dienen, dann bleiben nur zwei Gegner des Liebesgottes: Seneca und Ottavia.

An der Gestalt Senecas scheiden sich die Geister der Kritik: Während die einen *Poppea* als „eine eindeutige Huldigung" an ihn betrachten[54], ist er für andere negativ, als komischer Pedant, dargestellt[55]; dazu paßt recht gut, daß nicht erst Federico Malipiero, wie Busenello Mitglied der Accademia degli Incogniti, sondern schon Petrarca den Philosophen als Opportunisten und Heuchler dargestellt hat.[56] In der Tat wird Seneca im Libretto als Pedant bezeichnet, die Frage ist nur, von wem. Im ersten Akt klagt

Ottavia über Neros Untreue (V. 244 ff.), ihre Amme rät ihr daraufhin, gleiches mit gleichem zu vergelten und sich einen Liebhaber zu nehmen (V. 281 ff.), was die Kaiserin ablehnt. Seneca bestärkt sie in ihrer Haltung und rät ihr in höchst sublimer Sprache[57], dem Schicksalsschlag, der sie getroffen hat, mit Seelenstärke zu begegnen (V. 328–351). Daraufhin mischt sich der Valletto ins Gespräch und kritisiert Senecas Reden als leeres Geschwätz:

> Queste del suo cervel mere inventioni
> le vende per misteri, e son canzoni.
> S'ei sternuta o sbadiglia,
> presume d'insegnar cose morali,
> e tanto l'assottiglia,
> che moverebbe il riso a' miei stivali. (V. 359–364)

[*Reine Erfindungen seines Hirns / verkauft er als Geheimnisse, dabei sind es bloß banale Versehen. / Wenn er niest oder gähnt, / behauptet er, Moral zu lehren, / und argumentiert dabei so spitzfindig, / daß er sogar meine Stiefel zum Lachen brächte.*]

Der junge Bursche hält eine Rede von 21 Versen, ehe er die Kaiserin zu Wort kommen läßt, er mißachtet also die simpelsten Anstandsregeln; das kann er, weil er das Sprachrohr Amors ist. Sein zweiter (und letzter) Auftritt beweist es: Unmittelbar nach Senecas Suizid nähert er sich der *damigella amorosetta* (V. 845) und bittet sie, ihn in die Geheimnisse der Liebe einzuweihen, die er seiner Jugend wegen noch nicht kennt (V. 842 ff.). Amor erhebt mit der Stimme des Valletto gegen Seneca, den Feind der Liebe, den Vorwurf der Pedanterie.

Das gleiche haben freilich auch schon die Wachsoldaten vor Poppeas Haus gesagt; allerdings tadeln sie an dem *pedante Seneca* (V. 127) weniger seine Pedanterie als Habgier („quel vecchion rapace", V. 128), Verschlagenheit („quel volpon sagace", V. 129) und die Rücksichtslosigkeit des Intriganten (vgl. V. 130–132).

Wenn Amor in diesem Text als allwissender Erzähler agiert, steht es ihm natürlich frei, seinen Gegner durch Verleumdungen zu diskreditieren; aber in seiner Auseinandersetzung mit Nerone beweist Seneca selbst, daß sein Moralbegriff relativ ist. Ein König, so führt er aus, darf verwerfliche Handlungen begehen, aber nur, um seinen Machtbereich zu erweitern, ein Reich zu gewinnen; einer *femminella*, eines Weibchens wegen Unrecht zu tun, ist dagegen ein plebejisches Verhalten (V. 448–458).

Man mag hier tacitistische Ideen erkennen[58] oder die politische Moral auf eine Decorumsfrage reduziert sehen[59] – für Seneca scheint der Einsatz aller Mittel erlaubt, wenn ein hoher Zweck dies rechtfertigt; die Liebe allerdings ist kein solcher Zweck. Der Philosoph vertritt die Sache der *ragione*, des vernunftbestimmten Handelns, gegen das Gefühl (*sentimento*, vgl. V. 415 f.); insofern scheint es fraglich, ob die *virtù*, zu der er sich bekennt (V. 786), eine moralische Kategorie ist. Gegen Senecas Verabsolutierung der Ratio setzt Amor das Bild des Menschen als eines triebbestimmten Wesens; und da Amor zugleich Partei und Richter ist, läßt sich leicht erraten, wie sich der Konflikt auflöst.

Der Tod des besiegten Seneca freilich wird nicht aus der Perspektive des mißgünstigen Liebesgottes dargestellt; hier gewinnt Neros Lehrer eine Würde, die in scharfem Kontrast zu seiner Erscheinung in den früheren Szenen steht. Allerdings wird der Suizid des Stoikers durch christliche Interferenzen mehrdeutig: Pallas Athene (V. 400–407), dann Merkur (V. 692–721) kündigen dem *Vero amico del Cielo* („dem wahren Freund des Himmels", V. 692) seinen bevorstehenden Tod an, als ob es sich um einen frommen Einsiedler handelte; Merkur verspricht ihm außerdem das ewige Leben (V. 704) – vor diesem Hintergrund gerät der (von Nero befohlene) Suizid in bedenkliche Nähe zu der Todsünde, die er nach christlichem Verständnis wäre.[60] In renaissancetypischer Weise wird hier Wahrheit als relativ betrachtet[61], diskrepante Positionen werden nebeneinandergestellt, ohne daß ein Ausgleich erfolgt; vor diesem Hintergrund kann dann auch Seneca zugleich ein lächerlicher Pedant und ein würdiger Philosoph sein.

Ottavia bekämpft Amor nicht, aber sie verweigert sich ihm: Die Aufforderung ihrer Amme, nach einem Liebhaber Ausschau zu halten, lehnt sie ab; als sie Ottone dazu bewegen will, Poppea zu töten, setzt sie nicht etwa ihre weiblichen Reize ein, sondern sie droht, ihn eines Vergewaltigungsversuchs zu bezichtigen, wenn er ihr nicht gehorcht (V. 1072–1077). Neros Untreue scheint sie in ihrem Ehrgeiz als Herrscherin zu kränken, davon, daß sie ihn liebt, ist an keiner Stelle die Rede. Amor straft sie weniger hart als Seneca, sie muß in die Verbannung gehen; ihre (die *Octavia* des Pseudo-Seneca zitierenden[62]) Abschiedsworte lassen keinen Zweifel daran, daß ihr ein Leben in Einsamkeit bevorsteht (V. 1500–1502): Wer Amor verachtet, bleibt allein.

Poppea teilt den Ehrgeiz der Kaiserin (vgl. V. 230; 592), aber für die Geliebte Neros sind erotisches Verlangen und Aufstiegsstreben ein und dasselbe.[63] Die dritte Frauenfigur, Drusilla, dagegen erhofft sich nicht nur keinen Vorteil von ihrer Liebe zu Ottone, ihre Selbstlosigkeit geht sogar so weit, daß sie ihr eigenes Leben hingeben will, um ihn zu retten. In gewisser Hinsicht nun wird der uneigennützigen Drusilla und der ehrgeizigen Poppea das gleiche Schicksal zuteil: Beide leben zuletzt mit dem geliebten Partner zusammen, Poppea im Glanz der Kaiserkrone, Drusilla in schmachvoller Verbannung, aber dennoch glücklich[64]. Unterschiedliche Einstellungen zum Leben und zur Liebe werden kontrastierend einander gegenübergestellt; das macht es mitunter notwendig, Gleichzeitigkeit in ein Nacheinander aufzulösen: Zu Beginn (I 3, V. 143 ff.) verdichtet sich das ekstatische Liebesglück Nerones und Poppeas im Augenblick der Trennung; zur gleichen Zeit, so muß man es sich vorstellen, grämt sich die verlassene Ottavia, deren Kummer erst in der übernächsten Szene gezeigt wird (I 5, V. 244 ff.).

Wer liebt, kann gerettet werden. Das zeigt sich an Ottone, der zweifellos die undankbarste Rolle zu spielen hat[65]: Er liebt Poppea, versucht sie zu hassen, nachdem sie ihn betrogen hat, und erwidert zuletzt die Gefühle Drusillas. Der Haß auf Poppea, der nichts anderes ist als verschmähte Liebe, treibt ihn zum Mordversuch und bringt ihn in Lebensgefahr; seine Liebe zu Drusilla scheint die Voraussetzung dafür, daß Nero ihn begnadigt. Diese Liebe nun wirkt einigermaßen unmotiviert: Kurz vorher hatte sich Ottone noch Drusillas Kleider geliehen, um den Mord an Poppea unerkannt ausführen zu können; die Möglichkeit, daß die junge Frau beschuldigt und auch bestraft werden könnte, schien er dabei in Kauf zu nehmen. Jetzt bezichtigt er sich selbst der Tat (V. 1401 ff.); man könnte vermuten, Drusillas Bereitschaft, an seiner Stelle zu sterben, habe tiefen Eindruck auf ihn gemacht, aber vermutlich geht jede psychologisierende Deutung an der Sache vorbei. Die Liebe ist ein paradoxes Gefühl; Menschen und Götter, Vornehme und Gemeine sind ihr ohne Unterschied unterworfen – das belegen die komischen Szenen der Ammen und des Valletto. Weil die Liebe exzessiv ist, kann sie freilich nicht von Dauer sein[66]; erst wenn Ottone aufhört, Poppea zu lieben, vermag er Zuneigung für Drusilla zu empfinden. Auch Neros Liebe zu Poppea muß früher oder später enden: Bei der Hochzeitszeremonie des Schlusses werden die Zuschauer sicher Poppeas späteres Schicksal mitgedacht haben (sie starb drei Jahre später nach einem Fußtritt Neros).[67] Die Allmacht Amors wird dadurch jedoch nicht grundsätzlich in Frage gestellt.

Als Ottone die schlafende Poppea ermorden will, greift der Gott selbst in das Geschehen ein und verhindert die Tat (V. 1288–1295); damit liefert er den Beweis, daß er seine Getreuen vor den Nachstellungen der Fortuna zu schützen vermag. Kurz vorher bezeichnet er sich selbst als „Amor, che move il Sole, e l'altre stelle" (V. 1244 [*Amor, der die Sonne und die anderen Gestirne bewegt*]) und zitiert damit beinahe wörtlich den Schlußvers aus Dantes *Divina Commedia* (*Paradiso* XXXIII 145).[68] Bei Dante ist damit natürlich die göttliche Liebe gemeint; Busenellos Amor setzt sich demnach an die Stelle des christlichen Gottes, er macht sich zum Herrn eines Paralleluniversums, in dem seine eigenen Gesetze gelten.[69] Während man in der Alltagswelt seine Ziele am ehesten durch vernunftbestimmtes Handeln und Affektkontrolle (also praktizierte *virtù*) zu erreichen vermag, ist es in Amors Welt genau umgekehrt. Wenn die paradoxe Triebhaftigkeit das Verhalten der Menschen bestimmt, gibt es keine rational faßbaren Gründe für ihr Handeln: Besonders deutlich wird dies am Beispiel Ottones, aber warum Nero nicht (mehr?) Ottavia liebt, sondern Poppea, läßt sich letztlich auch nicht erklären. Die Liebe aber ist endlich, wie der Karneval; als Erzähler oder Spielleiter kann der Liebesgott das inszenierte Exempel mit der Apotheose Poppeas enden lassen, der Zuschauer jedoch wird die unvermeidliche Vertreibung aus Amors Paradies mitzudenken haben. In der Alltagswelt aber ist Seneca im Recht.[70]

In den Opernhäusern Venedigs wurde vor Beginn der Aufführung das gedruckte Libretto verkauft, zusammen mit einer kleinen Kerze, damit die Zuschauer mitlesen konnten.[71] Damit beginnt die Geschichte des Librettos als *Buch*: Solange die Opernaufführung ein Akt höfischer Repräsentation war, ließ man den Text in der Regel erst nachträglich drucken, um mit dem oft aufwendig gestalteten Buch an das spektakuläre Ereignis zu erinnern. In Venedig dagegen muß das gedruckte Libretto zur ersten Aufführung vorliegen[72]; es wird also fast immer unter Zeitdruck produziert[73], und so erklären sich die recht zahlreichen Druckfehler. Am Duodezformat (ca. 10 × 15 cm) hat sich bis heute nicht viel geändert.

Die Veröffentlichung des Librettos ist Sache des Verfassers; ihm fallen auch die Einnahmen aus dem Verkauf zu. Den Druck finanziert meist ein Mäzen, der zum Dank eine Widmung[74] erwartet. Mit dieser Widmung beginnt die Reihe der Schwellentexte, die den Librettodruck zum Äquivalent unserer Programmhefte machen; es folgen ein Vorwort (*avvertenza*) des Librettisten, der *Argomento*, eine Inhaltsangabe, die oft auch Rechenschaft über die benutzten Quellen und vorgenommene Änderungen gibt, das Personenverzeichnis (mit der Sängerbesetzung) und eine Liste der Bühnenbilder sowie der Balletteinlagen.[75] Eine Libretto-Analyse wird sinnvollerweise bei den Schwellentexten ansetzen, da sie häufig Hinweise zur Autorintention enthalten.

Dank der zahlreichen miteinander konkurrierenden Theater, die ausschließlich neue Werke aufführten, bestand in Venedig großer Bedarf an Libretti. Er wurde nicht, wie im 19. Jahrhundert, von Spezialisten befriedigt: Die Librettisten waren teils adlige Dilettanten, häufig Juristen (wie Busenello), aber auch Berufsschriftsteller, denen die Oper eines von mehreren Tätigkeitsfeldern bot.[76]

Die inhaltliche und formale Vielfalt der venezianischen Libretti hat ihre Hauptursache in den Einflüssen anderer Gattungen; dabei spielt die Tragödie nur eine geringe Rolle[77], neben der Tragikomödie geben vor allem die narrative Literatur[78], namentlich die verschiedenen Untergattungen des Romans, und das zeitgenössische spanische Theater[79] mit seiner „panoramischen Raum- und Zeitstruktur"[80] wichtige Anregungen. Die häufigen Schauplatzwechsel, die vielen parallellaufenden Handlungsstränge, die oft den Vorwurf mangelnder Einheit und ‚Logik' provoziert haben[81], erklären sich aus dem wesentlich epischen Charakter der venezianischen Libretti.

Zum Eindruck epischer Totalität trägt auch die Verbindung komischer Szenen oder Nebenhandlungen mit ernsten Sujets[82] bei – natürlich befriedigen diese komischen Elemente auch, vielleicht in erster Linie, das Unterhaltungsbedürfnis des Publikums. Der stofflichen Vielfalt der Libretti, die auf Episoden aus der antiken Mythologie, aus Ritterepik und Abenteuerroman oder aus der Geschichte zurückgreifen[83], steht eine relativ einheitliche formale Gestaltung gegenüber: Nicht nur Kürze und Einfachheit der Sprache[84] sind allen Libretti gemeinsam; es finden sich auch, unabhängig von der Herkunft, räumlichen und zeitlichen Situierung des Stoffes, stets gleiche Figurentypen wie die komische Amme (schon in L'incoronazione di Poppea), der treue Diener, der weise König, der beständige Liebhaber und andere.[85] Die Handlung erscheint häufig als Folge von Verwicklungen infolge eines (gelegentlich bewußt herbeigeführten) Mißverständnisses[86], das die Identität eines (oder mehrerer) Protagonisten betrifft: Eine Frau gibt sich etwa als Mann aus oder umgekehrt.[87] Die Mikrostruktur der Texte ist bestimmt durch typische Situationen, die sich meist in einer Arie konzentrieren und unabhängig vom Sujet versatzstückartig wiederkehren: Schlaflied, Wahnsinnsszene, Verhör, Briefszene und andere.[88] Der Zuschauer nimmt ein solches Element nicht oder nicht ausschließlich innerhalb der syntagmatischen Reihe der Szenen eines gegebenen Librettos wahr, er erfährt es auch als Teil der paradigmatischen Reihe inhaltlich ähnlicher Szenen, die er bereits in anderen Opern gesehen hat. So gewinnt das einzelne Autonomie auf Kosten des Werkganzen, im Extremfall wird das Libretto zur heterogenen Szenen- oder Bilderfolge. Es nähert sich dadurch der Form der Commedia dell'arte an, die nicht nur feste Rollen (Masken bzw. Typen), sondern auch in unterschiedlichsten Situationen verwendbare Tiraden oder szenische Gags (die lazzi) kennt[89]; angesichts der Beliebtheit dieser Theaterform im Italien des 17. Jahrhunderts konnte sich die Oper ihrem Einfluß kaum entziehen. Daß einzelne komische Szenentypen oder Handlungselemente übernommen werden, ist unstreitig, aber nicht entscheidend. Als ungleich wichtiger wird sich das Strukturprinzip der additiven Reihung von Szenen erweisen, das keineswegs nur in komischen Episoden zur Anwendung kommt: Die szenischen Stereotypen der venezianischen Oper betreffen auch ernste Situationen; eben dadurch erweisen sie sich als zukunftsträchtig.

# Die Entstehung der *tragédie lyrique*

Der Dichter Pierre Perrin (ca. 1620–1675) sandte 1659 den Text einer Pastorale, die mit der (nicht erhaltenen) Musik von Robert Cambert in Issy aufgeführt worden war, nach Turin an Signor della Rovere, vormals Botschafter des Herzogs von Savoyen in Frankreich; sein Begleitbrief[1] erinnert an Gastspiele italienischer Operntruppen in Frankreich[2] und Deutschland (S. 107).

Perrins Urteil über die neue Theaterform[3] fällt negativ aus: In Frankreich wären die *Opre* beinahe ausgepfiffen worden (S. 107), und das, obwohl das musikalische Theater die Affekte (*passions*[4]) unmittelbarer ausdrücken könne als das Schauspiel. Die folgende Aufzählung der Mittel musikalischer Affektgestaltung (Tonfall, Variation der Tonhöhe, Wiederholung einer Phrase, Passagen, in denen mehrere Figuren zugleich dasselbe Gefühl oder unterschiedliche Gefühle äußern) zeigt, daß hier von Arien und Ensembles die Rede ist. Aus Unkenntnis hätten die Italiener jedoch für die Sprechbühne bestimmte Stücke vollständig vertont; und weil sie die Intrigenhandlung, reflektierende und argumentative Passagen (*des raisonnemens*) und ernsthafte Anordnungen (*des commandemens graves*) nicht auf herkömmliche Art in Musik setzen konnten, hätten sie neue Formen „moitié chantan- moitié recitans" (*halb gesungen, halb deklamiert*, S. 107) erfunden, die lächerlich und langweilig seien. Im musikalischen Theater, wie Perrin es versteht, ist kein Platz für das Rezitativ: Situationen können nur in gesprochener Rede entwickelt werden, der Gesang dagegen soll Gefühle ausdrücken. Das bedeutet, daß es im Libretto keine Intrige geben kann:

i'ay composé ma Pastorale toute de Pathétique & d'expressions d'amour de ioye, de tristesse, de ialousie, de désespoir; & i'en ay banny tous les raisonnemens graves & mesme toute l'intrigue. (S. 108)

[*in meiner Pastorale habe ich nur Pathos und Empfindungen der Liebe, Freude, Traurigkeit, Eifersucht, Verzweiflung zum Ausdruck gebracht; ich habe alle ernsten Überlegungen und sogar jede Intrige daraus verbannt.*]

In der *Pastorale d'Issy* treten drei verliebte Schäferpaare auf[5]; die Paradoxie der Liebe macht es möglich, daß Schmerz oder Verzweiflung unvermittelt in Freude und Glück umschlagen, wenn die ferne Geliebte zurückkehrt oder wenn die Spröde dem Werben ihres Verehrers nachgibt. Weil die Liebe kein Warum kennt, kann auf argumentative Passagen verzichtet werden; es gibt keine linear-kausale Abfolge der einzelnen Situationen,

Anmerkungen siehe S. 261.

sondern isolierte Einzelszenen, die allerdings ein Netz von Korrespondenzen (Übereinstimmungen oder Gegensätze) überspannt. Insofern ist Perrins Pastorale am ehesten mit Rinuccinis *Dafne* vergleichbar.

Mit seiner Kritik am Rezitativ der Italiener steht Perrin nicht allein: Saint-Évremond karikierte den gesungenen Dialog 1676 in seiner Komödie *Les opéra*[6] (gedruckt 1705). Sein Bezugspunkt ist die Alltagswelt, Perrin dagegen konfrontiert die (italienische) Oper mit der (französischen) Tragödie. Sprechstücke vollständig zu vertonen ist so, als wollte man *Cinna* oder *Horace* von Corneille in Musik setzen; Verse wie die folgenden lassen sich aber nicht auf gefällige Art (*agreablement*) singen:

> Prens un siege, Cinna, prens & qu'il te souvienne
> De tenir ta parole, & ie tiendray la mienne. (S. 107)

[*Nimm Platz, Cinna, und denke daran, / dein Wort zu halten; dann halte ich das meine.*]

Neben der banalen Aufforderung, sich zu setzen, stört hier wohl vor allem der argumentative Inhalt. Corneille selbst hat eine klare Vorstellung davon, welche Rolle der Musik im Theater zukommt: Ein Einlage-Lied kann mitunter ganz reizvoll sein, und ein instrumentales Zwischenspiel ist nützlich, damit die Zuschauer den Lärm, den z. B. die Flugmaschinen erzeugen, nicht wahrnehmen[7]; auf keinen Fall aber dürfen für den Gang der Handlung bedeutsame Passagen gesungen werden, denn die Zuschauer würden den Text nicht verstehen und könnten dem Geschehen nicht folgen.[8] Corneille legt also ein ganz anderes Kriterium an als Perrin: Musik und Gesang können nicht den wesentlichen Inhalt des Dramas vermitteln, sondern nur als gefällige Ergänzung dienen.

Dagegen postuliert Perrin ein Theater, in dem die Musik (der Gesang) wichtigstes Ausdrucksmittel ist.[9] Die Pastorale betrachtet er nur als eine erste Etappe: Am Ende seines Briefs an della Rovere kündigt er weitere Libretti über einen komischen (*Ariane*) und einen tragischen Stoff (*La Mort d'Adonis*) an (S. 110).[10] Sein Ziel war offenbar, den drei Gattungen des Sprechtheaters, die es zu seiner Zeit gab, jeweils ein musikdramatisches Pendant an die Seite zu stellen[11]; dies in Hinblick auf eine Institutionalisierung, die mit der Erteilung eines königlichen Privilegs an Perrin 1669 und der Eröffnung der *Académie d'Opéras en Musique et verbe François* 1671[12] in der Tat erreicht wurde. (Aufgrund wirtschaftlicher Schwierigkeiten war Perrin schon im folgenden Jahr gezwungen, sein Privileg an Lully abzutreten.)

Das französische Musiktheater definiert sich über die Parallele zum Sprechtheater[13]; freilich wird die von Perrin angestrebte Parallelität der Gattungen nicht erreicht, denn einerseits verschwindet die Pastorale um 1660 von der Schauspielbühne[14], andererseits fehlt bis weit ins 18. Jahrhundert eine der Komödie entsprechende musikdramatische Form[15]. So bleibt nur die *tragédie en musique* oder *tragédie lyrique*, die sich schon durch ihren Namen auf die vornehmste Form des Sprechtheaters bezieht. Etwa drei Monate, nachdem er das Opernprivileg erhalten hatte, eröffnete Lully im November 1672 die Académie Royale de Musique mit einem Pasticcio pastoralen Inhalts, *Les Fêtes de l'Amour et de Bacchus*[16]; die künstlerischen Absichten des Komponisten und seines Librettisten Quinault sind an diesem unter Zeitdruck entstandenen Werk allerdings kaum ablesbar. Im April 1673 folgt mit *Cadmus et Hermione* die erste *tragédie lyrique*; die beiden Autoren werden ihr bis 1686 zehn weitere folgen lassen. Als literarische Gattung hat die *tragédie lyrique* damit zu sich selbst gefunden: Bis zum Tod Rameaus 1764 bleibt das von Quinault geschaffene Modell im wesentlichen unverändert.[17]

PHILIPPE QUINAULT (1635–1688)[18] hatte vor Beginn seiner Zusammenarbeit mit Lully fünf Tragödien, sieben Tragikomödien und vier Komödien geschrieben; es ist nahezu unvermeidlich, daß er in seinen Libretti an die Erfahrungen mit dem Sprechtheater anknüpft. Um so mehr fällt auf, daß die Stoffvorlagen seiner *tragédies lyriques* nicht der dramatischen, sondern der erzählenden Literatur angehören: Siebenmal greift er auf die *Metamorphosen* Ovids, dreimal auf Ritterromane oder -epen zurück (*Amadis*, *Roland* nach Ariost, *Armide* nach Tasso); lediglich *Alceste* basiert auf der Tragödie des Euripides.[19] Zweifellos hat Quinault frühere dramatische Gestaltungen der ovidischen Verwandlungssagen gekannt und als Nebenquellen benutzt[20], aber die von der Tragödie bevorzugten Sujets schienen ihm offenbar ungeeignet für die Opernbühne: Er schrieb für Lully keine *Phèdre* und keine *Iphigénie*, und erst recht keinen *Cid*, keinen *Cinna* und keine *Bérénice*, denn historische Stoffe werden in der *tragédie lyrique* nicht behandelt[21]. Folgerichtig definiert der Baron GRIMM das Libretto noch im folgenden Jahrhundert als „l'épopée mise en action & en spectacle" [*das in Handlung und prachtvolle Bilder umgesetzte Epos*][22]; bis heute wird Quinaults Operndichtungen häufig ein eher narrativer als dramatischer Charakter bescheinigt.[23]

Die Unterschiede zwischen Tragödie und *tragédie lyrique* sind offensichtlich: Natürlich zwingen die äußeren Bedingungen des Musiktheaters den Dichter zur Kürze. Der paarweise gereimte Alexandriner der Tragödie ist kaum sangbar, statt dessen werden verschiedene (kürzere) Verse in unregelmäßigem Wechsel verwendet oder zu Strophen verbunden.[24] Die Einheiten der Zeit und des Ortes werden nicht respektiert, der Schauplatz wechselt von Akt zu Akt (oder öfter); während Tragödien gewöhnlich in geschlossenen Räumen spielen, kennt die *tragédie lyrique* auch Naturszenen.[25] Jeder Akt endet mit einem *Divertissement*, das durch (Chor-)Gesang und Tanz[26] eine wesentlich statische Situation vergegenwärtigt, häufig (besonders im Schlußakt) ein Fest, aber auch Kampfszenen. Während die Tragödie ihre Wirkung wesentlich aus dem gesprochenen Wort bezieht, kommt in der *tragédie lyrique* dem visuellen Element deutlich größere Bedeutung zu[27]; der (in den *Divertissements* besonders ausgeprägten) Tendenz zum Schau-Bild entspricht die Auflösung der Handlung in eine Folge bewegender und erregender, aber nur lose miteinander verknüpfter Situationen.[28] Da der Verlauf des Geschehens einerseits durch zahlreiche Peripetien beschleunigt wird, andererseits aber am Schluß eines jeden Aktes zum Stillstand kommt, erfährt der Zuschauer die Zeit der *tragédie lyrique* als diskontinuierlich.[29]

Alles in allem weist die Operndichtung mehr Gemeinsamkeiten mit dem vorklassischen französischen Theater als mit der Regeltragödie auf. Nicht nur, daß sie sich einer Normierung im Sinne der aristotelischen Poetik widersetzt[30] (nicht zuletzt dadurch, daß Quinault zunächst noch komische Figuren und Szenen zuläßt[31]) – auch Grausamkeit und Gewalt werden auf der Bühne gezeigt, wie es im „Theater der Bartholomäusnacht und des Dreißigjährigen Krieges"[32] möglich war, während die klassische Tragödie grausige Geschehnisse nur in der mittelbaren Form des Berichts vergegenwärtigt. Freilich haben die Grausamkeiten der *tragédie lyrique* ihren Platz vor allem in den Tanzszenen der *Divertissements*, erscheinen also in hohem Maße stilisiert.[33] Und schließlich nehmen im vorklassischen Theater wie in der Operndichtung das Wunderbare und speziell Auftritte von Magiern und Hexen breiten Raum ein[34]; die Regeltragödie hat auch diese Elemente von der Bühne verbannt.

Die Frage, ob die *tragédie lyrique* an das vorklassische Theater anknüpft, ist dennoch vehement verneint worden.[35] Es wäre freilich eine unzulässige Vereinfachung, wenn man die neue Form *entweder* als Fortsetzung der älteren Tradition[36] *oder* als musikdramatische Antwort auf die klassische Tragödie erklären wollte: Zum einen ist die *tragédie lyrique* auch von anderen zeitgenössischen Theaterformen wie der Maschinentragödie beeinflußt (s. u.); zum anderen sind das Wunderbare und die szenisch vergegenwärtigten Grausamkeiten nicht nur charakteristisch für die vorklassische Tragödie, sie entsprechen auch der (überzeitlich konstanten) Ästhetik des Musiktheaters: Das *Zeigen* einer Situation oder Handlung erhält generell den Vorzug gegenüber dem bloßen Bericht, und das wunderbare Element begünstigt die häufigen Peripetien und damit abrupte Wechsel von Hoffnung und Verzweiflung, Glück und Schmerz der handelnden Figuren, die das Geschehen in scharf kontrastierende Einzelszenen auflösen.

Die *tragédie lyrique* ist sowohl als barockes wie als klassisches Genre klassifiziert worden.[37] Damit sich eine solche Alternative als erkenntnisfördernd erweist, muß man sich freilich vergegenwärtigen, daß Epochenbegriffe als Konstrukte stets ein distinktes Geschichtsbild und spezifisches

Erkenntnisinteresse widerspiegeln und somit keine objektive Verbindlichkeit beanspruchen können.[38] Ob man Racine als klassischen oder barocken Autor betrachtet, hängt wesentlich vom jeweiligen Standpunkt ab[39]; je nach der zugrundegelegten Barock- oder Klassik-Vorstellung werden entweder die Unterschiede zwischen Quinault und Racine oder die Gemeinsamkeiten deutlicher hervortreten.

Für LEO SPITZER[40] „enthüllt die Kunst des Barock polare Gegensätze in so akutem Konflikt, daß das Gleichgewicht endlich nur durch eine heftige Erschütterung und um den Preis unserer inneren Ruhe erreicht wird". Vergleichen wir damit die Selbstcharakterisierung der Méduse in Quinaults *Persée* (1682):

> Mais l'excès étonnant de la difformité,
> Dont me punit sa cruauté,
> Fera connoître, en dépit d'elle,
> Quel fut l'excès de ma beauté. (III 1)[41]

[*Aber das erstaunliche Übermaß der Entstellung, / mit der mich ihre (= der Pallas) Grausamkeit bestraft, / läßt ihr zum Trotz erkennen, / wie übermäßig groß meine Schönheit war.*]

Der Gegensatz, der hier aufgerufen wird, ist der von Schönheit und Häßlichkeit. Die grauenerregende Erscheinung der Medusa, deren Anblick jeden Sterblichen zu Stein werden läßt, steht in scharfem Kontrast zur Schönheit der Andromeda; Medusa selbst aber war einst ebenso schön, wie sie jetzt häßlich ist. Pallas Athene hat sie in ein Monstrum verwandelt, zur Strafe dafür (so berichtet Ovid[42]), daß sie sich von Neptun im Tempel der Göttin hat schwängern lassen. Als Opfer göttlichen Zorns steht Medusa aber auch im Gegensatz zu Perseus, den fast alle Götter des Olymp (mit Ausnahme Junos) im Kampf gegen die Gorgonen und das Meerungeheuer unterstützen.

Dabei scheint die Medusa auferlegte Strafe allenfalls teilweise gerechtfertigt: Athenes Zorn hätte auch, vielleicht sogar vorrangig, Neptun treffen sollen, aber die beleidigte Göttin rächt sich nur an seiner sterblichen Geliebten. Kassiopeia, die Mutter Andromedas, hat ihrerseits den Unwillen Junos erregt (I 1), hofft aber, die erzürnte Göttin besänftigen zu können[43]. Die Spiele, die sie zu Junos Ehren veranstaltet, reichen dazu freilich nicht aus: Der Tanzwettbewerb, der das *Divertissement* des ersten Aktes bildet, wird durch die Rückkehr der Medusa jäh unterbrochen (I 5/6). Im übrigen haben die Sympathien und Antipathien der Götter, von denen das Schicksal der Menschen abhängt, ihre Ursachen nicht allein im Verhalten dieser Menschen: Zu Anfang hofft König Kepheus, Perseus, Jupiters Sohn, werde ihm und seinem Volk den Beistand des Göttervaters erwirken können; vor Juno freilich sollte man die Anwesenheit des Perseus besser verbergen, denn als Sohn der Danae ist er ihr verhaßt (I 1).

Perseus' Sieg über die Medusa, die Befreiung Andromedas und die Hochzeit, die ihr früherer Verlobter Phineus vergeblich zu verhindern sucht, sind von Ovid ausführlich geschildert worden.[44] 1650 hat PIERRE CORNEILLE den Stoff in *Andromède*, einer *tragédie à machines*, behandelt; in dieser Theatergattung tritt das Wort in seiner Bedeutung hinter der visuellen Komponente zurück[45], jeder Akt hat ein eigenes Bühnenbild, und die Flugmaschinen, mit deren Hilfe die Götter (Venus, Aeolus und die Winde, Jupiter mit Juno und Neptun im Schlußbild) in die Handlung eingreifen und Perseus das Ungeheuer aus der Luft attackieren kann, sind nach Aussage des Autors[46] wesentlicher Bestandteil des Werkes. Dadurch ist zweifellos eine größere Nähe zur Oper gegeben als in der Regeltragödie.

In der Handlungsführung folgt Corneille dem Vorbild Ovids, von dem er nur in (freilich bedeutsamen) Details abweicht.[47] Im Zentrum steht die Verbindung zwischen Perseus und Andromeda, bedeutsamstes Hindernis ist der Widerstand des Phineus als des offiziellen Verlobten der jungen Frau.[48] Folglich geht es vor allem um die Gefühle Andromèdes: Persée, dem geheimnisvollen Fremden, ist es gelungen, ihr Interesse zu wecken – zumindest wüßte sie gern, in welche der Nymphen ihres Gefolges er verliebt ist (II 1). Dennoch ist ihre Liebe zu Phinée aufrichtig (vgl. II 3, V. 644–649); der allerdings verspielt in kurzer Zeit seinen Kredit: Schon seine egozentrische Reaktion auf den Losentscheid, der Andromède zum Opfer des Seeungeheuers bestimmt (II 3), nimmt nicht gerade für ihn ein; vor allem aber, und das ist unverzeihlich, läßt er seine Verlobte in der Stunde der Not allein und unternimmt nicht einmal den Versuch, sie vor dem Ungeheuer zu retten. Auf die Vorwürfe Cassiopes an den Abwesenden (V. 898–903) antwortet Andromède noch, er müsse wohl vor Schmerz gestorben sein, sonst hätte er gewiß den Kampf gegen das Monster gewagt (V. 904–907). Statt dessen ist es Persée, der ihr zu Hilfe kommt; und obwohl er auf die Dankbarkeit der jungen Frau zählen kann, nutzt er diesen Vorteil nicht aus: Er läßt ihr die Freiheit, bei der Wahl eines Gatten allein ihrem Herzen zu folgen (IV 1). Durch diese noble Zurückhaltung gewinnt er Andromède endgültig. Sie selbst wundert sich über die rasche Veränderung ihrer Gefühle: Weniger als ein Tag war nötig, damit ein anderer Phinée aus ihrem Herzen verdrängte (V. 1130/31). Dieser aber will nicht einsehen, daß er verloren hat: Er beharrt darauf, daß Andromède nur ihn lieben darf, weil sie ihn in der Vergangenheit geliebt hat (IV 3; V 2). Schließlich muß er sich von ihr sagen lassen, daß er ihr durch sein Verhalten *nach* Persées Kampf mit dem Ungeheuer erst recht verhaßt ist: Die Bescheidenheit ihres Retters läßt die Verbohrtheit Phinées erst deutlich hervortreten (V. 1557 ff.).

Von daher läßt sich Corneilles Aussage präzisieren: Im Zentrum des Stückes steht die Gattenwahl Andromèdes. Sie folgt dabei ihrem Gefühl, und Gefühle sind bekanntlich irrational; der Autor aber tut alles, damit *Amour* und *Raison* zusammenfallen: Andromède liebt Persée, *und* sie hat zahllose gute Gründe, ihn zu lieben. Wenn aber die Gefühle der *Raison* gehorchen, kann ein Verehrer hoffen, seine Dame durch Argumente für sich zu gewinnen; so erklärt sich der hohe Stellenwert der Galanterie[49] im Bewußtsein der Figuren: Ein geistreiches Kompliment, eine originelle Schmeichelei können für einen (zunächst) hoffnungslos Liebenden wie Persée von größtem Nutzen sein. Zu Beginn (I 1) erkundigt er sich bei Cassiope nach den Gründen für den Zorn der Götter; sie schildert ihm daraufhin in 94 Alexandrinern

(!), wie sie am Tag der Verlobung Andromèdes mit Phinée durch ihren Stolz auf die Schönheit der Tochter die Nereiden beleidigte und wie seitdem das Ungeheuer jeden Monat sein Opfer fordert. Auf ihre rhetorisch gemeinte Frage, ob sie denn wirklich ein so furchtbares Verbrechen begangen habe, gibt Persée eine unerwartete Antwort: Die Strafe der Götter sei verdient; zwar habe Cassiope, als sie die Schönheit Andromèdes rühmte, nur die Wahrheit gesagt, das Verbrechen aber bestehe darin, daß sie ihre Tochter, die der Liebe eines Gottes würdig sei, mit einem Sterblichen habe verheiraten wollen (V. 212–227). Persée, dessen wahre Identität am Hof Céphées nicht bekannt ist[50], deutet damit an, daß er selbst Andromède liebt; Cassiope allerdings versteht ihn nicht, oder will ihn nicht verstehen: Erst zwei Szenen später nimmt sie sein aussichtslos scheinendes Begehren zur Kenntnis (V. 402–411).

Quinaults Libretto[51] bietet ein völlig anderes Bild: Dem Wortreichtum Corneilles steht hier lakonische Kürze gegenüber.[52] Cassiope schildert ihr Vergehen nicht in 94, sondern in 12 Versen (Alexandriner und Achtsilber in unregelmäßiger Folge). Nicht nur Persées Abstammung und Taten, auch seine Liebe zu Andromède sind allgemein bekannt: Gleich zu Anfang (I 2) macht Cassiope ihrer Schwester Mérope die Aussichtslosigkeit von deren Liebe zu Persée klar, da der Held nur an Andromède denkt. Diese wiederum hat sich insgeheim längst für den Fremden entschieden: Als Phinée ihr vorwirft, ihn nicht mehr zu lieben, widerspricht sie nur zaghaft:

>    Andromède et Phinée. Croyez-moi, croyez-moi.
>    Andromède. Cessez de craindre.
>    Phinée. Cessez de feindre.
>    Andromède. Je veux vous aimer; je le doi.
>    Phinée. Vous ne m'aimez pas; je le voi.
>    Andromède. Cessez de craindre.
>    Phinée. Cessez de feindre.
>    Andromède. Croyez-moi, croyez-moi. (I 4)
> [A. und Ph.: Glauben Sie mir, glauben Sie mir! / A. Fürchten Sie nicht länger!/ Ph. Heucheln Sie nicht länger! / A. Ich will Sie lieben, das ist meine Pflicht. / Ph. Sie lieben mich nicht, das sehe ich. / A. Fürchten Sie nicht länger! / Ph. Heucheln Sie nicht länger! / A. und Ph.: Glauben Sie mir, glauben Sie mir!]

Die Repliken Andromèdes und Phinées stehen in diametralem Gegensatz zueinander, und die Struktur des Textes ist zirkulär. Sinn der Rede ist nicht, den anderen zu überzeugen: Phinée weiß, daß Andromède ihn nicht mehr liebt; sie weiß es auch, will es aber um keinen Preis zugeben. Beide beharren statisch auf ihrer jeweiligen Position, so daß ein Gespräch unmöglich ist, denn das würde voraussetzen, daß sie sich aufeinander zu oder voneinander weg bewegen.

Bei Corneille dauert es viereinhalb Akte, bis sich Andromède endgültig für Persée und gegen Phinée entschieden hat. Quinaults Andromède weiß schon, als der Vorhang aufgeht, daß sie Persée liebt; ein Monolog im zweiten Akt (II 5) gibt auch dem Publikum endgültige Gewißheit. Dabei hat sich Phinée hier keineswegs so diskreditiert wie bei Corneille: Man kann nicht behaupten, daß er seine Geliebte mit übermäßiger Eifersucht quält; er läßt sie auch – zunächst – nicht im Stich: Die Medusa verbreitet Angst und Schrecken in Céphées Land, aber sie fordert nicht Andromède als ihr Opfer. Außerdem ist es für einen gewöhnlichen Menschen unmöglich, dieses Ungeheuer zu bezwingen: Selbst Persée, der Sohn Jupiters, benötigt dazu vielfachen göttlichen Beistand, ein Schwert und Flügelschuhe von Vulkan, den Diamantschild von Pallas Athene und einen Tarnhelm von den Göttern der Unterwelt (vgl. II 7–10), außerdem Merkur als Führer – und nachdem dieser die Gorgonen mit seinem Gesang eingeschläfert hat, warnt er Persée: „Je vous laisse au milieu d'un péril redoutable" [*Ich lasse Sie inmitten einer furchtbaren Gefahr zurück*] (III 3).

Phinée hätte der Medusa auf keinen Fall standhalten können; daß er es gar nicht erst versucht hat, macht ihm auch niemand zum Vorwurf. Er verliert Andromède nicht durch eigenes Verschulden, sondern er hat, wenn die Formulierung erlaubt ist, einfach das Pech gehabt, daß ihm ein unschlagbarer Rivale in die Quere kam. Wir haben gesehen, daß die Götter ihre Gunst willkürlich verteilen; Amor ist keine Ausnahme. Auch in der Welt Corneilles ist Chancengleichheit schon deshalb nicht gewährleistet, weil es Göttersöhne und gewöhnliche Sterbliche gibt, aber das Verhalten des einzelnen hat immerhin Einfluß auf sein Schicksal. Die Figuren Quinaults dagegen scheinen den Launen der Götter hilflos ausgeliefert. Nachdem Quinaults Phinée Andromède verloren hat, verspielt er allerdings durch seine Rachsucht die Sympathie des Zuschauers[53]; daß er bei dem Versuch, Persée zu ermorden, durch das Medusenhaupt versteinert wird, ist also nur gerecht.

Diese Wandlung Phinées kommt einigermaßen überraschend: In den ersten beiden Akten deutet nichts darauf hin, daß er Andromède lieber tot als in Persées Armen sehen will, aber im vierten Akt schlüpft er unvermittelt in die Rolle des Bösewichts, die ihm von der mythischen Überlieferung vorgegeben ist. Denken und Fühlen der Figuren können sich von einer Szene zur anderen radikal verändern (so radikal, wie die launischen Götter Glück und Unglück verkehren); aus ihrem „diskontinuierlichen" Verhalten[54] resultiert die Diskontinuität der Handlung, die einzelnen Szenen scheinen nur lose miteinander verknüpft[55].

Zahlreiche Einzel- und Gesamtausgaben der Libretti Quinaults bis ins 19. Jahrhundert und kritische Urteile der Zeitgenossen beweisen, daß die *tragédie lyrique* als literarische Gattung aufgefaßt wurde und als solche ihre Leser fand.[56] Es versteht sich andererseits von selbst, daß der Autor seine Texte nicht in Hinblick auf diese Zielgruppe konzipierte: Es galt, den Bedürfnissen des Komponisten Rechnung zu tragen, um so mehr, als Lully in der Zusammenarbeit beider die dominierende Rolle spielte, wie bei Lecerf de la Viéville[57] nachzulesen ist: Nachdem der König seine Wahl aus mehreren von Quinault vorgeschlagenen Stoffen getroffen hatte, entwarf der Dichter den Plan der fünf Akte und schrieb den Text (ohne die *Divertissements*), den er szenenweise der Académie des Inscriptions[58] zur Prüfung vorlegte. Die verbesserte Fassung erhielt Lully, der gewöhnlich zahlreiche Änderungen verlangte und ein Libretto erst nach mehrfacher Überarbeitung akzeptierte. In der Zwischenzeit schrieb er aufgrund der Handlungsskizze die Musik zu den *Divertissements*, die Quinault nachträglich mit Text versah; zu diesem Zweck lieferte ihm Lully einen Entwurf des Versschemas.

Der Komponist nahm somit wesentlichen Einfluß auf die Textgestalt[59]; seine Vorliebe für „ausgewogene und oft symmetrische Formen" in Arien und Ensembles[60] prägt schon die Libretti. Von den ca. 40 bis 60 Arien in jeder Oper haben mindestens zwei Drittel die zweiteilige Form[61], die gewöhnlich eine vierzeilige Strophe fordert[62]. Auch wenn die Arien der *tragédie lyrique* gegen das Rezitativ längst nicht so scharf abgegrenzt sind wie in der italienischen Oper, erzeugt diese symmetrische Form immerhin einen gewissen Eindruck von Geschlossenheit.

In den meisten Libretti Quinaults läßt sich die Handlung auf ein einfaches Schema reduzieren[63]: Stets wird das Glück eines Liebespaars von einem oder mehreren ungeliebten Nebenbuhlern bedroht. In *Persée* etwa begehrt Phinée Andromède, die ihrerseits die Liebe Persées erwidert, zu dem sich auch Mérope hingezogen fühlt.[64] In *Roland* (1685) ist die Konstellation noch einfacher: Roland verzehrt sich nach Angélique, die aber in der Beziehung zu Médor ihr Glück gefunden hat.

Stoffvorlage ist der *Orlando Furioso* Ludovico Ariostos.[65] In diesem vielsinnig-paradoxen *Romanzo*[66] problematisiert Angelicas Liebe zu Medoro das traditionelle Verhältnis von Liebe und Ritterschaft: Als schönste aller Frauen sollte Angelica dem besten Ritter gehören, und das ist zweifellos Orlando (Roland). Dieser versucht alles, um sie für sich zu gewinnen, aber vergeblich; sie zieht den Mohren Medoro vor, der von niederer Herkunft und kein Kriegsmann, dafür allerdings außergewöhnlich attraktiv ist. Der junge Bursche beweist immerhin Mut und Loyalität, da er sein Leben aufs Spiel setzt, um seinen in der Schlacht gefallenen Herrn zu begraben; dabei wird er schwer verwundet, Angelica pflegt ihn gesund, und aus ihrem Mitleid wird bald Liebe. Daß Medoro ihr nicht ebenbürtig ist, scheint sie nicht zu stören, nach kurzer Zeit entdeckt sie ihm ihre Gefühle und lebt, so muß man wohl annehmen, glücklich mit ihm bis an ihr Ende. In der Oper des 17. und 18. Jahrhunderts ist dieser Stoff häufig behandelt worden[67]; dabei erscheint Medoro meist als das genaue Gegenbild Orlandos, von dem unerschrockenen Einsatz für seinen toten Herrn ist nicht mehr die Rede, der junge Bursche hat keine Vorzüge außer seiner Schönheit und wirkt so eher unmännlich.

Quinaults Prolog, der sich wie immer direkt an König Louis XIV wendet, gibt im Dialog zwischen dem Feenkönig Démogorgon und seinen Untertanen die Rezeptionsperspektive für das folgende Spiel vor:

<blockquote>
LA PRINCIPALE FÉE.   Au milieu d'une paix profonde,
Offrons des jeux nouveaux au Héros glorieux
Qui prend soin du bonheur du monde.
Allons nous transformer pour paroître à ses yeux.
DÉMOGORGON.   Du célèbre Roland renouvelons l'histoire.
La France lui donna le jour.
Montrons les erreurs où l'Amour
Peut engager un cœur qui néglige la Gloire.[68]
</blockquote>

[DIE VORNEHMSTE FEE. *Bieten wir mitten im tiefen Frieden / dem ruhmreichen Helden, / der für das Wohl der Welt Sorge trägt, neue Spiele dar. / Verwandeln wir uns, um vor ihm zu erscheinen. /* DÉMOGORGON. *Wir wollen die Geschichte des berühmten Roland neu darstellen. / Er wurde in Frankreich geboren. / Zeigen wir die Irrtümer, in die die Liebe / ein Herz verstricken kann, das den Ruhm vernachlässigt.*]

Roland ist kein positiver Held. Er selbst schämt sich seiner Schwäche und beklagt seine Pflichtvergessenheit: Seine Aufgabe wäre es, dem von den Heiden bedrängten Kaiser Karl zu Hilfe zu eilen, aber er kann sich nicht von Angélique lösen (II 2; III 2); dabei ahnt er, daß sie nur ihr Spiel mit ihm treibt. Angélique ihrerseits weiß nur zu genau, daß die Verbindung mit Médor ihrem königlichen Rang nicht angemessen ist, aber im Streit zwischen *Amour* und *Fierté* („Stolz", vgl. I 1) siegt die Liebe: Zwar folgt sie zunächst dem Rat ihrer Vertrauten Thémire und schickt Médor fort (I 4), aber als sie den Verzweifelten bei der Quelle, die die irrationale Macht der Liebe symbolisiert[69], wiedertrifft, gesteht sie, was sie für ihn empfindet (II 4). Médor, das muß man zugeben, tut wenig, um sich dieses Glücks würdig zu erweisen: Als Angélique zu Roland freundlich ist, um ihn zu täuschen, glaubt ihr Liebhaber sich verraten und möchte sterben (III 3/4); etwas anderes war ihm auch vorher nicht eingefallen, als sie ihn weggeschickt hatte (II 4). Dennoch wird dieser Schwächling auf Angéliques Geheiß als König von Cathay inthronisiert, und ihre Untertanen feiern ihn als Sieger über die Kälte der hohen Frau (III 5/6)!

Aus *Persée* ließ sich der Grundgedanke abstrahieren, daß die Götter (das Schicksal) ungerecht sind und die Sterblichen nicht nach ihren Verdiensten belohnen und bestrafen. *Roland* radikalisiert diese Maxime: Niemand soll hoffen, die Gunst Amors durch kriegerische (oder andere) Tugenden gewinnen zu können. Angesichts der Willkür des Geschicks droht Identitätsverlust: Als Roland erfährt, daß er Angélique endgültig an Médor verloren hat, wird er wahnsinnig (IV 5). Freilich ermöglicht das Eingreifen einer Dea ex machina seine unvermittelte Genesung: Die Fee Logistille[70] gibt ihm die *Raison* zurück und weist ihm den Weg zu seiner eigentlichen Bestimmung (V 2/3); künftig wird sein Streben einzig auf militärischen Ruhm ausgerichtet sein (V 4).

Der Chor der Leute aus Cathay hat Angélique und Médor zugerufen:

> Oubliez vos grandeurs plutôt que vos amours;
> Votre bonheur dépend de vous aimer toujours. (III 6)
> [*Vergeßt eher euren Rang als eure Liebe; / euer Glück hängt davon ab, daß ihr euch immer liebt.*]

Logistille nimmt die Reimwörter dieser beiden Verse wieder auf, um eine konträre Position zu beziehen:

> Heureux qui se défend toujours
> Du charme fatal des amours! (V 2)
> [*Glücklich, wer sich immer / vor dem verhängnisvollen Reiz der Liebe bewahrt!*]

Auf das Schicksal Rolands bezogen kann kein Zweifel daran bestehen, wer recht hat. Dennoch scheint die Alternative „*entweder* Liebe *oder* Ruhm" falsch gestellt: Beides geht nicht automatisch zusammen; daß aber die Liebe allein den Schäfern (vgl. IV 3/4) und unkriegerischen Figuren wie Médor vorbehalten ist, widerspricht der Lebenserfahrung. Da sich auch der Tapferste nicht vor Amor schützen kann[71], muß es darum gehen, Pflicht und Neigung (Liebe und Ruhm) in ein ausgewogenes Verhältnis zu setzen. Dies würde rationales Abwägen und Argumentieren erfordern, und eben dem verweigert sich die *tragédie lyrique* wie schon die italienischen Libretti: These und Antithese werden nicht in einer Synthese aufgehoben.[72]

Antithetische Bezüge lassen sich auch zwischen den einzelnen *tragédies lyriques* aufzeigen. In einem Libretto wie *Persée* wird das Personendekorum durch die Liebeshandlung nicht verletzt: Persée ist ein passender Partner für Andromède und umgekehrt, wie spätestens die Sanktionierung ihrer Verbindung durch Vénus, Amour und Hyménée in der Schlußszene verdeutlicht. Von der für die italienischen Libretti charakteristischen Karnevalisierung kann hier nicht die Rede sein: Die Protagonisten werden den Anforderungen gerecht, die sich aus ihrer Stellung in der Gesellschaft ergeben; sie sind zum Herrscherpaar prädestiniert, und daß sie den Thron zuletzt doch nicht besteigen, liegt daran, daß die Götter ihnen ein glanzvolleres Geschick bestimmt haben.

In *Roland* respektiert der Protagonist das aristokratische Dekorum (Angélique ist eine standesgemäße Partnerin für Roland, der als ihr Gatte obendrein die Chance hätte, das Reich von Cathay zum Christentum zu führen), Angélique dagegen verletzt es, und dauerhaft: Ihre Ehe mit Médor ist eine Mesalliance. Auch hier kann man nicht von Karnevalisierung sprechen: Roland mißachtet die ritterliche Verhaltensnorm, da er der Treuepflicht gegen seinen König nicht genügt; die Norm ist ihm jedoch stets präsent, da er sein eigenes Tun als schmachvoll empfindet. Angélique dagegen diskreditiert sich einerseits dauerhaft als Herrscherin; andererseits erzeugt die Vergegenwärtigung glücklicher, erfüllter Liebe auf der Bühne den Eindruck, daß zwei durchaus gegensätzliche Normsysteme miteinander konkurrieren. Der Sieg der Leistungsethik in der Schlußszene kann vor diesem Hintergrund nicht anders als gewaltsam wirken.

## Die Opera seria und Pietro Metastasio

Im letzten Jahrzehnt des 17. Jahrhunderts findet die italienische Oper zu jener festen Form, die für rund hundert Jahre verbindlich bleiben sollte und für die sich nach der Abspaltung der *Opera buffa* die Bezeichnung *Opera seria* durchsetzte.[1] Die Merkmale dieses Typus sind verhältnismäßig konstant:

> An der Spitze der Rollenhierarchie steht ein Herrscher, der in der Regel ein Tenor ist. Die Handlung entwickelt sich zwischen ihm und zwei Paaren, dem Primarierpaar und dem Sekondarierpaar; weitere kleine Rollen, zumeist eine oder zwei, fungieren als Vertraute und Stichwortgeber. Die Zahl der Arien ist streng reglementiert: Primadonna und Primo Uomo erhalten je fünf, der Herrscher vier; die Sekondarier dürfen dreimal ihr Können zeigen, und die Confidenti werden mit einer Arie abgespeist. Die Handlung einer Opera seria besteht generell aus einem Intrigenspiel. Aktion findet nicht auf, sondern hinter der Bühne statt und wird auf der Bühne berichtet. In der letzten Szene der Oper, wenn der Intrigenknoten unentwirrbar und die Katastrophe unausweichlich erscheint, löst sich die Handlung zum happy ending auf. Musikalisch setzt sich die Opera seria zusammen aus Rezitativ und Arie; im Rezitativ entwickelt sich die Handlung, in der Arie wird der Affekt der vorangegangenen Szene musikalisch zusammengefaßt. Die Arien sind Abgangsarien; ein Sänger kann also nicht zwei Arien hintereinander singen. Die Arien sind außerdem Da-capo-Arien, die musikalisch in sich geschlossen und daher undramatisch sind. Und ebenso wie die Personen wechseln, die die Arien singen, muß auch der Charakter der Arie wechseln; nach einer traurigen soll eine fröhliche folgen, nach einer wütenden eine zärtliche. Freilich soll jeder Sänger die ganze Bandbreite seines Könnens vorführen dürfen; nicht nur die Personen und die Ariencharaktere wechseln also, sondern auch die Ariencharaktere innerhalb einer Rolle.[2]

Bei der Opera seria handelt es sich also um ein *Schema*, das auf ganz unterschiedliche Stoffe angewandt werden kann. Eben dies hat bereits im 18. Jahrhundert Baron GRIMM beklagt:

> le *poëme lyrique* est devenu un problème où il s'agissoit de couper toutes les pièces sur le même patron, de traiter les sujets historiques & tragiques à-peu-près avec les mêmes personnages.[3]
>
> [*die Operndichtung ist eine Rechenaufgabe geworden, wo es darum ging, alle Stücke nach derselben Schablone einzurichten, historische und tragische Stoffe in etwa mit den gleichen Figuren zu behandeln.*]

Anmerkungen siehe S. 265.

Das Schema konnte sich dank der Reformbestrebungen der *Accademia dell'Arcadia*[4] herausbilden: Gegen die konzeptistische Poetik GIAMBATISTA MARINOS (1569–1625) und seiner Nachahmer, die mittels kühner Metaphern und virtuoser Rhetorik zu verblüffen suchten, setzt die Arcadia ein ästhetisches Ideal der Klarheit und Einfachheit; Vorbilder sind einerseits die italienischen Klassiker, vor allem Petrarca, andererseits die Dichter und Theoretiker der Antike. Auch das Libretto soll den Regeln der aristotelischen Poetik unterworfen werden: Die verwickelten Intrigen der venezianischen Oper, die ernste und komische Szenen mischen, stehen in eklatantem Gegensatz zu den Prinzipien der Wahrscheinlichkeit und Einheit der Handlung, musterhaft scheint dagegen die französische Tragödie der Klassik als aristotelische Dichtungsform par excellence.[5] SILVIO STAMPIGLIA (1664–1725), eines der vierzehn Gründungsmitglieder der Akademie, hatte zwar keine Hemmungen, in seinen Opernbüchern das heroische Geschehen durch eingestreute komische Szenen aufzulockern[6]; schon für die folgende Generation wäre das undenkbar gewesen.

Nach Aristoteles ist es Aufgabe der Tragödie, die Handlungen, nicht die Charaktere der Figuren nachzuahmen[7], anders gesagt: die lineare Progression des Geschehens sinnfällig zu machen. In der Opera seria wird diese syntagmatische Dimension über die dreiaktige Struktur von Exposition, Peripetie und Katastrophe erfahrbar.[8] Bei der Aufführung wird der Spannungsbogen freilich durch die komischen Intermezzi oder Balletteinlagen gebrochen, die zwischen die einzelnen Akte eingeschoben werden; und im Libretto selbst wird die lineare Struktur durch die (paradigmatische) Konstellation der Einzelnummern überlagert[9]: Die Arien werden als in sich geschlossene Einheiten wahrgenommen; sie können aus dem Handlungsgefüge gelöst, verschoben oder in ein anderes Werk eingegliedert werden. In letzter Konsequenz führt das zum Pasticcio als einer Vorform der Hitparade: Beliebte Arien (meist) verschiedener Komponisten werden lose in eine zu diesem Zweck neu erfundene Handlung eingebunden.[10] Isoliert wirken die Musiknummern zum einen deshalb, weil es sich um Abgangsarien handelt: Auch wenn der Text sich an einen auf der Bühne anwesenden Partner richtet, ist eine unmittelbare Antwort nicht möglich.[11] Zum anderen handelt es sich meist um Da-capo-Arien[12], also um zirkuläre (statische) Gebilde. Die dominant paradigmatische Struktur der Oper steht in einem dialektischen Verhältnis zu den Seh- und Hörgewohnheiten des Publikums: Die formale Geschlossenheit der Arien verleitet die Zuschauer dazu, in einem bereits bekannten Werk nur noch auf ihre Lieblingsstücke zu achten und die Zeit dazwischen mit Gesprächen etc. auszufüllen[13]; aus diesem Verhalten wiederum mögen Komponisten und Librettisten den Schluß ziehen, daß eher spektakuläre Einzelnummern als eine schlüssig konstruierte Fabel den Erfolg eines Werkes garantieren.

In der Arie reagiert eine Figur auf ein Geschehen (Ereignis, Nachricht, Gespräch ...), das sie innerlich berührt hat. Als Zustandsbild fixiert der Text eine möglicherweise flüchtige Empfindung und verleiht ihr dadurch Dauer[14]: Der Zuschauer vergißt die Morddrohungen eines verschmähten Liebhabers auch dann nicht, wenn dieser sich später überwindet und verzeiht; die Rache-Arie im ersten und der Ausdruck der Resignation im dritten Akt werden als Stationen[15] einer Entwicklung wahrgenommen, die sich selbst der Darstellung entzieht.[16] Dies schockiert um so weniger, als in der Regel die (wir erinnern uns) als paradox und sprunghaft verstandene Liebe im Spiel ist. Zweck der Arie ist im übrigen nicht Affektdarstellung, sondern Affektkontrolle[17]: Die Figur versucht, ihre eigenen Gefühle zu verstehen; reflektierend ordnet sie das Besondere, die Empfindung des Augenblicks, einem Allgemeinen zu, indem sie es als Zorn, Eifersucht, Freude, Hoffnung oder wie auch immer benennt. Zur Erklärung des so klassifizierten Gefühls wird auf die allgemeine Lebenserfahrung rekurriert, die sich in Sentenzen kristallisiert[18]; BERTHOLD FEIND[19] forderte 1708,

> dass dieselbe [= die Arien] ein Morale, Allegorie, Proverbium und Gleichnis im Antecedente haben müssen, und die Application im Consequente, entweder auf das, was im Recitatif gesagt worden, oder um eine neue Lehre, Unterricht oder Raht zu geben.

Dies gilt vor allem für die zahlreichen Gleichnisarien, die etwa Naturphänomene (Sturm auf dem Meer etc.) heranziehen, um den Seelenzustand einer Figur zu beschreiben; zugleich bieten sie dem Komponisten Gelegenheit, Wirklichkeit darzustellen oder ‚nachzuahmen', wie es eine aristotelisch bestimmte Ästhetik von der Musik wie von allen anderen Künsten fordert.[20] Die formale Gestaltung (zwei Strophen zu je drei oder vier Versen, häufig Sieben- oder Achtsilber) nötigt zu sentenziöser Verknappung; der Bezug auf die Situation dessen, der singt, ist allenfalls implizit. GRIMM hat diese Abstraktion vom Ich getadelt:

> Le poëte fut obligé de quitter le style dramatique, de faire des tableaux, de coudre à son *poëme* quelques morceaux postiches de comparaisons & de poésie épique.[21]
> [*Der Dichter war gezwungen, den dramatischen Stil aufzugeben, (statische) Bilder zu entwerfen, an seine* Dichtung *ein paar Attrappen von Vergleichen und epischer Dichtung anzuflicken.*]

Solche Kritik übersieht freilich, daß die Maximen der Arientexte als *Exempla* angelegt sind.[22] Wie in der älteren italienischen Oper und der *tragédie lyrique* geht es um das Verhältnis von Tugend (Vernunft) und Leidenschaft; während aber die Norm, das heißt der Primat der Vernunft, in Florenz und Venedig karnevalisierend aufgehoben, in Paris und Versailles problematisiert wurde, propagiert die Opera seria die rationale Kontrolle der Affekte und bestätigt damit die Norm. Bilder und Vergleiche veranschaulichen abstrakte Sachverhalte und tragen so dazu bei, den Gesprächspartner auf der Bühne oder das Publikum zu überzeugen. Viele Arientexte können durchaus als Lebensregeln gelesen (oder gehört) werden; so etwa (in Metastasios *Olimpiade*) Amintas Reflexion über die Leidenschaften, vor denen auch das Alter keinen Schutz bietet:

> Siam navi all'onde algenti
> lasciate in abbandono:
> impetuosi venti
> i nostri affetti sono:
> ogni diletto è scoglio:
> tutta la vita è mar.
> Ben, qual nocchiero, in noi
> veglia ragion; ma poi
> pur dall'ondoso orgoglio
> si lascia trasportar.[23]

[*Wir sind Schiffe, die den kalten Wellen / ausgesetzt sind: / Stürmische Winde / sind unsere Gefühle: / Jedes Vergnügen ist eine Klippe: / Das ganze Leben ist Meer. // Zwar wacht als Steuermann in uns / die Vernunft; aber dann / läßt sie sich doch von den Wellen des Hochmuts / davontragen.*]

Aber auch das Libretto insgesamt hat exemplarische Bedeutung und kann deshalb keinen eigentlich tragischen Stoff gestalten, denn das tragische Schicksal des Individuums ist die Ausnahme von der Regel, die das Exemplum illustriert: In den Figuren der Opera seria verkörpert sich richtiges oder falsches Verhalten mit den jeweiligen Konsequenzen. Oft befinden sich zwei oder mehr Protagonisten in einer ähnlichen Lage, sie leiden z. B. darunter, daß ihre Liebe nicht erwidert wird; während sich aber der eine mit seinem Schicksal abfindet und verzichtet, sinnt der andere auf Rache – zumindest für einen Augenblick, denn die Mehrheit der Figuren ist tugendhaft und siegt über solche Anfechtungen. Da die wenigen Schurken und Verräter nur selten unbelehrbar sind, enden die Texte in der Regel, manchmal etwas unvermittelt, mit dem Sieg der Vernunft im *lieto fine*.[24] Dieser Konvention mögen ähnliche Bedenken zugrunde liegen, wie sie heute gegen Gewaltdarstellungen in Film und Fernsehen vorgebracht werden: Dank der sinnlichen Unmittelbarkeit des Theaters könnten Negativexempla (die in narrativen Gattungen zu allen Zeiten häufig waren) eine gefährliche Suggestivität entfalten; mit Rücksicht auf moralisch weniger gefestigte Zuschauer mochte es sicherer scheinen, den Schurken zuletzt bereuen zu lassen.[25] Erwartungsgemäß verliert der *lieto fine* seine Verbindlichkeit um die Wende vom 18. zum 19. Jahrhundert, das heißt in der Zeit des Übergangs zur Moderne, die Geschichte[26] und Geschichten nicht länger als Vorrat von Exempla begreift.[27]

Im Exemplum wird ein moralischer Lehrsatz (eine Sentenz) narrativ entfaltet.[28] Das Geschehen entwickelt sich aus einer Polarität (z. B. von Gut und Böse)[29]; im Seria-Libretto geht es nicht erst seit Metastasio um den Konflikt zwischen Vernunft und Leidenschaft:

> Dal contrasto di questi due universali principii delle operazioni umane, passione e raziocinio, nasce la diversità de' caratteri degli uomini, secondo che in ciascheduno più o meno l'una o l'altra o entrambi prevalgono.[30]
> [Aus dem Gegensatz der beiden allgemeinen Prinzipien menschlicher Handlungen, Leidenschaft und Vernunft, entspringt die Verschiedenheit der menschlichen Charaktere, abhängig davon, ob in jedem einzelnen die eine oder die andere oder beide überwiegen.]

Das Interesse des Operndichters konzentriert sich offenbar auf das, was nach Aristoteles in der Tragödie (im Drama) zweitrangig sein sollte, auf die Charaktere nämlich. Das hängt unmittelbar mit dem exemplarischen Charakter des Librettos zusammen: Ihre moralisch-didaktische Funktion können Exempla nur im Rahmen einer analogischen Weltsicht erfüllen, die von der Überzeugung geprägt ist, daß gleiche Ursachen im Endeffekt gleiche Wirkungen haben. Das Exemplum lehrt nicht, wie man sich in einer einmaligen Situation verhalten soll, sondern empfiehlt Tugenden, das heißt habitualisierte Verhaltensweisen, zur Nachahmung.[31] Daß nicht jede tugendhafte Handlung ihren Lohn findet, wird nicht unterschlagen: Großmut mag ausgenutzt, Güte mit Undank vergolten werden. Dem *lieto fine* liegt jedoch die Überzeugung zugrunde, daß letztlich immer die Tugend triumphiert.

Das zentrale Thema der Opera seria, der Antagonismus von Vernunft und Affekt, spiegelt sich in der Struktur des Librettos: Moralische Lehren werden nicht begrifflich, sondern über eine Reihe von Affektäußerungen vermittelt (umgekehrt wird in vielen Arien der emotionale Gehalt eines sentenzhaften Textes erst durch die Musik offengelegt). Das Bild eines komplexen Phänomens entsteht durch die Addition einzelner Facetten, indem teils konträre, teils nur durch Nuancen voneinander unterschiedene Haltungen vorgeführt (oder Stellungnahmen aneinandergereiht) werden: Neben glücklich oder unglücklich Liebenden treten etwa ein Gleichgültiger und ein narzißtischer Charakter auf, der in einer erotischen Beziehung nur Machtgewinn und Selbstbestätigung sucht.[32]

Häufig faßt ein Schlußchor den exemplarischen Gehalt explizit zusammen; gegenüber dem differenzierten Bild, das sich aus der Konfrontation der einzelnen Arientexte ergibt, wird dies freilich immer eine Vereinfachung sein. Die Art, wie im Seria-Libretto ein komplexes Phänomen gleichsam eingekreist wird, erinnert an die von CLAUDE LÉVI-STRAUSS beschriebene Struktur des mythischen Denkens[33]; und vielleicht ließe sich der exemplarische Gehalt dieser Texte wie bei den Mythen am ehesten über die paradigmatische Anordnung von ‚Beziehungsbündeln' erfassen. Als konstitutive Einheiten (‚Mytheme') wären dabei einerseits die Arien-Inhalte, andererseits allerdings auch die Handlungen und Verhaltensweisen der Figuren in gegebenen Situationen zu verzeichnen.

## Die Opera seria und Pietro Metastasio 73

Vor dem Hintergrund der paradigmatischen Struktur des Librettos sind auch die Vorwürfe zu relativieren, die seit Benedetto Marcellos Satire *Il Teatro alla moda* (1720) immer wieder erhoben worden sind[34]: Der Librettist sei machtlos gegen die Gewinnsucht des Impresario und die Eitelkeit der Sänger; prachtvolle Bühnenbilder und spektakuläre Effekte seien wichtiger als die innere Stimmigkeit der Handlung, und weil die Primadonnen beiderlei Geschlechts ihre Arien durch bewährte Zugnummern aus anderen Opern ersetzten, gehe der Zusammenhang vollends verloren. Daran, daß die Kritik in vielen Fällen begründet ist, kann kein Zweifel bestehen; und man braucht nur einige Libretti von weniger renommierten Autoren zu lesen, um auf die allgegenwärtigen sprachlichen und szenischen Klischees aufmerksam zu werden. Allerdings – auch in den Texten des hochgeschätzten Pietro Metastasio wurden regelmäßig Arien ausgetauscht, und nicht nur das Publikum, auch der Dichter selbst scheint das (vielleicht resignierend) hingenommen zu haben.[35] Die Verächter der Oper gehen vom Kohärenzbegriff der aristotelischen Tragödie aus; als epische Theaterform weist das musikalische Drama jedoch eine Episodenstruktur auf, es ist möglich, einzelnes hinzuzufügen, wegzunehmen oder zu ersetzen, ohne daß das Ganze Schaden nimmt[36].

Nicht wenige prominente Repräsentanten der Arcadia standen der Oper grundsätzlich ablehnend gegenüber[37]; und APOSTOLO ZENO (1668–1750) selbst, mit rund fünfzig Libretti (gut ein Dutzend davon verfaßte er gemeinsam mit PIETRO PARIATI [1665–1733]) einer der produktivsten und angesehensten[38] Librettisten seiner Zeit, räumt ein, daß das musikalische Drama immer etwas anderes (lies: weniger Vollkommenes) sein werde als die Tragödie[39].

Unter den zahlreichen Unwahrscheinlichkeiten (*inverisimili*) seien zwei, die notwendig zum Wesen dieser Gattung gehörten und daher nicht beseitigt werden könnten, „come il dover cantarsi da capo a piedi le ariette musicali, le tante mutazioni di scena" [*nämlich daß die Arien von Anfang bis Ende gesungen werden müssen, und die vielen Szenenwechsel*]; hier ist die paradigmatische (nichtaristotelische) Struktur des musikalischen Dramas angesprochen, das sich aus Einzelnummern und in sich geschlossenen Akten oder Bildern zusammensetzt. Andere Verstöße gegen die Regeln, wie die mangelnde Einheit der Handlung oder die Mischung ernster und komischer Szenen, lassen sich dagegen beheben; demnach wäre – nur, aber immerhin – eine Annäherung des Librettos an die Tragödie möglich. Als geeigneteres Vorbild bietet sich freilich die französische Tragikomödie an.[40]

Man hat Zeno „den vielleicht am eindeutigsten unmusikalischen unter den wichtigen Librettisten"[41] genannt. Schuld daran ist der Umfang seiner Texte, und der Rezitative in seinen Texten: In der gemeinsam mit Pariati verfaßten Don-Quijote-Oper (*Don Chisciotte in corte della duchessa*, 1719) sind es z. B. 2202 Verse, mehr als das Doppelte der üblichen 1000, und auch deutlich mehr als bei Metastasio (ca. 1500 Verse). Wie alle italienischen Librettisten vor ihm verwendet Zeno in den Rezitativen Sieben- und Elfsilber, also Versformen, die „sehr frei in den Möglichkeiten der Akzentverteilung" sind[42], in unregelmäßigem Wechsel und über weite Strecken ohne Reimbindung[43]; der Abstand gegenüber den strophisch gebauten Arientexten ist also sehr deutlich, die Rezitative wirken fast wie Prosa.

Ungleich ‚musikalischer' – sowohl, was die Verteilung von Rezitativ und Arien, wie auch, was die euphonische Qualität der Verse angeht – sind die Libretti PIETRO METASTASIOS (1698–1782). Der berühmteste und erfolgreichste Operndichter seiner Zeit stand als Schüler Gian Vincenzo Gravinas[44] in der Tradition der Arcadia, ließ sich aber auch von anderen Vorbildern beeinflussen, etwa von Tasso und sogar von Giambattista Marino, der den Arkadiern als die Verkörperung geschmacklosen Schwulstes galt[45].

Metastasios Librettisten-Karriere begann um 1723 in Neapel und führte ihn über Rom nach Wien, wo er mehr als 50 Jahre lang, von 1730, als er die Nachfolge Zenos antrat, bis zu seinem Tod die Stellung des *poeta cesareo* innehatte. Er verfaßte insgesamt 27 (ausnahmslos dreiaktige) Opernlibretti oder *melodrammi*; acht davon entstanden noch vor 1730 in Italien, neun wurden unter der Herrschaft Kaiser Karls VI. († 1740) in Wien aufgeführt; für dessen wenig theaterbegeisterte Nachfolgerin Maria Theresia schrieb Metastasio in über dreißig Jahren (1740–1771) nur zehn Operntexte. Daneben dichtete er acht *azioni sacre* (Oratorien) und mehr als dreißig *azioni teatrali*, allegorisch-mythologische Festspiele[46].

Den exemplarischen Charakter des Librettos hat Metastasio klar erkannt und bejaht: Es war sein Ziel, den Sinn für Gerechtigkeit und Ehrlichkeit (*il giusto e l'onesto*) im Volk zu stärken.[47] Für den Hofdichter bedeutete das, die bestehende (absolutistische) Ordnung zu verherrlichen.[48] In vielen seiner Libretti nimmt der tugendhafte Herrscher eine zentrale Stellung ein; diese Figur zeigt einerseits den Mächtigen im Zuschauerraum, was das Volk von ihnen erwartet, andererseits sollen die Untertanen die *virtù* des Fürsten bewundern und zum Vorbild für ihr eigenes Verhalten machen[49].

In Einklang mit den Prinzipien der Arcadia faßt Metastasio den *melodramma* als eine Form der Tragödie auf; seine Theaterästhetik orientiert sich an der Poetik des Aristoteles und setzt die Vorbildhaftigkeit des französischen Theaters voraus[50]. Seine Operndichtungen sind deshalb häufig als „Musterbeispiele tragischen Stils" betrachtet worden.[51] Andererseits vertrat schon FRANCESCO DE SANCTIS die Auffassung, wahre Tragik liege außerhalb der Möglichkeiten des Dichters Metastasio und seiner Epoche, ein als Tragödie konzipiertes Werk wie *Didone abbandonata* sei in Wahrheit

„eine Komödie in tragischer Form"[52]. In diesem Zusammenhang wird gewöhnlich auf den elegischen[53], idyllischen, lyrischen[54] Charakter hingewiesen, der Metastasios *Tragedia a lieto fine* mit der Tragikomödie (und damit auch mit der Hirtenwelt der frühesten Opern) verbindet.

Ein Blick auf den Kommentar zur Poetik des Aristoteles, den Metastasio gegen Ende seiner literarischen Karriere verfaßte[55], schafft hier Klärung: In seiner Sicht sind für die Tragödie weder die Einheiten von Zeit, Ort und Handlung noch das tragische Ende konstitutiv; zu der (müßigen) Diskussion um die Einheiten sei es nur deshalb gekommen, weil der Duc de Richelieu nach einem Vorwand gesucht habe, um Corneilles Meisterwerk, den *Cid*, zu verurteilen.[56] Nun ist der *Cid* zweifellos eine Tragikomödie; die bei Aristoteles vorgegebene Dichotomie von Tragödie und Komödie faßt Metastasio anscheinend so auf, daß alle nicht unter den Begriff der Komödie zu subsumierenden Theaterformen als ‚Tragödien' zu klassifizieren wären. Der Terminus deckt demnach durchaus divergente Subgattungen ab; von der Tragödie Racines unterscheidet sich die musikalische ‚Tragödie' schon durch ihre Nähe zur Pastorale[57].

Es ist nicht Aufgabe der Kunst, so heißt es weiter, die Illusion der Realität zu erzeugen; die Leistung des Künstlers besteht darin, daß er (wie der Bildhauer, der dem Marmor menschliche Gestalt verleiht) die Form des Originals in einem Stoff nachbildet, der nicht der des Originals ist.[58] Der Dramatiker stellt in drei oder vier Stunden auf einer kleinen Bühne Ereignisse dar, die an weit auseinanderliegenden Schauplätzen geschehen sind und Monate oder Jahre in Anspruch genommen haben[59]; daraus ergibt sich der Zwang zur Stilisierung. Nur in einigen zentralen Aspekten kann die dramatische Dichtung mit der Wirklichkeit genau übereinstimmen:
nella artificiosa, ma naturale condotta d'una favola: nella vera pittura de' caratteri e de' costumi: nella nobile, chiara ed espressiva locuzione[60], e nel continuo, soprattutto, violento contrasto degl'inquieti affetti del cuore umano.[61]
*[in der kunstvollen und doch natürlichen Ausführung einer Fabel; in der wahrhaftigen Darstellung der Charaktere und Verhaltensweisen; im vornehmen, klaren und ausdrucksvollen Stil, und vor allem im ständigen, heftigen Gegensatz zwischen den unruhigen Empfindungen des menschlichen Herzens.]*

Während Aristoteles die Tragödie von der Handlung, also vom Syntagma her definierte, legt Metastasio den Akzent auf die paradigmatische Dimension der Charaktere und der Affekte, die (in den Momentaufnahmen der Arien) einander gegenübergestellt werden. Wichtiger als die lineare Entwicklung der Intrige sind die Beziehungen zwischen den handelnden Personen, die nach und nach erhellt werden[62]. Die Antithese wird zum Strukturprinzip[63]; die Situationen werden quasi unverbunden aneinandergereiht.

Eindeutig in der aristotelischen Tradition steht Metastasio, wenn er auf dem Vorrang des Wortes gegenüber Musik und Szene in der dramatischen Dichtung beharrt.[64] Freilich verbindet sich sein „Logozentrismus"[65] mit hoher Sensibilität für die visuelle Seite des Theaters[66]: Dem Text ist die szenische Umsetzung gleichsam eingeschrieben, da Gesten und Handlungen, die die Personen ausführen, im Dialog ausdrücklich benannt werden; selbst der Ort des Geschehens wird häufig in seinen wesentlichen Elementen evoziert.[67] Über die Figurenrede fokussiert der implizite Autor die Aufmerksamkeit des Zuschauers auf optische Details, er legt – ähnlich wie der Erzähler in einem narrativen Text – die Perspektive fest, aus der das Bühnengeschehen betrachtet werden soll.

Damit trägt er zugleich dem musikdramatischen Grundprinzip Rechnung, daß alles Wesentliche, wenn nicht sichtbar, so doch wahrnehmbar sein soll. Gefühle vor allem gewinnen erst dann Realität, wenn sie geäußert werden; wer etwas anderes sagt, als er denkt oder fühlt, stellt mittels beiseitegesprochener Bemerkungen sicher, daß das Publikum seine wahren Absichten durchschaut.[68]

In *Didone abbandonata*[69] (Neapel 1724) ist es Didones Schwester Selene, die ihre Gefühle für Enea, den Liebhaber ihrer Schwester, in ihrem Inneren verschließt. Der Zuschauer freilich weiß schon nach weniger als fünfzig Versen Bescheid (vgl. die Aparte-Einwürfe V. 42; 44/45), noch bevor Selenes Arie (V. 104–111) ihre Ergebenheit gegenüber der Schwester Didone mit den Qualen der Eifersucht kontrastiert. Im zweiten Akt verrät sie sich gegenüber Enea durch die zärtliche Anrede „cor mio" (V. 254) bzw. „mio ben" (V. 262), er aber gibt sich mit der (wenig überzeugenden) Erklärung zufrieden, sie habe in Didones Namen gesprochen. Erst im dritten Akt (V. 94–101) gesteht sie ihm ohne Umschweife ihre Liebe und wird abgewiesen.

Es hat mit dem „fast noch experimentellen" Charakter[70] der *Didone abbandonata* zu tun, daß dieses Libretto (wie die Dido-Handlung in Vergils *Aeneis*) mit dem Tod der Protagonistin endet. Selbstverständlich war der Stoff jedem zeitgenössischen Zuschauer bekannt, daher kann der Librettist den Ausgang in Eneas erster Replik (I 1 V. 1–12) vorwegnehmen: Der Trojaner weiß, daß Didone ihn liebt, er liebt sie auch, aber dennoch muß er dem Gebot der Götter folgen und Karthago verlassen. Die Abreise, die hier unmittelbar bevorzustehen scheint, wird freilich erst 1200 Verse später Wirklichkeit[71]; nach dem raschen Auftakt wird die Zeit gedehnt. Enea setzt an, um Didone seinen Entschluß mitzuteilen, aber im entscheidenden Moment verläßt ihn der Mut (I 2, V. 60–84)[72]; der Intrigant Osmida liefert Didone eine falsche Erklärung für das sonderbare Verhalten ihres Geliebten (V. 96–98), erst gegen Ende des ersten Aktes (I 7, V. 462/64) erfährt die Königin die Wahrheit.

Wenn der Vorhang aufgeht, ist Eneas Entscheidung schon gefallen, obwohl er noch fast drei ganze Akte braucht, um sich von Didone zu lösen. Allerdings nimmt er in der Rollenhierarchie nicht die erste Stelle ein: Er singt insgesamt vier Arien, während Didone und Iarba, dem afrikanischen König, der vergebens um sie wirbt, jeweils fünf zugestanden werden.[73]

Folglich bilden diese beiden das erste Paar, Enea und Selene (die ebenfalls vier Arien hat) das zweite.

Thema des Librettos ist der Konflikt zwischen *dovere* und *affetto*, Pflicht und Neigung (vgl. Enea, II 7, V. 188). Enea hat – richtig – gewählt, aber er muß noch zwei schwere Prüfungen bestehen: Didones Bitten und Vorwürfe (I 17, V. 471–525) lassen ihn schwanken[74], aber er hält an seinem Entschluß fest. Daraufhin versucht die Königin, ihn eifersüchtig zu machen (vgl. II 11, 299–301): Sie werde, so erklärt sie ihm, Iarba heiraten müssen, wenn er, Enea, sie verlasse. Mit einiger Mühe ringt sich der Trojaner dazu durch, sie in dieser Absicht zu bestärken (II 11, V. 355–357). Es fällt ihm sichtlich schwer zu akzeptieren, daß Didone für ihn verloren ist (seine Apartes zu ihrem Gespräch mit dem Afrikaner beweisen es, II 12, V. 366–422), aber er lernt, sich mit der neuen Situation abzufinden: Im dritten Akt hält er die geplante Heirat offenbar für die vernünftigste Lösung (vgl. III 6, V. 93/94).

Didone freilich ist nicht bereit, ihr privates Glück der Politik (oder dem Willen der Götter) aufzuopfern; sie gibt auch nicht nach, als Iarba Karthago zerstören lassen will, um sich für die erlittene Demütigung zu rächen. Spätestens jetzt müßte die Verantwortung für den Bestand des Reiches und für Leib und Leben ihrer Untertanen schwerer wiegen als die Liebe zu Enea; Didone aber wählt den Suizid, der als unmittelbare Konsequenz ihres Fehlverhaltens (Entscheidung für *affetto* gegen *dovere*) nicht als tragisch zu bewerten ist: Die Königin wird zum Negativexemplum.

Das gleiche gilt für Iarba: Gegenüber seinem Vertrauten Araspe leugnet er die Realität der *virtù*; ein Herrscher könne nach Belieben lügen und betrügen, ohne dafür getadelt zu werden, tugendhaftes Verhalten sei etwas für Sklavenseelen (I 7, V. 257–267). Konsequenterweise denkt er nicht daran, Osmida den versprochenen Lohn für seinen Verrat zu zahlen, und er schreckt auch nicht vor dem Versuch zurück, den verhaßten Rivalen Enea eigenhändig zu töten (I 15). Araspe reagiert mit Entsetzen auf Iarbas Vulgär-Machiavellismus (I 8, V. 268–280)[75] und hindert ihn später an der Ausführung seines Mordplans. Iarbas *affetto* (ob neben der sexuellen Begierde auch der Wunsch, über Karthago zu herrschen, eine Rolle spielt, wird nicht klar) ist stärker als der moralische *dovere*. Auch er erreicht sein Ziel nicht: Didone flieht vor ihm in den Tod.

Selene (die ihrerseits an der aussichtslosen Liebe zu Enea festhält, statt dem Werben des tugendhaften Araspe nachzugeben) rechtfertigt, so scheint es, die Irrationalität, die Didones wie Iarbas Begehren kennzeichnet:

(...) la scelta
nostro arbitrio non è. Non è bellezza,
non è senno o valore,
che in noi risvegli amore; anzi talora
il men vago, il più stolto è che s'adora. (II 10, V. 281–285)[76]

[*Die Wahl {des Partners} / ist nicht unsere freie Entscheidung. Es ist nicht Schönheit, / nicht Klugheit oder Tapferkeit, / die in uns Liebe erwecken; manchmal ist es vielmehr / der am wenigsten Attraktive, der Dümmste, den man liebt.*]
Enea beweist nun aber, daß Tugend und Vernunft sehr wohl eine unsinnige Neigung überwinden können. Selbstverständlich wußte das Publikum, daß seine *pietas* ihren Lohn finden würde; dies mußte daher im Libretto nicht eigens dargestellt werden. Aus dem Vergleich zwischen Enea einerseits und Didone, Iarba und Selene andererseits ergibt sich ein moralischer Grundsatz, der vom Publikum ohne weiteres als Handlungsanweisung verstanden werden konnte.

In *Olimpiade*, dem vierten für Wien geschriebenen *melodramma* (1733), stellt sich das Verhältnis von *dovere* und *affetto* differenzierter dar. Fluchtpunkt des Geschehens ist eine Anagnorisis, die – wie von Aristoteles für die Tragödie gefordert[77] – zugleich mit der Peripetie eintritt: Licida, der als Sohn des Königs von Kreta galt, ist in Wirklichkeit Filinto; sein leiblicher Vater Clistene, der König von Sikyon, hatte ihn auf Weisung des Delphischen Orakels[78] aussetzen lassen, da ihm (genau wie in der Oedipos-Geschichte) der Tod von der Hand des Sohnes geweissagt war. Während Filinto seine wahre Identität nicht kennt, nehmen zwei andere Figuren bewußt einen falschen Namen an: In Kreta hat Licida-Filinto Argene die Ehe versprochen; der König, sein (falscher) Vater, hat sich dieser Verbindung widersetzt, Argene mußte fliehen und lebt jetzt als Hirtin Licori in Elis. Dort führt König Clistene den Vorsitz bei den Olympischen Spielen; der Sieger soll Clistenes Tochter Aristea zur Frau erhalten. Licida hat sich in Aristea (seine Zwillingsschwester) verliebt, und weil er sich im Wettkampf keine Siegchancen ausrechnet, überredet er seinen Freund Megacle, der ein geübter Athlet ist, unter seinem Namen anzutreten. Der Athener Megacle nun ist der heimliche Liebhaber eben jener Aristea; eine Heirat war wegen Clistenes Abneigung gegen die Athener ausgeschlossen, Megacle verließ Sikyon und ging nach Kreta, wo ihm Licida das Leben rettete. Aus Dankbarkeit und Freundschaft ist er nun bereit, seine eigene Geliebte für den anderen zu erringen.[79]

Diese Konstellation erinnert an die in zahlreichen mittelalterlichen Versionen überlieferte Beispielerzählung von der Freundestreue, und speziell an die Novelle von Tito und Gisippo aus Boccaccios *Decamerone* (8. Novelle des 10. Tages): Tito verliebt sich in Sofronia, die Braut seines Freundes, und wird krank aus Verzweiflung, sie nicht besitzen zu können. Gisippo heiratet Sofronia zum Schein, überläßt aber seinem Freund den Platz in ihrem Bett; als später die Wahrheit bekannt wird, müssen Sofronia und ihre Familie sich damit abfinden. Später gerät Gisippo in Not; da er fälschlich annimmt, Tito hätte ihn vergessen, will er sterben und gesteht einen Mord, den er nicht begangen hat, woraufhin Tito seinerseits ein falsches Geständnis ablegt, um das Leben des Freundes zu retten. Zuletzt klärt sich alles auf, und die beiden leben glücklich miteinander.

Wie Gisippo vertritt Megacle seinen Freund, allerdings nicht am Traualtar, sondern auf dem Kampfplatz. Der Betrug wird aufgedeckt; in seiner Verzweiflung darüber, daß Aristea für ihn verloren scheint, versucht Licida, König Clistene zu ermorden, und wird zum Tode verurteilt. Megacle zögert keinen Augenblick: Er will den Unglücklichen retten oder wenigstens mit ihm sterben (III 2, V. 77/78); in ihm vereinigen sich also die Opferbereitschaft Titos und die Selbstlosigkeit Gisippos.

Megacles Verhalten ist von Pflicht, Tugend und Ehre bestimmt; das unterscheidet ihn von Licida[80] und verbindet ihn andererseits mit Clistene. Dieser orientiert sich stets an seinen Verpflichtungen gegenüber der eigenen, königlichen Rolle, gegenüber den Göttern und gegenüber dem Volk[81]: Filinto hat er ausgesetzt, weil das Orakel es befahl; am Ende, als er in Licida den verlorenen Sohn erkannt hat, will er ihn dennoch hinrichten lassen, da der Mordanschlag auf den König nicht ungesühnt bleiben dürfe. Licidas Erzieher Aminta nennt dies *giustizia inumana* („unmenschliche Gerechtigkeit", III Ult., V. 435), Alcandro spricht von *barbara virtù* („grausamer Tugend", ebd., V. 436) – unter diesen Umständen fällt es schwer, in Clistene ein Beispiel für die Macht der *ragione* zu sehen.[82] Dagegen spricht auch, daß Megacle ihn kurzerhand entmachtet: Mit Sonnenuntergang endet Clistenes Mandat als Leiter der Spiele (III Ult., V. 437–439); so müssen die Priester und das Volk von Elis Licidas Urteil fällen, und sie sprechen ihn frei.

Clistene setzt *eine* Tugend des Herrschers, den Gehorsam gegenüber menschlichem und göttlichem Recht, absolut; er mißachtet dagegen die Verpflichtung zur Milde, deren Bedeutung Metastasio seinem Publikum ein Jahr später in *La clemenza di Tito* nachdrücklich vor Augen führen sollte. Er wird, so scheint es, auch der Rolle des Schiedsrichters[83] nur unvollkommen gerecht: Seine Aufgabe wäre es, das Gewicht widerstreitender Normen gegeneinander abzuwägen, statt dessen zieht er sich starr auf eine einseitige Position zurück.

Um die Verabsolutierung *einer* Tugend (in diesem Fall der *amicitia*) geht es auch in Boccaccios Novelle.[84] In Ciceros *Laelius* heißt es, daß Freunde alles miteinander teilen sollen; allerdings bezieht sich diese Vorschrift (die eine noch weit unmoralischere Lösung von Titos und Gisippos Problem nahelegen könnte!) natürlich nicht auf die Ehefrauen. Immerhin ist Titos Fall ernster als der Licidas, denn Gisippos Freund ist durch das Liebesleid tödlich erkrankt; auch ist Sofronia für ihren Bräutigam eine Fremde, der Verzicht fällt Gisippo also nicht allzu schwer. Der Leser der Novelle wird sein Verhalten wohl nicht billigen, aber immerhin Verständnis für seine Notlage aufbringen.

Metastasio hat (in impliziter Auseinandersetzung mit dem Vorbild Boccaccios) Recht und Unrecht sehr viel eindeutiger verteilt: Megacle und

Aristea lieben einander so leidenschaftlich, daß ihnen eine Trennung nahezu unmöglich scheint. Licida dagegen täuscht sich, wenn er seine (geschwisterliche) Neigung zu Aristea für Liebe hält[85]; und, das ist das Entscheidende, er ist obendrein nicht frei, sondern an Argene gebunden.

Argene stammt aus vornehmer kretischer Familie (vgl. III 8, V. 340 f.). Dennoch kann man vermuten, daß sie für den Thronerben keine ebenbürtige Gattin wäre, so daß Licidas Liebe einen Bruch des königlichen Dekorums bedeutet; die Reaktion des kretischen Königs, der die Beziehung der beiden zu unterbinden sucht (vgl. I 4, V. 174 ff.), scheint darauf hinzuweisen. Eine Verbindung mit Aristea, der Thronerbin von Sikyon, wäre unter dynastischen Gesichtspunkten für den künftigen König von Kreta sehr viel passender. Dennoch erinnert Aminta Licida gleich zu Anfang an seine Verpflichtungen Argene gegenüber (I 1, V. 53–57); und nach der Anagnorisis akzeptiert König Clistene ohne Zögern Argene und Megacle als Ehepartner für seine beiden Kinder. Licidas *dovere* wäre es, Argene die Treue zu halten; er aber folgt blind seinem fehlgeleiteteten *affetto* für Aristea.

Aus Licidas Fehlverhalten kann nichts Richtiges erwachsen. Megacle stellt seinerseits *dovere* (die Verpflichtung gegenüber Licida) über seine Liebe zu Aristea, was sich unter den gegebenen Umständen als falsch erweist. Aristea andererseits weigert sich, ihre Gefühle der *virtù* zu opfern, wie Megacle es von ihr verlangt (II 9, V. 257), und weist Licidas Werben mit harten Worten zurück (II 11, V. 371–383). Das Streben nach persönlichem Glück, das im Falle Didones ein Fehler war, erweist sich bei Aristea als *ragione*.

Der Sinn erschließt sich über den Vergleich der unterschiedlichen Verhaltensweisen: Clistene und Megacle erfüllen die Gebote der Pflicht, wie sie sie verstehen; beide haben unrecht. Licida folgt seinen Gefühlen: zunächst, indem er Argene gegen das Gebot seines Ziehvaters liebt, und erneut, als er sie um Aristeas willen verlassen will; auch er hat unrecht, zumindest im zweiten Fall. Bei Aristea und Argene dagegen sind Gefühl und Pflicht eins; ihr Wunsch, die Beziehung zum geliebten Partner durch Heirat zu legitimieren, ist richtig und vernünftig.

Eine weitere Bedeutungsebene erschließt sich über die Bezüge zur literarischen Tradition: Die Parallele zwischen Laios und Clistene, Filinto-Licida und Oedipos irritiert zunächst. Laios wurde von Oedipos erschlagen, weil er Heras Zorn erregt, dann die Warnung des Orakels mißachtet und einen Sohn gezeugt hatte; wodurch der sympathische Clistene ein derartiges Schicksal hätte verdienen können, ist unklar. Licidas Angriff auf den Mann, der sein Vater ist, erscheint vollends unmotiviert: Clistene hat ihn auf demütigende Weise aus Elis verbannt, aber Licida schien einzusehen, daß dies die angemessene Strafe für den gemeinsam mit Megacle verübten Betrug war (vgl. II 15, V. 495 f.); außerdem ist nicht erkennbar, was er durch den

Mord an Clistene zu erreichen hofft. Die mythischen Elemente sind Fremdkörper in einer Welt, die nicht mehr den Gesetzen des Mythos gehorcht; vor diesem Hintergrund wirkt Clistenes fragloser Gehorsam gegenüber dem Orakelspruch, der ihm befahl, seinen Sohn auszusetzen, vollends inadäquat.

Wenn Clistene auf dem Todesurteil gegen Licida-Filinto beharrt, handelt er wie Brutus, der erste römische Konsul[86], dessen Sohn Titus – aus Liebe – gegen die junge, von inneren und äußeren Feinden bedrohte Republik konspirierte; als die Verschwörung aufgedeckt wurde, ließ ihn sein Vater hinrichten, um alle Feinde Roms abzuschrecken. Aber wenn Licidas mißlungener Vatermord keinen Mythos begründet, hätte sein Opfertod auch keine welthistorische Bedeutung: Wie schon fünfundzwanzig Jahre vorher ist Clistene im Begriff, sich gewaltig zu überschätzen; heroisches Verhalten ist dem bukolischen Ambiente[87] unangemessen. Zum Glück lassen es die anderen nicht so weit kommen.

Nicht wenige Szenen in *Olimpiade* weisen komische Züge auf – diskret, aber unübersehbar. Wenn Licida dem unglücklichen Megacle von seiner Liebe zu Aristea vorschwärmt und recht einsilbige Antworten erhält[88]; wenn Megacle, fest entschlossen, seiner Freundespflicht zu genügen, nur eines fürchtet: eine Begegnung mit Aristea, und im nächsten Augenblick steht sie vor ihm (I 9/10, V. 412 ff.), fühlt man sich an die Komödien Georges Feydeaus erinnert. Der Leser oder Zuschauer ist aufgefordert, eine distanzierte Haltung gegenüber den Figuren einzunehmen[89], wie es einem Text entspricht, der moralische Normen zwar nicht ausdrücklich in Frage stellt, aber immerhin für einen differenzierten Umgang mit ihnen plädiert.

Metastasios Libretti waren bis nach 1800 in ganz Europa außerordentlich erfolgreich; *Didone abbandonata* etwa wurde mehr als siebzigmal vertont[90]. Dabei wurde der Text jeweils den örtlichen Gegebenheiten angepaßt und oft grundlegend verändert[91]; die Bearbeiter konnten sich auf das Vorbild des Dichters selbst berufen, der 1750–54 vier seiner älteren *melodrammi* (außer *Didone abbandonata* noch *Semiramide riconosciuta* [1729], *Alessandro nelle Indie* [1729] und *Adriano in Siria* [1732]) in Neufassungen vorgelegt hatte.[92] Bearbeitungen des späten 18. Jahrhunderts lassen erkennen, wie radikal sich die Opernästhetik inzwischen verändert hatte: Gaetano Andreozzi vertonte 1782 eine zweiaktige Fassung der *Olimpiade*, die nur noch 854 statt ursprünglich 1505 Versen umfaßte.[93] Daß auch der ideologische Gehalt der Libretti den veränderten Verhältnissen angepaßt wurde, ist bisher vor allem an Caterino Mazzolàs Bearbeitung der *Clemenza di Tito* für Mozart (1791) nachgewiesen worden.[94]

# Die italienische Oper in England zur Zeit Händels

Gegen Ende des 17. Jahrhunderts scheint sich in England eine nationale Sonderform musikalischen Theaters herausbilden zu wollen: In den höfischen Maskenspielen (*Masques*)[1] verbanden sich seit dem 16. Jahrhundert Dialog, Gesang, Instrumentalmusik und Tanz zur Darstellung vorwiegend mythologischer oder bukolischer Sujets. Schon zur Shakespeare-Zeit kamen maskenspielartige Episoden auch im Sprechtheater vor; im Drama der Restaurationszeit (seit 1660) stehen sie häufig am Schluß eines Aktes.[2] Der Einfluß der *Masques* prägt die *Semi-opera*, eine in den siebziger Jahren entstandene Dramenform, die gesprochenen Dialog mit (Nebenfiguren wie Dienern, aber auch Göttern vorbehaltenen) musikalischen Szenen verbindet.[3]

Die erste durchkomponierte Oper in englischer Sprache war *The Siege of Rhodes* (1656; Aufführung zweifelhaft[4]), die (nicht erhaltene) Musik stammte von fünf verschiedenen Komponisten. Für die Form des musikalischen Dramas scheint sich William Davenant, der Textdichter und Impresario, freilich nur deshalb entschieden zu haben, weil unter Cromwell Schauspielaufführungen verboten waren; nach der Rückkehr König Karls II. (1660) lebte das Sprechtheater wieder auf, und in den sechziger und siebziger Jahren entstand keine einzige weitere Oper[5] – die *Semi-operas* sind hinsichtlich ihrer Gattungszugehörigkeit beim Schauspiel einzuordnen. Erst in den achtziger Jahren wurden wieder drei Kurzopern aufgeführt.[6]

Der bedeutendste Musikdramatiker unter den englischen Komponisten ist Henry Purcell (1659–1695); JOHN DRYDEN (1631–1700) schrieb ihm den Text zu der *Semi-opera King Arthur* (1691), vier weitere *Semi-operas* sind Adaptationen von Sprechstücken (*The Fairy Queen*, 1692, und *The Tempest*, ca. 1695, nach Dramen Shakespeares). Purcells einzige durchkomponierte Oper *Dido and Aeneas* (1689) basiert auf der Tragödie *Brutus of Alba or The Enchanted Lovers* (1678) von NAHUM TATE (1672–1715), der selbst das Libretto schrieb. Daß in diesem Werk Chöre und Balletteinlagen von zentraler Bedeutung sind, während große Arien fehlen, entspricht der Tradition der *Masques* und hängt sicherlich auch damit zusammen, daß das Werk zur Aufführung in einer Mädchenschule bestimmt war, so daß Purcell auf die musikalischen Fähigkeiten der Schülerinnen Rücksicht nehmen mußte; darüber hinaus ist freilich die Absicht erkennbar, an die von Quinault und Lully entwickelte Form der *tragédie*

Anmerkungen siehe S. 270.

*lyrique* anzuschließen[7], auch was das Bemühen um Textverständlichkeit angeht.

Das frühe englische Musiktheater zeichnet sich somit wie das französische einerseits durch die Verbindung von Gesang und Tanz und andererseits durch seinen wesentlich literarischen Charakter aus. Daß eine nationale Operntradition nicht zur Entfaltung kam, lag freilich nicht nur an Purcells frühem Tod: Dem rezitativischen Gesangsstil schien das schnelle Parlando des Italienischen eher angemessen als das englische Sprechtempo.[8] Das englischsprachige Rezitativ wurde zwar 1705 von Thomas Clayton in *Arsinoe, Queen of Cyprus* mit Erfolg eingeführt (P. A. Motteux hatte das Libretto von P. Stanzani aus dem Italienischen übersetzt)[9]; in der Folgezeit setzte sich in England jedoch die italienische Oper durch[10], mit italienischen Gesangsstars (Primadonnen und Kastraten), italienischen Librettisten und italienischen bzw. in Italien ausgebildeten Komponisten (Giovanni Bononcini, Attilio Ariosti, Georg Friedrich Händel). Das auf London konzentrierte englische Musikleben bietet die Möglichkeit, exemplarisch die internationale Wirkung der Opera seria zu studieren, die im 18. Jahrhundert alle europäischen Bühnen mit Ausnahme der französischen beherrscht. In unserem Zusammenhang stellt sich vor allem die Frage, wie dem englischen Publikum der Inhalt der in einer fremden Sprache gesungenen Opern vermittelt wurde.

Die Libretti verfaßte gewöhnlich der festangestellte Sekretär des Opernhauses. Für die Royal Academy of Music, die 1720–28 einen regulären Spielbetrieb garantierte, war das bis 1722 Paolo Antonio Rolli[11](1687–1765), ein hochgeschätzter Lyriker und prominentes Mitglied der Accademia dell'Arcadia; sein Nachfolger wurde der Cellist und Komponist Nicola Francesco Haym (1678–1729)[12]. Haym verfaßte in sechs Jahren mindestens dreizehn Libretti, davon allein fünf 1724; Rolli (der 1726/27 noch einmal drei Texte für die Royal Academy geliefert hatte) wurde 1733 Sekretär der Opera of the Nobility, des Konkurrenzunternehmens der zweiten Academy, für das er bis 1737 neun Libretti schrieb.

Der Rhythmus der Neuproduktionen zwingt die Librettisten, einen Text in kürzester Zeit fertigzustellen; deshalb adaptiert Haym immer, Rolli meistens vorhandene Textbücher. Da diese ihrerseits oft auf älteren Quellen basieren, kommen in London verschiedene nationale und regionale Traditionen der Librettistik zusammen: Für Händel griff Haym (vor der Errichtung der Royal Academy) zweimal direkt auf französische Vorlagen zurück, *Teseo* (1713) folgt Quinaults *Thésée* (1675)[13], *Amadigi di Gaula* (1715) Antoine Houdar de la Mottes *tragédie lyrique Amadis de Grèce* für André Cardinal Destouches (1699)[14]. Französische Dramen wurden auch auf dem Umweg über italienische Libretto-Versionen benutzt; so basiert Hayms *Rodelinda* (1725) auf der Adaptation von Corneilles Tragödie *Pertharite* (1652) durch den Florentiner Librettisten Antonio Salvi (*Rodelinda, Regina de'*

*Lombardi*, 1710).[15] Neben Bearbeitungen älterer venezianischer Libretti, z. B. von Aureli (*Admeto*, 1727) oder Minato (*Serse*, s. u.), fanden auch die Reformer im Umkreis der Arcadia Berücksichtigung; vor allem Salvi, aber auch Pietro Pariati (*Arianna in Creta*, 1729), Apostolo Zeno (*Faramondo* und *Alessandro Severo*, beide 1738) oder Pietro Metastasio (*Siroe*, 1728; *Poro, Rè dell'Indie*, 1731; *Ezio*, 1732).[16]

Opera-seria-Libretti sind in der Regel Dramatisierungen (oder Bearbeitungen von Dramatisierungen) erzählender Texte aus der Antike (mythologische und historische Sujets) oder der Renaissance (die Ritterromane). Nur selten wurden in London die narrativen Quellen direkt benutzt: Für Händels *Rinaldo* (1711) verfaßte Aaron Hill, der Impresario des Queen's Theatre in the Haymarket, ein englisches Szenario, das Giacomo Rossi in italienische Verse brachte; als Vorlage diente Tassos *Gerusalemme Liberata*, ältere Libretto-Bearbeitungen wurden offenbar nicht herangezogen.[17] Der Text zu Händels letzter Oper *Deidamia* (1741) schließlich scheint eine originale Schöpfung Paolo Rollis zu sein.[18]

Den Gebildeten unter den Zuschauern dürften die in den Libretti behandelten Stoffe meist vertraut gewesen sein (allerdings wählen die Librettisten aus der antiken Mythologie und Geschichte häufig entlegene Episoden aus). Wer wollte, konnte den Text Zeile für Zeile im italienisch-englischen Libretto mitlesen; dem eiligeren Theaterbesucher verriet der *Argomento* (die Inhaltsangabe) zumindest, wie die Geschichte ausgehen würde. Dennoch warnte Giuseppe Riva 1725 einen potentiellen Librettisten, das englische Publikum wolle wenig Rezitative hören, verlange aber in jeder Oper mindestens dreißig Arien und ein Duett.[19] Bei der Bearbeitung älterer Libretti wurden denn auch vor allem die Rezitative, oft radikal, gekürzt.

An zwei späten Opern Händels nach Vorlagen SILVIO STAMPIGLIAS läßt sich das Verfahren demonstrieren[20]: *Serse* (1738) basiert auf einem Libretto des Venezianers NICOLÒ MINATO (ca. 1630–1698)[21] von 1654, das Stampiglia 1694 überarbeitet hatte[22]; wer diese Version für Händel einrichtete (das heißt im wesentlichen: kürzte), ist nicht bekannt. Händels *Imeneo* (1740) liegt Stampiglias *Imeneo in Atene* (1726)[23], gleichfalls in einer anonymen Bearbeitung, zugrunde.

Minatos *Argomento* zu *Xerse* unterscheidet zwischen historischen Fakten und Fiktion. Sein Gewährsmann Herodot liefert ihm kaum mehr als die Ausgangssituation: Als der Perserkönig Xerxes gegen die Athener zieht, läßt er eine Schiffsbrücke über den Hellespont errichten; Xerxes hat einen Bruder namens Arsamene, und er heiratet Amastre, die Tochter eines Verbündeten. Romilda, die Geliebte Arsamenes, und ihre Schwester Adelanta hat Minato hinzuerfunden: Während sich das Heer auf den Übergang nach Europa vorbereitet (der sich verzögert, weil die Schiffsbrücke wie bei Herodot durch einen Sturm schwer beschädigt wird, vgl. II 11), verliebt sich der Xerse des Librettos in Romilda, seine Gefühle für Amastre scheinen vergessen. Adelanta ihrerseits begehrt (heimlich) den Liebhaber ihrer Schwester. Ein Gewirr aus Intrigen, Verleumdungen und Verdächtigungen läßt die Lage des Liebspaars fast schon aussichtslos erscheinen, bis zuletzt Amastre eingreift: Sie sollte eigentlich

## Die italienische Oper in England zur Zeit Händels 85

in ihrer Heimat, dem Reich von Susia, sein, aber sie hat, als Mann verkleidet, die Nähe ihres Geliebten Xerse gesucht. Als sie sich zu erkennen gibt, ist dieser sofort bereit, sie zu heiraten und der Verbindung Romildas mit Arsamene zuzustimmen.[24]

Xerses Verliebtheit verletzt das königliche Dekorum: Ihrer Abstammung nach ist Romilda keine passende Partnerin für ihn, die beabsichtigte Heirat wäre eine Mesalliance. Dazu kommt es freilich nicht: Die (durch Herodot repräsentierte) Historie wird unterbrochen[25], nicht verändert, die hinzuerfundene Episode hat keinen Einfluß auf das Folgende. Es liegt nahe, die Verbindung zum Karneval und damit zum Sitz im Leben der venezianischen Oper herzustellen[26]: Für kurze Zeit entzieht sich Xerse seiner Herrscherrolle und läßt seinen Leidenschaften freien Lauf, aber als Amastre die Demaskierung einleitet, findet er, anscheinend ohne jede Schwierigkeit, zu seiner eigentlichen Identität zurück.

*Xerse* handelt vom Scheitern: Weder der König noch Adelanta erreichen ihr Ziel. Drei Akte hindurch unternehmen sie immer neue Anläufe, die Situation zu ihren Gunsten zu verändern, und zwar mittels der Sprache: Im Bewußtsein seiner Herrschergewalt bedrängt Serse Romilda (I 7; II 14; III 3; III 5), die aber ihrem Geliebten treu bleibt. Adelanta ihrerseits verbreitet Lügen mit dem Ziel, Arsamene und ihre Schwester auseinanderzubringen[27]: Arsamene gibt sie über seinen Diener Elviro zu verstehen, Romilda wäre ihm untreu (II 3; 7); Xerse dagegen erklärt sie, sie selbst wäre Arsamenes Geliebte (II 4), und der König erzählt das eilends Romilda weiter (II 5). Adelantas Intrige scheint Erfolg zu haben: Die Liebenden zweifeln beide an der Treue ihres Partners (II 5; 7), und Xerse will seinen Bruder am liebsten gleich mit Adelanta verheiraten (II 9). Aber Arsamene klärt den König darüber auf, wie die Dinge wirklich liegen (II 9), und als sich Romilda und Arsamene von Angesicht zu Angesicht gegenüberstehen, sind alle Mißverständnisse schnell beseitigt (III 2).

Aus unterschiedlichen Gründen führt das gesprochene Wort nicht zum gewünschten Ergebnis: Romilda und Xerse reden aneinander vorbei, sie will seine Liebeserklärungen nicht hören, er dagegen weigert sich, ihre Ablehnung zur Kenntnis zu nehmen. Adelantas Lüge täuscht Xerse und Elviro, die daraufhin ihrerseits Unwahrheiten verbreiten, hält aber weiterer Überprüfung nicht stand. Wenig später deutet Arsamene sich selbst eine Äußerung Romildas falsch: Um den König loszuwerden, macht sie ihm Hoffnungen (III 3), ihr Geliebter wirft ihr daraufhin Untreue vor (III 4). Das entscheidende Mißverständnis provoziert Xerse selbst: Romildas Vater Ariodate kündigt er an, er wolle sie mit einem Mann verheiraten, der ihm selbst dem Rang und der Abstammung nach gleich sei (III 6); da der Rangunterschied eine Verbindung mit Xerse undenkbar erscheinen läßt, vermutet Ariodate, Arsamene sei gemeint, und gibt ihm Romilda zur Frau (III 13).

Die Reihe der Täuschungen und Mißverständnisse macht die beiden Geschwisterpaare verwechselbar: Zwar bleibt die Konstellation von Anfang bis Ende gleich, aber das weiß nur der Zuschauer; für die Figuren dagegen ist zeitweise wirklich nicht klar, ob Romilda Serse oder Arsamene, ob Arsamene Romilda oder Adelanta liebt.[28] Die Verwirrung entsteht, weil alle absichtlich oder fahrlässig Unwahrheiten verbreiten – mit einer Ausnahme: Amastre trägt Männerkleider, um nicht erkannt zu werden, aber es gelingt ihr nicht, sich eine zu ihrer äußeren Erscheinung passende Geschichte auszudenken; lieber schweigt sie.[29] Freilich schweigt sie nicht aus Liebe zur Wahrheit, sondern aus Vorsicht: Sie (bzw. ihr Erzieher Aristone) weiß, wie schwer es ist, eine Lüge zu erfinden, die wirklich glaubhaft ist. Dadurch steht sie in diametralem Gegensatz zu Adelante, die ständig, aber ausgesprochen ungeschickt lügt: Daß Arsamene und Romilda auf ihre Intrige nicht hereinfallen würden, war leicht vorauszusehen.

Freilich, auch wenn Arsamene nicht lügt, ihr Kostüm tut es. Zwischen ihren Reden und ihrer Erscheinung besteht ein Gegensatz, der bei Arsamenes Diener Elviro noch offensichtlicher ist: Zu Beginn des zweiten Aktes tritt er als Blumenverkäufer verkleidet auf (II 1/2); im Auftrag seines Herrn soll er einen Brief zu Romilda schmuggeln. Er spricht die ‚lingua franca'[30], ein gebrochenes Italienisch, das in der Levante als Verkehrssprache zwischen den Völkern diente. Maskiert und derart radebrechend, sagt Elviro dennoch die Wahrheit: Von ihm erfährt Amastre, daß Xerse Romilda heiraten will, die sich ihm jedoch widersetzt, weil sie Arsamene liebt (II 1; eine der wenigen Szenen des Textes, in denen Kommunikation vollständig gelingt). Es ist aber nicht nur seine Ehrlichkeit, die den falschen Blumenverkäufer zu einem wertvollen Informanten macht: Neben dem Liebespaar selbst weiß nur er von Romildas Beziehung zu Arsamene.

Im Freiraum des Karnevals, jenseits der Norm der Vernunft, ergibt sich ein Paradigma von Lüge (Täuschung) und Wahrheit, Sein und Schein, in das auch die komische Dienerfigur Elviro eingebunden ist. Eine Handlungsanweisung läßt sich aus dieser Szenenfolge sicher nicht ableiten; aber der Blick des aufmerksamen Zuschauers für das Wahre, das Falsche und das Wahre im Falschen mag immerhin geschärft werden.

Minatos *Xerse* entstand, bevor sich der Typus der Opera seria (und später der Antitypus der Opera buffa) herausbildete; Händel und sein Librettist, vielleicht auch schon Stampiglia und sein Komponist Giovanni Bononcini lasen den älteren Text jedoch vor dem Horizont der neuen Form. Nach literarischen Maßstäben, daran kann kein Zweifel bestehen, ist *Xerse* eine Komödie: Im Zentrum der Komödienhandlung[31] steht das Liebespaar Romilda und Arsamene, das gegen alle Widerstände am Ende zusammenkommt; viel mehr Raum nimmt freilich die komische Handlung ein, die wesentlich in den scheiternden, aber unermüdlich wiederholten

Versuchen Xerses und Adelantas besteht, jene beiden auseinanderzubringen. Die Reihe der komischen Episoden ist prinzipiell unabschließbar, dem Eingreifen Amastres eignet die für eine Dea-ex-machina-Lösung charakteristische Gewaltsamkeit. Ein Bearbeiter könnte weitere Verwicklungen hinzuerfinden, er könnte aber auch einzelne Szenen tilgen, ohne daß daraus ein Schaden für das Ganze entstünde.

Es ist nun auffallend, daß trotz der radikalen Kürzungen, die vor allem in Händels Version vorgenommen wurden, der Handlungsverlauf wesentlich gleichbleibt: Adelantas Lüge und ihre Folgen, Arsamenes Eifersucht und (natürlich) Ariodates Irrtum finden sich unverändert wieder. Auch Elviros Auftritt als Blumenverkäufer bleibt erhalten, obwohl die Arcadia solche komischen Dienerfiguren aus der Opera seria verbannt wissen wollte; während Stampiglia diese Vorschrift noch recht häufig mißachtete, haben Händels Librettisten sie sonst strikt befolgt, Elviro ist fast die einzige Ausnahme von der Regel.[32]

Deutlich gekürzt ist dagegen eine Szenenfolge, die sich auf Amastres problematische Identität bezieht[33]: Bei Minato warnt Aristone, der Erzieher der jungen Frau, sie zweimal vor den Gefahren unüberlegter Aussagen zur Person (I 10; I 15); daraufhin gibt Amastre dem Pagen, der sie auszufragen sucht, überhaupt keine brauchbare Auskunft (I 16). Stampiglia hat zwei der drei Szenen beibehalten: In der ersten erfährt der Zuschauer, wer Amastre in Wirklichkeit ist, die dritte ist besonders komisch. Die zweite Szene dagegen ist gestrichen; hier (I 15) führt Minatos Aristone Amastre vor Augen, daß eine ungeschickte Lüge Fragen provoziert, die den Lügner in Verlegenheit bringen müssen. Er wiederholt damit die bereits vorher (I 10) ausgesprochene Mahnung zur Vorsicht; diese Wiederholung hielt Stampiglia offenbar für überflüssig. Auf der paradigmatischen Ebene freilich stellt Aristones Aufforderung, die Konsequenzen einer unwahren Aussage mitzubedenken, einen (durchaus erhellenden) Kommentar zu Adelantas Verhalten dar: Romildas Schwester berechnet die Reaktionen derer, die sie täuscht, eben nicht voraus, und deshalb führt ihre Intrige nicht zum Erfolg.

Händels Librettist konnte dem Vorbild Minatos allein deshalb nicht folgen, weil in seiner Bearbeitung die Rolle des Aristone gestrichen ist, vermutlich aus rein praktischen Gründen: Aristone hätte ein Baß sein müssen, ebenso wie Ariodate und Elviro, und eine dritte Baßrolle wäre wohl nicht zu besetzen gewesen. In Händels *Serse* fehlen daher alle drei Szenen Minatos; als Amastre (verkleidet) auftritt, gibt sie sich in einer Arie als Liebende zu erkennen (I 7), aber der Zuschauer weiß (anders als bei Minato und Stampiglia) zunächst nicht, wem ihre Liebe gilt. Um das zu verdeutlichen, hat Händels Librettist eine Szene der Vorlage umgedeutet: Bei Minato (I 14) und Stampiglia (I 13) belauschen Amastre und Aristone ein Gespräch Xerses mit seinem Eunuchen Eumene. Dieser redet seinem

Herrn ins Gewissen: Nicht Romilda, nur Amastre sei eine passende Partnerin für ihn. In ihrer Voreingenommenheit für Xerse deutet Amastre einige mehrdeutige Sätze falsch; als Eumene von „sponsali indecenti" (*einer unpassenden Hochzeit*) spricht, bezieht sie das nicht auf Romilda, sondern auf sich selbst, und protestiert lautstark: „Menti!" (*Du lügst!*) – Aristone hat daraufhin einige Mühe, eine halbwegs plausible Erklärung für diese Äußerung zu geben.

Diese Szene ist nicht nur komisch, sie wirft auch ein bezeichnendes Licht auf Amastres Charakter: Die junge Frau ist nicht nur unfähig zu lügen, sie vermag, so scheint es, auch keine Lüge unwidersprochen hinzunehmen. Bei Händel (I 10) belauscht Amastre einen Monolog Serses (weil auch die Rolle des Eumene gestrichen ist). Der König äußert hier unmißverständlich die Absicht, nicht Amastre, sondern eine andere zu heiraten; die eigenen Bedenken, weil Romilda nicht königlichen Geblüts ist, wischt er mit der Bemerkung beiseite, die Welt würde an den Plänen eines großen Königs niemals Anstoß nehmen. *Darauf* reagiert Amastres Ausruf „Menti!" (als Serse eine Erklärung verlangt, behauptet sie, sie hätte mit ihrem Schildknappen – eine stumme Rolle – gesprochen). Damit ist die Beziehung der beiden geklärt, Amastre weiß über die Untreue ihres Geliebten Bescheid; Elviro wird ihr später nur noch die endgültige Bestätigung liefern. Der empörte Aufschrei der jungen Frau ist die spontane Reaktion auf eine schwere Kränkung; der Zuschauer wird daraus schwerlich auf ein besonderes Verhältnis zur Wahrheit bzw. zur Lüge schließen. Wegen der Veränderungen, die schon Stampiglia und dann vor allem Händels Librettist an der Rolle Amastres vorgenommen haben, tritt die paradigmatische Struktur von Schein und Sein weniger deutlich hervor als in Minatos Text; sie bleibt aber immer noch erkennbar. Daß beide Bearbeiter neben den Episoden um die vier Hauptpersonen auch den Auftritt Elviros beibehalten haben, könnte darauf hindeuten, daß sie diese Struktur erkannt haben und bemüht waren, sie nicht zu zerstören.

Stampiglias *Imeneo* (1694) geht nicht auf ein älteres Libretto zurück; vielmehr weicht seine Version von der in Prospero Bonarellis Tragikomödie (1641) und noch bei Apostolo Zeno (1727) überlieferten Gestalt des antiken Stoffes[34] in einem wesentlichen Punkt ab: Erst Stampiglia hat dem verliebten Imeneo einen Nebenbuhler gegeben. Dadurch wird aus einer Abenteuer-Geschichte ein Exempel, das einmal mehr den Vorrang der *ragione* gegenüber der *passione* verdeutlicht: Der Athener Imeneo hat eine Gruppe vornehmer Jungfrauen aus der Gewalt von Piraten befreit; darunter ist auch Rosmene, um die er seit langem wirbt – sie zieht jedoch Tirinto vor. Als Preis für seine Heldentat fordert Imeneo nun Rosmenes Hand, und die öffentliche Meinung in Athen hält seinen Anspruch für gerechtfertigt.

Auch Rosmene, die anfangs noch ihre Liebe zu Tirinto beteuert, entscheidet sich zuletzt für ihren Retter. Aus moderner Sicht ist diese Unterdrückung des eigenen Gefühls skandalös und allenfalls in komisch-parodistischem Kontext erträglich.[35] Nach der aristokratischen Verhaltensnorm allerdings ist Rosmenes Entscheidung die einzig richtige, und sie wird nicht komisch dargestellt.[36] Zumindest im zweiten und dritten Akt schwankt sie im übrigen nicht zwischen Pflicht und Neigung, sondern zwischen Dankbarkeit und Treue[37]: Bei ihrem ersten Auftreten (I 3) versichert sie Tirinto noch, ihr Herz gehöre nur ihm, obwohl sie in Imeneos Schuld stehe. Später (ab II 1) setzt sie einen anderen Akzent: Nicht ihr Gefühl, sondern ihr gegebenes Wort bindet sie an Tirinto, sie ist also beiden Verehrern in gleicher Weise verpflichtet:

>Infida esser non voglio [ad Imeneo.
>Ingrata esser non deggio. [a Tirinto. (II 3)

[*Untreu will ich nicht sein* (zu Imeneno), / *Undankbar darf ich nicht sein* (zu Tirinto).]

Die subjektiven Kategorien der Leidenschaft oder des Begehrens scheinen für Rosmene ohne Belang; als weiblicher Herkules am Scheideweg trägt sie den Konflikt zwischen zwei Prinzipien aus. Signifikanterweise unterliegt die Treue, zu der die emotionale Bindung an einen vertrauten Partner gehört, gegenüber der rein rational begründeten Verpflichtung zur Dankbarkeit.

Der Konflikt Rosmenes zwischen den in den beiden Rivalen verkörperten Normen macht den Inhalt des Librettos aus; dagegen spielt die unerwiderte Liebe Clomiris, einer Gefährtin Rosmenes, zu Imeneo nur in wenigen Szenen eine Rolle, sie ist wohl vor allem mit der Notwendigkeit zu erklären, eine zweite Frauenrolle zu schaffen. Die beiden ersten Szenen des Librettos entwickeln Rosmenes Dilemma, die letzte Szene bringt die Entscheidung; dazwischen liegen Augenblicke der Ratlosigkeit für Rosmene, die von zwei Seiten bedrängt wird, Momente der Hoffnung, Sorge oder Eifersucht für die beiden Rivalen (und für Clomiri) und gute Ratschläge von Clomiris Vater Argenio, der die Stimme der Vernunft verkörpert. Der Symmetrie der Personenkonstellation entspricht ein eindeutiger exemplarischer Gehalt, dessen sprachliche Vermittlung einer gewissen Redundanz nicht entbehrt.

Aus diesem Grund kann Händels Librettist[38] Stampiglias Text spürbar kürzen, ohne daß sich die Aussage-Intention verändert. (Gelegentlich hat er den exemplarischen Charakter sogar verdeutlicht, besonders im Schlußchor, der abweichend von Stampiglia das Verhältnis von *Ragion* und *Amor* thematisiert.) Die argumentative Struktur einzelner Szenen freilich wird durch die Kürzungen modifiziert: Bei Stampiglia hat Argenio die Aufgabe, die Positionen Imeneos und Tirintos zu gewichten.

Er tut dies vor allem in einem Gespräch mit Rosmene (II 1). Von den 37 Versen Rezitativ bleiben in Händels Text 19 Verse übrig³⁹; Argenio formuliert hier einen moralischen Imperativ, statt die junge Frau mit Vernunftgründen zu überzeugen. Unverändert übernommen wird die zweimalige Aufforderung, den Eltern, dem Senat und dem Vaterland zu gehorchen, die alle die Verbindung mit Imeneo wünschen. Dagegen erinnert Händels Argenio Rosmene weder daran, was sie selbst ihrem Retter schuldig ist, noch stellt er ihr die schlimmen Folgen der Undankbarkeit vor Augen: Durch Untreue, so Stampiglias Argenio, setzte sich Rosmene nur dem einen Tirinto gegenüber ins Unrecht, während ihre Undankbarkeit ganz Athen gegen sie aufbrächte; daß es sich dabei um das schlimmste Laster von allen handle, zeige sich daran, daß der Undankbare selbst seinesgleichen verhaßt sei, während z. B. Geizhälse einander sympathisch fänden. Argenios Abgangsarie führt dann als Exempel dafür, daß selbst wilde Tiere Dankbarkeit empfinden, Androklus und seinen Löwen an, und diesen Arientext hat Händels Librettist beibehalten; aber während sich das Exempel bei Stampiglia an den Intellekt Rosmenes wendet, die die unterschiedlichen Folgen dankbaren und undankbaren Verhaltens gegeneinander abwägen soll, wirkt es im Kontext von Händels Libretto wie ein Appell, der zur spontanen Identifikation mit der Großmut des Löwen auffordert. Wer will, mag von einer Emotionalisierung sprechen; wichtiger scheint jedoch die Konkretisierung des Abstrakten: Händels Argenio stellt Rosmene das (seiner Ansicht nach) richtige Verhalten gleichsam bildhaft vor Augen und vertraut auf die evokatorische Kraft des Bildes.⁴⁰

Für Aufführungen vor einem nicht-italienischsprachigen Publikum werden italienische Libretti (zumindest die Rezitative) meist rücksichtslos zusammengestrichen. Gelegentlich machen die Kürzungen den Text zumindest teilweise unverständlich, und erst der Rückgriff auf die Originalfassung erhellt z. B. eine komplizierte Vorgeschichte. Um so bemerkenswerter scheint, daß die Libretto-Drucke stets die für die Aufführung benutzte Textversion wiedergeben⁴¹; offenbar wurde der Verlust gewisser kausaler Zusammenhänge weder vom Publikum noch von den Librettisten selbst als störend empfunden. Wenn man die paradigmatische Konstellation der Arien und Szenen in der Opera seria als vorrangig gegenüber der linearen Handlungsfolge begreift, scheint dies freilich durchaus nicht verwunderlich.⁴²

## Die Opera buffa

Die Anfänge der komischen Oper in Italien sind wesentlich durch den Einfluß der Commedia dell'arte[1] bestimmt. Die im 16. Jahrhundert entstandene Form des Stegreifspiels stellt für das musikalische Drama eine Reihe von Strukturelementen bereit[2]: Nicht nur, daß musikalischen Einlagen in der Commedia dell'arte von Anfang an große Bedeutung zukam[3]; die improvisierenden Schauspieler verfügten auch über ein Repertoire von szenischen Gags, Tiraden und Dialogen, die in ganz unterschiedlichen Stücken und Handlungsverläufen Verwendung finden konnten. Diese *lazzi* sind in ihrer Funktion als Bausteine zum Bühnengeschehen mit den Nummern in der Oper vergleichbar.[4] Auch zwischen den immer gleichen Rollen des Stegreifspiels (Arlecchino, Pantalone, der Dottore usw.) und den Stimmfächern der traditionellen Oper gibt es zumindest gewisse Analogien: Nicht nur, daß der Vater oder Vormund ein Baß ist – in der Opera buffa ist auch der Baß fast immer ein Vater oder Vormund; er ist an seiner Stimmlage ebenso zu erkennen wie der komische Alte Pantalone an seinem Kostüm. Natürlich gibt es auch Unterschiede. In der Commedia dell'arte stehen etwa die Maskenträger (die komischen Rollen, d. h. Diener und alte Männer) in Opposition zu den Figuren ohne Maske, das Musiktheater verzichtet auf diese Differenzierung.

Noch bevor mit Peris *Dafne* die Geschichte der Oper beginnt, treten die Commedia-dell'arte-Masken in Madrigalkomödien wie Orazio Vecchis *Anfiparnaso* (1594) auf[5]; in diesem Werk reduziert sich die Handlung auf eine „juxtaposition of scenes and episodes"[6], das heißt: Die syntagmatische Struktur wird von einer paradigmatischen überlagert und in den Hintergrund gedrängt. Das gleiche läßt sich an den Buffa-Libretti des 18. Jahrhunderts beobachten.

Komische Szenen gibt es schon in den Opern des 17. Jahrhunderts, erstmals in Stefano Landis *Morte d'Orfeo* (1619).[7] Als „erste komische Oper" wird häufig Giulio Rospigliosis *Chi soffre speri* (Rom 1639) genannt[8]; in den venezianischen Libretti des 17. Jahrhunderts treten regelmäßig komische Dienerfiguren auf.[9] Ungefähr gleichzeitig bilden sich zu Beginn des 18. Jahrhunderts das venezianische Intermezzo und die neapolitanische Musikkomödie heraus.

Das Intermezzo[10] geht unmittelbar aus den komischen Einschüben hervor, die im späten 17. Jahrhundert gewöhnlich die Akte einer ernsten Oper beschließen; da die Poetik der Arcadia die Gattungs- und Stilmischung

Anmerkungen siehe S. 272.

verdammt, erscheinen die komischen Szenen seit 1706 als selbständige Zwischenspiele.[11] Die formale Gestaltung folgt dem Muster der Opera seria: Gewöhnlich hat jeder Sänger eine Arie (mit Da capo) pro Intermezzo; am Ende steht jeweils ein Duett, die Gesangsnummern werden durch Rezitative miteinander verbunden.[12] Die beiden Hauptpartien (zu denen eine stumme Rolle hinzutreten kann) sind meist mit Sopran und Baß besetzt, während in der Opera seria die hohen Stimmen der Kastraten dominieren.[13] In den Jahren nach 1715 löst Neapel Venedig als Zentrum der Intermezzo-Produktion ab.

Wenn man Sopran und Baß in eine Liebesintrige verwickelt, ergibt sich ganz von selbst der Gegensatz zwischen einem alten Mann und einer jungen Frau; es liegt nahe, auf das Personeninventar der Commedia dell'arte zurückzugreifen und den mürrischen Pantalone mit der koketten, gewitzten Kammerzofe zu konfrontieren.[14] So verfährt schon Pietro Pariati in *Pimpinone* (1708[15]), und GENNARO ANTONIO FEDERICO übernimmt diese Konstellation in *La serva padrona* (1733, Musik von Giovanni Battista Pergolesi).

Am Ende des zweiteiligen Intermezzos steht eine Heirat, die nach den Gesetzen der Commedia dell'arte (und der Komödie) eine komische Mesalliance darstellt: Uberto und seine Dienerin Serpina passen weder vom Stand noch vom Alter her zueinander. Der Weg zur Ehe ist hier, anders als bei den jugendlich-ernsthaften Liebespaaren traditioneller Komödien, komische Handlung[16].

Zwar scheint der syntagmatische Verlauf durchaus zielgerichtet: Anfangs denkt Uberto nicht daran, Serpina zu heiraten, am Ende ist er bereit dazu. Sein Sinneswandel ist nun aber das Ergebnis einer fünffachen Konfrontation, die jedesmal mit dem Sieg der Dienerin endet; anders gesagt: Uberto zieht fünfmal den kürzeren, wie man es von einer komischen (zum Scheitern bestimmten) Figur erwartet. Als Variationen über den Gegensatz von Herr(in) und Diener(in) bilden die fünf Szenen ein Paradigma; das (paradoxe) Verhältnis der beiden Figuren ändert sich dabei nicht: Die ständische Ordnung macht Uberto zum *padrone*, Serpina zur *serva*; aber noch bevor sie auftritt, plagt den Alten die Ahnung: „Or ella ha preso (...) tant'arroganza, / fatta è sì superbona, / che alfin di serva diverrà padrona."[17] [*Jetzt hat sie ein so anmaßendes Wesen angenommen, / ist so stolz geworden, / daß am Ende die Dienerin noch zur Herrin wird.*] Ubertos Gefühle entwickeln sich nicht wirklich: Von Anfang an fühlt er sich zu seiner jungen Dienerin hingezogen, er weiß es nur nicht. Serpina weiß es um so besser und sorgt dafür, daß er Klarheit über seine Empfindungen gewinnt.

Zu Beginn[18] hat sie den Befehl Ubertos mißachtet, ihm sein Frühstück zu bringen; als er sie zurechtweist, antwortet sie, es sei längst zu spät für die morgendliche Schokolade (1). Da Ubertos Reaktion auf ihren Ungehorsam sich in ohnmächtigem

Zorn erschöpft[19], wagt sie es, selbst Befehle zu erteilen, und verbietet ihm, das Haus zu verlassen (2). Er droht daraufhin, die erstbeste Furie zu heiraten, um Serpinas Tyrannei zu entkommen; die Dienerin greift den Gedanken auf und meldet explizit ihren Anspruch auf die Rolle der *padrona* an: Wenn schon, dann solle Uberto sie heiraten. Im Schlußduett des ersten Intermezzo macht sie den Alten auf ihre körperlichen wie charakterlich-intellektuellen Vorzüge aufmerksam und kann (im Aparte) zufrieden feststellen, daß er nicht unbeeindruckt bleibt (3).

Im ersten Intermezzo hat Serpina die Rolle der *padrona* usurpiert, im zweiten präsentiert sie sich als *serva*: Sie werde, so erklärt sie ihrem Herrn, den Capitan Tempesta, einen sehr launischen und aufbrausenden Menschen, heiraten. (Was sie über ihn erfindet, entspricht dem Charakterbild des großsprecherischen Capitano der Commedia dell'arte.) Uberto sieht voraus, daß seine eigensinnige Dienerin in einer solchen Ehe vor allem Prügel zu erwarten hat; und obwohl er vorher noch selbst nach dem Stock verlangt hatte, um die Freche zu bestrafen (S. 18), empfindet er jetzt Mitleid (4).[20] Es folgt eine Solo-Szene Ubertos (b)[21], die die Entscheidung vorbereitet: Der Alte erwägt, Serpina selbst zu heiraten, ohne zu einem endgültigen Entschluß zu kommen. Der Gedanke, daß Tempesta als *padrone* der *serva* Serpina befehlen sollte, ist ihm unerträglich, weil er selbst als *padrone* zugunsten seiner *serva* abgedankt hat[22], ohne daß ihm das bisher bewußt geworden wäre. Daß Serpina dann den stummen Diener Vespone in der Maske des Capitano vorführt und in seinem Namen eine Mitgift von 4000 Scudi fordert, ist zwar Auslöser von Ubertos Eheversprechen (5), aber letztlich nicht entscheidend: Da der Alte die Rolle des *servo* innerlich akzeptiert hat, nimmt er sein Wort auch nach der Demaskierung des falschen Capitano nicht zurück.

*La serva padrona* verkehrt die gesellschaftliche Hierarchie in ihr Gegenteil: Jung vor Alt, der Diener vor dem Herrn, die Frau vor dem Mann. Die bestehende Ordnung wird nicht negiert[23], sondern karnevalisiert. Deshalb kann der Liebesgeschichte nicht der Status einer Komödienhandlung zugestanden werden: Zur *padrona* wird die *serva* nur für die Dauer des Intermezzos, der Schlußakt der Opera seria[24] bestätigt wieder das Normensystem des Alltags. Signifikanterweise kommt schon im ursprünglichen Schlußduett[25] „Contento tu sarai" vor allem Serpinas Zweifel an der Aufrichtigkeit von Ubertos zärtlichen Gefühlen zum Ausdruck.

*La serva padrona* war während des ganzen 18. Jahrhunderts und darüber hinaus auf vielen europäischen Bühnen außerordentlich erfolgreich.[26] Eine italienische Truppe spielte das Intermezzo 1752 in Paris[27] und löste dadurch die sogenannte *Querelle des bouffons* aus[28]; allerdings bot Pergolesis Werkchen nicht mehr als den Anlaß für eine Debatte über die *tragédie lyrique*, die von der Aristokratie verteidigt, von Aufklärern wie dem Baron Grimm und Rousseau dagegen als maniriert und pomphaft abgelehnt wurde. Die Anhänger der französischen Oper bestanden auf dem Primat des Textes gegenüber der Musik; als Negativbeispiel sich selbst genügender Virtuosität des Gesangs freilich ist Pergolesis Komposition, die über weite Strecken syllabisch ist und ein hohes Maß an Textverständlichkeit garantiert, eher ungeeignet. Vor allem mißfiel dem konservativ gesinnten Teil des Publikums das Sujet: Im Sinne der französischen Tradition galt es als Ziel der Musik, das Publikum durch die idealisierende Nachahmung der Natur zu erziehen, d. h. moralisch zu bessern[29]; dem widerspricht einerseits die banale Alltäglichkeit einer Oper, in der „ein Mann auf seine Schokolade wartet"[30], andererseits die karnevalistische Verkehrung von Oben und Unten, die nicht eigentlich den Feudalismus kritisiert, sondern *jede* soziale Ordnung relativiert.

Die Geschichte der neapolitanischen *commedeja pe mmuseca* beginnt 1707 mit *La Cilla* von Francesco Antonio Tullio (Musik von Michelangelo Faggioli).[31] Da die neue Gattung unmittelbar an die gesprochene Dialektkomödie anschließt, kommt dem Text der Vorrang gegenüber der Musik zu. Eine folgenreiche Neuerung ist, daß die neapolitanische Musikkomödie erstmals Ensembleszenen[32] in größerer Zahl enthält. Wenn mehrere Personen nicht nur zusammen, sondern gleichzeitig, aber nicht dasselbe singen, ist Textverständlichkeit nicht gewährleistet; Sprache hört auf, Mitteilung zu sein, und dient nur noch dem Ausdruck einer Befindlichkeit.[33] Damit wird dem aristotelischen Ideal eines vom Wort bestimmten Dramas eine Absage erteilt[34]; zugleich tendiert das Ensemble zur statischen Form des *Tableau*, das die Affekte der einzelnen Figuren im räumlichen Nebeneinander statt im zeitlichen Nacheinander darstellt.

Die Form des Ensembles stellt nicht nur den Komponisten, sondern auch den Textdichter vor Probleme: Während in der Opera seria (und im Intermezzo) gewöhnlich nur das Rezitativ als Wechselrede angelegt war, gilt es jetzt, Situationen herbeizuführen, in denen fünf oder sechs Figuren so überrascht oder aufgewühlt sind, daß sie gleichzeitig ihre (unterschiedlichen) Empfindungen äußern.[35] Daraus ergibt sich die zwingende Notwendigkeit, die Peripetien, die die ältere Oper hinter die Bühne verlagerte, vor den Augen der Zuschauer stattfinden zu lassen. Eine angemessene Sprache und Dramaturgie für solche Szenen muß aber erst entwickelt werden.

Die neapolitanische Form der Musikkomödie wurde auch in Norditalien geschätzt; in Venedig erhielt sie dank CARLO GOLDONI (1707–1793) nach 1748 den Namen *dramma giocoso per musica*.[36] Goldoni, der zum bedeutendsten und produktivsten Buffa-Librettisten seiner Zeit werden sollte, hatte vorher vor allem Intermezzi verfaßt[37]; in seinen ersten *drammi giocosi* sind die Ensembles wenig organisch mit dem Geschehen verbunden, wie sich an *L'Arcadia in Brenta*[38] (1749) zeigen läßt.

Von der ersten Szene an ist absehbar, wie die Geschichte enden wird: Fabrizio Fabroni hat in seinem Landhaus an der Brenta eine ‚Akademie' eingerichtet, das heißt, er hat einige Freunde zu sich eingeladen, um in einem bukolischen Ambiente schöngeistige Gespräche zu führen. Seine besondere Aufmerksamkeit gilt den beiden Damen Rosanna und Laura: Zumindest eine, so hofft er, wird seine Aufmerksamkeiten mit ihrer Zuneigung belohnen. Leider kann es sich Fabrizio nicht leisten, die ganze Gesellschaft über längere Zeit freizuhalten; als der Vorhang aufgeht, ist er pleite, nur durch den Verkauf seiner letzten Besitztümer vermag er die Katastrophe bis zum dritten Akt hinauszuzögern.

Das Warten auf den Bankrott überbrückt eine Art Nummern-Revue[39]: Die Figuren stellen sich vor, ihre Beziehungen zueinander werden erhellt. Es zeigt sich, daß sich Rosanna zu Giacinto und Laura zu Foresto[40] hingezogen fühlen; den armen Fabrizio, der sich bei beiden Chancen ausrechnet, haben sie zum besten. Seine vergeblichen Versuche, den Platz neben einer der Damen zu erobern (I 3), werden nun freilich ebenso in Rezitativform abgehandelt wie der Spaß, daß alle beide (und die neu hinzugekommene Lindora) vorgeben, Fabrizio zu ihrem ‚Schäfer' wählen zu wollen; als er ihnen aber das geforderte, teure Geschenk gemacht hat, lachen sie ihn aus (II 1). Die Ensembles[41] dagegen stellen in sich geschlossene komische Szenen ohne Bezug zur Grundkonstellation des Librettos dar: Ende des ersten Aktes bietet Foresto Fabrizio, dem affektierten Conte Bellezza und der überempfindlichen Madama Lindora Niespulver als Tabak an; während des folgenden Terzetts kämpfen seine Opfer mit ständigen Niesanfällen. Im zweiten Akt beschließen die ‚Arkadier', Theater zu spielen, und zwar im Stil der Commedia dell'arte; die ‚Aufführung' beginnt im Rezitativ und entwickelt sich dann zum Finale (II 10).[42] Nur im dritten Akt (III Ult.) markiert das Schlußensemble das Ende der Geschichte Fabrizios (und korrespondiert dadurch mit der Anfangsszene): Da der arme Kerl ruiniert ist und seine Gäste nicht mehr mit Leckereien verwöhnen kann, lädt Rosanna die ganze Gesellschaft zu sich ein – auch Fabrizio, der sich zunächst sträubt, läßt sich schließlich überreden mitzukommen. Nachdem seine flagrante Selbstüberschätzung (in ökonomischer wie erotischer Hinsicht) ihn zur Zielscheibe allgemeinen Spotts gemacht hat, wird er in die Gesellschaft reintegriert; ob er aus der bitteren Erfahrung etwas gelernt hat, bleibt offen.

Fabrizio, der über weite Strecken die Aufmerksamkeit des Publikums auf sich konzentriert, scheitert in jeder Hinsicht, d. h., er ist eine komische Figur. Das gleiche gilt für Madama Lindora und den Conte Bellezza, die jeweils einen negativen Charakterzug verkörpern: Lindora ist eine Art Prinzessin auf der Erbse, die den Duft jeder Blume zu betäubend, jeden Stuhl zu hart und jedes Geräusch zu laut findet; der Graf, der sich bei seinem ersten Auftreten (I 9) äußerst geschraubt ausdrückt[43], ist ihr Bruder im Geiste der Unnatürlichkeit (was pathetisch-gezierte Liebesglut nicht ausschließt, vgl. I 11). Obwohl Lindora und Bellezza nicht dem Personal der Commedia dell'arte entstammen, sind es keine Individuen, sondern Typen.[44]

Neben diesen dreien stehen die beiden Liebespaare; und hier scheint sich auf den ersten Blick so etwas wie eine anderweitige Handlung abzuzeichnen, denn für Rosanna und Giacinto wird aus dem Getändel im ‚arkadischen' Rahmen Ernst: Im zweiten Akt gestehen sie einander ihre Liebe

(II 4/5), im dritten Akt deutet Rosannas erklärte Absicht, Giacinto zum Herrn ihres Hauses zu machen, auf eine bevorstehende Heirat hin (III 10). Dieses Paar ist das einzige, mit dem etwas geschieht; die zentrale Stellung, die es deshalb beanspruchen könnte, wird ihm jedoch verweigert. Rosanna und Giacinto erleben keine Liebes*geschichte*; Voraussetzung dafür wäre, daß sie auf dem Weg zu ihrem Glück innere oder äußere Widerstände zu überwinden hätten, aber sie stellen lediglich fest, daß sie beide dasselbe wollen, und sind nicht einmal besonders überrascht. Offenbar unterbrechen sie die Folge komischer Episoden nur deshalb durch wenige gefühlvoll-innige Momente, weil es der Gefahr der Eintönigkeit vorzubeugen gilt.

Die beiden Liebenden stehen sogar seltener im Zentrum als das zweite Paar, Laura und Foresto, zwischen denen sich offenbar kein echtes Gefühl entwickelt. Rosanna und Giacinto heben sich nur negativ, durch ihre Abwesenheit, von den komischen Figuren ab: So spielen sie in dem improvisierten Theaterstück (II 10) als einzige nicht mit. Statt ihrer übernehmen der Conte und Lindora die Rollen der Amorosi, die sie durch ihr affektiertes Gebaren zu komischen Figuren machen. Der etwas tölpelhafte Fabrizio ist als Diener Pulcinella nicht fehlbesetzt; die Rolle macht ihn auch endlich zum Liebhaber der Colombina Laura, während sich Foresto mit der Partie des Pantalone begnügen muß.

Die Reihung von (zum Teil slapstickartigen) Gags entspricht der Tradition der Commedia dell'arte: Im dritten Akt (III 8) etwa ruft der um Lindoras Gesundheit besorgte Conte einen Apotheker herbei. Sie verlangt nacheinander verschiedene Arzneien, die sie dann doch nicht nehmen will, nötigt aber den Conte jedesmal, die Hälfte davon zu probieren; den Aufruhr, den ein Abführmittel in seinem Inneren erzeugt, schildert er in einer Arie, die folgerichtig eine Abgangsarie ist.

Dies gilt allerdings auch für die anderen Solo-Nummern, und ihre Verteilung folgt den Regeln, die in der Opera seria gelten: Im ersten Akt gibt es acht Arien; zuerst stellen sich die am Spiel Beteiligten vor, in der Reihenfolge Foresto – Fabrizio – Laura, Giacinto – Rosanna, Lindora – Conte Bellezza (das heißt: die Paare haben sich von Beginn an gefunden; Fabrizio als das fünfte Rad am Wagen drängt sich zwischen die beiden, deren Verbindung am wenigsten gefestigt ist), zuletzt singt Fabrizio eine zweite Arie. Im zweiten Akt haben die sieben Figuren je eine Arie (Fabrizio eröffnet den Reigen, dann rahmen die Arien des Conte und Lindoras Rosannas und Giacintos Gedanken über die Liebe ein; Foresto und Laura beschäftigen sich mit dem Theater: Er denkt über die Rolle der Kritiker nach, sie stellt in der Rolle der Colombina Überlegungen darüber an, wie sich die Herrschaften und die Diener jeweils in der Liebe verhalten). Im dritten Akt gehen die Liebhaber Foresto und Giacinto leer aus, Fabrizio macht wieder den Anfang, es folgen Laura, der Conte, Lindora und Rosanna. Fabrizio ist durch seine vier Arien als Hauptfigur gekennzeichnet; Rosanna, Laura, Lindora und der Conte Bellezza haben je drei, Foresto und Giacinto je zwei.

Manche Arien haben die affektische Reaktion auf ein Geschehen zum Thema: Als Fabrizio von den Damen verspottet wird, läßt er in der folgenden Arie seiner Empörung darüber freien Lauf, daß ihm seine Großzügigkeit so schlecht gelohnt wird (II 1). Die geschlossene Form isoliert Fabrizios Tirade innerhalb des rezitativischen Dialogs; da er wutentbrannt davonstürzt, können die anderen auch nicht unmittelbar darauf reagieren. Andere Arien stehen nur in loser Verbindung zum Geschehen: Laura empfiehlt Lindora als Heilmittel gegen ihre eingebildeten Leiden einen Ehemann (III 6), der Text wendet den Ratschlag ins Allgemeine. Die Handlung kommt hier ebenso zum Stillstand wie in den Arien der Opera seria, was freilich durch die Vorliebe, die Goldoni und die Buffa-Librettisten allgemein für kurze Verse haben, kaschiert wird: Die daraus resultierende Kurzatmigkeit der Texte fordert vom Komponisten schnelle Tempi. Da die Arien aber aus der zeitlichen Progression herausgenommen sind, entsteht der Eindruck hektischen Auf-der-Stelle-Tretens.[45]

Diese Statik läßt sich überwinden, indem eine ‚anderweitige Handlung' von einigem Gewicht eingeführt wird. Der Erfolg, den rührende Theaterstücke für empfindsame Seelen in anderen europäischen Ländern verbuchen können[46], führt zu einer Sentimentalisierung der Opera buffa, die sich an Goldonis *Buona figliuola*[47] studieren läßt.

Hier konzentriert sich das Interesse des Publikums ganz auf die Titelfigur Cecchina[48], die *serva* (sie arbeitet als Gärtnerin), deren heimliche Liebe zu ihrem *padrone*, dem Marchese della Conchiglia, ihrer obskuren Herkunft wegen hoffnungslos scheint: Zwar fühlt auch der Marchese Zuneigung für sie und will sie heiraten, aber seine Schwester Lucinda und vor allem deren Verlobter Armidoro widersetzen sich dieser Mesalliance. Die Dienerinnen Sandrina und Paoluccia sind neidisch auf Cecchina und bringen sie durch Verleumdungen noch mehr in Schwierigkeiten; zum Glück stellt sich zuletzt heraus, daß das Findelkind eigentlich Mariandel heißt und eine deutsche Baronesse, also eine durchaus standesgemäße Partnerin für den Marchese, ist. Die Anagnorisis hat Goldoni zu seiner Quelle, dem Roman *Pamela* von Samuel Richardson (1740), hinzuerfunden, und zwar schon in seiner Komödie *La Pamela* (oder *Pamela nubile*, 1750), die dann ihrerseits als Vorlage für das Libretto diente[49].

Die Lösung zeichnet sich schon in der allerersten Szene ab: Cecchina beklagt (im monologischen Rezitativ), daß sie ihre Eltern nicht kennt; für den mit den Konventionen des Theaters vertrauten Zuschauer ist klar, was das bedeutet. In gewisser Weise retardiert alles, was folgt, das Happy-End (wie in *L'Arcadia in Brenta* die drei Akte Fabrizios Bankrott retardieren). Ein noch deutlicherer Hinweis wird im zweiten Akt gegeben, als der Soldat Tagliaferro auftritt und mit seinem deutschen Landsknechts-Akzent erklärt, er suche eine *Picchla ragazzina*, ein kleines Mädchen (II 6). Da der begriffsstutzige Bauer Mengotto mit dieser Information nichts anzufangen weiß, dauert es noch einige Zeit, bis der Marchese die wahre Identität seiner Cecchina erkennt (II 11); damit ist nun aber wirklich alles klar, die Verwicklungen der folgenden anderthalb Akte sind nur möglich, weil der Marchese sein Wissen zunächst für sich behält.[50]

Retardiert wird vor allem die klärende Aussprache zwischen dem Protagonisten-Paar: Gleich zu Anfang (I 3) setzt der Marchese zu einer Liebeserklärung an – Cecchina läuft ihm weg, was er allerdings richtig interpretiert (I 4: „dal suo turbamento / Capisco che mi adora" [*an ihrer Verwirrung / erkenne ich, daß sie mich liebt*]). Später sind die beiden entweder nicht allein (I 12; 16; II 15), oder Cecchinas Schuldgefühle stehen einer Klärung der Verhältnisse im Weg (II 10). Erst als Cecchina erfährt, wer sie eigentlich ist (III 8), finden die beiden zum Einklang eines Duetts.

Den retardierenden Elementen steht in manchen Szenen die Beschleunigung des zeitlichen Ablaufs gegenüber. Zu Beginn des zweiten Aktes überstürzen sich die Ereignisse: Der Marchese sucht Cecchina, die er im ersten Finale auf die falschen Anschuldigungen Sandrinas und Paoluccias hin für untreu hielt; inzwischen hat er eingesehen, daß er unrecht hatte (II 1). Cecchina ist im Auftrag Armidoros entführt worden (II 2/3), Mengotto, der ebenfalls in Cecchina verliebt ist, befreit sie dank der Hilfe einiger Jäger (II 4), aber als er sie zu seiner Hütte führen will, taucht plötzlich der Marchese auf und zieht sie mit sich fort (II 5). Die mißlungene Entführung hat keinerlei Auswirkungen auf den Fortgang der Geschichte, insofern kann man sie als retardierendes Moment betrachten[51]; für sich genommen zeichnet sich diese Folge kurzer Szenen jedoch durch hohes Tempo aus.[52]

Auch hier sind die Arien Haltepunkte in „a plot which move[s] forward by starts and halts"[53]; sie sind allerdings sehr viel unmittelbarer als noch in *L'Arcadia in Brenta* auf die konkrete Situation der Figuren bezogen, die entweder ihre Gefühle angesichts einer schmerzlichen oder freudigen Erfahrung zum Ausdruck bringen[54] oder (seltener) insistieren, um einen Gesprächspartner zu überzeugen[55]. Sentenzhafte Äußerungen, philosophische Betrachtungen über den Lauf der Welt kommen praktisch nicht mehr vor.[56] Außerdem wird die zirkuläre Struktur der Da-capo-Arien mehr und mehr durch eine zweiteilige Form abgelöst[57], die – da sich das Ende vom Anfang unterscheidet – zumindest potentiell offen ist für die Darstellung prozeßhafter Veränderungen.

Das Personal der Oper ist auffallend heterogen. Die Marchesa Lucinda und Armidoro (in Piccinnis Vertonung ein Soprankastrat) sind als Figuren der Opera seria angelegt: In der ursprünglichen Fassung des Librettos hatte Goldoni ihre Arien zum Teil aus Operntexten Metastasios übernommen.[58] Das Ausdrucksregister des Marchese unterscheidet sich deutlich von dem seiner Standesgenossen und rückt ihn in die Nähe eines halb ernsten, halb komischen Mezzo carattere.⁵⁹ Tagliaferro dagegen ist der Capitano der Commedia dell'arte⁶⁰, sein gebrochenes Italienisch, sein aufbrausendes Temperament lassen die Typenhaftigkeit deutlicher hervortreten als bei den anderen Buffo-Partien (Sandrina, Paoluccia und Mengotto).

Diese sehr unterschiedlichen Figuren lassen sich ausnahmslos über ihr Verhältnis zu Cecchina (die ihrerseits als mezzo carattere dargestellt ist⁶¹) definieren, wobei eine Grundopposition strukturbildend wirkt: Cecchina ist zunächst die *serva*, die ihren *padrone* liebt⁶²; um den Kontrast deutlicher hervortreten zu lassen, wird sie im Libretto, anders als in Richardsons Roman und noch in Goldonis Komödie, zum hilflosen Opfer, zum ‚armen unverstandenen Kind', stilisiert.⁶³ Lucinda und Armidoro, aber auch Sandrina und Paoluccia sehen in Cecchina nur die *serva* und nehmen deshalb Anstoß an ihrer Verbindung mit dem *padrone*; dieser dagegen sieht in der *serva* die Person Cecchina mit den Eigenschaften, die sie liebenswert machen. Nur für Mengotto, dessen Liebe der *serva* Cecchina gilt, fallen beide Seiten ihrer Persönlichkeit zusammen. In Wirklichkeit aber ist Cecchina Mariandel und damit selbst eine *padrona*; Tagliaferros Zuneigung gilt nicht der Gärtnerin Cecchina, sondern der verschwundenen Baronesse. Graphisch läßt sich das folgendermaßen darstellen:

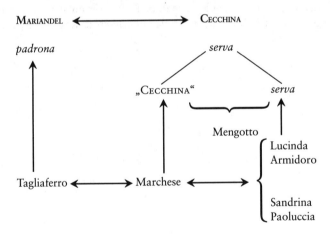

In *La buona figliuola* kommt dem Syntagma, dem linearen Handlungsverlauf, größere Bedeutung zu als in den bisher betrachteten Buffe; dahinter steht jedoch die statische Grundstruktur eines Systems von Oppositionen, die in einer Abfolge von Peripetien ausgespielt werden. Diese Kontrast-Dramaturgie⁶⁴ korrespondiert mit der Vielfalt der musikalischen Gestaltungsprinzipien: Das Libretto gibt dem Komponisten die Möglichkeit, die

Klage Cecchinas liedhaft schlicht zu vertonen (*Una povera ragazza*, I 12) und gleich darauf Lucindas Wutausbruch als Parodie einer hochvirtuosen Seria-Arie zu gestalten[65] (*Furie di donna irata*, I 14), oder im ersten Finale (I 16) Cecchinas ruhige Resignation der verleumderischen Geschwätzigkeit Sandrinas und Paoluccias gegenüberzustellen[66].

Das mag der Hauptgrund dafür sein, daß die Opera buffa, genau wie die Seria, eine Vorliebe für Fälle problematischer Identität hat; Mariandel, die unter dem Namen Cecchina aufwächst, Amastre (in Minatos *Serse*), die Männerkleider anlegt, Megacle (in Metastasios *Olimpiade*), der als Licida zum Wettkampf antritt – in allen diesen Fällen ist Ich *zugleich* ein Anderer. Diese Opposition entfaltet das Libretto in einer Geschichte von Gegensätzen, die dann sprachlich ausgestaltet wird als Abfolge von Arien mit je unterschiedlichem Affektgehalt (bzw. Ensembles, in denen kontroverse Standpunkte aufeinanderprallen[67]), wie es einer musikalischen Dramaturgie des Kontrasts entspricht.

Während des ganzen 18. Jahrhunderts und darüber hinaus erscheint die Handlung einer Opera buffa als paradigmatische Folge komischer Katastrophen (Mißverständnisse, – oft mißglückte – Täuschungsmanöver, Peinlichkeiten jeder Art), hinter denen der dünne Faden der ‚anderweitigen Handlung' oft kaum wahrnehmbar ist. Von dieser Regel gibt es bis in die Zeit Rossinis praktisch keine Ausnahmen; daß sie auch noch für die Libretti Lorenzo Da Pontes gilt, wird das übernächste Kapitel zeigen.

## Der französische *opéra-comique*

Ursprünglich ist der *opéra-comique* keine Oper. Er entwickelt sich zu Beginn des 18. Jahrhunderts aus den Darbietungen der Seiltänzer und Akrobaten auf den beiden großen Pariser Jahrmärkten, der Foire Saint-Germain (Februar/März) und der Foire Saint-Laurent (Ende Juli bis Ende September); schon im frühen 17. Jahrhundert wurde dort auch gelegentlich Theater gespielt[1], später hatten vor allem Marionettenbühnen ihren festen Platz auf den Foires. Nachfrage nach einem Theater mit ‚richtigen' Schauspielern entstand, als Louis XIV 1697 die Comédie-Italienne schließen ließ: Schon im 16. Jahrhundert hatte es Gastspiele von Commedia-dell'arte-Truppen[2] in Frankreich gegeben, seit 1660 verfügte Paris über ein eigenes italienisches Theater.[3] Im Stegreif-Spiel der Commedia dell'arte war das pantomimische Element, der Körpereinsatz der Darsteller, mindestens ebenso wichtig ist wie das gesprochene Wort; so mochte es für die Forains, die Artisten der Jahrmärkte, naheliegen, die Lücke, die durch die Vertreibung der Italiener entstanden war, durch ihre gleichermaßen körperbetonten Darbietungen zu schließen.[4] Seit etwa 1704/05 traten auch Schauspieler bei den Foires auf[5], ohne daß sich dadurch etwas Wesentliches verändert hätte: Bis in die zwanziger Jahre begann die Vorstellung gewöhnlich mit dem Auftritt der Akrobaten. Möglicherweise übernahmen die Schauspieler von Anfang an das Repertoire der Italiener, dessen französische Teile[6] gedruckt vorlagen; nachweisen lassen sich entsprechende Aufführungen allerdings erst seit 1707[7].

Der beachtliche Erfolg der Jahrmarktstheater führte früh zu Konflikten mit der Comédie-Française: Ihr hatte Louis XIV ein Monopol auf die Aufführung von Schauspielen in französischer Sprache gewährt, das die Verantwortlichen eifersüchtig verteidigten. Nun zog vor allem die Foire Saint-Germain mit ihrem Angebot an Luxusartikeln auch das aristokratisch-großbürgerliche Stammpublikum der Comédie-Française an[8]; in den Darbietungen der Forains erwuchs ihr eine ernstzunehmende Konkurrenz, vor allem seit die Jahrmarktstheater dem Publikum gleichen Komfort (zu ähnlichen Preisen) boten wie die größere Bühne[9].

Die Streitigkeiten wurden vor Gericht ausgetragen, mit dem Ergebnis, daß die Jahrmarktsbühnen auf gesprochenen Dialog verzichteten; 1709 wurden ausschließlich Pantomimen gespielt. Bedenkt man, daß in der klassischen französischen Tra-

Anmerkungen siehe S. 276.

gödie die Protagonisten weniger Handelnde als Redende sind, dann läßt sich die Aufwertung des stummen Spiels durchaus als Kritik an der herrschenden Theater-Ästhetik verstehen.[10] Im folgenden Jahr zeigten die Schauspieler dem Publikum Spruchbänder mit dem Text, den sie nicht sprechen durften. 1712 waren die Stücke ganz in Couplet-Form abgefaßt; die Strophen waren volkstümlichen Melodien unterlegt, wenn eine Texttafel vom Schnürboden heruntergelassen wurde, spielte das Orchester die Musik, im Zuschauerraum plazierte Akteure stimmten die Strophe an, und das Publikum sang mit. Seit 1714 trugen die Schauspieler selbst die Couplets vor: Das Monopol für Theateraufführungen mit Gesang lag bei der Académie Royale de Musique, dem Opernhaus, dessen Direktion sich die Erlaubnis abkaufen ließ.

Bis 1709 sind nur wenige Stücke eigens für das Théâtre de la foire geschrieben worden, meist griff man auf das Repertoire der alten Comédie-Italienne zurück. Das ändert sich nach 1711: In diesem Jahr engagieren die beiden wichtigsten Truppen der Foire mit ALAIN-RENÉ LESAGE und LOUIS FUZELIER jeweils einen Hausautor.[11] Für diese beiden Truppen findet seit 1715 regelmäßig der Name *Opéra-comique* Verwendung[12], der freilich vereinzelt schon seit 1694 belegt ist[13]; erst später wird er zur Bezeichnung für eine musikdramatische Gattung.

Die Autoren der ersten *opéras-comiques* sahen sich Zwängen ausgesetzt, die etwa die Librettisten der *tragédie lyrique* nicht kannten: Es galt, die Verse vorhandenen, wenn auch selbstgewählten Melodien anzupassen – und zwar alle Verse, denn in seiner Urform kennt der *opéra-comique* keine gesprochenen Dialoge (und natürlich auch keine Rezitative). Gewöhnlich füllt die Replik eine Strophe, nur ausnahmsweise wird ein Couplet auf zwei Sprecher aufgeteilt. Die Couplets aber sind in musikalischer wie in metrischer Hinsicht statische, in sich geschlossene Einheiten; wenn der Text nur aus Haltepunkten besteht, muß sich das Geschehen gleichsam ruckartig entfalten.

Wenn die Zuschauer die Melodien mitsingen sollten, kamen nur populäre Lieder (die sogenannten *Vaudevilles*[14]) oder die Schlager aus neueren Opern in Frage. Gerade die *vieux couplets*, die Gassenhauer, hatten Signalwirkung: Da die Melodien auch den originalen Liedtext in Erinnerung riefen[15], waren sie in der Vorstellung des Publikums ein für allemal mit bestimmten Empfindungen (oder Situationen) verbunden; der Dichter des *opéra-comique* konnte nun mit den Erwartungen der Zuschauer spielen und einer bekannten Melodie einen unpassenden Text zuordnen, um eine komische Wirkung zu erzielen. Um 1730 erweitert sich das musikalische Spektrum um Tanzweisen, die im Original keinen Text und also auch keinen referentiellen Inhalt haben; einige Kritiker sehen darin einen Rückschritt.[16]

Daraus, daß der *opéra-comique* die Aufmerksamkeit des Publikums derart auf das ‚Material', die musikalischen Bausteine lenkt, aus denen er zusammengesetzt ist, ergibt sich eine besondere Nähe zur Parodie (im modernen Sinne).[17] Die aus der Commedia dell'arte bekannten, immer gleichen Rollen unterstreichen diese Tendenz: Arlequin, der im Theater Lesages „keine fest umrissene soziale Identität"[18] mehr hat, ist der Typus des Schauspielers, der sich durch seine Wandlungsfähigkeit auszeichnet. Titel wie *Arlequin Atys* (Dominique, 1710) oder *Arlequin-Deucalion* (A. Piron, 1722) signalisieren, daß er – auf seine Weise – den Part eines Opern- oder Tragödienhelden übernimmt. So wird der Zuschauer ständig daran erinnert, daß er einem Spiel beiwohnt, und der *opéra-comique* wird zum Ort (problematisierender oder karnevalisierender) Reflexion über das Theater und speziell über die von den hohen Gattungen vermittelte Weltsicht.[19]

Die Ästhetik des 18. Jahrhunderts definiert die Musik als Universalsprache[20]; demnach bestünde zwischen der (Vers-)Sprache des Dramas und dem Gesang in der Oper kein qualitativer Unterschied. Für Rezitativ und *Air* der *tragédie lyrique* läßt sich diese Auffassung allerdings leichter vertreten als für die Couplets des *opéra-comique*: Ein Strophenlied scheint denkbar ungeeignet, individuelle Gedanken und Empfindungen auszudrücken; hier haben eher allgemeine Aussagen ihren Platz – vor allem ein Refrain fordert sentenziöse Zuspitzung geradezu heraus. Der Baron GRIMM stellt denn auch kategorisch fest, daß ‚Nachahmung' (das bedeutet vor allem: Darstellung von Empfindungen) im Strophenlied nicht möglich sei.[21] Indem die Schöpfer des *opéra-comique* die Verwendung populärer Liedstrophen zum Prinzip erheben, verstärken sie den antiillusionistischen Spielcharakter noch, den das Jahrmarktstheater mit der Commedia dell'arte gemeinsam hat.

Spätestens 1723 beginnt die Stabilisierung, und damit auch die Domestizierung des ursprünglich nonkonformistischen *opéra-comique*: Seit 1716 gewährt der König jeweils einem Theaterunternehmer ein Privileg für die Aufführungen bei den Foires, dieser setzt sich fortan gegen Konkurrenten mit den gleichen (juristischen) Mitteln durch wie die Comédiens Français gegen die ersten Forains.[22] Zwar traten immer wieder (z. B. finanzielle) Schwierigkeiten auf, so waren von 1744 bis 1751 keine Aufführungen möglich; insgesamt aber darf man feststellen, daß sich das Théâtre de la foire fest etabliert und der *opéra-comique* zu einer stabilen Form gefunden hat.

Sie ist gekennzeichnet durch den Wechsel zwischen gesprochenem Dialog und auf bekannte Melodien gesungenen Couplets. Das Verhältnis der beiden Komponenten variiert: Manchmal gibt es lange Dialogszenen ohne Gesangseinlagen, aber ein Akt kann auch aus einer Folge von Couplets mit kurzen, verbindenden Dialogpassagen bestehen. Die Commedia dell'arte ist eindeutig als Bezugspunkt erkennbar: Hier wie dort handelt es sich um „Schauspielertheater"[23], das Erscheinungsbild einer Theatertruppe und des Phänomens *opéra-comique* insgesamt ist geprägt durch die feste Verbindung von Rolle und Darsteller. Hier wie dort werden bevorzugt Episoden von Täuschung oder Selbsttäuschung, Betrug oder Illusion zu einer paradigmatischen Reihe zusammengefaßt[24], und die handelnden Personen erscheinen als Marionetten ohne psychologische Tiefe.

Freilich gibt es schon früh Tendenzen, die auf eine Abkehr vom Modell der Commedia dell'arte hindeuten: Die ursprünglich derben Späße werden seit etwa 1720 im Namen bürgerlicher Wohlanständigkeit zurückgedrängt[25]; auch die Typen der Stegreifkomödie verschwinden allmählich, bis auf Arlequin und Pierrot, die aber nur noch Nebenrollen als Diener der Protagonisten zu spielen haben.[26] Zugleich gewinnt das musikalische Element immer mehr an Bedeutung.

Von Anfang an haben die Jahrmarktsbühnen Komponisten beschäftigt, deren Aufgabe vor allem darin bestand, die *Vaudevilles* für das Orchester des jeweiligen Theaters einzurichten; nur selten ergänzten sie zu einem Stück eine neue Musiknummer.[27] Das ändert sich nach 1750, als durch die *Querelle des bouffons* ein breites Interesse an italienischer Musik entsteht.[28] Einflüsse von jenseits der Alpen werden nicht in der *tragédie lyrique*, aber sehr wohl im *opéra-comique* aufgenommen: An die Stelle der *comédie en vaudevilles* tritt seit den fünfziger Jahren die *comédie mêlée d'ariettes* mit vollständig neu komponierter Musik.[29]

Gleichzeitig wird die Commedia dell'arte als literarischer Bezugspunkt von der *comédie larmoyante* abgelöst, wie sie von Philippe Néricault-Destouches (1680–1754), Pierre-Claude Nivelle de la Chaussée (1692–1754), aber auch von Voltaire gepflegt wurde: Die neuen Libretti wollen ihr Publikum rühren und moralisch erbauen, komische Elemente treten zurück; die Textdichter propagieren das überständische Ideal des tugendhaften und vor allem empfindsamen *homme de bien*, des redlichen Mannes, das harmonische Familienleben der (bürgerlichen oder adligen) Protagonisten nimmt breiten Raum ein.[30] Der Einfluß des englischen bürgerlichen Trauerspiels (George Lillo, *The London Merchant*, 1731) und der Dramen Diderots als avanciertester Form bürgerlichen Theaters mag insgesamt weniger stark sein[31], aber die Librettisten des *opéra-comique* teilen zumindest die Neigung Diderots, rührende Szenen zum statischen Tableau erstarren zu lassen[32]; indem sie so das private Leben der Protagonisten zum Gegenstand der Anteilnahme des Publikums machen, tragen sie der Organisation des (nicht nur bürgerlichen) Lebens in der neuen Form der patriarchalischen Kleinfamilie Rechnung.[33] In den siebziger Jahren schlug ein anonymer Kritiker vor, die *vaudevilles* „pour ce qui ne seroit que dialogue ou plaisanterie" [*für das, was nur Dialog und Scherz wäre*], die *ariettes* dagegen „pour tout ce qui seroit tableau" [*für alles, was szenisches Bild wäre*] vorzusehen[34]; während die Couplets des älteren *opéra-comique* den Gang der Handlung durch satirische Kommentare oder witzige Sentenzen unterbrachen, geben die *ariettes* rührende Empfindungen zur Betrachtung frei.

Der Erfolg der neuen Form zeigt sich unter anderem daran, daß CHARLES-SIMON FAVART (1710–1792), der seit den dreißiger Jahren mit seinen (oft parodistischen) *comédies en vaudevilles* den Publikumsgeschmack genau getroffen hatte[35], 1762 dazu überging, *comédies mêlées d'ariettes* zu schreiben, in denen das komische Element entweder zurücktritt oder (z. B. in *Les Moissonneurs*, 1768, Musik von Egidio Romualdo Duni) ganz fehlt; oft sind die Dialoge nicht wie üblich in Prosa, sondern in Versen abgefaßt.

Geradezu idealtypisch erscheint die Form der musikalischen *comédie larmoyante* in *Lucile* (1769) von JEAN-FRANÇOIS MARMONTEL (1723–1799) verwirklicht, der hier zum zweiten Mal mit André Erneste Modeste Grétry zusammenarbeitete.

Die Handlung der einaktigen Oper ist denkbar einfach: Lucile, die einzige Tochter des reichen Bürgers Timante, kann sich ungetrübtes Glück in der Ehe mit dem adligen Dorval erhoffen. Am Morgen ihres Hochzeitstags erfährt sie, daß der Bauer Blaise ihr leiblicher Vater ist: Timantes Tochter ist im Säuglingsalter gestorben, die Amme, Blaises Frau, hat ihm kurzerhand ihr eigenes Kind untergeschoben. Lucile bekennt sich ohne Zögern zu ihrem Vater, ist aber verzweifelt, weil sie wegen des Standesunterschieds ihren geliebten Dorval nun doch nicht heiraten kann. Timante bringt die Sache in Ordnung: Er ringt seinem Freund, dem Vater des Bräutigams, die (grundsätzliche) Aussage ab, daß nicht Adel oder Reichtum, sondern eine edle Gesinnung den Wert eines Menschen ausmacht; derart vorbereitet, kann Dorval der Ältere seine Zustimmung zur Hochzeit nicht verweigern, als er erfährt, wer Lucile wirklich ist. So geschieht, was von Anfang an alle wollen: Dorval heiratet Lucile.

Das Verhältnis von Geburtsadel und Adel des Herzens ist in der Komödie des 18. Jahrhunderts häufig thematisiert worden, als Fazit ergibt sich stets, daß Seelengröße eine obskure Abstammung zu kompensieren vermag, während eine vornehme Herkunft charakterliche Defizite nicht ausgleicht. Freilich gilt – in Übereinstimmung mit der seit dem Mittelalter verbreiteten Auffassung, *Natura* sei stärker als *Nutritura* – gewöhnlich eine edle Gesinnung als Indiz für hohe Geburt; und häufig erweisen sich scheinbar niedriggeborene Sympathieträger (wie die Bediente Lisette in Destouches' Komödie *Le glorieux*, 1732) zuletzt doch als Adlige. Marmontel dagegen bestreitet grundsätzlich, daß die Abstammung den Charakter eines Menschen bestimmt: Lucile ist eine Bauerntochter, aber dank der Erziehung, die sie genossen hat, war sie in der Lage, sich über diese ihre Herkunft zu erheben.

Das Libretto von *Lucile*[36] besteht aus 18 Szenen, die ersten vier fügen sich zu einem Tableau des glücklichen Familienlebens zusammen. Die beiden Verliebten und Timante haben je eine Arie, Lucile malt sich ihr Leben in der Ehe mit einem zärtlich geliebten Mann aus, Dorval genießt den köstlichen Augenblick an der Seite seiner Verlobten, Timante verkündet seine Lebensmaxime: Seine Zufriedenheit hat ihre

Wurzeln in der selbstlosen Bereitschaft, anderen beizustehen. Als Dorval der Ältere dazukommt, besingen alle vier die Freuden familiärer Harmonie im Quartett „Où peut-on être mieux / Qu'au sein de sa famille?" [*Wo kann man es besser haben / als im Schoß der Familie?*] (Am Rande sei vermerkt, daß es sich um eine merkwürdig reduzierte Familie handelt: Timante und Dorval der Ältere sind offensichtlich beide Witwer, und sie haben jeweils nur ein Kind. Die enge Verbundenheit zwischen Eltern und Kindern, die Timante [4. Szene] als erstrebenswertes, in der Gegenwart aber selten verwirklichtes Ideal bezeichnet, scheint nur unter diesen Bedingungen möglich zu sein).

Der Auftritt des Bauern Blaise (5. Szene) stört das scheinbar so stabile Glück dieser vier Menschen. Entgegen den Erwartungen, die die Zuschauer bei der Lektüre des Theaterzettels haben mochten, ist Blaise keine komische Figur; im gesprochenen (Vers-)Dialog enthüllt er Lucile das Geheimnis ihrer Herkunft. Ein weiteres Tableau schließt sich an, das den Kummer und die zerstörten Hoffnungen Luciles zeigt: Auf ihre Arie folgt ein Duett mit der Dienerin Julie, dann, als Dorval hinzukommt, ein Terzett. Luciles Verzweiflung beunruhigt die beiden (Dorval zieht den etwas voreiligen Schluß „Non, vous ne m'aimez plus" [*Nein, Sie lieben mich nicht mehr*]); den Grund dafür erfahren sie nicht, denn die Musiknummern sind wesentlich statisch, erst der anschließende Dialog bringt die Handlung voran. Das gilt auch für die Szene zwischen Timante und Dorval dem Älteren, die zum Happy-End führt: In einem Duett rühmt Timante dem immer ungeduldiger zustimmenden Freund die Vorzüge Luciles, aber Dorvals Entscheidung, sie trotz allem als Schwiegertochter zu akzeptieren, fällt im Dialog. Die Schlußszene mit dem Auftritt der Landleute, die dem jungen Paar Glück wünschen und mit Tänzen und Liedern die Hochzeitsfeier einleiten, hat wieder Tableau-Charakter; es ergibt sich also ein Dreischritt von Harmonie – Störung – wiederhergestellter Harmonie.

In seinen *Entretiens sur le Fils Naturel* (1757) gibt Diderot einem Drama den Vorzug, dessen Geschichte sich als Folge statischer Tableaux entfaltet.[37] Die Nähe zur paradigmatischen Struktur speziell des Librettos der Opera seria ist offensichtlich; aber an die Stelle der monologischen *Affektdeutung* in den Arien der Seria-Helden tritt im bürgerlichen Drama und im Opéracomique *Affektdarstellung,* die zur Identifikation einlädt: Wenn verdientes Glück auf unverdientes Unglück folgt, sind die Zuschauer zu Tränen gerührt. Die Bemühungen Ranieri de' Calzabigis und seiner Mitstreiter um eine Reform der ernsten Oper zielen in die gleiche Richtung.[38]

In *Lucile* scheint zunächst eine Verbindung von Amtsadel (Dorval) und Bürgertum (Lucile) intendiert; zuletzt ist jedoch auch der Bauernstand eingeschlossen (vgl. Timantes Aufforderung, Blaise solle bei ihnen bleiben, Szene 17); das heißt, es wird eine ideale Einheit des Dritten Standes beschworen, dem der Amtsadel seiner Interessenlage, wenn auch nicht seiner rechtlichen Stellung nach ebenfalls zuzurechnen wäre. Ausgeschlossen bleibt neben dem Klerus die *noblesse d'épée,* der Schwertadel, und gegen seine Privilegien dürfte das Bündnis der anderen letztlich gerichtet sein. Statt aber einen politisch-ideologischen Standpunkt argumentativ zu entwickeln, *zeigt* das Libretto, wie das Ideal dank der gemeinsamen Anstrengung tugendhafter Menschen verwirklicht werden kann und wie daraus ganz von selbst Glück für alle erwächst.

In den Jahrzehnten vor der Revolution bilden sich unterschiedliche Spielarten des *opéra-comique* heraus: Weder das völlige Fehlen komischer Szenen und Figuren noch die Dominanz der Tableaux über die Intrige in *Lucile* sind repräsentativ für die Gattung als Ganzes. Die *comédie larmoyante* bzw. das bürgerliche Drama ist auch keineswegs der einzige Bezugspunkt, wie das Beispiel von MICHEL-JEAN SEDAINE (1719–1797) zeigt.

Wie Favart, und im Gegensatz zu Marmontel, hat Sedaine zunächst Stücke für das Jahrmarktstheater verfaßt; auch nach dem Ende der Institution Opéra-Comique[39] hält er an den bäuerlich-ländlichen Sujets fest, die das Publikum der Foires besonders schätzte. *Le déserteur*[40] (1769), sein erster großer Erfolg (Musik von Monsigny), läßt stark typisierte Bauern auftreten, deren unbeholfene Naivität ebenso komisch wirkt wie die fruchtlosen Bemühungen des trinkfreudigen, rauflustigen Soldaten Montauciel, in fortgeschrittenem Alter noch lesen zu lernen. Die Geschichte des Soldaten Alexis freilich, der aufgrund eines etwas grausamen Scherzes seine Braut für untreu hält, aus Verzweiflung desertiert und zum Tode verurteilt wird, hat keine komischen Züge: Der uneingeschränkt positiv gezeichnete Protagonist kann auf das Mitleid und die Sympathie der Zuschauer zählen, und die Spannung wird bis zum äußersten gesteigert, denn Alexis' Braut Louise erreicht zwar, daß der König ihn begnadigt, aber als sie mit der frohen Kunde zurückkehrt, bricht sie ohnmächtig zusammen, Alexis wird vor das Erschießungskommando geführt und buchstäblich in letzter Sekunde gerettet.

Die Struktur des Librettos ist geprägt durch den mehrfachen abrupten Wechsel zwischen Beschleunigung und Verlangsamung: Der verzweifelte Alexis entschließt sich sekundenschnell, aus Frankreich zu fliehen; in den Gefängnisszenen des zweiten und dritten Aktes, als Alexis und das Publikum auf die Rückkehr Louises warten, vergeht die Zeit quälend langsam; am Ende überstürzen sich die Ereignisse. Obwohl die Musiknummern auch hier den Gang der Handlung unterbrechen, sucht der Librettist den Eindruck von Statik zu vermeiden: Als sich Alexis von Louise verraten glaubt, gesteht ihm der Librettist zwar eine Arie zu (I 7); der Unglückliche darf sich aber nicht seinem Schmerz überlassen, sondern muß sofort den unüberlegten Entschluß fassen, der das folgende Geschehen auslöst. Als Alexis im Gefängnis auf seine Hinrichtung wartet, sehnt er sich nach der Geliebten (Ariette, III 4); sein Monolog wird dadurch dynamisiert, daß er ihn als Abschiedsbrief niederschreibt.

Sedaine hat *Le déserteur* als *drame* bezeichnet und damit auf Diderots

Konzeption Bezug genommen.[41] Was die Verbindung von Komik und (beinahe tragischem) Ernst angeht, gibt es Gemeinsamkeiten, schwerer wiegt freilich ein fundamentaler Gegensatz: Sedaine treibt die Handlung durch *coups de théâtre*, das heißt Zufälle, voran; Diderot zieht dem *coup de théâtre* das Tableau vor[42], denn im bürgerlichen Weltbild hat der Zufall – speziell in der Form der willkürlich gewährten Begnadigung durch einen fürstlichen Deus ex machina – keinen Platz. Gegen das wohlgeordnete Universum der aufgeklärten Optimisten, die davon überzeugt sind, daß sich durch zielgerichtete Arbeit jedes Ziel erreichen läßt, setzt Sedaine die Vorstellung einer kontingenten Welt, in der schon ein harmloser Scherz ausreicht, um einen wohldurchdachten Lebensplan über den Haufen zu werfen.

*Le déserteur* weist damit voraus auf das Melodram der Revolutionszeit und der Romantik[43]; noch fehlt allerdings die wichtigste Figur späterer Melodramen, der Bösewicht. In *Richard Cœur de Lion* (1784, Musik von Grétry) setzt sich die implizite Reflexion über die Kategorie des Zufälligen fort: Während im *Déserteur* Ursachen und Wirkungen allein in der Gegenwart zu finden waren, öffnet sich hier die Perspektive auf die Vergangenheit – der Zuschauer erhascht gleichsam einen ersten Blick auf die Nase der Kleopatra, deren Länge nach dem Diktum Pascals den Lauf der Weltgeschichte bestimmte.

Wie in fast allen seinen Libretti für Grétry huldigt Sedaine in *Richard* der modischen Vorliebe für mittelalterliche Sujets (*genre troubadour*)[44]; er geht – das ist eine Neuerung innerhalb des opéra-comique – von einem historischen Faktum aus, der Gefangenschaft des englischen Königs Richard Löwenherz in Österreich 1192–94. Während sich aber der historische Richard mit Geld loskaufte, befreit ihn in der Oper sein Knappe, der Troubadour Blondel.[45] Ein Jahr lang wandert dieser Blondel, als blinder Spielmann verkleidet, durch Feindesland, bis er herausfindet, wo man den König gefangenhält. Allein könnte er nichts ausrichten, aber er profitiert von mehreren glücklichen Zufällen: Zum einen ist Gräfin Marguerite, die Geliebte des Königs, mit ihrem Gefolge gerade in der Nähe. Zum anderen liebt der Gouverneur der Festung, in der Richard festgehalten wird, die schöne Laurette; ihr Vater ist Engländer und unterstützt Richards Anhänger bereitwillig: Der Gouverneur wird zu einem Stelldichein gelockt und gefangengenommen[46], danach ist es ein leichtes, die führerlose Wachmannschaft zu überwältigen.

Der Engländer Williams mußte aus seiner Heimat fliehen, nachdem er einen Adligen getötet hatte; das Opfer hatte vorher Williams' Vater erschlagen, weil der unerlaubterweise einen Hasen jagte. Blondel stellt lakonisch fest[47]: „Ainsi voilà deux hommes tués pour un lapin" [*Da sind also zwei Männer wegen eines Hasen getötet worden*]; man könnte allerdings auch sagen, dieser Hase habe die Befreiung König Richards ermöglicht: Hätte Williams' Vater nicht gewildert, wäre sein Sohn in England geblieben, der

Gouverneur der Festung hätte sich nicht in Laurette verlieben können, und Blondel hätte sich etwas anderes einfallen lassen müssen, um ihn von seinem Posten wegzulocken. Das Libretto läßt die Zusammenhänge zwischen Ursachen und weit entfernten Wirkungen ahnen, nimmt dafür allerdings gewisse dramaturgische Ungeschicklichkeiten[48] in Kauf: Der Text des *Déserteur* wirkt ungleich geschlossener. Im ersten Akt von *Richard Cœur de Lion* wird zuerst Blondels Suche nach seinem König (I 3), dann das heimliche Einverständnis zwischen Laurette und dem Gouverneur (I 7) und zuletzt Marguerites Beziehung zu Richard (I 8) exponiert; was im dritten Akt miteinander verknüpft wird, steht hier unverbunden nebeneinander. Einheit stiftet lediglich die Figur Blondels, der im weiteren Verlauf immer deutlicher in den Mittelpunkt rückt; im zweiten und im dritten Akt gibt es jeweils nur eine Musiknummer, an der er nicht beteiligt ist.

Ähnlich wie schon *Le Déserteur* weist *Richard Cœur de Lion* wesentliche Merkmale der später als „Rettungsoper" bezeichneten Subgattung auf[49]; daß der „theatralischen Sinnfälligkeit" mehr Aufmerksamkeit gewidmet wird als der „handlungslogischen Motivierung des Geschehens" (ein Grund für die Gefangenschaft Richards wird nicht genannt)[50], deutet voraus auf das romantische Melodram. Als zukunftsweisend erscheint *Richard* aber auch durch die Bedeutung, die hier der optischen Komponente (etwa im „großen pantomimischen Bühnenspektakel"[51] des Schlußbildes) zukommt, und dadurch, daß der Chor als Kollektivsubjekt neben den Protagonisten agiert.[52]

Sedaine ist zu allen Zeiten für seine schlechten Verse getadelt worden[53]; bei einer ersten Lektüre fallen vor allem insistierende Wort- und Verswiederholungen, die oft sehr einfache Syntax sowie triviale Bilder und Metaphern auf. In der Vertonung Grétrys werden diese Mängel zu Vorteilen: Sedaine stellt sich ganz in den Dienst des Komponisten, die Texte der Musiknummern gliedern sich wie von selbst in musikalische Phrasen, die Wiederholungen erleichtern es dem Zuschauer, den Inhalt zu erfassen. Durch die anspruchslose sprachliche Gestalt seiner Libretti erweist sich Sedaine nicht als schlechter Dichter, sondern als erfahrener Musikdramatiker.

## Italienische Librettistik in Wien nach Metastasio

Von Wien, der Wirkungsstätte Metastasios, nimmt eine Entwicklung ihren Ausgang, die oft schlagwortartig verkürzt als „Opernreform" bezeichnet wird[1]; an ihrem Anfang steht *Orfeo ed Euridice* von RANIERI DE' CALZABIGI (Musik von Christoph Willibald Gluck, 1762). Anders als bei den Erneuerungsbestrebungen der Arcadia handelt es sich diesmal nicht um eine reine Libretto-Reform, mindestens ebenso bedeutsam sind die musikalischen Neuerungen: Die Da-capo-Arie wird durch eine zweiteilige Arienform abgelöst, Ensembles und Chöre gewinnen unter dem Einfluß der Buffa auch in der ernsten Oper an Bedeutung, und das Gewicht des Orchesterparts nimmt zu. Auf diese Art lassen sich ohne weiteres auch Libretti Metastasios komponieren, wenn man gewisse Änderungen vornimmt, vor allem einige Arien durch Ensembles ersetzt; musikalische Neuerer wie Niccolò Jommelli oder Tommaso Traetta haben denn auch häufig Bearbeitungen älterer Texte vertont.[2]

Das Projekt einer umfassenden Reform entsteht wohl aus dem Bestreben heraus, eine Synthese aus italienischer und französischer Oper zu schaffen.[3] Die französische Theatertruppe, die zwischen 1752 und 1774 ständig in Wien präsent war, machte das Publikum unter anderem mit den neuesten *opéras-comiques* bekannt; Gluck hatte die Aufgabe, die Musik den örtlichen Gegebenheiten anzupassen, er vertonte auch mehrere Pariser Textbücher neu und eignete sich so den Stil Grétrys und seiner Konkurrenten an.[4] Im *opéra-comique* nun folgt die musikalische Deklamation eng der Prosodie der gesprochenen Sprache, Silbenwiederholungen und Verzierungen, die die Verständlichkeit beeinträchtigen, werden vermieden; wie in der *tragédie lyrique* wird dem Text Vorrang vor der Musik eingeräumt, während es in der Praxis der italienischen Oper häufig umgekehrt ist – trotz des auch von Metastasio proklamierten Primats der Dichtung[5].

Die ‚Natürlichkeit' des Ausdrucks, die unter dem Einfluß Rousseaus auch für das Musiktheater gefordert wurde[6], scheint somit in der französischen Oper eher verwirklicht; und die Reform meint in der Tat, daß die Opera seria der *tragédie lyrique* angenähert wird[7]: Chöre und Ballett gewinnen größere Bedeutung, und der Unterschied zwischen Arie und Rezitativ wird eingeebnet, da einerseits die Zahl der Accompagnati auf Kosten

Anmerkungen siehe S. 278.

der Secco-Rezitative anwächst, andererseits die Arien kürzer und schlichter werden; die ganze Oper ist jetzt auf dem Niveau des Ariosen angesiedelt, von dem nach unten wie nach oben nur wenig abgewichen wird. Auch die zeitliche Diskontinuität ist im Verhältnis zur Seria weniger ausgeprägt: Zwar wirken die Arien immer noch als Haltepunkte innerhalb der (im Rezitativ vorangetriebenen) Handlung[8], aber seit es kein Dacapo mehr gibt, ist der Unterschied zwischen dargestellter Zeit und Zeit der Darstellung deutlich geringer.

Zugleich vermindert sich das Tempo des Rezitativs: Um seine komplizierten Intrigen zu entwickeln, brauchte Metastasio längere Dialoge mit hoher Informationsdichte, die kaum anders denn als Secco-Rezitative zu vertonen waren. Calzabigi dagegen greift auf die bekanntesten Geschichten der antiken Mythologie zurück; er kann sich darauf beschränken, die Handlung in großen Zügen zu rekapitulieren, und den Figuren dafür mehr Gelegenheit geben, ihre Empfindungen (im Accompagnato) zu äußern.[9]

Diese Neuerungen entsprechen im wesentlichen den Vorschlägen FRANCESCO ALGAROTTIS in seinem *Saggio sopra l'opera in musica* (1755).[10] Seiner Ansicht nach hat sich die Musik dem Text unterzuordnen, denn eine Oper sei nichts anderes als eine „tragedia recitata per musica"[11]. Die Oper der (griechischen) Tragödie anzunähern war auch das Ziel Calzabigis und Glucks; freilich lasen sie Sophokles und Euripides immer noch vor der Folie Racines, obwohl u. a. die Arbeiten Winckelmanns einen unmittelbareren Zugang zur Antike ermöglicht hatten[12]. Spätere Epochen neigten dazu, Gluck als Vorläufer Richard Wagners zu betrachten[13]; das macht allerdings nur Sinn, wenn es ihm und Calzabigi gelungen sein sollte, so etwas wie eine musikalische Tragödie oder ein ‚Musikdrama' zu schaffen[14], und wenn sich ihr *Orfeo*, „der stets als die Reformoper par excellence angesehen wurde"[15], auch im Libretto deutlich von Metastasios Texten unterscheidet.

Entgegen der antiken Stofftradition führt Calzabigi die Orpheus-Geschichte zu einem lieto fine (woran spätere Interpreten Anstoß genommen haben): In seiner Verzweiflung darüber, daß er Euridice zum zweiten Mal verloren hat, will sich Orfeo den Tod geben; da erscheint Amor und verkündet ihm das Ende der Prüfungen: „Assai / Per gloria mia soffristi, Orfeo"[16] [*Genug / hast du zu meinem Ruhm gelitten, Orfeo*]. Der Sänger erduldet also nicht sein individuelles Schicksal in einer vom Zufall regierten Welt, sondern er wird zur Beispielfigur, die die Macht der Liebe verdeutlicht.[17] Das vaudevilleartige Schlußensemble faßt den Grundgedanken in eine Reihe von Oppositionen: Amor, so heißt es im Refrain, herrscht triumphierend über die ganze Welt; wenn auch die Liebe manchmal Leiden verursacht, ist es doch besser, ihr Joch zu tragen, als ungebunden zu sein. Die Ambivalenz des Begehrens entwickelt Amor dann in unerwarteter Weise: Die Gleichgültigkeit der Geliebten mag ihren

Verehrer zur Verzweiflung treiben, aber wenn sie zuletzt doch nachgibt, ist das alles vergessen. Euridice stellt in ihrer Strophe den eifersüchtigen Argwohn der Treue gegenüber, die die Gewähr für ein glückliches Ende bietet.

Nun ist Euridice Orfeos Werben gegenüber nicht gleichgültig geblieben, sondern sie ist gestorben, und daß sie auf das ihr unerklärliche Verhalten des Geliebten, der sie, als er sie endlich wiedergefunden hat, nicht anschauen mag, mit besorgter Unsicherheit reagiert, ist mit Eifersucht kaum adäquat beschrieben. In Calzabigis Perspektive steht Euridices Tod für etwas anderes: Ein innerer Vorgang, der etwa als Entfremdung zwischen den Partnern aufzufassen wäre, wird zeichenhaft veräußerlicht und dadurch sichtbar bzw. hörbar gemacht. Bezeichnenderweise setzt das Libretto *nach* Euridices Tod ein, und der Zuschauer erfährt nicht, woran sie gestorben ist – selbstverständlich kannten die Zuschauer die Geschichte, aber das hat 150 Jahre früher weder Rinuccini noch Striggio daran gehindert, an den fatalen Schlangenbiß zu erinnern.

Ehe sich der Vorhang hebt, ist Euridice zur *ombra*, zum Schatten, geworden; damit ist sie für Orfeo (nach allgemein menschlicher Erfahrung) unerreichbar, und zugleich gefühllos. Calzabigis Libretto entwickelt ihre Doppelnatur in klarer Symmetrie: Der erste Akt beginnt mit Orfeos Klagen um die Geliebte; deren erster Auftritt (II 2) zeigt sie im Elysium als *ombra*, die ihr irdisches Leben vergessen hat und den Frieden dieses Ortes genießt. Von den Seligen wird sie ihrem Gatten zugeführt, aber sie bleibt stumm: Orfeos Treue kontrastiert mit ihrer Gleichgültigkeit. Im dritten Akt ist es umgekehrt: Aus der *ombra* ist wieder Euridice geworden[18]; sie fordert von Orfeo einen Beweis seiner Zuneigung, den er des ihm auferlegten Tabus wegen verweigern muß. Als er sich auf ihr Drängen hin zu ihr umwendet, wird Euridice wieder zur *ombra*; aber in der Schlußszene erweckt Amor sie erneut und endgültig zum Leben.

Die Antithese von Oberwelt und Unterwelt bestimmt auch Orfeos Handeln: Da ihm die Trennung von Euridice unerträglich ist, faßt er im ersten Akt den Entschluß, sie zurückzuholen, um in der Welt der Lebenden mit ihr vereint zu sein; Amor weist ihm den Weg. Nachdem er sie erneut verloren hat, will er sich den Tod geben, um der *cara ombra* (III 1) für immer in die Unterwelt zu folgen. Das Totenreich wiederum hat eine schreckliche – die Höhle der Furien – und eine heiter-friedvolle Seite – die Gefilde der Seligen –, die in den beiden Szenen des zweiten Aktes einander gegenübergestellt werden.

Sieht man davon ab, daß das Libretto erst nach Euridices Tod einsetzt, bringt Calzabigi die Orpheus-Geschichte vollständig auf die Bühne; dennoch nimmt der Zuschauer weniger die syntagmatische Verknüpfung der einzelnen Szenen als die antithetischen Beziehungen zwischen ihnen wahr.[19]

Über die Entfaltung von Gegensatzrelationen in der Zeit wird eine exemplarische Aussage[20] vermittelt – genau wie in den Libretti Metastasios.

Calzabigis Verhältnis zum *poeta cesareo* ist ambivalent: 1755 gab er in Paris eine zwölfbändige Ausgabe seiner Werke heraus und leitete sie mit einer umfangreichen *Dissertazione su le Poesie Drammatiche del Signore Abate Pietro Metastasio* ein, die dem ‚größten lebenden Dramatiker' überschwengliches Lob zollte; 35 Jahre später übte der Sechsundsiebzigjährige in der *Risposta di Don Santigliano* scharfe Kritik an dem vormals Gefeierten.[21] Freilich ist die *Risposta* kein dramentheoretischer Entwurf, sondern eine polemische Reaktion auf *Le Rivoluzioni del teatro musicale italiano* von Esteban de Arteaga (1783–1788), der seinerseits den metastasianischen Libretto-Typus zur Norm erhoben und Calzabigi mit verletzender Polemik behandelt hatte.

In vieler Hinsicht sind sich Calzabigi und Metastasio bemerkenswert nahe[22]; so beharren beide auf dem Vorrang des Wortes gegenüber der Musik[23] und äußern fast identische Gedanken über die Rolle des Librettisten, gegen Sänger-Willkür u. a. m. Die Tiefenstruktur ihrer Libretti ist jeweils von der exemplarischen Intention bestimmt; da eine statische Konstellation von Gegensätzen entfaltet werden soll, können sich die Figuren nicht entwickeln, und eben dies hat Calzabigi 1755 an Metastasios Charakteren gelobt[24]. Daß sich die Oberflächenstruktur der Texte markant unterscheidet – verwickelte Intrigen bei Metastasio, Konzentration auf einen überschaubaren Handlungsstrang bei Calzabigi –, ist durch den veränderten Zeitgeschmack bedingt und scheint alles in allem sekundär. Allerdings lehnt Calzabigi[25] im Vorwort zu *Alceste* (1767) die reflektierenden Arientexte Metastasios und der älteren Opera seria kategorisch ab:

(...) il celebre Autore imaginando un nuovo piano per il Drammatico aveva sostituito alle fiorite descrizioni, ai paragoni superflui, e alle sentenziose e fredde moralità, il linguaggio del cuore, le passioni forti, le situazioni interessanti, e uno spettacolo sempre variato.[26]

[(...) *der berühmte Dichter* [Calzabigi] *ersann eine neue Dimension des Dramatischen; er hatte an die Stelle der bilderreichen Beschreibungen, der überflüssigen Vergleiche und der sentenziösen, kalten Sinnsprüche die Sprache des Herzens gesetzt, starke Leidenschaften, rührende Situationen und ein stets abwechslungsreiches Schauspiel.*]

Hier wird offenbar – durchaus im Sinne der Empfindsamkeit – spontane Gefühls*äußerung* statt rationaler *Analyse* der eigenen Empfindungen gefordert. In dieser und nur in dieser Hinsicht zeichnet sich bei Calzabigi ein Paradigmenwechsel innerhalb der ernsten Oper ab: Gleichnisarien und versifizierte Maximen werden in den Libretti der Folgezeit immer seltener. Freilich zieht Glucks Textdichter eher die Konsequenz aus einem bereits in allen Lebensbereichen spürbaren Mentalitätswandel, als daß er aktiv den Wahrnehmungshorizont der Dichtung erweiterte; bezeichnenderweise gibt etwa gleichzeitig auch der *opéra-comique* dem Gefühlsausdruck mehr Raum.[27] Und andererseits beweisen neben Arteagas kritischer Schrift vor allem die vielen Neuvertonungen von Libretti Metastasios bis ins 19. Jahrhundert hinein, daß das Paradigma der Affektdeutung keineswegs von einem Tag auf den anderen obsolet geworden ist: Die Bearbeiter mögen Vergleiche und Maximen enthaltende Arientexte bevorzugt gestrichen haben, es werden doch immer noch einige stehengeblieben sein.[28] Alles in allem erscheint Calzabigi als Repräsentant einer ambivalenten, teils fortschrittlichen, teils eher traditionalistischen Ästhetik[29], der zwar in mancher Hinsicht über Metastasio hinausgeht, aber keineswegs radikal mit der Libretto-Konzeption der Opera seria bricht.

Hier ist nicht der Ort, näher auf die Libretti der französischen Opern Glucks einzugehen; man würde dabei zu ähnlichen Ergebnissen gelangen wie für *Orfeo ed Euridice*. Du Roullet (1716–1786), der die Textbücher zu *Iphigénie en Aulide* (1774) und zur französischen Fassung von *Alceste* (1776) verfaßte, veröffentlichte 1776 eine *Lettre sur les drames-opéra*[30], in der er u. a. fordert, daß ein Libretto aus einer Folge von (miteinander kontrastierenden) Tableaux bestehen solle[31]. – Die wesentlich paradigmatische Strukturierung in Nicolas François Guillards (1752–1814) *Iphigénie en Tauride*[32] (1779) ließe sich durch eine Wortfeld-Analyse verdeutlichen: Bezeichnungen für ‚Leben' (*vie,* [*mes/tes*] *jours* ...), ‚Tod' (*mort, trépas, supplice, sang* ...) und ‚Verbrechen' (*crime, forfait* ...) treten in signifikanter Häufung auf. Das Verbrechen verändert die allgemein akzeptierte Wertordnung, derzufolge das Leben das höchste Gut ist, das es zu bewahren gilt, während es unsinnig oder verwerflich ist, den eigenen Tod zu suchen oder anderen den Tod zu geben: Clytemnestres Verbrechen (der Mord an Agamemnon) machte es Oreste zur Verpflichtung, die eigene Mutter zu töten; da er seine Tat selbst als Verbrechen betrachtet (der Auftritt der Eumeniden verleiht seinen Schuldgefühlen sichtbare Gestalt), wünscht er sich den Tod. Er wertet daher Iphigénies Wunsch, sein Leben zu retten, als „crime involontaire", während sie es für ein Verbrechen ansehen würde, ihn zu töten (IV 2). Eigentlicher Grund für das mehrfache moralische Dilemma ist der Fluch, der seit dem Verbrechen des Ahnherrn Tantalos auf dem Geschlecht der Atriden liegt.[33] Menschliche Verblendung kehrt das Verhältnis von Gut und Böse um: Der Skythenkönig Thoas glaubt, die Götter günstig zu stimmen, wenn er alle Fremden, die es nach Tauris verschlägt, opfern läßt: In der Wertordnung seines Volkes ist der rituelle Mord positiv besetzt (vgl. den Chor I 4/6). Daraus folgt wiederum, daß Pylade und die Griechen kein Verbrechen begehen, wenn sie Thoas und seine Krieger töten (IV 5); die durch die Umstände gerechtfertigte Gewalttat würde dennoch neue Gewalt provozieren, träte nicht Diana als Dea ex machina auf, um den doppelten Kreislauf zu unterbrechen: Sie fordert die Skythen auf, die Griechen (mit den Kultbildern) ziehen zu lassen, und sie erteilt Oreste Absolution für seine Tat (IV 6). Daß neben dem Egoismus des Verbrechers auch höchste Uneigennützigkeit die Wertordnung von Leben und Tod verkehren kann, zeigen die Szenen des Freundespaares Oreste und Pylade: Für Pylade wird der Tod in dem Augenblick erstrebenswert, da er die Rettung des Freundes bedeuten würde.

Trotz Calzabigis Bemühungen, die Opera seria zu reformieren, erweist sich in den letzten Jahrzehnten des 18. Jahrhunderts die Buffa als die wandlungsfähigere und damit modernere Form. Unter dem Einfluß des französischen Theaters (der *comédie larmoyante* und des Diderotschen *drame*) wird hier die strikte Trennung von ernsten bzw. tragischen und komischen Stoffen überwunden; Francesco Benincasa beschreibt 1785 die angestrebte Wirkung der *Pièce larmoyante* mit einer Formulierung, die auch auf zahlreiche Libretti zutrifft: „eccitare affetti teneri, o terribili con azioni più comuni, e personaggi non eroici, anzi talvolta volgari"[34] [*zärtliche oder schreckliche Empfindungen hervorzurufen mit alltäglicheren Handlungen* (als in der Opera seria) *und nicht mit Helden, sondern manchmal mit ganz gewöhnlichen Leuten*].

Das Profil des neuen Operntyps, für den es zunächst keinen Namen gibt[35], ist irritierend unscharf: Komische Züge können stark oder schwach ausgeprägt sein oder ganz fehlen; die Handlung kann in der Lebenswelt der Zuschauer, in fernen Ländern oder in der Vergangenheit angesiedelt sein; das thematische Spektrum reicht von der rührenden Idylle bis zu erschreckenden Beispielen menschlicher Verworfenheit. Die einzigen distinktiven Merkmale der Subgattung sind der *lieto fine* und die Aufhebung der traditionellen Ständeklausel: Angehörige des Dritten Standes können zu Protagonisten werden und mit Vertretern der Aristokratie interagieren. Dadurch rückt die sogenannte Semiseria in die Nähe der Tragikomödie und gerät zugleich in Konkurrenz zur Opera seria Metastasios, die sich durch den *lieto fine* von der klassischen Tragödie unterschied[36]. Der Übergang zum *tragico fine* in der ernsten Oper mag – außer durch das Geschichtsverständnis des Historismus, der gegenüber der exemplarischen Dimension die Einmaligkeit jedes Ereignisses betont[37]– auch durch diese Konkurrenzsituation begünstigt worden sein.

Die Differenz zwischen Buffa und Semiseria ist vor allem quantitativer Natur: Eine Semiseria enthält gewöhnlich deutlich weniger komische Szenen, die freilich großenteils sprachliche und szenische Topoi[38] der Buffa reproduzieren – die Episodenstruktur der komischen Handlung macht es möglich. Für die Zeitgenossen mochte es daher naheliegen, den neuen Operntypus als Spielart des *dramma giocoso* aufzufassen.

Auch für die komische Oper wird die Synthese zwischen italienischen und französischen Elementen zuerst in Wien versucht. GIAMBATTISTA CASTI (1724–1803)[39] ließ sich wohl durch das Vorbild des *opéra-comique* anregen, in seinem *Re Teodoro in Venezia* (1784) die von Goldoni eingeführte strikte Trennung in parti buffe, parti serie und mezzi caratteri aufzugeben[40]: Jede Figur des Librettos kann in komischen wie in nichtkomischen Szenen auftreten. Darin folgt ihm LORENZO DA PONTE (1749–1838), der freilich zugleich in der Tradition Goldonis (und Metastasios) steht[41].

Unter den 16 Libretti, die Da Ponte zwischen 1784 und 1790 als Theaterdichter Josephs II. in Wien verfaßte[42], nehmen die drei Textbücher für Mozart – *Le Nozze di Figaro* (1786), *Don Giovanni* (1787), *Così fan tutte* (1790) – eine Sonderstellung ein. Wenn er mit anderen Komponisten zusammenarbeitet, unterscheidet Da Ponte deutlich zwischen Rezitativen und weitgehend statischen Arien, die oft Sentenzen, Aufzählungen oder ähnliches enthalten, und die Zahl der Ensembles bleibt gering[43]; in *Le Nozze di Figaro* machen die Arien nur noch die Hälfte der Musiknummern aus (14 von 28), in *Così fan tutte* gar nur noch ein Drittel (11 von 31)[44]. Der Übergang vom Rezitativ zur Arie vollzieht sich oft gleichsam unmerklich[45], obwohl Beispiele für die traditionellen Arien-Formen immer noch hinreichend zahlreich sind[46].

Mozarts vielzitierter Satz: „bey einer opera muss schlechterdings die Poesie der Musick gehorsame Tochter seyn"[47], der die Auffassung Metastasios bewußt in ihr Gegenteil zu verkehren scheint, legt es nahe, dem Komponisten einen bedeutenden Anteil an der Entstehung der Libretti Da Pontes zuzuschreiben.[48] Freilich bleibt das bloße Spekulation, da Zeugnisse über die Zusammenarbeit der beiden Künstler völlig fehlen; immerhin enthalten die Texte zahlreiche Anspielungen und parodistische Bezugnahmen auf die italienischen Klassiker, die schwerlich auf den Komponisten zurückgehen können[49] – und manche dieser Reminiszenzen führen direkt ins Zentrum des Werkes[50]. Ob die drei Libretti Werke Da Pontes oder Mozarts (oder beider) sind, ist für uns freilich nur von anekdotischem Interesse; die entscheidende Frage ist vielmehr, welche inhaltlichen oder formalen Strukturen dieser Texte so genau mit der Musiksprache der Wiener Klassik korrespondieren, daß Mozart jene exemplarische Synthese aus Wort, Musik und Theater verwirklichen konnte, die die drei Opern nach der communis opinio darstellen.

Wie schon bei Calzabigi bringen die Figuren Da Pontes (den wir nur der Kürze wegen als den Verfasser der Libretti bezeichnen wollen) ihre Empfindungen zum Ausdruck, ohne sie zugleich zu analysieren[51] und damit rationaler Kontrolle zu unterwerfen. Freilich geht es immer noch nicht um das Besondere, sondern um das Allgemeine des Gefühls: Der pubertierende Jüngling Cherubino, der ewige Verführer Don Giovanni, der schwärmerische Ferrando mit seinem handfest-lebenspraktischen Widerpart Guglielmo (in *Così fan tutte*) sind weniger Individuen als Typen. Von daher ist es problematisch, in Da Pontes Libretti einen wie auch immer definierten Realismus finden zu wollen[52]: Typen sind wie Karikaturen, die die Realität verzeichnen, um bestimmte Züge deutlicher hervortreten zu lassen.

Die Figaro-Trilogie von Pierre-Augustin Caron de Beaumarchais hat die Stoffvorlagen für zwei der erfolgreichsten Opere buffe in der Geschichte der Gattung geliefert: Dreißig Jahre, nachdem Da Ponte und Mozart den zweiten Teil, *La folle journée* (1784), als *Le Nozze di Figaro* auf die Wiener Opernbühne gebracht hatten, vertonte Rossini Cesare Sterbinis Libretto-Version des ersten Teils, *Le Barbier de Séville* (1775). Man wird darin ein Indiz für eine gewisse Nähe der beiden Komödien zum Musiktheater sehen dürfen, um so mehr, als Beaumarchais den *Barbier* ursprünglich als *opéra-comique* konzipiert hatte. Allerdings spielt dort die ‚anderweitige Handlung' (Almaviva und Rosina überwinden mit der Hilfe Figaros die Schwierigkeiten, die ihrer Verbindung entgegenstehen) noch eine gewisse Rolle, während es in der *Folle journée* fast nur komische Handlung gibt: Nahezu alles, was die Figuren unternehmen, scheitert. Dem Grafen gelingt es nicht, Suzanne zu verführen; aber auch Figaros Versuch, seinen Herrn eifersüchtig zu machen und dadurch von seiner Braut abzulenken, mißlingt. Die Intrige Marcelines, die die Heirat Figaros und Suzannes verhindern soll, scheitert ebenfalls. Und selbst die letzte Szene im Park verläuft nicht so, wie es die Gräfin und ihre Kammerzofe geplant haben: Der Auftritt des Pagen und die Anwesenheit Figaros verhindern, daß die Gräfin ihren Mann unter vier Augen der Untreue überführt; damit das angestrebte Ziel dennoch erreicht wird, muß Figaro mit der verkleideten Suzanne eine Verführungsszene improvisieren. Ihrer Struktur nach stellt die Komödie eine Folge komischer Episoden dar, was durch das perfekte Ineinandergreifen des Räderwerks der Intrigen freilich verdeckt wird.

Dabei spielt der Zeitfaktor eine entscheidende Rolle. Schon in der ersten Szene ist alles für das glückliche Ende vorbereitet: Figaro glaubt, den rechten Platz für das Ehebett gefunden zu haben, Suzanne könnte mit ihrem neuen Hut geradewegs zur Hochzeitsfeier gehen. Das aber darf der Graf nicht zulassen, denn ihm scheint weniger die Person Suzannes als das alte Herrenrecht der Defloration wichtig zu sein: Sobald die Ehe vollzogen ist, hat Figaro gewonnen und der Graf verloren. Deshalb spielen beide Kontrahenten auf Zeit: Der Graf muß verhindern, daß die Hochzeit stattfindet, ehe er sein Ziel erreicht hat; Figaro wiederum muß ihn bis zur Trauung ablenken, deshalb sucht er seine Schwäche, die Eifersucht, auszunutzen und erfindet einen Liebhaber der Gräfin.

Beide Kontrahenten und ihre Verbündeten versuchen jeweils, ein angestrebtes Ziel möglichst schnell zu erreichen und gleichzeitig die Aktivitäten der Gegenseite zu behindern. Das führt schon im Schauspiel zu ständigen Tempowechseln; in der Libretto-Bearbeitung verstärkt sich der Eindruck zeitlicher Diskontinuität, weil Da Ponte von der Möglichkeit des musikalischen Theaters, das Tempo bis zum Stillstand zu verlangsamen, reichen Gebrauch macht.

Das sei am Finale des zweiten Akts verdeutlicht.[53] Die Handlung entspricht weitgehend dem französischen Vorbild: Durch einen von Figaro geschriebenen anonymen Brief getäuscht, glaubt der Graf, im Kabinett seiner Frau einen Liebhaber versteckt zu finden, aber der Betreffende – es war Cherubino – hat sich durch einen Sprung aus dem Fenster in Sicherheit gebracht; seinen Platz im Kabinett hat Susanna eingenommen, um der Ausrede, die die Gräfin zunächst vorgebracht hatte, Realität zu verleihen. Diese hat, erschreckt vom Zorn ihres Mannes, inzwischen doch die Wahrheit gesagt; ihre Erklärung für die Anwesenheit des Pagen will er nicht hören (II 8). Als statt Cherubinos Susanna aus dem Kabinett kommt, ist der Graf bereit, seinen Fehler einzugestehen, die Versöhnung der Eheleute zeichnet sich ab (II 9); da tritt Figaro auf, und der Graf nutzt die Gelegenheit, ihn wegen des anonymen Briefs zu verhören (II 10). Obwohl der Diener nicht weiß, was inzwischen geschehen ist und was die beiden Frauen seinem Herrn verraten haben, zieht er sich achtbar aus der Affaire; gefährlich wird es erst, als der Gärtner Antonio über die Mißhandlung seiner Blumen Klage führt (II 11): Ein Mann sei aus dem Fenster ins Geranienbeet gesprungen, aber er habe ihn nicht erkannt. Figaro behauptet, er selbst sei es gewesen; der Graf glaubt ihm nicht, denn das Offizierspatent, das Cherubino verloren hat, gibt einen deutlichen Hinweis auf die Identität des Übeltäters. Dennnoch gelingt es nicht, Figaro der Lüge zu überführen. Für die Gräfin scheint die Sache damit glimpflich abgegangen zu sein, aber ihren Schutzbefohlenen droht neues Unheil (II 12). Flankiert von Don Bartolo und Basilio, macht Marcellina ihre Ansprüche geltend: Wenn Figaro ihr nicht auf der Stelle ein beträchtliches Darlehen zurückzahlt (was er nicht kann), soll er sie heiraten. Bei Beaumarchais[54] folgen noch viereinhalb weitere Szenen (II 22–26), die Da Ponte weggelassen hat (s. u.).

In rascher Folge treten viermal neue Figuren auf, und die Situation ändert sich jeweils grundlegend. Wie in der Vorlage sucht die Gräfin, die für Cherubinos Leben fürchtet, den Grafen davon abzuhalten, daß er in das Kabinett eindringt (II 8); es folgen vier Verse, die, obwohl oder gerade weil sie durch Reime verbunden sind, die Unmöglichkeit jeder Kommunikation vorführen:

> CONTE. Mora, mora, e più non sia
> Ria cagion del mio penar!
> CONTESSA. Ah, la cieca gelosia
> Qualche eccesso gli fa far! ...

[GRAF. *Er soll sterben, er soll sterben und nicht mehr / die schlimme Ursache meiner Qual sein!* – GRÄFIN. *Ach, die blinde Eifersucht / wird ihn zu einer Untat treiben!*]

Der Graf schließt sich in seine Mordphantasie ein, die Gräfin spricht von ihm in der dritten Person, weil ihre Worte ihn nicht erreichen. Mozart läßt die beiden aneinander vorbei- oder nebeneinander hersingen; die Wiederholung von Bruchstücken aus dem vorangehenden Dialog („Ah, comprendo, indegna moglie. – Mi fa torto quel trasporto!" [*Ha, ich verstehe, nichtswürdige Frau.* – *Dieser Ausbruch tut mir unrecht!*]) unterstreicht die Statik dieses Dialogs zwischen Tauben, der folgerichtig ebenso endet, wie er angefangen hat. Es mag zu weit gehen, diese 37 Takte als Tableau zu bezeichnen; aber sie markieren zweifellos einen Stillstand, der erst durch den Auftritt Susannas überwunden wird.

Die folgende Szene (II 9) schließt sich eng an ihr Vorbild bei Beaumarchais an; Da Ponte hat mehrere ‚Stichworte'[55] des französischen Textes aufgegriffen, aber am Schluß stehen drei Verse, die dort (wie die oben zitierten vier) keine Entsprechung haben:

> CONTE, CONTESSA Da questo momento
> E SUSANNA. Quest'alma a conoscervi/mi/la
> Apprender potrà.

[*Von diesem Augenblick an / kann diese Seele lernen, / Euch/mich/sie zu kennen.*]

In Mozarts Vertonung wird daraus wiederum eine statische Ensemble-Passage von 20 Takten; die Musik scheint eine aufkeimende Harmonie zwischen Graf und Gräfin anzudeuten, die bei Beaumarchais keine Parallele hat. Daß der Grund dafür in unterschiedlichen psychologischen Konzeptionen liegt, ist nicht auszuschließen, vor allem aber ist Da Pontes Dramaturgie (wie die Musikästhetik der Wiener Klassik) auf Kontrastwirkungen angelegt: Einerseits steht die Empfindung emotionaler Nähe in scharfem Gegensatz zu dem Augenblick äußerster Entfremdung am Ende der vorangehenden Szene; andererseits unterstreicht der ruhige Ausklang des Terzetts den Abstand zum folgenden Auftritt Figaros (II 10), der (Allegro) die Hochzeit, zu der die Musikanten schon aufspielen, im Handstreich zu erzwingen sucht.

Der Graf freilich hat es gar nicht eilig: Die Frage nach dem anonymen Brief stellt er Andante. Als Figaro den Angriff abgewehrt hat und gemeinsam mit Susanna und der Gräfin seinen Herrn bedrängt, die Trauung sofort vollziehen zu lassen, kann dieser seine Ungeduld allerdings nicht völlig verbergen:

    Conte *(fra sé)* Marcellina, Marcellina,
    Quanto tardi a comparir!
[*(Beiseite) Marcellina, Marcellina, / wie lange läßt du auf dich warten!*]

Wiederum sind aus drei knappen Dialogzeilen bei Beaumarchais (II 20, Schluß) 16 Takte geworden, die Zeit steht still, bis Antonios Auftritt (Allegro molto) erneut für Bewegung sorgt. Das rasche Tempo des folgenden Dialogs wird bald wieder verzögert; vor allem als der Graf Cherubinos Offizierspatent in der Hand hält, von dem Figaro, so glaubt er zumindest, nicht wird erklären können, wie es in seine Tasche gekommen sein sollte, kostet er seine Überlegenheit gründlich aus. Figaro zahlt es ihm mit gleicher Münze heim: Als ihm die Gräfin und Susanna eine halbwegs mögliche Begründung souffliert haben, zieht er seine Rede künstlich in die Länge. Das ist bei Beaumarchais angelegt (II 21), aber das musikalische Tempo (Andante) dehnt den Dialog über das bei bloßer Rezitation Mögliche hinaus, und am Ende der Szene steht wieder eine kontemplative Ensemble-Passage, ehe der Auftritt Marcellinas (Allegro assai) das Finale kontrastierend zu einem fulminanten Abschluß bringt (Steigerung bis zum Prestissimo[56]).

Bei Beaumarchais folgt auf diese Steigerung ein Spannungsabfall: Zunächst demütigt der Graf Bazile, um ihn dafür zu bestrafen, daß er ihm den anonymen Brief Figaros übergeben, also mit der Gegenpartei gemeinsame Sache gemacht hat (II 22, 2. Hälfte/23); zuletzt bleiben nur Suzanne und ihre Herrin auf der Bühne (II 24–26). Die Gräfin beschließt, Figaros Plan zu modifizieren: Nicht Chérubin in Frauenkleidern soll ihren Gatten in die Falle locken (nach dem, was vorgefallen ist, wäre das zu gefährlich), sondern sie selbst. Da Ponte trägt diese Information im dritten Akt nach[57]; sein Aktschluß ist nicht nur weit effektvoller als bei Beaumarchais, er wahrt auch die Einheit einer Struktur, die auf der Dialektik von Beschleunigung und Verlangsamung basiert.

Im Anschluß an Beaumarchais reiht Da Ponte verhältnismäßig traditionelle Situationen aneinander, und in seinen beiden anderen Libretti für Mozart ist es nicht anders[58]; der Dichter spielt eher mit den Konventionen des komischen Theaters, als daß er sie negiert. Unter den Arien sind immer noch viele, die den Gang der Handlung unterbrechen – die Annahme, Cherubinos „Non so più cosa son, cosa faccio" [*Ich weiß nicht mehr, was ich bin, was ich tue*] (I 5) sei an Susanna gerichtet[59], paßt schlecht zum egozentrischen Charakter der Figur[60], auch Bartolos Arie (I 3) wendet sich eher an das Publikum als an Marcellina[61], und weder deren sentenziöser Kommentar zum Geschlechterkampf (IV 4) noch Basilios gesungene Eselsfabel (IV 7) lassen sich einfach als Relikte traditioneller Libretto-Rhetorik abtun. Durch die ständigen Tempowechsel entsteht der Eindruck des Mechanischen im Lebendigen, den HENRI BERGSON als Ursache der Komik beschreibt[62].

Da Ponte versteht es meisterhaft, die von der Musik zu erzielenden Wirkungen mit sprachlichen Mitteln vorzuzeichnen; in der Zusammenarbeit mit Mozart wird so nahezu völlige Deckungsgleichheit von Text und Vertonung erreicht. An Figaros letzter Arie (Nr. 26, IV 8) wird das besonders deutlich:

Aprite un po' quegli occhi  Strophe 1
Uomini incauti e sciocchi,
Guardate queste femmine,
Guardate cosa son.

Queste chiamate Dee  Strophe 2
Dagli ingannati sensi,
A cui tributa incensi
La debole ragion,

Son streghe che incantano  Strophe 3
Per farci penar,
Sirene che cantano
Per farci affogar,

Civette che allettano  Strophe 4
Per trarci le piume,
Comete che brillano
Per toglierci il lume;

Son rose spinose,  Strophe 5
Son volpi vezzose,
Son orse benigne,
Colombe maligne,

Maestre d'inganni,   Strophe 6
Amiche d'affanni
Che fingono, mentono,
Amore non senton,
Non senton pietà.

Il resto nol dico,   Strophe 7
Già ognuno lo sa.

[*Macht ein wenig eure Augen auf, / unvorsichtige, dumme Männer, / schaut euch die Frauen an, / schaut, was sie sind. // Diese Göttinnen, wie sie / von den betrogenen Sinnen genannt werden, / denen der schwache Verstand Weihrauch streut, // sind Hexen, die verzaubern, / um uns zu quälen, / es sind Sirenen, die singen, / damit wir ertrinken, // kokette Geschöpfe, die locken, / um uns zu rupfen, / Kometen, die leuchten, / um uns das Licht zu rauben; // es sind Rosen voller Dornen, / es sind reizende Füchse, / es sind gutmütige Bärinnen, / es sind bösartige Tauben, // meisterliche Betrügerinnen, / die gern anderen Leid zufügen, / sie täuschen und lügen, / Liebe fühlen sie nicht, / sie fühlen kein Mitleid. // Das übrige sage ich nicht, / es weiß ohnehin jeder.*]

Der Text ist auf eine Steigerung angelegt: Figaro redet sich mehr und mehr in Rage. An Metrik und Reimschema ist ablesbar, daß das Sprechtempo von der ersten bis zur sechsten Strophe kontinuierlich steigt: Die ersten beiden Strophen bestehen aus Siebensilbern. In Vers 1–3 liegt jeweils der letzte Akzent auf der vorletzten Silbe (*versi piani*), der vierte Vers dagegen endet wie allgemein üblich in beiden Strophen mit einer betonten Silbe (*versi tronchi*) und setzt so eine Zäsur, was noch dadurch unterstrichen wird, daß die beiden Schlußverse miteinander reimen. Die fünf (oder viereinhalb) folgenden Strophen bestehen aus Sechssilbern, dabei fungiert die dritte Strophe als eine Art Gelenkstück: Hier liegt in den Versen 1 und 3 der Hauptakzent auf der drittletzten Silbe (*versi sdruccioli*), diese beiden Verse haben also je sieben Silben, genau wie die *versi piani* der beiden ersten Strophen; die Verse 2 und 4 dagegen haben als *versi tronchi* nur je fünf Silben, das Tempo beschleunigt sich also.

Der *verso tronco*, mit dem die dritte Strophe schließt, setzt keine deutliche Zäsur, weil er nicht (wie in den Strophen 1 und 2) auf drei *versi piani* folgt, sondern durch Vers 2 vorbereitet ist; so markiert er allenfalls eine Atempause. Die Strophen 4 und 5 bestehen nur aus *versi piani*, erst der *verso tronco* am Ende von Strophe 6 wird wieder als Einschnitt wahrgenommen. In vier Strophen (3–6) sprudelt Figaro seine Empörung heraus, ohne innezuhalten; dabei sind Syntax und Reimschema auf ständige Beschleunigung angelegt: Die Aussagen über das weibliche Geschlecht füllen zunächst (Strophe 3/4) je zwei Verse, auf die vier Substantive folgen parallel gebaute Relativsätze, Kreuzreim verbindet je zwei Verspaare zu einer Einheit; die sechs folgenden Charakterisierungen der Frauen haben jeweils in einem Vers Platz (Strophe 5: viermal Substantiv + Adjektiv, Oxymora in den Versen 2–4; Strophe 6, Verse 1/2: zweimal Substantiv + Attribut), durch Paarreim werden Zweiergruppen gebildet. In der sechsten Strophe sprengt Figaros Zorn das metrische Schema: Mit vier Versen kommt er nicht mehr aus, die vier Prädikate des letzten Relativsatzes erzwingen einen fünften. Nach dem *verso tronco* holt er tief Luft und beschließt, die Frauenbeschimpfung abzubrechen, was durch die Schlußverse ikonisch dargestellt wird: Sie ergeben eine halbe Strophe, mit angefangenem Kreuzreim (ein Abschluß wird dadurch erreicht, daß der letzte Vers mit dem Schlußvers der sechsten Strophe reimt).

Die formale Gestaltung des Textes wird in der Vertonung wiederaufgenommen: Figaros Arie ist zweiteilig (ABA'B'). Dabei umfaßt der A-Teil die beiden Siebensilber-Strophen (mit einem deutlichen Einschnitt nach Strophe 1), der B-Teil die Strophen 3–7, mit kontinuierlichem Accelerando bis zum Ende von Strophe 6. Die Wiederholung (A') beschränkt sich auf die erste Strophe; B' wird modifiziert, um der ambivalenten Gliederung der Sechssilber-Strophen Rechnung zu tragen: Zuerst (B) hat Mozart die kontinuierliche Steigerung ausgedrückt, die durch Versform und Syntax impliziert ist; dagegen ist im Reimschema ein klarer Einschnitt zwischen den Strophen 3–4 (Kreuzreim) und 5–6 (Paarreim) angelegt. Mozart ersetzt deshalb in B' die Infinitivkonstruktionen (Strophe 3, V. 2/4; Strophe 4, V. 2/4) jeweils durch das „Il resto non dico" der (halben) Schlußstrophe; dadurch wirkt der ‚Kreuzreim-Teil' deutlich verhaltener, im ‚Paarreim-Teil' (Strophe 5/6) wird dagegen die abschließende Steigerung genau wie in B wiederholt. Daß Figaro nachdrücklich beteuert, das übrige *nicht* sagen zu wollen (Strophe 7), ist natürlich ironisch zu verstehen, zumal da das Orchester es ausplaudert[63].

Es steht außer Zweifel, daß Mozart ein genialer Musikdramatiker (vermutlich der genialste in der Geschichte der europäischen Oper) war; mit Lorenzo Da Ponte stand ihm freilich auch ein idealer Librettist zur Verfügung, der seine Texte musikalisch, genauer gesagt: nach den musikästhetischen Prinzipien der Wiener Klassik, zu strukturieren vermochte. Daß das keineswegs die Regel war, mag ein Seitenblick auf ein anderes berühmtes Beispiel verdeutlichen: Auch Figaros Auftritts-Cavatina in Rossinis *Barbiere di Siviglia*[64] ist ihrem semantischen Gehalt nach auf kontinuierliche Steigerung (Crescendo bzw. Accelerando) angelegt. Die formale Gestaltung des Textes trägt dem freilich nicht Rechnung: Dem Librettisten Cesare Sterbini schwebte anscheinend eine zirkuläre Struktur vor, die wohl andeuten soll, daß Figaros Geschäftigkeit letztlich leerläuft. Der Text besteht aus 14 vierzeiligen Fünfsilber-Strophen, davon schließen 11 mit einem *verso tronco*[65] auf -à. Mit *versi piani* enden Strophe 7, 9 und 10. In Rossinis Vertonung bildet Strophe 7 einen Ruhepunkt, ehe sich der Kreis zum ersten Mal schließt, denn in Strophe 8 wird Strophe 2 refrainartig wiederaufgenommen; Strophe 9 und 10 dagegen hat der Komponist beschleunigend zusammengezogen. Bis hierhin folgt die Musik ausdeutend der eher assoziativen Gedankenverknüpfung der Dichtung; um eine kontinuierliche Schlußsteigerung zustande zu bringen, sieht sich Rossini jedoch genötigt, Sterbinis Text zu modifizieren: Er ersetzt Strophe 11 („Figaro ... Figaro ... / Son qua, son qua. / Figaro ... Figaro ... / Eccomi qua." [*Figaro ... Figaro ... / Bin schon da. / Figaro ... Figaro ... / Da bin ich.*]) durch achtmal wiederholtes „Figaro!"; nach Strophe 12 schiebt er das berühmte (sicher von Sterbinis Strophe 11 inspirierte, aber ungleich ‚flüssigere') „Figaro qua, Figaro là, Figaro sù, Figaro giù" [*Figaro hier, Figaro da, Figaro oben, Figaro unten*] ein. Die Cavatina verdankt ihre musikdramatische Wirkung fast ausschließlich Rossini; weil aber Sterbinis Text im Vergleich zu Da Pontes Arie eine deutlich weniger dankbare Vorlage für den Komponisten darstellt, kann Rossini die bei Mozart verwirklichte vollkommene Einheit von Text und Musik unmöglich erreichen.

Am stärksten musikalisch strukturiert ist das Libretto von *Così fan tutte*[66] (1790), in dem die Konventionen der komischen Oper selbst zum Thema werden. Die Forschung hat sich lange Zeit auf die Suche nach möglichen Stoffquellen konzentriert[67] – zu irritierend schien es, daß Da Ponte, der sonst stets auf literarische Vorlagen zurückgreift, ausgerechnet die Geschichte seines Meisterwerkes selbst erfunden haben sollte. Die entscheidende Anregung mag ihm Ariosts *Orlando Furioso* gegeben haben[68], aber dort wie in allen anderen Texten, die als Vorbilder in Betracht gezogen wurden, fehlen zwei zentrale Elemente des Librettos: Zum einen die Wette zwischen Don Alfonso und den beiden Liebhabern. Wer sie gewinnt, ist letztlich gleichgültig: Auf der Bühne wird jedenfalls das Scheitern Ferrandos und Guglielmos, das heißt komische Handlung, zu sehen sein. In Da Pontes Libretto verlieren sie die Wette, weil ihre Verkleidung allzu verführerisch auf die Damen wirkt; hätten Fiordiligi und Dorabella sich als standhaft erwiesen, dann wären die hundert Zechinen ihren Verlobten zugefallen, aber deren Auftritt als verliebte Albaner wäre zum Mißerfolg geworden.

Zum anderen hat Da Ponte den Schluß so modifiziert, daß mit Sicherheit keine anderweitige Handlung zustande kommen kann: Weder verlieren die beiden Männer die Liebe der Frauen, an deren Treue sie gezweifelt haben, noch führt die Zuneigung, die sich zumindest zwischen Fiordiligi und Ferrando entwickelt zu haben scheint, zu einem Partnertausch: Zuletzt ist alles wieder so wie zu Anfang. Die traditionelle Temperamentenlehre mag hervorragende Argumente für die ursprünglichen Paarungen bereitstellen[69] – die abrupte Rückkehr zum Status quo ante stellt den Zuschauer (und den Regisseur[70]) vor letztlich unlösbare Probleme. Offenbar führt Da Ponte hier eine Konvention der Opera seria ad absurdum, indem er sie auf die Spitze treibt: Daß die karnevaleske Verirrung der Gefühle ebenso plötzlich endet, wie sie begonnen hat, zeigt z. B. Minatos *Xerse*.[71] Während aber dort die unvermittelte Wendung immerhin dadurch gerechtfertigt scheinen mag, daß der Protagonist sich zuletzt für die dynastisch ‚richtige' Partnerin entscheidet, fehlt bei Da Ponte eine solche Motivation.

Così fan tutte ist, so scheint es, eine Oper über die Oper: Das Wesen der Figuren erschöpft sich weitgehend darin, Rollentypen und Stimmfächer zu verkörpern. Man hat immer wieder darauf hingewiesen, daß Dorabellas „Smanie implacabili" (Nr. 11) und Fiordiligis Gleichnis-Arie „Come scoglio immoto resta" (Nr. 14) die beiden als (parodierte) Seria-Figuren kennzeichnen; auch Fiordiligis Plan, in Männerkleidern mit dem Geliebten in den Krieg zu ziehen (II 12), wäre einer Seria-Heldin durchaus zuzutrauen.[72] Erst im folgenden Duett mit Ferrando (Nr. 29, II 13) fällt sie aus ihrer Rolle der treuen Penelope und keuschen Artemis.

Zwischen den Arien und Ensembles in Così fan tutte besteht ein äußerst dichtes Netz von Korrespondenzen und Oppositionen, die aufzuzeigen den Rahmen unserer Darstellung sprengen würde. Eine Interpretation müßte von der Beobachtung ausgehen, daß die Damen, und mehr noch die Offiziere austauschbar erscheinen: Die erste Begegnung der beiden Paare (Quintett Nr. 6, I 4) bedeutet einen Abschied, die Frauen müssen annehmen, ihre Verlobten begäben sich geradewegs in tödliche Gefahr. Auf eine solche Katastrophe wird, so möchte man annehmen, jeder auf seine individuelle Weise reagieren; die Damen aber äußern ihren Wunsch, von der Hand des jeweiligen Geliebten zu sterben, homorhythmisch simultan (Takt 18–26) – offenbar richten sie ihr Verhalten nach einem lebensfernen, etwa durch Romanlektüre vermittelten Ideal aus.[73] Ihre Verlobten trösten sie ebenfalls homorhythmisch simultan (Takt 26–36); später, als sie den Schwestern in ihrer Verkleidung als Albaner gegenübertreten, improvisieren sie – zwei Seelen, ein Gedanke – abwechselnd ein Madrigal (Recitativo accompagnato, I 11). Die beiden Strophen, mit denen sie die durch ihre Annäherungsversuche schockierten Damen zu versöhnen suchen (Nr. 21, II 4), singen sie gar von der ersten bis zur letzten Zeile homorhythmisch simultan. Nur so wird auch eine flagrante psychologische Unwahrscheinlichkeit verständlich: Die beiden ‚Albaner' sind bis zum Wahnsinn verliebt, daran läßt ihr Suizid-Versuch im ersten Finale keinen Zweifel. Nach allgemeiner Lebenserfahrung kann sich eine solche Leidenschaft nur auf *eine* Person richten; trotzdem fühlen sich die Damen völlig frei, zwischen ihnen zu wählen (II 2), als ob es für den Verehrer ganz gleichgültig wäre, welche der beiden ‚Göttinnen' ihn erhört.[74]

Erst die neuen Partnerschaften lassen Charakterunterschiede zwischen den beiden Männern und den beiden Frauen deutlich hervortreten; die Figuren werden aber nicht individualisiert, sondern lediglich umgruppiert: Jetzt steht der Idealismus Fiordiligis und Ferrandos der handfesteren Sinnlichkeit Dorabellas und Guglielmos gegenüber. Diese neue Symmetrie führt die übereilte Schlußfolgerung, Rollenklischees hätten sich in Menschen (vielleicht sogar „aus Fleisch und Blut") verwandelt, ad absurdum; der Schluß, der entgegen aller psychologischen Stimmigkeit die ursprünglichen

Paarungen wiederherstellt, erweist dieses teleologische Deutungsmuster vollends als inadäquat: Der Librettist überwindet nicht eine ältere Figurenkonzeption (etwa die der Opera seria) durch eine modernere, er spielt vielmehr mit den beiden Gemeinplätzen „Gegensätze ziehen sich an" und „Gleich und gleich gesellt sich gern", um Möglichkeiten und Grenzen der Figurenkonzeption und Figurencharakterisierung[75] im Musiktheater zu problematisieren – nicht in Form einer literaturtheoretischen Erörterung, sondern am Beispiel einer Handlung, die nur auf sich selbst verweist. Mit *Così fan tutte* hat Lorenzo Da Ponte seinen *Don Quijote* geschrieben.[76]

## Das italienische Libretto auf dem Weg zur Romantik

Von den gesellschaftlichen und kulturellen Umwälzungen am Ende des 18. Jahrhunderts bleibt auch die italienische Oper nicht unberührt.[1] Allerdings ändert sich in der Opera buffa nur wenig: Weiterhin alternieren Secco-Rezitative und Gesangsnummern; die Figuren sind oft nach den Typen der Commedia dell'arte konzipiert, die aber frei abgewandelt und durch individuelle Züge bereichert werden. Wie schon im späten 18. Jahrhundert nimmt die Form der Buffa unterschiedliche Inhalte auf, von komischen Betrugsgeschichten im Stil des älteren Stegreifspiels bis zu rührenden, von der *comédie larmoyante* inspirierten Sujets; das gilt auch für die einaktige Farsa, die sich seit etwa 1780 von Venedig aus verbreitet.[2] Abgesehen davon, daß die Spieldauer von ca. 60–90 Minuten der Komplexität der Geschichten gewisse Grenzen setzt, unterscheidet sie sich nicht grundlegend vom *dramma giocoso*.

Die Stoffwahl wird von den Erfordernissen einer auf Kontrastwirkungen ausgerichteten musikalischen Dramaturgie bestimmt. Nicht nur bei Metastasio, auch in den frühen Buffa-Libretti Goldonis hatten die Arien kommentiert, was sich im vorangehenden Rezitativ ereignet hatte; jetzt vollzieht sich Handlung wesentlich in den Ensembles, und eine wirkungsvolle musikalische Gestaltung setzt voraus, daß jedes größere Ensemble mindestens eine Peripetie enthält. Um das zu ermöglichen, greifen die Librettisten immer wieder auf Fälle unbekannter oder bewußt verheimlichter Identität und Personenverwechslungen zurück: Die (gewöhnlich in mehreren Etappen erfolgende) Anagnorisis oder die Entlarvung eines Schwindlers gibt Anlaß zu einer raschen Folge von Stimmungsumschwüngen. Die Farse des jungen Rossini bieten sowohl empfindsame (*L'inganno felice* [1812], Text von Giuseppe Foppa[3]) wie burleske Varianten dieses Handlungsmusters (*L'occasione fa il ladro* [1812], Text von Luigi Prividali nach Eugène Scribe; *Il signor Bruschino* [1813], Text von G. Foppa nach einer französischen Vorlage).

Verwechslungen, Täuschungen und ähnliches gehören zum traditionellen Motivbestand komischer Libretti. Die zahlreichen Spielarten der Buffa lassen freilich auch Geschichten zu, in denen eine anderweitige (Liebes-)Handlung im Vordergrund steht: So handelt Felice Romanis *Elisir d'amore* (1832) in erster Linie von der Beziehung zwischen Nemorino und Adina. Erst im Verlauf der beiden Akte wird sich die junge

Anmerkungen siehe S. 282.

Frau darüber klar, daß sie Nemorinos Liebe erwidert; das Interesse des Zuschauers wird auf die Entwicklung von der Verzweiflung des abgewiesenen Liebhabers über die drohende Entfremdung durch gegenseitige Eifersucht bis zum Happy-End, das heißt: auf das Syntagma gelenkt. Dazwischen schieben sich freilich immer wieder komische Szenen, in deren Mittelpunkt der Sergeant Belcore, der Quacksalber Dulcamara oder auch das Bauernmädchen Gianetta stehen; und obwohl Romani ein französisches Libretto von Eugène Scribe über weite Strecken nahezu wörtlich übersetzte[4], sind diese Figuren so deutlich als Nachfahren von Commedia-dell'arte-Rollen (des Capitano, des Dottore und der kecken Dienerin) gekennzeichnet, daß ein paradigmatisches Gegengewicht zur Liebeshandlung gegeben ist.

Bis heute ist häufig zu lesen, die italienischen Libretti des 19. Jahrhunderts hätten keinen literarischen Eigenwert, sondern dienten nur als Vehikel für eine sich selbst genügende Musik.[5] Daß der Text innerhalb der Kunstform Oper notwendigerweise eine eigene (wenn man so will: literarische) Bedeutungsebene konstituiert, braucht hier nicht wiederholt zu werden[6]; es ist allerdings nicht zu leugnen, daß die Komponisten nach 1800 der stilistischen und rhetorischen Dimension des Librettos weniger Aufmerksamkeit schenken als zur Zeit Metastasios. Damit mag es zusammenhängen, daß sich sprachlich-metrische Konventionen zu Regeln verfestigen, die von den Librettisten mit mechanischer Routine angewendet werden. Die Dichotomie von erhabenem Stil in der Opera seria und prosaisch-alltäglichem der Buffa führt zu lexikalischer Uniformität, da vor allem für die Seria nur ein begrenztes Vokabular zur Verfügung steht.[7] Auch die metrisch-rhythmische Geschmeidigkeit, die es Da Ponte erlaubte, für jeden Inhalt die passende Form zu (er)finden, geht verloren: In der Folgezeit bilden sich stereotype Modelle der Arie (Zweiteilung in – langsame – Cavatine und – schnelle – Cabaletta[8]) und des Ensembles[9] heraus.

Qua Konvention sind den verschiedenen Teilen der Arie oder des Ensembles jeweils bestimmte Vers- oder Strophenformen zugeordnet. Originalität zeigt sich anderswo: Die neuen Libretti sind auf klare Kräftekonstellationen und überschaubare Konflikte angelegt, die im Text der Arien und Ensembles eher impliziert als explizit ausformuliert sind und die der Komponist in Musik ‚übersetzt'. Folglich muß das Publikum nicht jeden gesungenen Vers verstehen (oder im Textbuch mitlesen), um dem Gang der Geschichte folgen zu können: Es genügt, wenn z. B. in einem Duett schlagwortartig der Gesprächsgegenstand bezeichnet wird; daß es zum Streit kommt, und wer dabei die Oberhand behält, ist aus der musikalischen Gestaltung zu erschließen.[10]

Weil die Sprache das Privileg der Informationsvergabe verloren hat, kann die Singstimme ‚instrumental' geführt werden, woran Stendhal (der an der logozentrischen Musikkonzeption der Aufklärung festhält) Anstoß genommen hat: Er sieht in den ‚Klarinettenläufen', die Rossini z. B. für Mustafa in *L'Italiana in Algeri* (Libretto von Angelo Anelli, 1813) geschrieben hat, „den größten musikalischen Fehler" des Komponisten[11]. Dieser Tadel bezieht sich auf den Schlußteil des im übrigen hochgelobten Duetts zwischen dem Bei von Algier und seinem italienischen Sklaven Lindoro (Nr. 3[12]): Ihn möchte Mustafa mit seiner eigenen Ehefrau Elvira verheiraten, deren er überdrüssig ist, deshalb preist er die Vorzüge der Dame in den höchsten Tönen; Lindoro aber liebt Isabella, die er im fernen Italien vermutet, und will von einer Ehe nichts wissen. Daß der Bei seinen Sklaven, dem er befehlen könnte, zu überreden sucht, verrät einiges über seinen Charakter; ob er sich mit Lindoros Ausflüchten zufriedengeben wird, läßt der Text freilich offen. Rossinis Vertonung bringt Lindoros Liebessehnsucht in der Melodie zum Ausdruck, zu der Mustafas ‚Klarinettenläufe' die Begleitung bilden; die instrumentale Stimmführung wertet den Inhalt seiner Rede ab, Lindoro hört seinem Herrn nicht zu und hat recht damit. Über den Text hinausgehend deutet die Musik an, wer seinen Standpunkt durchsetzen wird.[13] (In Rossinis Opern sind es gewöhnlich die tiefen Männerstimmen, die die Melodie des Tenors oder des Soprans mit ‚Klarinettenläufen' begleiten; das ist nicht verwunderlich, denn in der Komödie, die den Sieg der Jungen über die Alten zum Thema hat, sind die Bässe als Väter, Vormünder, Onkel etc. ohnehin für die Rolle des Verlierers prädestiniert.)

Umgekehrt ist Taddeo im Duett mit Isabella (Nr. 5) fest entschlossen, sich nichts gefallen zu lassen: Als sie ihn beschimpft, hält er dagegen, indem er ihre musikalische Phrase jeweils genau wiederholt, und hat so natürlich das letzte Wort. Taddeos im Text angelegte Bereitschaft zur Konfrontation wird erst durch die Musik pointiert zum Ausdruck gebracht.[14] Die Symmetrie bleibt auch im zweiten Teil des Duetts gewahrt: Als Taddeo die Hand zur Versöhnung ausstreckt, ist Isabella ihrerseits schon zu dem Schluß gekommen, daß es unklug wäre, mit dem einzigen Freund zu brechen, den sie in der Fremde hat. Erst in den letzten Repliken ergibt sich ein Ungleichgewicht: Taddeo wie Isabella sind zwei Zeilen zugewiesen:

> TADDEO. Ma quel Bey, signora,
> Un gran pensier mi dà.
> ISABELLA. Non ci pensar per ora,
> Sarà quel che sarà.
>
> [*TAD. Aber der Bei, Signora, / gibt mir sehr zu denken. – ISAB. Daran wollen wir jetzt nicht denken, / es kommt, wie es kommt.*]

– aber während Taddeo 6 Takte singt (T. 169–174), beansprucht Isabella deren 15½ (T. 174–190) für ihre schmeichelnden Koloraturen, deren virtuose Form freilich keinen Inhalt hat: Isabella kann (oder will) Taddeos Befürchtungen nicht zerstreuen, sie zieht sich auf einen unverbindlichen Gemeinplatz zurück. Taddeo hat also dadurch, daß er Isabella dieses eine Mal die Stirn geboten hat, nichts erreicht: Sie besteht auf ihrer Freiheit, alles zu tun, was ihr angebracht scheint.

In Stendhals Darstellung[15] wird die *Italiana in Algeri* wie alle anderen Opern Rossinis zu einer Folge schöner (und einiger nicht so schöner) Stellen. Ein Qualitätskriterium ist der *Kontrast*[16]: Daß Rossini die ausgelassene Komik durch zärtlichere, ernste, sogar traurige Momente unterbricht, macht für Stendhal sein Genie aus. Das Bedürfnis des Publikums, innezuhalten und Luft zu schöpfen, nachdem man vor lauter Lachen außer Atem gekommen ist, begründet die zeitliche Diskontinuität gleichsam physiologisch.

Wenn aber die Stimmung innerhalb eines Ensembles mehrfach wechseln soll, dann hat das selbstverständlich Auswirkungen auf den Text[17]: Der Librettist kann auf die Charakterisierung einer Figur oder die Schilderung einer Situation nur wenige Verse verwenden. Da er sich folglich auf Andeutungen beschränken muß, bleibt ihm kaum etwas anderes übrig, als auf Handlungsmuster und Rollentypen zurückzugreifen, die das Publikum auf Anhieb wiedererkennt. Daß die Texte bei der Lektüre mitunter holzschnittartig wirken, darf nicht darüber hinwegtäuschen, daß sie nach Art eines Suppenwürfels bereits alle wesentlichen Zutaten der späteren Brühe enthalten: Im Duett Taddeo – Isabella entfaltet Rossini lediglich die im Text angelegte Konstellation; im Duett Lindoro – Mustafa bringt er zusätzlich sein durch die Lektüre des gesamten Librettos erworbenes Vorwissen über Mustafas Charakter ein.

Im übrigen sind Melodie und Rhythmus durch die metrische Gestaltung des Textes vorgeprägt.[18] Der Komponist muß die Entscheidungen seines Librettisten entweder respektieren, oder er muß Änderungen verlangen; ignorieren kann er diese Vorgabe kaum.

Sehr aufschlußreich sind in dieser Hinsicht die Briefe, die der erfahrene Textdichter GAETANO ROSSI (1774–1855) 1829/30 an den jungen französischen Komponisten Albert Guillion schrieb, als dieser erstmals einen Opern-Auftrag für Venedig erhalten hatte[19]: Rossi macht hier Empfehlungen explizit, die ein routinierterer Partner aus der metrischen und syntaktischen Gestaltung des Librettos selbst herausgelesen hätte. Daß er durchaus bereit ist, den Vorstellungen des Komponisten Rechnung zu tragen, zeigt seine Reaktion auf einen Änderungswunsch:

Eccovi un modello pel Coro (*Sciogliete, o Popoli, voci giulive / Liete n'echeggino le nostre rive*) – che mi domandate. In seguito voi mi domandate altri sei versi dello stesso ritmo, e *divisi come que' di sopra*. Ma per non equivocare, amo sapere, se questi *sei* versi che seguono devono aver un sentimento per ogni periodo di due versi: e se devono aver *tronco* à ogni secondo verso, o al fine soltanto del *sesto* verso – e ditemi se quella *esclamazione di gioja*, con cui bramate finire debba essere staccata dal periodo ultimo.[20]

[*Hier haben Sie einen Entwurf für den Chor* (Laßt Jubelrufe ertönen, ihr Völker / Froh sollen unsere Ufer davon widerhallen), *um den Sie mich gebeten haben. Dann bitten Sie um sechs weitere Verse im gleichen Rhythmus, und* [syntaktisch] *gegliedert wie oben. Aber damit es kein Mißverständnis gibt, möchte ich gern wis-*

*sen, ob diese folgenden* sechs *Verse in drei gedankliche Einheiten von je zwei Versen gegliedert sein sollen; und ob sie* männlichen Ausgang *in jedem zweiten Vers, oder nur am Ende des* sechsten *Verses haben sollen – und sagen Sie mir, ob dieser Freudenschrei, mit dem Sie enden wollen, vom letzten Verspaar abgesetzt sein soll.*] Entscheidend ist, daß eine möglichst weitgehende Kongruenz zwischen Text und Musik erreicht wird; ob sich der Librettist nach dem Komponisten richtet oder umgekehrt, hängt von Alter, Erfahrung, künstlerischem Prestige der beiden ab, ist aber für das Endergebnis von geringer Bedeutung.

Von Gaetano Rossi stammt auch das Libretto zu *Semiramide* (1823), der letzten Oper, die Rossini für ein italienisches Theater komponierte. Als Vorlage diente Voltaires Tragödie *Sémiramis* (1748), die Melchiorre Cesarotti 1771 ins Italienische übersetzt hatte; seit 1785 war sie mehrfach für die Opernbühne bearbeitet worden.[21] Ein halbes Jahrhundert vorher hatte PIETRO METASTASIO in *Semiramide riconosciuta* auf eine andere Stofftradition zurückgegriffen: Seine Protagonistin schlüpft lediglich in die Rolle (und die Kleider) ihres Sohnes, um als König zu herrschen, auf die Demaskierung folgt ein *lieto fine*. Cesarottis Voltaire- und Ossian-Übersetzungen bereiten einen Paradigmenwechsel vor[22]: Jetzt verfolgt die Gattenmörderin Semiramide den eigenen Sohn mit ihrer inzestuösen Begierde, ehe sie durch das Eingreifen göttlicher Mächte den verdienten Tod findet.

Voltaires Tragödie hat zwei durchaus unterschiedliche Teile. In den ersten drei Akten steht eine Hofintrige im Vordergrund, Fürst Assur, Sémiramis' Komplize bei dem Mord an König Ninus, hatte gehofft, sie würde ihn zu ihrem zweiten Gatten wählen, sieht sich aber enttäuscht. Jetzt sucht er seinen Anspruch auf den Thron durch eine Heirat mit Ninus' Nichte Azéma zu untermauern: Da er selbst von königlichem Geblüt ist, wäre er dann doppelt legitimiert, Sémiramis, eine Fremde, zu stürzen. Azéma aber liebt den Feldherrn Arzace, dem auch Sémiramis ihre Hand und Ninus' Thron anbietet. Assur hat also doppelten Grund, Arzace zu hassen, da dieser als Azémas Liebhaber wie als Sémiramis' Gatte seine Pläne durchkreuzen würde.

Mit dem Auftritt von Ninus' Geist am Ende des dritten Aktes wird eine entscheidende Wende eingeleitet: In der Folge erfährt Arzace, daß er in Wirklichkeit Ninias ist, Sémiramis' und Ninus' Sohn. Statt um politische Intrigen und um die Legitimität von Herrschaft geht es jetzt um das moralische Problem, ob Ninias den Mord an seinem Vater rächen kann und darf, obwohl die Schuldige seine Mutter ist. Aus diesem potentiell tragischen Konflikt erlöst ihn die Vorsehung: In der Dunkelheit des Mausoleums glaubt Ninias, sich gegen Assur zu verteidigen, aber sein Schwert durchbohrt Sémiramis. Das ist das genaue Gegenteil einer tragischen, nämlich eine melodramatische Lösung: Die Verbrecherin wird bestraft, der Held bleibt frei von Schuld und kann unvorbelastet die Herrschaft über Babylon antreten.

Die politische Dimension von Voltaires Tragödie spielt bei Rossi keine Rolle; statt dessen steht von Anfang an das Wirken einer höheren Macht im Vordergrund. Das Libretto beginnt mit einer Szenenfolge, zu der es bei Voltaire keine Entsprechung gibt[23]: Der Oberpriester Oroe empfängt im Tempel des Gottes Belo die Offenbarung, daß der Zeitpunkt der gerechten Rache gekommen ist (I 1). Alles, was danach geschieht, ist folglich durch den Willen des Gottes veranlaßt. Voller Hoffnung wartet das Volk darauf, daß Semiramide den Namen des neuen Königs bekanntgebe (I 2); sie ist auch bereit dazu, aber mit einem Donnerschlag erlischt das Feuer auf dem Altar, und Oroe unterbricht die Zeremonie (I 3). Die Oper beginnt an jenem Punkt, den Voltaire am Ende des dritten Aktes erreicht; ein Gott muß eingreifen und für einen Aufschub sorgen, damit anschließend die Beziehungen zwischen Semiramide, Assur und Arsace wie in der Vorlage exponiert werden können. Der Kreis schließt sich im Finale des ersten Aktes: Endlich darf Semiramide verkünden, daß sie Arsace gewählt hat.

An der Figur des Assur lassen sich die Unterschiede zwischen Voltaires und Rossis Dramaturgie verdeutlichen: Im Libretto tritt er als erster der Protagonisten, noch vor Semiramide, auf (I 2). Das von Oppositionen bestimmte Interaktionsmuster verlangt, daß der Anspruch auf den Thron, den Assur hier mit arroganter Selbstgewißheit erhebt, nicht unbestritten bleibt; als Antagonisten kommen aber weder Oroe, der als Repräsentant göttlicher Gerechtigkeit über den Parteien steht, noch Arsace oder Semiramide in Frage, da die Reihenfolge der Konfrontationen eine Steigerung ausdrücken soll. Vielleicht hat Rossi den indischen König Idreno nur deshalb als weiteren Bewerber um die Hand Azemas eingeführt, um in dieser Anfangsszene einen Antagonisten für Assur zu haben[24]; Idreno drückt in sechs Achtsilbern seine Hoffnung aus, Azema zur Frau zu erhalten, zwei weitere Achtsilber ergänzt der Chor.[25] Dagegen setzt Assur acht Achtsilber mit genau gleichem Reimschema; Rossini unterstreicht die Parallelität, indem er Assur die markante Melodie Idrenos wiederholen läßt[26]. Der Konflikt wird allerdings nicht ausgetragen: In einem kurzen Concertato drücken Assur, Idreno und Oroe jeder für sich ihre Gefühle des Zorns oder des Abscheus aus, dann verhindert der Auftritt Semiramides eine offene Auseinandersetzung.

Der eigentliche Rivale Assurs ist nicht Idreno, sondern Arsace; im Duett der beiden Kontrahenten (I 7) macht die formale Symmetrie die Unvereinbarkeit der Standpunkte deutlich.[27] Drei statische Momente (*tempo d'attacco*, *tempo di mezzo* und Stretta) werden durch kurze dialogische Passagen verbunden: Zuerst bekennt Arsace in einer Strophe aus vier Achtsilbern seine Liebe zu Azema, Assur übernimmt Strophenform und Reimschema, um den Rivalen an den Rangunterschied zwischen der Prinzessin und einem skythischen Offizier zu erinnern (*tempo d'attacco*). Nachdem Assur beteuert hat, auch er liebe Azema, bestreitet Arsace in zwei Sechssilber-

Strophen (4 bzw. 6 Verse), daß ein derart ehrgeiziger Mann überhaupt zur Liebe fähig ist, während Assur ihn durch Drohungen zum Verzicht auf die Prinzessin zu bewegen sucht (*tempo di mezzo*). Dabei übernimmt er nicht nur die Reime, sondern auch Wörter und Wendungen seines Kontrahenten (im folgenden durch Kursivsatz hervorgehoben), freilich mit entgegengesetzten Vorzeichen:

ARSACE. D'un tenero amore,
Costante, verace,
Quel fiero *tuo core*
*Capace non è*:
I dolci suoi moti
*Ignoti a te sono*:
Non ami che il *trono*,
Ch'è tutto *per te* ...
Il core d'*Azema*
è tutto *per me*.

ASSUR. Se m'arde furore,
Contr'anima audace,
Di freno il mio *core*
Capace non è.
Gli arditi tuoi voti
Già noti a mi sono:
Ma invano a quel *trono*
Tu aspiri con me.
Rinunzia ad *Azema*,
O trema *per te*.

[ARSACE. *Zu einer zärtlichen, / beständigen, wahren Liebe / ist dein stolzes Herz / nicht fähig: / Ihre sanften Regungen / sind dir unbekannt: / Du liebst nur den Thron, / der alles für dich ist ... / Das Herz Azemas / ist alles für mich.* – ASSUR. *Wenn in mir Wut / gegen einen tollkühnen Sinn lodert, / ist mein Herz / nicht fähig, sich zu zügeln. / Deine vermessenen Wünsche / sind mir wohlbekannt: / Aber umsonst / strebst du wie ich nach dem Thron. / Verzichte auf Azema, / oder zittere um dein Leben.*]

Da keiner nachgeben will, endet das Duett in einem Austausch von Drohungen (Stretta), mit identischem Text für beide Kontrahenten (sechs Achtsilber). In Rossinis Vertonung entspricht der Entwicklung von parallel gebauten Strophen mit gleichem Reim zu wörtlicher Übereinstimmung der Übergang von Solo- zum Zwiegesang: Die beiden Strophen des *tempo d'attacco* singen Arsace und Assur nacheinander auf die gleiche Melodie; im *tempo di mezzo* singt zuerst Arsace seine beiden Strophen allein, dann vereinigen sich die beiden Stimmen; die Stretta ist reiner Zwiegesang.

Der Charakter der folgenden Szenen ist völlig anders: Erst wirbt Idreno hingebungsvoll, wenn auch erfolglos um Azema (I 8). In ihrer folgenden Arie mit Frauenchor (I 9) drückt Semiramide die Hoffnung auf neues Liebesglück mit Arsace aus; an ihre früheren Leiden und Ängste erinnert sie sich nur, um sie als endgültig vergangen zu bezeichnen. Auch im Duett mit Arsace (I 11) wirkt die Königin beinahe unbeschwert in ihrer Verliebtheit, es bedarf der Erscheinung des Geistes im Finale (I 13), um ihre Selbstgewißheit zu erschüttern. Plötzlich scheint Semiramide, die eben noch optimistisch in die Zukunft schaute, von Reue und Angst wegen der alten Schuld erfüllt; die extreme Polarisierung bewirkt, daß sich ihr Charakter in eine Abfolge von Befindlichkeiten auflöst.

Auch Assur wird von der Vergangenheit eingeholt: Sein Duett mit Semiramide (II 3), Höhepunkt und Abschluß nach den Auseinandersetzungen mit Idreno und Arsace, kreist um die Erinnerung an die gemeinsam begangene Tat. Später glaubt Assur (II 9), den Geist des Ninus zu sehen, aber er überwindet sein Grauen und faßt den Entschluß, Arsace zu ermorden. Voltaire stellte der an ihrer Schuld leidenden Sémiramis den gewissenlosen Assur (als Verkörperung der intriganten Verworfenheit des Hofes) gegenüber; weil sich eine solche Personifikation nicht entwickeln kann, hatte er in den beiden letzten Akten keine Verwendung mehr für ihn. Bei Rossi verwandelt Ninus' Geist als Abgesandter einer höheren Macht die verliebte Semiramide und den skrupellosen Assur gleichermaßen in verzagte Opfer ihres eigenen Gewissens. Deshalb kann Assur *nach* der Erscheinung des Ninus eine ähnliche Halluzination haben wie die französische Sémiramis *vor* dieser Erscheinung (Voltaire, I 5; im Libretto fehlt diese Szene).

Die Kohärenz in Rossis Libretto ist nicht psychologisch begründet: Der Librettist scheint Widersprüche in den Charakteren zumindest in Kauf zu nehmen, während Voltaire psychologische Stimmigkeit offenbar erstrebte und nach zeitgenössischen Maßstäben wohl auch erreichte. Rossi dagegen läßt Oroe, das Sprachrohr des Gottes, in der allerersten Replik „l'istante tremendo / Della giustizia, di vendetta" (*den schrecklichen Augenblick / Der Gerechtigkeit, der Rache*) ankündigen; der Kreis schließt sich, wenn in der Schlußszene gezeigt (und nicht, wie bei Voltaire, berichtet) wird, wie Arsace/Ninias Semiramide mit dem Schwert durchbohrt. Die Widersprüche des Menschen und der menschlichen Existenz können auf der Bühne dargestellt (und vom Publikum ausgehalten) werden, weil das zugrundeliegende musikdramatische Modell die Aufhebung der Widersprüche in einer höheren Einheit erfahrbar macht.

Der erfolgreichste Librettist der romantischen Periode in Italien war FELICE ROMANI (1788–1865): Er verfaßte (vor allem in der Zeit von 1813 bis 1834) neunzig Libretti, die zum größeren Teil mehrfach (meist zweimal) vertont wurden.[28] Die Zusammenarbeit mit Donizetti (für den er 1833 Victor Hugos im gleichen Jahr uraufgeführtes Drama *Lucrèce Borgia* adaptierte) und Bellini machte ihn zum Begründer des romantischen *melodram-*

*ma*; dabei verstand er sich selbst lebenslang als Klassizist und verteidigte seine konservative Ästhetik in polemischen Auseinandersetzungen u. a. mit Alessandro Manzoni[29]. Ähnlich wie sein Zeitgenosse Eugène Scribe spielt Romani die Rolle des ‚Romantikers, ohne es zu wissen'[30].

Der romantisch gebrochene Klassizismus (oder die klassizistisch gebrochene Romantik) Romanis zeigt sich besonders deutlich in *Norma*[31] (1831, für Bellini): Als Vorlage diente einmal mehr[32] eine französische Tragödie. Ihr Verfasser Alexandre Soumet stand der romantischen Bewegung nahe; das Sujet seiner *Norma* (ebenfalls 1831) verweist einerseits zurück auf Chateaubriand, andererseits sind die Parallelen zum Libretto *La Vestale* (1807)[33], das der Klassizist Victor-Joseph-Etienne de Jouy[34] für Spontini geschrieben hatte, nicht zu übersehen.

Romani ist in allen seinen Libretti um Knappheit bemüht[35] und bevorzugt daher klare und einfache Konflikte. In *Norma* gibt es nur drei zentrale Figuren, die Titelheldin, ihre Rivalin Adalgisa und den von beiden Frauen geliebten Pollione. Indem Romani auf Nebenhandlungen verzichtet, scheint er an Calzabigis Reform anzuschließen, während Gaetano Rossi sich vom Vorbild Metastasios leiten ließ, als er zu Voltaires *Sémiramis* die Gestalt Idrenos und damit einen weiteren Handlungsstrang hinzuerfand. Dagegen wird man für die großen Chorszenen in *Norma* nicht auf Calzabigi und Gluck verweisen müssen: Daß der Chor seit Ende des 18. Jahrhunderts zuerst in der französischen, dann auch in der italienischen Oper zunehmend an Bedeutung gewonnen hat, ist wohl als direkte Folge der Französischen Revolution zu verstehen, die die Bedeutung der Masse als eines Kollektivsubjekts, das den Gang der Geschichte zu beeinflussen vermag, ins allgemeine Bewußtsein gehoben hat.

Den historischen Hintergrund bildet in *Norma* der Gegensatz zwischen gallischen Druiden und römischen Besatzern[36]: Die von Normas Vater Oroveso angeführten Gallier hassen die Fremden und wollen sie mit Waffengewalt vernichten. Der Konflikt zweier Völker und zweier Religionen verkörpert sich in der Protagonistin: Als Priesterin der Mondgöttin nimmt sie in ihrem Volk eine herausgehobene Stellung ein und ist zur Ehelosigkeit verpflichtet; zugleich ist sie aber so etwas wie die heimliche Ehefrau des römischen Prokonsuls Pollione, dem sie zwei Kinder geboren hat. Die beiden Seiten ihres Wesens sind kaum miteinander vereinbar, Normas Dilemma erscheint als Identitätskonflikt.

Wie gezeigt, sind problematische Identitäten ein zentrales Thema in der ernsten wie in der komischen Oper seit dem 17. Jahrhundert[37]; die Gründe sind jeweils in der Biographie der betreffenden Figur zu suchen: Jemand kennt seine wahre Identität nicht (wie Arsace in *Semiramide*), er kann oder will sie nicht preisgeben, weil das peinlich oder gar gefährlich wäre. Ein solches Rätsel ist lösbar, und die Lösung schafft gewöhnlich die Voraussetzungen für ein Happy-End: Die echte Identität löscht die falsche aus, die

Das italienische Libretto auf dem Weg zur Romantik 135

Ordnung ist wiederhergestellt. Norma dagegen befindet sich in einem Konflikt zwischen gesellschaftlicher und privater Existenz, aus dem es für sie keinen Ausweg gibt: Sie kann weder aufhören, Pollione zu lieben, noch Priesterin zu sein, deshalb bleibt ihr nur der Tod. Adalgisa ist in einer ähnlichen Lage, aber sie hat den letzten, entscheidenden Schritt noch nicht getan, in doppelter Hinsicht: Sie hat das Keuschheitsgelübde noch nicht abgelegt, und sie hat keine Kinder mit Pollione.

Romanis Libretto macht den Gegensatz zwischen zwei Sphären raumzeitlich erfahrbar: In der ersten Szene treten Oroveso und die Druiden auf, das Gespräch Polliones mit Flavio in der zweiten Szene exponiert die Welt der Römer. Im folgenden erfüllt Norma zwar ihre Priesterpflichten (I 4), aber das Gebot, mit dem Angriff auf die Römer noch zu warten, ist von ihrer Liebe zu Pollione diktiert, dem auch ihre geheimen Gedanken gelten. Als Gefährtin des Römers gehört Orovesos Tochter schon hier beiden Sphären an. Adalgisa dagegen wirft sich zwar vor dem Bild des Gottes nieder, dessen Priesterin sie werden soll (I 5), aber als Pollione auftritt, hat er keine besondere Mühe, sie ganz in seine Welt hinüberzuziehen: Sie verspricht, ihm nach Rom zu folgen (I 6), und löst sich damit, zumindest für den Augenblick, von ihrer gallischen Herkunft.

In der Nähe ihrer Kinder (I 7), so möchte man vermuten, wird Norma ausschließlich Polliones Gefährtin sein; aber ihr Verhältnis zu diesen Kindern ist ambivalent, sie liebt sie und haßt sie zugleich. Auch als Mutter bleibt sie noch die Priesterin, die in ihrer Nachkommenschaft vor allem den Beweis ihrer Verfehlung sieht. Im Finale (I 8) scheint sich eine Lösung anzubahnen: Pollione ist Norma untreu, er begehrt jetzt Adalgisa. Wenn es der Betrogenen gelänge, ihre Liebe zu ihm auszulöschen, wäre die Spaltung ihrer Persönlichkeit überwunden, und rächen könnte sie sich obendrein: an Pollione, indem sie den Befehl zum Aufstand gäbe; an Adalgisa, indem sie deren Fehltritt denunzierte. Damit sie aber aufhören kann zu lieben, muß sie auch aufhören, Mutter zu sein; und sie ist nicht in der Lage, ihre Kinder zu töten (II 1).

Adalgisa ihrerseits hat sich zum Verzicht entschlossen: Sie will Pollione dazu bewegen, sich mit Norma auszusöhnen (II 3). Als ihr das nicht gelingt, kehrt sie in den Tempel zurück, um ihr Gelübde abzulegen (Norma erfährt es von Clotilde, II 6); die junge Frau hat ihre Entscheidung getroffen, sie ist nur noch Druidenpriesterin, nicht mehr die Geliebte des Römers (deshalb verschwindet sie nach dem ersten Drittel des zweiten Aktes aus dem Blickfeld). Norma ihrerseits versucht, es ihr gleichzutun, und befiehlt den Galliern loszuschlagen (II 7), aber Orovesos Tochter wird von Polliones Gefährtin eingeholt: Bei dem Versuch, Adalgisa zu entführen, ist der Römer gefangengenommen worden. Da Norma weder mit ihm noch ohne ihn leben kann, ist der gemeinsame Tod die einzige Lösung: Sie selbst befiehlt, den Scheiterhaufen zu errichten (II Ult.).

Der Opposition zwischen der Priesterin und der Liebenden Norma ist der Gegensatz zwischen Norma und Adalgisa untergeordnet. Polliones Charakterisierung Adalgisas, „fior d'innocenza, e riso / Di candore e di amor" (*Blüte der Unschuld, und Lachen / voll Reinheit und Liebe*, I 2), markiert zwar einen deutlichen Kontrast zur Mutter seiner Kinder; und es mag auch statthaft sein, in Norma die Verkörperung dämonisierter weiblicher Sexualität zu sehen.[38] Auf der lexikalischen Ebene allerdings ist die am deutlichsten ausgeprägte Opposition jene zwischen Feuer/Wärme/Licht und Kälte/Dunkelheit: An vielen Stellen ist von der Flamme (*fiamma*) der Leidenschaft die Rede, die in der jungfräulichen Adalgisa wie in Norma brennt (vgl. I 8); Polliones Lächeln erschien Adalgisa schöner als die Sonne (I 8). Als Norma hofft, die Jüngere werde den Untreuen dazu bewegen, zu ihr zurückzukehren, sieht auch sie die Sonne wieder scheinen (II 6); deren wärmende Strahlen stehen in Opposition zur Kälte des Mondes, der den Eifer der feurigen Herzen zu dämpfen vermag.[39]

Das Feuer der Liebe, die Kälte der Gleichgültigkeit[40] sind konventionelle Metaphern; hier aber steht Feuer (Wärme) für die liebende Norma und Kälte für die Priesterin. Damit ist das Verhältnis zwischen gesellschaftlichem Zwang und individueller Selbstverwirklichung angesprochen, das nicht, oder zumindest nicht ausschließlich, als geschlechtsspezifisches Problem zu betrachten ist. Adalgisa vermag ihre Wahl zwischen zwei Lebensentwürfen zu treffen; Normas Doppelnatur dagegen ist unveränderlich, und die beiden Naturen sind so unvereinbar wie Sonne und Mond. Ihr Dilemma läßt keine Entwicklung zu: Die Schlußkatastrophe bedeutet ein Ende, keine Lösung.

# Das deutsche Singspiel zu Beginn des 19. Jahrhunderts

Für mehr als ein Jahrhundert ist Oper in Deutschland[1] wesentlich italienische Oper: Als Martin Opitz 1627 ein deutsches Libretto für Heinrich Schütz schrieb, adaptierte er Ottavio Rinuccinis *Dafne*; in den folgenden 150 Jahren wurden in Wien, Berlin oder Dresden vor allem italienische Textbücher vertont. Zwar versucht man im Hamburger Opernhaus am Gänsemarkt[2] seit 1678, eine deutsch-protestantische Tradition der biblischen Oper zu begründen, aber auch hier gewinnt der italienische Einfluß (neben dem französischen) zunehmend an Gewicht: Seit 1703 (H. Hinsch, *Die verdammte Staat-Sucht oder Der verführte Claudius*, Musik von Reinhard Keiser) enthalten deutsche Textbücher häufig Arien in italienischer Sprache[3]; als das Theater 1738 geschlossen wird, ist das Experiment einer deutschen Oper längst gescheitert. Grundlegend ändert sich die Situation erst in den siebziger Jahren des 18. Jahrhunderts, als Joseph II. in Wien und Kurfürst Carl Theodor zuerst in Mannheim, dann in München[4] ein deutsches Nationaltheater zu schaffen suchen.

Was die Oper angeht, hatte CHRISTOPH MARTIN WIELAND (1733–1813) sowohl praktische (*Alceste*, vertont von Anton Schweitzer, Weimar 1773) wie theoretische Vorarbeit geleistet (*Versuch über das deutsche Singspiel und einige dahin einschlagende Gegenstände*, 1775).[5] Allerdings distanziert sich Wieland zwar in der Theorie vom Modell der Opera seria[6], läßt aber zu, daß Schweitzer acht der zwölf Arien in *Alceste* mit dem „oft so unnatürlichen Da Kapo"[7] komponiert; auch mit seiner Entscheidung für (versifizierte) Rezitative[8] folgt Wieland dem italienischen Vorbild.

Natürlich kennt man in Deutschland auch Komödien mit Gesangseinlagen nach dem Vorbild des *opéra-comique*. In Leipzig adaptierte CHRISTIAN FELIX WEISSE (1726–1804) seit 1767 für Johann Adam Hiller französische Libretti von Favart und Sedaine; Kaiser Joseph II. förderte das ‚Nationalsingspiel' nur während weniger Jahre (1778–1783), aber in dieser Zeit entstand immerhin Mozarts *Entführung aus dem Serail* (1782), und die Gattung lebte auf den Wiener Vorstadtbühnen weiter. Gemeinsam mit EMANUEL SCHIKANEDER (1751–1812), dem Direktor des Freihaus-Theaters auf der Wieden, schuf Mozart 1791 die *Zauberflöte* und begründete damit die Traditon der allegorischen Märchen- und Zauberoper.[9]

Wesentliche Anregungen erhalten deutsche Librettisten und Komponisten weiterhin aus Frankreich[10]; so spiegeln sich auch die Veränderungen,

Anmerkungen siehe S. 285.

denen das französische Theater und speziell der *opéra-comique* infolge der Revolution von 1789 unterworfen sind, im deutschen Singspiel wider. Parallel zur Entstehung des *mélodrame* als populärer Subgattung des Sprechtheaters[11] bildet sich innerhalb des *opéra-comique* die Sonderform der sogenannten Rettungsoper heraus.[12] Sie läßt sich kaum anders als nach inhaltlichen Kriterien definieren: Trotz großer stofflicher Vielfalt kann man die Opernfabeln ausnahmslos auf die einfache Tiefenstruktur *(tödliche) Gefahr – Errettung aus der Gefahr* zurückführen, die unschwer als Variante der allgemeinsten Strukturformel des Märchens (und anderer narrativer Gattungen): *Störung der Ordnung – Wiederherstellung der Ordnung* zu erkennen ist.

Der Protagonist oder – häufiger – die Protagonistin einer Rettungsoper gerät schuldlos in Gefahr. Wenn sich die Bedrohung in der Gestalt eines Bösewichts personifiziert[13], dann ist sein Haß wie im Melodram unversöhnlich, ohne daß die Gründe dafür immer ersichtlich wären; oft ist nur vage von einer früheren Kränkung oder ähnlich die Rede. In einer Zeit radikaler gesellschaftlicher Umwälzungen erfüllen Melodram und Rettungsoper offenbar eine psychohygienische Funktion: Ein Publikum, das die eigene Zukunftsangst verdrängt hat, identifiziert sich mit der Todesangst des Protagonisten und nimmt den glücklichen Ausgang als beruhigende Bestätigung dafür, daß standhafte Tugend letztlich nichts zu fürchten hat.[14]

Von entscheidender Bedeutung ist dabei die zeitliche Dimension: Die Unschuldigen, die der Bösewicht zu vernichten sucht, sind nicht, was sie scheinen[15]; das Findelkind ist in Wahrheit die Tochter eines Fürsten, der Laufbursche Erbe eines riesigen Vermögens, oder ähnlich. Alles hängt davon ab, ob die Identität des Opfers ans Licht kommt, ehe nicht wiedergutzumachendes Unrecht angerichtet, der angebliche Räuber gehängt wird etc. So werden die Machenschaften des Schurken wie die verzweifelte Gegenwehr der zu Unrecht Beschuldigten zum Wettlauf mit der Zeit.

Das gilt auch für *Léonore ou L'amour conjugal* (1798) von JEAN NICOLAS BOUILLY[16] (1763–1842), die Stoffvorlage für Beethovens Oper *Fidelio*[17]. Obwohl vom Verfasser als „trait historique" bezeichnet[18] und der Form nach ein *opéra-comique* (die Musik schrieb Pierre Gaveaux[19]), weist das Stück wesentliche Merkmale des Melodrams auf[20]: Im unschuldig eingekerkerten Florestan und im schurkischen Gouverneur Dom Pizarre verkörpern sich Gut und Böse, Licht und Dunkel[21]; Unrecht entsteht durch individuelles Fehlverhalten (Pizarre nimmt Rache an Florestan, der nur vage angedeutete Unkorrektheiten des Gouverneurs hatte aufdecken wollen) und wird durch die Autorität des Königs, bzw. seines Stellvertreters, wiedergutgemacht.[22]

Das *Fidelio*-Libretto folgt Bouillys *Léonore* außerordentlich genau[23]; wie im französischen Vorbild stehen sich einerseits Gut und Böse gegenüber, andererseits Figuren, die Zeit, und solche, die keine haben.[24] Pizarros Schlechtigkeit grenzt ihn aus, alle anderen sind entweder eindeutig gut (Leonore, Florestan, Don Fernando; vielleicht auch das Kollektiv der Gefangenen), oder ihre moralische Position ist ambivalent (Rocco, der sich recht spät auf die Seite der Guten schlägt; Marzelline und Jaquino, die andere Sorgen haben). Andererseits verbindet den bösen Pizarro und die gute Leonore das Bewußtsein, keine Zeit zu haben: Der Gouverneur erhält, kaum daß er zum ersten Mal die Bühne betreten hat, einen Brief, der ihn vor der unmittelbar bevorstehenden Inspektion durch den Minister warnt (I 5[25]); wenn er verhindern will, daß seine Verbrechen ans Licht kommen, muß Florestan auf der Stelle sterben. Dadurch spitzt sich nicht nur die Situation des Gefangenen (der nach Roccos Einschätzung ohnehin nicht mehr lange zu leben hätte, vgl. I 4, S. 44) dramatisch zu; auch Leonores Pläne werden über den Haufen geworfen: Im Bewußtsein, daß alles verloren wäre, wenn der Kerkermeister mißtrauisch würde, ist sie bisher sehr vorsichtig zu Werke gegangen; trotz ihrer Ungeduld, die unterirdischen Verliese zu erkunden, scheint sie anfangs bereit, noch Tage oder Wochen zu warten. Daß ihr bestenfalls noch eine Stunde bleibt, um ihren Mann zu retten, kann sie nicht wissen, aber sie erkennt die Gefahr, die aus Marzellines Liebe zu dem falschen Fidelio erwächst: In wenigen Tagen will Rocco seine Tochter mit dem neuen Gehilfen verheiraten (I 4, S. 38); Leonore muß handeln, ehe Marzelline herausfindet, daß ihr Bräutigam eine Frau ist.

Die bevorstehende Hochzeit ist der Grund dafür, daß auch Jaquino keine Zeit mehr hat: Bevor der Rivale auftauchte, hat er mit geduldiger Liebenswürdigkeit versucht, Marzellines Zuneigung zu gewinnen (vgl. I 7, S. 82); jetzt beeilt er sich, einem Heiratsantrag Fidelios zuvorzukommen, aber das wiederholte Klopfen am Gefängnistor hindert ihn daran, Marzelline zu einer klaren Antwort zu zwingen (I 1 Nr. 1). Weil Jaquino nicht Herr seiner eigenen (gegenwärtigen) Zeit ist, läuft er Gefahr, seine Zukunft zu verlieren.[26] Der jungen Frau dagegen wird zwar die Zeit bis zur Hochzeit ein wenig lang, die Zukunft aber betrachtet sie mit der ruhigen Gewißheit, daß sich ihr Leben in der Ehe mit Fidelio ganz nach ihren Wünschen entwickeln wird (I 1 Nr. 2).

Im Quartett (I 4 Nr. 3) verdichten sich die widersprüchlichen Empfindungen zum Tableau. Jede Figur hat einen Vierzeiler zu singen, mit gleichem Reimschema (Kreuzreim) *und* gleichen Reimen (*-ar/-ein*). Im Verhältnis der vier spiegelt sich eine melodramentypische Konstellation: die Opposition zwischen der glücklichen Familie und dem eifersüchtigen Störenfried. Wie Marzelline selbst erwartet auch Rocco, daß seine Tochter in der Verbindung mit Fidelio ihr Glück findet; während Vater und Tochter optimistisch in die Zukunft blicken (zwei ihrer vier Verse stimmen fast wörtlich überein), steht Jaquino traurig abseits. Durch ‚Fidelios' Verhalten erweist sich die Eindeutigkeit der Situation als scheinbar: Er tut zwar nichts, um den Irrtum Roccos und Marzellines aufzuklären, aber sein beiseite gesprochener (gesungener) Text zeigt, daß er der Hochzeit voller Angst entgegensieht.

Versform und Reimschema des Quartetts werden im zweiten Akt wiederaufgenommen: Nachdem das Trompetensignal die Ankunft des Ministers verkündet hat, bringen Leonore, Florestan, Pizarro und Rocco ihre Empfindungen jeweils in einem Vierzeiler mit gleichen Reimen (*-unde/-ein*) zum Ausdruck (II 4 Nr. 14, S. 149–153). Die Irrtümer des ersten Quartetts sind aufgeklärt, ein stabiles Gleichgewicht ist erreicht: Das ‚richtige' Paar Leonore – Florestan ist wieder vereint; Pizarro, nicht Jaquino hat sich als der Schurke erwiesen, den es auszugrenzen gilt. Rocco betrachtet das Glück der Ehegatten aus größerer Distanz, aber, so scheint es, kaum weniger wohlwollend als vorher das Paar Marzelline – ‚Fidelio'.

Beethoven ist dem impliziten Vorschlag seiner Librettisten, auch diese Konstellation zum Gegenstand eines Tableaus zu machen, nicht gefolgt; er komponiert die Vierzeiler als eine Art Coda zur Auseinandersetzung Leonores mit Pizarro [II 3, Quartett Nr. 14], in der gleichen Tonart D-Dur. Der Zuschauer wird die Passage kaum als statisch empfinden; erst danach transzendiert die Musik die Zeit, zunächst im Duett der Ehegatten [II 5 Nr. 15], dann im Sostenuto assai „O Gott, welch ein Augenblick!" des Finales [II 8 Nr. 16, S. 171–174], das die Befreiung Florestans zur sozialen Utopie ausweitet. Hier ist Pizarro nicht mehr beteiligt; der Stillstand der Zeit in idealer Harmonie setzt für Beethoven offenbar die Abwesenheit des Bösen voraus.

Die rätselhafteste Figur in *Fidelio*, das beweisen nicht zuletzt die Schwierigkeiten moderner Regisseure, ist Rocco. Als einziger scheint er weder Wünsche noch Hoffnungen zu haben (sein Lob des Goldes, I 4 Nr. 4, drückt nicht Begehren aus, sondern führt Fidelio den Wert der Mitgift vor Augen, die er zu erwarten hat); deshalb wäre er und nur er ganz Herr über seine Zeit, wenn er nicht Pizarro Rechenschaft schuldete. Roccos Verhältnis zum Gouverneur freilich verändert sich im Verlauf der Oper auf signifikante Weise: Anfangs wartet er noch „mit Ungeduld" auf die Briefe, die er Pizarro pünktlich übergeben muß (I 3, S. 32); als der ihm jedoch befiehlt, „sehr schnell" das Grab für Florestan auszuheben, und ihn ausdrücklich zur „Eile" (ein Lieblingswort Pizarros![27]) mahnt (I 5 Nr. 8), läßt Rocco sich erstaunlich viel Zeit. Zuerst hält er sich mindestens eine Viertelstunde im Garten auf (vgl. I 5, S. 74; I 8, S. 82), was er dort treibt, ist unklar. Dann geht er, Pizarro eine Bitte vorzutragen: Fidelio soll sein Gehilfe in den unterirdischen Gewölben werden (was vermutlich eine Beförderung bedeutet) und Marzelline heiraten dürfen (I 8; I 10 Nr. 10). Obendrein erteilt Rocco eigenmächtig die Erlaubnis, die Gefangenen ins Freie zu lassen; erst nach Pizarros Wutausbruch (I 12 Nr. 10) steigt er mit Fidelio in den Kerker hinab (II 2).

Als Pizarro beschließt, Florestan zu beseitigen, weiß er: „Ich muß [Rocco] zu gewinnen suchen. Ohne seine Hilfe kann ich es nicht ausführen" (I 5, S. 66). Auch der Kerkermeister hat offenbar begriffen, daß der Gouverneur auf ihn angewiesen ist[28], und diesen Vorteil nutzt er für sich aus. Seine Motive sind egoistisch (er will die Zukunft seiner Tochter und ihres Verlobten sichern), aber doch nicht ausschließlich: Er läßt die Gefangenen in den Festungsgarten, um eine Bitte Fidelios zu erfüllen (I 8, S. 82); wie die Dinge liegen, geht er damit kein großes Risiko ein (Pizarros Zorn vergeht sofort, als Rocco „de[n] unten" erwähnt, I 12 Nr. 10, S. 105), aber immerhin beweist er, daß er Mitleid mit den Gefangenen hat (wie auch mit Florestan, vgl. II 2 Nr. 13). Im Endeffekt macht diese schillernde Figur (als Werkzeug der Vorsehung?) das glückliche Ende möglich: Rocco verschwendet, aus welchen Gründen auch immer, Zeit, die Pizarro nicht hat.

Das würde freilich nichts helfen, wäre nicht Leonore, von der Hoffnung[29] auf eine höhere Gerechtigkeit erfüllt, zur rechten Zeit am rechten Platz. *Fidelio* ermutigt – für ein melodramenartiges Stück eher untypisch – zum eigenverantwortlichen Handeln.[30] Leonore nimmt es mit einem scheinbar übermächtigen Gegner auf; sie kann Pizarro nicht besiegen, aber das ist auch nicht notwendig: Es genügt, seine Untat durch eine Art passiven Widerstands so lange zu verzögern, bis eine höhere Macht eingreift und die Ordnung wiederherstellt.[31]

Das gedankliche Zentrum des *Fidelio*-Librettos wie seiner französischen Vorlage bildet der polare Gegensatz von Gut und Böse (Hell und Dunkel, Pflicht/uneigennütziges Handeln *vs.* Egoismus); es werden aber noch weitere Oppositionen entfaltet, die mit jenem Grundgegensatz nicht notwendigerweise zusammenfallen: Freiheit/selbstbestimmte Zeit *vs.* Zwang/fremdbestimmte Zeit, konfliktträchtige *vs.* konfliktfreie Situationen. Hochkomplexe Zusammenhänge, die auch eine differenzierte Argumentation nur andeutungsweise vermitteln könnte, werden reduziert auf sprachliche oder szenische Bilder, deren Aufeinandertreffen eine Botschaft jenseits rationaler Begrifflichkeit freisetzt. Die verschiedenen Sinnebenen konvergieren in der Utopie der „erlangten Wir-Welt"[32], in der die allgemeine Freiheit und der Altruismus aller mit dem Ende der Geschichte auch die Überwindung der Zeit möglich machen.

Die deutsche Oper *Fidelio* spiegelt die geistige und politisch-soziale Lage im Europa Napoleons wider; erst mit den Befreiungskriegen gewinnt die verengte Sicht des Deutschtums an Bedeutung, die dann den *Freischütz* (1821) als Beginn einer nationalen Operntradition begrüßt. Bis in die Gegenwart wird die Rezeptionsgeschichte dieses Werkes von den Kategorien ‚deutsch' und ‚romantisch' bestimmt, die sich allerdings bei näherem Zusehen als äußerst fragwürdig erweisen.[33]

Obwohl der *Freischütz*-Text auf eine deutsche Quelle[34] zurückgeht, kommt auch in diesem Werk französischen Einflüssen entscheidende Bedeutung zu; wenn Weber Erinnerungsmotive verwendet oder musikalisches Lokalkolorit herstellt, folgt er dem Vorbild der Revolutionsoper.[35] Im Libretto FRIEDRICH KINDS[36] findet man typische Klischees des Melodrams wieder, die freilich längst in Deutschland eingebürgert sind[37]: Vor allem Kaspar als innerhalb des Opernpersonals vollständig isolierter Bösewicht, der um seiner „Rache" – das Schlüsselwort seiner Arie (II 7 Nr. 5[38]) – willen eine ganze Familie (Agathe, ihren Vater und ihren Bräutigam, vgl. II 5) zugrunde richten will, scheint direkt aus Paris importiert.[39]

Konstitutiv für die Geschichte ist wie schon in *Fidelio* die Opposition zwischen Gut und Böse, hier freilich auf der Ebene der Transzendenz: Der Eremit als Stellvertreter Gottes, Samiel als Abgesandter der Hölle kämpfen um die Seele des Menschen. Friedrich Kinds Libretto läßt den Eremiten schon in einem ‚Vorspiel' auftreten, das Weber nicht komponiert hat: Eine Vision zeigt dem frommen Mann, welche Gefahr Max und seiner Verlobten droht, er gibt Agathe geweihte Rosen, die sie schützen sollen. Der Vorwurf des Dichters, ohne diese beiden Szenen sei das Werk „eine Statue, welcher der Kopf fehlt"[40], ist nicht unberechtigt: Ähnlich wie der Auftritt des Oberpriesters zu Beginn von Rossis und Rossinis *Semiramide*[41] liefert Kinds Vorspiel den Schlüssel zum folgenden; nichts geschieht ohne Billigung des „Herrn der Welt" (Vorsp. 1, S. 53), auch nicht das (scheinbar) Schlechte:

> AGATHE. So wird zu reinern Freuden
> Das Menschenherz durch Leiden
> Geläutert und geklärt! (Vorsp. 2, S. 56)

Schmerz, Angst und Verzweiflung sind Prüfungen, die nur ruhiges Gottvertrauen zu bestehen vermag; die höchste Tugend, so scheint es, ist die Geduld.[42] Während Agathes Glaube an die Vorsehung unerschütterlich ist[43], zieht der durch seine ständigen Fehlschüsse verunsicherte Max die Existenz Gottes in Zweifel[44]. Wenn aber der Zufall, oder das ‚blinde Schicksal', die Welt regiert, verlieren moralische Normen ihre Verbindlichkeit: Um ein erstrebtes Ziel zu erreichen, wäre jedes Mittel recht, auch eine Freikugel. Im *Freischütz*-Libretto wird solch gefährlicher Fatalismus mit Gottes Hilfe überwunden, am Ende sind alle bis auf Kaspar geborgen in christlicher Heilsgewißheit:

> Wer rein ist von Herzen, und schuldlos im Leben,
> Darf kindlich der Milde des Vaters vertraun! (III 12 Nr. 16)

Der Konflikt zwischen Fatalismus und Gottvertrauen wird in Maxens Seele ausgetragen. Agathe ist das Sprachrohr des Eremiten, der seinerseits das gute Prinzip verkörpert; Kaspar vertritt Samiel, also den Teufel. Max steht in der Mitte zwischen der Geliebten und dem Jagdgenossen, beide versuchen, ihn auf ihre jeweilige Seite zu ziehen. Fürst Ottokar, der Landesvater, und Kuno, der Hausvater, sind lediglich Doppelgänger des Eremiten[45]; nur Ännchen steht außerhalb der Polarität von Gut und Böse, und Ännchen ist eine bloße Kontrastfigur zu Agathe.[46] Agathe und Kaspar, und in noch stärkerem Maße die Nebenfiguren, sind eher Personifikationen von Ideen als Individuen[47]; Max aber kann keine Individualität entwickeln, weil sein Wesen reine Rezeptivität ist: Hoffnung und Verzweiflung, Gottvertrauen und Fatalismus ergreifen nacheinander Besitz von ihm, anscheinend ohne daß er dem Widerstand entgegensetzt. Die Musiknummern werden dadurch zu einer diskontinuierlichen Folge von Stimmungsbildern.[48]

Kinds *Freischütz*-Text ist in ästhetischer Hinsicht sehr viel weniger befriedigend als das *Fidelio*-Libretto. Das liegt nicht am handwerklichen Ungeschick des Verfassers; da sich der Reim im Deutschen nicht so spontan einstellt wie in den romanischen Sprachen, klingen schlechte deutsche Verse freilich erbärmlicher als gleich schlechte französische oder italienische, aber die Verse des *Fidelio* sind auch nicht besser. Während aber Beethovens Librettisten Wahrheiten durch Symbole zu vermitteln suchen, hält sich Kind an die begriffliche Eindeutigkeit der Allegorie. Vor allem die Dinge und die unbelebte Natur läßt er eine so klare Sprache sprechen, daß es Max schon beträchtliche Anstrengungen kosten dürfte, sie zu überhören.

Besonders deutlich zeigt sich das beim nächtlichen Besuch des Jägerburschen im Forsthaus (II 3): Als Max seinen Hut, den die Federn des mit der Freikugel geschossenen Bergadlers schmücken, auf den Tisch wirft, auf dem auch die Vase mit den geweihten Rosen steht, löscht der Luftzug das Lämpchen aus; im Übereifer, Agathe seine Beute zu zeigen, streift Max mit den Federn ihre Augen und tut ihr weh. Das Bild des Urahns Kuno schließlich ist gerade zu der Zeit von der Wand gefallen und hat Agathe verletzt, da ihr Bräutigam den verhängnisvollen Schuß abgegeben hat.

Den Warnzeichen des Himmels stehen bemerkenswerterweise keine trügerischen Zeichen der Hölle gegenüber, mit einer Ausnahme: Als der Geist seiner Mutter Max vor dem Abstieg in die Wolfsschlucht warnt (die ihm ohnehin wie ein „Höllenpfuhl" erscheint, II 7 Nr. 10), zeigt ihm Samiel Agathe, die aus Verzweiflung zum Suizid entschlossen scheint, so daß der Jäger alle Bedenken vergißt (II 7). Von dieser Stelle abgesehen, ist die Botschaft der Zeichen stets eindeutig: Kaspars (und Samiels) Sphäre ist dunkel (die Mondfinsternis), unheimlich (vgl. die Beschreibung der Wolfsschlucht im Nebentext vor II 4) und schrecklich (das Unwetter); die natürliche Ordnung der Welt empört sich gegen sein Tun. Dadurch werden Kaspars beschwichtigende Reden von „Naturkräften" (vgl. I 2, S. 61) Lügen gestraft; jeder, der nicht so verzweifelt wäre wie Max, müßte frühzeitig erkennen, daß Gottes Allmacht den Sieg der Hölle nicht zulassen wird. Das Ende der Geschichte steht somit von Anfang an fest; offen ist lediglich, ob Max für seinen Frevel bestraft wird oder ob er um der unschuldigen Agathe willen Gnade findet. Die Eindeutigkeit der Aussage dient dem moralisch-erbaulichen Anliegen des Librettisten, für die literarische Qualität des Textes ist sie freilich verhängnisvoll.

Nach dem *Freischütz* wendet sich Weber von der Form des Singspiels ab: *Euryanthe* (1823) ist als „große heroisch-romantische Oper" mit Rezitativen konzipiert.[49] Damit zeichnet sich eine Neudefinition der musikdramatischen Gattungen in Deutschland ab: Die ‚Spieloper' mit gesprochenen Dialogen wird künftig heiter-komödienhafte Stoffe behandeln[50], während aus der ‚großen romantischen Oper' letztlich die Reformvorstellungen Richard Wagners erwachsen.

# Eugène Scribe und der *Grand Opéra*

Während der französische *opéra-comique* seit seinen Anfängen, und verstärkt in der Zeit der Revolution, schnell auf Veränderungen der gesellschaftlichen Wirklichkeit wie auf Entwicklungen im System der Literatur reagiert, bleiben für die ernste Oper bis in die zwanziger Jahre des 19. Jahrhunderts die Konventionen der *tragédie lyrique* maßgeblich (Vorliebe für mythologische Stoffe, *lieto fine*, Bedeutung des Wunderbaren[1]).

*Le Siège de Corinthe* (1826), Rossinis erste französische Oper (Text von L. A. A. Soumet und G. L. Balloco)[2], wirkte unter diesen Umständen als revolutionäre Neuheit[3]: Für die Wahl eines historischen Stoffes (den Hintergrund der Liebeshandlung bildet die Eroberung Korinths durch die Türken 1458) gab es Vorbilder, aber durch die Parallele zum griechischen Freiheitskrieg[4] gewann das Sujet eine völlig neuartige Aktualität. Das Ende der Oper ist nicht nur tragisch, sondern erreicht durch das Massaker an der griechischen Bevölkerung, das die Schicksale der Protagonisten fast nebensächlich erscheinen läßt, eine Dimension des Schaurig-Schrecklichen[5]; der Chor greift als Kollektivsubjekt aktiv in die Handlung ein.[6]

Zwischen 1800 und 1830 vollzieht sich der ästhetische Paradigmenwechsel von der frühen Neuzeit zur Moderne. Nicht mehr (menschliche) Natur, sondern gesellschaftliche Wirklichkeit wird zum vornehmsten Gegenstand der Kunst; und das (literarische) Werk soll ein getreuer Spiegel der zeitgenössischen Verhältnisse sein, statt wie früher durch schlagende Beispiele für richtiges (tugendhaftes) oder falsches Verhalten allgemeine moralische Lehrsätze zu veranschaulichen.[7] Das neue Interesse am Sozialen trägt wesentlich dazu bei, daß im Laufe des 19. Jahrhunderts der Roman zur einzigen Höhenkammgattung der europäischen Literatur wird; parallel dazu gewinnen im Opernlibretto die epischen Züge, die zu den konstanten Merkmalen der Gattung gehören[8], noch mehr Gewicht. Die Entstehung des französischen *Grand Opéra* als großer historischer Oper steht insofern in enger Beziehung zum Erfolg des historischen Romans, der von England (Walter Scott) aus zur europäischen Modegattung wird.

Charakteristische Merkmale des *Grand Opéra* sind „die Konvention des tragischen Ausgangs ebenso wie die Figur des entscheidungsunfähigen Helden, vor allem aber die als ‚tableau' bezeichnete Technik großangelegter Chorszenen oder das Bild des Chors als zerstörerischer Masse, formale und inhaltliche Lösungen also, mit denen im neu gestalteten Verhältnis von Solisten und Chor der ‚unauflösliche Zwangszusammenhang' des Einzelnen und der Menge reflektiert erscheint"[9]. Offensichtlich wirken hier unterschiedliche Vorbilder zusammen: Passive, zu keiner Entscheidung fähige Helden findet man auch in den Romanen Walter Scotts[10], vor allem aber im Melodram[11], dem auch das romantische Drama (z. B. Victor Hugo) entscheidende Anregungen verdankt. In den positiven Figuren des Melodrams verkörpert sich die verfolgte Unschuld, die den Nachstellungen des Bösewichts hilflos ausgeliefert scheint und erst in letzter Sekunde durch einen glücklichen Zufall (durch das Wirken der Vorsehung) gerettet wird.[12] Besonders deutlich wird die Nähe zum Melodram in *Robert le Diable* von Eugène Scribe und Giacomo Meyerbeer (1831).[13] Hier entgeht der Protagonist der ihm drohenden Gefahr, weil er sich zwischen Gut und Böse nicht zu entscheiden vermag; weil der teuflische Verführer sein Ziel nicht bis zu einem festgesetzten Zeitpunkt erreicht, muß er unverrichteter Dinge abziehen.

Charakteristisch für die Weltsicht des Melodrams wie des *Grand Opéra* sind scharf zugespitzte Kontraste[14]: zwischen den Schauplätzen und Bühnenbildern der einzelnen Akte[15], vor allem aber zwischen moralischen Positionen. Im Melodram agieren Individuen als Repräsentanten von Gut und Böse, die Masse (oder das Volk) greift nicht aktiv ins Geschehen ein; dagegen bot die traditionell bedeutende, wenn auch passive Rolle des Chors in der *tragédie lyrique* (und im *opéra-comique*, besonders der Revolutionszeit) alle Voraussetzungen für eine Dynamisierung zum kollektiven Handlungsträger.[16] Die melodramentypischen Kontraste bleiben dabei gewahrt: Die Menge tritt einerseits als (negativ bewerteter) Antagonist zum (positiv bewerteten, wenn auch schwachen) Protagonisten auf; andererseits haben zahlreiche *Grand Opéra*-Libretti „den blutigen Konflikt zwischen zwei verfeindeten Völkern oder Volksgruppen"[17] zum Thema. Dabei solidarisiert sich das Publikum (wenn wir V.-J. E. de Jouy glauben dürfen[18]) gewöhnlich mit der unterlegenen Partei, die folglich als die ‚gute' der siegreichen ‚bösen' gegenübersteht.

Die Frage nach der Bedeutung des Librettos innerhalb der plurimedialen Kunstform Oper stellt sich für den *Grand Opéra* mit besonderer Dringlichkeit. Einerseits ist die Zeit, in der eine Oper wesentlich als Dichtung aufgefaßt wurde, endgültig vorbei[19]; andererseits läßt sich der Entstehungsprozeß der *Grand Opéra*-Libretti genauer rekonstruieren, als es für frühere Epochen möglich war. Die alles beherrschende Figur ist AUGUSTIN EUGÈNE SCRIBE (1791–1861), der von *La Muette de Portici* (1828) bis zu Meyerbeers postumer *Africaine* (1865) die Texte zu allen erfolgreichen *Grands Opéras* lieferte; Scribes Nachlaß mit zahlreichen Notizen und Entwürfen zu seinen Libretti, Briefen, die den Entstehungsprozeß erhellen etc., ist in der Pariser Bibliothèque Nationale zugänglich.[20] Dieser beängstigend produktive

Autor verfaßte neben 28 *Grands Opéras* an die 100 *opéras-comiques* und rund 300 ein- oder mehraktige Sprechstücke meist heiteren Charakters.[21] Die meisten seiner Werke zeichnete er gemeinsam mit einem oder mehreren Co-Autoren; Informationen darüber, wie eine solche Zusammenarbeit in der Praxis aussah, sind spärlich.[22] Erhaltene Vorstufen zeigen, daß von den Komponisten zumindest Giacomo Meyerbeer stets massiv Einfluß auf die Textgestaltung nahm und Scribes Dramaturgie oft radikal veränderte.[23] Darüber hinaus galt es, Auflagen der Zensurbehörde zu befolgen bzw. ihnen zuvorzukommen, indem man heikle Themen mit äußerster Vorsicht behandelte[24]; und schließlich war der Librettist gehalten, durch Schauplatzwahl, Massenszenen und dgl. die Voraussetzungen für die extrem aufwendigen Inszenierungen (mit Einsatz der jeweils neuesten bühnentechnischen Möglichkeiten) zu schaffen, die seit der Direktion Emile Vérons[25] (1831–1835) üblich geworden waren.

Aufgrund dieser vielfachen Abhängigkeiten kann das *Grand Opéra*-Libretto unmöglich Ausdruck der subjektiven Welterfahrung des Verfassers sein, wie es den Vorstellungen der Romantiker entsprochen hätte.[26] Ihr Originalitätsstreben, das sich u. a. in der souveränen Mißachtung von Gattungskonventionen manifestiert, wäre mit der Bindung des Librettos an die Oper (als Kunstform und als Institution) auch schwer zu vereinbaren; der zu vertonende Text bleibt, was er von Anfang an gewesen ist, eine ‚Ermöglichungsstruktur'[27], die die Kohärenz der mittels Musik, Tanz, (pantomimischen) Spiels und weiterer optischer Elemente (Dekorationen, Kostüme) dargestellten Geschichte gewährleistet. Aus der Sicht des Rezipienten (des Theaterbesuchers) freilich ist „das (gesungene) Wort" von dem Zeitpunkt an „nicht mehr von entscheidender Bedeutung"[28], da der Logozentrismus des 18. Jahrhunderts überwunden ist, die musikalische und die szenische (visuelle) Komponente zu eigenständigen Bedeutungsträgern geworden sind.[29]

Eine Oper, deren Titelfigur sich – wie in *La Muette de Portici* – nur mittels Gesten verständlich machen kann, wäre für die Zeitgenossen Metastasios unvorstellbar gewesen. Bevor Fenella Prinzessin Elvire verdeutlicht, daß sie von einem Unbekannten verführt und später eingekerkert worden ist (I 4[30]), hat freilich Alphonse, der Schuldige, schon seine Reue und Besorgnis wegen ihres Verschwindens zum Ausdruck gebracht (I 1/2); für den Zuschauer ist die Identität jener stummen Geliebten (vgl. I 2) mit dem jungen Mädchen, das bei Elvire Zuflucht sucht, offensichtlich, die Vorgeschichte wird ihm also nur teilweise visuell vermittelt. Allgemein verschieben sich im *Grand Opéra* zwar die Gewichte zwischen sprachlicher und nichtsprachlicher Informationsvergabe, aber vollständige „pantomimische Verständlichkeit"[31] des Geschehens wird nicht erreicht und vermutlich auch nicht angestrebt.

Entscheidende Bedeutung kommt dem szenischen Tableau zu; auch hier verbinden sich unterschiedliche Traditionen. Einen Akt mit einer großen Chorszene zu beschließen, ist in der *tragédie lyrique* spätestens seit Rameau gängige Praxis[32]; in *opéra-comique* und Melodram dagegen meint ‚Tableau' ein rührendes Bild, das etwa die Harmonie innerhalb einer Familie anschaulich macht.[33] Der *Grand Opéra* gestattet den Wechsel „von der Totale zur Großaufnahme"[34], innerhalb der Massenszene wird Raum geschaffen für intimere Momente, in denen einzelne ihre Empfindungen ausdrücken oder reflektieren[35]; im Selbstgespräch isoliert, bleiben sie dennoch eingebunden in „eine klar disponierte Gruppierung der Figuren", die die zwischen ihnen bestehenden (handlungsrelevanten) Beziehungen verdeutlicht.[36] In dialektischer Spannung zum Tableau steht die Kategorie des Schocks[37]: Die Abfolge der wesentlich statischen[38] Bilder folgt dem Prinzip des Kontrasts, d. h., gegensätzliche Positionen stoßen hart aufeinander.

Das Tableau als szenische Einheit bot auch die Lösung für ein darstellungstechnisches Problem: Eine bewegte Massenszene überfordert die Aufmerksamkeit des Zuschauers durch die Gleichzeitigkeit vieler unterschiedlicher Handlungen und Vorgänge; die Auseinandersetzung mit der jüngsten Geschichte, in der die Massen erstmals eine entscheidende Rolle übernommen hatten, fand während des 19. Jahrhunderts nicht zuletzt deshalb bevorzugt in der Form des Romans statt, weil dort die Perspektive des auktorialen Erzählers Simultaneität in ein Nacheinander aufzulösen vermag. Noch deutlicher kommt die Dialektik von statischer und dynamischer Zeit in den großen Kompositionen der Historienmaler zum Ausdruck: Der Künstler, der Ereignisse mehrerer Stunden (z. B. den Kampf zweier Heere) in einem einzigen repräsentativen Moment zusammenzudrängen sucht, wird manches nebeneinander darstellen, was nacheinander geschah; der Blick des Betrachters vermag zwar das ganze Bild zu erfassen, signifikante Details aber nimmt nur wahr, wer sich nacheinander auf einzelne Ausschnitte konzentriert. Über Eugène Delacroix und seine „grandes machines" schrieb Charles Baudelaire: „(er hat) von der großen republikanischen und kaiserlichen Schule die Liebe zu den Dichtern geerbt und ich weiß nicht welche verteufelte Lust, mit dem geschriebenen Wort zu wetteifern"[39]; im „Nebeneinander der Bildkunst" erscheint das „Nacheinander der Dichtkunst"[40] aufgehoben. Mit dem Ensemble nun bietet die Musik die Möglichkeit, die Linearität der Sprache selbst in die Gleichzeitigkeit divergierender Äußerungen zu überführen. Insofern erscheint das szenische Tableau als die Vollendung der im Roman wie in der Historienmalerei erstrebten Synthese von Wort und Bild.

Die Nähe der Libretti Scribes zum historischen Roman[41] ist immer wieder hervorgehoben worden: Wie Walter Scott und seine französischen Nachahmer läßt Scribe die Großen der Geschichte nur in Nebenrollen auftreten und gibt seinen fiktiven ‚mittleren Helden' Lebensläufe, die für die jeweilige Epoche repräsentativ sind.[42] Im Individuellen wird das Typische gesucht, wie auch durch die geschickte Auswahl an sich insignifikanter historischer Details Lokal- oder Zeitkolorit erzeugt wird.[43] Während sich die Romantiker auf die Ausnahmen konzentrieren[44], richten Walter Scott und Eugène Scribe ihre Aufmerksamkeit auf die Regel; sie suchen zwar keine exemplarische Moral zu vermitteln, aber verglichen mit dem romantischen Subjektivismus erscheint ihre Position doch deutlich konservativer.[45] Einzelheiten zum Gesamtbild einer Epoche (oder einer Gesellschaft) zusammenzufügen, ist nun freilich ein episches Verfahren; die weitgehende Autonomie der Einzelbilder (oder Akte) und der Anspruch, „Wirklichkeit in ihrer Totalität und in all ihren individuellen Details auf der Bühne (zu) präsentieren"[46], kennzeichnen den *Grand Opéra* als nichtaristotelische Theaterform.

Damit hängt es zusammen, daß etwa in *Les Huguenots* (1836), dem zweiten Operntext, den Scribe für Meyerbeer schrieb, zumindest die ersten beiden Akte den „Eindruck des ‚Revuehaften' und ‚Undramatischen'" entstehen lassen[47] und TH. W. ADORNO gar an historische Kolossalfilme aus Hollywood erinnerten[48]. Meyerbeer hatte bemängelt, dem Libretto fehle es an „Couleur der gewählten Epoche"[49]; dabei hatte der Librettist etliche Details aus zeitgenössischen Berichten über die Bartholomäusnacht verarbeitet.[50] Bis zur Uraufführung am 29. Februar 1836, besonders während der mehr als sechs Monate dauernden Proben, wurden von Scribe selbst, aber auch von anderen zahlreiche Änderungen am Text vorgenommen.[51] Die langwierige, für einen *Grand Opéra* freilich nicht ungewöhnliche[52] Genese mag einige, kann aber nicht alle Unstimmigkeiten erklären.

Die beiden ersten Akte entwerfen jeweils ein statisches Bild genußreichen höfischen Lebens, das freilich von den drohenden Vorzeichen des Bürgerkriegs überschattet wird[53]: Im Schloß des Grafen Nevers gibt sich die katholische *Jeunesse dorée* den Freuden der Tafel hin und renommiert mit erotischen Abenteuern; im Schloß von Chenonceaux genießt Königin Marguerite mit den Damen ihres Gefolges eine bukolische Idylle. Nevers hat auch den Protestanten Raoul de Nangis eingeladen; eben jenen Raoul hat die Königin zum Gatten für ihre Vertraute Valentine bestimmt, die sich in den jungen Mann verliebt hat. Marguerites Versuche, die beiden zusammenzubringen, geraten merkwürdig ungeschickt: Ihr Page Urbain überbringt Raoul eine Botschaft, die nicht unterzeichnet, aber mit dem Siegel der Königin versehen ist – Nevers und seine Freunde erkennen es sofort[54] (offenbar hatte Urbain keine Anweisung, den Brief unter vier Augen zu übergeben). Warum Raoul dann mit verbundenen Augen nach Chenonceaux geführt wird, ist erst recht nicht einzusehen: Im Dorf erregt seine Ankunft allgemeines Aufsehen (vgl. Urbains Rondo, § 279), die Frauen der Königin beobachten (und kommentieren), daß sie mit dem jungen Mann allein bleibt (§§ 280, 284) – was soll hier vor wem geheimgehalten werden? Und warum verschweigt (vgl. § 312) Marguerite ihm, daß seine Braut jene schöne Unbekannte ist, die er kürzlich vor einer Horde Studenten beschützt hat? Wenn Raoul sich in diese junge Frau verliebt hat, wie die Königin doch anzunehmen scheint, wäre eigentlich zu erwarten, daß er die Hand der ‚Tochter des Grafen Saint-Bris' ausschlägt!

Bedenkt man, daß Eugène Scribe, der Erfinder der *pièce bien faite*, der wohlmotivierten dramatischen Handlung, sonst jede Wirkung auf die zugehörige Ursache zurückzuführen pflegt[55], dann erscheint die skizzierte Ereignisfolge erstaunlich inkohärent. Es geht offenbar nur darum, eine romaneske Atmosphäre zu schaffen: Das Rendezvous mit einer geheimnisvollen Unbekannten ist ein Topos der galanten Literatur des 18. Jahrhunderts und gehört noch für Alexandre Dumas père zum Zeitkolorit des Ancien Régime. Als ganz der Liebe geweihte Zuflucht vor religiösen und politischen Konflikten (vgl. §§ 227/28) erinnert Marguerites Chenonceaux an das Petit Trianon Marie Antoinettes; das 16. Jahrhundert wird durch Rokoko-Frivolität überlagert, mit Urbain, der in seine Herrin verliebt ist[56] und dennoch lüsternen Blicks den badenden Hofdamen hinterherschaut (§§ 266–269), als direktem Nachfahren Cherubinos.

Nevers nennt als die wahren Götter „l'amour et le plaisir" (§ 29); für ihn und seine Freunde steht das sinnliche Vergnügen (*plaisir*) im Vordergrund, während man in Chenonceaux, wo selbst die Natur erotisiert erscheint (§§ 231–237), eher zu einer quasi sakralen Überhöhung der Liebe (*amour*) neigt. Davon abgesehen verbindet den Frauenliebling Nevers (vgl. §§ 58; 114–125) und die von Urbain wie von Raoul (§§ 289 ff.) begehrte Marguerite nicht nur ihre erotische Attraktivität: Da sie beide an religiösen Fragen völlig uninteressiert sind (vgl. §§ 20, 227), haben sie auch keinerlei Vorurteile gegen den Protestanten Raoul; Nevers will ihn zu seiner Philosophie des Genusses bekehren (§§ 27–29), während Marguerite ihm eine in jeder Beziehung vorteilhafte Heirat vorschlägt (§§ 312–314). Ihrer beider Gegenspieler ist Marcel: Raouls alter Diener ist nicht nur ein fanatischer Protestant und Katholikenhasser, er ist auch ein Asket (er trinkt nicht, § 97) und verabscheut die Frauen.[57] Er ist daher gleichermaßen entsetzt, als er Raoul mit seinen neuen Freunden tafeln sieht (§ 74) und als sein Schützling die Absicht äußert, eine Katholikin zu heiraten (§ 319).

Über keine andere Figur in den *Huguenots* ist soviel geschrieben worden wie über Marcel.[58] Sein Charakter hat sich durch die von Meyerbeer veranlaßten Änderungen am Libretto grundlegend verändert: Während Scribes Marcel seinen Haß gegen die Feinde seiner Religion bis zuletzt nicht aufgibt[59], endet er in der endgültigen Fassung als Märtyrer.[60] Die Wandlung vollzieht sich im dritten Akt, in einem von Meyerbeer komponierten, aber vor der Uraufführung gestrichenen Monolog[61] und im anschließenden Duett mit Valentine. Der Monolog verweist zurück auf Marcels Auftritt im ersten Akt: Als Raoul im vertrauten Umgang mit den katholischen Adligen sein Seelenheil aufs Spiel setzte, stimmte sein Diener den Luther-Choral *Ein feste Burg ist unser Gott* an und ließ sich durch nichts und niemanden von dem Gesang, der ein Gebet ist, ablenken (§§ 84–90). Jetzt ist Raouls Leben in Gefahr (er soll sich mit Saint-Bris duellieren); während Marcel auf ihn wartet, sucht er Trost bei Gott, aber obwohl er allein und ungestört ist, schweifen seine Gedanken ständig ab, er bringt den Choral *Ach Gott vom Himmel sieh darein* nicht zu Ende. Nachdem die Sorge um den jungen Mann, den Marcel gleichsam als seinen Sohn betrachtet, seine Gleichgültigkeit gegen alles Irdische erschüttert hat, korrigiert das folgende Duett auch seine Vorurteile Frauen gegenüber: Valentines selbstlose Liebe zu Raoul, den sie für sich verloren glaubt, veranlaßt den alten Diener, die misogyne Strophe seines Soldatenliedes (§ 109) zurückzunehmen (§ 485).[62]

Marcels Fanatismus schwindet, sobald er anderen Menschen Zuneigung und Mitgefühl entgegenzubringen vermag. Den Fanatikern protestantischer und katholischer Couleur, die im ersten Bild des dritten Aktes miteinander handgemein werden, scheinen solche Regungen fremd zu sein: Zwar ist im Lied der hugenottischen Soldaten wenn nicht von Liebe, so doch von Sexualität die Rede, gemeint ist aber nur Macht:

> Allons, mes braves calvinistes,
> A nous les filles des papistes!
> A nous richesses et butin
> Et bon vin! Et bon vin! (§ 419)

[*Auf, ihr tapferen Calvinisten, / die Töchter der Papisten gehören uns! / Für uns sind Reichtümer und Beute / und guter Wein!*]

Gewaltbereitschaft ist auf beiden Seiten vorhanden: Von Marcel aufgestachelt (§ 425), provozieren die Soldaten die Teilnehmer der katholischen Prozession (§§ 429–432), eine offene Auseinandersetzung wird durch den Auftritt der Zigeuner gerade noch einmal verhindert; wie stark die Aggressivität ist, zeigt sich, als aus dem geplanten Duell zwischen Raoul und Saint-Bris eine allgemeine Schlägerei entsteht (§§ 539 ff.). Einziger Grund für den wechselseitigen Haß ist die Religionszugehörigkeit; das unterscheidet das Volk von den Mächtigen. Als Saint-Bris die katholischen Adligen im vierten Akt für den Plan des Massenmordes zu gewinnen sucht, argumentiert er politisch: Die Protestanten seien Unruhestifter; es drohe Bürgerkrieg, also Gefahr für die Monarchie und den Staat (§§ 616/618). Zwar geht es darum, „Gott und König" zu gehorchen (§ 628), aber im folgenden beruft sich Saint-Bris nur noch auf den königlichen Befehl (§§ 633; 640). Der Streit der Konfessionen ist ihm letztlich gleichgültig, er strebt nach der Macht im Staat – und nach persönlicher Rache, denn durch seine Weigerung, Valentine zu heiraten, hat Raoul ihn schwer gekränkt.

Scribes Libretto wird strukturiert durch die Opposition Fanatismus *vs.* zweckrationales Handeln, die wesentlich mit der Opposition Volk *vs.* Aristokratie zusammenfällt; innerhalb der Aristokratie gibt es außerdem einen Gegensatz Lebensgenuß *vs.* Machtstreben.[63] In den ersten vier Akten werden die verschiedenen Möglichkeiten nacheinander vorgeführt, wobei jeweils eine Figur (bzw. das Volk als Kollektivakteur) im Zentrum steht:

Aristokratischer Lebensgenuß in den Akten I (Nevers) und II (Marguerite), jeweils mit Marcel in der Rolle des Antagonisten; der Fanatismus des Volkes in Akt III (Massenszene auf der Schreiberwiese); aristokratisches Machtstreben in Akt IV (Saint-Bris). Die Protagonisten Raoul und Valentine[64] nehmen keine klar definierte Position ein, sondern sind (stellvertretend für den Zuschauer?) konträren Einflüssen ausgesetzt. Marcel – und das begründet seine Sonderstellung – ist der einzige, der sich verändert: Indem er seinen Fanatismus überwindet, erlangt er moralische Integrität, die ihn über die Oberflächlichkeit Nevers' oder Marguerites, den bedenkenlosen Egoismus Saint-Bris' und den irrationalen Haß der Masse erhebt. So kann er im Schlußakt[65], als der katholische Mob seine Mordphantasien in die Tat umsetzt, zur Vorbild- und Vaterfigur[66] für das Protagonistenpaar werden, das durch die Grenzerfahrung der Liebe (Grand duo Nr. 24, §§ 688 ff.) Kraft gewonnen hat, im Kampf gegen die Barbarei das eigene Leben hinzugeben.

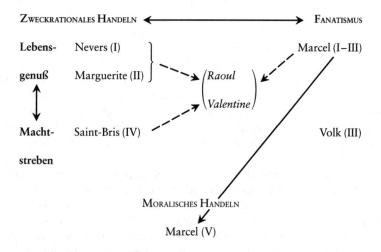

Seit Heinrich Heine[67] besteht weitgehend Übereinstimmung darüber, daß Meyerbeers Opern und Scribes Libretti einen politischen Gehalt haben; diesen eindeutig zu bestimmen, erweist sich allerdings als schwierig. In Scribes (nicht Meyerbeers!) Marcel hat man einen „revolutionären Diener" und die Verkörperung des für die Jahre nach 1830 typischen Gleichheitsstrebens sehen wollen[68], in Nevers die Personifikation des „juste milieu"[69]. Manches deutet darauf hin, daß Scribes Grand Opéra-Libretti, oder die meisten von ihnen, Etappen auf dem Weg zu einer Verarbeitung der traumatischen Erinnerungen an die Große Revolution, und besonders an die Terreur von 1793/94, darstellen, die das französische Bürgertum auch noch zwei Generationen später quälten[70] – was natürlich nicht ausschließt, daß das eine oder andere Element *auch* als aktuelle Anspielung aufgefaßt worden sein mag. In einer solchen Perspektive erscheinen Nevers und Königin Marguerite als (nicht unsympathische) Repräsentanten des Ancien Régime, der Marcel der ersten beiden Akte und das Volk auf der Schreiberwiese als Jakobiner, Saint-Bris (der den Fanatismus der Masse für seine Zwecke ausnutzt) als adliger Komplize der Revolution, eine Art Mirabeau oder La Fayette (die Gleichsetzung ist natürlich nur dann schlüssig, wenn man von einer negativen Bewertung der Revolution insgesamt ausgeht). Selbstverständlich ist eine solche Lesart ihrerseits an einen bestimmten historischen Moment gebunden; in der oben skizzierten Struktur konnten (und können) die verschiedenen Positionen auf durchaus unterschiedliche Art inhaltlich gefüllt werden.

## Giuseppe Verdis Librettisten und die Weltliteratur

Giuseppe Verdi komponierte zwischen 1839 und 1893 26 Opern[1] und arbeitete mit einem runden Dutzend Librettisten zusammen. Nur zwei frühe Textbücher – *I lombardi alla prima crociata* (1843) und *Il corsaro* (1848) – basieren auf narrativen Vorlagen, in der Regel wurden Schauspieltexte (rund zwanzigmal), selten ältere Libretti adaptiert. Gegenüber der Zeit Rossinis und Bellinis hat sich der literarische Geschmack deutlich verändert: Nur in den vierziger Jahren greifen die Textdichter noch gelegentlich auf die früher so beliebten Tragödien Voltaires (*Alzira*, Text von Salvatore Cammarano, 1845) oder auf Produkte französischer Boulevard-Autoren zurück (*Nabucco* von Temistocle Solera nach Anicet-Bourgeois und Cornue, 1842). Jetzt erobert das romantische Drama die Opernbühne: Zwischen 1828 (*Amy Robsart*) und 1838 (*Ruy Blas*) bringt Victor Hugo acht Theaterstücke zur Aufführung; die Reihe der Opernadaptationen[2] beginnt 1833 mit *Lucrezia Borgia* von Felice Romani und Donizetti, für Verdi schreibt FRANCESCO MARIA PIAVE 1844 ein Libretto nach *Hernani* und 1851 *Rigoletto* nach *Le roi s'amuse*.

Hugo und die Romantiker liefern den Librettisten nicht nur neue Stoffe; in bewußter Abgrenzung gegen die klassizistische Tragödie begründen sie eine Theaterästhetik, die dem in der librettistischen Praxis seit den Anfängen der Gattung Verwirklichten erstaunlich nahekommt.[3] Während im 17. und 18. Jahrhundert narrative Werke (z. B. die Ritterromane) oder eine nicht notwendig an konkrete Texte gebundene, aber jedenfalls narrativ zu denkende literarische Tradition (z. B. im Bereich der antiken Mythologie) als Stoffreservoir für die Librettisten wichtiger waren als die dramatische Literatur, wird jetzt das romantische Drama, als Gattung wie als Typus, zum zentralen Bezugspunkt: Der Begriff des ‚Romantischen' wird so weit gefaßt, daß die Ursprünge bis zu Shakespeare (oder über ihn hinaus) zurückreichen[4]; die unter romantischen Prämissen gelesenen Dramen des Engländers zählen dann zu den beliebtesten Opernvorlagen, während die Librettisten des 18. Jahrhunderts nur ganz vereinzelt auf seine Werke zurückgriffen.[5]

Giuseppe Verdi hat drei Libretti nach Shakespeare[6] und vier nach Friedrich Schiller[7] vertont, der zumindest im typologischen Sinn ebenfalls ein romantischer Autor ist; rechnet man neben den beiden Hugo-Adaptationen

Anmerkungen siehe S. 292.

*I due Foscari* (Text von Piave nach Byron, 1844), *Attila* (Text von Solera und Piave nach Zacharias Werner, 1846) und die drei Libretti nach spanischen Vorlagen[8] hinzu, dann geht mehr als die Hälfte der von Verdi vertonten Textbücher auf romantische Dramen zurück. Die neuen Modelle erzwingen nun aber keineswegs eine neue Dramaturgie oder formale Gestaltung der Libretti: Die Kontinuität von Rossi und Romani bis zu Piave und selbst Boito ist unübersehbar. Die Adaptation von Sprechstücken ist problemlos möglich, weil sich das Schauspiel auf das Libretto zubewegt hat, nicht umgekehrt.

Die Affinität des romantischen Dramas zum Libretto mag auch ein Grund dafür sein, daß um 1850 die Tradition der komischen Oper in Italien wie in Frankreich abbricht (von Paris ausgehend tritt dann die Operette an ihre Stelle, vgl. S. 238ff.): Ziel Victor Hugos (der hier an Überlegungen Diderots anknüpft) war ja gerade, Komödie und Tragödie in der Einheit des *drame* aufzuheben, das ganz wie im wirklichen Leben Ernstes und Heiteres, Sublimes und Groteskes nebeneinander darstellen sollte.[9] Obwohl die von Hugo bevorzugten scharfen Kontraste zwischen Komik und Pathos in den Libretto-Bearbeitungen meist gemildert werden, verliert so die Buffa als eigenständige Subgattung ihre Existenzberechtigung. Verdi schrieb, anders als Rossini oder Donizetti, nach *Un giorno di regno* (1840) keine komische Oper mehr; daß sich dieses Faktum eher mit dem Einfluß der romantischen Ästhetik als durch psychologisierende Spekulationen[10] erklären läßt, zeigt sich daran, daß der Komponist später Falstaff, also eine Figur, die Sublimes mit Groteskem verbindet, zum Protagonisten einer ‚lyrischen Komödie' wählte.

Es ist allgemein bekannt, daß Verdi (außer bei seinen allerersten Opern) stets maßgeblichen Einfluß auf die Gestaltung der Libretti nahm[11]: Häufig entwarf er selbst das Szenar und schrieb den Handlungsverlauf bis ins Detail vor; auch bei der formalen Gestaltung (Art und Zahl der Verse) war seinen Wünschen Rechnung zu tragen. Das sagt natürlich primär etwas über Verdis Selbstverständnis als Künstler (und über seine Stellung im Theaterbetrieb) aus, zugleich wird aber eine kultursoziologisch relevante Entwicklung greifbar: Während in Paris Komponist und Librettist einer neuen Oper von der Theaterdirektion engagiert werden, ergeht in Verdis Italien der Auftrag allein an den Komponisten, der dann einen Textdichter zu wählen (und später für seine Arbeit zu bezahlen) hat.[12] Offenbar wird der Anteil des Librettisten am Erfolg einer Oper inzwischen als unbedeutend eingeschätzt. Andererseits ist die Aufmerksamkeit, die Verdi allen Aspekten des Opernbuchs widmete, ein Indiz dafür, daß immer noch wesentliche kompositorische Entscheidungen im Text vorweggenommen sind. So legt der Librettist durch die Wahl einer bestimmten Versform die rhythmische Struktur der Musik mehr oder weniger fest.[13] Dadurch ist er einerseits weniger frei in der formalen Gestaltung als der Autor eines Versdramas oder eines anderen nicht zur Vertonung bestimmten Textes[14], andererseits schränkt er selbst die Freiheit des Komponisten nicht unwesentlich ein.

Hier liegt ein Problem, das im 17. und 18. Jahrhundert vermutlich deshalb nicht wahrgenommen wurde, weil die Möglichkeit individuellen Ausdrucks durch Stil- und Gattungskonventionen eingeschränkt war: Ein routinierter Librettist beherrschte nicht nur den literarischen, sondern auch den musikalischen Code und vermochte daher den Bedürfnissen und Erwartungen seines Komponisten ebenso gerecht zu werden, wie ein gebildeter Musiker die poetologischen Regeln kannte und bei der Textvertonung berücksichtigte.[15] Die Genieästhetik des späten 18. Jahrhunderts ersetzt den überindividuellen Maßstab der ästhetischen Normen durch das Postulat der Subjektivität: Die innere Wirklichkeit der Erlebnisse, Empfindungen und Gedanken wird zum Stoff, für den es die angemessene Form zu (er)finden gilt.[16] Das so definierte Kunstwerk kann aber nur Ausdruck *einer* Individualität sein; die Zusammenarbeit zweier, notwendigerweise verschiedener Individuen wird damit von vornherein prekär: Schon Mozart betrachtete ihr Gelingen als seltene Ausnahme.[17]

Ein möglicher Ausweg aus dem Dilemma wäre, daß der Librettist sich dem Komponisten gänzlich unterordnete; nicht nur die Oper, auch das Libretto würde dadurch in der Tat zum Ausdruck *einer* Individualität, nämlich derjenigen des Musikers, der die Rolle des Dichters zumindest partiell usurpierte. Trotz bedeutender Unterschiede, die sowohl durch nationale und lokale Operntraditionen wie auch durch Persönlichkeit und Prestige einzelner Künstler bedingt sind, wird man sagen können, daß massive Einflußnahme des Komponisten auf den Operntext etwa seit der Mitte des 19. Jahrhunderts die Regel ist; die These, in einer Oper sei der Komponist der Dramatiker[18], trifft z. B. auf Giuseppe Verdi insofern zu, als man ihn mit Fug und Recht als den eigentlichen Urheber der von ihm vertonten Libretti betrachten darf. Die zentrale Bedeutung des *Librettos* innerhalb der plurimedialen Kunstform Oper bleibt von einer Degradierung des *Librettisten* zum Erfüllungsgehilfen des Komponisten selbstverständlich unberührt.

Freilich sind nur wenige Komponisten zugleich dramatische Dichter; so erklärt sich die Vorliebe für Stoffvorlagen wie die Dramen Victor Hugos, deren opernnahe Dramaturgie nur verhältnismäßig geringfügige Änderungen nötig macht.[19] Giuseppe Verdi schrieb begeistert an Piave, bei einer Adaptation von *Le roi s'amuse* könne wie bei *Ernani* überhaupt nichts schiefgehen[20]; in der Tat konnte der Handlungsverlauf des Schauspiels fast unverändert bleiben.[21] Der einzige gravierende Eingriff wurde von der Zensurbehörde veranlaßt: Zu Beginn des zweiten Aktes durfte der Herzog Gilda nicht in sein Schlafzimmer verfolgen.[22]

In Victor Hugos Dramaturgie der „szenisch erschlossenen Konstellation"[23] stellen die einzelnen Akte in sich geschlossene Einheiten dar[24], die kontrastierend gegeneinandergesetzt werden: So zeigt der erste Akt von *Le roi s'amuse* Triboulet in seiner öffentlichen Rolle am Hof des Königs, während der zweite Akt sein Privatleben (die Beziehung zu Gilda) beleuchtet. Das Drama wird dadurch zu einer Folge weitgehend statischer Bilder[25]; statt nun aber den lyrischen Grundzug in Hugos Gesamtwerk oder sein „nahezu ausschließlich optisches Verständnis des Theaters" als ‚undramatisch' zu tadeln[26], sollte man die diskontinuierliche Zeitgestaltung seiner Dramen aus der Opposition zur aristotelischen Tragödie und der Analogie zur Dramaturgie des Librettos zu verstehen suchen.[27]

Freilich dürfte Hugo eher als vom Libretto selbst von der (ihrerseits opernähnlichen[28]) Gattung des Melodrams beeinflußt sein, von der sich das romantische Drama nun allerdings in zweifacher Hinsicht unterscheidet: Zum einen ersetzt Hugo die moralische Antithese von Gut und Böse durch den Gegensatz zwischen den ästhetischen Kategorien Schön (Sublim) und Häßlich (Grotesk), zum anderen verlagert er den Konflikt, der im populären Melodram zwischen den verschiedenen Figuren ausgetragen wird, ins Innere seiner Protagonisten – die sublime Vaterliebe des grotesken Narren Triboulet[29] ist ein schlagendes Beispiel dafür. Im Extremfall löst sich der Charakter einer Figur in eine komplexe Vielfalt unterschiedlicher, ja widersprüchlicher Empfindungen und Stimmungen auf[30]; solche innere Zerrissenheit aber ist einerseits ein markanter Wesenszug vieler Opernfiguren seit dem 17. Jahrhundert und stimmt andererseits sehr viel besser als monolithische Zielstrebigkeit zu den psychologischen Vorstellungen, die Kunst und Wissenschaft im Verlauf des 19. Jahrhunderts entwickeln.

Die Figur des Herzogs in *Rigoletto* gilt als Beispiel dafür, daß sich die Tendenz, einen Charakter auf eine inkohärente Folge flüchtiger Befindlichkeiten zu reduzieren, in einer Opernadaptation fast notwendigerweise verstärkt: Sein Vorbild François Ier ist ein zynischer Verführer, der bei den Frauen, auch bei Blanche (Piaves Gilda), nur sein Vergnügen sucht. Der Herzog dagegen scheint zumindest in der Arie „Parmi veder le lagrime" (II 1) ein tieferes Gefühl für Rigolettos Tochter zum Ausdruck zu bringen, was ihn freilich nicht daran hindert, im Schlußakt voll Inbrunst um Maddalena zu werben.[31] Nun ist Piave, wie schon vorher in *Ernani*, durchgehend bemüht, das unvermittelte Nebeneinander von Komik und Pathos in Hugos Drama in eine einheitlichere Stimmung zu überführen[32], vermutlich deshalb, weil sich die stilistische Heterogenität der Vorlage mit den musikalischen Mitteln des Ottocento nicht hätte darstellen lassen.[33] Beim Rendezvous des Herzogs mit Gilda (I 12) fehlt folglich die habgierige Dame Bérarde, die sich bei Hugo (II 4) von dem hinter einem Baum versteckten König für jede Schmeichelei bezahlen läßt, mit der sie Blanche für ihn einzunehmen sucht[34]; und vor allem enthüllt der Herzog im Liebesduett[35] seine Falschheit nicht selbst durch ein beiseitegesprochenes „Elle est prise!"[36]. Andererseits scheint es auffällig, daß der Herzog seine Gefühle für Gilda in der konventionellen Form einer zweiteiligen Arie[37] zum Ausdruck bringt, obwohl sich Librettist und Komponist in *Rigoletto* von den Zwängen, die sich aus der strengen Hierarchie innerhalb der ‚Compagnia di canto' ergeben[38], schon weitgehend freigemacht haben.[39] Daß sie gerade hier dem alten Schema folgen, mag als Indiz dafür zu werten sein, daß die Leidenschaft des Herzogs, obwohl aufrichtig (daß er Gilda in dem Augenblick am meisten liebt, da er glaubt, sie verloren zu haben, ist psychologisch stimmig[40]), nicht von Dauer sein kann; in diesem Fall wäre der Unterschied zwischen François I$^{er}$ und dem Herzog kaum der Rede wert.

In Victor Hugos Dramen führt die Sprache ein Eigenleben: Einerseits verselbständigen sich handlungsrelevante Reden zu epischen (das heißt statischen) Monologen wie den 88 Alexandrinern Saint-Valliers (I 5)[41]; andererseits ist den Figuren jede Gelegenheit recht, ihren Witz und ihre Schlagfertigkeit unter Beweis zu stellen. So gibt die angebliche Maîtresse Triboulets den Hofleuten Anlaß zu 38 Versen lebhafter Wechselrede (I 3 V. 111–148); Piave reduziert die Passage auf acht Verse (I 4), ohne daß irgend etwas an Information verlorenginge. In Hugos Wortkaskaden kommt das Geschehen zum Stillstand, ähnlich wie in den Arien und Ensembles der Nummernoper.

Allerdings läßt sich die ‚Nummernfolge' des Dramas[42] nicht ohne weiteres in die Oper übertragen: So konnte Saint-Valliers großer Monolog nicht zu einer Arie werden, denn eine solche Nummer hätte den Rahmen der Ensemble-Szene (*Rigoletto* I 6) gesprengt und wäre im übrigen mit der Stellung der hier Monterone genannten Figur in der Rollenhierarchie unvereinbar gewesen. Andererseits entwickelt Piave aus anderthalb Versen Hugos (II 5 V. 765/66) Gildas Arie „Caro nome che il mio cor" (I 13). Die großen Tiraden Triboulets haben sämtlich eine Entsprechung im Libretto (vgl. *Le roi s'amuse* II 2 mit *Rigoletto* I 8; *Le roi* III 3 mit *Rig.* II 4; *Le roi* V 3 mit *Rig.* III 9); für den Herzog dagegen wurden drei Solonummern (*Rigoletto* I 1; II 1/2; III 2) neu eingeführt, obwohl François I$^{er}$ bei Hugo keinen einzigen größeren Monolog hat.

Der Sinn des Librettos (wie des Dramas) erschließt sich über ein komplexes Gefüge paradigmatischer Beziehungen: Das erste Bild stellt der Arroganz des Herzogs und seines Günstlings Rigoletto den ohnmächtigen Zorn Monterones (und der Hofleute) gegenüber.[43] Der Hofnarr hat einerseits Anteil an den Ausschweifungen seines Herrn, andererseits ist er absolut unfrei, da den Launen des Herzogs unterworfen, während dieser selbst absolut frei ist (vgl. I 8). Nun ist Rigoletto, das wird im zweiten Bild deutlich, nicht nur Hofnarr, sondern auch Vater; seine Tochter Gilda verkörpert die natürliche Aufrichtigkeit spontanen Gefühls, die mit der dekadenten Sphäre des Hofes (des Herzogs) kontrastiert.[44] Das private Glück Rigolettos wird dadurch zerstört, daß erst der Herzog, dann die Hofleute in den Bereich familiärer Intimität eindringen, den er sich bisher zu bewahren vermochte. Am Ende des ersten Aktes entsteht eine neue Opposition: Der Herzog und die Hofleute, die ihm Gilda zuführen, stehen Rigoletto gegenüber, der sich seinerseits (II 7) mit Monterone solidarisiert.

Während Monterone im Namen der Gerechtigkeit gegen das vom Herzog begangene Unrecht protestiert (vgl. 16), steht Rigolettos Rache im Zeichen des Gegensatzes zwischen Macht und Ohnmacht: Obwohl er nichts und der Herzog alles vermag, unternimmt er es, seinen Herrn zu vernichten. Daher sein Stolz, als er sich am Ziel glaubt:

> Ora mi guarda o mondo ...
> Quest'è un buffone, ed un potente è questo! ...⁴⁵ (III 9)
> [*Jetzt schau mich an, Welt ... / Das hier ist ein Narr, und das da ein Mächtiger!*]

Rigoletto setzt Unrecht (Mord) gegen Unrecht. Der Machtlose, der dem Repräsentanten der Staatsgewalt nach dem Leben trachtet, muß sich mit der illegitimen Macht, mit dem Berufsverbrecher Sparafucile, verbünden. Durch sein Handeln stellt sich der Hofnarr nun aber auch in Gegensatz zu Gilda, die ihrerseits die erfahrene Kränkung verzeiht und bereit ist, für den Verführer ihr eigenes Leben zu opfern.⁴⁶ Der erste Akt der Oper war von der Opposition Rigoletto – Monterone, der zweite von der Opposition Rigoletto – Duca bestimmt; im letzten Akt verursacht die Opposition Rigoletto – Gilda die finale Katastrophe.

Obwohl die jeweils unterschiedlichen Stoffvorlagen zu manchen Kompromissen nötigen, bestimmt die Dramaturgie des romantischen Dramas Verdis Operntexte bis zuletzt, wie sich an der Adaptation von Shakespeares *Othello* zeigen läßt.

Der Textdichter ARRIGO BOITO⁴⁷ (1842–1918) war den Librettisten, mit denen Verdi früher zusammengearbeitet hatte, an künstlerischem Prestige deutlich überlegen: Als ein Wortführer der Scapigliatura, der Mailänder Avantgarde der sechziger Jahre, als Dichter, Theoretiker, Autor (*La Gioconda* für Ponchielli⁴⁸, 1876) und Übersetzer von Libretti, aber auch als Komponist der (in der zweiten Fassung von 1875) erfolgreichen Oper *Mefistofele* spielte er im kulturellen Leben Italiens eine bedeutende Rolle. Boitos künstlerische Vorlieben prägen vor allem die Oberflächenstruktur des *Otello*-Textes, der sich durch seinen lexikalischen Reichtum (viele Archaismen) und vor allem durch metrische Vielfalt aus der zeitgenössischen Libretto-Produktion heraushebt.⁴⁹

Boitos Dramaturgie ist vom dualistischen Prinzip bestimmt; wie Victor Hugo reduziert er die Vielfalt der Erscheinungen auf Antithesen wie Gut und Böse, Licht und Schatten, Geist und Materie und gibt sich dadurch als Erbe der Romantik zu erkennen.⁵⁰ Verdis Entwicklung als Komponist ist (wie die Operngeschichte im 19. Jahrhundert allgemein) bekanntlich gerade dadurch gekennzeichnet, daß er Gegensätze wie zwischen Rezitativ und Arie oder Cantabile und Cabaletta immer mehr einebnet; seine fruchtbare Zusammenarbeit mit Boito zeigt, daß musikalische und dramaturgische Prinzipien keineswegs identisch sein müssen. Der Dichter ist weniger am Besonderen als am Allgemeinen, Typischen interessiert; Shakespeares *Othello* – für G. B. Shaw „a play written by Shakespeare in the style of Italian opera"[51] – kam ihm zweifellos entgegen.[52]

Schon in Shakespeares Tragödie steht Othello zwischen Desdemona, die er liebt, und Iago, unter dessen Einfluß er mehr und mehr gerät; die untadelige Desdemona ist eine positive, der intrigante Iago eine negative Figur. Boitos Desdemona dagegen ist nicht nur gut, sie ist die Güte selbst[53]; folglich wird Jago, der Widerpart dieses Engels, zu einem Teufel.

Da Shakespeares erster Akt[54] im Libretto keine Entsprechung hat, tritt Desdemona hier nicht als selbstbewußte, leidenschaftliche Frau auf, die sich vor dem versammelten Senat der Republik Venedig zu ihrer Liebe bekennt (und Otello lernt nicht die Verachtung ihres Vaters Brabantio kennen, der sich weigert, eine Heirat seiner Tochter mit dem Mohren auch nur für denkbar zu halten; durch diese Demütigung ist die Unsicherheit des Außenseiters, und damit seine Bereitschaft, Iago Glauben zu schenken, bei Shakespeare stärker motiviert[55]). Statt dessen wird der zweite Akt des Librettos um die Apotheose[56] der Reinheit Desdemonas erweitert: Ein Chor zypriotischer Matrosen, Frauen und Kinder überreicht ihr Lilien (Symbol der Jungfräulichkeit) und Rosen und vergleicht sie mit einem Heiligenbild und einem „keuschen Altar" (II 3). Die zirkuläre Struktur (eine Strophe [acht Sechssilber] aller, dann drei Strophen der Kinder, der Matrosen und der Frauen [jeweils acht Fünfsilber] mit Refrain [vier Sechssilber], dann Wiederholung der Eingangsstrophe) isoliert diese Szene zu einem Bild der Unschuld[57], Desdemona wird der Madonna gleich.

Bei Shakespeare hat Iago subjektiv gute Gründe, Othello zu hassen: Der Mohr hat nicht ihn, sondern Cassio zu seinem Leutnant gemacht (I 1); und Iago glaubt (ohne sich freilich ganz sicher zu sein), Othello wäre der Liebhaber seiner Frau gewesen (I 3, V. 384–386; II 1, V. 289–294). Außerdem hat der hoffnungslos in Desdemona verliebte Rodrigo Iago viel Geld dafür bezahlt, daß der ihm Brabantios Tochter zuführe (I 1, V. 2/3; IV 2 V. 174 ff.); als der Geprellte ungeduldig wird, muß Iago ihn unschädlich machen. Sein Verhalten ist skrupellos, aber zielgerichtet: Er verleumdet Cassio, um ihn als Leutnant abzulösen, was ihm auch gelingt (III 3 V. 485); er zerstört Othellos Glück mit Desdemona, um Rache für den Ehebruch zu nehmen; er ersticht Rodrigo (V 1), weil der ihm gefährlich werden könnte.

Der Jago der Oper haßt Otello anscheinend nur deshalb, weil der ihm Cassio vorgezogen hat (vgl. I 1); am Ende des ersten Aktes aber hat er alle Chancen, die erwünschte Beförderung doch noch zu erreichen: Er hat Cassio betrunken gemacht, der hat daraufhin Streit angefangen und ist degradiert worden; außerdem hat Jago dem ehemaligen Gouverneur Montano (der von Cassio verletzt worden ist) eingeredet, Hauptmann Cassio tränke ständig zuviel. Mit Montanos Hilfe sollte es für Jago, den Otello ja durchaus schätzt, ein leichtes sein, Cassios Posten zu erhalten. Vielleicht würde Desdemona für Cassio bitten, aber daß Otello ihr in diesem Fall Gehör schenkt, ist eher unwahrscheinlich. Jagos Intrige hat ihren Grund einzig in der nihilistischen Weltanschauung, die in seinem Credo[58] zum Ausdruck kommt: „Sono scellerato / Perché son uomo" (*Ich bin böse, / weil ich Mensch bin*, II 2).

Ursprünglich sollte Verdis Oper *Jago* heißen[59]; das wäre eine unglückliche Entscheidung gewesen, denn Jago ist weniger an sich denn als Komplementärfigur zu Desdemona wichtig, was freilich dadurch, daß beide nicht nur den Gegensatz von Böse *vs.* Gut, sondern auch den von Aktiv *vs.* Passiv verkörpern, verdeckt wird. In Jago und Desdemona isoliert Boito ganz im Sinne des romantischen Dramas *ira* (Zorn)[60] und *amore*, die dunkle und die helle Seite der menschlichen Natur, die in Otellos Charakter miteinander im Streit liegen. Das verdeutlicht der erste Akt durch den wiederholten, abrupten Wechsel zwischen Aufruhr und Frieden: Mit der venezianischen Flotte kämpft Otello gegen das Toben der Elemente und gelangt zuletzt sicher in den ruhigen Hafen (I 1); die Harmonie der Siegesfeier wird plötzlich durch Cassios Angriff auf Montano unterbrochen. Otellos Auftritt stellt ebenso plötzlich die äußere Ruhe wieder her (I 2), aber sein Zorn über die Disziplinlosigkeit wird erst durch Desdemona besänftigt:

> OTELLO. (...) Tuoni la guerra e s'inabissi il mondo
> Se dopo l'ira immensa
> Vien quest' immenso amor! (I 3)

[*Der Krieg mag toben und die Welt untergehen, / wenn nach dem unendlichen Zorn / diese unendliche Liebe kommt!*]

Das Duett Otellos mit Desdemona hat keine Entsprechung bei Shakespeare[61]; für einen Augenblick vollkommener Harmonie, in dem das tragische Ende freilich bereits gegenwärtig ist[62], steht die Zeit still. Die erste Hälfte des Duetts ist antithetisch strukturiert: Die Wechselrede des Paares evoziert Otellos vergangene Leiden (*tormenti, mesti sospiri, l'esule (s)ua vita, spasimi sofferti, dello schiavo il duol* [„Qualen, traurige Seufzer, (s)ein Leben in Verbannung, ertragene Leiden, der Schmerz des Sklaven"] etc.) und das gegenwärtige Glück (*soavi abbracciamenti, la gloria, Il paradiso* [„süße Umarmungen, der Ruhm, das Paradies"], etc.).

In Desdemonas Liebe findet Otello den Sinn seines eigenen Lebens und der menschlichen Existenz überhaupt. Die Enttäuschung über ihre scheinbare Untreue zerstört alle seine Ideale. Es ist bezeichnend, daß er daraufhin nicht der Liebe, sondern seinem militärischen Ruhm eine Absage erteilt (II 5); der verzweifelte Otello wäre durchaus geneigt, sich mit Jagos nihilistischer Weltsicht zu identifizieren.

Mit dem Liebesduett des ersten Aktes korrespondiert das Concertato nach der Ankunft der Gesandtschaft aus Venedig (III 8)[63]: Während im Duett das höchste Glück der Liebenden die Zeit transzendiert, erzwingt jetzt Otellos Brutalität, sichtbarer Ausdruck der zerstörten Harmonie, die Erstarrung zum lebenden Bild.[64] Otello ist Jago gleich geworden; folgerichtig triumphiert der Intrigant in der unmittelbar folgenden Szene über sein Opfer.[65] Der Mord an Desdemona bestätigt nur, daß die dunkle Seite in Otello endgültig die Oberhand gewonnen hat. Wie im Liebesduett, freilich unter umgekehrten Vorzeichen, kommen die beiden einander noch einmal ganz nahe. Indem er Figuren zu Ideenträgern macht und durch den Kontrast zweier Szenen gedanklichen Gehalt vermittelt, schließt Boito unmittelbar an die Dramaturgie der Romantiker an und folgt zugleich Prinzipien, die seit den Anfängen der Gattung Libretto Gültigkeit haben.

# Richard Wagner als Librettist

Daß Richard Wagner in bewußter Abgrenzung gegen die Oper das ‚Musikdrama'[1] geschaffen habe, dessen Neuheit wesentlich im Verhältnis von Text, Musik und Bühnengeschehen[2] begründet liege, ist ein Gemeinplatz (nicht nur) der populären Wagner-Literatur. Eine Analyse, die sich allein auf den Text beschränkt, ist daher als Grundlage für eine umfassende ästhetische Bewertung von Wagners Werk untauglich; will man dagegen seine Stellung in der Geschichte der Librettistik, sein Verhältnis zur literarischen Tradition und die Bedeutung seiner Konzeption für die spätere Zeit bestimmen – und eben darum geht es in diesem Kapitel –, dann ist die isolierte Betrachtung des Beitrags, den Wagner zu Theorie und Praxis der Operndichtung geleistet hat, nicht nur statthaft, sondern aus Gründen der Vergleichbarkeit sogar geboten.

In seinen frühen Werken[3], von den *Feen* (komponiert 1833) bis zum *Lohengrin* (1850), schließt Wagner an den französischen Grand Opéra als die zu seiner Zeit avancierteste und zugleich traditionsgebundene Form des Musiktheaters an: Noch im *Lohengrin* unterscheidet er deutlich zwischen musikalischem Dialog und statischer ‚Nummer'[4], die freilich (ähnlich wie bei Meyerbeer) in die übergreifende Einheit des Bildes integriert erscheint.

Der erste Akt zeigt zunächst (I 1[5]) König Heinrich vor den Brabantern. Die militärisch-politische Lage wird in reimlosen Versen erörtert, die sich wohl sämtlich als Vierheber lesen lassen; durch die sehr freie Füllung der Senkung wirken sie freilich wie Prosa, und in der Vertonung, die die Versakzente häufig mißachtet, verstärkt sich dieser Eindruck noch. Am Ende der Szene geloben der König und das Kriegsvolk, Gerechtigkeit zu üben; dem rituellen Charakter entsprechend sind diese Verse (und die Replik des Heerrufers) durch Paarreim gebunden, und es ergibt sich ein regelmäßiger jambischer Rhythmus. Den Auftritt Elsas (I 2) kommentiert der Chor in einem kollektiven Aparte; die vier Verse sind durch Kreuzreim verbunden, der alternierende Rhythmus allerdings wird im zweiten Vers empfindlich gestört:

    DIE MÄNNER. Seht hín! Sie náht, die hárt Beklágte!
        Há! wie erschéint sie so lícht und réin!
        Der síe so schwér zu zéihen wágte,
        wie sícher múß der Schúld er séin!

Der Vierzeiler (es folgt das Verhör Elsas durch den König in sehr freien Vierhebern, die vor allem durch fünffaches Enjambement kaum noch als Verse zu erkennen sind) wird durch den Reim zu einer Einheit, die nach der Geschlossenheit der mu-

Anmerkungen siehe S. 296.

sikalischen Form verlangt. Über diese Vorgabe des Librettisten Wagner aber setzt sich der Komponist hinweg: Das Orchester hat die Melodie (die Kantilene der Holzbläser begleitet den Auftritt Elsas), während der Chor den ersten, dritten und vierten Vers quasi spricht. Nur dem Ausruf des zweiten Verses ist so etwas wie eine Vokallinie zugeordnet; Voraussetzung dafür ist natürlich der Rhythmuswechsel.

Nachdem Elsa auf die Fragen des Königs zunächst nur mit stummem Nicken und dem rätselhaften Ausruf „Mein armer Bruder!" geantwortet hat, beginnt sie (für alle Anwesenden überraschend) ihre Traumerzählung. Die Verwendung dreihebiger Verse isoliert die beiden Strophen gegen alles Vorangehende und Folgende (auch die Einwürfe Heinrichs und des Chores sind vierhebig zu messen); sie bestehen jeweils aus drei Vierzeilern mit Kreuzreim, trotz einiger Unregelmäßigkeiten (vgl. den daktylischen Beginn des ersten Verses „Einsam in trüben Tágen") herrscht jambischer Rhythmus vor. Es handelt sich eindeutig um eine Arie (mit Chor), die zudem einen weitverbreiteten librettistischen Topos aufgreift; die Einbettung einer solchen ‚Nummer' in das Eingangstableau entspricht gängiger Praxis des Grand Opéra.

Der Respekt des frühen Wagner vor der Opernkonvention zeigt sich in jeder Szene des *Lohengrin*-Librettos. Ungewöhnlich ist in dieser Phase eigentlich nur, daß er seine Texte selbst schreibt, und damit zieht er eine zwar radikale, aber naheliegende Konsequenz aus der immer wieder erhobenen Forderung, Musiker und Dichter sollten möglichst eng zusammenarbeiten.[6] Seine Stoffe findet er, wie Carl Maria von Weber oder Heinrich Marschner, in (durch die Hochliteratur vermittelten) Volkssagen (*Der fliegende Holländer*, 1843) oder, wie die Komponisten des Grand Opéra, in der Geschichte (*Rienzi*, 1842). Daß er damit die Grenzen des Gewohnten nicht überschritt, zeigt sich schon daran, daß die Direktion der Pariser Oper ihm den *Holländer*-Entwurf abkaufte; Paul Foucher und Henri Révoil arbeiteten ihn zu einem Libretto aus, das Louis Dietsch komponierte, als Chordirektor ein Insider des Pariser Opernbetriebs.[7]

Die radikale Umorientierung Wagners wird (außer in Entwürfen zu erst später ausgearbeiteten Textbüchern) zuerst in theoretischen Schriften wie *Das Kunstwerk der Zukunft* (1849) und vor allem *Oper und Drama* (1851) faßbar.[8]

Der geschichtliche Abriß des ersten Teils übergeht den *stile recitativo* und die Anfänge der Oper in Florenz; als „musikalische Grundlage" der Gattung bezeichnet Wagner die Arie, die ihrerseits als Weiterentwicklung des Volkslieds erklärt wird.[9] Das ist historisch ebenso falsch, wie es sich theoretisch als fruchtbar erweist: Wagner betrachtet die Oper als Konglomerat aus einzelnen „Tonstücken" (Nummern), die zwar jeweils „eine in sich zusammenhängende Form"[10] haben, sich aber nicht zu „eine(r) einheitliche(n) Form für das ganze Kunstwerk"[11] zusammenfügen. Dagegen begreift er das ‚musikalische Drama' als „ein organisches Seiendes und Werdendes"[12], dessen Teile wie die Glieder des menschlichen Leibes[13] im Dienst eines übergeordneten Willens zusammenwirken.

Der Musiker Wagner denkt, so scheint es, primär musikalisch: Die statischen geschlossenen Formen sollen in die Dynamik eines linearen musikalischen Diskurses überführt werden; die kompositionstechnischen Voraussetzungen dafür schienen durch die deutsche symphonische Tradition, besonders durch Beethoven, geschaffen.[14] Worum es geht, zeigt auch die Polemik gegen den regelmäßigen, speziell jambischen, Versrhythmus[15]: Der einzelne Vers ist einerseits Teil eines größeren Ganzen (eines syntaktischen Gefüges bzw. einer Replik); er ist andererseits aber auch eine durch die Zahl der Hebungen bzw. Silben bestimmte Einheit und läßt sich als solche im Kontext isolieren. In der von Wagner geforderten „musikalischen Prosa"[16] gewinnt die Ganzheit (das Syntagma) ein klares Übergewicht gegenüber den Teilen (dem Paradigma); Prosa läßt sich unterhalb der Ebene der Repliken nur syntaktisch gliedern, und die Sätze werden wegen ihrer unterschiedlichen Länge und rhythmischen Struktur kaum als Elemente eines Paradigmas wahrgenommen. Nun hält Wagner aber in seinen Libretti an der Versform fest, lediglich der alternierende Rhythmus wird (weitgehend) vermieden; diese Flexibilisierung ändert nichts daran, daß es sich (wie spätestens beim lauten Lesen deutlich wird) immer noch um gebundene Sprache handelt. Während sich die Textgestalt also nicht grundlegend verändert, wird die musikalische Deklamation durch Wagners ‚Sprechgesang' in der Tat radikal erneuert. Interferenzen zwischen der musikalischen Gestaltung und Wagners Verskunst sollen im übrigen keineswegs ausgeschlossen werden; sie wären aber nur durch eine breitangelegte metrisch-stilistische Untersuchung nachweisbar.

Freilich hat Wagner die Forderung nach organischer Einheit auch für die Handlung des musikalischen Dramas erhoben. Was darunter zu verstehen ist, zeigt das Beispiel, an dem der Komponist in *Oper und Drama* sein Verdikt über Meyerbeer („Wirkung ohne Ursache") illustriert[17]: In *Le Prophète* (1849) geht bekanntlich am Ende des dritten Aktes, als Jean de Leyde das zweifelnde Volk zum Angriff auf Münster begeistert, die Sonne auf. Wagner nimmt Anstoß daran, daß jener Jean de Leyde kein „glorreicher Volksheld" ist, sondern ein „armer Teufel, der aus Schwachheit die Rolle eines Betrügers übernommen hat". Er gesteht Librettist und Komponist wohl das Recht zu, einen verblendeten „unglücklichen jungen Menschen" zum Protagonisten einer Oper zu machen; in diesem Fall scheint es ihm aber nötig, nach der „Bedeutung des Sonneneffektes" zu fragen. Die einzige Antwort, die er selbst für möglich hält, ist natürlich keine: „Das ist ganz nach der Natur gezeichnet; warum soll nicht frühmorgens die Sonne aufgehen?" Zumindest zwei bessere Erklärungen drängen sich auf Anhieb auf: Entweder ist Jean ein romantisch zerrissener Charakter, der sich an seinen eigenen Worten berauscht und darüber die Zweifel an der Richtigkeit seines Handelns vergißt; oder er ist ein Demagoge, der andere von Dingen zu überzeugen versteht, an die er selbst nicht (mehr) glaubt. Die zweite Deutung würde hervorragend zu Eugène Scribes negativer Einstellung gegenüber allen revolutionären Umtrieben passen[18]; daß Wagner sie anderthalb Jahre nach den

Dresdner Mai-Unruhen nicht in Erwägung ziehen wollte oder konnte, ist von daher leicht zu verstehen.[19]

Als in sich widersprüchliche Figur hätte Jean de Leyde illustre Vorgänger unter den Protagonisten des romantischen Dramas; daß sich Eugène Scribe, der konservative Académicien, in seinen Grand-Opéra-Libretti dem Theater Victor Hugos und seiner Mitstreiter annäherte, konnte Wagner, der zwischen 1839 und 1842 die Entwicklung der französischen Literatur aus der Nähe beobachtet hatte, kaum verborgen geblieben sein. Er erwähnt diesen Bezug jedoch mit keinem Wort, sondern stellt die „oft interessant entworfene(n), jedenfalls mit viel natürlichem Geschick ausgeführte(n), dramatische(n) Dichtungen", die Scribe für „andere Opernkomponisten" schrieb, „de(m) ungesündesten Schwulst, de(m) verkrüppelsten Galimathias, Aktionen ohne Handlung, Situationen von der unsinnigsten Verwirrung, Charakter von der lächerlichsten Fratzenhaftigkeit"[20] gegenüber, die sich in den Texten für Meyerbeer fänden.

Wagners eigenen Libretti und den Dramen Hugos ist die zentrale Bedeutung der Erlösungsthematik gemeinsam[21]; und in einem Text wie dem *Fliegenden Holländer* (1843) kann man die Entfaltung eines Systems von Oppositionen erkennen, wie sie für Hugos Dramaturgie charakteristisch ist: Senta und der Holländer stehen als Außenseiter der bürgerlichen Welt (mit Daland an der Spitze) gegenüber, aber während Senta das Leben repräsentiert, steht der Holländer für den Tod.[22] Hier wird nun ein wesentlicher Unterschied deutlich: Wagner verkörpert die fundamentalen Antithesen in verschiedenen Figuren, wie es im populären Melodram üblich war, während Victor Hugo die Konflikte in der Seele seiner Protagonisten lokalisiert.[23] Die Unterschiede zwischen Richard Wagner und Operndichtern wie Scribe, die romantische Einflüsse aufnehmen, betreffen weniger die Dramaturgie als das Menschenbild[24]; ein Vergleich zwischen Scribes Jean de Leyde und Wagners „hochbegeistertem Helden"[25] dürfte deutlich machen, welche Konzeption die modernere ist – wie andererseits kein Zweifel daran bestehen kann, daß die Psychologie von Wagners Opernfiguren ungleich komplexer ist als seine Theorien.

Gegen die Auseinandersetzung mit der gesellschaftlichen Wirklichkeit in der Großen Historischen Oper Frankreichs postuliert Wagner „einen reinmenschlichen, gefühlsnotwendigen" Inhalt des musikalischen Dramas, aus dem „alles von außen her Entstellende, pragmatisch Historische, Staatliche und dogmatisch Religiöse" auszuscheiden sei.[26] Während Scribe und die französischen Romantiker wissen, daß sie die Komplexität der modernen (großstädtischen[27]) Realität allenfalls bruchstückhaft wiedergeben können, beschwört Wagner die demiurgischen Fähigkeiten des Dichters als einheitsstiftende Instanz: Die Verdichtung der Handlungsmotive mache es ihm möglich, „die unermeßlichsten Zusammenhänge in allerverständlichster Einheit darzustellen"[28]. Die Handlung des so verstandenen Dramas kann nur aus den „einfachsten Beziehungen" hervorgehen[29];

die Stoffe sind folglich nicht der Historie, sondern dem Mythos zu entlehnen.[30]

CLAUDE LÉVI-STRAUSS hat gezeigt, daß hinter der syntagmatischen Oberflächenstruktur des Mythos (der erzählten Geschichte) eine paradigmatische Tiefenstruktur, ein System bedeutungstragender Äquivalenzen und Oppositionen, steht[31]; Richard Wagner aber gilt ihm ‚unbestreitbar als der Vater der strukturalen Mythenanalyse'[32], weil er durch die Verwendung musikalischer Leitmotive[33] ein dem mythischen Denken analoges Verfahren der Sinnkonstitution geschaffen habe. (Am Rande sei vermerkt, daß LÉVI-STRAUSS' Auffassung des Mythos als *bricolage*, als Zusammen‚basteln' von Versatzstücken, mit Wagners ganzheitlicher Konzeption des Kunstwerks schlechterdings unvereinbar ist.) Indem die Leitmotive an Vergangenes erinnern oder Kommendes ahnen lassen[34], heben sie Vergangenheit, Gegenwart und Zukunft in simultaner Zeitlosigkeit auf; aus der Opposition zwischen linearer Erzählung und atemporaler Sinnstruktur aber resultiert notwendigerweise die zeitliche Diskontinuität der dramatischen Handlung.

Am Text von *Tristan und Isolde* lassen sich die Grundzüge der Dramaturgie Wagners veranschaulichen. Die Geschichte von Tristans Ehebruch mit der Frau seines königlichen Onkels, wie sie in zahlreichen mittelalterlichen Dichtungen und speziell im Roman Gottfrieds von Straßburg überliefert ist, setzt sich aus einer Reihe weitgehend selbständiger, wenn auch steigernd angeordneter[35] Einzelepisoden zusammen. Wagners Libretto reduziert die komplexe Ereignisfoge auf drei Momente: den Beginn der Liebe (Akt I: der Trank); den Augenblick beispielhafter Erfüllung (II); die endgültige Vereinigung der Liebenden im Tod (III).[36]

Den drei Momenten sind drei Schauplätze zugeordnet; der Beginn des ersten Aktes signalisiert räumliche Ambivalenz:

STIMME EINES JUNGEN SEEMANNS. Westwärts
    schweift der Blick;
ostwärts
    streicht das Schiff. (I 1)[37]

Nach erfolgreicher Brautwerbung segelt Tristan mit Isolde heim zu Marke, aber obwohl die Küste Cornwalls schon zu sehen ist, denkt Isolde immer noch über das nach, was in Irland („westwärts") geschehen ist. Erst im zweiten Akt ist sie „ostwärts" angekommen, im Reich des Königs, den sie nicht zu lieben vermag; ihre Wünsche könnten nur „südwärts" Erfüllung finden, in der Bretagne (der Heimat Tristans), wo der Schlußakt spielt.

Zu Beginn scheint Isolde Tristan zu hassen. Hinreichende Gründe dafür liegen in der Vergangenheit (vgl. I 3): Tristan hat ihren Verlobten Morhold erschlagen; als er verwundet, unter falschem Namen, nach Irland kam, hat sie ihn gepflegt, zum Dank dafür hat er sie gezwungen, in eine erniedrigende Heirat einzuwilligen[38], das heißt, er hat ihrer gesellschaftlichen Stellung Schaden zugefügt. Die eigentliche (und vor Brangäne verborgene) Ursache ihres Hasses aber liegt in der Gegenwart und ist privater Natur: Isolde fühlt sich von Tristan verschmäht.[39] Als sie in ihm den Bezwinger Morholds erkannte, hat ihr Schweigen ihn vor der Rache der Iren gerettet; Tristan dagegen machte in Cornwall „laut und hell" Isoldes Reize bekannt und riet Marke, um sie zu werben (I 3, S. 26 f.). Der zweite Akt wird die Antithese präzisieren: Isolde haßte in Tristan den „eitlen Tagesknecht" (II 2, S. 52), der von „der Welten-Ehren / Tagessonne", von scheinhaften Äußerlichkeiten wie Ruhm und Macht, geblendet war (II 2, S. 51); in der „Nacht" freilich, da, wo die „Täuschung" (KARL MARX hätte gesagt: die Entfremdung) endet und wo das Individuum allein ist mit seinen Gefühlen, da liebte sie ihn von Anfang an (vgl. II 2, S. 53).

Durch den Liebestrank verändert sich alles: „Tristans Ehre" und „Isoldes Schmach", die soziale Dimension ihrer Existenz also, werden binnen eines Augenblicks bedeutungslos (vgl. I 5, S. 40); übrig bleiben zwei Individuen, die sich einzig über ihre wechselseitige Liebe definieren. Es findet keinerlei Entwicklung statt, der soziale und der asoziale Zustand stoßen hart aufeinander. Die Protagonisten befinden sich auch nicht in einem Zwiespalt: Der mittelalterliche Tristan weiß, daß er seine Treuepflicht gegenüber Marke verletzt, und versucht, seine Leidenschaft zu bezwingen; Wagners Liebespaar dagegen wird von der Allgewalt des Gefühls überwältigt. Marke selbst erkennt das ausdrücklich an: Nachdem Brangäne ihm von dem Liebestrank berichtet hat, entschließt er sich nicht nur, Isolde mit Tristan zu vermählen; er stellt auch fest, „daß den Freund / ich frei von Schuld da fand" (III 3, S. 89), weil Tristan sich unmöglich anders hätte verhalten können.

Im Zentrum des zweiten Aktes steht der erfüllte Augenblick des Duetts (II 2). Die Liebenden genießen hier das Glück ungestörter Intimität. Isolde hat die Fackel gelöscht, die den ‚Tag', die Bedrohung durch die anderen (die Gesellschaft), symbolisiert (II 1), die „Nacht der Liebe" (II 2, S. 55) ist angebrochen; mit dem Auftritt des Verräters Melot, Markes und der Hofleute (II 3) wird der feindliche Tag zurückkehren und den Tod des Paares besiegeln. Die Opposition Tag – Nacht besteht aber nicht nur synchron, zwischen den Liebenden und der Gesellschaft; in der Geschichte des Paares steht der Tag für den Zustand der Verblendung vor der Liebe, die Nacht für die endgültige Vereinigung, das Miteinander-Verschmelzen der Seelen im Liebestod. Das Gespräch des Duetts führt von der Erinnerung an die Vergangenheit (als „der Tag / [...] aus [Tristan] log", II 2, S. 50) über die Gegenwart der „Nacht der Liebe" zur Zukunft der „ew'gen Nacht" (II 2, S. 60), der Ahnung des „sehnend verlangte[n] / Liebestod[s]" (ebd.). Das Duett faßt somit die drei Momente in sich zusammen, die Wagners Version der Tristan-Geschichte konstituieren[40]; während das Denken (die Vorstellung) der Figuren eine lineare Entwicklung durchläuft, bleiben ihre Gefühle unverändert, Tristan und Isolde sind einander von Anfang bis Ende immer gleich nahe. Die außerordentliche Ausdehnung des Duetts (dessen Vortrag über 40 Minuten dauert) erlaubt eine komplexe Verschränkung der Zeitebenen, die man in älteren italienischen, französischen oder deutschen Opern so nicht findet; das Verfahren, eine in sich statische Szene durch die Entfaltung einer gedanklichen Opposition zu dynamisieren, unterscheidet sich jedoch nicht grundsätzlich von der Vorgehensweise früherer Librettisten. Daß auch in der musikalischen Gestaltung die Bezüge zum traditionellen Aufbau der mehrsätzigen Duettszene deutlich erkennbar sind[41], ist unter diesen Umständen nicht erstaunlich.

Die mikrostrukturelle Analyse[42] bestätigt, daß der der musikalischen Prosa unterlegte Text sich keineswegs von der Versform emanzipiert. Wagners Kompositionsstil ist durch „die Abkehr von der traditionellen Periodik" gekennzeichnet[43]: An die Stelle der achttaktigen Periode treten unregelmäßig gegliederte Melodiephrasen, deren Umfang sich meist über eine ungerade Zahl von Takten erstreckt. Analog dazu kombiniert der Text durchgehend Verse von unterschiedlicher Länge[44]; die lineare Progression des Dialogs kommt jedoch in strophenähnlichen Gebilden immer wieder zum Stillstand[45], so schon im Gesang des jungen Seemanns zu Beginn (I 1). Es handelt sich zugegebenermaßen um ein Einlage-Lied, und für diesen Typus gelten von jeher besondere Gesetze[46]; aussagekräftiger ist Isoldes Antwort auf Kurwenals Ankündigung, Tristan erwarte sie, um sie zu Marke zu führen (I 4):

> Herrn Tristan bringe
> meinen Gruß,
> und meld' ihm, was ich sage.
> *Sollt' ich zur Seit' ihm gehen,*
> *vor König Marke zu stehen,*
> nicht möcht' es *nach Zucht*
> *und Fug* geschehn,
> empfing ich Sühne
> *nicht zuvor*
> *für ungesühnte Schuld: –*
> drum such' er meine Huld.
>
> *(Kurwenal macht eine trotzige Gebärde. Isolde fährt mit Steigerung fort.)*
>
> Du merke wohl,
> und meld' es gut!
> Nicht wollt' ich mich bereiten,
> ans Land ihn zu begleiten;
> *nicht werd' ich zur Seit' ihm gehen,*
> *vor König Marke zu stehen;*
> begehrte Vergessen
> und Vergeben

> *nach Zucht und Fug*
> *er nicht zuvor*
> *für ungebüßte Schuld: –*
> *die böt ihm meine Huld!*

Morholds Tod (vgl. I 5, S. 35) wird Isolde zum Vorwand, um eine Bedingung zu stellen: Den Boden Kornwalls will sie erst betreten, wenn Tristan ihr Genugtuung gegeben hat. Insgeheim hat sie vor, gemeinsam mit dem Mann zu sterben, von dem sie sich verschmäht glaubt; die Gewißheit des nahen Todes rechtfertigt das Pathos ihrer Worte. Kurwenal reagiert zunächst abwehrend und zwingt sie so, ihre Entschlossenheit zu bekräftigen; daß sie ihre Forderung, schärfer formuliert, noch einmal stellt, ist der Situation durchaus angemessen. Sie wiederholt nun aber auch die metrische Form, mit minimalen Veränderungen: Die Strophe hat elf Verse, die Gegenstrophe zwölf. In den entscheidenden fünf Versen wählt sie identische Wendungen (oben durch Kursivsatz hervorgehoben) und ersetzt nur das „dann – wenn" der ersten Strophe durch ein zwingenderes „nicht – wenn nicht". In der zweiten Strophe greift sie außerdem Kurwenals Aufforderung („Drum Frau Isolde / bät' er eilen, / *fürs Land sich zu bereiten, / daß er sie könnt' geleiten*") fast wörtlich auf, wendet sie allerdings negativ. Kurwenals Rede besteht aus sechzehn Versen; zuerst spricht er die „Frauen" allgemein an (vier Verse), dann richtet er Isolde in zwölf Versen Tristans Botschaft aus. Auch Kurwenals ‚Strophe' besteht aus zwei- und dreihebigen Versen, allerdings nicht in derselben Anordnung wie in Isoldes Strophen. Somit ergibt sich eine Opposition zwischen der Strophe Kurwenals und den beiden Strophen Isoldes, die ihrerseits in einer Äquivalenzrelation stehen:

| KURWENAL | A ⟵⟶ | B ═══ B' | ISOLDE |

Hinter dem linearen Fortschreiten des Diskurses wird eine atemporale Konstellation sichtbar, die die zentrale Idee des Textes illustriert: Kurwenal ist Tristans treuer Freund, aber er ist vor allem um Tristans Ruhm besorgt, wie seine Reaktion auf die erste, beleidigende Botschaft zeigt, die Isolde Tristan durch Brangäne übermitteln läßt (I 3); das rückt ihn in die Nähe des Verräters Melot[47] und macht ihn zum Antagonisten der liebenden Isolde.

Die idealtypische Differenzierung zwischen Oper und Musikdrama läßt sich von der Zeitgestaltung der Texte her nicht begründen. Richard Wagner steht durchaus in der librettistischen Tradition, wenn er die Zeit anhält, um seinen Figuren die selbstvergessene Hingabe an den Affekt zu gestatten[48]; und wenn man von der musikalischen Gestaltung abstrahiert, gibt es keinen grundsätzlichen Unterschied zwischen

> ISOLDE. Bin ich's? Bist du's?
> Halt' ich dich fest?

| | TRISTAN. | Bin ich's? Bist du's? |
| | | Ist es kein Trug? |
| | BEIDE. | Ist es kein Traum? |
| | | O Wonne der Seele, |
| | | o süße, hehrste, |
| | | kühnste, schönste, |
| und | | seligste Lust! (II 2, S. 48) |
| | PAMINA. | Er ist's! |
| | TAMINO. | Sie ist's! |
| | PAMINA. | Ich glaub' es kaum! |
| | TAMINO. | Sie ist's! |
| | PAMINA. | Er ist's! |
| | TAMINO. | Es ist kein Traum! *(Sie nähern sich beiderseitig.)* |
| | PAMINA. | Es schling' mein Arm sich um ihn her! |
| | TAMINO. | Es schling' mein Arm sich um sie her! |
| | BEIDE. | Und wenn es auch mein Ende wär'![49] |

Andererseits sind Wagners Texte unter psychologischen und wahrnehmungsästhetischen Aspekten ungleich differenzierter als ältere (und auch als die meisten, wenn nicht alle zeitgenössischen) Libretti und scheinen in manchem auf Entwicklungen des 20. Jahrhunderts vorauszuweisen. Auch die Auflösung von Dialogen in eine Folge in sich geschlossener (strophischer) Einheiten läßt sich in Beziehung setzen z. B. zur „mosaikartigen Komposition"[50] in Marcel Prousts *A la recherche du temps perdu*, wo „Bild auf Bild folgt, nicht Bild in Bild übergeht"[51]. Der Roman bildet so die innere Wirklichkeit der Erinnerung ab: Aus dem Kontinuum gelebter Zeit bewahrt das Bewußtsein nur Fragmente, deren assoziative Verkettung die Chronologie mißachtet; der Autor der *Recherche* ist bestrebt, „in der Abfolge der Erinnerungsbilder die Diskontinuität der ‚inneren Zeit' im Bewußtsein ‚Marcels' sichtbar zu machen"[52]. (Unter dem Eindruck der ‚musikalischen Prosa' Wagners werden die nachfolgenden Librettisten-Generationen die *formale* Diskontinuität, die durch die Unterscheidung von Rezitativ und geschlossenen musikalischen Formen entsteht, zunehmend vermeiden; die *inhaltliche* Diskontinuität einer Folge von Sprachbildern, die in eine nicht syntagmatische, sondern paradigmatische Ordnung eingebunden sind, kennzeichnet dagegen auch die Libretti des 20. Jahrhunderts.) Nun haben wir die diskontinuierliche Zeit der Oper als Zeit des inneren Erlebens definiert[53]; von daher wäre zu fragen, ob sich die Zeitstruktur, und damit der Sinngehalt, von Wagners Libretti nicht von der Parallele zu Proust her erhellen ließe.[54] Friedrich Nietzsches Auffassung, daß Richard Wagner „ein capitales Faktum in der Geschichte des ‚europäischen Geistes', der ‚modernen Seele'" war[55], fände sich dadurch eindrucksvoll bestätigt.

# Nationale Sonderwege (Frankreich, Italien, Rußland)

Mit dem Grand Opéra hat Eugène Scribe ein dramaturgisches Modell geschaffen, das seine Wirkung weit über Frankreich hinaus entfaltet: An diesem Vorbild orientieren sich nicht nur der junge Richard Wagner und der Verdi der sechziger Jahre[1], noch bis zum Anfang des 20. Jahrhunderts beziehen sich sowohl italienische Komponisten wie die Begründer nationaler Operntraditionen in osteuropäischen Ländern immer wieder auf den Grand Opéra[2] – ungeachtet der Tatsache, daß die universelle Gültigkeit dieses Musters nicht nur durch Wagners grundsätzliche Kritik, sondern auch durch die Entstehung des *drame lyrique*, der den Grand Opéra in der Gunst des französischen Publikums ablöst, längst in Frage gestellt ist.

Dennoch kann die ältere Form weiter produktiv bleiben, weil weder Wagners Entwurf des musikalischen Dramas noch irgendein anderes Modell jene universelle Gültigkeit erreichen wird, die den Grand Opéra, und vorher die Opera seria Metastasios, auszeichnete. Während Wagners Einfluß die *musikalische* Entwicklung der Oper für Jahrzehnte bestimmt[3], scheint im Libretto (wie in der Literatur allgemein) die Zeit allgemein verbindlicher Schemata endgültig vorbei zu sein. Daß sich das Verhältnis zwischen der Regel und den Ausnahmen beständig zugunsten der letzten verschiebt, wird an Wagners Textbüchern selbst deutlich, denn trotz vieler Gemeinsamkeiten sind die Unterschiede zwischen *Tristan und Isolde*, den *Meistersingern*, der Tetralogie und *Parsifal* so bedeutend, daß das Wesen des ‚musikalischen Dramas' kaum in eine griffige Formel zu fassen ist.

Bis zur Mitte des 19. Jahrhunderts läßt sich die Entwicklung des Opernlibrettos durchaus als übernationaler Prozeß begreifen, ungeachtet der Unterschiede, die vor allem zwischen Frankreich und Italien bestehen: Die Dominanz der Opera seria im 18. Jahrhundert beeinflußt auf längere Sicht die Tragédie lyrique ebenso, wie die europäische Ausstrahlung des Opéracomique seit dem Ende des 18. Jahrhunderts nicht an den italienischen Grenzen haltmacht. Erst nach 1850 kommt es zu nationalen Sonderentwicklungen, die, soweit es Dramaturgie und formale Gestaltung der Libretti betrifft, großenteils durch die je unterschiedliche Gewichtung konkurrierender Gattungsmuster bedingt scheinen.

Anmerkungen siehe S. 300.

Im deutschen Sprachraum[4] etwa schreibt Salomon Hermann Ritter von Mosenthal für Karl Goldmark das Libretto zu *Die Königin von Saba* und orientiert sich zumindest äußerlich am Modell des Grand Opéra[5]; die Uraufführung in Wien findet 1875 statt, ein Jahr vor den ersten Bayreuther Festspielen. Die wörtlich genommene Wagner-Nachfolge einzelner Dichter-Komponisten, die germanische Mythenstoffe bearbeiten, bleibt weitgehend folgenlos; auf Richard Wagner können sich aber auch Komponisten von Märchenopern wie Engelbert Humperdinck oder Siegfried Wagner berufen[6], die, wie der Meister selbst am Mythos, „im kleineren Ideenkreise der Sage, der Märchen und der Legende" archetypische Konstellationen sichtbar zu machen suchen.

In eine ganz andere Richtung weisen dagegen die Bemühungen um eine deutsche komische Oper: Obwohl Peter Cornelius als Komponist (und als sein eigener Textdichter) in der Wagner-Nachfolge steht, folgt sein *Barbier von Bagdad* (1858) durchaus komödientypisch dem Prinzip der Episodenreihung und zerfällt – in Widerspruch zu Wagners Einheitspostulat – in die Komödienhandlung um das Liebespaar Nureddin und Margiana und die komische Handlung um den Barbier Abul Hassan, der mit den anderen gar nichts zu tun hat und nur durch Zufall Nureddins Bekanntschaft macht.[7] Auch in den folgenden Jahrzehnten entstandene komische Opern (Hermann Goetz, *Der Widerspenstigen Zähmung*, Text von Viktor Widmann, 1874; Emil Nikolaus von Reznicek, *Donna Diana*, 1894 ...) übernehmen in der Regel die konventionelle Komödien-Dramaturgie ihrer Schauspiel-Vorlagen und vermitteln so das Bild einer kontingenten Welt, das in scharfem Gegensatz steht zum geordneten Kosmos der Musikdramen Wagners.

Aus der Vielfalt einander widerstrebender Tendenzen kristallisieren sich exakt zu definierende Libretto-Typen anscheinend nur dort heraus, wo immer noch professionelle, handwerklich versierte Librettisten wirken, also in Frankreich und Italien.

In der Geschichte der *französischen* Oper sind die Innovationen des Dichter-Komponisten HECTOR BERLIOZ (1803–1869) zunächst folgenlos geblieben[8]; die neue Form des *drame lyrique* ist, soweit es den Text betrifft, eine Schöpfung von Librettisten-Teams[9] wie JULES BARBIER (1825–1901) und MICHEL CARRÉ (1819–1872), die über zwanzig Jahre lang, von *Faust* (für Gounod, 1859) bis zu den *Contes d'Hoffmann* (für Jacques Offenbach, 1881), erfolgreich waren, HENRI MEILHAC (1831–1897) und LUDOVIC HALÉVY (1834–1908), die neben Opéras-bouffes für Offenbach u.a. *Carmen* für Bizet schrieben (1875), und den Textdichtern Jules Massenets.

Während im Grand Opéra gewöhnlich historische Stoffe behandelt wurden, schöpfen die Librettisten des *drame lyrique* aus dem Fundus der Weltliteratur. Als Vorlagen dienen dramatische oder narrative Werke aus verschiedenen Epochen; die in diesen Modellen erzählten Geschichten und ihre Darstellungsweisen sind unterschiedlich komplex, aber sie werden sämtlich auf den einen Strang einer linear verlaufenden Liebeshandlung reduziert.[10] Das Schicksal des Protagonistenpaares wird nicht, wie im

Grand Opéra, durch die gesellschaftlich-politischen Verhältnisse bestimmt; die Gründe für das Scheitern der Liebe liegen ausschließlich im privaten Bereich. Infolgedessen verlieren äußere Ereignisse an Bedeutung gegenüber der „subtilen Beschreibung seelischer Zustände"[11].

Der *drame lyrique* entwickelt sich aus dem Opéra comique (deshalb enthalten viele dieser Opern gesprochene Dialoge[12]), nimmt aber auch Einflüsse des Grand Opéra auf; an einem Werk des Übergangs wie Gounods *Faust* zeigt sich das besonders deutlich[13]: In den ersten beiden Akten dominieren textlich wie musikalisch geschlossene Formen, im dritten Akt sind die Nummern in der größeren szenischen Einheit des Bildes aufgehoben, wie es der Dramaturgie des Grand Opéra entspricht.[14] Freilich ergibt sich durch den Opéra-comique-typischen ständigen Wechsel zwischen gesprochenem Dialog und Gesang fast notwendigerweise eine atomistische Struktur, die eher scharfe Kontraste als übergreifende Zusammenhänge abzubilden vermag.

Dem Libretto Barbiers und Carrés liegt denn auch ein System von Oppositionen zugrunde: Im ersten Akt geht es um die Antithesen von Alter und Jugend, Realität und Illusion. Faust ist alt und träumt davon, wieder jung zu sein (I 1[15]). Durch Méphistophélès wird der Traum Wirklichkeit: Der Teufel läßt das lockende Bild Marguerites erscheinen, reicht Faust einen Trank, der ihn spektakulär verjüngt, und verheißt ihm alle Freuden, die die Welt zu bieten hat.

Zeigt dieser erste Akt nur zwei Figuren im Innenraum von Fausts Studierstube, so spielt der zweite im Freien, wo sich die ganze Stadt auf der Kirmes vergnügt.[16] In der großen Chorszene (Nr. 5) treten verschiedene Gruppen – fröhliche Zecher, Soldaten, Bürger, Mädchen, die unter den neidischen Blicken der Matronen mit Studenten flirten – nacheinander in den Vordergrund, ähnlich wie auf der Schreiberwiese in *Les Huguenots* (III. Akt). Während aber Scribe und Meyerbeer in dieser Szene den Gegensatz zwischen Protestanten und Katholiken exponieren, der dann zum offenen Kampf eskaliert, malen Barbier, Carré und Gounod ein Genrebild ohne direkten Bezug zu dem, was folgt. Das gesellige Treiben dient auch nicht als Folie für Fausts Vereinzelung[17], denn dieser ist während der Chor-Introduktion gar nicht auf der Bühne.

Ehe er auftritt, wird in zwei Szenen (II 2/3) der Gegensatz zwischen Méphistophélès und Valentin exponiert. Dieser nimmt nicht teil an der ausgelassenen Festfreude; er muß in den Krieg ziehen und seine Schwester Marguerite allein zurücklassen. Daß sie ihm eine „sainte médaille" geschenkt hat (II 2), weist beide gleich zu Beginn als fromme Christen aus; dieser Medaille hat es Valentin wohl zu verdanken, daß er in einer ersten Konfrontation mit Méphistophélès siegreich bleibt (Choral des Epées, Nr. 8). Fausts böser Geist hat in seinem Auftrittslied (Nr. 7) Satan beschworen, der den Tanz um das Goldene Kalb anführt; in scharfem Kontrast dazu fleht Valentin zu Gott, er möge seine Schwester beschützen („Avant de quitter ces lieux", II 2), allerdings war dieses Gebet in der Fassung der Uraufführung noch nicht enthalten[18].

Méphistophélès' Zauberkreis schützt ihn vor den Schwertstreichen Valentins (Nr. 8, S. 62), aber der als Kreuz gedeutete Schwertgriff schlägt ihn in die Flucht.

Die zweite Konfrontation der beiden (IV 7, Nr. 25) wird unter entgegengesetzten Vorzeichen stehen: Aus Zorn über die Schande seiner Schwester wirft Valentin die Medaille weg (S. 202) und wird von Fausts Degen tödlich getroffen. Als Vertreter einer innerweltlichen, strafenden Gerechtigkeit[19] steht Marguerites Bruder in Gegensatz zu Siebel, der ihr verziehen hat und sie schützen will (vgl. IV 5); dem Teufelsspuk des zweiten Aktes hatten beide noch gleiches Gottvertrauen entgegengesetzt, Valentin bezwang Méphistophélès mit dem Kreuzzeichen, Siebel brach den Bann, der alle Blumen, die er berührte, verwelken ließ (vgl. II 3, S. 60), indem er seine Hand in Weihwasser tauchte (III 1, S. 91).

Der Sinn der Geschichte wird über solche Kontrast- oder Äquivalenzrelationen deutlicher vermittelt als durch den linear-narrativen Verlauf. Die zentrale Konstellation ist aus der romantischen Tradition bekannt: Faust steht zwischen Marguerite und Méphistophélès wie Robert le Diable zwischen Alice und Bertram oder Max (im *Freischütz*) zwischen Agathe und Kaspar. Freilich ist Marguerite nicht durch die unangreifbare Tugendhaftigkeit der Vorbilder, sondern durch moralische Ambivalenz charakterisiert; Faust, der die Atmosphäre ihrer „demeure chaste et pure" (*der keuschen, reinen Wohnung*) in sich aufnimmt (Cavatine Nr. 12, III 3), spricht es aus:

> Là (...)
> Tu [die Natur] fis avec amour épanouir la *femme*
> En cet *ange* des cieux (...) (Hervorhebung A. G.)
> [*Dort (...) ließest du mit Liebe die Frau / in diesem himmlischen Engel erblühen (...)*]

Bezeichnenderweise scheint Faust zum Verzicht entschlossen[20]; Méphistophélès hat in ihm das Verlangen nach der unbekannten Schönen geweckt, aber die Tugend, die diesen ‚Engel' schützt[21], ist stärker als die teuflische Lust. Das Dumme ist nur, daß auch in Marguerites Brust zwei Seelen wohnen: Der Engel ist eine Frau, also verführbar. Nachdem der Geliebte gegangen ist, vertraut sie der lauen Nachtluft ihre geheimen Wünsche an (III 13); der Versucher hat dafür gesorgt, daß Faust zuhört, und das Unvermeidliche geschieht.

Marguerite, die keusche Antagonistin des Teufels, ist damit zu seinem Opfer geworden. Um sie endgültig in seine Gewalt zu bringen, sucht Méphistophélès sie im vierten Akt in Verzweiflung zu stürzen[22]: Faust hat die Geliebte verlassen, zweifellos auf Veranlassung seines Gefährten. Von den jungen Frauen der Stadt wird sie verspottet (IV 1); die Geister der Hölle verhindern, daß sie im Gebet Trost findet (IV 3 Nr. 21); ihr Bruder Valentin wird ihretwegen erschlagen und verflucht sie sterbend. Dennoch verliert sie nicht die Hoffnung auf die Gnade Gottes, und deshalb kann sie erlöst werden: Als Faust kommt, um sie aus dem Kerker zu befreien, geht sie nicht mit ihm (V 6 Nr. 31); er könnte ihr Leben retten, aber das würde den ewigen Tod ihrer Seele bedeuten.

Vorher lagen Gut und Böse in der Seele Fausts miteinander im Streit, jetzt wiederholt sich dieser Kampf (mit entgegengesetztem Ausgang) in der Seele Marguerites: Sie steht zwischen Gott und ihrem Geliebten, der die Partei des Teufels ergriffen hat, ähnlich wie Scribes Robert[23] wählen muß zwischen dem guten Prinzip und dem Bösen, das sich in der Person seines leiblichen Vaters verkörpert. Weil Marguerite Faust liebt, wird die an sich einfache Entscheidung zum unlösbaren Dilemma; wie Robert wird sie gerettet, weil sie etwas *nicht* tut. Ihre Weigerung, Faust zu folgen, ähnelt eigenverantwortlichem Handeln sicher mehr als Roberts bloßes Abwarten; um so auffälliger sind Méphistophélès' ständige Mahnungen, die Zeit für die Flucht werde knapp – fast so, als sollte Marguerite nicht durch das Eingreifen Gottes (der sie, nachdem sie Faust zurückgestoßen hat, tot zusammenbrechen läßt), sondern durch den dämmernden Morgen vor Schlimmerem bewahrt werden.

Aktives Handeln, das erfährt Faust wie vor ihm Max (im *Freischütz*[24]), ist von Übel; Max wird durch Agathe gerettet, Marguerite dagegen erlöst nur sich selbst. Natürlich wußte das Publikum, wie die Geschichte Fausts bei Goethe endet; und im Libretto gibt das Walpurgisnacht-Bild (V 1–3) einen Hinweis darauf, daß er sich aus den Fängen des Bösen wird befreien können: Um ihn vom Gedanken an Marguerite (und Valentin) abzulenken, versammelt Méphistophélès die schönsten Frauen des Altertums zu einem Gelage, Fausts Reue aber ist stark genug, um den Zauber zu brechen und die Erscheinung der Geliebten herbeizuzwingen. Der Weg von der Todsünde zur Erlösung ist für Faust wie für Marguerite vorgezeichnet. Darin, daß die Oper, die mit Fausts Todsünde (dem Teufelspakt) begann, mit Marguerites Erlösung endet, offenbart sich ein letztes Mal die antithetische Grundstruktur.

Als einer der ersten *drames lyriques* weist *Faust* noch viele Züge des romantischen Ideendramas auf; wenige Jahre später, in *Roméo et Juliette* (1867) werden Barbier, Carré und Gounod eindeutig „der detaillierten Beschreibung psychischer Befindlichkeiten den Vorzug [geben] vor einer logisch motivierten Verknüpfung dieser Seelenbilder mit einer meist nebensächlich erscheinenden Intrige"[25]. Wenn die „lyrisch-intimen Reflexionen zweier Seelen"[26] im Zentrum stehen, fokussiert sich die Aufmerksamkeit notwendigerweise auf das Protagonistenpaar: In *Faust* ist der Gegenspieler Méphistophélès noch eine, wenn nicht *die* zentrale Figur; später treten Rivalen wie Escamillo (in *Carmen*), störende Verwandte wie Lescaut (in Massenets *Manon*, 1884) und andere mehr und mehr in den Hintergrund.

Aus der konsequenten Psychologisierung erwächst im übrigen ein neues Dilemma: Wenn die Bühne einen seelischen Innenraum darstellen soll, kann das nur der Innenraum *einer* Figur sein; folglich müßte deutlich werden, daß sich das Geschehen im Kopf jenes Protagonisten abspielt, mit dessen Augen die Zuschauer alle anderen Figuren sehen, auch seine Geliebte oder ihren Geliebten. In narrativer Literatur leistet der Erzähler, der zwischen den Lesern und dem Autor einerseits und der Welt der Fiktion andererseits steht, diese Perspektivierung; im Drama fehlt eine solche vermittelnde Instanz.[27] Einem Romancier stehen nun vielfältige Techniken zur Verfügung, um einen Erzähler, der zugleich Protagonist der eigenen Erzählung ist, als parteiisch zu entlarven, so daß der Leser den Urteilen dieses Erzählers nicht blind vertraut.[28]

Die Geschichte Carmens läßt Prosper Mérimée in seiner Novelle (1845) von dem Banditen Don José erzählen, der sie getötet hat; weil ihm die Zigeunerin bis zuletzt ein Rätsel bleibt, kann auch der Leser über ihre Gefühle und die Motive ihrer Handlungen nur spekulieren, und die Außensicht des unglücklich Liebenden dämonisiert sie zur Femme fatale. Eine Carmen, die neben Don José auf der Bühne steht, kann keine bloße Projektion seiner Wünsche und Ängste sein; deshalb liefert sie im Libretto von Meilhac und Halévy selbst den Schlüssel zu ihrem Verhalten und offenbart z. B. in der Habanera (Nr. 5) mit aller wünschenswerten Deutlichkeit, daß sie die Liebe als *amour-passion*, als paradoxe, exzessive und zeitlich begrenzte Leidenschaft[29], versteht. Don José, der sich seinerseits zum Ideal der romantischen Liebe als einer dauerhaften Lebensgemeinschaft bekennt, nimmt Carmens Warnung entweder nicht ernst oder hört ihr schlicht nicht zu.

Im *drame lyrique* wird auf unterschiedliche Weise versucht, das subjektive Erleben einer Figur auf der Bühne sichtbar zu machen. Jules Massenet etwa, der „in der Musik nach Material für eine Geschichte der weiblichen Seele suchte"[30], wählte häufig Libretti, in denen sich die Aufmerksamkeit ganz auf die (titelgebende) Protagonistin konzentriert.

So ist in *Thaïs* von LOUIS GALLET (1894) die Hauptfigur eine Kurtisane aus dem spätantiken Alexandria, die der fanatische Mönch Athanaël zum Christentum bekehrt.[31] Die drei Akte zeigen sündhafte Existenz, Konversion und seliges Ende der Protagonistin. Athanaëls Entwicklung ist gegenläufig: Zu Beginn führt er ein heiligmäßiges Leben; erst als Thaïs in ein Kloster eingetreten ist, wird er sich seines sinnlichen Verlangens bewußt, an ihrem Totenbett verleugnet er seinen Gott. Ungeachtet dieser Parallelität wird nur Thaïs' Wandlung psychologisch begründet: Schon die ersten Worte der Kurtisane (I 2$^e$ tableau, S. 14[32]) zeigen, daß die Vergänglichkeit alles Irdischen ihre Gedanken beherrscht; sie fürchtet, der Monolog zu Beginn des zweiten Aktes (S. 19 f.) verrät es, das Alter und den Verlust ihrer Schönheit. Athanaël verheißt ihr ewiges Leben (S. 22) und hilft ihr so, die Angst zu überwinden; dafür ist sie auch bereit, in ein Kloster zu gehen.

Athanaëls leibfeindlicher Fanatismus, hinter dem sich offenkundig nicht hinreichend sublimiertes sexuelles Verlangen verbirgt, wird dagegen als gegeben vorausgesetzt; auf die Frage, warum er in die Einsamkeit geflohen ist, statt seine Triebe auszuleben, gibt das Libretto keine Antwort. In diametralem Gegensatz zu Athanaël steht Nicias, ein kultivierter Epikureer und der letzte Liebhaber von Thaïs. In diesen beiden Figuren mag sich der innere Widerspruch der Kurtisane, die Spannung zwischen Bejahung und Verneinung des Daseins, verkörpern[33]; die Textoberfläche bietet aber kaum Hinweise, die eine solche psychologisch-allegorische Lesart stützen könnten.

Etwas anders liegt der Fall bei Massenets *Werther* (1892). Goethes Roman, der als Vorlage für das Libretto von EDOUARD BLAU, PAUL MILLIET und GEORGES HARTMANN diente, setzt die egozentrische Perspektive des Protagonisten (der als Briefschreiber zugleich der Erzähler ist) absolut, mit der Konsequenz, daß der Leser zwischen der Figur Charlotte und dem gleichnamigen Wunschbild Werthers nicht zu unterscheiden vermag. Die ersten Briefe, in denen noch nicht von Charlotte, dafür aber von Naturerlebnissen, Homer-Lektüre und beglückenden Begegnungen mit Kindern die Rede ist, lassen erkennen, daß Werther sich bewußt für das Gefühl (gegen den Verstand) und damit für die Gegenwart (gegen Vergangenheit und Zukunft) entschieden hat; in Charlotte, die (so scheint es Werther) im Tanz sich selbst vergißt[34], glaubt er jene kindlich-kreatürliche Existenzform verkörpert zu finden, nach der er selbst (nicht ohne innere Anstrengung) strebt. Alles deutet darauf hin, daß Werther das Wesen der jungen Frau verkennt; da sie die Verantwortung für ihre Geschwister trägt, kann sie kaum einfach in den Tag hinein leben. Deshalb vermag sie sich auch ihre unbewußte Neigung zu Werther, die dieser instinktiv erahnt, nicht einzugestehen.

Schon am ersten Abend hat Werther erfahren, daß Charlotte mit Albert „so gut als verlobt" ist[35], aber das scheint ihn nicht zu stören: Da er sich entschlossen hat, nie über den Tag hinaus zu denken, existiert ein abwesender Rivale für ihn nicht. Als Albert dann zurückkehrt, verliert Werther die Gegenwart (die Realität), die von der glücklichen Vergangenheit und einer hoffnungslosen Zukunft gleichsam verschlungen wird. Die unerfüllte Liebe ist nicht Ursache, sondern Symptom der existentiellen Perspektivelosigkeit, die ihn zum Suizid treibt.

Auf der Bühne läßt sich das so nicht darstellen. Hier agieren die Figuren Werther und Charlotte auf derselben Ebene; deshalb muß die junge Frau ihre Gefühle ebenso eindeutig äußern wie ihr Verehrer. In der Tat liebt sie ihn nicht weniger als er sie, aber ein äußeres Hindernis steht ihrer Verbindung im Wege: Auf dem Totenbett hat Charlottes Mutter ihr das Versprechen abgenommen, Albert zu heiraten (I S. 75 f.[36]). Werther begreift sofort, daß sie dieses Gelübde nicht brechen darf; nur ein Verzicht Alberts, dem Charlottes Zuneigung für den Fremden nicht verborgen bleibt, könnte die Liebenden zusammenführen. Zu diesem Verzicht ist der Verlobte nicht bereit, und das macht ihn zum Gegner Werthers; seine Mitverantwortung für den Suizid des Rivalen wird entsprechend deutlicher akzentuiert als bei Goethe, der eifersüchtige Albert scheint genau zu wissen, wozu Werther die erbetenen Pistolen benötigt, und läßt sie ihm durch seine Frau schicken, um Charlotte zu bestrafen (III S. 196 f.).[37]

Hier wird offenbar, was in der Romanvorlage nur angedeutet ist: Werthers Begehren trägt ödipale Züge[38]; die Objektivierung Charlottes und Alberts zu Figuren, die außerhalb von Werthers Vorstellungswelt existieren[39], erweist sich damit als scheinbar. Im Libretto finden sich manche Hinweise auf die subjektive Perspektivierung: Zum einen konzentriert sich die Aufmerksamkeit ganz auf die drei Hauptfiguren. Lokal- oder Zeit-Kolorit, das sich in anderen Opern Massenets durchaus zu dekorativer Eigenständigkeit entfaltet, spielt in *Werther* kaum eine Rolle. Zum anderen beginnt die Oper mit einer, wie es scheint, ganz unnötigen Verletzung des Wahrscheinlichkeitsempfindens der Zuschauer: Der Amtmann, Charlottes Vater, übt mit den Kindern ein Weihnachtslied; sein Freund Johann weist ausdrücklich darauf hin, daß die Jahreszeit – es ist Juli – dafür kaum passend scheint (I S. 12). Der gleiche Gesang wird auch in der Schlußszene ertönen, am Weihnachtsabend, als Werther seinem Leben ein Ende setzt; offenbar soll ein Rahmen geschaffen werden, da aber zwischen den Ereignissen des ersten und denen des vierten Aktes notwendigerweise einige Monate liegen müssen[40], ergibt sich die unzeitig frühe Chorprobe. Die Unwahrscheinlichkeit verschwindet, wenn man die Opernhandlung als Phantasie Werthers begreift, als (Wach-)Traum von wenigen Minuten Dauer, während er dem Gesang der Kinder lauscht. Auf der musikalischen Ebene hat Massenet die Perspektivierung dadurch umgesetzt, daß er die zentralen Erinnerungsmotive sämtlich aus dem Personalmotiv Werthers entwickelt hat.[41]

In Massenets Opern gibt es keine gesprochenen Dialoge mehr, der Text von *Werther* ist also durchgehend versifiziert. Freilich tragen die Librettisten dem Verschwinden der geschlossenen musikalischen Formen Rechnung: Schon für die Gesangsnummern in *Faust*, die zunächst noch durch gesprochene Dialoge getrennt waren, kombinierten Barbier und Carré Verse unterschiedlicher Länge in unregelmäßiger Folge. Das *Werther*-Libretto enthält zahlreiche Alexandriner (Zwölfsilber), die sich aber nicht zu Verspaaren oder Strophen zusammenfügen; wenn kurze Verse von zwei oder drei Silben mit längeren abwechseln, sind die Versgrenzen beim Vortrag nicht wahrnehmbar, für den Zuhörer entsteht der Eindruck rhythmisierter Prosa.[42] Der Text ist durchgehend gereimt, aber der Gleichklang wird durch unterschiedliche Länge der miteinander reimenden Verse, Vielfalt der Reimschemata und Sprecherwechsel innerhalb der Couplets verschleiert. In *Thaïs* erhob Louis Gallet die allgemeine Praxis zum Prinzip: Er verzichtete auf Reime und ließ den Text als Prosa drucken, verdeutlichte aber die rhythmische Gliederung durch Gedankenstriche; der scheinbar neuen Form gab er den antikisierenden Namen „poésie mélique".[43] Die metrische Flexibilisierung steht einerseits in Zusammenhang mit der Vorliebe der zeitgenössischen Lyrik für den freien Vers, zum anderen spiegelt sie jene Veränderung der musikalischen Ausdrucksformen, die Gallet selbst nicht ohne Ranküne in seine Definition des *poème lyrique* gefaßt hat: „Ouvrage en vers que l'on confie à un musicien pour qu'il en fasse de la prose"[44] [Dichtung in Versen, die man einem Musiker anvertraut, damit er Prosa daraus macht].

In *Italien* beherrschen bis in die achtziger Jahre die Opern Meyerbeers und seiner Nachahmer die Bühnen.[45] Zwar empfangen schon Dichter der Scapigliatura wie Arrigo Boito vielfältige Anregungen von der europäischen Avantgarde[46]; im Libretto findet die jüngste literarische Entwicklung jedoch erst seit 1890 ihren Niederschlag. Schon in den siebziger Jahren hatten sizilianische Schriftsteller wie Luigi Capuana (1839–1915) und Giovanni Verga (1840–1922) unter dem Einfluß des französischen Naturalismus sozialkritische Romane, Erzählungen und Theaterstücke veröffentlicht, die vor allem das Leben der kleinen Leute im agrarischen Süden des Landes möglichst objektiv darzustellen suchten. Dieser literarische *Verismo* erobert die Opernbühnen nach dem Sensationserfolg von Pietro Mascagnis Einakter *Cavalleria rusticana* (1890, Libretto: Giovanni Tragioni-Tozzetti und Guido Menasci, nach Vergas Schauspielfassung einer eigenen Novelle).

Etwa gleichzeitig[47] bildet sich mit dem vor allem in der Person GABRIELE D'ANNUNZIOS (1863–1938) verkörperten *Decadentismo* eine gegenläufige Tendenz heraus. Von Paris aus wird die literarische Strömung der Décadence schnell zu einem gesamteuropäischen Phänomen; ihre Anhänger verbindet u. a. die Begeisterung für das Werk Richard Wagners.[48] Auch D'Annunzio, der 1887 den Tod der italienischen Oper verkündet hatte[49], erkannte im musikalischen Drama des Bayreuther Meisters die Form der Zukunft.[50]

Zwischen 1897 und 1914 schrieb D'Annunzio rund ein Dutzend Theaterstücke, von denen vier bald nach ihrer Entstehung für die Opernbühne eingerichtet wurden[51]; dabei beschränkten sich die Bearbeiter – D'Annunzio selbst (*La figlia di Iorio* für Franchetti, 1906; *Fedra* für Pizzetti, 1915) bzw. der Verleger Giulio Ricordi (*Francesca da Rimini* für Zandonai, 1914; *La Nave* für Montemezzi, 1918) – im wesentlichen auf Kürzungen[52], wandten also das gleiche Verfahren an wie Claude Debussy (für den D'Annunzio *Le Martyre de Saint-Sébastien* [1911], ein „Ballett und Drama mit Chor und Rezitanten"[53], schrieb) bei der Adaptation von Maeterlincks *Pelléas et Mélisande* (1902). Ehe man mit der problematischen[54] Kategorie der „Literaturoper" operiert[55], sollte man sich ins Gedächtnis rufen, daß zwischen dem Theater D'Annunzios und dem romantischen Drama Victor Hugos eine enge Verwandtschaft besteht[56]: In *Francesca da Rimini* (1902) etwa nimmt das Zeitkolorit, das vor allem durch Reminiszenzen an mittelalterliche Literatur geschaffen wird, mehr Raum ein als die von Dante übernommene Liebesgeschichte; als breitangelegtes Mittelalter-Panorama, das das klassische Dreieck aus Frau, Ehemann und Liebhaber um mehr als zwei Dutzend Nebenfiguren ergänzt, erinnert diese fünfaktige Tragödie an Hugos monumentalen *Cromwell* (1827). Nun hat sich gezeigt, daß Francesco Maria Piave *Le roi s'amuse* nur zu kürzen brauchte, um daraus die Szenenfolge des *Rigoletto*-Librettos zu gewinnen[57]; auch zur Episodenstruktur[58] von D'Annunzios Schauspieltexten gehören Genreszenen und Nebenhandlungen, die problemlos eliminiert werden können, wenn es gilt, das Werk dem üblichen Umfang eines Opernbuchs anzunähern. Gewisse Änderungen, zu denen sich Piave noch genötigt sah, sind durch das neue musikalische Modell des „Sprechgesangs" (der musikalischen Prosa) obsolet geworden: Um 1900 muß ein Librettist weder Anlässe für Concertati schaffen noch durch Versform und strophische Gliederung die traditionelle Periodik geschlossener musikalischer Formen vorzeichnen.[59]

Nur einmal hat D'Annunzio einen dramatischen Text von vornherein als Libretto konzipiert: Er schrieb *Parisina* (1913) für Pietro Mascagni, nachdem Puccini und andere den Stoff abgelehnt hatten.[60] Der Dichter war sich der Unterschiede zwischen Schauspiel und Opernbuch wohl bewußt[61], bemühte sich etwa um Kürze: Der *Parisina*-Text umfaßt ‚nur' ca. 1400 Verse, von denen Mascagni 330 wegließ.[62]

Dagegen mißachtet D'Annunzio bewußt (sehr viel radikaler als etwa Boito) die metrischen Konventionen der Librettistik: Die Verse in *Parisina* sind größtenteils reimlos (Ausnahmen bilden nur Einlage-Lieder u. ä.). Fünf-, Sieben- und Elfsilber werden absolut willkürlich miteinander kombiniert; diese metrische Unregelmäßigkeit erzwingt musikalische Prosa im Sinne Wagners. Der Bezug zum traditionellen Opern-Rezitativ, das Sieben- und Elfsilber mischt[63], ist freilich unübersehbar; D'Annunzio bezieht lediglich den Fünfsilber ein, um noch größere Varietät zu erreichen. Daß er in Ildebrando Pizzetti, dessen Musik durchgehend rezitativartigen Charakter hat, seinen idealen Partner fand[64], ist nur folgerichtig.

Wenn D'Annunzio seine Bühnenwerke in der fernen Vergangenheit, im Mittelalter oder in der klassischen Antike (*Fedra*) ansiedelt, folgt er einer allgemeinen Tendenz der Décadence-Literatur; freilich ist räumlicher und zeitlicher Exotismus[65] um 1900 so allgemein verbreitet, daß er den Gegensatz zwischen Verismo und Decadentismo überwindet. Die Mode sizilianischer Sujets währt nur wenige Jahre; Pietro Mascagni, der erste Verist unter den Komponisten, wandte sich schon mit der elsässischen Idylle *L'amico Fritz* (1891) anderen Stoffen zu und vertonte mit *Iris* (1898) von LUIGI ILLICA (1857–1919) ein ‚symbolistisches' Libretto.[66] Sechs Jahre vor *Madama Butterfly* wird hier erstmals ein japanisches Sujet auf die italienische Opernbühne gebracht[67]; dabei sucht Illica Lokalkolorit nicht nur über die Figurenrede, sondern mehr noch über den Nebentext zu vermitteln: Sowohl der Umfang wie der lyrisch-emphatische Stil der Schauplatzbeschreibungen und Regieanweisungen stehen in scharfem Gegensatz zur gängigen Praxis, sie scheinen weniger an den Bühnenbildner oder die Darsteller als an einen potentiellen Leser des Librettos gerichtet. Dabei geht es nicht, oder nicht nur, um atmosphärische Schilderungen: Die Szenerie und die Handlungen der Figuren sind symbolisch derart überfrachtet, daß sich der Sinngehalt nur noch über den Kommentar einer auktorialen Instanz[68] vermitteln läßt.[69] Der relative Mißerfolg von Illicas späteren Libretti[70] dürfte freilich weniger durch den ausfernden Nebentext als durch die Klischeehaftigkeit der Aussage bedingt sein.

Auch in *Tosca* hatte Illica zu Beginn des dritten Aktes eine poetisierende Beschreibung des römischen Sonnenaufgangs vorgesehen, und er reagierte äußerst indigniert, als der Verleger Giulio Ricordi diese Passage streichen ließ.[71] Freilich bedarf es zum Verständnis der drei Libretti, die Illica gemeinsam mit GIUSEPPE GIACOSA (1847–1906) für Giacomo Puccini schrieb – *La Bohème* (1896), *Tosca* (1900), *Madama Butterfly* (1904) –, keines epischen Kommentars, und der Nebentext ist hier auch deutlich knapper als in späteren, von Illica allein verfaßten Libretti.

Giuseppe Giacosa hatte noch 1896 ernsthafte Bedenken gegen eine Opernbearbeitung von Victorien Sardous Drama *La Tosca* (1887): In dieser Vorlage, so der Librettist, nehme „der sozusagen mechanische Teil, nämlich die Gliederung der Ereignisse, die die Handlung bilden, ein zu starkes Übergewicht ein"[72].

Sardou orientiert sich an der Dramaturgie der *pièce bien faite*[73], die auf der sorgfältigen Verknüpfung von Ursachen und Wirkungen basiert. Alles, was in *La Tosca* geschieht, wird sorgfältig motiviert: Angelotti ist nicht nur wegen seiner republikanischen Überzeugungen eingekerkert, vor allem hat er Lady Hamilton mißfallen (S. 17–19[74]); Scarpia kann es sich nicht leisten, sich diese in Neapel allmächtige Frau zur Feindin zu machen, deshalb darf er Angelotti auf keinen Fall entkommen lassen (vgl. II 4, S. 70). Cavaradossi, das erfährt der Zuschauer gleich zu Beginn aus einem Gespräch zwischen dem Diener des Malers und dem Mesner (I 1, S. 5 f.), ist ein ‚Jakobiner', der Voltaire liest und nicht an Gott glaubt: Kein Wunder, denn er ist in Paris aufgewachsen, und sein Vater war den brillantesten Denkern der Aufklärung eng verbunden (I 3, S. 20 f.). Floria Tosca dagegen war ein einfaches Bauernmädchen, eine Ziegenhirtin, bis sie – in einem Nonnenkloster – Musikunterricht erhielt und eine große Sängerin wurde (I 3, S. 22). Folglich läßt sich ihre Eifersucht aus Inferioritätsgefühlen der Außenseiterin erklären[75], und ihre übertriebene Frömmigkeit und das blinde Vertrauen in ihren Beichtvater (Relikte der Klostererziehung) machen verständlich, warum Cavaradossi seiner Geliebten Angelottis Anwesenheit verheimlicht.

Das Libretto nimmt die Charakterzüge der Figuren als gegeben hin: Cavaradossi zählt zu den „volterriani" (so der Mesner, S. 12[76]), Tosca ist eifersüchtig (so Cavaradossi, S. 16), und sie erweist sich als fromm, indem sie das Marienbild mit Blumen schmückt (S. 18). Sardous mitunter langatmige Begründungen sind nicht nur dem Zwang zur Kürze zum Opfer gefallen; weil das Opernbuch eine letztlich statische Konstellation zum Gegenstand hat, muß es vom Werden (Gewordensein) der Figuren abstrahieren.

Bei Sardou treffen Tosca und Scarpia erst im zweiten (II 5), im Libretto schon gegen Ende des ersten Aktes aufeinander. Daß Illica und Giacosa den zweiten Akt des Dramas, ein aus Anekdoten und Momentaufnahmen zusammengesetztes Sittenbild des römischen Adels um 1800, weggelassen haben, ist begreiflich; zugleich wird so früher als bei Sardou die Aufmerksamkeit auf das ambivalente Verhältnis zwischen den beiden zentralen Figuren gelenkt: Tosca liebt Cavaradossi, Scarpia haßt ihn, weil er selbst Tosca begehrt; für Tosca zählt nur das private Glück, das sie in ihrer Beziehung zu dem Maler zu finden hofft, Scarpia dagegen will Macht, soviel Macht wie möglich, im öffentlichen Raum als Polizeichef, in seiner Privatsphäre als Erpresser, dessen Begierde durch den Haß seines Opfers nur noch mehr aufgestachelt wird (vgl. II, S. 82). Andererseits verhält sich Scarpia, der Tosca seinen Willen aufzwingen will, nicht grundsätzlich anders wie Tosca, die Cavaradossi mit ihrer Eifersucht quält; sie geht sogar noch weiter, denn sie sucht die Gedanken des Geliebten zu kontrollieren, während sich Scarpia mit Toscas Körper zufriedengäbe. Für den Maler ist ihre Liebe ähnlich verhängnisvoll wie der Haß des Rivalen: Ohne es zu wissen und zu wollen, führt sie die Häscher zu Cavaradossis Versteck, nachdem Scarpia ihrer Eifersucht zusätzliche Nahrung gegeben hat.[77]

Der Maler dagegen sucht niemanden zu beherrschen (er scheint nicht eifersüchtig auf Tosca, obwohl die berühmte Sängerin mit Sicherheit viele Bewunderer hat); er setzt im Gegenteil sein Leben aufs Spiel, um einem Mann zur Freiheit zu verhelfen, den er offenbar nur flüchtig kennt (vgl. I, S. 14). Antike Vorbilder, mit denen das Zielpublikum des Librettos zweifellos vertraut war, legen es nahe, den Suizid, durch den sich Angelotti der Verhaftung entzieht (vgl. II, S. 86), als Akt der Befreiung zu deuten; der Konsul der untergegangenen Römischen Republik (vgl. I, S. 14) verhielte sich dann zum Reaktionär Scarpia wie der Voltairianer Cavaradossi zu seiner frommen, politisch konservativen Geliebten:

Freiheit und Unfreiheit nun werden im Libretto zu politischen Kategorien durch den Bezug auf die Schlacht bei Marengo (14. Juni 1800). Schon bei Sardou wird zunächst ein Sieg der Koalition über die Franzosen gemeldet; die Nachricht, daß Bonaparte das Blatt noch wenden konnte, ergibt einen nahezu funktionslosen Coup de théâtre (II 5, S. 90 f.): Königin Maria Carolina von Neapel und der römische Adel sind versammelt, um eine Kantate zu Ehren der Sieger von Marengo zu hören.[78] Eben hat Scarpia Tosca von der angeblichen Untreue Cavaradossis erzählt, sie brennt darauf, ihren Liebhaber in flagranti zu überraschen, aber vorher muß sie wohl oder übel bei der Aufführung mitwirken; in dem Augenblick, da es anfangen soll, bringt ein Kurier die Hiobsbotschaft. Für Tosca ist dabei lediglich wichtig, daß sie jetzt nicht mehr zu singen braucht; sie stürzt davon. In der Oper wird in den unteren Stockwerken des Palazzo Farnese das Siegesfest gefeiert, während Scarpia im Obergeschoß Cavaradossi verhört (II, vgl. S. 52); Toscas Hymnus auf die Bezwinger Bonapartes ist durch das offene Fenster zu vernehmen (vgl. S. 60) und nimmt die Niederlage Cavaradossis, den Triumph der Repression, vorweg: Der Maler wird unter der Folter schweigen, aber Tosca verrät Angelottis Versteck (S. 72). Scarpia siegt jedoch nur scheinbar: Angelotti wird in den Tod fliehen; Toscas Widerstand kostet den Polizeichef das Leben. Cavaradossi, von der Folter gezeichnet, von Toscas ‚Verrat' enttäuscht, ist Zeuge, als der Gendarm Sciarrone Scarpia den Erfolg Bonapartes meldet (S. 76), und er stimmt einen ekstatischen Triumphgesang an: Der Sieg der Franzosen ist der Sieg der Freiheit, ist auch der Sieg des Republikaners Cavaradossi.[79]

Der kurze Dialog Scarpias mit Sciarrone besteht aus sieben Achtsilbern, mit dem Reimschema abba cxc. Das ist auffällig, denn gewöhnlich sind Illica und Giacosa eher bestrebt, metrische Regelmäßigkeit zu vermeiden; sie kombinieren verschiedene Versformen (auch solche mit gerader und solche mit ungerader Silbenzahl), halten zwar (im Gegensatz zu D'Annunzio, s. o.) an der Reimbindung fest, verwenden aber nur selten traditionelle Schemata wie Kreuzreim oder umschließenden Reim. Die Achtsilber-Passage antwortet nun aber auf vierzehn, gleichfalls regelmäßige Achtsilber (Reimschema: abba cc x dede ff x) im ersten Akt (S. 32): Dort kommt der Mesner mit der Neuigkeit von Bonapartes angeblicher Niederlage, stellt enttäuscht fest, daß der ‚Ketzer' Cavaradossi, der darüber sicher traurig wäre, nicht mehr da ist, und teilt sein Wissen schießlich mit den Chorknaben. Gerücht und Faktum sind formal aufeinander bezogen; zugleich isoliert das Metrum die beiden Passagen in ihrem jeweiligen Kontext und erzeugt so den Eindruck der Geschlossenheit.

Die Librettisten scheinen durchgehend bemüht, die unregelmäßige Phrasengliederung der musikalischen Prosa zu antizipieren, ohne jedoch die traditionelle Dichotomie von Arie/Ensemble und Rezitativ (Statik und Dynamik) ganz aufzugeben: Im linearen Diskurs des Librettos gibt es zahlreiche Haltepunkte, die freilich nicht notwendigerweise durch eine metrisch geschlossene (strophische) Form gekennzeichnet sind; oft genügt z. B. der Wechsel von reimlosen zu gereimten Versen, um einen Einschnitt zu markieren.

Die Auseinandersetzung zwischen Scarpia und Tosca um das Leben Cavaradossis (II, S. 87 ff.) wird in rezitativartigen, unterschiedlich langen Versen ohne Reim[80] geführt. Deutlich davon abgehoben ist der vorangehende Monolog, in dem Tosca mit ihrem Gott hadert (S. 84 f.): 19 Verse, ein Neunsilber zu Beginn („Vissi d'arte, vissi d'amore"), dann Fünf-, Sieben- und Elfsilber in unregelmäßiger Folge, aber durchgehend mit Reimbindung. Trotz gewisser Freiheiten läßt das Reimschema eine strophische Gliederung erkennen:

abbx ccdcx *aad* effe *a'a'd*

Das zugrundeliegende Muster ist der Vierzeiler, aber die zweite (ccdcx) der drei Strophen ist auf fünf Verse erweitert; angestrebt ist anscheinend umschließender Reim, der in der dritten Strophe (effe) verwirklicht ist, in den beiden ersten gibt es Unregelmäßigkeiten (je ein reimloser Vers, = x). Die zweimal gestellte Frage „Nell'ora del dolor(e) / perché, perché, Signor(e), / perché me ne remuneri così?" [*In der Stunde des Schmerzes, / warum, warum, o Herr, / warum gibst du mir da diesen Lohn?*] hat Refrain-Charakter, mit dem Reim -*or(e)* wird zudem die Brücke zurück zum ersten Vers (*amore*) geschlagen, was die Geschlossenheit dieser ‚Arie' zusätzlich hervorhebt. Wegen der metrischen Unregelmäßigkeiten läßt sich die Passage jedoch nicht nach den Regeln der klassischen musikalischen Periodik vertonen.

Formale Kohärenz wird im Text mit ganz unterschiedlichen Mitteln hergestellt: Zu Beginn des zweiten Aktes (S. 52) wartet Scarpia auf die Rückkehr seiner Häscher; er gibt Sciarrone seine Anweisungen in kurzen, reimlosen[81] Versen. Es folgt (S. 54) ein Monolog des Polizeichefs; auch diese 16 Verse sind durchgehend reimlos, durch zahlreiche Enjambements ergibt sich ein prosaähnlicher Duktus. Allein das Versmaß grenzt Scarpias Reflexionen gegen den Dialog ab: Er erteilt zunächst in neun Elfsilbern der zärtlichen Liebe eine Absage; zwei Siebensilber markieren den Übergang zu seinem Credo, dem Bekenntnis zum rücksichtslosen Genuß. Der erste Vers dieses Credos, ein Achtsilber, bewirkt einen Rhythmuswechsel, der durch die scharfe Zäsur nach der zweiten Silbe noch unterstrichen wird: ein einziges Wort, „Bramo" [*Ich begehre*], faßt Scarpias Philosophie zusammen. Vier weitere Elfsilber schließen sich an; im folgenden Dialog mit Sciarrone, dann Spoleta dominieren wieder kurze Verse.

Für den Komponisten verlieren die Vorgaben des Librettos durch diese formale Vielfalt an Verbindlichkeit: Haltepunkte, die nur durch die Versform oder nur durch das Reimschema markiert sind, lassen sich viel leichter ignorieren als die strophische Gliederung traditioneller Arien und Ensembles. Daher ist die Zeitstruktur der Libretti von Illica und Giacosa nicht automatisch mit der Zeitstruktur der Opern Puccinis identisch. Das Merkmal der Diskontinuität kennzeichnet jedoch Text und Musik gleichermaßen.

Trotz bedeutsamer Unterschiede im einzelnen bleibt in den veristischen wie in den dekadent-symbolistischen Libretti des italienischen Fin-de-Siècle der Bezug zum romantischen *melodramma* erkennbar, ähnlich wie der *drame lyrique* das Erbe des *Grand Opéra* nicht verleugnet. Wird dagegen, wie in den *osteuropäischen* Ländern, die Schaffung einer ‚Nationaloper' zum künstlerischen Ziel erklärt, dann müßte dies eigentlich den radikalen Bruch mit den übernationalen Traditionen des Musiktheaters bedeuten.

Mit dem Terminus ‚Nationaloper' wird weniger eine musikdramatische Subgattung bezeichnet als ein Qualitätsanspruch erhoben. Am unmittelbarsten scheint sich der ‚nationale' Charakter in der Stoffwahl zu offenbaren[82]; bedingt durch die je eigene Geschichte und die Lebensverhältnisse findet die Identität eines Volkes jedoch in ganz unterschiedlichen Sujets ihren

Ausdruck – vom siegreichen Kampf gegen fremde Eroberer (so in Glinkas *Iwan Sussanin* [*Schisn sa zarja* „Ein Leben für den Zaren"], Text von F. J. Baron Rosen, 1836) über Mythen und Märchen, die zurückverweisen auf die sagenhaften Anfänge der nationalen Geschichte (so in Glinkas *Ruslan i Ljudmila*, Text von W. F. Schirkow und dem Komponisten nach Puschkin, 1842), bis hin zur Komödie in idyllisch-pastoralem Ambiente (Smetanas *Prodana nevešta* [„Die verkaufte Braut"], Text von K. Sabina, 1866). Die Musik enthält in der Regel volkstümliche Elemente, die nach Art (authentische Volksmelodien, Nachahmung populärer Lied- und Tanzformen oder nur ein vager ‚Volkslied-Ton') und Umfang aber sehr unterschiedlich sein können. Nationaloper, so wird man wohl definieren müssen, ist, was immer in einem bestimmten Land zu einem bestimmten Zeitpunkt dafür gehalten wird.[83]

Die nationale Geschichte oder Erzählüberlieferung liefert freilich nur den Stoff der Oper; bei seiner Verarbeitung orientieren sich die Librettisten in der Regel weiterhin an übernational verbreiteten Strukturmodellen: *Iwan Sussanin* etwa steht dem (französischen) Typus der Rettungsoper nahe.[84] Die Protagonistin in St. Moniuszkos *Halka* (Text von Wl. D. Wolski, 1848), der polnischen Nationaloper, ist ein Bauernmädchen, das von einem Adligen verführt und sitzengelassen wird – aus dem bürgerlichen Trauerspiel[85] ist dieses Handlungsmuster in die italienische Oper der Romantik[86] gelangt. Bei der Behandlung historischer Stoffe greifen die Librettisten häufig auf das Schema des Grand Opéra zurück.

Beispielhaft ist die Entwicklung in *Rußland*[87]: Seit 1731 spielten regelmäßig italienische Operntruppen in Moskau und St. Petersburg, unter Katharina II. (1762–1796) wirkten Komponisten wie Paisiello und Cimarosa als Hofkapellmeister. Seit 1764 (erstes Gastspiel einer französischen Truppe) erfreute sich auch der Opéra-comique zunehmender Beliebtheit. Libretti und Musik der frühen russischen Opern (seit 1772) sind von diesen Vorbildern geprägt.

Nach 1815 führt der Anspruch, eine nationale Operntradition zu begründen, einerseits zum Rückgriff auf musikalische Folklore, andererseits zu Libretti nach Werken russischer Dichter – vor allem Puschkins[88], in geringerem Maße Gogols. Besonders narrative Vorlagen werden gewöhnlich in Richtung auf eine konventionelle Operndramaturgie verändert.

In Puschkins Versroman *Eugen Onegin* (1825–1833) etwa sind die geschilderten Ereignisse weniger wichtig als die ironisch-gesellschaftskritischen Kommentare des Erzählers[89]; als Peter Tschaikowski (gemeinsam mit Konstantin Schilowski) *Eugen Onegin* für die Opernbühne einrichtete (1877–1879), verzichtete er auf diese vermittelnde Instanz.[90] Damit verschieben sich die Akzente: Die „bilderbogenartige Dramaturgie"[91] der Oper geht zweifellos auf die Episodenstruktur der Vorlage zurück, aber im Zentrum steht nicht länger der „überflüssige Mensch" Onegin, sondern Tatjana.[92] Ihre Geschichte wird nach einem bekannten Strukturschema organisiert: In den „lyrischen Szenen" des Librettos (und in Tschaikowskis Vertonung) ist Puschkins Versroman zum drame lyrique geworden.[93] Wesentlich anders stellt sich das Problem der Adaptation bei der Novelle *Pique Dame* (1890, Libretto von Modest Tschaikowski): Hier folgt der Komponist dem Typus des Grand Opéra.[94]

Einem national gesinnten Komponisten muß es widersinnig erscheinen, ein Werk des russischen Dichters Puschkin nach den Konventionen einer übernationalen Operndramaturgie zu bearbeiten: Immerhin könnte dabei gerade das spezifisch Russische verlorengehen oder auf dekorative Äußerlichkeiten reduziert werden (daß es unmöglich ist, die ‚nationale' Dimension eines Kunstwerks einigermaßen genau zu beschreiben, macht die Sache nicht besser, eher im Gegenteil). Allerdings stellt sich das Problem der Adaptation bei einem Drama nicht mit der gleichen Dringlichkeit wie bei einem narrativen Text: Vielleicht, so eine naheliegende Überlegung, könnte man der Opernkonvention entkommen, indem man ein Schauspiel Puschkins unverändert (oder leicht gekürzt) in Musik setzte. Alexandr Dargomyschski versucht das mit *Kamenny gost* („Der steinerne Gast", Uraufführung postum 1872); als einziger Komponist des ‚Mächtigen Häufleins' nimmt Modest Mussorgski (1839–1881) die Anregung auf: In *Schenitba* („Die Heirat") vertont er eine Prosa-Komödie Gogols, aber die Oper bleibt Fragment.

Puschkins „Steinerner Gast" (1840) zählt zu den vier „kleinen Tragödien"; freilich ist die „fortschreitende Entfaltung eines einzigen, unveränderlich vorgegebenen Charakters"[95] mit der Dramaturgie der aristotelischen Tragödie unvereinbar. Mit seiner Vertonung schuf Dargomyschski die Form des „melodischen Rezitativs"[96]; obwohl Arien und Ensembles als Haltepunkte fehlen, manifestiert sich „diskontinuierliches Zeitgefühl (...) im häufigen Wechsel der Metren"[97]. Ähnlich wie bei Richard Wagner bedeutet Annäherung an das Sprechtheater keineswegs die Abkehr von der paradigmatischen Ausrichtung der Gattung Libretto.

Auch Mussorgskis Oper *Boris Godunow* (1874) geht auf Puschkin zurück. In seiner *Boris*-Tragödie (veröffentlicht 1831, Uraufführung 1870) hatte der Dichter die dramaturgischen Prinzipien Shakespeares auf einen Stoff aus der russischen Geschichte angewandt[98], und vor allem dieser Stoff dürfte die Aufmerksamkeit des Komponisten erregt haben.

1866 wurde das Aufführungsverbot für Puschkins *Boris Godunow* aufgehoben; in absehbarer Zeit, so mochte man annehmen, würde es auch möglich sein, einen Zaren auf die Opernbühne zu bringen (was seit 1837 untersagt war).[99] Mussorgski komponierte den ‚Ur-*Boris*' 1868/69; von den 23 Szenen Puschkins übernahm er nur sieben, zusätzlich zog er N. M. Karamsins „Geschichte des russischen Reiches" heran, die schon Puschkin als Quelle gedient hatte.[100] Die zweite Fassung entstand, nachdem das Petersburger Theater die Oper abgelehnt hatte. Dieser ‚Original-*Boris*' hat neun Bilder[101], wie im ‚Ur-*Boris*' stellen sie „in sich abgerundete Ganzheiten" dar, „die an separaten Stationen und unter wechselnden Aspekten Momente der nur locker koordinierten Handlungen erfassen"[102].

Mit der epischen Reihung in sich geschlossener Episoden korrespondiert besonders im ‚Original-*Boris*' die Abkehr von der Form des ‚melodischen Rezitativs', mit dem Mussorgski, an Dargomyschski anschließend, in *Schenitba* experimentiert hatte: Jetzt wird die Diskontinuität der Zeit wieder in statischen Momenten faßbar, die sich formal der traditionellen Nummer annähern.[103] Dazu gehören nicht nur Einlagen wie Warlaams Lied von der Stadt Kasan (I 2, S. 45[104]; vgl. auch das folgende Trinklied) oder die Kinderlieder, die die Amme und der Zarewitsch Fjodor singen (II 1), sondern auch der Monolog des eben gekrönten Zaren Boris, in dem seine Beklommenheit für das Publikum hörbar wird (Prolog 2), oder Marinas Traum vom Zarenthron (III 1, S. 65 f.).

CARL DAHLHAUS[105] sieht in *Boris Godunow* eine „Historie im Sinne Shakespeares, die nichts als den Mechanismus der Herrschaft, das politisch-psychologische Räderwerk von Gewalt und Betrug, Angst und Trübsinn zeigt", während die ‚Oper mit geschichtlichem Sujet' bis hin zu Meyerbeer vor allem bemüht gewesen sei, politisch-öffentliche Ereignisse auf private Motive zurückzuführen[106]. Mussorgskis Boris scheint nicht von persönlichem Ehrgeiz getrieben, er wird zum Opfer, weil Gewalt ständig neue Gewalt erzeugt: Boris, der Usurpator, muß damit rechnen, von dem Hochstapler Grigori (Dimitri) gestürzt zu werden, und nach dem Tod des Zaren droht dessen Sohn Fjodor das gleiche Schicksal wie dem Zarewitsch, den Boris hat ermorden lassen.

Der Kreislauf der Geschichte beginnt immer wieder neu; das Unglück der Menschen rührt daher, daß die meisten nur ein Segment des Kreises zu überschauen vermögen. Das Volk blickt nicht über die unmittelbare Gegenwart hinaus: Für die Menge vor dem Nowodjewitsche-Kloster (Prol. 1) scheint die Zukunft (die Wahl eines neuen Zaren) ohne Bedeutung, sie flehen zu Boris, er möge die Krone annehmen, weil sie dazu gezwungen werden, aber sie setzen offenbar keinerlei Hoffnungen auf ihn (oder irgendeinen anderen). Bei seiner Krönung (Prol. 2) jubelt ihm das Volk von Moskau zu, in der Schlußszene (IV 2) schlägt die gleiche Begeisterung dem falschen Dimitri entgegen. Im einen wie im anderen Fall scheint der Beifall nicht einer Person, sondern den Insignien der Macht zu gelten: Der Herrscher ist gut, weil (und solange) er herrscht.

Dagegen zählt für Grigori/Dimitri nur die Zukunft. Verdeutlicht wird das durch den erst bei der Überarbeitung der Oper eingefügten ‚Polen-Akt' (III): In Sandomir wirbt Dimitri um die Woiwoden-Tochter Marina Mnischek; sie ist bereit, ihn zu heiraten – nicht den Emporkömmling, der er ist, sondern den künftigen Zaren von Rußland, der ihr die Möglichkeit böte, aus einer als langweilig empfundenen Gegenwart auszubrechen. Als sie in seinen Liebesschwüren zu wenig kriegerische Entschlossenheit zu finden meint, stößt sie ihn zurück; bezeichnenderweise droht auch er ihr daraufhin mit der Zukunft: Wenn er erst Zar sei, werde er sie auslachen.

Auch Zar Boris macht Zukunftspläne, aber er vermag sie nicht zu verwirklichen, weil die Vergangenheit ihn immer wieder einholt: Der zweite Akt beginnt mit der Klage seiner Tochter Xenia um ihren toten Bräutigam. In seinem Monolog (S. 55 f.) erinnert sich Boris daran, wie er für sie das Hochzeitsfest vorbereiten ließ, das dann nicht stattfand; von der vernichteten Zukunft schweifen seine Gedanken zu den Sorgen und Leiden der Gegenwart, und von da zur Ermordung des Zarewitsch. Das Verbrechen der Vergangenheit wird immer mehr von ihm Besitz ergreifen: Anfangs sucht ihn die Erscheinung des toten Kindes nur heim, wenn er allein ist (vgl. II, S. 62), später glaubt er sie inmitten der Versammlung der Bojaren zu sehen (IV 1, S. 79).

Mussorgski hat Boris' Einsamkeit durch die „Monologstruktur der inneren Handlung"[107] zum Ausdruck gebracht. Die Monologe des Protagonisten nehmen Vergangenheit, Gegenwart und Zukunft gleichermaßen ins Blickfeld: Während der Krönungsfeier (Prol. 1) stellt sich Boris, obwohl nicht frei von der Last einer alten Schuld, seinen herrscherlichen Pflichten; in den beiden Monologszenen im zweiten Akt (S. 55 f.; 62) schreckt ihn zwar die Erinnerung an den ermordeten Zarewitsch, dennoch vermag er sich eine Zukunft vorzustellen, in der sein Sohn Fjodor über Rußland herrscht (S. 55). Auch in seiner letzten Stunde sieht er Fjodor als den neuen Zaren und gibt ihm Ratschläge, wie er die Herrschaft ausüben soll (IV 1, S. 82). Boris – das unterscheidet ihn vom Volk[108]– vermag voraus- und zurückzuschauen; er erkennt jedoch nicht, daß sein vergangenes Unrecht die Zukunft, die er sich für Fjodor erhofft, unmöglich macht.[109]

Die Wahrheit über die Vergangenheit mag in der Chronik Pimens zu finden sein; als zuverlässiger Zeuge (vgl. I 1, S. 38) überliefert der Mönch der Nachwelt, was er gesehen oder aus glaubwürdigen Quellen erfahren hat. Ihm bleibt es vorbehalten, im Gespräch mit Grigori die Reihe der letzten Zaren zu wiederholen: Nach Iwan dem Schrecklichen herrschte Fjodor, auf den der ermordete Dimitri hätte folgen sollen (I 1, S. 40 f.). Die Wirkung seiner Erzählung auf Grigori (der versuchen wird, selbst die Stelle des toten Zarewitsch einzunehmen) sieht Pimen freilich nicht voraus: Das Wissen über die Vergangenheit ist offenbar kein Schlüssel zur Zukunft.

Das letzte Bild des ‚Original-*Boris*' („Waldlichtung vor Kromi"[110]) schließt mit einer Prophezeiung des Gottesnarren (IV 2, S. 91): Der falsche Dimitri ist mit seinem Gefolge vorbeigezogen, der Außenseiter bleibt allein zurück und sagt dem russischen Volk dunkle Zeiten voraus. Der ‚Ur-*Boris*' ließ den Gottesnarren im vorletzten Bild („Platz vor der Wassili-Kathedrale") auftreten, wo er gegen Boris, den Mörder des Zarewitsch, Anklage erhob. Nach Mussorgskis Absicht sollte die neue Schlußszene offenbar das Bild vor der Wassili-Kathedrale ersetzen[111]; behielte man beide Szenen bei, dann wäre der Gottesnarr die einzige Figur der Oper, die imstande wäre, sowohl über die Vergangenheit wie über die Zukunft wahre Aussagen zu machen. Daß der Komponist diese Kompetenz nicht einmal dem Erleuchteten zugestehen mochte, verdeutlicht ein letztes Mal den Sinn des Werkes.

# Die Zusammenarbeit Hugo von Hofmannsthals mit Richard Strauss

Gegen Ende des 19. Jahrhunderts stirbt der Berufsstand des Librettisten allmählich aus. Die Gründe sind vielfältig; Richard Wagners Polemik gegen die traditionelle Oper, die den Dichter zum Handlanger des Musikers degradiere[1], mag dabei von geringerer Bedeutung sein als wirtschaftliche Aspekte.[2] Der ästhetische Grundkonsens, der im 18. Jahrhundert Komponisten aus ganz Europa spontan erkennen ließ, wie man ein Libretto Metastasios in Musik zu setzen hatte, war spätestens seit der Romantik verlorengegangen[3]; jetzt kam auch noch die Routine abhanden, die es erfahrenen Operndichtern wie Eugène Scribe oder Francesco Maria Piave ermöglicht hatte, Vorschläge und Forderungen Meyerbeers oder Verdis in szenische Topoi umzusetzen und in feste Vers- und Strophenformen zu fassen. Einerseits eröffnet sich damit die Chance einer innovativen Operndramaturgie jenseits der Konvention, andererseits wird die praktische Zusammenarbeit von Komponist und Librettist erschwert: Selbst im Idealfall, wenn sich ein literarisch interessierter, theatererfahrener Musiker und ein ebenfalls theatererfahrener, musikalisch gebildeter Schriftsteller zusammenfinden, werden sich ihre opernästhetischen Vorstellungen in manchem unterscheiden. Übereinstimmung läßt sich nur durch – möglicherweise permanente – Diskussion herstellen.

Die Zusammenarbeit zwischen HUGO VON HOFMANNSTHAL (1874–1929) und RICHARD STRAUSS (1864–1949) bietet dafür ein Musterbeispiel. Ihr Erfolg ist offensichtlich – nicht nur, weil einer der berühmtesten deutschen Komponisten seiner Zeit und ein gleichermaßen geschätzter Dichter zusammengefunden haben, auch die mehr als zwanzigjährige Dauer (von 1906 bis zu Hofmannsthals Tod) und der Ertrag ihres gemeinsamen Schaffens (sechs Opern, von denen fünf bis heute zum gängigen Repertoire gehören) sprechen eine eindeutige Sprache. Der bereits 1926, also während der Arbeit an der *Ägyptischen Helena*, erstmals (wenn auch nicht vollständig) veröffentlichte Briefwechsel[4] dokumentiert nun anschaulich grundlegende Unterschiede der künstlerischen Konzeption, die bei verschiedenen Gelegenheiten zu Mißverständnissen und (durch die Gegensätzlichkeit der Charaktere verschärften) Verstimmungen führen: Hofmannsthals wiederholte Versuche, dem Komponisten den ge-

Anmerkungen siehe S. 305.

danklichen Gehalt seiner Texte nahezubringen⁵, sind zum Scheitern verurteilt, denn Strauss ist im Grunde nur an dramatischen Situationen und Charakteren interessiert.

Ein Ausgleich zwischen den divergierenden Positionen ließ sich dennoch (fast) immer finden; das dürfte vor allem damit zusammenhängen, daß Hofmannsthals Theaterästhetik und Dramaturgie von vornherein eine besondere Affinität zum Musiktheater haben. Über *Ariadne auf Naxos* schrieb der Dichter 1912:

> „Verwandlung ist Leben des Lebens, ist das eigentliche Mysterium der schöpfenden Natur; Beharren ist Erstarren und Tod. Wer leben will, der muß über sich selbst hinwegkommen, muß sich verwandeln: er muß vergessen. Und dennoch ist ans Beharren, ans Nichtvergessen, an die Treue alle menschliche Würde geknüpft. Dies ist einer von den abgrundtiefen Widersprüchen, über denen das Dasein aufgebaut ist, wie der delphische Tempel über seinem bodenlosen Erdspalt. *Man hat mir nachgewiesen, daß ich mein ganzes Leben lang über das ewige Geheimnis dieses Widerspruches mich zu erstaunen nicht aufhöre.*⁶ So steht hier aufs neue Ariadne gegen Zerbinetta, wie schon einmal Elektra gegen Chrysothemis stand. Chrysothemis wollte leben, weiter nichts; und sie wußte, daß, wer leben will, vergessen muß. Elektra vergißt nicht. Wie hätten sich die beiden Schwestern verstehen können? Zerbinetta ist in ihrem Element, wenn sie von einem Manne zum andern taumelt, Ariadne konnte nur *eines* Mannes Gattin, sie kann nur *eines* Mannes Hinterbliebene sein."⁷

Die Personenkonstellation in *Ariadne* verweist also zurück auf *Elektra*; *Elektra* aber wurde nicht als Libretto, sondern als Schauspiel konzipiert (1903). Für die Vertonung kürzte Richard Strauss den Text um mehr als ein Drittel⁸, ließ aber die Abfolge der Szenen und Dialoge weitestgehend unverändert.

Schauspiel wie Libretto basieren auf der Denkform der Antithese: Natürlich steht Elektra gegen Chrysothemis (und beide, auf ihre je eigene Art, stehen gegen Klytämnestra); zugleich verkörpert sich in Elektra die Spannung zwischen Erniedrigung und Verklärung. Im einleitenden Gespräch der Dienerinnen (S. 187–190) steht die feindselige Verachtung der Mehrheit in eklatantem Widerspruch zur schwärmerischen, gleichsam religiösen Verehrung der „ganz jungen":

> Ich will
> mich vor ihr niederwerfen und die Füße
> ihr küssen. (...) Ich will die Füße
> ihr salben und mit meinem Haar sie trocknen. (189)⁹

Die Königin ist zur Bettlerin geworden, in der Orest seine vormals so schöne (vgl. 225) Schwester nicht mehr erkennt (222 f.).¹⁰ In Elektras Vorstellung aber steht den Demütigungen der Gegenwart eine Zukunft gegenüber, in der sie als Rächerin über die Mörder ihres Vaters triumphiert:

(...) dann tanzen wir, dein Blut, rings um dein Grab:
und über Leichen hin werd ich das Knie
hochheben Schritt für Schritt, und die mich werden
so tanzen sehen, ja, die meinen Schatten
von weitem nur so werden tanzen sehn,
die werden sagen: einem großen König
wird hier ein großes Prunkfest angestellt
von seinem Fleisch und Blut, und glücklich ist
wer Kinder hat, die um sein hohes Grab
so königliche Siegestänze tanzen! (191)[11]

Setzt man mit Cl. Lévi-Strauss voraus, „daß das mythische Denken ausgeht von der Bewußtmachung bestimmter Gegensätze"[12], dann erweist sich Hofmannsthals *Elektra* als in höherem, gleichsam ursprünglicherem Sinne mythisch denn die Tragödie des Sophokles. Die zugrundeliegenden Oppositionen prägen (natürlich) das Syntagma. Auf den ersten Blick scheint die *Elektra*-Handlung linear zu verlaufen: Der glühende Wunsch der Protagonistin, Rache zu nehmen für Agamemnons Tod, findet mit der Rückkehr des Orest seine Verwirklichung. Daß Elektras Bruder lebt und gekommen ist, die Mörder seines Vaters zu bestrafen, erfährt der Zuschauer jedoch erst unmittelbar vor der Katastrophe, während Sophokles Orest und seine Begleiter gleich zu Anfang auftreten ließ. Das Publikum der griechischen Tragödie mußte folglich alles, was Elektra, Chrysothemis und Klytämnestra sagen oder tun, auf das blutige Ende beziehen, obwohl Elektra und Klytämnestra selbst nicht ahnen, daß sich ihre Hoffnungen oder Befürchtungen so bald verwirklichen werden.

Bei Hofmannsthal verweist Elektras Monolog (190 f.) nicht auf die Tat des Orest, sondern auf die Reden der Chrysothemis (193–196[13]) und der Klytämnestra (202–204, 205 f.[14]): Elektras ‚Beharren'[15] erhält erst durch die ‚Verwandlung', das Vergessenwollen der beiden anderen, seinen Sinn; nicht Handlung entwickelt sich, eine Figurenkonstellation wird entfaltet. Am Ende der Auseinandersetzung zwischen Klytämnestra und Elektra steht eine ungeheure Provokation: Die Tochter malt sich aus, wie sie ihre Mutter ermorden will (209 f.[16]). Es scheint unvorstellbar, daß Elektras Worte ohne Folgen bleiben; Klytämnestras Reaktion müßte dem Geschehen eine entscheidende Wendung geben. Gerade in diesem Augenblick aber erhält die Königin die Nachricht vom Tod des Orest; damit, so glaubt sie, hat sie von Elektra nichts mehr zu befürchten, und deshalb lohnt es nicht, die Unverschämte zu bestrafen.[17] Im Syntagma bleibt Elektras Mord-Phantasie also folgenlos; sie verschärft jedoch den Kontrast zwischen Demütigung und Triumph der Protagonistin. Wie schon am Ende ihres Monologs (s. o.) hat sie sich zum Sieg über die Mörder geträumt; unmittelbar darauf erfährt sie quälend ihre reale Machtlosigkeit, denn ohne Orest (und ohne die widerstrebende Chrysothemis) ist ihr Racheplan kaum zu verwirklichen. Am intensivsten erlebt Elektra ihre Erniedrigung im Gespräch mit ihrem Bruder[18] (auch noch, nachdem sie ihn erkannt hat, da sie sich mit seinen Augen sieht und sich dessen schämt, 225), ehe die Tat des Orest sie wieder zur Königin macht.[19]

Der Sinn der Dichtung konstituiert sich somit über die paradigmatischen Relationen zwischen Hoch und Niedrig einerseits, Vergangenheit (‚Beharren') und Zukunft (‚Verwandlung') andererseits. Die musikalische Gestaltung dagegen folgt der Linearität des Syntagmas: Der symphonische Gestus der Vertonung verhindert, daß die Reden der drei Protagonistinnen als Haltepunkte wahrgenommen werden. Bekanntlich kehrte Richard Strauss später zu traditionelleren Lösungen zurück; neben musikalischen haben dabei mit Sicherheit dramaturgische Erwägungen eine Rolle gespielt.

Hugo von Hofmannsthal (der „(s)eine Qualität als Librettist" darin sah, „daß ich es auf Kontraste, und über den Kontrasten auf Harmonie des Ganzen anzulegen weiß"[20]) begriff *Ariadne auf Naxos*, wie schon den *Rosenkavalier* (1910)[21], als Gefüge von sinntragenden Oppositionen bzw. Äquivalenzen: Als „Gehalt" des Textes nennt er „ein simples und ungeheueres Lebensproblem: das der Treue"[22], vor dem zwei einander entgegengesetzte Verhaltensweisen möglich sind; sie werden vorgeführt durch die „Gruppe der Heroen, Halbgötter, Götter – Ariadne – Bacchus – (Theseus)" einerseits und die „menschliche, nichts als menschliche Gruppe der leichtfertigen Zerbinetta und ihrer Begleiter"[23] andererseits. „Bacchus ist Gegenspiel zur gemeinen Lebensmaske Harlekin, wie Ariadne Gegenspiel zu Zerbinetta. Harlekin ist bloße Natur, ist seelenlos und ohne Schicksal, obschon ein Mann; Bacchus ist ein Knabe und schicksalsvoll. Harlekin ist irgendeiner, Bacchus ist ein einziger, ein Gott, auf dem Wege zu seiner Gottwerdung"[24]. Er allein vermag (seit seiner Begegnung mit Circe) die Ambivalenz des Daseins zu erfassen, während es für Ariadne nur „Verwandlung nach oben", für Zerbinetta nur „Verwandlung nach unten" gibt.

Die Entfaltung dieser Konstellation nun sah Hofmannsthal als Etappe auf dem Weg zu „ein(em) dramatische(n) Ganze(n) (...) in welchem die *Nummern* die größte Bedeutung mehr und mehr wieder gewinnen müssen"[25]; die Dominanz des Paradigmas über das Syntagma fordert, so scheint es, eine musikalische Form, die die Diskontinuität der Zeit zusätzlich verdeutlicht. Die in Anlehnung an das Schema der Nummernoper konzipierte *Ariadne*[26] sollte denn auch Hofmannsthals Lieblingswerk aus der Zusammenarbeit mit Strauss bleiben.[27]

*Elektra, Ariadne auf Naxos, Die ägyptische Helena* (1928) und die geplante, aber von Hofmannsthal nicht ausgeführte „Operette" *Danae oder die Vernunftheirat*[28] nehmen jeweils Bezug auf die Welt des antiken Mythos; dagegen charakterisiert Hofmannsthal den gedanklich anspruchsvollsten Text, den er für Richard Strauss schreiben sollte, bei der ersten Erwähnung als „Zaubermärchen"[29]. Aus dem Märchen übernimmt *Die Frau ohne Schatten* (1919) das Strukturschema der Suche: Die Kaiserin wirft keinen Schatten, das heißt, sie kann nicht Mutter werden; um diesem Mangel[30] abzuhelfen, muß sie ihre angestammte Sphäre verlassen, sie begibt sich in das Haus des Färbers Barak, und was sie dort lernt, macht es ihr zuletzt möglich, sich einen Schatten zu erwerben.

Die Kaiserin ist folglich die Hauptfigur[31]; das Objekt[32] ihrer Suche, der Schatten, steht – in einer Dichtung, die „einen ewigen, d. h. zeitlosen symbolischen Stoff"[33] behandelt, ist das selbstverständlich – für eine komplexe Realität: Als Feentochter ist die Kaiserin der Sphäre der Geister und der Tiere verbunden; „in der Mitte klafft die Lücke, das Menschliche fehlt: dieses zu gewinnen, ist der Sinn des ganzen Stückes"[34]. Das Menschliche aber meint kein Sein, sondern ein Sollen: Im vollen Sinne Mensch ist nur, wer nicht egozentrisch mit sich allein lebt, sondern (synchron) das „wilde Getümmel"[35] in Städten und Dörfern erträgt und (diachron) „das ewige Geheimnis der Verkettung alles Irdischen"[36] achtet, anders gesagt: das Leben, das er selbst von seinen Eltern empfangen hat, an Kinder weitergibt.[37] Die Frau des Färbers, selbstverliebt[38] und in ihrer Ehe unzufrieden, wehrt sich dagegen; der Wunsch, ihren Schatten gegen „dauernde Jugendherrlichkeit"[39] einzutauschen, erweist ihr Menschentum als unvollkommen. Wie die Kaiserin muß sie eine Reihe von Prüfungen[40] bestehen, um sich ihrer Liebe zu Barak bewußt zu werden und den Sinn der eigenen Existenz zu finden.

Der Fehler des Kaisers ist die Selbstsucht:

> Er ist ein Jäger
> und ein Verliebter,
> sonst ist er nichts! (308),

so charakterisiert ihn die Amme. Die Jagd ist ein egozentrisches Vergnügen, und seine „eifersüchtige genießende Liebe"[41], die die Geliebte ganz für sich allein haben will, hat die Menschwerdung der Kaiserin bisher verhindert; es ist seine Schuld, daß sie nach Jahresfrist noch keinen Schatten wirft, daß er zu Stein wird, ist nur gerecht.[42] Weil die Struktur des Märchens nur einen aktiven Helden kennt (in diesem Falle ist das die Kaiserin), bleibt ihm nur passives Erdulden; was aus ihm wird, hängt nicht von seinen Taten ab, nur seine Frau vermag ihn (und sich selbst) zu erlösen. Im Libretto ist er „die mindest hervortretende"[43] unter den Hauptfiguren.

Als Hofmannsthal den Stoff in einer Erzählung neu gestaltete (1919), nutzte er den weiteren Rahmen der epischen Form, um der Figur des Kaisers mehr Relief zu geben: Der rote Falke, der ihm half, die Kaiserin (in Gestalt einer weißen Gazelle) zu erjagen und den er danach im Zorn verletzte (vgl. Libretto, 310f.), wird erst dort als einer der Ungeborenen identifiziert[44]; durch seine unbeherrschte Reaktion verweigert sich der Kaiser der Vaterschaft, wie sich die Färbersfrau der Mutterschaft verweigert. Im zweiten Akt der Oper (347) sieht die Kaiserin im Traum, wie ihr Gemahl in eine Höhle eindringt; erst die Erzählung schildert[45], wie er dort seinen eigenen ungeborenen Kindern begegnet und in seiner oberflächlichen Selbstsicherheit erschüttert wird.

An die Stelle der Opposition menschlich *vs.* nichtmenschlich tritt eine Dreigliederung: Die Kaiserin ist ein Geist, kein Mensch; die Färbersfrau und der Kaiser verkörpern Egoismus und menschliche Unvollkommenheit; Barak, die einzige auf der Bühne agierende Figur, die einen Namen trägt[46], wünscht sich sehnlich Kinder und kommt wahrem Menschentum am nächsten, obwohl auch seine Natur „trübe irdisch" ist und der Reinigung bedarf.[47]

Damit ist der Kaiserin eine ungleich schwierigere Aufgabe gestellt als im Zaubermärchen: Als Symbol der Menschwerdung ist der Schatten kein Objekt, das man dem Besitzer abgewinnen kann. In einer Volkserzählung wären die Färbersfrau und Barak die Gegenspieler der Protagonistin. Barak wäre vermutlich ein Riese oder Dämon, dem die Kaiserin das Benötigte durch List entwenden müßte; möglicherweise käme er dabei zu Tode, wenn nicht, hätte er jedenfalls das, was die Kaiserin gewinnt, auf Dauer verloren. Dagegen wirkt die Amme, die weiß, wo und wie ein Schatten zu erwerben ist, auf den ersten Blick wie eine zuverlässige Helferin. Nun stellt sich aber heraus, daß nur mitmenschliche Solidarität und der Verzicht auf den unrechtmäßig erworbenen Schatten Erlösung bedeuten. Folglich erweist sich die Amme als die eigentliche Gegenspielerin: Indem sie der Kaiserin einredet, diese könne Keikobads Gebot erfüllen, ohne sich zu verwandeln[48], führt sie sie auf einen gefährlichen Irrweg. Barak dagegen steht zwar zwischen der Kaiserin und dem Schatten, aber da er ihr „zeigt, was ein Mensch ist" (349), weist er ihr (als Helfer wider Willen) den Weg, der schließlich zur Rettung führt.

Hofmannsthal hat die Szenengliederung des Librettos aus dem Kontrast zwischen Feen- und Menschenwelt entwickelt[49]: Das erste Bild des ersten Aktes, das die Amme, den Boten Keikobads, den Kaiser und die Kaiserin auftreten läßt, weist voraus auf den „Feen-*Opern*-Stil"[50] des dritten Aufzugs; die Gliederung des zweiten Aktes basiert auf der „rhythmische(n) Wiederkehr des Färberhauses"[51]. Hier spielen drei der fünf Bilder, dazwischengeschoben sind nur zwei kurze Szenen: In der ersten (339 f.) beobachtet der Kaiser, wie seine Gemahlin und die Amme bei Nacht ins Falknerhaus zurückkehren, und will die scheinbar Treulose töten, vermag es aber nicht; der zweite Einschub macht das Traumbild sichtbar, das die Kaiserin quält (der Kaiser im Inneren des Berges, wo er zu Stein werden soll, 347 f.).

Diese beiden Zwischenszenen konzipierte Hofmannsthal als „bloße lyrische Ausströmungen (als Ruhepunkte in der beständig fortschreitenden, irdischen Handlung (...))"[52]; es liegt nahe, sowohl das Schreckbild des die Ehebrecherin strafenden Kaisers wie den Angsttraum der Kaiserin als Vergegenständlichungen ihrer Schuldgefühle aufzufassen. Das fünfte Bild bezeichnete der Dichter selbst als „im gewissen Sinne (...) nur eine Projektion dessen, was im Innern der Kaiserin vorgeht"[53]; die beiden (kontemplativen) Septette in diesem Bild wären somit Ausdruck der in sich widersprüchlichen Gefühle dieser Figur. Nimmt man hinzu, daß in der erzählenden Fassung allein die Kaiserin die Stimmen der Ungeborenen zu hören scheint, die aus den Fischlein in der Pfanne singen[54], dann erweisen sich Innen und Außen endgültig als deckungsgleich: *Die Frau ohne Schatten* handelt vom Reifeprozeß der Protagonistin; Geister- und Menschenwelt (Beharren und Verwandlung, oder Ariadne und Zerbinetta) sind zwei Seiten ihrer Natur. „Ruhepunkte" (Arien, Duette oder Ensembles) zeigen (oder erklären) die verschiedenen Aspekte, in die das eine Ich sich aufspaltet.

Die Frage ist, ob sich das komponieren läßt. Richard Strauss, so scheint es, sieht in den Figuren Individuen (als solche erscheinen sie notwendigerweise auf der Bühne). Sein Einwand gegen den dritten Akt:

„Die Kaiserin opfert doch, da sie den Schatten nicht durch Betrug erwerben will und durch Zerstörung des Glückes des Ehepaares Barak, ihren geliebten Gatten. Hierin liegt an sich etwas Unnatürliches und Unsympathisches."[55]

fällt selbstverständlich in sich zusammen, wenn man den Kaiser als die egoistische, Barak und seine Frau als die altruistische Seite der Kaiserin auffaßt.

Im übrigen folgt die Vertonung offenbar weniger der Logik der dichterischen Konzeption als den Gesetzen einer musikalischen Dramaturgie. Vor allem aus diesem Grund fordert Strauss für den dritten Akt ständig mehr Text: Zu Beginn, nach den ersten beiden Versen, fehlen ihm

„etwa acht Verse, in denen die Färbersfrau traurig und zerrissen (in f-moll) ihren gegenwärtigen Zustand schildert: etwa so:

,Verstoßen von ihm
in Nacht und Grauen,
allein in Verzweiflung,
allein in Reue,
kein Licht vor mir,
keinen Ausweg,
o bitterste Not,
o schrecklichste Trauer!'

Könnten Sie mir einen solchen schwarzen Ruhepunkt einfügen, an dem ich dann wieder aufwärts steigern kann?"[56]

Man glaubt, Verdi an Piave (oder Meyerbeer an Scribe) zu lesen: Die Zahl der Verse, das metrische Schema, die Tonart – alles ist schon fixiert, der Librettist braucht es nur noch auszufüllen. Zu Zeiten der normativen Poetik wäre das ganz einfach gewesen; solange es überindividuell verbindliche metrisch-rhythmische Muster gab, war es immerhin noch möglich, wenn auch ein Abgleiten ins Klischee drohte. Bei Hofmannsthal sind Form und Inhalt deckungsgleich, das eine läßt sich nicht ohne Schaden für das andere modifizieren. Oft hat der Dichter den Wünschen des Musikers entsprochen – zumindest gelegentlich sicher wider besseres Wissen[57] –, aber es ist unmittelbar einsichtig, daß die Zusammenarbeit dadurch erschwert und belastet werden mußte. Eine langdauernde, produktive Verbindung zwischen Librettist und Komponist setzt ein Maß an Übereinstimmung voraus, wie es im 20. Jahrhundert zwischen starken künstlerischen Individualitäten nur noch in seltenen Ausnahmefällen zu erreichen ist.

# Eine problematische Kategorie: Die sogenannte Literaturoper

In der Librettistik vollzieht sich, vereinfacht gesagt, vom 19. zum 20. Jahrhundert der Übergang vom Zeitalter Beckmessers zur Epoche Walthers von Stolzing: Operntexte zu verfassen, ist im 19. Jahrhundert wesentlich ein Handwerk (eben deshalb konnten die erfolgreichsten Librettisten in Italien, Frankreich und Deutschland einen Beruf daraus machen). Die Routine der Textdichter läßt sich in Beziehung setzen zur normativen Poetik früherer Zeiten: An die Stelle expliziter Regeln tritt der durch Intuition und Erfahrung erfaßte Publikumsgeschmack als normgebende Instanz – eine äußerst komplexe, aber doch relativ konstante Größe. Entsprechend verfügt die Oper des 19. Jahrhunderts über einen Grundbestand an Handlungsmustern, Figurenkonstellationen und Situationen, die im konkreten Text auf höchst individuelle Art ausgestaltet werden können; dennoch ist jede neue Geschichte aus bekannten Bausteinen zusammengesetzt, was die Verständigung zwischen Librettist und Komponist natürlich wesentlich erleichtert.

Das Verschwinden der librettistischen Routine zeichnet sich schon in der zweiten Hälfte des 19. Jahrhunderts ab (Wagners Opernästhetik erhebt es zum Programm), im 20. Jahrhundert ist es eine Realität. Das bedeutet, daß auf dem Weg vom Stoff über das Szenar bis zum vollendeten Text künftig ungleich mehr Mißverständnisse und Differenzen möglich sind als früher. Vor diesem Hintergrund erklärt sich die wachsende Neigung der Komponisten, ein fertig vorliegendes Schauspiel als Libretto zu wählen: In einem solchen Fall sind alle ästhetischen und dramaturgischen Entscheidungen bereits gefallen, Überraschungen, wie sie in der Zusammenarbeit mit einem Schriftsteller oder Dichter häufig vorkommen, sind nicht zu befürchten.

Voraussetzung dafür, daß ein für das Sprechtheater geschriebener Text unverändert vertont werden kann, ist die Auflösung der geschlossenen Formen in musikalische Prosa.[1] Die traditionelle, auf der achttaktigen Periode basierende Melodiebildung fordert für den Text der Musiknummern metrisch regelmäßige, das heißt strophische (oder zumindest strophenähnliche) Formen, wie sie im Schauspiel nur ausnahmsweise vorkommen; bis hin zu Verdi und Meyerbeer galt es somit, bei der Opernadaption eines Sprechstücks die Unterscheidung von Rezitativ und Arien bzw. Ensembles neu einzuführen. In der Nachfolge Wagners[2] wird diese Trennung aufgehoben.

Für Werke des Musiktheaters, denen ein ursprünglich nicht zur Vertonung bestimmter Text zugrunde liegt, hat sich schon früh der Terminus *Literaturoper* eingebürgert[3], der freilich seiner mangelnden Trennschärfe wegen[4] wenig brauchbar scheint. In einem weiteren Sinn verweist er auf den „gesteigerte(n) und im Wesen der Neuen Musik begründete(n) literarischen Anspruch" moderner Librettistik[5]; damit sollen offenbar die Gemeinsamkeiten betont werden, die z. B. zwischen Ingeborg Bachmanns Libretti *Der Prinz von Homburg* und *Der junge Lord* (beide für Hans Werner Henze) zweifellos bestehen, obwohl zum einen Kleists Schauspiel (wesentlich durch Kürzungen) „für Musik eingerichtet" wurde[6], zum anderen (auf der Grundlage von Hauffs Märchen) ein neuer dramatischer Text entstand.[7] Diese Verwendung des Begriffs würde freilich dazu nötigen, die Geschichte der Literaturoper mit Rinuccini beginnen zu lassen, denn der „literarische Anspruch" des Librettos ist im 17. und 18. Jahrhundert eher stärker ausgeprägt als in neuerer Zeit.

Jede Bühnenadaptation eines *narrativen* Werkes (als Schauspiel oder als Libretto) hat das Problem der Erzählerrede zu lösen: Dramatische Kommunikation unterscheidet sich von epischer dadurch, daß im Drama grundsätzlich eine vermittelnde Instanz zwischen den auf der Bühne agierenden Figuren und dem Publikum fehlt; daher müssen Informationen, die im narrativen Text der Erzähler gibt, in der Bühnenbearbeitung auf andere Weise übermittelt werden.[8] Wenn der Verfasser seine wertenden Kommentare einzelnen Figuren in den Mund legt, wird das Drama episiert[9]; häufig lassen sich auch die Situationen oder die Figurenkonstellation so verändern, daß sinnhaltige Bezüge neu eingeführt oder verdeutlicht werden (Außenseitertum wird etwa durch den Gegensatz zwischen dem einzelnen und einer in sich homogenen Gruppe illustriert[10]).

Weil das Libretto einen gewissen Umfang nicht überschreiten darf, können aus einem vielhundertseitigen Roman allenfalls einzelne, in sich geschlossene Bilder herausgelöst werden. Sergej Prokofjews Opernversion von Tolstois Roman *Woina i mir* [*Krieg und Frieden*], der als komplexes Epochengemälde sicher die Grenze des im Musiktheater Darstellbaren markiert, umfaßt in verschiedenen Fassungen elf (1945), zehn (1953) oder 13 Bilder (1957)[11]; das Strukturprinzip der lockeren Reihung kontrastierender Elemente[12] läßt Weglassungen und Ergänzungen zu. Einheitsstiftend wirkt, wie schon bei Tolstoi (vgl. den Titel!), die Stilfigur der Antithese: Auf der politisch-militärischen Ebene steht Napoléon gegen Kutusow, in der ‚privaten' Sphäre Andrei Bolkonski gegen Anatol Kuragin, Per Besuchow gegen beide, Natascha gegen Jelen usw.

Als geradlinige, knappe Erzählung einer ‚unerhörten Begebenheit' mag die Novelle gewisse Gemeinsamkeiten mit dem Drama der geschlossenen Form aufweisen[13]; die grundlegende Differenz zwischen narrativen und dramatischen Texten wird dadurch freilich nicht aufgehoben. Eine Novelle kann aus der Perspektive *einer* Figur erzählt sein; in *The Turn of the Screw* von Henry James ist es die Governess, deren Wahrnehmungen wiedergegeben werden, daher bleibt ungewiß, ob es die Geister, die sie gesehen hat, ‚wirklich' gibt oder ob sie halluziniert. Auf dem Theater ist das kaum möglich; M. Piper, die auf der Grundlage der Novelle ein Libretto für B. Britten schrieb (1954), mußte sich entscheiden: In der Oper sind die Erscheinungen real.[14]

Die Libretto- (oder Schauspiel-)Adaptation einer narrativen Vorlage wird sich bevorzugt epischer Darstellungsweisen bedienen – zumindest dann, wenn der Unterschied zwischen Original und Bearbeitung möglichst geringgehalten werden soll. An den sechs Opern Benjamin Brittens, die auf novellistischen Vorlagen basieren, läßt sich das nachweisen[15]: Als spielexterne Kommentatoren treten ein Prologsprecher (*The Turn of the Screw*) oder ein Erzähler auf (*Owen Wingrave*, 1970); die Handlung basiert auf statischen Kontrastrelationen (*Peter Grimes*, 1945); Überschriften zu den einzelnen Szenen (*The Turn of the Screw*, *Billy Budd* [1951], *Death in Venice* [1973]) machen diese gleichsam zu „‚Kapitel(n)' im ‚epischen' Fluß der Oper"[16]; in *Death in Venice* ermöglicht die Anwendung filmischer Techniken[17] eine epische Perspektivierung. Als episches Drama ist das Libretto aber zugleich nichtaristotelisches (offenes) Drama; daß der Komponist Britten für die Form der Nummernoper optiert, die die Autonomie der Teile innerhalb des Ganzen unterstreicht, ist vor diesem Hintergrund nicht erstaunlich.

Im engeren Sinn meint ‚Literaturoper' das Phänomen, daß „ein Schauspieltext (...) meist etwas gekürzt, *so vertont wird, wie er dasteht*"[18]. Natürlich hängt alles von Art und Umfang der Kürzungen ab.

Claude Debussys *Pelléas et Mélisande* (1902) zählt zu den wenigen Werken, denen die Zugehörigkeit zu den ‚Literaturopern' nie ernsthaft abgesprochen worden zu sein scheint. Der Komponist hat sich den Text von Maeterlincks Schauspiel (1892) selbst eingerichtet und vier Szenen ganz gestrichen[19]; namentlich die Dienerinnen, die bei Maeterlinck zu Beginn des ersten und des letzten Aktes auftreten, kommen in der Oper nur als stumme Zeugen von Mélisandes Agonie vor. Im Schauspiel dienen jene beiden Szenen aber nicht nur der Informationsvergabe (von den Dienerinnen erfährt der Zuschauer, daß Golaud versucht hat, sich selbst zu töten, nachdem er Mélisande verwundet hatte, V 1) und sind eingebunden in ein System symbolischer Bezüge (vgl. den Gegensatz zwischen der Dunkelheit in der Burg und dem Sonnenschein draußen, I 1), die Dienerinnen stehen auch für die Außenwelt, die Gesellschaft, die die Handlungen der Protagonisten aus der Distanz betrachtet und bewertet. In der Oper fehlt eine solche Instanz[20]; die Dienerinnen (V), die armen Alten (III 1, S. 29) und die hungernden Bauern, von denen Golaud spricht (IV 1, S. 50), bleiben stumm. Außerhalb des Familienkreises scheint es für die Protagonisten der Oper keine Gesprächspartner zu geben[21]; dadurch wird die Klaustrophobie erzeugende Enge ihres Lebensraums viel deutlicher als im Schauspiel, was Maeterlincks Intentionen sicher nicht zuwiderläuft[22], aber den Sinn des Ganzen nicht unwesentlich verändert.

Vor diesem Hintergrund könnte man eine noch engere Definition in Betracht ziehen: Als ‚Literaturoper' wäre die Vertonung eines (gekürzten)

Schauspieltextes zu bezeichnen, in der jede Szene der Vorlage eine Entsprechung hätte. In diesem engen Sinn wären *Salome* und *Elektra* Literaturopern, Alban Bergs *Wozzeck* dagegen wäre keine. Die Treue zum Ausgangstext läßt sich freilich auch mit diesem Kriterium nicht zuverlässig bestimmen, wie Ingeborg Bachmanns *Prinz von Homburg* zeigt: Die Dichterin hat zwar nur eine Szene[23] ganz weggelassen, aber zwei Drittel von Kleists Text gestrichen, wodurch sich die Aussageintention notwendigerweise verändert.

Schauspiele, die (gekürzt oder ungekürzt) in Musik gesetzt werden, weisen gewöhnlich eine opernnahe, also nichtaristotelische Dramaturgie auf: Kontraste statt Konflikte, Gleichzeitigkeit statt Sukzession, episches Theater statt klassizistischer Tragödie. Deutsche Komponisten[24] vertonen nicht Goethes *Egmont* oder Schillers *Maria Stuart*, sondern z. B. *Die Soldaten* (1776) von Jakob Michael Reinhold Lenz (Bernd Alois Zimmermann, 1965), ein Drama der offenen Form und „Bericht über eine Situation (...): Der Dialog ist paraphrasierend, rhetorisch, die Handlung nimmt einen eher umkreisenden als geradlinigen Verlauf. Der Akzent liegt auf dem Situationsbild. (...) zeitlich Aufeinanderfolgendes [ist] eigentlich als Gleichzeitiges gemeint."[25] Die besondere Beliebtheit Kleists[26] und Büchners[27] hat ähnliche Ursachen. Auch symbolistische Dramen der Jahrhundertwende ließen sich vertonen[28], während das zur gleichen Zeit entstandene naturalistische Theater der Oper fernsteht[29]; die „szenisch-sprachliche Exaltiertheit" expressionistischer Dramatik wiederum scheint der Musik geradezu zu bedürfen.[30]

Unter diesen Umständen erweist sich die strikte Trennung von Libretto und Text der Literaturoper als problematisch: Im Sprechtheater läßt sich idealtypisch zwischen aristotelischer und nichtaristotelischer Dramaturgie unterscheiden (dabei definiert sich der aristotelische Typus über bestimmte Merkmale, während das nichtaristotelische Drama nur negativ bestimmt werden kann als Menge aller dramatischen Texte, die eben diese Merkmale nicht aufweisen; historisch betrachtet prägt sich daher der aristotelische Typus in einem relativ homogenen Corpus aus, der große Rest dagegen erscheint als eher diffuse Ansammlung unterschiedlicher Subtypen[31]). In der Oper (und in verwandten Gattungen wie der Operette) ist nur eine nichtaristotelische Dramaturgie möglich; es stehen sich also das aristotelische Drama (= Sprechstück) und das nichtaristotelische Drama (= Sprechstück oder Libretto) gegenüber.

Schon zu Zeiten der Nummernoper ließ sich die Handlungsstruktur eines nichtaristotelischen Sprechstücks unverändert in ein Libretto übertragen, wie z. B. Piaves Victor-Hugo-Adaptationen für Verdi beweisen[32]. Die Eingriffe, die gewöhnlich vorgenommen werden, sind durch zeitgebundene theatralische oder musikalische Konventionen bedingt: So müssen Zahl und relative Bedeutung der Rollen der üblichen

Zusammensetzung des Sängerensembles angepaßt werden, und vor allem muß der Librettist durch Einführung strophenähnlich gegliederter Abschnitte die Voraussetzung für musikalische Nummern schaffen. Im 20. Jahrhundert gelten diese Konventionen nicht mehr: Neben der Nummernform steht dem Komponisten die Option der musikalischen Prosa offen, bei den Ausführenden und beim Publikum nimmt der Widerstand gegen ungewöhnliche Sängerbesetzungen ab[33]; hinsichtlich der Aufführungsdauer steigt die Toleranz zumindest gegenüber kurzen Stücken. Da der Expressivität des Gesangs allgemein Vorrang gegenüber dem Wohlklang eingeräumt wird, verliert auch das Kriterium der Sangbarkeit eines Textes seine Bedeutung.

Einem Komponisten des 20. Jahrhunderts stehen somit, überspitzt formuliert, neben in Hinblick auf eine Vertonung geschriebenen Libretti alle nichtaristotelischen Sprechstücke (als nicht in Hinblick auf eine Vertonung geschriebene Libretti) zur Verfügung.[34] (Daß sich bestimmte nichtaristotelische Dramen mehr, andere weniger zur Vertonung eignen, soll selbstverständlich nicht bestritten werden; über eine vergleichende Typologie ließen sich hier vermutlich gewisse Regelhaftigkeiten ermitteln. Für die grundsätzliche Frage des Verhältnisses von Schauspiel und Libretto ist das jedoch nebensächlich.) Vertonbar sind mit den musikalischen Mitteln des 20. Jahrhunderts nicht etwa nur Sprechstücke der Gegenwart[35], sondern auch und gerade ältere Texte, in Versen wie in Prosa. Daraus folgt, daß eine grundlegende Differenz zwischen nichtaristotelischem Sprechdrama und Libretto niemals bestanden hat: Nicht *Die Soldaten* haben sich zwischen 1776 und 1965 verändert, sondern die Tonsprache der Komponisten. Dadurch, daß Gluck oder Mozart Lenzens ‚Komödie' nicht hätten vertonen können, ändert sich nichts am Faktum ihrer Vertonbarkeit, das im Rahmen der europäischen Musiktheater-Tradition ebenso konstant ist wie die Nichtvertonbarkeit des *Egmont*.

Versuche, einen Schauspieltext in Musik zu setzen, wurden schon im 19. Jahrhundert unternommen, kamen aber entweder nicht zum Abschluß[36] oder blieben ohne langanhaltende Resonanz[37]. Als erste ‚Literaturoper' wird allgemein *Pelléas et Mélisande* betrachtet.

MAURICE MAETERLINCKS Schauspiel ist von der „traumartigen Statik eines Seelentheaters"[38] geprägt. Es beginnt wie ein Märchen: Golaud findet im Wald (bei einer Quelle) eine ebenso schöne wie rätselhafte junge Frau, überredet sie, ihm zu folgen, und heiratet sie. Das erinnert an die Geschichte der Fee Mélusine, deren Name in *Mélisande* nachklingt, und wird in leicht abgewandelter Form von vielen anderen Nixen und Wasserfrauen erzählt.[39] Das Glück eines solchen Paares ist von kurzer Dauer: Gewöhnlich erlegt die Unsterbliche ihrem Mann ein Tabu auf, er bricht es, und sie verläßt ihn. Maeterlincks Märchen dagegen wandelt sich zur Dreiecksgeschichte: Mélisande liebt nicht Golaud, sondern seinen Stiefbruder Pelléas.

Pelléas ist wie Mélisande ein Fremder in Golauds Reich Allemonde.[40] Er ist kein Enkel des alten Königs Arkel wie Golaud; dessen Mutter Geneviève hat nach dem Tod ihres ersten Mannes wieder geheiratet, Pelléas stammt aus dieser zweiten Verbindung. Sollte Golaud sterben, würde nicht sein Stiefbruder, sondern sein kleiner Sohn Yniold die Nachfolge antreten. In den Wäldern, die die Burg der Herren von Allemonde umgeben, ist es immer dunkel (vgl. II 2, S. 25[41]). Golaud, der Jäger, liebt den Wald; Mélisande dagegen sucht die Nähe des Wassers, sie liebt das Meer und den weiten Horizont. Pelléas kommt vom Strand, als er der Frau seines Bruders zum ersten Mal begegnet (I 3, S. 14); gemeinsam sehen sie dem Schiff nach, das auf die offene See hinausfährt.[42] Ihr erstes vertrautes Gespräch führen Pelléas und Mélisande bei einer Quelle im Park (II 1).

Pelléas äußert schon bei seinem ersten Auftritt, noch ehe Golaud mit seiner jungen Frau zurückgekehrt ist, den Wunsch, die Burg zu verlassen (I 2, S. 12); zwar fügt er sich Arkels Wunsch, noch zu bleiben, aber er verliert seinen Plan nie aus den Augen, ist gleichsam ständig auf dem Sprung.[43] Dadurch verkörpert er die Zukunft, während Golaud, der Witwer, dessen Haar allmählich grau wird, für die Vergangenheit steht.

Für Mélisande wiederum scheint es nur unmittelbare Gegenwart zu geben: Zu der Quelle im Wald ist sie geflohen, weil „alle" ihr wehgetan haben; „er" hatte ihr eine Krone gegeben, die ins Wasser gefallen ist und die sie nicht mehr haben will (I 1, S. 6 f.). Mehr vermag Golaud über ihre Vergangenheit nicht in Erfahrung zu bringen (vgl. I 2, S. 10); die nächstliegende Erklärung dürfte sein, daß Mélisande mit „ihm" verheiratet wurde (die *couronne*, die auf dem Grund des Wassers blinkt, ist offenbar eine Krone, aber *couronne* heißt auch Kranz, z. B. Brautkranz) und daß sie durch die sexuelle Initiation einen Schock erlitt, der ihr Erinnerungsvermögen blockiert. Als Pelléas sie später fragt, was Golaud bei jener ersten Begegnung zu ihr gesagt habe, hat sie auch das vergessen (II 1, S. 19); sie weiß noch, daß sie sich nicht von ihm küssen lassen wollte, aber als Pelléas weiterfragt, scheint sie nicht mehr zu hören (ebd., S. 20).

Wenig später läßt sie ihren Ehering in die ‚Quelle der Blinden' fallen – die symbolische (sexuelle) Bedeutung ist offensichtlich.[44] Am gleichen Ort treffen sich die beiden zu ihrem letzten Rendezvous (IV 3), und dieses eine Mal erinnert sich Mélisande an etwas lange Zurückliegendes, an das frühere Gespräch nämlich. Gleich darauf wird sich das Paar zum ersten und einzigen Mal seine Liebe gestehen (S. 56), aber der kurze Moment des Glücks trägt keine Verheißung der Zukunft in sich: Golaud lauert schon mit dem Schwert in der Hand hinter einem Baum. Er wird Pelléas erschlagen und Mélisande leicht verletzen; sie wird ihr Kind zur Welt bringen, anscheinend ohne das Bewußtsein wiederzuerlangen. Als sie aus ihrer Ohnmacht erwacht, hat sie vergessen, was geschehen ist (V, S. 65); sie scheint sich nicht einmal daran zu erinnern, daß sie Mutter ist (V, S. 68). Was mit dem namenlosen „Er" oder mit Golaud zusammenhängt, vermag ihr Gedächtnis nicht zu bewahren; Mélisande hat keine Geschichte, also keine Individualität. Einzig Pelléas (oder ihre Liebe zu Pelléas) könnte sie aus diesem Zustand erlösen.

Hinter dem Dreieck Pelléas – Mélisande – Golaud scheinen Tristan, Isolde und Marke auf; aber *Pelléas et Mélisande* ist kein Drama der Leidenschaft. Sehr viel deutlicher als das nur angedeutete sinnliche Begehren wird schicksalhafte Ausweglosigkeit erfahrbar: Die Welt von Allemonde ist eng, ewig gleich und gegen die Außenwelt abgeschlossen; wer hier nicht hingehört, so wie Pelléas und Mélisande, kann weder fliehen noch bleiben, ohne Schaden zu nehmen.

Der Sinn des Dramas erschließt sich nicht über die (letztlich banale) Geschichte. Es scheint bezeichnend, daß Maeterlinck bei der Niederschrift nicht dem Handlungsverlauf folgte, sondern an allen Szenen gleichzeitig arbeitete[45]: Den Text umspannt ein Netz von Korrespondenzen zwischen bedeutungshaltigen Elementen. In Debussys Libretto-Version ist dieses Netz insgesamt intakt geblieben, wenn auch ausgedünnt durch die Streichung einzelner Sätze und längerer Passagen.

Hier ist nicht der Ort, die vielfältigen symbolischen Bezüge innerhalb des Textes zu analysieren. Zentrale Bedeutung kommt sowohl dem Motiv der Blindheit[46] wie auch der Berührung der Hände zu (oft entzieht sich die Hand, nach der man greift). Das vermutlich wichtigste Symbol ist die *fontaine* (was sowohl „Quelle" wie „Brunnen" heißen kann)[47]: Golaud findet Mélisande bei der *fontaine* im Wald; beide schauen auf den Grund des Wassers, wo Mélisandes Krone blinkt, aber sie beugen sich offenbar nicht gemeinsam über die Quelle.[48] Dagegen kauern Pelléas und Mélisande nebeneinander am Brunnenrand, als ihr Ring in die ‚Quelle der Blinden' fällt (II 1, S. 21). Wasser kann aber auch zum Spiegel des Todes werden: Tief unter der Burg gibt es ein stehendes Gewässer, eine Art See, der Verwesungsgeruch ausströmt; dorthin führt Golaud seinen Bruder (III 2). Pelléas gehorcht der Aufforderung des Älteren und beugt sich über den Abgrund. Golaud bleibt hinter ihm, er hält ihn am Arm fest, aber er könnte ihn auch hinunterstoßen.

Die Beziehungen zwischen den verschiedenen Elementen sind nicht zu übersehen, aber ihr Sinn ist nie eindeutig. Indem die symbolistische Dichtung Sachverhalte andeutet, statt sie zu benennen, erweist sie sich als der Musik wesensverwandt.

Bei ALBAN BERGS (1885–1935) *Wozzeck* (1925) ist das Verhältnis von Schauspiel und Libretto grundsätzlich anders. Georg Büchners (1813–1837) *Woyzeck* ist Fragment geblieben.

Der Komponist lernte den Text 1914 in der „dubiosen Bearbeitung"[49] von Karl Emil Franzos (1879) kennen, die allen vor 1920 erschienenen Ausgaben zugrunde lag. Bis 1919[50] mußte Berg davon ausgehen, daß Franzos Büchners Handschriften korrekt wiedergegeben hätte; die Reihenfolge der Szenen dagegen konnte nicht als verbindlich gelten: P. Landau hatte 1909 eine überzeugendere Anordnung vorgeschlagen, an der sich auch Berg orientierte.[51] Der authentische Text Büchners wurde ihm erst zugänglich, als große Teile der Oper bereits komponiert waren, so daß Berg schließlich an der Franzos-Fassung festhielt.[52]

Von den 25 Szenen der Ausgabe Landaus hat Berg acht gestrichen, drei weitere zu einer zusammengezogen[53]; im folgenden nahm er eine Akteinteilung vor, die „in dreimal fünf Szenen Exposition, Peripetie und Katastrophe des Dramas deutlich auseinanderhielt und damit die Einheit der *Handlung*, die dramatische Geschlossenheit erzwang"[54]. Der erste Akt stellt Wozzeck als Individuum (seine Wahnvorstellungen[55], I 2[56]) sowie in seinen Beziehungen zu Vorgesetzten (Hauptmann, I 1; Doktor, I 4), zu seinem Freund Andres (I 2) und zu Frau und Kind vor (I 3). Der zweite Akt verschafft Wozzeck die Gewißheit, daß Marie ihn mit dem Tambourmajor betrügt; seine Rache (der Mord an Marie) ist Gegenstand des dritten Aktes.

Obwohl der Fragmentcharakter von Büchners *Woyzeck* zur Vorsicht nötigt, verweist die lockere Reihung der Szenen unzweifelhaft auf eine nichtaristotelische Dramaturgie.[57] Ausgehend vom exemplarischen Fall Wozzeck soll ein Bild der sozialen Wirklichkeit entworfen werden[58]; darüber hinaus scheint es Büchners Absicht gewesen zu sein, unterschiedliche Diskurse über das Wesen des Menschen miteinander zu konfrontieren.[59] Dagegen deutet Bergs Selbstkommentar darauf hin, daß er aus dem Stationendrama eine aristotelische Tragödie herauszudestillieren suchte.[60]

Der syntagmatischen Verknüpfung der Situationen kommt jedoch auch in der Oper geringere Bedeutung zu, als Bergs Aussage vermuten läßt. Im Zentrum steht (deutlicher noch als bei Büchner) Wozzeck, Wozzeck aber verändert sich nicht: Seine Wahnvorstellungen sind von Anfang an da (vgl. I, 2); Halt findet er einzig und allein[61] in der Beziehung zu Marie, die aber, die Bewunderung der jungen Frau für den Tambourmajor (I 3) zeigt es, schon zu Beginn gefährdet ist. Wozzeck vermag die Aggressivität, die in seinen Gewalt- und Vernichtungsphantasien zum Ausdruck kommt[62], zunächst noch zu zügeln; als er aber von Maries Untreue überzeugt ist, gelingt ihm das nicht mehr. Planung und Vorbereitung des Mordes erscheinen bei Büchner als zielgerichtetes Handeln; Berg hat alle diese Passagen gestrichen, sein Wozzeck wird dadurch zum „fast passive(n) Teilhaber eines Geschehens, das über die Szene hereinbricht"[63]. Die Autonomie des Subjekts verweigert ihm die Oper bis zuletzt.

In Bergs Libretto scheint der Gehalt des Dramas auf den statischen Kontrast zwischen Wozzeck und der feindlich-grausamen Welt reduziert, die ihn unterdrückt. So etwas wie eine Entwicklung vollzieht sich nur in der Erlebnisperspektive des Protagonisten, die freilich das Bühnengeschehen dominiert[64]: Wozzeck, der anfangs privates Glück noch für möglich hält, verliert seine letzte Illusion und geht zugrunde. Die Ursache der Katastrophe dürfte der Zuschauer in einem unmenschlichen Gesellschaftssystem erkennen; Wozzeck selbst hypostasiert die Repressionsmechanismen, deren Wirken er nicht zu durchschauen vermag, zu gesichtslosen Verschwörern (den Freimaurern, I 2) oder dämonischen Mächten. Hinter der „stringenten Ereignisfolge"[65] des Textbuchs scheint ausweglose Zuständlichkeit[66] auf, die die Annäherung an die aristotelische Dramaturgie als scheinbar erweist.

Der Typus des Komponisten, der wie Ferruccio Busoni und Franz Schreker seine Operntexte selbst schreibt oder sich wie Debussy und Alban Berg ein Schauspiel als Libretto einrichtet, scheint in den letzten 50 Jahren wieder seltener geworden zu sein; wenn sich heute ein Komponist für einen Stoff, meist aus der Literatur, entscheidet, dann sucht er sich gewöhnlich wie Aribert Reimann[67] einen Librettisten, „mit dem (er) die Kürzung bzw. Umänderung der literarischen Vorlage nach (s)einen musikalischen Wünschen durchspr(icht)".

Der Text, so Reimann, muß Monologe für die Hauptfiguren, aber auch Ensembles vorsehen. Die pseudonaturalistische Konzeption einer Oper, die nur aus gesungener Wechselrede bestünde und sich dadurch soweit wie möglich dem kontinuierlichen Zeitverlauf des Schauspiels annäherte, scheint in unserer Zeit nur noch eine untergeordnete Rolle zu spielen; zahlreiche neuere Libretti bieten Haltepunkte, die die gleiche dramaturgische Funktion erfüllen wie die geschlossenen Nummern in der traditionellen Oper.

Musikalisch lassen sich solche Haltepunkte höchst unterschiedlich gestalten: In einer Schauspielvorlage enthaltene Monologe wird der Komponist häufig unverändert vertonen, mögen sie nun in Prosa, in Blankversen oder etwa in Alexandrinern abgefaßt sein. Die Eigengesetzlichkeit der musikalischen Form kann freilich auch Texterweiterungen erzwingen; in Ensembleszenen dürfte das sogar die Regel sein. C. H. HENNEBERG, der für Reimann Shakespeares *King Lear* bearbeitete (1978), stellte im nachhinein fest, „daß circa vierzig Prozent des Wortlauts nicht einmal mehr auf Shakespeare fußten"[68].

Wie komplex die Beziehungen zwischen Schauspielvorlage und ‚gekürztem' Libretto sein können, zeigt beispielhaft Hans Werner Henzes Oper *Der Prinz von Homburg* (1960; musikalische Neufassung 1993). INGEBORG BACHMANN (1926–1973) hat den Text, so steht es auf dem Titelblatt, „für Musik eingerichtet" nach dem Schauspiel *Prinz Friedrich von Homburg* von Heinrich von Kleist[69]; Kritiker der Uraufführung erkannten „das vertraute Stück" wieder[70], obwohl die Dichterin nur etwa ein Drittel der 1858 Verse Kleists bewahrt hat.

Die einschneidenden Kürzungen[71] verändern den Gehalt wie auch die Dramaturgie des Schauspiels. Im Zuge einer „Enthistorisierung", die zugleich „Derealisierung" ist[72], wird das spezifisch Preußische des Vorbilds zurückgedrängt, höfische Denkweisen und Umgangsformen verlieren an Bedeutung, und militärisch-taktische Fragen werden nicht erörtert. Die Verfehlung des Prinzen erscheint dadurch in anderem Licht: Inwiefern er dem Kurfürsten den Sieg „schwer gekränkt" hat (II 9, S. 365), wird im Libretto nicht deutlich. Kleist hat den Schlachtplan der Brandenburger in allen Einzelheiten mitgeteilt (I 5, V. 248 ff.; vgl. V 5, V. 1537 ff.[73]): Ein Teil des Heeres hätte die Brücken über den Rhyn zerstören sollen; so hätte man das schwedische Heer in die Enge treiben und vollständig vernichten können. Die Attacke des Prinzen schlug die Schweden zu früh in die Flucht, Wrangel verlor die Schlacht, rettete sich aber mit seiner noch einsatzfähigen Armee ans andere Ufer[74]; der Übereifer seines Generals bringt den Kurfürsten um eine Chance, den Krieg zu beenden. Im Libretto scheint der Sieg der Brandenburger vollständig, die Verfehlung des Prinzen besteht im Verstoß gegen das abstrakte Prinzip militärischer Disziplin.

Der Prinz von Homburg handelt eigenmächtig, weil er in einem Traum[75] von „Ruhm und Liebe" (I 1, S. 335[76]) gefangen ist. Schuld daran trägt vor allem der Kurfürst selbst, denn in der Eingangsszene hat er die Hoffnungen des Schlafwandlers in einem sichtbaren Zeichen – dem Kranz mit der Kette in der Hand Natalies – zusammengefaßt. Kleists Hohenzollern hält das seinem Herrn sehr viel nachdrücklicher vor (V 5, 1622 ff.) als die gleichnamige Figur in der Oper (III 9, S. 362). Im Schauspiel hat der Kurfürst den Prinzen vor der Schlacht freilich auch ermahnt (I 5, V. 348–352), nicht die Fehler der Vergangenheit zu wiederholen und diesmal mit der nötigen „Ruhe" (I 5, V. 348) an seine Aufgabe heranzugehen; Ingeborg Bachmann streicht diese Passage: Umstände, die den Prinzen be- oder entlasten, scheinen sie nicht zu interessieren; ihr geht es um anderes, um „die Spannung zwischen dem Sein eines einzelnen und der Staatsräson"[77], anders gesagt, zwischen der Autonomie des Individuums und der Fremdbestimmung durch ein Kollektiv.

In der ersten Szene des Schauspiels ist dem Prinzen die „Pylades-Figur Hohenzollerns"[78] zugeordnet, und als Antagonist des Träumers ragt der Kurfürst aus der Hofgesellschaft heraus. Das Libretto dagegen konfrontiert Homburg als „Einzelgänger" mit dem Ensemble, das den Kurfürsten und Hohenzollern einschließt[79] – ein schlagendes Beispiel dafür, daß die nahezu wörtliche Übernahme eines Schauspieltextes tiefgreifende Modifikationen der Dramaturgie keineswegs ausschließt.[80]

Die Figur des Prinzen verkörpert die Freiheit des Gefühls, das (geträumte) Ideal in einer Welt, die dem Gesetz, der Rationalität, kurz: der Wirklichkeit verpflichtet ist.[81] Der bei Kleist angelegte Kontrast tritt dank der Kürzungen im Libretto viel schärfer hervor und erzwingt die Reduktion der Handlung auf Einzelbilder[82], die Traum (I 1) und militärische Realität (I 2); Verzweiflung (über den angeblichen Tod des Kurfürsten, I 3, S. 346 f.),

Eine problematische Kategorie: Die sogenannte Literaturoper   209

Verheißung höchsten Glücks (die Liebe des Prinzen und Natalies, ebd., S. 348 f.) und den tiefen Fall (die Verhaftung) des Prinzen (ebd., S. 350)[83] hart aufeinanderstoßen lassen.

Der Protagonist macht im Libretto die gleiche Entwicklung durch wie im Schauspiel: Zunächst nimmt er seine Verfehlung und den Spruch des Kriegsgerichts nicht ernst (II 4, S. 352). Die Absicht des Kurfürsten, das Urteil vollstrecken zu lassen, vermag er sich nur damit zu erklären, daß er einer geplanten politischen Heirat Natalies im Wege steht (II 4, S. 353); in seiner Verzweiflung ist er zu allem bereit, um sein Leben zu retten, sogar auf die Hand der Prinzessin will er verzichten (II 6, S. 355). Erst ein Brief des Kurfürsten führt ihn zu der Einsicht, daß er zu Recht verurteilt wurde (II 8, S. 359 f.).

Damit ist für Kleist der Gegensatz zwischen Individuum und Kollektiv aufgehoben:

> Ich *will* das *heilige Gesetz* des Kriegs,
> Das ich verletzt', im Angesicht des Heers,
> Durch einen *freien Tod* verherrlichen!
> (V 7, V. 1750–1752; Hervorhebungen A. G.)

erklärt der Prinz den Offizieren, die für ihn um Gnade bitten. Er hat gelernt zu wollen, was er soll, und die Verantwortung für seine Taten zu übernehmen. Was noch folgt, ist nun aber der Sieg des Traumes über die Realität: Nicht der geläuterte, sondern der unvernünftige, maßlose Prinz von Homburg, der wenige Stunden später eigenmächtig den Befehl zur Attacke geben sollte, hat schlafwandelnd den Lorbeerkranz gewunden. Nur scheinbar begnadigt das im Kurfürsten personifizierte Gesetz einen reuigen Sünder; die Phantasie des Eingangsbildes nachzustellen bedeutet, vor dem Glücksstreben und der Zuversicht des Träumers zu kapitulieren.

Die letzte Szene öffnet sich zur Utopie[84], auf eine an Beethovens *Fidelio* erinnernde Weise. Ingeborg Bachmann läßt Natalie und die Kurfürstin das glückliche Ende kommentieren:

> Der Himmel hat ein Zeichen uns gegeben,
> Und fester Glaube baut sich in uns auf,
> Daß die Empfindung einzig retten kann! (III 10, S. 367)

Die aus Versen Kleists neu zusammengesetzte Stelle[85] kann sich konkret nur auf den inneren Reichtum der Natur des Prinzen beziehen: Die Träume des einzelnen sind stärker als ein auf die Unterdrückung der Individualität ausgerichtetes System. Christusgleich überwindet der Prinz von Homburg den Tod, indem er ihn akzeptiert; deshalb kündigt der Kurfürst den gegen das Urteil aufbegehrenden Offizieren an, der Prinz selbst werde sie lehren, „Was Freiheit und was Würde sei" (III 9, S. 362) – bei Kleist heißt es (in deutlich weniger exponierter Stellung) „Was Kriegszucht und Gehorsam sei" (V 5, V. 1617).[86] Vor der Gewißheit der „Unsterblichkeit" (III 10, S. 366, nach Kleist V 10, V. 1830 ff.) verliert das (gerechte) Todesurteil jede Bedeutung. Das utopische Element liegt darin, daß in einem idealisierten Brandenburg[87] der innerlich errungene Sieg die Aufhebung des Todesurteils nach sich zieht.

Ingeborg Bachmanns (und Hans Werner Henzes) Lesart abstrahiert vom historisch-gesellschaftlichen Rahmen des Schauspiels, um die zeitlose Problematik deutlicher hervortreten zu lassen.[88] Die (durchaus behutsame) Modernisierung der Sprache, die auch die „Zurücknahme des Metaphorischen" einschließt[89], ist vor diesem Hintergrund ebenso sinnvoll wie der Verzicht auf politische oder militärische Details[90]. Da die Dichterin häufig nur Teile von Versen Kleists gestrichen hat, besteht das Libretto aus Zeilen von unterschiedlicher Länge, aber der jambische Rhythmus bleibt erhalten[91]; die Vermutung, „daß der dramatische Blankvers (...) schwerlich zur Grundlage einer ganzen Oper taugt"[92], wäre von daher zu überdenken.

Als musikalischen Bezugspunkt für den *Prinzen von Homburg* nannte Hans Werner Henze die italienische Oper des 19. Jahrhunderts, von Rossini bis Verdi.[93] Die Aufgabe der Librettistin bestand also nicht zuletzt darin, Anlässe für Arien und Ensembles zu schaffen[94]; aus diesem Grund blieben etwa die Monologe des Prinzen nahezu ungekürzt erhalten.[95] Die Entscheidung für die Form der ‚Nummernoper' (die für Henze selbstverständlich nicht dasselbe bedeutet wie für Verdi) mag primär musikästhetische Gründe haben; die damit implizierte diskontinuierliche Gestaltung der musikalischen Zeit ist jedoch nicht losgelöst von einer Dramaturgie der Kontraste zwischen Figuren und Situationen zu sehen. CARL DAHLHAUS' (auf Beethovens *Fidelio* bezogene[96]) Vermutung: „Der Bemühung, die Oper in ein Drama zu transformieren, dessen Substanz in einer von tragischer oder komischer Dialektik in Gang gehaltenen, vorwärtsdrängenden Handlung besteht, sind, wie es scheint, Grenzen gezogen, die im Wesen der Musik liegen", gilt offenbar auch für das Musiktheater (oder für einen wesentlichen Teil des Musiktheaters) der Gegenwart.[97]

# Zeichenhaftigkeit und Abstraktion im neueren Libretto

Einen chronologisch oder nach Ländern (bzw. Sprachräumen) gegliederten Überblick über die Librettistik des 20. Jahrhunderts zu geben, scheint wegen der Fülle des zu berücksichtigenden Materials kaum möglich, und auch wenig sinnvoll: Einerseits hinterlassen offenbar die meisten der literarischen Richtungen, die einander weltweit deutlich rascher als in früheren Jahrhunderten ablösen, auf die eine oder andere Art ihre Spuren im zeitgenössischen Musiktheater, vor allem dank der Zusammenarbeit einzelner Schriftsteller und Komponisten.

Wenn wir Frankreich als (mehr oder weniger beliebiges) Beispiel wählen, zeichnet sich eine Kontinuität der Wechselbeziehungen ab von Debussys symbolistischer Oper *Pelléas et Mélisande*[1] über Francis Poulencs Vertonung (1944) des ersten „drame surréaliste" *Les Mamelles de Tirésias* von Guillaume Apollinaire und die Zusammenarbeit des literarischen Außenseiters Jean Cocteau mit Komponisten des Groupe des Six und anderen[2] bis zu Antonin Artaud, der Ende der zwanziger Jahre an einem Libretto für Edgar Varèse arbeitete[3]; von Paul Claudels Übersetzung der *Orestie* des Aischylos mit der Musik von Darius Milhaud (1927 ff.) über musikalische Annäherungen an das Theater des Absurden (G. Ligetis *Le Grand Macabre* [1978] nach der Farce des Belgiers M. de Ghelderode[4], H. Sutermeisters *Le roi Bérenger* nach E. Ionesco [1985][5]) bis zur Zusammenarbeit des *nouveau romancier* Michel Butor mit Henri Pousseur (*Votre Faust*, 1969).

Andererseits werden die ästhetischen und dramaturgischen Kühnheiten, mit denen ein avantgardistisches Schauspiel provoziert, in der Libretto-Bearbeitung häufig zurückgenommen, und ein Schriftsteller, der (vielleicht zum ersten Mal) den Text zu einer Oper verfaßt, wird mit Rücksicht auf seinen musikalischen Partner und auf das Publikum vielleicht auf Experimente verzichten, die er in einem Sprechstück oder einem erzählenden Werk gewagt hätte. Die Bindung an die literarische Tradition[6] bleibt bis in die Gegenwart ein konstantes Merkmal der Gattung Libretto – zumindest insofern, als Texte, in denen Sprache referentiell verwendet wird, um eine dramatische Fabel zu konstituieren, wesentlich häufiger sind als solche, die von der denotativen Funktion des sprachlichen Zeichens und/oder von der narrativen Struktur des Bühnengeschehens abstrahieren.

Die fundamentale Kategorie in der Dramaturgie des Librettos ist immer noch der *Kontrast*. Bis ins 18. Jahrhundert war die Opposition Verstand

Anmerkungen siehe S. 314.

*vs.* Gefühl sinnkonstitutiv gewesen, im 19. Jahrhundert Gut *vs.* Böse, Altruismus *vs.* Egoismus, Liebe *vs.* Macht oder Geld und ähnlich; im Zeitalter Sigmund Freuds und der Psychoanalyse schieben sich die Gegensätze Ich *vs.* Außenwelt, Individualität *vs.* Selbstverlust/Entfremdung, Bewußtsein *vs.* Wahn in den Vordergrund. Der erkenntnisstiftende Kontrast wird, auch das ist nicht neu, in einer Geschichte entfaltet; man kann daher zwei Typen von Libretti unterscheiden, im ersten dominiert das Allgemeine (der gedankliche Gehalt) gegenüber dem Anekdotisch-Besonderen (der Geschichte), im zweiten ist es umgekehrt; daß es sich dabei jeweils um ein Mehr oder Weniger, und nicht etwa um ein Entweder-Oder, handelt, liegt in der Natur der Sache. Die Mehrheit der Libretti des 17. und 18. Jahrhunderts, vor allem im Bereich der ernsten Oper, wäre dem ersten Typ zuzurechnen; erst im 19. Jahrhundert gewinnt der zweite Typ an Bedeutung. In der Librettistik des 20. Jahrhunderts sind beide Richtungen repräsentiert: Während die Tendenz zum Allgemeinen gleichbedeutend ist mit *Abstraktion*, führt Konzentration auf das Besondere häufig zur *Episierung* des Librettos (vgl. das folgende Kapitel).

Die Funktion der Seria-Libretti des 17. und 18. Jahrhunderts entspricht der des Exemplums[7]: Sie illustrieren jeweils eine moralische Maxime, die als allgemein, d. h. auch für die Zuschauer, verbindlich betrachtet wird. Dagegen entwickeln Libretti des 20. Jahrhunderts ihren gedanklichen Gehalt gewöhnlich in der Form der *Parabel*; diese verhält sich zum Exemplum wie das Symbol zur Allegorie. In parabolischen wie in exemplarischen Libretti sind die Figuren keine Individuen, sondern Typen, alle ihre Wesenszüge sind streng funktional auf die Rolle bezogen, die sie zu spielen haben, und äußere Wirklichkeit steht entweder zeichenhaft für psychische Vorgänge (der Reifeprozeß des Protagonisten erscheint verräumlicht als beschwerliche Suche), oder sie dient als Bühne, auf der überindividuelle Ideen und Prinzipien interagieren. Freilich läßt sich der Inhalt des Exemplums auf eine griffige Formel reduzieren, die Parabel dagegen handelt von Wahrheiten, die begrifflich nicht faßbar sind.

WYSTAN HUGH AUDEN (1907–1973) und sein Mitarbeiter CHESTER KALLMAN (1921–1975) nannten *The Rake's Progress* (für Igor Strawinsky, 1951) „a Fable", was ‚Dichtung', ‚Parabel' und sogar ‚Märchen' bedeuten kann[8]; in diesem Text sind die Merkmale des abstrakten Typus nahezu perfekt ausgeprägt. „Die Behauptung, daß das Libretto auf eine Bilderserie von William Hogarth, *The Rake's Progress* (1732/33), zurückgehe, ist ebenso unanfechtbar wie unzulänglich"[9]: Der Komponist hatte in den acht Kupferstichen einen geeigneten Opernvorwurf erkannt und Auden beauftragt, ihm ein Textbuch zu schreiben.[10] Der Dichter entfernte sich weit von der Vorlage: Der Protagonist der Oper ist weder ein *Rake*, ein „Wüstling", noch kann von *Progress* im Sinne von „Karriere", oder auch nur „Entwicklung", die Rede sein.

Der Lebenslauf von Hogarths Wüstling führt in absteigender Linie von der bürgerlichen Respektabilität, die ererbter Reichtum verleiht, über Bordelle und Spielhöllen in den (durch eine Geldheirat noch einmal hinausgezögerten) Ruin, ins Schuldgefängnis und zuletzt ins Irrenhaus. Zu Beginn, als ihm sein Erbe zufiel, hat er seiner schwangeren Geliebten den Laufpaß gegeben; die junge Frau aber hält ihm die Treue, hilft bei Bedarf mit Geld aus und folgt ihm bis ins Asyl von Bedlam.[11] Auden gibt ihr den sprechenden Namen Anne Trulove; als ihren Widerpart führt er die Figur des Nick Shadow neu ein[12], den Teufel (Nick) als „Schatten" des Protagonisten.

Tom Rakewell steht zwischen diesen beiden Figuren wie Max im *Freischütz* zwischen Agathe und Kaspar.[13] Anne verkörpert sein Selbst, den Kern seines Wesens, der sich nicht verändert; sie zu heiraten (und die von ihrem Vater angebotene Stelle anzunehmen, I 1, S. 144), wäre gleichbedeutend mit einem glücklichen, aber eintönigen Leben. Rakewell vertraut sich jedoch Fortuna an, dem Prinzip der Unbeständigkeit (I 1, S. 146); er träumt davon, sich im raschen Wechsel immer neuer Erfahrungen zu verlieren, und sein Traum nimmt die Gestalt Nick Shadows an, der Rakewell – allerdings auf seine Weise – drei Wünsche erfüllt.

Tom wünscht sich Geld (I 1, S. 146), um mit Anne in materieller Unabhängigkeit zu leben und nicht als Bankangestellter arbeiten zu müssen. Shadow macht ihn reich, zwingt ihn aber zugleich, Anne zu verlassen: Die folgende Szene zeigt die beiden in London, im Bordell der Mother Goose (I 2). Unter Shadows Einfluß hat Tom die Natur zu seiner Lehrerin erkoren, Natur aber bedeutet Unbeständigkeit: Die Schönheit, die sie zum höchsten Wert erhebt, ist vergänglich (I 2, S. 158). Tom aber will den Wechsel *und* die Dauer: Inmitten der Huren sehnt er sich nach Anne, die er verraten hat (I 2, S. 162).

Auch die beiden anderen Wünsche Rakewells werden von Shadow umgedeutet: Der Wüstling, der keiner ist, wird des Großstadtlebens und seiner Vergnügungen bald überdrüssig, vor allem die Frauen sind ihm zuwider:

> Who's honest, chaste or kind?
> One, only one, and of her I dare not think. (II 1, S. 170)
> [*Wer ist ehrlich, keusch oder gut? / Eine, nur eine, und an sie wage ich nicht zu denken.*]

Wenn er gleich danach den Wunsch ausspricht, glücklich zu sein, kann sich das nur auf Anne beziehen; Shadow aber definiert Glück als Freiheit von Zwängen (von Begierden und von der internalisierten ethischen Norm des Gewissens, II 1, S. 172) und rät zum *acte gratuit*[14] (zur zweckfreien

Handlung): Rakewell soll eine Frau heiraten, die er weder liebt noch begehrt. Bei einem so narzißtischen Charakter ist es nicht verwunderlich, daß ihn die Ehe mit Baba the Turk ebenso schnell langweilt wie alles andere. Zuletzt wünscht sich Rakewell, sein Traum von einer Maschine, die Brot für die hungernde Menschheit erzeugen könnte, möge in Erfüllung gehen (II 3, S. 190). Das wird doppelt motiviert, einmal durch die Frage

> O may I not, forgiven all my past,
> For one good deed deserve dear Anne at last? (II 2, S. 192)
> [*Könnte ich nicht Verzeihung für alles erlangen, was ich früher getan habe, / und mir durch eine gute Tat endlich die liebe Anne verdienen?*]

Etwas später stellt Tom sich den Triumph dessen vor, der den Menschen diese Maschine brächte:

> ... He shall ascend the Chain of Being to its top to win
> The throne of Nature and begin
> His everlasting reign. (II 2, S. 194)
> [*er soll zur höchsten Stufe des Lebens aufsteigen, um / den Thron der Natur zu erringen und / seine ewig währende Herrschaft zu beginnen.*]

Was Rakewell erstrebt, ist das Ende der Unbeständigkeit: für sich selbst (in der Verbindung mit Anne) und für die ganze Welt (die wandelbare Natur soll einer ewigen Herrschaft unterworfen werden). Shadow geht es nicht um gute Taten, sondern um „good business" (II 3, S. 192): Die Maschine, die er seinem Herrn präsentiert, ist ein ausgemachter Schwindel, der Rakewell in den finanziellen Ruin stürzt. Sein gesamter Besitz wird versteigert, und der Auktionator Sellem verkündet den Käufern den Sieg des Wandels über die Dauer:

> Truly there is a divine balance in Nature:
> a thousand lose that a thousand may gain (...) (III 1, S. 200)
> [*In der Natur herrscht wahrlich eine göttliche Ausgewogenheit. / tausend Menschen verlieren, was tausend andere gewinnen mögen*]

Shadow, die selbstzerstörerische Seite Rakewells, hat dreimal gegen Anne (sein besseres Selbst) gesiegt; die Seele des ‚Wüstlings' ist der Hölle verfallen, aber in der Friedhofsszene (III 2) schlägt Shadow ihm vor, ein letztes Mal sein Glück im Spiel zu versuchen: Wenn Rakewell die drei Karten erraten kann, die der andere aufdeckt, ist er gerettet. In dieser extremen Situation scheut Tom davor zurück, sich seiner einstigen Schutzgöttin Fortuna[15] anzuvertrauen: „I dare not wish" [*Ich wage nicht zu wünschen*, S. 216]. Er gewinnt, weil er seine Hoffnung auf die Beständigkeit (Anne) setzt: Zweimal, als erste und als dritte Karte, zieht Shadow die Herzkönigin; indem Tom richtig rät, negiert er das Prinzip des ewigen Wechsels.

Dem geprellten Teufel bleibt nichts anderes übrig, als in die Hölle zu fahren, und im letzten Bild finden Tom und Anne endlich zueinander:

> Space cannot alter, nor time our love abate;
> Here has no words for absence or estrangement
> Nor Now a notion for Almost or Too Late. (III 3, S. 226)
> [*Der Raum kann unsere Liebe nicht verändern, die Zeit kann sie nicht mindern; / das Hier hat keine Wörter für Abwesenheit oder Entfremdung, / und das Jetzt keinen Begriff von Noch nicht oder Zu Spät.*]

Allerdings findet diese Begegnung im Irrenhaus von Bedlam statt, Rakewell glaubt, er wäre Adonis, und erkennt in Anne seine Venus. Nick Shadow ist kein Gegner, den Tom und Anne gemeinsam bekämpfen mußten; er ist ein Teil von Rakewells Wesen. Wenn er diese Seite in sich unterdrückt, bedeutet das Gewinn und Verlust zugleich: Er findet Anne wieder, aber in seinem Wahnsinn erkennt er sie nicht mehr.

Natürlich greift man zu kurz, wenn man aus dieser „Parabel" die „Moral" herausliest, „daß sich wahre Liebe durch ein Lotterleben des Geliebten, das unaufhaltsam zum finanziellen und schließlich zum geistigen Ruin führt, nicht beirren läßt, auch wenn sie außer der Seele nichts zu retten vermag"[16]. Audens Libretto handelt vom unentscheidbaren Konflikt zwischen Genuß und Pflicht, Individuum und Gemeinschaft, letztlich Ich und Welt. Wo es keine Lösung gibt, kann man nur das Dilemma in Szene setzen, indem man kontrastierende Bilder[17] aneinanderreiht.

Der Tableau-Charakter der einzelnen Szenen ist schon durch Hogarths Kupferstichfolge bedingt. Auden entfernte sich von der Geschichte, die die Bilder erzählen, behielt aber einzelne Situationen bei. Der vierte Stich der Serie zeigt, wie der Rake seiner Schulden wegen auf offener Straße verhaftet wird; der junge Mann ist gerade aus seiner Sänfte gestiegen, seine Geliebte sucht ihm zu Hilfe zu kommen. Im Libretto wird daraus die Begegnung Annes mit Tom am Tag seiner Hochzeit (II 2): Hogarths Rake erschrickt vor den Gerichtsdienern, die ihm eine Vorladung präsentieren, Tom weiß nicht, wie er sich vor Anne rechtfertigen soll; und in der Sänfte sitzt Baba the Turk. Eine weitere Sinnebene bilden die durchgehenden intertextuellen Bezüge auf Da Pontes *Don Giovanni*-Libretto; Anne, die in den Straßen Londons nach ihrem Geliebten sucht, wiederholt gleichsam den Auftritt Donna Elviras.

Disparatheit und Diskontinuität der Szenenfolge finden ihre Entsprechung in der formalen Gestaltung: Dem Wunsch Strawinskys, eine traditionelle Nummernoper zu komponieren, trugen Auden und Kallman Rechnung, indem sie für die Rezitative reimlose Verse unterschiedlicher Länge, für Arien und Ensembles traditionelle strophische Formen verwendeten. Der dadurch erzielte Verfremdungseffekt wird durch zahlreiche Archaismen noch verstärkt: Die Grenze zum Pastiche scheint zumindest gelegentlich überschritten. Dem Zuschauer wird damit nahegelegt, Geschichte und

Figuren aus ironischer Distanz zu betrachten; Tom Rakewell verdient kein Mitgefühl, er wurde nur erfunden, um eine existentielle Problematik zu verdeutlichen – wenn das Ganze nicht, der doppelbödige Text läßt auch diese Lesart zu, ein müßiges Spiel war.

Auf je unterschiedliche Art prägt sich die Tendenz zur Abstraktion in zahlreichen Libretti des 20. Jahrhunderts aus: Die Oper, wie FERRUCCIO BUSONI (1866–1924) sie versteht, soll nicht die Illusion von Wirklichkeit erzeugen, sondern das alltägliche Leben im Spiegel einer künstlichen, auf das Wesentliche (Typische) reduzierten Welt zeigen.[18] Deshalb hält er an den geschlossenen Nummern fest und findet das Personal seiner Opern (die Libretti schreibt er selbst) unter den Masken der Commedia dell'arte und im Puppenspiel von Doktor Faust.

Der Einakter *Arlecchino oder Die Fenster* (1917) gibt sich im Prolog der Titelfigur (eine Sprechrolle) als Parabel zu erkennen:

> Ein Schauspiel ist's für Kinder nicht, noch Götter,
> es wendet sich an menschlichen Verstand;
> deute es drum nicht völlig à la lettre,
> nur scheinbar liegt der Sinn offen zur Hand.[19]

Arlecchino (der als einziger das Ziel erreicht, „Die Selbstheit sich zu wahren"[20]) vertritt in einer Welt der Zwänge und Konventionen die Rechte des Individuums.[21] Als ein anderer Don Giovanni[22] läßt er sich weder durch einen philiströsen Ehemann noch durch die Vorwürfe einer verlassenen Frau daran hindern, sein Glück mit der Schneidersgattin Annunziata zu genießen. Die Handlung verläuft zirkulär[23] (zu Beginn und am Ende vertieft sich der Schneider in die Verse, die Dante dem Ehebruch der Francesca da Rimini widmet, und ahnt nicht, was unterdessen hinter seinem Rücken vorgeht), zugleich beleuchten die vier „Sätze" der Oper vier Facetten von Arlecchinos Wesen, sie zeigen ihn als Schalk, als Kriegsmann (eine Maskerade, um den Schneider Matteo zu übertölpeln), als Ehemann und als Sieger.

Die Fabel läßt sich auf eine doppelte Dreieckskonstellation reduzieren: Annunziata betrügt Matteo mit Arlecchino, Arlecchino betrügt Colombina mit Annunziata. Das darin angelegte Konfliktpotential kommt aber nicht zum Tragen, weil Annunziata eine stumme Rolle ist und nur zwei ganz kurze Auftritte hat: Im Zentrum steht Arlecchino, der erst Matteo (zweimal), dann Colombina übertölpelt. Die lockere Reihung schwankähnlicher Episoden macht es möglich, drei Figuren einzubeziehen, die mit der Ehebruchskonstellation nichts zu tun haben: Abbate und Dottore verkörpern die herrschenden Autoritäten und ihre Ideologie, Ritter Leandro ist die fleischgewordene Opernkonvention. Die Klischeehaftigkeit seines Gesangs bringt Colombina zum Lachen, aber auch sie selbst und die anderen bedienen sich traditioneller musikalischer Formen. Es gibt nur zwei Ausnahmen: Arlecchino spricht, Annunziata schweigt. Zwischen dem Ausdruck der Individualität und der Anonymität des Verstummens besteht ein Gegensatz, der sich aber aufheben läßt in der beides verbindenden Opposition gegen die angepaßt-alltägliche Sprache.

BÉLA BALÁZS (1884–1949) reduziert in *A kékszakállú herceg vára* [*Herzog Blaubarts Burg*, 1918] für Béla Bartók den bekannten Stoff auf die ‚innere Handlung' zwischen den beiden Hauptfiguren.

Die Burg steht zeichenhaft für Blaubarts strenge, verschlossene Natur. Seine junge Geliebte Judit drängt ihn, die sieben Türen zu öffnen, ihr seine Gedanken und Empfindungen (und auch seine Vergangenheit) zu offenbaren. Dem widerstrebenden Blaubart ringt sie einen Schlüssel nach dem anderen ab; zunächst verringert sich mit jeder Tür, die sie aufschließt, die Distanz zwischen den beiden. Judit führt jedoch eine erneute (und endgültige) Entfremdung herbei, da sie darauf besteht, auch in die letzten beiden Kammern zu schauen.

Balázs' Libretto korreliert somit die beiden Gegensatzpaare männlich *vs.* weiblich und Vergangenheit *vs.* Zukunft. Dagegen ist in *Z mrtvého domu* [*Aus einem Totenhaus*][24] (1930; den Text nach Dostojewskis Roman *Aufzeichnungen aus einem Totenhaus* verfaßte der Komponist Leoš Janáček selbst) die Opposition Vergangenheit *vs.* Gegenwart entscheidend.

Eine Folge von Momentaufnahmen vergegenwärtigt den Alltag in der Strafkolonie; in eingeschobenen Erzählungen schildern einzelne Sträflinge, warum sie verurteilt worden sind. In einem fatalen Kreislauf erzeugt Gewalt immer wieder neue Gewalt: Verbrecher und Mörder wie Luka (I), Skuratoff (II) und Schischkoff (III) sind der Willkür des Kommandanten ausgesetzt, der die Lagerinsassen aus nichtigem Anlaß auspeitschen läßt (I); Auseinandersetzungen zwischen den Sträflingen werden nur zu oft mit den Fäusten ausgetragen (I Anfang; II Ende). In dem Theaterstück, das die Häftlinge am Feiertag aufführen (II), führt sexuelle Begierde oder Leidenschaft zur Gewalt (ähnlich wie bei den Taten Skuratoffs und Schischkoffs): Don Juan will Elvira vergewaltigen und tötet den Ritter, der das zu verhindern sucht; der Müller geht auf die Liebhaber seiner Frau los und wird dann selbst von Don Juan erschlagen.

Auch Alexander Petrowitsch Gorjantschikoff gerät in Versuchung, sich mit Gewalt gegen Brutalität zu wehren: Nachdem der Kommandant ihn hat peitschen lassen, greift er in einer stummen Szene (I, S. 39) zum Messer, steckt es aber resignierend wieder weg. Unter den Sträflingen ist er ein Außenseiter: Die anderen nennen ihn einen „Herrn" (I, S. 30), er selbst bezeichnet sich als politischen Gefangenen (I, S. 32), das heißt, er hat kein Gewaltverbrechen begangen (während Dostojewskis Gorjantschikoff seine Ehefrau ermordet hat). In der statischen Zuständlichkeit des Lagers (alle anderen leben offenbar schon lange dort und haben keine Hoffnung auf Entlassung) ist Gorjantschikoffs Aufenthalt eine Episode mit Anfang und Ende (die Oper schließt mit seiner Begnadigung); verdeutlicht wird das durch die Parallele zum flügellahmen Adler, den die Sträflinge genau zu dem Zeitpunkt einfangen, da Gorjantschikoff eingeliefert wird; der Vogel fliegt davon, als die Wachen dem Freigelassenen die Ketten abschmieden.

In der Atmosphäre von Gewalt und Begierde vertritt der junge Tatar Aljeja so etwas wie Solidarität und Menschlichkeit: Als Gorjantschikoff gepeitscht wird, verraten Gesten und Mimik Aljejas das Mitleid, das er nicht ausspricht (I, S. 33). Die beiden werden Freunde, der „Herr" verspricht, dem jungen Burschen lesen und schreiben beizubringen (II, S. 40); zu Beginn des letzten Aktes hat Aljeja gelernt, mit der Feder umzugehen, und er ist vertraut mit der biblischen Geschichte (III, S. 50 f.). Unter den Lagerinsassen ist der junge Tatar die einzige Figur, die eine erkennbare Entwicklung durchmacht; er kommt nicht frei wie Gorjantschikoff, aber er erwirbt sich Wissen, das heißt innere Unabhängigkeit. Während die anderen Sträflinge nur über ihre Vergangenheit sprechen, die sie offenbar als endgültig abgeschlossen betrachten, mag es für Aljeja noch eine Zukunft geben; sie liegt in Dagestan, wo seine Mutter und seine Schwester vielleicht noch leben (II, S. 40).

Bei einem grundlosen Streit wird Aljeja von dem kleinen Sträfling schwer verletzt (II, S. 50). Gorjantschikoff weicht im Lazarett nicht von seiner Seite; Tschekunoff bringt den beiden Tee, als Luka sich darüber lustig macht, weist er ihn zurecht (III, S. 51 f.). Selbst im Straflager, dem Ort des Egoismus par excellence, gibt es altruistisches Verhalten; Figuren wie Aljeja oder Gorjantschikoff sind in der Minderheit, aber ihr Beispiel bleibt nicht ohne Einfluß auf die Mitgefangenen. Die Macht des Hasses (des Bösen) mag groß sein, sie ist nicht groß genug, um die Liebe (das Gute) zu vernichten; Janáček unterstreicht dies, indem er auf das Titelblatt des Partiturautographs den programmatischen Satz *V každém tvoru jiskra boží* setzt, „In jeder Kreatur ein Funken Gottes"[25].

In der komplexen Natur des Menschen erscheint der Gegensatz von Gut und Böse aufgehoben. Als ähnlich ambivalent erweisen sich andere sinnstiftende Oppositionen: zwischen Vergangenheit (Verbrechen) und Gegenwart (Strafe), Außenwelt und Lager, den Vertretern der Justiz (Kommandant, Wärter) und den Kriminellen, dem Individuum und der Gemeinschaft. Die Form der Parabel überwindet die Holzschnitthaftigkeit, die solchen Gegensatzpaaren sonst leicht anhaftet.

In ARNOLD SCHÖNBERGS Oper *Moses und Aron* (komponiert 1930–1937, UA 1954/57; Text vom Komponisten) verweist schon der Titel auf die zentrale Polarität: Die beiden Protagonisten sind „nicht als entwicklungsfähige Charaktere (...), sondern als Vertreter von Gedanken, Ideen und Prinzipien"[26] dargestellt.

Moses sagt von sich selbst: „ich kann denken, / aber nicht reden" (I 1, S. 17)[27]; mittels reiner Abstraktion sucht er sich dem „unsichtbare(n) und unvorstellbare(n) Gott" zu nähern. Weil aber das Volk den „Gedanken" des Moses nicht zu erfassen vermag, bestimmt Gott Aron zu seinem „Mund": „Aus ihm soll deine Stimme sprechen, / wie aus dir die meine!" (I 1, S. 20). Wie Moses selbst ist auch Aron von Gott erleuchtet[28]; sein „Wort" vergröbert und verfälscht den „Gedanken", aber weil der „Gedanke" ein menschlicher Gedanke ist, kann er selbst nur ein schwacher, entstellter Reflex des Göttlichen (des ‚Unvorstellbaren') sein. Moses verzweifelt daran, daß Aron das „Wort" zum „Bild" und das „Bild" zum „Wunder" veranschaulicht (II 5, S. 460 ff.); Gott selbst aber scheut nicht davor zurück, sich den Menschen in „Zeichen" (Wundern) wie der Feuer- und der Wolkensäule zu offenbaren (II 5, S. 490–492) – und von Aron muß Moses sich daran erinnern lassen, daß auch der brennende Dornbusch, aus dem Gottes Stimme zu ihm gesprochen hatte, ein solches „Zeichen" war (II 5, S. 493). Ein Leser des Textbuchs (oder ein Regisseur, der die Oper inszeniert) kann entweder für Moses oder für Aron Partei ergreifen[29], aber ihr Konflikt ist letztlich unlösbar[30]; weder reine Abstraktion noch begriffslose Anschauung führen zur Erkenntnis.

Die Struktur des Librettos wird von Gegensätzen bestimmt, die freilich auf höherer Ebene aufgehoben erscheinen: Die Antagonisten Moses und Aron treten gegenüber dem Volk Israel als Sendboten des neuen Gottes auf und sprechen mit einer Stimme. Der Pharao, der die Juden versklavt, bleibt ebenso unsichtbar wie der Gott, der sie frei macht. Beim Tanz um das Goldene Kalb (II 3) sind Tod (das Opfer „jungfräulicher Unberührtheit") und Eros („Fruchtbarkeit") unmittelbar aufeinander bezogen. Als Aron das Goldene Kalb formt, verkündet er:

> Unwandelbar, wie ein Prinzip,
> ist der *Stoff*, das Gold,
> das ihr geschenkt habt;
> anschaulich-wandelbar,
> wie alles andre: Zweite,
> ist die *Gestalt*, die ich ihm gegeben.
> (II 3, S. 291–293; Hervorhebung A. G.)

Bisher hat Aron dem Gedanken des Moses Gestalt verliehen; kurz vorher hatte er die 70 Ältesten noch ermahnt:

> Wenn Moses von dieser Höhe herniedersteigt,
> wo ihm allein das Gesetz sich offenbart,
> soll mein Mund euch Recht und Gesetz vermitteln.
> Erwartet die *Form* nicht vor dem *Gedanken*!
> (II 1, S. 244–246; Hervorhebung A. G.)

Gedanke und Stoff, das Geistige und das Materielle scheinen in unversöhnlichem Gegensatz zueinander zu stehen; im Vergleich mit der akzidentellen Form tritt jedoch das beiden Gemeinsame hervor, die Unwandelbarkeit. Am Ende sind Gedanke und Stoff (wie Gedanke und Wort) nur zwei Seiten einer Medaille.

Antithesen, hinter denen gelegentlich die Synthese aufscheint, prägen auch die Oberflächenstruktur des Librettos. Besonders deutlich wird das in den Worten des Jungen Mannes, der den Götzendienst um das Goldene Kalb verurteilt:

> *Gedankenhoch* waren wir *erhöht*,
> *gegenwartsfern, zukunftsnah!*
> *Lebenstief* sind wir *erniedrigt*,
> Zertrümmert sei dies Abbild des *Zeitlichen*!
> Rein sei der Ausblick zur *Ewigkeit*!
> (II 3, S. 352–357; Hervorhebungen A. G.)

Schon die Eingangsszene (I 1) führt im Dialog Moses' mit der Stimme aus dem Dornbusch die Gegensatzpaare Greuel *vs.* Wahrheit, Gott *vs.* Pharao, Moses *vs.* Volk, Ewiger *vs.* Vergängliches, denken *vs.* reden, Finsternis *vs.* Licht, Moses *vs.* Aron und auserwähltes Volk *vs.* andere Völker ein; die Verkündigung der neuen Religion (I 4) kreist um die Oppositionen Freiheit *vs.* Knechtschaft, Stärke *vs.* Schwäche, Gesundheit *vs.* Krankheit u. ä. Als Aron das Goldene Kalb formt (II 2), wird der Gegensatz unsichtbarer Gott *vs.* alte Götter konkretisiert als fern *vs.* alltagsnah, Gegenwart *vs.* Ewigkeit, unvorstellbar *vs.* faßlich (begrenzt, meßbar) u. ä. Die rhetorische Figur der Antithese dominiert Mikrostruktur wie Makrostruktur des Librettos.

Die Reihe der Libretti, in denen Figurenkonstellation und Situationenfolge zeichenhaft auf ein Allgemeines, auf eine psychologische oder philosophische Problematik verweisen, ließe sich – nahezu beliebig – verlängern. Mit dieser Neigung zur Abstraktion dürfte es wesentlich zusammenhängen, daß Librettisten und Komponisten bis heute immer wieder auf antike[31]oder moderne[32] Mythen zurückgreifen: Namen wie Orpheus oder Herkules, Handlungselemente wie Fausts Teufelspakt oder die Einladung, die Don Juan an die Statue des Komturs richtet[33], rufen dem Zuschauer einen Problemhorizont in Erinnerung, ohne daß die Vorgeschichte exponiert werden müßte. Der Libretto-Typus des Ideendramas erweist sich in der Auseinandersetzung mit traditionellen Stoffen (Mythen, Märchen u. a.), aber auch durch Neuschöpfungen in der Art von *The Rake's Progress* als bis in die Gegenwart produktiv.

# Epische und filmische Techniken im neueren Libretto

Episierung und Abstraktion schließen einander keineswegs aus: Zum einen ist das Libretto wegen seiner paradigmatischen Struktur (der relativen Autonomie der Einzelbilder oder -szenen innerhalb des Ganzen) per se eine epische Theaterform.[1] Zum anderen bedienen sich Librettisten nicht selten einer Erzählerinstanz, etwa eines Prologsprechers oder Chronisten, der sich direkt ans Publikum wendet, um auf abstrakte Bedeutungsstrukturen hinzuweisen.[2] Daß Abstraktions- und Episierungstendenzen in Vertonungen von Sprechdramen und anderen, auf narrativen Vorlagen basierenden oder eine neu erfundene Geschichte entwickelnden Libretti in genau gleicher Weise ausgeprägt sind, versteht sich nach unseren Überlegungen zum gattungssystematischen Status der sogenannten ‚Literaturoper'[3] beinahe von selbst.

Zum Epischen tendiert ein Drama, das „Wirklichkeit in ihrer Totalität und in all ihren individuellen Details auf der Bühne [zu] präsentieren" sucht[4]; um dieses Ziel zu erreichen, kann ein Dichter entweder einen repräsentativen Ausschnitt aus der Realität, etwa ein exemplarisches Einzelschicksal, gestalten (*intensive* Totalität), oder er setzt aus Einzelszenen und -episoden mosaikartig das Bild einer Gesellschaft (oder einer Epoche) zusammen (*extensive* Totalität).[5] Wenn von historisch und geographisch bedingten Besonderheiten abstrahiert wird und Grundprobleme der menschlichen Existenz (auch in ihrer Beziehung zum Göttlichen) ins Zentrum rücken, erweitert sich das epische Drama zum Welttheater[6]; die Möglichkeiten, die sich der Oper hier bieten, sind in Richard Wagners *Ring*-Tetralogie in einer Weise ausgelotet worden, die bis weit ins 20. Jahrhundert zu produktiv-kritischer Rezeption herausfordert.

Die Auseinandersetzung mit der Geschichte führt einerseits zu Epochenfresken wie Prokofjews *Woina i mir* [*Krieg und Frieden*][7] oder *Graf Mirabeau* von Siegfried Matthus (1989, Text vom Komponisten), einem Versuch, die Anfänge der Französischen Revolution in der Erfahrung der Titelfigur zu spiegeln. Andererseits nähern sich neuerdings Komponisten wie JOHN ADAMS (*1947) der jüngsten Vergangenheit: *Nixon in China* (1987, Text: ALICE GOODMAN) basiert auf Presse- und Fernsehberichten über das Treffen des amerikanischen Präsidenten mit Mao Tse-tung im Februar 1972.[8]

Anmerkungen siehe S. 316.

Die vertrauten politischen Rituale des Medienzeitalters werden getreulich dokumentiert, aber in der Verfremdung durch die Versform des Textes[9] und die Musik erweisen sie sich als bloße Formen ohne Inhalte: Bei der Begegnung zwischen Mao und Nixon (I 2) kommt kein Dialog zustande; das Gespräch geht oberflächlich über politische und ideologische Differenzen hinweg, weil beide nur vorformulierte Parolen von sich geben.[10] Wichtiger als Worte ist der auf zahlreichen Pressephotos festgehaltene Händedruck, so wie Nixons Ankunft in China erst durch die Direktübertragung des amerikanischen Fernsehens zum Ereignis wird (vgl. I 1). Ein Staatsmann, dessen einzige Aufgabe darin besteht, in der Öffentlichkeit symbolträchtige Gesten auszuführen, wird aber nicht als Individuum wahrgenommen; Nixon wie Mao Tse-tung, das zeigt der dritte Akt, vermögen sich der eigenen Identität jeweils nur über ihre Privatsphäre zu versichern. Beide teilen die Erinnerungen an die Zeit vor ihrem Aufstieg zur Macht allein mit ihrer Ehefrau; selbst die Einwürfe von Maos altem Weggefährten Chou En-lai scheinen das Gespräch des Vorsitzenden mit Chian Ch'ing eher zu stören. In der Öffentlichkeit verschwindet die Person hinter einer Maske; daß sich die beiden Kontrahenten nichts zu sagen haben, ist unter diesen Umständen nur natürlich.

Ein die Geschichte transzendierendes musikalisches Welttheater scheint kaum anders als im Rückgriff auf Traditionen des mittelalterlichen und frühneuzeitlichen Mysterienspiels möglich zu sein: CARL ORFF (1895–1982) etwa gestaltete in *De temporum fine comoedia* (1973; Text vom Komponisten)[11] eine Vision des Weltenendes, die Gottes Gnade über die Gerechtigkeit triumphieren läßt. Hellenistische, jüdische und christliche Vorstellungen sind synkretistisch miteinander verschmolzen, wie sich auch im Text Altgriechisch, Lateinisch und Deutsch verbinden.

Auf gänzlich andere Art wird das Thema des Weltuntergangs in *Le Grand Macabre* von GYÖRGY LIGETI (1978) abgehandelt.[12] M. de Ghelderodes Farce *La Balade du grand macabre* (1934), die als Grundlage des Librettos (von M. K. J. A. MESCHKE und Ligeti) diente, schließt an das absurde Antitheater Alfred Jarrys an.[13]

Der Astrologe Astradamors hat einen Kometen entdeckt, der sich auf die Erde zubewegt und sie zu zerstören droht; gleichzeitig jagt Nekrotzar, vielleicht die Personifikation des Todes, vielleicht auch nur ein kleiner Gaukler[14], den Bewohnern des ‚Breughellandes' mit apokalyptischen Prophezeiungen Angst ein. Alle Figuren repräsentieren Grundkräfte des menschlichen Daseins: Astradamors Ehefrau Mescalina und die beiden Liebenden Clitoria und Spermando sind auf ihre sexuelle Triebhaftigkeit reduziert, das junge Paar nimmt die der Erde drohende Gefahr gar nicht wahr. Fürst Go-Go, seine Minister und der Chef der politischen Polizei vertreten den staatlichen Machtapparat, der sich in der Krise als hilflos erweist: Lösungsvorschläge hat keiner von ihnen anzubieten. Dem Intellektuellen Astradamors steht der Totengräber Piet vom Faß als Verkörperung des ‚gesunden Menschenverstandes' gegenüber; beide gemeinsam verleiten Nekrotzar dazu, sich zu betrinken. Nekrotzar nun transzendiert entweder als der leibhaftige Tod das menschliche Dasein (dann hätten Astradamors und Piet vom Faß vermutlich die Welt gerettet); oder er repräsentiert die eigennützige, unehrliche Spielart der praktischen Intelligenz. Im einen wie im anderen Fall läßt sich das groteske Geschehen im ‚Breughelland' als Abriß einer philosophischen Anthropologie und der Weltgeschichte im Zeitalter der Massenvernichtungswaffen verstehen.

Was in der absurden Welt des *Grand Macabre* sinnlos scheint, ist für den gläubigen Christen Teil des göttlichen Heilsplans; die Menschheitsgeschichte erscheint ihm als Fundus von Exempla, die auf ewige Wahrheiten verweisen. Einem solchen Inhalt ist die narrative Struktur des (musikalischen) Dramas weniger angemessen als die kontemplative Statik des szenischen Oratoriums[15]; deshalb vollzieht PAUL CLAUDEL (1868–1955) im „Oratorio dramatique" *Jeanne d'Arc au bûcher* (1938, Musik von Arthur Honegger) nicht die Lebensstationen der Protagonistin nach, sondern er entwickelt vom Ende (dem Feuertod) her die ‚innere Handlung', den Gegensatz zwischen Jeanne, dem Werkzeug Gottes, und den Dienern des Teufels. Den allegorischen Sinn offenbart der Himmelsbote Dominikus: Er steht Jeanne auf dem Scheiterhaufen bei, und er rekapituliert als *Erzähler* die entscheidenden Stationen ihres Lebens. Das Buch, auf das er sich dabei stützt, enthält jene Wahrheiten, zu denen rein menschliche Vernunft nicht vorzudringen vermag: Die dämonische Tiergestalt ihrer Richter bleibt Jeanne so lange verborgen, bis der Heilige sie ihr zeigt.

Einen Erzähler, der aus einem Buch vorliest, hatte Claudel schon in *Christophe Colomb* (1930, Musik von Darius Milhaud) eingeführt; auch Columbus erscheint hier zunächst entmachtet und verarmt am Ende seiner Karriere. Die 24 Bilder der Oper bringen nicht nur Ereignisse aus zwanzig Jahren und zwei Erdteilen (nebst den Gefilden der Seligen) auf die Bühne; als „Mysterienspiel und Revue, Oper und multimediales Gesamtkunstwerk, Glaubensbekenntnis und Anklage, Historienspektakel und Ideenlehre, Psychogramm und Action-Thriller, Filmkunst und Bühnenkunst, Parodie und Experiment"[16] erreicht *Christoph Colomb* Totalität auch hinsichtlich der eingesetzten Darstellungsmittel.

Das Leben des heiligen Franziskus von Assisi, den OLIVIER MESSIAEN (1908–1992) zum Protagonisten seiner einzigen Oper wählte (*Saint François d'Assise*, 1983; Text vom Komponisten), ist eher arm an äußeren Ereignissen, und Messiaen hat bewußt darauf verzichtet, den Konflikt mit dem Vater oder die Beziehung zur heiligen Klara darzustellen.[17] In den drei Akten (acht Bildern) der Oper scheint der innere Friede des Heiligen nie gestört, er lebt glücklich und hochverehrt inmitten der Brüder und stirbt zuletzt in der Gewißheit, ins Paradies einzugehen. Seine Gedanken aber kreisen um die „joie parfaite"[18], die vollkommene Freude, anders gesagt um den Sinn des Lebens, und er findet sie in Selbstüberwindung und im Annehmen eigenen und fremden Leidens. Zunächst ekelt er sich vor Aussatz (vgl. I 2 § 30), aber mit Gottes Hilfe vermag er sich einem Aussätzigen liebevoll zuzuwenden und seine Heilung zu erwirken (I 3); er betet darum, an seinem Leib die Wundmale des Gekreuzigten zu empfangen (III 7 § 132), und sein Gebet wird erhört. In direkter Beziehung zu den um der Liebe Gottes willen ertragenen Leiden stehen die liebevolle Hinwendung zu allen Kreaturen (I 2; II 6: Vogelpredigt) und Franziskus' mystische Verzückung, als der Engel auf der Fidel spielt (II 5, §§ 98/107). Äußere Ereignislosigkeit wird durch den Reichtum innerer Erfahrungen kompensiert, die sich zur Summe eines Lebens im Zeichen des Kreuzes addieren. Messiaen machte Franziskus zum Protagonisten seiner Oper, weil er von allen Heiligen Christus am ähnlichsten sei[19]; *imitatio*, Nachahmung Christi, aber ist der Weg, der zum Heil führt. Franziskus ist also auch zeitlos gültiges Vorbild wahren Christentums.

Wenn Theater Wirklichkeit in ihrer Totalität abbilden soll, stellt sich das Problem der Disposition, der Auswahl repräsentativer Elemente und ihrer Anordnung, mit besonderer Dringlichkeit. Im narrativen Text vermittelt der (fiktive) Erzähler zwischen der Ebene der Fiktion und den (impliziten) Lesern[20], deren Wahrnehmung er auf vielfältige Weise zu steuern vermag. Entscheidend ist dabei die Perspektive, aus der er das Geschehen betrachtet[21]: Er kann etwa Verständnis für eine Handlung wecken, indem er die Motive offenlegt, durch mehr oder weniger ausführliche Beschreibungen Vertrautheit oder Distanz erzeugen und anderes mehr.

Im dramatischen Text fehlt gewöhnlich eine solche Vermittlungsinstanz zwischen den von Schauspielern verkörperten Figuren und den Zuschauern, die von vornherein auf eine Außensicht[22] des Geschehens verwiesen sind: Was eine Bühnenfigur denkt oder fühlt, bleibt ungewiß, wenn sie es nicht selbst durch Worte, Gesten, Handlungen offen oder verhüllt (bewußt oder unbewußt) zum Ausdruck bringt.

Nun erfassen die Figuren ihre eigenen seelischen Regungen oft mit einer Klarheit, die „über das Maß des psychologisch Plausiblen hinausgeht"[23], ohne daß diese Hellsichtigkeit etwa Einfluß auf ihr weiteres Verhalten hätte. In solchen Passagen wird die Figur offenbar zum Sprachrohr einer episch vermittelnden Instanz: Ihr werden Einsichten in den Mund gelegt, die im narrativen Text ein auktorialer Erzähler formulieren würde. Auch andere Elemente des Dramas sind ihrer Funktion nach den wertenden Kommentaren eines solchen Erzählers vergleichbar, etwa die Chorlieder der antiken Tragödie[24] oder Prologe und Epiloge, die das Publikum auf das Kommende einstimmen bzw. eine allgemeine Lehre ziehen.

Während somit die Instanz des auktorialen Erzählers[25] schon seit der Antike im Drama zumindest punktuell präsent ist, läßt sich die Perspektive einzelner Figuren im Sprechtheater nur schwer zur Darstellung bringen. Ganz anders im Film, der mit der variablen und beweglichen Kamera[26] und mit der Stimme aus dem Off über die technischen Voraussetzungen für episch vermittelte Kommunikation verfügt: Wenn in Großaufnahme das Gesicht einer Figur gezeigt wird, die die Lippen nicht bewegt, während aus dem Hintergrund ihre Stimme zu hören ist, darf sich der Zuschauer eingeweiht fühlen in die inneren Empfindungen dieser Figur. Das Theater der Gegenwart neigt dazu, filmische Techniken der Perspektivierung zu übernehmen: Um etwa einen einzelnen aus einer Menschenmenge herauszuheben und seine unausgesprochenen Gedanken hörbar zu machen, genügt es, das Bühnenlicht zu dämpfen und einen Scheinwerfer auf den Sprecher zu richten; oder die Mitspieler bleiben stumm stehen (die Zeit wird angehalten), während ein einziger weiter spricht und sich bewegt.

Damit eröffnen sich neue Möglichkeiten speziell für das Musiktheater: In der Geschichte des Opernlibrettos ist die (trotz regionaler und epochenbedingter Unterschiede) durchgehende Tendenz erkennbar, die inneren Vorgänge stärker zu betonen als die äußere Handlung; ein häufigerer Wechsel der Darstellungsperspektive erlaubt es nun, Seelisches noch expliziter und damit auch differenzierter darzustellen. Infolgedessen erfreuen sich epische und filmische Darstellungsmittel bei den Librettisten der Gegenwart besonderer Beliebtheit.

Das gilt vor allem für das anglo-amerikanische Musical, das auch institutionell und bezüglich der Produktionsweise markante Ähnlichkeiten mit dem Film aufweist.[27] Hier wird die Fabel oft als Rückblende aus der Perspektive einer Figur konzipiert, die sich an eigene Erlebnisse erinnert: A. LLOYD WEBBERS *The Phantom of the Opera* (1986, Text R. STILGOE und CH. HART) etwa beginnt mit einer Versteigerung in der Pariser Oper; der Kronleuchter, der vor über dreißig Jahren in den Zuschauerraum stürzte, hat für einen der Bieter, den Vicomte de Chagny, eine besondere Bedeutung, er fühlt sich zurückversetzt in die Zeit seiner Liebe zur Sängerin Christine Daée. – *Passion* von ST. SONDHEIM (1994, Buch J. LAPINE, Liedtexte St. Sondheim[28]) basiert bezeichnenderweise nicht auf dem Roman *Fosca* von I. U. Tarchetti (1869), sondern auf der Filmversion von E. Scola (*Passione d'amore*, 1981); Briefe spielen eine bedeutende Rolle, die Liebenden Giorgio und Clara sind räumlich getrennt und schreiben einander fast täglich. Den Wechsel von der Außensicht zur Figurenperspektive markiert der Übergang von gesprochenem Dialog zu Gesang: Giorgio erscheint etwa zunächst im alltäglichen Gespräch mit seinen Kameraden in der Offiziersmesse, dann wird ihm ein Brief von Clara gebracht; als er ihn öffnet, tritt Clara auf und singt (an die Adresse des Publikums gerichtet), was Giorgio liest, die Gruppe der Offiziere verschwindet im Halbdunkel. Zu Beginn des zweiten Aktes informiert Colonel Ricci Giorgio über die traumatische Eheerfahrung der unglücklichen Fosca; was er berichtet, wird zugleich in einer Rückblende dargestellt. Der Colonel steht einerseits (als Gesprächspartner Giorgios) außerhalb dieser Szene, andererseits ist er (als Zeuge der damaligen Ereignisse) daran beteiligt: Wenn er erklärt, er selbst habe Fosca ihren späteren Ehemann vorgestellt, läßt er den Worten die Tat folgen. Genauere Analysen zur perspektivischen Darstellung im Musical wären lohnend.

In der Oper wird schon nach dem Ersten Weltkrieg mit der Figurenperspektive experimentiert; wesentliche Anregungen dazu dürfte neben dem Einfluß des Films die öffentliche Diskussion über die Psychoanalyse gegeben haben. In *Die tote Stadt* von ERICH WOLFGANG KORNGOLD (1920; Text von J. L. KORNGOLD) nimmt eine ‚Vision' des Protagonisten breiten Raum ein (sie füllt knapp zwei von drei Bildern): Paul, für den die Erinnerung an seine verstorbene Frau Marie zur Obsession geworden ist, findet in der Tänzerin Marietta das Ebenbild der Toten. Wie in einem Film sieht er eine mögliche Beziehung voraus, die von Eifersucht und Schuldgefühlen geprägt wäre und mit dem Mord an Marietta endete. Der Tagtraum dauert nur wenige Minuten: Im ersten Bild hat sich die Tänzerin von Paul verabschiedet, im dritten kommt sie noch einmal zurück, um ihren vergessenen Schirm zu holen[29]. Paul aber fühlt sich nach dieser Erfahrung in der Lage, seine Fixierung auf die Tote zu überwinden und ein neues Leben zu beginnen.

ERNST KŘENEK konzipiert *Karl V.* (1938, Text vom Komponisten) als Lebensrückblick des Protagonisten: Der Kaiser rekapituliert seine Taten, um sich vor Gott, vertreten durch seinen Beichtvater Juan de la Regla, zu rechtfertigen. KŘENEK schuf hier „eine Montageform (...), die epische Teile in den dramatischen Ablauf einbindet, ohne daß der Rahmen eines Dramas überschritten wird (...) Die Verbindung geschieht durch die erinnerten Szenen, die wie ein ablaufender Film zu denken sind, dadurch, daß die Hauptfigur sie nicht nur kommentiert, sondern in ihnen mitwirkt, sie also wiedererlebt (...) In der ‚Haupthandlung' ereignet sich Episches, während in den Visionen viele Dialogpartien zu dramatischen Situationen führen."[30]

In neuerer Zeit führen Libretto-Adaptationen von Werken der Weltliteratur gelegentlich den Dichter als Erzähler ein, um auf den Kunstcharakter (und indirekt auch auf die facettenreiche Rezeptionsgeschichte) der Vorlage zu verweisen.

CHRISTOPHER FRY (*1907) hat für *Paradise Lost* (1978, Musik von K. PENDERECKI) Verse aus Miltons gleichnamigem Epos ausgewählt.[31] Die Geschichte des Sündenfalls wird aber nicht nur mit den Worten des blinden Dichters erzählt, sie spielt sich auch vor seinem ‚inneren Auge' ab[32]: Er erinnert sich der Vertreibung aus dem Paradies und ruft damit das Bild Adams und Evas hervor; dann denkt er über die Ursachen der Katastrophe nach, und auf der Bühne beginnt der Teufel sein unheilvolles Werk.

Komplexer verschränkt L. MARTÍNEZ DE MERLO (*1955) in *Francesca o El Infierno de los Enamorados* [Francesca oder Die Hölle der Liebenden] (1989, Musik A. ARACIL)[33] die Ebenen des Erzählens und des Erzählten: Gezeigt wird nicht die Entwicklung, die zum Ehebruch Francesca da Riminis mit Paolo führte, sondern die Begegnung Dantes mit Francesca, wie sie der Dichter im *Inferno*-Teil der *Divina Commedia* schildert (Canto V).

Trotz Dantes offenkundiger Sympathie für die Ehebrecherin versetzt er sie in die Hölle; seine vergeistigte Liebe zu Beatrice macht ihn zur moralischen Instanz, die nicht nur das historische Liebespaar, sondern auch Lancelot und Guenièvre verdammt, die Protagonisten des Romans, den die Liebenden gemeinsam lasen und der ihnen den Mut gab, sich ihre Gefühle einzugestehen.

Martínez de Merlo hebt die klare Trennung zwischen den Sündern und den Repräsentanten der (göttlichen) Moral auf: Um Dante auf der gefährlichen Höllenwanderung Mut zu machen, erwähnt Vergil „la mujer que amaste" [*die Frau, die du geliebt hast*, I 1]. Das kann sich nur auf Beatrice beziehen, die der Dichter am Ziel seines Weges, im Paradies, wiedersehen wird. Die Begegnung mit Francesca (I 4) ruft jedoch andere Erinnerungen wach: Dante verwandelt sich in Paolo, er selbst wird mit der jungen Frau den Lancelot-Roman lesen und über das Wesen der Liebe reflektieren (II 1–3). Neben Vergil beobachtet auch La Sombra, ein anonymer „Schatten", das Paar; sie verkörpert das Prinzip sexuellen Begehrens[34], deshalb wird sie wie Francesca und andere große Liebende aus Geschichte und Sage (I 3) unablässig vom Wind der Leidenschaft umhergetrieben.[35] Zugleich ist die Sombra der ‚Schatten' Francescas, deren Erinnerungen sie teilt (sie wiederholt nahezu wörtlich, was Francesca über ihre Vergangenheit sagt, I 3, S. 26 f.).

In Dantes Version der Geschichte spiegeln die Kommunikationsebenen die Hierarchie der Werte: Mit der idealisierenden Liebe des Erzählers Dante verbindet sich die Hoffnung auf Erlösung, während die Figuren der Erzählung (Francesca und Paolo) und der Binnenerzählung Francescas (Lancelot und Guenièvre) sexuelle Erfüllung mit ewiger Verdammnis bezahlen. Bei Martínez de Merlo verläßt Dante die Erzähler-Ebene und wird zum Liebhaber Francescas; die Position des kommentierenden Beobachters wird von La Sombra, dem Double der Ehebrecherin, besetzt (Vergil, der auf der gleichen Ebene agiert, hat einst selbst die Macht der Liebe erfahren, deshalb vermag auch er Paolo/Dante und Francesca nicht zu verurteilen, vgl. den Epílogo). Für Dante war die himmlische Liebe die höchste Form menschlicher Selbstverwirklichung; dagegen setzt Martínez de Merlos Libretto die These, daß einzig die irdische Liebe der Natur des Menschen gemäß ist.

Gelegentlich wird auch ein ‚allwissender' Erzähler eingeführt, der nicht den empirischen Autor der literarischen Vorlage darstellt. Das scheint besonders häufig in Libretto-Versionen des *Don Quijote* der Fall zu sein, vermutlich deshalb, weil der Roman des Cervantes (1605/15) seine eigene Fiktionalität zum Thema macht: Die lange, dürre Gestalt des Protagonisten erinnert an einen Buchstaben; „sein ganzes Wesen ist nur Sprache, Text,

Buchseiten, eine schriftlich niedergelegte Geschichte. Er besteht aus ineinander verschlungenen Wörtern (...)"[36] Weil Don Quijote den Leser des Romans ständig daran erinnert, daß er nur in der Phantasie des Erzählers existiert, kann er auch nicht ohne einen Erzähler auf der Bühne stehen.

In *Pour un Don Quichotte* (1961, Text: R. LEMOINE, Musik: J.-P. RIVIÈRE[37]) wird die Opposition Fiktion *vs.* Realität zu Ideal (die ‚Narrheit' des Protagonisten) *vs.* zweckrationales Handeln konkretisiert: Während Don Quijote im Angesicht des Todes ‚vernünftig' wird, hören die anderen auf, über seinen Traum zu spotten. Die erste Regieanweisung:

Tant on le moquait naguère, tant on l'estime aujourd'hui. Où les gens ne voyaient que l'action, ils aperçoivent l'intention (...)

[*Sosehr man ihn früher verspottete, so sehr schätzt man ihn heute. Wo die Leute nur seine Taten sahen, erkennen sie die Absicht (...)*]

kann sich auf die Bewohner der Mancha (hier vertreten durch Sancho und Aldonza/Dulcinea), aber auch auf das Publikum (die Leser des Romans oder die Zuschauer im Theater) beziehen, die in der Geschichte Don Quijotes einen tieferen Sinn erkennen. Der Auftritt eines Erzählers (*Le Récitant*) zu Beginn und am Ende des Operneinakters unterstreicht den literarischen Charakter (die Fiktionalität).

Der Komponist PHILIPPE FÉNELON (*1952) schrieb selbst den Text zu *Le Chevalier imaginaire* (1992)[38]; er ging aus von einem kurzen Text Franz Kafkas[39], der Sancho Pansa als Anstifter (oder Regisseur) der Taten Don Quijotes („seine[s] Teufel[s]") bezeichnet, deshalb tritt in der Oper Sancho als Erzähler (*Le Conteur*) auf. Im Prolog verbrennen die Freunde und die Nichte des Protagonisten die Bücher, die sie als Ursache seiner Wahnvorstellungen erkannt haben. Fénelons Don Quijote ahmt denn auch vor allem literarische Vorbilder nach, z. B. sucht er die Raserei des von seiner Geliebten verlassenen Amadís zu wiederholen und zu übertreffen (I 2). Das Wesen der Fiktionalität scheint darin zu bestehen, daß sie sich nicht auf außerliterarische Wirklichkeit, sondern auf frühere Fiktionen bezieht.

Das textlich und musikalisch komplexeste Werk ist HANS ZENDERS (*1936) *Don Quijote de la Mancha* (1989/91)[40]: Dank Fragmentierung und Reduktion vermitteln die „31 theatralischen Abenteuer" (so der Untertitel) einen Eindruck von der Totalität des Romans (Text vom Komponisten). Die Verknüpfung der fünf „Grundelemente" Gesang, Sprache, Instrumentalspiel, (statisches) Bild und Aktion[41] bedürfte eingehender Analyse; die Erzählerrolle wird von drei „Lektoren" übernommen, die teils abwechselnd, teils gleichzeitig (aber nicht synchron) sprechen, wobei der Text durch Tonhöhen-Deklamation, Dehnung einzelner Laute (auch Konsonanten) u. ä. verfremdet wird. Im Anschluß an Cervantes berichten die „Lektoren" etwa, wie der Protagonist für sein Pferd und sich selbst neue Namen suchte (I 1 – Introduktion).

Damit ist ein zentrales Problem des Romans angesprochen: In der allegorischen Welt der Ritterromane tragen Personen und Dinge sprechende Namen; Don Quijote schließt daraus, daß die Sprache (das Denken) die Realität bestimmt und daß ein neuer Name genügt, um aus einem Krautjunker einen fahrenden Ritter zu machen. Cervantes inszeniert einen Konflikt zwischen dem Wirklichkeitsmodell seines Protagonisten, der von einer Ähnlichkeit zwischen Wörtern und Dingen ausgeht[42], und der als kontingent erfahrenen frühneuzeitlichen Welt; diese erkenntnistheoretische Dimension des Romans läßt sich in einer Bühnenbearbeitung kaum anders als durch eine Erzählerinstanz vermitteln.

Neben dem Erzähler ist auch der implizite Autor[43] im Libretto präsent: Cervantes nahm im zweiten Teil seines Romans (1615) auf die unautorisierte Fortsetzung Avellanedas (1614) Bezug; in der Oper wird der Ritter von seinem Schatten darauf hingewiesen, daß „ein zweiter Don Quijote (…) durch die Mancha" reist (II 17 – Aufbruch II), und in der folgenden Szene (II 18 – Kampf mit dem Schatten) müssen Don Quijote und Sancho ihre Doppelgänger nicht weniger als siebenmal in die Flucht schlagen, um sie (endgültig?) zu besiegen. Als der Ritter auf dem Sterbebett liegt (II 30 – Tod), transzendiert der vom Lektor I gesprochene Kommentar die Ebene des Erzählens:

Jetzt, meine liebe Feder, ob du nun gut oder schlecht geschnitten bist: sei hier an diesem Haken aufgehängt, wo du Jahrhunderte ruhen kannst. Es sei denn, irgendein Verwegener mißbraucht dich, die Geschichte fortzuschreiben – dann warne ihn, bevor er sich an dir vergreift! (…)

Die librettotypische Synthese von dramatischen und narrativen Elementen gewinnt in Zenders *Don Quijote de la Mancha* eine neue Dimension: Thematisiert werden nicht nur Erzählung und Erzählvorgang, sondern auch Werk (der Roman) und Medium (das Buch). Eine dialektische Beziehung baut sich nicht zwischen Gefühl und Verstand oder Gut und Böse, sondern zwischen dem Epischen und dem Dramatischen auf. Damit gewinnt das Libretto endgültig Anschluß an eine Literatur, deren eigentlicher Gegenstand (nicht erst im Zeichen der Postmoderne) das Schreiben ist.

## Der Text im experimentellen Musiktheater

Vom Libretto ausgehend läßt sich ‚experimentelles Musiktheater' auf zweifache Weise definieren: Einerseits wären hier jene Texte einzuordnen, die in Dramaturgie und sprachlicher Gestaltung die jeweils avanciertesten Positionen im Bereich des literarischen Theaters reflektieren; andererseits hätte man darunter Werke zu verstehen, in denen Sprache, Musik und Szene in einem radikal anderen Verhältnis stehen wie in der konventionellen Oper.

Diese zweite Kategorie zeichnet sich durch die Tendenz aus, sprachliche Zeichen nicht als Bedeutungsträger, sondern als bloße Klanggebilde aufzufassen und „einzelne Wörter, Silben oder Laute, aller Verstehbarkeit bar"[1] aufeinanderfolgen zu lassen, statt eine wie auch immer geartete Geschichte zu erzählen. Von einem literarischen Textsubstrat, das sich unabhängig von Musik und szenischer Realisation analysieren ließe, kann unter diesen Umständen nicht mehr die Rede sein, das Sprachmaterial erscheint vielmehr „in die rein musikalisch determinierte Struktur"[2] integriert. Wenn „Sprechen (...) zur Musik in der Musik" wird[3], bewegen wir uns freilich außerhalb, oder allenfalls am äußersten Rand der *literarischen* Gattung Libretto.

Hinsichtlich ihrer literarischen Vorlieben wird man die Mehrheit der Opernkomponisten des 20. Jahrhunderts getrost als konservativ oder gemäßigt modern bezeichnen können. Die sogenannte ‚Literaturoper' „verstößt" nicht nur „gegen das irreversible Axiom jeglicher Moderne, alles unbefragt Tradierte abzustreifen (...)"[4], auch viele der zur Vertonung eingerichteten Texte gehören nicht der Gegenwart, sondern dem 18. oder 19. Jahrhundert an, obwohl ROLF LIEBERMANN seine Komponisten-Kollegen schon 1960 aufgefordert hatte, „endlich die Entwicklung des Schauspiels im Laufe der letzten drei Jahrzehnte zur Kenntnis (zu) nehmen"[5]. Die Rückwärtsgewandtheit des Librettos ist freilich eine Regel, von der es eine beachtliche Zahl gewichtiger Ausnahmen gibt.

1944 (UA 1947) vertonte FRANCIS POULENC (1899–1963) Guillaume Apollinaires *drame surréaliste Les Mamelles de Tirésias* (1917)[6]; die Gattungsbezeichnung *opéra-bouffe* stellt bewußt eine Beziehung zum musikalischen Theater Offenbachs (oder Hervés[7]) her. In Apollinaires Schauspiel ist das Prinzip der Kausalität aufgehoben, die Identität (von Personen und Dingen) wird in Frage gestellt: Zanzibar ist sowohl eine Stadt (offenbar nicht

Anmerkungen siehe S. 318.

in Ostafrika, sondern in Frankreich) wie ein Würfelspiel; Presto, der beim Zanzibar verloren hat, wertet dies als Beweis dafür, daß er sich in Zanzibar befindet, sein Freund Lacouf dagegen glaubt, in Paris zu sein (I 4). Die beiden duellieren sich und fallen tot um, dann werden zwei Plakate aufgehängt; eines nennt Paris, das andere Zanzibar als Ort der Handlung. Später (I 6) haben Presto und Lacouf genug davon, tot zu sein; sie erwachen wieder zum Leben, schießen einander nochmals über den Haufen und laufen dann quicklebendig davon. Die Feministin Thérèse, die mit der traditionellen Frauenrolle unzufrieden ist, wird zum Mann (ihr wächst ein Bart, die Brüste lösen sich und fliegen als Luftballons davon, I 1); sie wirft Nachttopf, Bettpfanne und Uringlas aus dem Fenster, ihr Ehemann hebt die Gegenstände auf und identifiziert sie als Klavier, Geige und Butterdose (I 3). Zusammenhänge werden assoziativ, durch Klangspiele (Reime), Kalauer[8] und Doppeldeutigkeiten (nicht nur) sexueller Natur hergestellt[9]; so wie Thérèse ihr Selbstbestimmungsrecht erkämpft, emanzipieren sich auch die Wörter von der Vorherrschaft des Begriffs. Apollinaires Drama ist einerseits als Annäherung an das Unbewußte, andererseits als Negation der traditionellen Literatur zu verstehen, die die traumatischen Erfahrungen der Weltkriegs-Generation nicht auszudrücken vermochte; es ist sicher kein Zufall, daß Poulencs Vertonung in der Zeit des Zweiten Weltkriegs entstand.

WALTER HASENCLEVERS (1890–1940) expressionistisches Drama *Die Menschen* wurde 1918 geschrieben. Das Geschehen verweist unübersehbar auf eine zweite (symbolische) Bedeutungsebene: Ein Toter (Alexander) steigt aus dem Grab, ein Mörder übergibt ihm den Kopf seines Opfers in einem Sack, dann nimmt er Alexanders Platz in der Grube ein. Der Auferstandene beginnt seine Wanderung durch die Welt der Menschen; viel später erkennt er, daß der Kopf im Sack sein eigener ist. Er wird als Mörder vor Gericht gestellt und zum Tode verurteilt; in der letzten Szene kehrt er – mit dem leeren Sack – zum Grab zurück, der Mörder verläßt es, um ihm Platz zu machen. Der Dichter hat sich ausdrücklich gegen alle Versuche gewehrt, aus seinen Theaterstücken eine eindeutige Aussage herauszulesen:

„Von der Voraussetzung ausgehend, daß Leben und Sterben jedes Menschen ebenso unverständlich ist wie die ganze Welt, liegt dem Verfasser nichts an der Meinung, der Zuschauer müsse am Ende der Aufführung die Vorgänge auf der Bühne verstanden haben."[10]

Alexander erfährt, daß die menschliche Existenz nur in Gewalt, Geldgier, Sexualität und Tod besteht; Triebe, Leidenschaften, Sucht wirken gleichermaßen zerstörerisch, einen Ausweg scheint es nicht zu geben (auch nicht in Form einer Utopie). Sterben und Geborenwerden wiederholen sich in ewigem Kreislauf.

Eben darin lag für den Komponisten DETLEV MÜLLER-SIEMENS (*1957) die Faszination dieses Schauspiels:

„In den eng miteinander verknüpften Szenen geht es um Tatsachen, die zum menschlichen Dasein gehören – Geburt, Tod, Macht, Unterdrückung, Gesetz, Mord, Angst, Einsamkeit etc. Was aber fehlt, ist deren bedeutungshafte Verbindung, ist die

Aussage über deren Sinn. *Sie geschehen ganz einfach* – unpsychologisch, lapidar, drastisch, unmittelbar, grotesk – in einer Atmosphäre ständiger, latenter oder direkter Gewalt."[11]

Die Geschichte des Opfers, das als Mörder seiner selbst verurteilt wird, scheint „so offen für Deutungen, daß die Deutung hinfällig wird"[12]. In seiner Opernversion[13] (1990) hat Müller-Siemens die „mystizistische und expressionistische Färbung" und die „Erlösungs-Thematik" eliminiert[14], aber das „Telegrammstilartige"[15] der Figurenrede, die großenteils aus Ein-Wort-Sätzen besteht, beibehalten. So wird aus dem mehr als siebzig Jahre alten Schauspiel ein ‚offenes Kunstwerk'[16].

In der unpsychologischen Stationenfolge eines Situationstheaters, wie es LUIGI NONO (1924–1990) im Anschluß an Jean-Paul Sartre entwickelt[17], erscheint die Auflösung der Handlung in eine Folge statischer Einzelbilder, die wir als Konstante der Gattung Libretto beschrieben haben, radikalisiert und aktualisiert. Die „azione scenica" [etwa „*Bühnenhandlung*"] *Intolleranza 1960* (1961, Text nach einer Idee von A. M. RIPELLINO[18]) verknüpft mittels der zentralen Figur des Emigrante (Arbeitsemigranten) Beispiele für Intoleranz und Unterdrückung aus Gegenwart und jüngster Vergangenheit.

Nach Jahren als Bergarbeiter im Ausland (offenbar in Belgien, wo 1956 bei einem Grubenunglück in Marcinelle viele italienische Bergleute umkamen) möchte der Emigrante in die Heimat zurückkehren. Unterwegs gerät er (wohl in Paris) in eine Demonstration gegen den Algerien-Krieg, wird verhaftet, gefoltert und in ein Konzentrationslager gesteckt. Gemeinsam mit einem Algerier gelingt ihm die Flucht. Zu Beginn des zweiten Teils machen Projektionen, Presseschlagzeilen u. a. auf die atomare Bedrohung aufmerksam. In seiner Heimat findet der Emigrante eine Gefährtin; eine Hochwasserkatastrophe (die Po-Überschwemmung von 1951) bedroht ihr Leben, aber der Emigrante will nicht noch einmal fliehen:

EMIGRANTE E COMPAGNA. Qui bisogna restare
e qui mutare! (II 4)
[EMIGRANT UND GEFÄHRTIN. *Hier muß man bleiben / und hier die Dinge ändern!*]
Als der Damm bricht, werden die beiden von den Fluten fortgerissen.

Der Text erzählt keine Geschichte (deshalb gibt es auch kaum Dialoge[19]). Während er im Ausland arbeitete, hat der Emigrante mit einer Frau zusammengelebt, die ihm Rache schwört, als er sie verläßt (I 2). Als er (in Paris) verhaftet wird, erscheint dieselbe Frau als Wärterin auf der Polizeistation (I 4); den heimgekehrten Emigrante und seine Gefährtin sucht sie als Gespenst heim, und ihr Haß, so scheint es, materialisiert sich in Projektionen rassistischer Slogans (II 3). Die Frau und die Gefährtin sind keine Individuen (deshalb wird auch weder gezeigt noch berichtet, wie der Emigrante die Gefährtin kennenlernt[20]), in ihnen verkörpern sich Unterdrückung (das fremde Land) und Liebe (Heimat).

Intoleranz und Gewalt sind überall; um das zu unterstreichen, hat Nono Texte von Brecht, Sartre, Majakowski und anderen, auch politische Parolen aus verschiedenen Ländern zu einer Collage zusammengefügt.[21] Dazu sah er sich genötigt, weil der Libretto-Entwurf Ripellinos nicht seinen Vorstellungen entsprach[22]; zugleich war dieses Verfahren dem Stoff und den Intentionen des Komponisten in höchstem Maße angemessen. Es ist nur folgerichtig, daß auch der Text seines nächsten Bühnenwerkes *Al gran sole carico d'amore* [Unter der großen Sonne mit Liebe beladen] (1975, von Nono und J. P. Ljubimow) als Collage angelegt ist; hier treten „an die Stelle einer erzählbaren Handlung (...) prismatisch ineinandergreifende Bilder dramatischen, lyrischen, erzählenden und reflektierenden Charakters von kämpfenden, leidenden und sterbenden Frauen in revolutionären Situationen und Prozessen"[23].

Nonos Collage-Technik führt zu einer Fragmentierung des Librettos; einen ähnlichen Effekt erreicht HANS ZENDER in *Stephen Climax* (1986) durch die „Simultaneität von zwei Handlungen, die sich als zwei getrennte Libretti darstellen"[24]: zum einen eine gekürzte Fassung des (als dramatischer Dialog ohne Erzählerrede verfaßten) Circe-Kapitels aus dem *Ulysses* von James Joyce, das in einem Bordell in Dublin (am 16. Juni 1904) spielt, zum anderen eine Episode aus der Geschichte Simeons des Stiliten, der zu den Begründern des christlichen Mönchtums (im 5. Jahrhundert n. Chr.) zählte (Text nach hagiographischen Quellen vom Komponisten). Stephen und Simeon sind nicht nur durch mehr als 1400 Jahre voneinander getrennt, die beiden Figuren stehen auch in größtmöglichem Gegensatz zueinander[25]; die Komposition unterstreicht das, indem sie der Dublin- und der Simeon-Handlung zwei verschiedene Orchester zuordnet und für die Sphäre Stephens die „Verfahrensweise eines stilistischen Changierens", für die Welt des Mönchs dagegen „eine streng serielle Komposition"[26] wählt. Daß sich die beiden Handlungen vor allem im ersten Akt ständig überlagern, verweist auf „Koinzidenzen"[27] jenseits einer strengen Kausalität:

„Das Unbekannte, wonach Stephen sucht: ein zukünftiges, umfassenderes Bewußtsein, ist von seiner augenblicklichen Geistesverfassung mindestens so weit entfernt wie diese von der Weisheit Simeons – es wird aber, wenn es wirklich umfassend ist, beides einschließen müssen. So kann der Schluß der Oper nur die Gestalt einer offenen Frage haben."[28]

Ästhetische Positionen und literarische Techniken der Avantgarde finden also durchaus Eingang in die Librettistik der Gegenwart. Die Reihe der Beispiele ließe sich mühelos verlängern; wie hoch der Anteil experimentell-innovatorischer Texte an der Libretto-Produktion des 20. Jahrhunderts insgesamt ist, läßt sich allerdings nur schwer abschätzen, da breitangelegte, länderübergreifende Arbeiten zu diesem Thema fehlen.

Den bisher besprochenen Libretti ist eines gemeinsam: Stets bildet der Text eine autonome Bedeutungsebene innerhalb des musikalischen Theaters. Ob es sich um ein (vom Komponisten oder von einem Mitarbeiter) konzipiertes Opernbuch oder um einen Schauspieltext (bzw., wie bei *Stephen Climax*, um einen Romanauszug) handelt – immer läßt sich zwischen ‚Libretto' und Vertonung unterscheiden. Noch bevor sich das Libretto als vertonbar erweist, ist es *literarischer* Text.

Dagegen wird im „Instrumentalen Theater"[29] MAURICIO KAGELS (*1931) die „theatralische Situation" einer Musikaufführung „thematisiert und auskomponiert"[30]. Die „Verschmelzung von absoluter Musik und handlungsloser Dramaturgie"[31] macht etwa *Match* (1965) zum musikalisch-szenischen Äquivalent einer Tennispartie[32]: Die ‚Spieler', zwei Cellisten, sitzen rechts und links am vorderen Bühnenrand, der in der Mitte postierte Schlagzeuger fungiert als ‚Schiedsrichter', der freilich nicht verhindern kann, daß die ‚Spieler' in Streit geraten und aus Verärgerung oder Erschöpfung schließlich die Partie abbrechen.[33]

Das Spiel der Instrumentalisten wird als Wettkampf aufgefaßt, wie es die Etymologie des Wortes *Konzert* (zu lat. *concertare* „wetteifern") nahelegt. Inszeniert wird freilich nicht eine bestimmte Partie zwischen zwei individualisierten Partnern (deshalb gibt es auch keinen Sieger), sondern das Ritual (die Kommunikationssituation) des Wettkampfs; aus eben diesem Grund wird der Streit nicht sprachlich[34], sondern musikalisch ausgetragen.

Dagegen dominiert in dem „Kammermusikalischen Theaterstück in einem Akt" *Sur scène* (1962)[35] ein Sprecher, der einen Vortrag über die Musik in Europa nach dem Zweiten Weltkrieg hält; auf seine Rede reagieren ein Mime, ein Sänger und drei Instrumentalisten.[36] Im Text nun wird die referentielle Funktion der Sprache, die zeichenhaft auf außersprachliche Wirklichkeit verweist, durch Verfremdung aufgehoben: Sätze und Wörter werden etwa von hinten nach vorne gelesen[37], oder bei Musikwissenschaftlern und Kritikern beliebte Klischees werden zusammenhanglos aneinandergereiht. Ähnlich wie Musik „nie etwas bezeichnet und dennoch immer etwas bedeutet"[38], besteht der ‚Inhalt' der Sprecherrede wesentlich in der ‚Form', im dozierenden Gestus akademisch-elaborierten Sprechens. So wird die Aufmerksamkeit des Zuschauers auf die Mechanismen des Kulturbetriebs und des Musiklebens gelenkt, mit dem Ziel einer ironischen Distanzierung, die durch die Interaktion zwischen dem Sprecher und den anderen Mitwirkenden und durch vom Tonband eingespielte Reaktionen eines imaginären Publikums (Lachen, Beifall, Husten) noch verstärkt wird.

Obwohl Kagel als ein wesentliches Element des Instrumentalen Theaters die „kammermusikalische Besetzung" bezeichnete[39], hat er später in den neun Stücken der „Szenischen Komposition" *Staatstheater* (1971) „alle Darstellungsbereiche der Oper: instrumentale und vokale Musik, Szene und Tanz"[40] einbezogen. Bezeichnenderweise abstrahiert er dabei von der Bedeutungsebene der Sprache (gesungen werden sinnlose Laute oder Silben): Auch hier geht es nicht um einen Inhalt (eine wie auch immer geartete Bühnenhandlung[41]), sondern um die Rituale, die das Zusammenspiel der Mitwirkenden innerhalb der Institution Oper bestimmen.[42]

In Formen der *Szenischen Komposition*[43] wie dem Instrumentalen Theater wird die „zeichengebundene Semantik" der Sprache „durch eine eigentümliche Semantik der Geste" ersetzt[44]; das Spiel der Darsteller tritt als zentraler Bedeutungsträger an die Stelle des Textes (der vorhanden sein, aber ebensogut fehlen kann). Eine vergleichbare Semantik der Musik kann es nicht geben, da die Musik „kein System aus Zeichen" bildet[45]; musikalische Bedeutung konstituiert sich im Syntagma, d. h., der Stellenwert eines Elements (eines Klangs) ergibt sich aus dem Kontext, in dem es steht.[46]

Nun verbinden sich im sprachlichen Zeichen Ausdrucks- und Inhaltsebene bzw. Lautkörper (Signifikant) und Bezeichnetes (Begriff, Signifikat)[47]; es ist aber auch möglich, von der Inhaltsebene abzusehen, Silben und Wörter als reine Klangphänomene aufzufassen. Auf diese Weise werden Vokale und Konsonanten zu Bausteinen der Musik, vergleichbar den Instrumentalklängen.[48] *Sprachkomposition*[49] bedeutet „Dekomposition der Sprache"[50] als eines semantisch dominierten Zeichensystems; die „Einordnung von Sprache in das bruchlose Kontinuum der Klangeigenschaften"[51] führt zu Texten, die musikalischen Kohärenzkriterien genügen, aber keine begrifflich faßbare ‚Bedeutung' mehr haben.

So geht Mauricio Kagel in *Anagramma* (1957/58) von einem mittellateinischen Palindrom[52] aus; da in diesem Satz elf verschiedene Phoneme vorkommen, „ergibt sich eine Analogie zwischen der spiegelsymmetrischen Struktur des Basissatzes und der krebssymmetrischen Struktur einer Zwölftonreihe als Ausgangspunkt einer Reihenkomposition (...) außerdem [läßt] das im Werktitel angezeigte anagrammatische Prinzip des Sprachspiels, bei dem durch Umstellung der Buchstaben eines Worts neue Wörter, neuer Sinn erzeugt wird, eine Verwandtschaft mit Permutationsverfahren der Reihenkomposition erkennen"[53].

Auf dem Konzertpodium mag Sprache als absolute Musik wahrgenommen werden; in einem dramatischen Werk dagegen ist sie notwendigerweise Medium der Kommunikation zwischen den fiktiven Figuren. Daß der gesungene Text unverständlich ist, kommt in der Aufführungspraxis der Oper nicht eben selten vor; das Publikum wird dann versuchen, einzelne Wortfetzen zu erhaschen und aus Intonation, Mimik und Gestik des Darstellers auf den Inhalt zu schließen. Nun finden sich auch in offenkundig sinnlosen Laut- und Silbenfolgen unvermeidlich Elemente, die an Wörter aus der einen oder anderen Sprache anklingen; WERNER EGK (1901–1983), der für BORIS BLACHER (1903–1975) den Text zu *Abstrakte Oper Nr. 1* (1953) schrieb, scheint dem Rechnung zu tragen, wenn er erläutert: „Die

komponierten Worte sind musikalisch-phonetisch erfunden und richten sich an das automatische Assoziationsvermögen des Zuhörers"[54].
Wie eine sprachliche Äußerung zu interpretieren ist, hängt auch vom außersprachlichen Kontext ab, d. h. davon, wer zu wem, an welchem Ort, vor welchen Zuhörern etc. spricht. Wenn ein Bühnenstück von der Bedeutungsebene des Textes (dem semantischen Aspekt) abstrahiert, konzentriert sich, so scheint es, die Aufmerksamkeit des Zuschauers um so stärker auf die für die jeweilige Kommunikationssituation geltenden Spielregeln (auf den pragmatischen Aspekt). Die szenische Kategorie der Situation ermöglicht einen Brückenschlag vom Instrumentalen Theater zur Sprachkomposition: M. Kagel reiht in *Sur scène* sprachliche Klischees aneinander, um die Rituale des musikwissenschaftlichen Vortrags zu thematisieren; der Text zu *Aventures & Nouvelles Aventures* (1966) von GYÖRGY LIGETI[55] besteht aus rein affektiven Lautfolgen[56] und bot so die Möglichkeit, „Formen gemeinsamen Sprechens aus[zu]komponier[en]: die Akteure flüstern miteinander, reden erregt aufeinander ein, führen quasi ein Biertischgespräch; eine wichtige Botschaft wird verkündet; erregte Unterhaltung spitzt sich dramatisch zu; in dem, was einer sagt, wird ein schreckliches Geschehnis reflektiert. (...) Wird so Sprache als Musik, ja als musikalische konstruiert, ist diese zumindest genauen Sinns entleert. Indem Musik gesprochen wird, somit sprachlicher Nonsens, präsentiert sich Kommunikation als gestörte: sie funktioniert nur als Mechanismus. Kommuniziert wird statt Inhalts bloßes Geklingel, dieses aber so, als ob man sich etwas zu sagen hätte."[57]

Werke wie diese sind offensichtlich ‚jenseits von Literatur und Oper'[58] angesiedelt. Auf Sprache, die zu Musik wird, sind die Methoden der musikalischen Analyse anzuwenden; da aber die semantische und die pragmatische Dimension von Sprache nie gänzlich ausgeschaltet werden können, ist zugleich der Rückgriff auf das Instrumentarium der literarischen Textanalyse geboten. Parameter wie Klangfarbe, Rhythmus, Tempo etc. wären mit hinreichender Genauigkeit nur in interdisziplinärer Zusammenschau der musikalischen, sprachlichen und szenischen Aspekte zu beschreiben. Den bisher bestehenden Rückstand der wissenschaftlichen Theorie gegenüber der künstlerischen Praxis aufzuholen, scheint um so notwendiger, als trotz der seit den siebziger Jahren zu konstatierenden Krise des „musikalischen ‚Experiments'", der „Neuen Musik" und der Avantgarde schlechthin[59] die durch Phänomene wie Sprachkomposition oder Instrumentales Theater bewirkten Veränderungen im Verhältnis von Musik und Text (Libretto) auch in musikdramatischen Werken der neuesten Zeit deutliche Spuren hinterlassen haben. Hier wäre etwa auf WOLFGANG RIHMS (*1952) „Musiktheater nach Antonin Artaud" *Die Eroberung von Mexiko* (1992) zu verweisen. „In Rihms Realisation kann die Textvorlage ihre Rolle wechseln. Mal erscheint sie als Bildentwurf, mal als musikalische Anweisung, dann wieder fungiert sie als Libretto. Entscheidend aber ist die strukturelle Übersetzung von Artauds Entwurf, als Aufforderung genommen, die Wildheit seines Denkens, die anarchische Ratio mitzuvollziehen, die Grenzen der Schädeldecke zu sprengen, gleich in welchem Medium, sei es Klang oder Körper, Gedanke oder Natur."[60]

## Kurze Bemerkungen zum Text in der Operette

1855 eröffnete Jacques Offenbach in Paris sein erstes eigenes Theater, die Bouffes-Parisiens. Die Ausschreibung eines Komponisten-Wettbewerbs, den er ein Jahr später veranstaltete, gab ihm Gelegenheit, sein künstlerisches Credo zu formulieren:

„Die Entwicklung des opéra-comique von den Anfängen bis heute läßt sich leicht verfolgen (...) wenn es einen Fortschritt gibt, dann gewiß nicht in der Gattung selbst, die fast ganz von der französischen Bühne verschwunden ist. Der Grund dafür liegt vor allem in den Textbüchern, die nicht mehr heiter, lebhaft und anmutig sind, sondern sich zu Operndichtungen gewandelt haben, der Grundton ist düsterer, der Rahmen weiter und die dramatische Handlung immer verwickelter geworden (...) Das Théâtre des Bouffes-Parisiens will versuchen, die ursprüngliche, wahre Gattung wiederzubeleben (...) Es war erfolgreich mit musikalischen Skizzen in der Art des alten opéra-comique, mit der ‚Farce‘, aus der sich das Theater Cimarosas und der ersten italienischen Meister entwickelt hat (...)."[1]

Die neue Gattung, die später *opéra-bouffe* (und im deutschen Sprachraum Operette) heißen wird, hat anscheinend noch keinen Namen; Offenbach definiert sie über ihr Verhältnis zum *opéra-comique*, den er von der Oper abgrenzt: Ein *opéra comique*-Libretto ist anscheinend etwas anderes als ein Operntextbuch, oder sollte es zumindest sein. Man könnte vermuten, Offenbach habe an den idyllisch-sentimentalen Zügen der komischen Opern Boieldieus, Adams und Aubers Anstoß genommen; dazu paßt aber schlecht, daß er selbst in allen Phasen seiner Karriere nicht nur satirische Bouffonnerien, sondern auch pastorale Idyllen komponiert hat.[2]

Da der ‚alte' opéra-comique mit der Farce gleichgesetzt wird, ist offenbar das Pariser Jahrmarktstheater[3] gemeint, das (wie oben ausgeführt) zunächst keine neukomponierte Musik verwendete, sondern die Gesangstexte Gassenhauern oder beliebten Opernmelodien unterlegte. Wenn derart heterogenes musikalisches Material verwendet wird, muß das Ergebnis eine Art Nummernrevue sein; dank der paradigmatischen Ausrichtung der Komödie können sich die Couplets zu komischen Einlagen verselbständigen, deren thematisches Spektrum von parodistischer Verspottung der neuesten Opern bis zu sich selbst genügendem Wortwitz oder slapstickartigen Gags reicht.

Anmerkungen siehe S. 320.

Auch der opéra-comique des 19. Jahrhunderts kennt Einlagen, etwa als Solonummern komischer Nebenfiguren, die mit dem Gang der (Haupt-) Handlung[4] nichts zu tun haben[5]; freilich hat schon seit der Zeit Grétrys und seiner Librettisten Marmontel und Sedaine[6] eine Entwicklung eingesetzt, die der Komödienhandlung (der Liebesgeschichte) auf Kosten der komischen Handlungen immer mehr Gewicht verleiht. Gegen diese, ihrem Wesen nach idealistische, Homogenisierung setzt das musikalische Lachtheater[7] die Vorstellung einer disparaten Welt, deren Widersprüche undurchschaubar bleiben.

Zur Eröffnung der Bouffes-Parisiens komponierte Offenbach unter anderem den Einakter *Les deux aveugles* (*Die beiden Blinden*; Text: J. MOINAUX). Der Streit zweier Bettler um den besten Platz auf einer Brücke wird im gesprochenen Dialog geführt; er geht unentschieden aus, die (vorhersehbare) Pointe – beide erkennen, daß sie schon am Vortag, damals als Lahmer und Einarmiger, aneinandergeraten sind[8] – markiert einen Abbruch, kein Ende. Der Text ist aus Bausteinen unterschiedlichster Art zusammengesetzt: Giraffiers Schilderung des Unfalls, der zu seiner Erblindung geführt habe (S. 22 f.), etwa reiht in gewollter Unordnung Klischees aus dem populären Unterhaltungsroman aneinander.

Unterbrochen wird der Dialog durch vier Gesangsnummern, drei davon sind Lieder, mit denen die falschen Blinden die Passanten zur Mildtätigkeit animieren wollen. Zunächst machen beide auf ihr trauriges Schicksal aufmerksam (Nr. 1/2); gegen Giraffiers Lied vom Feldherrn Belisar, den Kaiser Justinian blenden ließ (Nr. 2[9]), singt sein Rivale Patachon allerdings mit einer munteren Tanzweise an. Das folgende Duett (Nr. 3) treibt die komische Heterogenität auf die Spitze: Es handelt sich um das Lied eines verliebten Spaniers, vor dem Fenster der Angebeteten zu singen. Offenbach ignoriert den schmachtenden Text und nimmt musikalisch nur Bezug auf das spanische Kolorit: Aus dem Ständchen wird ein Bolero, die Zugnummer der Partitur (deshalb erklingt die einprägsame Melodie schon in der Ouverture und wird zum Schluß wiederaufgenommen). Boleros kommen in zahlreichen Bühnenwerken Offenbachs vor, ihre zündenden Rhythmen waren so etwas wie ein Markenzeichen des Komponisten. Daher wirkt das Duett wie eine musikalische Autor-Intervention: Die Darsteller fallen gleichsam aus ihren Rollen als Giraffier und Patachon und werden nur noch als Interpreten der Musik Jacques Offenbachs wahrgenommen.

In der folgenden Nr. 4 wird musikalisch gestaltet, was wohl als Höhepunkt der dramatischen Handlung aufzufassen wäre: Die Karten sollen entscheiden, wer den Platz auf der Brücke behalten darf. Text[10] und Musik zitieren die Sicilienne aus Meyerbeers *Robert le Diable* (1831, Text: E. Scribe), die dort (I 7) eine analoge Situation begleitet: Der Protagonist läßt sich zum Würfelspiel verführen; sein dämonischer Begleiter sorgt dafür, daß er verliert. Die Bettler spielen beide falsch, aber ihre Betrugsversuche neutralisieren sich gegenseitig. Der Abstand zwischen Meyerbeers Grand Opéra und einer Bouffonnerie wie *Les deux aveugles* ist gewaltig; das (vom Zielpublikum mit Sicherheit erkannte) Zitat mußte daher in höchstem Maße inadäquat (also lächerlich) wirken.

Komik wird vor allem durch die Kollision literarisch musikalischer Diskurse erzeugt: Die beiden Bettler zitieren, nacheinander und gelegentlich durcheinander, Klischees des Melodrams, des Feuilletonromans, eine Romance des Directoire, romantische Große Oper und spanische Folklore; sie stellen damit eine für Vertreter der Unterschicht erstaunliche, allerdings leicht angestaubte Bildung unter Beweis. Daß manche hochtrabende Formulierung nicht recht in den Kontext paßt, entlarvt die beiden als kulturelle Hochstapler, zeigt aber auch, daß die Sprache des Bildungsbürgertums aus fast beliebig kombinierbaren Leerformeln besteht.

Vor allem in den frühen Einaktern leisten Offenbach und seine verschiedenen Librettisten einen Beitrag zur Dekonstruktion des bürgerlichen Denkens, wie es im Medium der Kunst faßbar wird. In den großen Opérasbouffes, zu denen HENRI MEILHAC (1831–1897) und LUDOVIC HALÉVY (1834–1908) die Texte schrieben, tritt der ideologiekritische Impuls hinter zweckfreier Komik zurück: Aus der Infragestellung aller Gattungskonventionen ist eine neue Gattung entstanden, das Publikum *erwartet* inzwischen von Offenbach Collagen disparater Elemente und parodistischer Zitate.

In *Barbe-bleue* (1866, Text von MEILHAC und HALÉVY) werden mindestens vier verschiedene Welten zusammengezwungen: Zunächst scheint sich ein idyllisches Schäferspiel zu entwickeln, aber der Auftritt von Prinzessin Hermia und Prinz Saphir dient nur der Irreführung des Zuschauers (nach dem ersten Akt wissen die Autoren mit den beiden denn auch nicht mehr viel anzufangen). Barbe-bleue ist eine Don-Juan- (bzw. Don-Giovanni-)Parodie, mit Boulotte ist ihm eine, allerdings noch etwas naive, Doña Juana zugeordnet. Der Haus- (bzw. Hof-)Tyrann Bobèche wäre der passende Protagonist für eine bürgerliche Sittenkomödie, die hier nur ins königlich-aristokratische Milieu transponiert wird; sein Astrologe Popolani und der Minister Oscar schließlich sind den Intriganten des Melodrams (bzw. des romantischen Dramas) nachempfunden. Der Zusammenstoß derart unterschiedlicher Sphären hat freilich zur Folge, daß sich keine Figur genau so verhält, wie es dem Rollenklischee entspräche.

Das gesellschaftskritische Potential in Offenbachs Werken dürfte geringer sein, als gewöhnlich angenommen wird[11]; eher wird man von einer aufgeklärt-skeptischen[12] Grundhaltung sprechen können, die dem Komponisten und der Mehrzahl seiner Librettisten gemeinsam war. Hier knüpfen französische, aber auch deutsche und englische Operettenautoren der folgenden Generation an. Die vielen entführten, vertauschten oder verschollenen Kinder in W. S. GILBERTS (1836–1911) und A. SULLIVANS (1842–1900) Savoy Operas[13] etwa (z. B. *H. M. S. Pinafore*, 1878; *The Gondoliers*, 1889) sind einmal mehr als ironische Reverenz an die komplizierten Intrigen der Feuilleton-Romane zu verstehen.

Nach Offenbachs Tod (1880) wird Paris als Welthauptstadt der Operette von Wien abgelöst. Von der kritischen Rationalität der älteren Generation ist bei JOHANN STRAUSS (1825–1899) und seinen Nachahmern wenig zu spüren. Die dialektische Spannung, die in Offenbachs besten Werken zwischen den disparaten Elementen besteht, kann der Zuschauer als Aufforderung zur Reflexion über literarische und (musik-)dramatische Gattungskonventionen verstehen; spätere Librettisten reihen komische, sentimentale und konfliktträchtige Situationen lediglich so aneinander, daß sich eine möglichst abwechslungsreiche Szenenfolge ergibt. Auch in dieser banalisierten Form bleibt der Revuecharakter das Hauptmerkmal des Operetten-Librettos: Nicht nur Musiknummern, auch viele Dialogszenen sind nur lose oder gar nicht in das Syntagma (die Haupthandlung) eingebunden.

Im *Bettelstudent* (1882; Text: F. ZELL und R. GENÉE, Musik: K. MILLÖCKER[14]) etwa erfüllt die Introduktion (I 1) nur vordergründig die Funktion, den Zuschauer mit dem Schauplatz – einem Gefängnis in Krakau unter der sächsischen Besatzung – bekanntzumachen; vor allem geht es darum, dem sächselnden Kerkermeister Enterich, einer komischen Nebenfigur, einen Auftritt zu verschaffen. Ollendorfs Auftrittslied (I 4) nennt zwar die Beleidigung, die ihm Gräfin Laura zugefügt hat, und damit das Motiv für die folgende Intrige; aber der Informationsgehalt dieses gesungenen Wutanfalls steht in keinem Verhältnis zu seiner Ausdehnung. Im zweiten Akt (II 9) darf Ollendorf in einem vielstrophigen[15] Couplet allgemeine Betrachtungen über den Lauf der Welt anstellen. Vor allem wird, wie in der Wiener Operette üblich, die zentrale Liebesgeschichte verdoppelt: Dem Paar Laura (Sopran) – Jan (Tenor) steht ein zweites Paar Bronislawa (Soubrette) – Symon (Tenorbuffo) gegenüber. Während für die Geschichte des ‚ernsten' Paares ein tragischer Ausgang allenfalls denkbar wäre, bleibt das Glück der beiden anderen jederzeit ungetrübt; ihre Aufgabe besteht wesentlich darin, einen heiteren Kontrapunkt zu den tiefen Gefühlen der Protagonisten zu setzen (allerdings ist der *Bettelstudent* insofern untypisch, als dem Buffo-Paar ein durchaus leidenschaftliches Liebesduett zugestanden wird: II 2).

Die paradigmatische Ausrichtung der Operette läßt ähnlich viel Raum für Bearbeitungen wie in der barocken Opera seria[16]: Nicht nur Musiknummern werden ausgetauscht, auch der Dialogtext wird ständig gekürzt, bearbeitet, aktualisiert, und die Darsteller, zumal der komischen Rollen, tun Abend für Abend extemporierend das Ihrige dazu.

Oft werden Sänger oder Instrumentalisten als Hauptfiguren gewählt, die Handlung spielt im Theater, im Variété oder ähnlich[17]; das schafft Gelegenheit zu musikalischen Einlagen als Theater auf dem Theater, und der Komponist kann zwischen verschiedenen musikalischen Stilen variieren. Diese Möglichkeit wird später vor allem das Musical nutzen: In *Kiss Me, Kate* (1948; Text: S. und B. Spewack, Musik: C. Porter) wird nicht nur Shakespeare gespielt, Lois darf sich ihrem Regisseur Fred Graham auch als Jazz-Sängerin empfehlen („Too Darn Hot"). In *The Phantom of the Opera* (1986, Text: R. Stilgoe und Ch. Hart) versucht A. Lloyd Webber offenbar, den Stil des Grand Opéra und der italienischen Oper des 18. Jahrhunderts zu pastichieren.

Die „lose Nummerndramaturgie"[18] ist einer Theaterform angemessen, in der „alles, was [den Figuren] lebenswert ist, überhaupt erst jenseits gesprochener Dialoge gedeiht: in gesungenem Tanz, in zwecklosen Klängen und Schwüngen, erlöst von sachlicher Prosa und zielbestimmten Wegen"[19]. Vor allem trifft das auf den Typus der ‚Salonoperette'[20] zu, wie er sich beispielhaft in FRANZ LEHÁRS *Lustiger Witwe* (1905, Text: V. LEÓN und L. STEIN[21]) ausprägt: Hier gilt die Regel, daß sich inneres Erleben nicht in Sprache fassen läßt, auch für die Gesangstexte; Worte können nur die Außenseite der Realität wiedergeben, deshalb beschreibt sich Danilo in seinem Auftrittslied selbst als Lebemann und oberflächlichen Genußmenschen, seine ebenso beständige wie (scheinbar) hoffnungslose Liebe zu Hanna Glawari behält er für sich.

Die Figuren der Barockoper analysieren ihre Empfindungen mit transpsychologischer Hellsicht[22]; in Opern des 19. und 20. Jahrhunderts steht äußere Wirklichkeit oft zeichenhaft für inneres Erleben. In einer Salonoperette wie der *Lustigen Witwe* dagegen wird zunächst und vor allem die Fassade dargestellt, hinter der man seine Gefühle gegen Verletzungen wie gegen Aufdringlichkeit und Indiskretion abschirmt. Faßbar wird die innere Befindlichkeit der Figuren nur punktuell, etwa im erst getanzten und dann gesungenen Walzer „Lippen schweigen, / 's flüstern Geigen"[23] oder in der Märchen-Erzählung des Vilja-Lieds (Nr. 7)[24]: Die Worte des Märchens sind mehrdeutig; wenn Hanna von der Sehnsucht des Jägers nach dem ‚Waldmägdelein' singt, singt sie von sich selbst. Dabei sieht sie sich, so scheint es, in beiden Rollen, als Begehrende(r) und Begehrte: Mit der Stimme des Jägers (im Refrain) spricht sie ihre eigene Sehnsucht nach Danilo aus und gibt zugleich zu erkennen, daß ihr seine Sehnsucht nicht verborgen geblieben ist.

Spätestens hier zeigt sich, daß die Komödienhandlung (oder ‚Innere Handlung'[25]) der Salonoperette nicht mit psychologischer Entwicklung gleichzusetzen ist: Danilo und Hanna lieben einander nicht nur von Anfang an, sie wissen es auch, jeder für sich und voneinander; das einzige, was ihrer Verbindung im Wege steht, ist Danilos Befürchtung, Hanna (oder eher noch: die anderen) könnten glauben, er hätte es nur auf ihr Geld abgesehen. Der Revuecharakter des ganzen ergibt sich zwingend aus dieser Ausgangssituation: Nur durch die Aneinanderreihung von musikalischen Einzelnummern und austauschbaren Episoden läßt sich das Happy-End bis zuletzt hinauszögern. „Jeder Akt ein Ballfest"[26]: Zur Unterhaltung der Gäste singt Hanna das Vilja-Lied, Valencienne führt den Grisetten-Marsch an, Danilo schlägt die Hanna bedrängenden Heiratskandidaten in die Flucht, die sich das ohne nennenswerten Widerstand gefallen lassen; die „erzwungene Scheinkatastrophe am Ende des zweiten Akts" (Hanna kompromittiert sich mit Rossillon, dem Liebhaber Valenciennes, um ihr einen Skandal zu ersparen und Danilo eifersüchtig zu machen) mag geschickter motiviert sein als vergleichbare Szenen in späteren Operetten wie der *Csárdásfürstin*; dennoch handelt es sich auch bei Lehárs Librettisten um ein „dramaturgisches Scharnier"[27].

Wir hatten wiederholt Gelegenheit festzustellen, daß sich die Komödie durch ihre „dominant paradigmatische Ausrichtung" von der Tragödie unterscheidet[28]; andererseits besteht das Libretto (jedes Libretto) aus weitgehend selbständigen Teilen. Insofern ist es nicht verwunderlich, daß in einem bestimmten Typus komischer Libretti das Syntagma „nur wie ein Drahtgestell [ist], um Musik [und szenische Gags, Sprachkomik etc.] gut und hübsch daran aufzuhängen"[29]. Dies gilt vor allem für jene Gattungen, die geschlossene musikalische Nummern mit gesprochenem Dialog kombinieren[30]: Opéra-comique, deutsche Spieloper, Operette und ältere Formen des Musicals.

Das Syntagma (die Liebeshandlung) kann in der Operette nur auf Kosten der komischen Elemente an Bedeutung gewinnen; Lehárs ‚Lyrische Operetten'[31] (seit *Paganini*, 1925) behalten zwar das Nebeneinander von ernstem und Buffo-Paar bei, aber der Grundton ist sehr viel einheitlicher als in den früheren Werken des Komponisten: Im *Land des Lächelns* (1929, Text: L. Herzer und F. Beda-Löhner) etwa muß Mi, die Soubrette, zum Schluß ebenso auf ihre Liebe verzichten wie ihr Bruder, der Tenorheld Sou-Chong. Die neugewonnene Homogenität ist Ausdruck einer Annäherung an die Gattung Oper: Franz Lehár mag sich selbst als den legitimen Erben Puccinis verstanden haben, der er für das Publikum (oder für einen großen Teil des Publikums) zweifellos war.[32] Es scheint bezeichnend, daß sich die Geschichte seiner Karriere als Weg von der ‚Belagerung' bis zur endlichen ‚Eroberung der Oper' erzählen läßt.[33]

Normative Definitionen sind immer problematisch, für die Operette wie für jede andere literarische (oder musikoliterarische) Gattung; grundsätzlich hat als Operette alles das zu gelten, was die Autoren so bezeichnet wissen wollen. Andererseits läßt sich über die Gattungsgrenzen von komischer Oper, Operette und Musical hinweg ein Werktypus isolieren, den man als ‚musikalisches Lachtheater'[34] bezeichnen könnte: Hier erscheint die komische Handlung als revuehafte Reihung disparater Elemente[35], während sich die Komödienhandlung durch gewollte Unwahrscheinlichkeit und Inkohärenz als bloße Ermöglichungsstruktur zu erkennen gibt. Da das musikalische Lachtheater seiner Natur nach antiillusionistisch ist, eignet ihm ein aufklärerisches Potential[36], das allerdings nicht in jedem Fall ausgespielt werden muß. Es scheint, daß die nach der Communis opinio geglücktesten Operettenlibretti (etwa die Texte von Meilhac und Halévy, Hervé, W. S. Gilbert, *Die lustige Witwe* ...) fast ausnahmslos dem musikalischen Lachtheater zuzurechnen wären. Der Typus ist auch im anglo-amerikanischen Musical gut repräsentiert, allerdings scheint hier die Entwicklung seit den siebziger Jahren in eine andere Richtung zu gehen. Stücke wie *By Jeeves* von ALAN AYCKBOURN (Musik: ANDREW LLOYD WEBBER, 1996[37]) beweisen jedoch, daß die Zeit des amüsanten Unsinns und der kultivierten Albernheit auf dem Theater noch längst nicht vorbei ist.

# Anmerkungen

## Das Libretto – Elemente einer Definition

[1] P. HACKS, Versuch über das Libretto, in: P. H., Oper, München 1980, 199–306, das Zitat 209.

[2] Vgl. seinen Brief an den Vater vom 7. Mai 1783, dazu unten Anm. 11.

[3] Vgl. E. MORI, Libretti di Melodrammi e balli del secolo XVIII. Fondo Ferraioli della Biblioteca Apostolica Vaticana, Firenze 1994, 6.

[4] Vgl. dazu grundlegend G. GENETTE, Seuils, Paris 1987. Genettes eigenes Interesse gilt freilich primär der zur individuellen Lektüre bestimmten erzählenden Literatur.

[5] Vgl. unten S. 54f.

[6] Vgl. dazu unten S. 147ff.

[7] Unmöglich wird das Mitlesen durch die Verdunklung des Zuschauerraums, die sich erst unter dem Einfluß Richard Wagners allgemein durchsetzt, obwohl die technischen Voraussetzungen schon seit Anfang des 19. Jahrhunderts (Einführung des Gaslichts im Theater) gegeben sind, vgl. J. DENT/P. SMITH, Libretto, NGroveD 10, 821–823, speziell 823.

[8] Vgl. z. B. PENDLE, Eugène Scribe, 1f.; SMITH, xx.

[9] Die komplexe Geschichte der Opernübersetzung, die sinnvoll nur im internationalen Vergleich zu behandeln wäre, muß in diesem Buch unberücksichtigt bleiben; zur ersten Orientierung vgl. K. HONOLKA, Opernübersetzungen. Zur Geschichte der Verdeutschung musiktheatralischer Texte, Wilhelmshaven 1978.

[10] HACKS, Versuch über das Libretto, 209.

[11] Vgl. MOZART (Brief vom 7. Mai 1783, in: W. A. MOZART, Briefe und Aufzeichnungen. Gesamtausgabe, ges. und erl. von W. A. BAUER und O. E. DEUTSCH, Bd. 3, Kassel etc. 1963, 268): „ich habe leicht 100 – Ja wohl mehr büchelin durchgesehen – allein – ich habe fast kein einziges gefunden mit welchem ich zufrieden seyn könnte (...)"; ähnliche Aussagen anderer Komponisten bei NIEDER, Von der Zauberflöte, 31f.; E. CHABRIER, Correspondance réunie et présentée par R. DELAGE & F. DURIF, Paris 1994, passim; etc. etc.

[12] Vgl. dazu PFISTER, 33; als weitere Kriterien für eine Wesensbestimmung des Dramatischen nennt er „unvermittelte Überlagerung von innerem und äußeren Kommunikationssystem" (Fehlen einer Erzähler-Instanz, dazu unten S. 224f.), „performative Kommunikation" und „Kollektivität von Produktion und Rezeption".

[13] Damit sind Sprechdramen, die nur einzelne Liedeinlagen, instrumentale Zwischenspiele und dgl. enthalten, ausgeschlossen.

[14] Die Musik zum wichtigsten Ausdrucksmittel schlechthin zu erklären, scheint problematisch: In der Oper und verwandten Gattungen kommt dem sprachlichen

Text, im Tanztheater kommt der Körpersprache der Darsteller in etwa gleiche Bedeutung zu.

[15] In der Terminologie K. W. HEMPFERS (Gattungstheorie. Information und Synthese, München 1973): keine Gattung, sondern eine Schreibweise, vergleichbar dem Epischen, dem Komischen, dem Dramatischen allgemein etc.; Anwendung dieser Unterscheidung auf den musikdramatischen Bereich schon bei MEHLTRETTER, Die unmögliche Tragödie, 10.

[16] „Musik, Tanz und Theater bildeten in der Frühzeit der griechischen Kultur eine unauflösbare Einheit", M. BRAUNECK, Die Welt als Bühne. Geschichte des europäischen Theaters, Erster Bd., Stuttgart – Weimar 1993, 51.

[17] Vgl. z. B. S. WIESMANN, Das Wiener Sepolcro, in: Oper als Text, 25–31.

[18] Zur Operette vgl. unten S. 238ff.

[19] A. A. ABERT, Libretto, MGG[1], Bd. 8, 708; vgl. auch MEHLTRETTER, Die unmögliche Tragödie, 10.

[20] Vgl. unten S. 202ff.

[21] Ähnlich MEHLTRETTER, Die unmögliche Tragödie, 12, der überraschenderweise für eine scharfe Trennung von Libretto und vertontem Sprechstück plädiert.

[22] Vgl. schon ISTEL, Das Libretto, 73.

[23] F. BUSONI, Die Einheit der Musik und die Möglichkeiten der Oper, in: F. B., Wesen und Einheit der Musik, hrsg. von J. HERRMANN, Berlin-Halensee – Wunsiedel 1956, 10–30, speziell 26; zitiert auch bei GRELL, Ingeborg Bachmanns Libretti, 173.

[24] Vgl. R. DAMM/E. VOSS, PEnz 1, 391.

[25] Zu dieser Entwicklung paßt auch, daß etwa seit Ende des 19. Jahrhunderts Operneinakter quantitativ und qualitativ an Bedeutung gewinnen, vgl. W. KIRSCH, Musikdramaturgische Aspekte des Operneinakters, in: W. HERGET/B. SCHULTZE (Hrsg.), Kurzformen des Dramas. Gattungspoetische, epochenspezifische und funktionale Horizonte, Tübingen 1996, 111–131, speziell 113.

[26] Angesichts der 2202 Verse eines Librettos von Zeno und Pariati, vgl. unten S. 74.

[27] Zeitstrukturen in der Oper [1981], in: C. D., Vom Musikdrama, 25–32, speziell 25.

[28] Vgl. ähnlich auch P. PÜTZ, Die Zeit im Drama. Zur Technik dramatischer Spannung, Göttingen 1970, 52.

[29] DAHLHAUS, Vom Musikdrama, 28.

[30] Vgl. unten S. 165ff.

[31] Besonders deutlich ist das in der Opera seria, wo die meisten Arien Abgangsarien sind; vgl. unten S. 68.

[32] Vgl. unten S. 167ff.

[33] Auf die Opernähnlichkeit „manche[r] Szenen in Kleists Dramen" verweist auch DAHLHAUS, Wagners Konzeption, 33.

[34] Zur besonderen Opernnähe der Dramaturgie Hugos vgl. unten S. 156ff.

[35] I 5, V. 307–394, vgl. V. HUGO, Théâtre. Amy Robsart – Marion de Lorme – Hernani – Le roi s'amuse, éd. par R. POUILLIART, Paris 1979, 484–486; s. auch unten S. 158.

[36] Vgl. unten S. 106f.

[37] DAHLHAUS, Zeitstrukturen in der Oper, 27.

[38] Das gilt auch für die Musik: DAHLHAUS, Wagners Konzeption, 18, weist darauf hin, daß „nicht einfache Reihung das Formprinzip der Oper [ist], sondern Gruppierung: Disposition voneinander abgesetzter Teile, deren Aufeinanderfolge einem strengen szenisch-musikalischen Kalkül gehorcht".

[39] Zitiert nach Tutti i libretti di Verdi, hrsg. von L. BALDACCI, Milano 1975, 269–291.

[40] Niederlage und Gefangennahme sind (als verdeckte Handlung) in dem Intervall zwischen den Akten III und IV zu denken.

[41] Vgl. K. HORN, Kontrast, in: Enzyklopädie des Märchens. Handwörterbuch zur historischen und vergleichenden Erzählforschung, hrsg. von R. W. BREDNICH u. a., Bd. 8, Fasz. 1, Berlin 1994, 245–252.

[42] CL. LÉVI-STRAUSS, Die Struktur der Mythen [The Structural Study of Myth, 1955], in: Strukturalismus in der Literaturwissenschaft, hrsg. von H. BLUMENSATH, Köln 1972, 25–46, speziell 40.

[43] H. R. PICARD, Die Variation als kompositorisches Prinzip in der Literatur, in: Musik und Literatur, 35–60, speziell 35.

[44] So TH. KOEBNER, Vom Arbeitsverhältnis zwischen Drama, Musik und Szene und ein Plädoyer für die „Opera impura", in: Für und Wider die Literaturoper, 65–81, speziell 74; Hervorhebung A. G.

[45] Die Parallele zu LÉVI-STRAUSS' Beschreibung des mythischen Denkens ist offensichtlich.

[46] So z. B. in Goldonis Buona figliuola, vgl. unten S. 97 f.

[47] Vgl. A. GIER, Hirten und Könige. Händels Tolomeo-Libretto und seine Vorlage, in: Programmheft Opernhaus Halle. Tolomeo (...) von Georg Friedrich Händel, Spielzeit 1995/96, 15–21.

[48] Vgl. unten S. 142 f.

[49] Vgl. auch die Bemerkungen zu The Rake's Progress von Auden/Kallman und Strawinsky, unten S. 214 f.

[50] Vgl. unten S. 203 ff.

[51] PFISTER, 373 möchte in solchen Fällen nicht von Dehnung, sondern von Aufhebung der Zeit sprechen, „da diese innerpsychischen Vorgänge chronometrisch überhaupt nicht mehr zu erfassen sind".

[52] Vgl. DAHLHAUS, Zeitstrukturen in der Oper, 26.

[53] Allerdings ist Zeitdehnung im Schauspiel seltener als Zeitraffung, vgl. PFISTER, 372. Zur Differenz zwischen „fiktiver gespielter Zeit und realer Spielzeit" allgemein ebd., 369–374.

[54] Zeitstrukturen in der Oper, 26.

[55] Etwas Ähnliches meint möglicherweise auch P. CONRAD, Romantic Opera and Literary Form, Berkeley – Los Angeles – London 1977, 1, wenn er die These aufstellt, nicht das Drama, sondern der Roman sei die der Oper analoge literarische Gattung.

[56] „Aufhebung der Finalität", vgl. PFISTER, 104.

[57] Vgl. auch unten S. 148.

[58] Vgl. dazu A. GIER, A = B? Von der Kunst des Weglassens (und des Hinzufügens) im Opernlibretto, in: Bruckner-Tagung Linz 1996 (im Druck).

[59] Das folgende nach R. WARNING, Elemente einer Pragmasemiotik der Komödie,

## Anmerkungen

in: Das Komische, hrsg. von W. PREISENDANZ und R. W. (Poetik und Hermeneutik, 7), München 1976, 279–333, speziell 289 ff. – Zur Affinität der Komödie zum Epischen vgl. auch PFISTER, 106; 118.

[60] Vgl. auch unten S. 85 ff. (am Beispiel von Händels *Serse*, nach einem Libretto Stampiglias).

[61] Ein Beispiel dafür ist C. Goldonis *L'Arcadia in Brenta*, vgl. unten S. 94 ff.

[62] Vgl. unten S. 103.

[63] Vgl. dazu unten S. 221 ff.

[64] „Aufhebung der Konzentration", Pfister, 105; dazu unten S. 221–224.

[65] Zur impliziten Präsenz einer Erzähler-Instanz im Libretto vgl. oben S. 10.

[66] „Aufhebung der Absolutheit", PFISTER, S. 105 f.

[67] PFISTER, 248.

[68] Vgl. ebd.

[69] Vgl. unten S. 225.

[70] Zeitstrukturen in der Oper, 28.

[71] Ebd., 27.

[72] So KLOTZ, Geschlossene und offene Form, 30.

[73] DAHLHAUS, Zeitstrukturen in der Oper, 27. – In anderem Zusammenhang (Traditionelle Dramaturgie in der modernen Oper, in: C. D., Vom Musikdrama, 233) stellt DAHLHAUS freilich fest, daß „der Dialog (...) niemals das primäre oder gar ausschließliche Medium des Dramas" in der Oper gewesen sei, wo auch „dramaturgische Mittel wie Chor, Prolog und Epilog, Botenbericht, Teichoskopie und Monolog" ihren festen Platz hätten.

[74] Zur Dramaturgie der Literaturoper, in: C. D., Vom Musikdrama, 238–248, speziell 238.

[75] Vgl. z. B. G. Petrosellinis von Anfossi und Mozart vertonte *Finta giardiniera* (1773/74 bzw. 1775).

[76] Zeitstrukturen in der Oper, 27 f.

[77] Vgl. G. FLAUBERT, Madame Bovary. Mœurs de province [1857], éd. CL. GOTHOT-MERSCH, Paris 1971, 227 ff., speziell 230. Offenbar hat Bovary Normannos Replik „[Lucia] L'amò" (I 1) als „J'aime Lucie" mißverstanden. Das Beispiel macht auch deutlich, daß die Auffassung, „die charakterliche Disposition von Opernfiguren" werde „durch (...) Besetzungstraditionen präformiert" (GRELL, Ingeborg Bachmanns Libretti, 174), vor dem Hintergrund des unterschiedlichen Vorwissens der Zuschauer zu relativieren ist.

[78] Die Vorgeschichte des *Trovatore* ist im übrigen durchaus stimmig und nachvollziehbar; als grobe Unwahrscheinlichkeit könnte man einzig bewerten, daß Azucena den Tod ihrer Mutter statt am Sohn des Grafen an ihrem eigenen Kind gerächt hat (vgl. II 1). Das wird allerdings verständlich, wenn man annimmt, der alte Luna sei Azucenas Liebhaber und der Vater ihres Kindes gewesen (vgl. A. GARCÍA GUTIÉRREZ, El Trovador (drama). Los hijos del tío Tronera (sainete), ed. J.-L. PICOCHE u. a., Madrid 1979, 35 f.): Ursache der Fehlleistung wäre der unbewußte Wunsch der Zigeunerin, den Platz der Ehefrau des Grafen (der Mutter seiner legitimen Kinder) einzunehmen.

[79] Vgl. unten S. 160.

[80] Indizien dafür, daß Manrico sich unbewußt der Aristokratie zugehörig fühlt,

sind seine Liebe zu Leonora und die Ahnung, die ihn hindert, Luna im Kampf zu töten (II 1).

[81] GERHARTZ, Auseinandersetzungen, 312 und passim, konstatiert einen Vorrang des „Gezeigten" gegenüber dem „Gesagten" in der Oper; seiner vergleichenden Typologie von Oper und Drama (298–332) liegt allerdings ein von der Ästhetik der deutschen Klassik geprägter, enger Begriff des Dramatischen zugrunde, was zu zahlreichen problematischen Schlußfolgerungen führt.

[82] Vgl. auch H. FRICKE, Schiller und Verdi. Das Libretto als Textgattung zwischen Schauspiel und Literaturoper, in: Oper und Operntext, 95–115, speziell 96 f. FRICKE unterscheidet zwischen dem ‚Libretto', das meist auf eine literarische (epische oder dramatische) Vorlage zurückgehe und bis Ende des 19. Jahrhunderts dominiere, und der ‚Literaturoper' (zur Problematik dieser Abgrenzung vgl. oben S. 6); von der Gattung ‚Schauspiel' (die nicht näher definiert wird) unterscheide sich das Libretto in sechs Aspekten, von denen vier auch in unserer Merkmalskonfiguration vorkommen: „Verknappung" (entspricht (1)); „Stillgestellte Handlungssituationen" und „Gleichzeitigkeit" (2); „Sinnfällige Verdeutlichung" (5). FRICKE nennt außerdem „lyrische Singanlässe" (gemeint ist die Arie als geschlossene Form, deren Text „ein potentiell selbständiges Gedicht" sei, vgl. (3)) und „Implizitheit". Bei diesem letzten Merkmal scheint es sich zunächst um eine Option des Librettisten zu handeln („die Möglichkeit des *Verschweigens* im Text, wofür dann die Musik als zweite unabhängige Ausdrucksebene neben diejenige der Sprache tritt", Hervorhebung A. G.), die Feststellung, daß die Musik „mehr, ja zuweilen etwas ganz anderes sagen kann als der Wortlaut des Textbuches", macht dann aber klar, daß hier nicht vom Libretto als vertonbarem Text, sondern von der konkreten Vertonung die Rede ist. – KOEBNER, Vom Arbeitsverhältnis zwischen Drama, Musik und Szene in: Für und Wider die Literaturoper, 65–81, speziell 70–73, benennt vier Merkmale des Librettos (bzw. „Anpassungs-Leistungen" bei der Libretto-Bearbeitung einer literarischen Vorlage): Einfachheit (= (1)), Situation („Die Situation übersetzt das Prozessuale der Handlung ins visuelle Tableau", 71; = (3)/(4)), Emotion („Das Argumentativ-Diskutierende, die hemmende Reflexion des Dramas weichen im Libretto der drängenden ‚Kundgabe'", 71; ähnlich wie (5), allerdings scheint KOEBNER ein für das Libretto des 19. Jahrhunderts charakteristisches Merkmal zu verabsolutieren), „Das geduldete Wunderbare" (dieses vielleicht etwas unglücklich benannte Merkmal wird auf die „Verschiebung der Figuren, Situationen, Emotionen ins Arche- und Prototypische, Sinnbild- und Urbildhafte" [73] zurückgeführt, vgl. die oben konstatierte Nähe des Librettos zu Märchen und Mythos).

[83] Vgl. DAHLHAUS, Traditionelle Dramaturgie in der modernen Oper, 232 ff., der die Termini ‚episch', ‚nichtaristotelisch' und ‚offen' mehr oder weniger synonym verwendet. Es wurde bereits darauf hingewiesen, daß die Episierung des Dramas auf sehr unterschiedliche Weise erfolgen kann; die Gegensatzpaare aristotelisch *vs.* nichtaristotelisch und geschlossen *vs.* offen bezeichnen Idealtypen, die überwältigende Mehrheit der vorhandenen Texte ist Mischformen zuzuordnen. Vgl. auch KLOTZ, Geschlossene und offene Form im Drama, und dazu PFISTER, 319 ff.

[84] Vgl. unten S. 202. – Ähnlich schon DAHLHAUS, Wagners Konzeption, 39.

[85] Vgl. PFISTER, 18.

[86] Vgl. WARNING, Elemente einer Pragmasemiotik der Komödie, 289 f.

250  Anmerkungen

[87] Z. B. fordert G. VON WILPERT (Sachwörterbuch der Literatur, Stuttgart [7]1989, 207) für das Drama „eine knappe und in sich geschlossene, organisch erwachsene Handlung".

## Librettoforschung und Librettologie

[1] Vgl. PFISTER, 25–29.

[2] Vgl. oben S. 5.

[3] In semiotischer Perspektive ist eine Inszenierung aufzufassen als Kombination visueller und akustischer Zeichen, die vom Zuschauer entschlüsselt („gelesen') werden; die Bezeichnung ‚Aufführungstext' trägt dem Rechnung.

[4] Vgl. dazu (ausgehend vom Sprechtheater) E. FISCHER-LICHTE, Semiotik des Theaters, 3 Bde., Tübingen 1983; außerdem S. MAHSBERG, Theatergeschichte und Theatersemiotik. Die Bedeutung Victorien Sardous für die Entwicklung des modernen Regietheaters, Frankfurt etc. 1990, 13–43 (kritischer Forschungsbericht und Entwurf eines Gesamtmodells der Theaterkommunikation).

[5] A. A. ABERT, Libretto, in: MGG[1] 8, 710 f.

[6] Vgl. H. U. GUMBRECHT, Musikpragmatik – Gestrichelte Linie zur Konstitution eines Objektbereichs, in: Oper als Text, 15–23, speziell 18.

[7] Vgl. dazu unten S. 230 ff.

[8] Vgl. vor allem die Briefe vom 20. und 23. Juli 1928, in: STRAUSS – HOFMANNSTHAL, Briefwechsel, 640 ff.

[9] Vgl. unten S. 197 f. – Für die von Strauss gegen Hofmannsthal durchgesetzte Kürzung im ersten Akt (vgl. unten S. 308 Anm. 57) dürften dagegen rein musikalische Gründe ausschlaggebend gewesen sein.

[10] So Strauss, vgl. unten S. 197.

[11] Vgl. unten S. 29.

[12] Vgl. A. GRÉSILLON, Éléments de critique génétique. Lire les manuscrits modernes, Paris 1994; dort 232 f. zum *Rosenkavalier*.

[13] Ein Sonderfall liegt allerdings vor, wenn der Librettist nach Uraufführung der Oper (und Veröffentlichung des Librettos) den Originaltext (ohne die vom Komponisten verlangten oder eigenmächtig vorgenommenen Änderungen) z. B. in einer Gesamtausgabe seiner Werke erscheinen läßt; vgl. unten S. 142.

[14] Vgl. unten S. 81.

[15] Die Klage über das Fehlen einschlägiger Vorarbeiten wird bis in die jüngste Vergangenheit in fast allen Studien zum Libretto angestimmt. Vgl. SMITH, viiif., der einen „‚libretto-eyed' view" der Musikgeschichte als Korrektiv zur auf die Musik oder die Komponisten zentrierten Sichtweise postuliert. Sein eigenes Buch (die bisher einzige Gesamtdarstellung) befaßt sich allerdings mehr mit den Librettisten als mit dem Libretto.

[16] Vgl. z. B. F. DE SANCTIS, Storia della letteratura italiana. Nuova ed. a cura di B. CROCE, 2 Bde., Bari 1912, zu Metastasio Bd. II, 323–343; andere Librettisten werden nur gelegentlich am Rande erwähnt.

[17] Vgl. z. B. die entsprechenden Abschnitte bei FERRONI, Storia della lett. it.

[18] Vgl. MEHLTRETTER, Die unmögliche Tragödie, 52 ff.

[19] Vgl. dazu P. ROSS, MGG[2] 5, 1135.

[20] Vgl. dazu A. MARTINI, Die italienische Literatur im deutschen Sprachraum. Ergänzungen und Berichtigungen zu F.-R. HAUSMANNS Bibliographie, Amsterdam – Atlanta, GA 1994, 12–19.

[21] Vgl. unten S. 109.

[22] So knüpfen etliche der bei G. HELMES und P. HENNECKE (Hrsg.), Don Juan. Fünfzig deutschsprachige Variationen eines europäischen Mythos, Paderborn 1994, dokumentierten Werke an Da Pontes *Don Giovanni*-Libretto an; zahlreiche andere Beispiele ließen sich anführen.

[23] Vgl. dazu GIER, Musik in der Literatur, 70; 78 f. und die dort genannte Literatur.

[24] So THOMAS MANN, Richard Wagner und der *Ring des Nibelungen*, vgl. Beziehungszauber. Musik in der modernen Dichtung, hrsg. von C. DAHLHAUS und N. MILLER, München 1987, 7 f.

[25] Vgl. dazu (u. a.) U. WEISSTEIN, Die wechselseitige Erhellung von Literatur und Musik: Ein Arbeitsgebiet der Komparatistik?, in: S. P. SCHER (Hrsg.), Literatur und Musik. Ein Handbuch zur Theorie und Praxis eines komparatistischen Grenzgebiets, Berlin 1984, 40–60.

[26] Vgl. B. WITTMANN, Einleitung, in: Don Juan. Darstellung und Deutung, hrsg. von B. W., Darmstadt 1976, IX.

[27] M. JEULAND-MEYNAUD, Légitimité de la librettologie, Revue des études italiennes 22 (1976), 60–101, möchte allerdings die sozial- oder mentalitätsgeschichtliche Interpretation der Libretti als eigene literaturwissenschaftliche Teildisziplin etablieren.

[28] Vgl. A. WAGNER, Krieg und Literatur in einem Frankreich des Wandels. Untersuchungen anhand von Liedern, Gedichten und Theaterstücken aus den Jahren 1756 bis 1807, Anif/Salzburg 1990.

[29] Vgl. z. B. CLÉMENT, Die Frau in der Oper. Ausgehend von den Texten (bzw. „den Handlungen, ihren Knoten, ihren Verwicklungen", 32) wird hier nicht das Frauenbild im Libretto analysiert, sondern das Frauenbild des 19. Jahrhunderts: Die Oper vor Mozart kommt ebensowenig vor wie das Musiktheater der Gegenwart.

[30] Vgl. M. BEGHELLI, Il contributo dei trattati di canto ottocenteschi al lessico dell'opera, in: Le parole della musica I, 169–223, speziell 203 Anm.

[31] Vgl. dazu unten S. 155 und passim.

[32] Vgl. unten S. 165.

[33] V. KLOTZ, Geschlossene und offene Form, 41.

[34] Vgl. auch GIER, Musik in der Literatur, 68.

[35] Vgl. auch DAHLHAUS, Wagners Konzeption, 39: „es scheint, als sei die Differenz zum Drama in der Natur der Musik begründet (...) Der musikalische Ton ist, ebenso wie der Affekt, den er ausdrückt, ‚an die sinnliche Gegenwart gefesselt', so daß das Vorher und das Nachher verblassen."

[36] Vgl. unten S. 165 ff.

[37] Vgl. unten S. 210.

## Vorgeschichte der Librettoforschung

[1] Zu den italienischen Quellen des 17. bis 19. Jahrhunderts vgl. R. DI BENEDETTO, Poetiken und Polemiken, in: Gesch. der it. Oper 6, 9–73.

[2] Vgl. unten S. 42f.

[3] Vgl. dazu B. WEINBERG, A History of Literary Criticism in the Italian Renaissance, 2 Bde., Chicago 1961.

[4] Widmung zu *L'Ulisse errante* (1644), zitiert nach DI BENEDETTO, Poetiken und Polemiken, 20; zu den Anfängen der Opernästhetik vgl. auch die von BECKER, Quellentexte, herausgegebenen Zeugnisse.

[5] Zu diesem Problemkreis vgl. zuletzt J. H. PETERSEN, ‚Nachahmung der Natur': Irrtümer und Korrekturen, Arcadia 29 (1994), 182–198; B. F. SCHOLZ (Hrsg.), Mimesis. Studien zur literarischen Repräsentation, Tübingen – Basel 1997.

[6] Vgl. MEHLTRETTER, Die unmögliche Tragödie, 67f.

[7] Vgl. ebd., 69. *Il Corago*, die erste (anonyme) operntheoretische Schrift des 17. Jahrhunderts (konzipiert als „Handbuch für die Inszenierung", vgl. DI BENEDETTO, Poetiken und Polemiken, 15) betrachtet schon ca. 1630 Singen statt Sprechen als übermenschlichen Figuren angemessen, vgl. FABBRI, Il secolo cantante, 54f.

[8] SAINT-ÉVREMOND, Les opéra. Ed. prés. par R. FINCH et E. JOLIAT, Genève 1979. Die *folie* der Liebenden ist durch zu häufigen Besuch der Oper verursacht, so wie Don Quijote durch ständige Lektüre seiner Ritterbücher den Verstand verloren hat; vgl. II 4.

[9] Vgl. die Einleitung ebd., 9–11.

[10] Saggio sopra l'opera in musica, in: ALGAROTTI, Saggi, 145–192, speziell 155.

[11] Artikel Poëme lyrique, in: Encyclopédie, Bd. 12, 824.

[12] Vgl. unten S.69.

[13] Vgl. unten S. 110ff.

[14] Encyclopédie, Bd. 12, 827.

[15] Vgl. DI BENEDETTO, Poetiken und Polemiken, 30f.

[16] Vgl. unten S. 93f.

[17] Titel eines einaktigen Divertimento teatrale (Musik von A. Salieri), vgl. PEnz 5, 534–536.

[18] Im Dialog *Della tragedia antica e moderna*, vgl. DI BENEDETTO, Poetiken und Polemiken, 28f.

[19] Vgl. unten S. 75.

[20] Brief an den Vater vom 13. Oktober 1781, in: MOZART, Briefe und Aufzeichnungen, 3, 167.

[21] Vgl. z. B. C. H. HENNEBERG, Gedanken zur Beziehung zwischen Literatur und Libretto am Beispiel von Aribert Reimanns *Lear*, in: Oper und Operntext, 261–269, speziell 264: „[Der Librettist] darf nur soviel Skelett liefern, wie der Komponist braucht, um Fleisch daranzugeben. " (Das gleiche Bild wurde schon von C. M. von Weber u. a. gebraucht, vgl. NIEDER, Von der Zauberflöte, 13 und Anm.)

[22] Vgl. M. HAGER, Die Opernprobe als Theateraufführung. Eine Studie zum Libretto im Wien des 18. Jahrhunderts, in: Oper als Text, 101–124, speziell 109–111; K. RINGGER, Die italienische Oper als Gegenstand von Parodie und Satire, in: Zwischen Opera buffa und Melodramma, 7–25, speziell 13f.

Anmerkungen 253

²³ Vgl. oben S. 16.
²⁴ Vgl. CL. KRAUSS und R. STRAUSS, Capriccio. Ein Konversationsstück für Musik in einem Aufzug, [Textbuch] Mainz – London o. J., Letzte Szene, 89.
²⁵ Das hängt einerseits mit den durch die Französische Revolution ausgelösten politisch-gesellschaftlichen Veränderungen zusammen, andererseits werden erst nach 1800 die technischen Voraussetzungen geschaffen, um Zeitungen in hohen Auflagen zu drucken; vgl. CL. BELLANGER/J. GODECHOT/P. GUIRAL/F. TERROU, Histoire générale de la presse française, Bd. II, De 1815 à 1871, Paris 1969.
²⁶ Vgl. DI BENEDETTO, Poetiken und Polemiken, 53.
²⁷ Vgl. K. H. HILZINGER, Musikalische Literatur und literarische Musik. Robert Schumann und Hector Berlioz, in: Musik und Literatur, 145–157.
²⁸ Seinen Bericht über die Uraufführung der *Juive* (1835) von F. Halévy, Text: E. Scribe, leitet der Kritiker der Gazette musicale de Paris mit der Bemerkung ein: „Commençons par le poème; l'usage le veut ainsi en France" (Artikel vom 1. März 1835, zitiert nach F. HALÉVY, La Juive. Dossier de presse parisienne (1835), éd. par K. LEICH-GALLAND, Saarbrücken 1987, 66).
²⁹ Zu den Gründen dafür vgl. unten S. 155 f.
³⁰ Vgl. dazu F. NICOLODI, Sul lessico di Metastasio. Le forme e la prassi esecutiva, in: Le parole della musica I, 143–167.
³¹ Vgl. G. MEYERBEER, Briefwechsel und Tagebücher, hrsg. von H. BECKER (Bde. 3/4: von H. und G. BECKER), bisher 4 Bde., Berlin 1960–1985; weiteres Material findet sich im Nachlaß E. Scribes in der Bibliothèque Nationale, Paris, vgl. dazu A. GERHARD, Die französische *Grand Opéra* in der Forschung seit 1945, Acta Musicologica 59 (1987), 220–270, speziell 237–240.
³² G. CESARI/A. LUZIO, I copialettere di Giuseppe Verdi, Milano 1913.
³³ Vgl. FELDHEGE, Busoni als Librettist, 13 f.
³⁴ Darauf hat C. DAHLHAUS in mehreren Aufsätzen hingewiesen, vgl. z. B. Die Bedeutung des Gestischen in Wagners Musikdramen, in: C. D., Vom Musikdrama, 74–85, speziell 74.
³⁵ Vgl. das Nachwort in WAGNER, Oper und Drama, 501.
³⁶ Zum „basso grado di tecnicismo" der musikalischen Fachsprache im 18. und 19. Jahrhundert vgl. I. BONOMI, La terminologia del canto e dell'opera nel Settecento fra lingua comune e tecnicismo, in: Le parole della musica I, 117–142, speziell 121 ff.; M. BEGHELLI, Il contributo dei trattati di canto ottocenteschi al lessico dell'opera, ebd., 177–223, speziell 195 ff. Für andere Sprachen dürfte sich ein ähnlicher Befund schon deshalb ergeben, weil die internationale musikalische Fachterminologie stark von italienischen Einflüssen geprägt ist.
³⁷ Vgl. F. DELLA SETA, *Parola scenica* in Verdi e nella critica verdiana, in: Le parole della musica I, 259–286, speziell die Auszüge aus der Forschungsliteratur 276–286.
³⁸ Vgl. ebd., 260 f.
³⁹ Vgl. ebd., 274–276.
⁴⁰ Zu diesem Schluß gelangt DELLA SETA, ebd., 272 f.
⁴¹ Zitiert ebd., 274.
⁴² Vgl. Le parole della musica I, passim; die in diesem Band enthaltenen Aufsätze entstanden als Vorarbeiten zu einem *Lessico della critica musicale italiana*.

⁴³ It. *opera* als Bezeichnung für ein musikdramatisches Werk ist zwar schon im 17. Jahrhundert belegt, kommt aber bis ca. 1800 eher selten vor (und wenn, dann wohl als Rückentlehnung aus frz. *opéra*), vgl. P. Trovato, Parole nuove nella letteratura musicale (con qualche considerazione di metodo), in: Le parole della musica I, 3–29, speziell 23–29. – Erst im 19. Jahrhundert wird für den Operntext in der Regel das Kompositum *melodramma* verwendet, das ebenfalls schon seit Ende des 17. Jahrhunderts belegt ist; vgl. Ferroni, Storia della lett. it. 2, 376.
⁴⁴ Vgl. oben S. 21.
⁴⁵ Vgl. Gallarati, Musica e maschera, 127.
⁴⁶ Vgl. das folgende Kapitel.

Geschichte und Perspektiven der Librettoforschung

¹ Vgl. H. Bulthaupt, Dramaturgie der Oper, 2 Bde., Leipzig ²1902.
² Das Libretto, 18 ff.
³ Ebd., 45.
⁴ Vgl. z. B. seine Definition des Dramatischen („eine lückenlose Kette von spannend gesteigerten, zu Taten führenden Handlungen, die organisch auseinander hervorwachsen und zu einer bedeutsamen Lösung führen", 45); die Berufung auf Aristoteles, um den Vorrang der Handlung vor den Charakteren zu begründen (123), und passim.
⁵ Vgl. Pfister, 18.
⁶ D. Borchmeyer stellt noch 1996 (MGG² 5, 1120) idealtypisch der „italienisch-französischen Oper seit der Wende vom 18. zum 19. Jahrhundert" die „durch die französische Dramaturgie seit dem 17. Jahrhundert favorisierte geschlossen-tektonische Form des Dramas" gegenüber.
⁷ Artikel Libretto, MGG¹ 8, 708–727; vgl. oben S. 15.
⁸ Ebd., 708; von der sog. ‚Literaturoper' ist auch später nur am Rande die Rede, vgl. 727.
⁹ Ebd., 711.
¹⁰ Vgl. z. B. den Artikel Libretto in G. von Wilpert, Sachwörterbuch der Literatur, Stuttgart ⁷1989 [¹1955], 512 (zit. bei Grell, Ingeborg Bachmanns Libretti, 27).
¹¹ Smith; vgl. oben S. 250 Anm. 15.
¹² Vgl. z. B. G. Gronda, La carriera di un librettista (P. Pariati); F. Giuntini, I drammi per musica di A. Salvi; A. Roccatagliati, Felice Romani; etc. etc.
¹³ Vgl. (um nur einige in Deutschland erschienene Titel aufzuführen) Oper und Operntext; Oper als Text; Opernheld und Opernheldin; Zwischen Opera buffa und Melodramma; u. a. m.
¹⁴ Vgl. R. S., Essays on Handel, sowie zahlreiche spätere Aufsätze.
¹⁵ I libretti italiani di Georg Friedrich Händel e le loro fonti, a cura di L. Bianconi/G. La Face Bianconi, Firenze 1992 ff. (geplant sind 3 Bde., jeweils in zwei Teilbden.; bisher liegt Bd. I*/I** vor).
¹⁶ Fondazione Rossini Pesaro: I libretti di Rossini, 1994 ff.; bisher zwei Bde.: Tancredi, a cura di P. Fabbri, Pesaro 1994; La gazza ladra, a cura di E. Sala, Pesaro 1995.

[17] Im deutschen Sprachraum gilt das z. B. für Goethe oder Hofmannsthal (Sämtliche Werke, XXIII/XXIV/XXVI: Operndichtungen 1/2/4, Frankfurt 1986/85/76). Zwei Bände (von 14) der Werkausgabe Goldonis enthalten die Libretti (Tutte le opere di C. Goldoni, a cura di G. ORTOLANI, Bde. X/XI, Milano ²1964); unter den vor allem durch ihre Libretti bekannten Autoren scheint Pietro Metastasio der einzige zu sein, dem die Ehre einer kritischen Werkedition zuteil wurde (vgl. Tutte le opere di P. Metastasio, a cura di B. BRUNELLI, 5 Bde., Milano 1943–1954).

[18] Hier wäre eine lange Reihe einschlägiger Arbeiten anzuführen; vgl. nur J. MITCHELL, The Walter Scott Operas: an Analysis of Operas based on the Works of Walter Scott, Birmingham, AL 1978; E. RIDGWAY, Voltairian bel canto: operatic adaptions of Voltaire's tragedies, in: Studies on Voltaire and the Eighteenth Century 241 (1986), 125–154; B. ESQUIVAL-HEINEMANN, Don Quijote's Sally into the World of Opera. Libretti between 1680 and 1976, New York etc. 1993.

[19] Als Beispiel eines Vergleichs, der sowohl der Vorlage wie der Libretto-Bearbeitung Gerechtigkeit widerfahren läßt, sei hier nur H. J. KREUTZER, Vom Schauspiel zur Oper. Ingeborg Bachmanns Libretto für Hans Werner Henzes *Der Prinz von Homburg*, in: H. J. K., Obertöne, 217–261, genannt.

[20] Vgl. oben S. 12. So auch in der (im übrigen hervorragend dokumentierten) Diss. von B. DONIN-JANZ, Zwischen Tradition und Neuerung. Das italienische Opernlibretto der Nachkriegsjahre (1946–1960), 2 Bde, Frankfurt etc. 1994; vgl. meine Besprechung, Archiv für das Studium der neueren Sprachen 233 (1996), 463.

[21] Exemplarisch verwirklicht ist dieses Programm in der Untersuchung von MEHLTRETTER, Die unmögliche Tragödie.

[22] Vgl. etwa die Überlieferung von Jacques Offenbachs (postum uraufgeführten) *Contes d'Hoffmann*, dazu R. DIDION, A la recherche des *Contes* perdus. Zur Quellenproblematik von Offenbachs Oper, in: G. BRANDSTETTER (Hrsg.), Jacques Offenbachs *Hoffmanns Erzählungen*. Konzeption – Rezeption – Dokumentation, Laaber 1988, 131–292.

[23] Vgl. dazu A. GIER, A=B? Von der Kunst des Weglassens (und des Hinzufügens) im Opernlibretto, s. S. 247 Anm. 58, und die dort genannte Literatur.

[24] Vgl. etwa die Sammlung der Libretti Rossinis (dazu oben Anm. 16) sowie The Librettos of Handel's Operas; The Librettos of Mozart's Operas, ed. E. WARBURTON, 7 Bde., New York – London 1992.

[25] Bisher liegen nur wenige derartige Ausgaben vor; vgl. etwa SCHNEIDER/WILD, La Muette de Portici.

[26] Vgl. oben S. 16.

[27] Drammi per musica.

[28] Vgl. D. BORCHMEYER, Wagner-Literatur – Eine deutsche Misere. Neue Ansichten zum ‚Fall Wagner', in: Internationales Archiv für Sozialgesch. der dt. Lit. 3. Sonderheft: Forschungsreferate, 2. Folge, Tübingen 1993, 1–62, speziell 10.

[29] Schlagende Beispiele dafür bei ROCCATAGLIATI, Felice Romani, 130 ff.

[30] Vgl. dazu ebd., 11.

[31] Vgl. dazu M. G. MIGGIANI, Di alcuni termini e concetti prescrittivi in Gaetano Rossi, in: Le parole della musica I, 225–258, speziell 245 ff.

[32] Vgl. unten S. 184.

³³ So in der Ausgabe G. PUCCINI, Tosca. Textbuch It./Dt., Übers. von TH. FLASCH, Nachwort von H. MEHNERT, Stuttgart 1994, 32. Text und Übersetzung sind dieser Ausgabe entnommen; die Regiebemerkungen wurden weggelassen.

³⁴ Zu Problemen der Libretto-Edition vgl. auch L. BIANCONI, Hors d'œuvre alla filologia dei libretti, Il saggiatore musicale 2 (1995), 143-154.

³⁵ Zum Libretto als Buch vgl. die Übersicht von R. MACNUTT, MGG² 5, 1239-1248.

³⁶ HAUFE, Behandlung der antiken Mythologie, 211.

³⁷ Vgl. z. B. A. SCHNEIDER, Die parodierten Musikdramen Richard Wagners. Geschichte und Dokumentation Wagnerscher Opernparodien im deutschsprachigen Raum von der Mitte des 19. Jahrhunderts bis zum Ende des Ersten Weltkriegs, Anif/Salzburg 1996.

³⁸ Analyse-Programme de La Juive, opéra en cinq actes, paroles de M. Eugène Scribe, musique de M. Halévy, Lyon: Imp. d'Isidore Deleuze, 1841, 16 S. Auf S. 2 wird die „Distribution de la pièce au grand-théâtre de Lyon" angekündigt, es werden jedoch nur die „Personnages" aufgeführt, während die für die „Acteurs" vorgesehene Spalte leer ist (in meinem Exemplar sind die Namen von Hand hinzugefügt).

³⁹ Anzeige auf der Umschlag-Rückseite der Opernbücher in Reclams Universal Bibliothek, ca. 1937.

## Zur Sozialgeschichte der Librettisten

¹ Vgl. etwa zu Da Ponte (den seine Dichtung und Wahrheit mischenden *Memorie* [1823-1827] zu einem besonders dankbaren Objekt einfühlender Biographik machen) die unten S. 280 Anm. 42 genannten Arbeiten.

² Vgl. vor allem die oben S. 254 Anm. 12 genannten italienischen Arbeiten.

³ Vgl. ROCCATAGLIATI, Felice Romani, 41.

⁴ Er verfaßte 1836 ein Libretto (*La Esméralda*) auf der Grundlage seines Romans *Notre-Dame de Paris*, vgl. GERHARD, Die Verstädterung, 190-216.

⁵ Vgl. z. B. H. KLÜPPELHOLZ, Sulla, Cinna und das Libretto: Zur Oper *Sylla* von Friedrich II., in: Fridericianische Miniaturen 1, hrsg. von J. ZIECHMANN, Bremen 1988, 131-146; 225 f.

⁶ Vgl. unten S. 83.

⁷ Daß der Autor (gegebenenfalls unterstützt von einem Dramaturgen o. ä.) als Regisseur seiner eigenen Werke fungiert, ist im französischen Sprechtheater bis in die jüngste Zeit üblich (z. B. Anouilh).

⁸ Versuche, die Sozialgeschichte der Librettisten zu konzeptualisieren, würden sinnvollerweise bei P. BOURDIEUS Modell des literarischen Feldes ansetzen; vgl. P. B., Les règles de l'art. Genèse et structure du champ littéraire, Paris 1992; und dazu J. JURT, Das literarische Feld. Das Konzept Pierre Bourdieus in Theorie und Praxis, Darmstadt 1995.

⁹ Alle Zahlen nach GROS, Philippe Quinault, 105.

¹⁰ Vgl. unten S. 102.

¹¹ Sie betrug 1715 1000 Francs pro Foire und wurde im folgenden Jahr verdoppelt; vgl. GREWE, Monde renversé, 120.

¹² Vgl. ROCCATAGLIATI, Felice Romani, 73 f.

¹³ Vgl. ebd., 74 f.
¹⁴ Das belegen zahlreiche Stellen in den *Memorie* Da Pontes, vgl. etwa seinen Disput mit Casti um die Bedeutung des Wortes *taglia* (DA PONTE, Memorie. Libretti, 102 f.).
¹⁵ So war N. Fr. Haym, neben Rolli der wichtigste Librettist Händels, zunächst Cellist im Opernorchester; vgl. unten S. 83.
¹⁶ Da Ponte wurde von Joseph II. zum Theaterdichter ernannt, obwohl er bekannte, noch kein Libretto verfaßt zu haben; vgl. DA PONTE, Memorie. Libretti, 90.
¹⁷ Vgl. R. MACNUTT, MGG² 5, 1239.
¹⁸ Vgl. dazu die zusammenfassende Darstellung bei CHR. SPRANG, Grand Opéra vor Gericht, Baden-Baden 1993, 21 ff., sowie die dort genannte Literatur.
¹⁹ Vgl. ebd., 44.
²⁰ Vgl. M. DESCOTES, Le public du théâtre et son histoire, Paris 1964, 287.
²¹ Beispielhaft ist in dieser Hinsicht die Karriere von FRANZ IGNAZ CASTELLI (1781–1862), vgl. den biographischen Abriß in G. MEYERBEER, Die Hugenotten. Vollständiges Buch, hrsg. von C. F. WITTMANN, Leipzig o. J., 12–14.

## Die Anfänge der Oper in Italien

¹ Als erster hatte sich Girolamo Mei 1573 in diesem Sinne geäußert, Vincenzo Galilei und andere schlossen sich ihm an, vgl. B. RUSSANO HANNING, Apologia pro Ottavio Rinuccini, Journal of the American Musicological Society 26 (1973), 240–262, speziell 249–252.
² A. SOLERTI, Gli albori del melodramma, Bd. II, I. Ottavio Rinuccini, Hildesheim 1969 [1904], 67.
³ N. HARNONCOURT, Die große Neuerung um 1600, in: N. H., Der musikalische Dialog. Gedanken zu Monteverdi, Bach und Mozart, Salzburg–Wien 1984, 31.
⁴ *L'Euridice*, in: SOLERTI, Gli albori del melodramma, Bd. II, 105–142, hier 109. – Vgl. zu diesem Text CL. V. PALISCA, Die Jahrzehnte um 1600 in Italien, in: Italienische Musiktheorie im 16. und 17. Jahrhundert. Antikenrezeption und Satzlehre, von F. A. GALLO, R. GROTH, C. V. P., F. REMPP (= Geschichte der Musiktheorie, 7), Darmstadt 1989, 221–306, speziell 293–299.
⁵ Ebd.
⁶ Vgl. dazu W. BRAUN, Affekt, in: MGG², Bd. 1, 34. – Daß sich der Librettist im Einzelfall den Wünschen seines Komponisten zu fügen hat, steht auf einem anderen Blatt; vgl. die Vorbemerkung zu Monteverdis verlorener Oper *Nozze d'Enea in Lavinia* (1640, Textdichter unbekannt): „(...) ho io schifati li pensieri e concetti tolti di lontano, e più tosto atteso agli affetti, come vuole il signor Monteverde (...)" (zit. nach FABBRI, Il secolo cantante, 125).
⁷ Vgl. dazu Gagliano, im Vorwort zu *Dafne* (SOLERTI, Gli albori del melodramma, Bd. II), 67.
⁸ Vgl. MEHLTRETTER, Die unmögliche Tragödie, 20–22; zu den Strophenformen der ältesten Libretti FABBRI, Il secolo cantante, 31 ff.
⁹ Vgl. FABBRI, Il secolo cantante, 36 f.
¹⁰ Vgl. ebd., 38.

[11] Vgl. BRAUN, MGG² 1, 38.
[12] Vgl. zum folgenden MEHLTRETTER, Die unmögliche Tragödie, 49 ff. und passim.
[13] Vgl. S. LEOPOLD, Chiabrera und die Monodie: die Entwicklung der Arie, Studi Musicali 10 (1981), 75–106, speziell 82.
[14] Vgl. MEHLTRETTER, Die unmögliche Tragödie, 65.
[15] Vgl. ebd., 39; FABBRI, Il secolo cantante, 10–12.
[16] Vgl. auch B. RUSSANO HANNING, Apologia, 247.
[17] Vgl. Gagliano, Vorwort zu *Dafne*, 68.
[18] Vgl. FABBRI, Il secolo cantante, 20.
[19] Vgl. RUSSANO HANNING, Apologia, 255.
[20] *Dafne*, in: SOLERTI, Gli albori del melodramma, Bd. II, 74–99, hier 76.
[21] Gagliano (Vorwort zu *Dafne*, ebd., 71) erläutert, daß in der Kampfszene gewöhnlich ein Tänzer als Double für den Sänger des Apollo auftrat.
[22] In der Fassung von 1598. Der Umfang der frühen Libretti liegt im Durchschnitt bei 700 bis 900 Versen, vgl. A. LANFRANCHI, La librettistica it. del Seicento, in: A. BASSO (Hrsg.), Storia dell'Opera, Bd. III 2, Torino 1977, 3–45, speziell 7.
[23] Vgl. dazu N. LUHMANN, Liebe als Passion. Zur Codierung von Intimität, Frankfurt ⁴1984, 83 und passim.
[24] Vgl. ebd., 89 ff.
[25] Vgl. oben S. 9.
[26] „venuto in cognizione il sig. Rinuccini quanto fosse atto il canto a esprimere ogni sorta d'affetti", Vorwort zu *Dafne*, in: SOLERTI, Gli albori del melodramma, Bd. II, 68.
[27] Ebd., 107.
[28] So steht es in Guarinis *Compendio della Poesia Tragicommedia,* vgl. MEHLTRETTER, Die unmögliche Tragödie, 35 f.
[29] Vgl. dazu N. PIRROTTA, Li due Orfei. Da Poliziano a Monteverdi, Torino 1969 [²1975].
[30] *L'Euridice*, in: SOLERTI, Gli albori del melodramma II, 114–142; V. 110–112. Versangaben im Text beziehen sich auf diese Ausgabe.
[31] So z. B. LANFRANCHI, La librettistica it. del Seicento, 8.
[32] Im folgenden zitiert nach DELLA CORTE, Drammi per musica, Bd I, 157–193. Über das Verhältnis Striggios zu den Vorgängern vgl. F. W. STERNFELD, The Orpheus myth and the libretto of *Orfeo*, in: J. WHENHAM (Hrsg.), Claudio Monteverdi, Orfeo, Cambridge etc. 1986, 20–33.
[33] Zitiert ebd., 170. – In *Orfeo* traten erstmals Kastraten auf der Opernbühne auf, vgl. GROUT 1, 65.
[34] Striggios Fassung des fünften Aktes ist abgedruckt in WHENHAM (Hrsg.), Orfeo, 35–41.
[35] In Orfeos Absage an die Liebe kommen – zum ersten Mal in den hier untersuchten Libretti – *rime sdrucciole* (mit Betonung auf der drittletzten Silbe) vor, die dem gegen alle Frauen erhobenen Vorwurf, daß sie nicht Euridice sind, eine leicht groteske Note verleihen (V. 608–613).
[36] Vgl. BRAUN, Affekt, in: MGG², Bd. 1, 31.
[37] Die allegorische Figur der Speranza (Hoffnung), die Orfeo bis an die Grenze

der Unterwelt geleitet hat, verweist zur Begründung dafür, daß sie ihn dort verläßt, auf die Inschrift über Dantes Höllentor „Lasciate ogni speranza o voi ch'entrate" (V. 339; Divina Commedia, Inferno III, 9; vgl. auch „città dolente", ebd. V. 1, und bei Striggio, V. 341).

[38] Vgl. etwa die Anrede an Euridices Augen (V. 376): „O de le luci mie luci serene".

[39] Vgl. den Kommentar des Chors der *spiriti*, nachdem Orfeo sich umgewandt und Euridice verloren hat (V. 550–559).

[40] Vgl. dazu unten S. 70.

[41] Vgl. dazu S. LEOPOLD in PEnz 1, 511–514.

[42] Vgl. M. MURATA, Operas for the Papal Court 1631–1668, Ann Arbor 1981; sowie V. KAPP, Das Barbarini-Theater und die Bedeutung der römischen Kultur unter Urban VIII. Versuch einer literarhistorischen Einordnung des Schaffens von Giulio Rospigliosi, Lit.wissenschaftl. Jahrb. 26 (1985), 75–100.

[43] Vgl. GROUT 1, 79. Zwischen 1680 und 1700 gab es sechs Opernhäuser in Venedig; die Spielzeit dauerte 12–13 Wochen. Während des 17. Jahrhunderts wurden insgesamt 388 Opern aufgeführt.

[44] Vgl. L. BIANCONI/T. WALKER, Production, Consumption and Political Function of Seventeenth-Century Opera, in: Early Music History 4 (1984), 209–296, speziell 227.

[45] Vgl. MEHLTRETTER, Die unmögliche Tragödie, 87–103; eine Ausweitung auf die Zeit nach Allerheiligen erfolgt nicht vor Ende des 17. Jahrhunderts, vgl. ebd. 101 Anm. 73.

[46] Vgl. entsprechende Passagen aus Vorworten bei FABBRI, Il secolo cantante, 130 ff. – Zur Ablehnung der Regeln durch die Accademia degli Incogniti und Busenello vgl. E. ROSAND, Seneca and the Interpretation of *L'Incoronazione di Poppea*, Journal of the American Musicological Society 37 (1985), 34–71, speziell 38.

[47] MEHLTRETTER, Die unmögliche Tragödie, 105.

[48] Vgl. ebd., 82 ff. und passim.

[49] Der folgenden Analyse liegt der 1656 in Venedig, vermutlich unter der Aufsicht Busenellos, gedruckte Text zugrunde (abgedruckt in DELLA CORTE, Drammi per musica, Bd. 1, 431–509), der von der Fassung, die Monteverdi vertonte, nicht unwesentlich abweicht. Zu den Textzeugen und ihrem Verhältnis zueinander vgl. zuletzt A. CHIARELLI, L'incoronazione di Poppea o Il Nerone. Problemi di filologia testuale, Rivista It. di Musicologia 9 (1974), 117–151; auf zwei weitere Libretto-Hss. weist P. FABBRI, New Sources for ‚Poppea', ML 74 (1993), 16–23, hin. Für eine metrische und lexikalische Analyse des Librettos vgl. B. BRIZI, Teoria e prassi melodrammatica di G. F. Busenello e „L'incoronazione di Poppea", in: Venezia e il melodramma nel Seicento a cura di M. T. MURARO, Firenze 1976, 51–74.

[50] So BRAUN, Affekt, in: MGG$^2$ 1, 33; vgl. auch MEHLTRETTER, Die unmögliche Tragödie, 123 f., der frühere Urteile zitiert.

[51] So E. ROSAND, Seneca, 36 f.; FABBRI, Il secolo cantante, 104–113.

[52] So vor allem MEHLTRETTER, Die unmögliche Tragödie, 123 ff.

[53] Vgl. oben S. 10.

[54] So z. B. V. KAPP, Liebeswahn und Staatsräson in der Oper *L'Incoronazione di Poppea*. Zur Verarbeitung von Seneca und Tacitus durch Monteverdis Text-Dich-

ter Giovanni Francesco Busenello, in: Italia viva. Studien zur Sprache und Literatur Italiens. Festschrift für HANS LUDWIG SCHEEL, Tübingen 1983, 213–224, hier 224.

[55] So zuletzt MEHLTRETTER, Die unmögliche Tragödie, 131 ff.
[56] Vgl. dazu ROSAND, Seneca, 50 f.; MEHLTRETTER, Die unmögliche Tragödie, 132 f. – Busenellos Hauptquellen waren Tacitus und die Tragödie *Octavia* des Pseudo-Seneca, wie KAPP, Liebeswahn und Staatsräson, aufzeigt.
[57] Vgl. MEHLTRETTER, Die unmögliche Tragödie, 131.
[58] Vgl. KAPP, Liebeswahn und Staatsräson, 218.
[59] So MEHLTRETTER, Die unmögliche Tragödie, 133 f.
[60] ROSAND, Seneca, 45, möchte hier eine antiklerikale Stellungnahme erkennen.
[61] Vgl. dazu K. W. HEMPFER, Probleme traditioneller Bestimmungen des Renaissancebegriffs und die epistemologische ‚Wende', in: Renaissance. Diskursstrukturen und epistemologische Voraussetzungen. Literatur – Philosophie – bildende Kunst, hrsg. von K. W. H., Stuttgart 1993, 9–45, speziell 28 ff.
[62] Vgl. K. VON FISCHER, Eine wenig beachtete Quelle zu Busenellos *L'Incoronazione di Poppea*, in: Claudio Monteverdi e il suo tempo, ed. R. MONTEROSSO, Verona 1969, 75–80, speziell 79.
[63] Vgl. MEHLTRETTER, Die unmögliche Tragödie, 130.
[64] Vgl. ihre an Ottone gerichteten Worte (V. 1440): „Ch'io viva, e mora teco: altro non voglio".
[65] F. DEGRADA, Gian Francesco Busenello e il libretto della *Incoronazione di Poppea*, in: Claudio Monteverdi e il suo tempo, 81–102, hier 92 f., meint, daß „Busenello canagliescamente si diverte ad atteggiare [Ottone] con bruciante ironia quasi sempre in atteggiamenti caricaturali".
[66] Vgl. LUHMANN, Liebe als Passion, 89.
[67] Vgl. ROSAND, Seneca, 34.
[68] Vgl. MEHLTRETTER, Die unmögliche Tragödie, 139.
[69] Vgl. ebd., 140 („Gegenentwurf gegen die göttliche Ordnung").
[70] MEHLTRETTER (ebd., 144) schlägt vor, das kaiserliche Rom (wo Amors Gesetze gelten) als Ort des Bösen der Republik Venedig gegenüberzustellen, die die alltagsweltliche Norm repräsentiere; im Karneval werde „der ferne Ort des Bösen (...) mit dem Ziel der Überwindung evoziert"; dahinter steht D.-R. MOSERS Deutung des Karnevals als eines kirchlich inspirierten Festes (vgl. ebd., 89 f.). Zum theologischen Hintergrund soll hier nicht Stellung genommen werden; wenn man die Liebe als paradoxes und daher endliches Gefühl auffaßt, läßt sich die begrenzte Dauer von Amors Herrschaft auch ohne den Rekurs auf MOSERS Theorie erklären.
[71] Vgl. H. CHR. WOLFF, L'opera italiana dall'ultimo Monteverdi a Scarlatti, in: A. LEWIS/N. FORTUNE (Hrsg.), Opera e musica sacra 1630–1750, Milano 1978, 19–93, speziell 34.
[72] Als erstes Libretto wurde der Text von Strozzis *Delia* 1639 vor der Aufführung gedruckt, vgl. FABBRI, Il secolo cantante, 76; zum folgenden ebd., 76 f.
[73] Domenico Gisleri begründet in der Vorbemerkung zu *Caligula delirante* (Lucca 1696) Unterschiede zwischen dem gedruckten und dem in der Aufführung gesungenen Text: „sappi che dovendosi ne l'istesso tempo, e perfezionare su le scene e imprimere sotto i torchi, non è stato possibile accudire pienamente in sì breve

Anmerkungen 261

tempo e a l'uno e a l'altro" (zitiert nach B. CORRIGAN, All Happy Endings: Libretti of the Late Seicento, Forum Italicum 7 (1973), 250–267, hier 265 Anm. 2).

[74] Vgl. FABBRI, Il secolo cantante, 74 f.
[75] Vgl. LANFRANCHI, La librettistica it. del Seicento, 26.
[76] Vgl. FABBRI, Il secolo cantante, 72.
[77] MEHLTRETTER, Die unmögliche Tragödie, 197–201, sieht den ‚Gattungskontakt' mit der Tragödie auf das Teatro a San Giovanni Grisostomo beschränkt; dort wurden vor allem prächtige Festopern aufgeführt, die sich durch ihre Nähe zu höfischen Repräsentationsstücken aus dem Umfeld des Karnevals herausheben.
[78] Vgl. ebd., 149 ff., sowie P. GETREVI, Labbra barocche. Il libretto d'opera da Busenello a Goldoni, Verona 1987.
[79] Vgl. LANFRANCHI, La lib. it. del Seicento, 19; W. C. HOLMES, Orontea, 25–30.
[80] PFISTER, 105.
[81] Vgl. LANFRANCHI, La lib. it. del Seicento, 28.
[82] H. CHR. WOLFF, der (für die zweite Häfte des 17. Jahrhunderts) zwischen heroischen, heroisch-komischen und komischen Opern unterscheidet, muß zugeben, daß es letztlich nur um Gradunterschiede innerhalb der heroisch-komischen Mischform geht; vgl. MEHLTRETTER, Die unmögliche Tragödie, 180 f. – Seit Ende der fünfziger Jahre werden die komischen Elemente allmählich zurückgedrängt; vgl. FABBRI, Il secolo cantante, 205 f.
[83] Vgl. ebd., 113.
[84] Ebd., 125.
[85] Vgl. H. CHR. WOLFF, L'op. it. dall'ultimo Monteverdi a Scarlatti, 37.
[86] Vgl. FABBRI, Il secolo cantante, 154.
[87] Vgl. ebd., 160 ff.
[88] Vgl. ebd., 173 ff.
[89] Vgl. unten S. 91.

### Die Entstehung der *tragédie lyrique*

[1] Abgedruckt in BECKER, Quellentexte, 105–111. Zu diesem Brief vgl. C. KINTZLER, Poétique de l'Opéra Français de Corneille à Rousseau, Paris 1991, 182 ff.
[2] Mazarins Bemühungen, die italienische Oper in Frankreich heimisch zu machen, begannen 1645 und endeten 1662, ein Jahr nach dem Tod des Kardinals, mit Fr. Cavallis *Ercole amante* (Text: Fr. Buti); vgl. C. MASSIP, La vie des musiciens de Paris au temps de Mazarin, Paris 1976, 9 f.
[3] Er betont ausdrücklich, daß die alten Griechen und Römer eine vollständig gesungene *Comedie* nicht für möglich gehalten hätten (S. 107), d. h., die nobilitierende Herkunft aus der Antike wird der „vor zwanzig oder dreißig Jahren" erfundenen Gattung verweigert.
[4] Zur Gleichsetzung von frz. *passion* mit „Affekt" vgl. W. BRAUN, Affekt, in: MGG$^2$ 1, 31; eine Theorie der Affekte formuliert DESCARTES in *Les passions de l'âme* (1649).
[5] Vgl. die Inhaltsangabe bei KINTZLER, Poétique, 218 f.
[6] Vgl. oben S. 21.

[7] Vgl. P. CORNEILLE, Discours sur l'utilité et des parties du poème dramatique, in: Œuvres complètes, prés. de A. STEGMANN, Paris 1963, 821–830, speziell 827.

[8] Vgl. dazu den *Argument* zu *Andromède* (1650), ebd., 465, und dazu KINTZLER, Poétique, 177 f., sowie 360.

[9] Vgl. KINTZLER, Poétique, 197 und passim.

[10] *La Mort d'Adonis* (entstanden ca. 1668/69) wurde von J.-B. Boesset vertont, aber nie szenisch aufgeführt, vgl. KINTZLER, Poétique, 199. Mit *Ariane, ou Le Mariage de Bacchus* wurde 1674 die Royall Academy of Musick in London eröffnet, vgl. BRAUN, Musik des 17. Jahrhunderts, 93.

[11] Vgl. KINTZLER, Poétique, 202.

[12] Mit einer weiteren Pastorale: *Pomone*, Text von Perrin, Musik von Robert Cambert, vgl. H. SCHNEIDER in PEnz 1, 492 f.

[13] Vgl. KINTZLER, Poétique, 203.

[14] Vgl. ebd., 201 und passim.

[15] Die Schwänke und Parodien des Théâtre de la Foire (vgl. unten S. 101 ff.) enthalten zwar zahlreiche Gesangsnummern, sind aber nicht in der Absicht konzipiert, diese Lücke zu füllen.

[16] Text von Quinault, Molière und Périgny; vgl. H. SCHNEIDER in PEnz 3, 593 f.

[17] Vgl. C. GIRDLESTONE, La tragédie en musique (1673–1750) considérée comme genre littéraire, Genève – Paris 1972, 6 f.; KINTZLER, Poétique, 10 ff. – Mitte des 18. Jahrhunderts vertraten Anhänger Rameaus die Ansicht, Quinaults Libretti hätten größeren Anteil am Erfolg der *tragédie lyrique* gehabt als Lullys Musik, vgl. R. KLINGSPORN, Jean-Philippe Rameaus Opern im ästhetischen Diskurs ihrer Zeit. Opernkomposition, Musikanschauung und Opernpublikum in Paris 1733–1753, Stuttgart 1996, 51.

[18] Über ihn vgl. GROS, Philippe Quinault; J. B. A. BUIJTENDORP, Philippe Quinault. Sa vie, ses tragédies et ses tragicomédies, Diss. Amsterdam 1928.

[19] Vgl. GROS, Philippe Quinault, 541.

[20] Vgl. ebd., 542: GROS weist dramatische Paralleltexte zu *Phaëton, Persée, Proserpine* und *Thésée* nach.

[21] Möglicherweise, weil das Wunderbare, das in der Oper breiten Raum einnimmt, mit geschichtlichen Sujets nicht vereinbar schien (so GROS, ebd., 541).

[22] Artikel Poëme lyrique in Encyclopédie, Bd. 12 (1765), 828.

[23] Vgl. GIRDLESTONE, Tragédie, 17. – BUIJTENDORP, Quinault, 92 weist darauf hin, daß sich Quinault auch in seinen Tragödien und Tragikomödien von der zeitgenössischen Romanliteratur inspirieren ließ.

[24] Zu Rhythmus und ‚Musikalität' der Verse Quinaults vgl. PH. BEAUSSANT, Métier de poète et métier de musicien: Quinault et Lully, in: L'Alphée, 4–5: Opéra et littérature (1981), 43–53, speziell 48 ff.

[25] Vgl. GIRDLESTONE, Tragédie, 48.

[26] Das Ballett, das sich am französischen Hof seit Ende des 16. Jahrhunderts und verstärkt unter Louis XIV besonderer Beliebtheit erfreute (vgl. auch die *comédieballets* von Molière und Lully), spielt bei der Herausbildung der *tragédie lyrique* eine besondere Rolle, vgl. GROUT 1, 124.

[27] Vgl. GIRDLESTONE, Tragédie, 22.

[28] Vgl. GIRDLESTONE, Tragédie, 23 f.; SMITH, 48.

[29] GIRDLESTONE (ebd., 43) beschreibt dies zu Recht als „alternance du mouvement et du repos (...) oscillation entre tension et détente"; wenn er später eine ‚Unwahrscheinlichkeit' im dritten Akt von *Roland* moniert („Au lieu de profiter de l'erreur de Roland pour s'embarquer, Angélique et Médor se laissent offrir une somptueuse fête par les peuples de Cathay (...)" 108), scheint er seine frühere Beobachtung allerdings vergessen zu haben.

[30] Vgl. ebd., 53.

[31] Ebd., 26 f.

[32] So KINTZLER, Théorie, 233; zur Gewalt in der *tragédie lyrique* ebd., 231 ff.

[33] Vgl. GIRDLESTONE, Tragédie, 24; KINTZLER, Poétique, 240.

[34] Vgl. GIRDLESTONE, 54.

[35] Vgl. KINTZLER, Poétique, 234 ff.; freilich scheint ihre These, die Gewalt in der *tragédie lyrique* sei nicht die Gewalt der vorklassischen „tragédie sanglante", sondern die szenische Darstellung jener Gewalt, die die klassische Tragödie hinter die Kulissen verbannt habe (S. 243), einigermaßen spitzfindig.

[36] So argumentiert z. B. SMITH, 53 f.

[37] Vgl. GIRDLESTONE, Tragédie, 53: „En pleine période classique, en effet, c'est un genre baroque que celui de Quinault et de Lulli"; dagegen KINTZLER, Poétique, 25: „Loin d'être un objet atypique au sein du classicisme français, l'opéra en porte au contraire les caractères et en souligne l'amplitude."

[38] Vgl. zuletzt U. SCHULZ-BUSCHHAUS, Der Barockbegriff in der Romania. Notizen zu einem vorläufigen Resümee, Zs. für Literaturwiss. und Linguistik H. 98 (1995), 6–24, speziell 6 f.

[39] Vgl. ebd., 15; *Phèdre* wird z. B. als „Idealtypus einer barocken Tragödie" bezeichnet von L. SPITZER, Der ‚Bericht des Théramène' in Racines ‚Phèdre' [1948], in: Interpretationen V. Französische Literatur von Ronsard bis Rousseau, Frankfurt 1968, 114–155, speziell 141.

[40] Ebd., 140.

[41] Persée, tragédie de QUINAULT, musique de LULLY. Paris 1786; im folgenden wird jeweils auf Akt und Szene verwiesen.

[42] Metamorphosen V 798–801.

[43] „Mon orgueil offensa cette Divinité. / Il faut que mon respect répare / Le crime de ma vanité." (I 1)

[44] Metamorphosen IV 605–V 235.

[45] Vgl. Corneilles *Argument* (Œuvres complètes, prés. STEGMANN, 464/65, speziell 465): „(...) mon principal but ici a été de satisfaire la vue par l'éclat et la diversité du spectacle, et non pas de toucher l'esprit par la force du raisonnement, ou le cœur par la délicatesse des passions." *Andromède* (ebd., 473–494) wird nach den Verszahlen dieser Ausgabe zitiert.

[46] Im *Argument*, ebd: „(...) des machines, qui ne sont pas dans cette tragédie comme des agréments détachés; elles en font le nœud et le dénouement (...)"

[47] Erläutert ebd., 464 f.: Kassiopeia rühmt sich als reife Frau nicht ihrer eigenen Reize, sondern der Schönheit Andromedas; Phineus ist der Cousin, nicht der Onkel seiner Geliebten, u. a.

[48] Vgl. Corneilles *Examen* von 1660, ebd., 467.

[49] Phinée kleidet sein Verlangen nach Andromède in ein Liebeslied, das er von

einem Pagen singen läßt (II 1, V. 506 ff.); als er danach aus seinem Versteck hervortritt, fragt er explizit: „Que me direz-vous donc de leur [= de mes vœux] galanterie?" (V. 538).

[50] Cassiope spricht ihn mit „Généreux inconnu" an (I 1, V. 98).

[51] Der Prolog läßt die allegorischen Figuren Vertu und Fortune auftreten, die von alters her im Streit miteinander lagen, aber durch den „auguste héros" Louis XIV versöhnt wurden; auf eine eingehende Analyse sei hier verzichtet.

[52] Der durchschnittliche Umfang von Quinaults Libretti beträgt 1032 Verse (vgl. B. NORMAN, The Tragédie Lyrique of Lully and Quinault: Representation and Recognition of Emotion, in: Continuum. Problems in French Literature from the Late Renaissance to the Early Enlightenment. Vol. 5: Literature and the Other Arts, New York 1993, 111–142, speziell 120); wegen der hohen Zahl kurzer Verse sind sie weniger als halb so umfangreich wie die Tragödien Racines (durchschnittlich 6229 vs. durchschnittlich 14 445 Wörter; vgl. B. NORMAN, The Vocabulary of Quinault's Opera Libretti: Drama without Drama, in: L'Âge du Théâtre en France. The Age of Theatre in France, ed. D. TROTT & N. BOURSIER, Edmonton 1988, 287–298, speziell 289).

[53] Als Andromède dem Meeresungeheuer ausgeliefert werden soll, freut er sich: „L'amour meurt dans mon cœur; la rage lui succède; / J'aime mieux voir un monstre affreux / Dévorer l'ingrate Andromède, / Que la voir dans les bras de mon rival heureux" (IV 3).

[54] Vgl. KLOTZ, Geschlossene und offene Form, 143.

[55] Vgl. NORMAN, Tragédie, 126.

[56] Vgl. GIRDLESTONE, Tragédie, 4; NORMAN, Tragédie, 120.

[57] Comparaison de la musique italienne et de la musique françoise II (1705). Faks. Nachdruck der Amsterdamer Ausg. 1725, hrsg. von O. WESSELY, Graz 1966, 195–198; vgl. GROS, Philippe Quinault, 106.

[58] Nach GROS, ebd.; LECERF DE VIÉVILLE sagt: der Académie Française.

[59] Er dürfte auch wesentlichen Anteil daran haben, daß Quinault einen im Verhältnis zur Tragödie reduzierten Wortschatz verwendet und dabei auf Sangbarkeit und Verständlichkeit achtet, vgl. NORMAN, Vocabulary.

[60] Vgl. H. SCHNEIDER, Struktur der Szenen und Akte in Lullys Opern, in: Jean-Baptiste Lully. Actes du colloque / Kongreßbericht Saint-Germain-en-Laye – Heidelberg 1987, hrsg. von J. DE LA GORCE und H. S., Laaber 1990, 77–98; speziell 86.

[61] Vgl. dazu J. R. ANTHONY, The Musical Structure of Lully's Operatic Airs, in: Jean-Baptiste Lully. Actes du colloque, 65–76, speziell die Tabelle 74.

[62] Vgl. ebd., 69.

[63] Vgl. GIRDLESTONE, Tragédie, 20, und schon GROS, Philippe Quinault, 621.

[64] Vgl. GIRDLESTONE, Tragédie, 86.

[65] Daneben mag Quinault die Tragicomédie Roland furieux von Mairet (gedruckt 1640) gekannt haben, vgl. GROS, Philippe Quinault, 584 Anm.

[66] Vgl. die Arbeiten K. W. HEMPFERS, z. B. Dekonstruktion sinnkonstitutiver Systeme in Ariosts Orlando Furioso, in: Ritterepik der Renaissance. Akten des deutsch-italienischen Kolloquiums Berlin 30. 3. – 2. 4. 1987, hrsg. von K. W. H., Stuttgart 1989, 277–298; sowie A. GIER, Ludovico Ariostos Orlando Furioso: die Dichtung des Sowohl – Als auch, Italien. Studien 7 (1984), 5–21.

[67] Vgl. R. DÖRING, Ariostos „Orlando Furioso" im italienischen Theater des Seicento und Settecento, Diss. Hamburg 1973; sowie A. GIER, Orlando geloso. Liebe und Eifersucht bei Ariost und in Grazio Bracciolis Libretto, in: Opernheld und Opernheldin, 57–70.

[68] Roland, tragédie en cinq actes, Par QUINAULT, musique de LULLY, Paris 1787; im folgenden wird jeweils auf Akt und Szene verwiesen.

[69] Vgl. dazu (am Beispiel von Bracciolis *Orlando*) GIER, Orlando geloso, 66 f.

[70] In der Alcina-Episode des *Orlando Furioso* steht sie für Vernunft und Selbsterkenntnis, die es Astolfo und Ruggero erlauben, sich aus den Fesseln der Sinnlichkeit zu befreien; vgl. vor allem Canto X.

[71] Das deutet der Schlußchor des Prologs an: „Quelques maux que l'Amour fasse, / On ne peut s'en dégager: / Il revient, quand on le chasse; / Il se plaît à se venger."

[72] So erklärt sich auch die Heterogenität des Textes, die z. B. GIRDLESTONE, Tragédie, 103 f., moniert: Die „comédie héroïque et sentimentale" der ersten drei und der „spectacle mixte de fête pastorale et de folie amoureuse" der beiden letzten Akte stehen für die Sphären von *amour* und *gloire*, die sich gerade nicht vermischen sollen.

## Die Opera seria und Pietro Metastasio

[1] Zur Geschichte des Terminus vgl. I. MOINDROT, L'opéra seria ou le règne des castrats, Paris 1993, 20 f.

[2] So S. LEOPOLD, Mozart, die Oper und die Tradition, in: D. BORCHMEYER (Hrsg.), Mozarts Opernfiguren. Große Herren, rasende Weiber – gefährliche Liebschaften, Bern – Stuttgart – Wien 1992, 19–34, das Zitat 22. Ähnlich z. B. SMITH, 69.

[3] Artikel *Poëme lyrique*, in: Encyclopédie Bd. 12, 832.

[4] Sie wurde 1690 in Rom gegründet; vgl. z. B. W. BINNI, L'Arcadia e il Metastasio, Firenze 1953; E. SALA DI FELICE, L'età dell'Arcadia, Palermo 1978, sowie die einschlägigen Literaturgeschichten, z. B. FERRONI, Storia della lett. it., Bd. 2, 351 ff.

[5] Die aristotelische Norm und das Leitbild der französischen Tragödie prägen auch die (als ‚Tragödien' bezeichneten) Libretti des Venezianers G. Frigimelica Roberti (1653–1732), vgl. K. LEICH, Girolamo Frigimelica Robertis Libretti (1694–1708). Ein Beitrag insbesondere zur Geschichte des Opernlibrettos in Venedig, München 1972, sowie MEHLTRETTER, Die unmögliche Tragödie, 202–208.

[6] Dies gilt sowohl für seine Bearbeitungen älterer venezianischer Libretti wie für die eigenständigen Texte aus seiner Zeit als kaiserlicher Hofdichter in Wien (1706–1714), vgl. E. KANDUTH, Silvio Stampiglia, poeta cesareo, in: L'Opera italiana a Vienna prima di Metastasio, a cura di M. T. MURARO, Firenze 1990, 43–63.

[7] Vgl. Poetik. Griechisch/deutsch, übers. und hrsg. von M. FUHRMANN, Stuttgart 1982, 20/21 [1450a]: „die Personen [handeln] nicht, um die Charaktere nachzuahmen, sondern um der Handlungen willen beziehen sie die Charaktere ein"; vgl. MOINDROT, Op. seria, 114.

[8] Vgl. zum folgenden MOINDROT, Op. seria, 63 ff.

[9] Dieser Eindruck wird durch den zeitgenössischen Inszenierungsstil noch verstärkt: In jeder Szene ordnen sich die Figuren zu einem ‚lebenden Bild', ihr Verhältnis

zueinander wird durch die jeweiligen Positionen auf der Bühne versinnbildlicht, vgl. dazu J. EISENSCHMIDT, Die szenische Darstellung der Opern Georg Friedrich Händels auf der Londoner Bühne seiner Zeit, unveränderte Neuaufl. hrsg. von H.J. Marx, Laaber 1987 [$^1$1940/41], 95 ff.

[10] Vgl. GROUT 1, 189 f.

[11] Vgl. ebd., 83.

[12] Das vielleicht früheste Beispiel einer Da-capo-Arie findet sich in *La Tancia, overo il Podestà di Colognole* (Florenz 1656, Text von G. A. Moniglia), vgl. H. DECHANT, Arie und Ensemble. Zur Entwicklungsgeschichte der Oper. Bd. I. 1600–1800, Darmstadt 1993, 43; diese Arienform dominiert seit den neunziger Jahren in den Opern von Alessandro Scarlatti (1660–1725), der häufig als der eigentliche Schöpfer der Opera seria bezeichnet wurde, vgl. ebd., 62.

[13] Dies ist durch zahlreiche Berichte von Zeitgenossen bezeugt, vgl. die Beispiele bei GALLARATI, Musica e maschera, 214 f.

[14] P. GALLARATI, Musica e maschera, 12 f., bezeichnet die Arien als „periodiche evasioni verso il sopramondo di una surreale staticità contemplativa"; vgl. auch GROUT 1, 186 f.

[15] Von „'stazioni' sentimentali" spricht FERRONI, Storia della lett. it., Bd. 2, 380.

[16] Vgl. ähnlich (mit Bezug auf Metastasio) GALLARATI, Musica e maschera, 37.

[17] Vgl. MOINDROT, Op. seria, 100 f.; LEOPOLD, Mozart, 23 ff. (mit Bezug auf N. ELIAS, Die höfische Gesellschaft. Untersuchungen zur Soziologie des Königtums und der höfischen Aristokratie, Darmstadt – Neuwied $^3$1977, vgl. speziell 168–170); zu den Arientexten Metastasios GALLARATI, Musica e maschera, 26 f.

[18] Vgl. MOINDROT, Op. seria, 91 f.; E. KANDUTH, Das Libretto im Zeichen der Arcadia. Paradigmatisches in den Musikdramen Zenos (Pariatis) und Metastasios, in: Oper als Text, 33–53, speziell 49 f.

[19] Gedanken von der Opera, zitiert nach FABBRI, Il secolo cantante, 228.

[20] Zur Mimesis-Lehre vgl. oben S. 21 sowie GIER, Musik in der Literatur, 75 f.

[21] Encyclopédie, Bd. 12, 831. Vgl. MARMONTEL, Elémens de littérature, Artikel Opéra (in: Œuvres complètes, Paris 1819/20, Reprint Genève 1968, t. IV, 1$^{re}$ partie, 803): „Celui qui chante [ces sentences, ces comparaisons] peut flatter l'oreille, mais il est sûr de glacer les cœurs."

[22] Vgl. dazu auch HAUFE, Behandlung der antiken Mythologie, 27 f.

[23] Opere scelte di Pietro Metastasio, a cura di F. GAVAZZENI, Bd. I, Torino 1969, 505–610: Olimpiade; die Arie II 5, V. 119–128.

[24] Zu den (nicht sehr zahlreichen) Ausnahmen vgl. A. GERHARD, Republikanische Zustände – Der *tragico fine* in den Dramen Metastasios, in: Zwischen Opera buffa und Melodramma, 27–65.

[25] Gattungssystematisch erklärt sich die Vorliebe für den *lieto fine*, der die Opera seria mit der Tragikomödie verbindet, aus dem im Verhältnis zur Tragödie niedrigeren Stilniveau, vgl. MEHLTRETTER, Die unmögliche Tragödie, 209 f.

[26] Die Geschichte stellt den größten Vorrat exemplarischer Erzählungen bereit. Das erklärt einerseits, warum die Librettisten der Opera seria historische gegenüber mythologischen und bukolischen Stoffen bevorzugten (vgl. MOINDROT, Op. seria, 41), und macht andererseits begreiflich, warum der *poeta cesareo* in Wien, der vor

Anmerkungen 267

allem Libretti zu verfassen hatte, zugleich Hofhistoriograph war (vgl. KANDUTH, Silvio Stampiglia, 47 f.).

[27] Vgl. R. KOSELLECK, Historia Magistra Vitae. Über die Auflösung des Topos im Horizont neuzeitlich bewegter Geschichte, in: Natur und Geschichte. KARL LÖWITH zum 70. Geburtstag, Stuttgart etc. 1967, 196–218; K. STIERLE, Geschichte als Exemplum – Exemplum als Geschichte. Zur Pragmatik und Poetik narrativer Texte, in: Geschichte – Ereignis und Erzählung, hrsg. von R. KOSELLECK und W.-D. STEMPEL, München 1973, 347–375, speziell 359 f. Daneben mögen andere Faktoren bei der Durchsetzung des *tragico fine* eine Rolle gespielt haben, vgl. unten S. 115.

[28] Vgl. STIERLE, Geschichte als Exemplum, 354.

[29] Vgl. ebd., 357.

[30] Brief an Giuseppe Bettinelli vom 10. 6. 1747, in: Tutte le opere di Pietro Metastasio, a cura di B. BRUNELLI, 5 Bde., Milano 1953/54, Bd. 3, 308; zitiert bei GERHARD, Republikanische Verhältnisse, 36.

[31] Vgl. dazu J. KÜPPER, Affichierte ‚Exemplarität', tatsächliche A-Systematik. Boccaccios *Decameron* und die Episteme der Renaissance, in: Renaissance. Diskursstrukturen und epistemologische Voraussetzungen. Literatur – Philosophie – Bildende Kunst, hrsg. von K. W. HEMPFER, Stuttgart 1993, 47–93, speziell 57.

[32] Dasselbe Prinzip findet V. KAPP, Ariosts und Tassos Epen in den Opernlibretti von Giulio Rospigliosi, in: Das Epos in der Romania. Festschrift für DIETER KREMERS zum 65. Geburtstag, hrsg. von S. KNALLER und E. MARA, Tübingen 1986, 113–130, speziell 120 f., schon in Rospigliosis *Il palazzo incantato* (1642) verwirklicht.

[33] Vgl. oben S. 9.

[34] Vgl. zu Marcello MOINDROT, Op. seria, 260–266; zur Libretto-Schelte allgemein: K. RINGGER, Die italienische Oper als Gegenstand von Parodie und Satire, in: Zwischen Opera buffa und Melodramma, 7–25; M. HAGER, Die Opernprobe als Theateraufführung. Eine Studie zum Libretto im Wien des 18. Jahrhunderts, in: Oper als Text, 101–124.

[35] GRONDA, La carriera di un librettista, 291–737, hat für Pariatis *Teseo in Creta* (1715) die Praxis der Überarbeitung mit exemplarischer Vollständigkeit dokumentiert: Das Wiener Original-Libretto enthält 32 Arientexte; dank 41 mehr oder weniger stark veränderter Neufassungen wächst die Zahl der für diese Oper geschriebenen Arien bis zum Jahr 1800 auf mehr als 500 an.

[36] Vgl. oben S. 11.

[37] Vgl. KANDUTH, Das Libretto im Zeichen der Arcadia, 36.

[38] Von 1718 bis 1729 hatte er die Stellung des *poeta cesareo* am Wiener Hof inne.

[39] Vgl. zum folgenden GALLARATI, Musica e maschera, 17 f.; dort auch die Zitate aus einem Brief Zenos an Giuseppe Gravisi vom 3. 11. 1730.

[40] Vgl. MEHLTRETTER, Die unmögliche Tragödie, 209.

[41] SMITH, 68.

[42] Vgl. Ross, Libretto und Komposition, 47.

[43] Vgl. GALLARATI, Musica e maschera, 14.

[44] Gravina (1664–1718) war einer der einflußreichsten Theoretiker der Arcadia und dichtete Tragödien nach antiken Mustern.

⁴⁵ Vgl. FERRONI, Storia della lett. it., Bd. 2, 382.
⁴⁶ Zu ihnen vgl. J. JOLY, Les fêtes théâtrales de Métastase à la cour de Vienne (1731–1767), Clermont-Ferrand 1978.
⁴⁷ Vgl. die bei E. SALA DI FELICE, Metastasio. Ideologia, drammaturgia, spettacolo, Milano 1983, 150 zitierte Briefstelle von 1760.
⁴⁸ Vgl. ebd., 172.
⁴⁹ Vgl. ebd., 151. In der *Licenza* zu *Olimpiade* (Opere scelte, ed. GAVAZZENI, III Ult., V. 469/70) heißt es: „Le lodi di chi regna / sono scuola a chi serve."
⁵⁰ Vgl. z. B. E. PARATORE, *L'Andromaque* del Racine et la *Didone abbandonata* del Metastasio, in: Scritti in onore di LUIGI RONGA, Milano – Napoli 1973, 515–547, speziell 520 ff.
⁵¹ Vgl. ebd., 515; ähnlich auch GALLARATI, Musica e maschera, 20, etc. etc.
⁵² Storia della letteratura italiana. Nuova ed. a cura di B. CROCE, 2 Bde., Bari 1912; speziell II, 330 f.
⁵³ Vgl. ebd., 335.
⁵⁴ Z. B. MEHLTRETTER, Die unmögliche Tragödie, 210.
⁵⁵ *Estratto dell'Arte poetica d'Aristotele e considerazioni su la medesima*, erstmals gedruckt 1780–82; Auszüge in: P. METASTASIO, Opere, a cura di M. FUBINI, Milano–Napoli 1968, 553–584.
⁵⁶ Vgl. ebd., 564 f.
⁵⁷ Vgl. u. a. KANDUTH, Das Libretto im Zeichen der Arcadia, 42.
⁵⁸ Vgl. ebd., 556 f.
⁵⁹ Vgl. ebd., 562.
⁶⁰ Metastasio verwendet ein begrenztes, konventionelles Vokabular ohne originelle Metaphern oder Bilder, auch die Syntax ist klar und einfach, vgl. FERRONI, Storia della lett. it., Bd. 2, 382 f. Unabhängig von ihrer sozialen Stellung bedienen sich alle Figuren des gleichen gehobenen Stils, vgl. SALA DI FELICE, Metastasio, 175.
⁶¹ Estratto dell'Arte poetica, 563 f.
⁶² Vgl. GALLARATI, Musica e maschera, 36; A. GERHARD, Rollenhierarchie und dramaturgische Hierarchien in der italienischen Oper des 18. Jahrhunderts, in: Opernheld und Opernheldin, 35–55, speziell 40, spricht vom „Primat einer eher statischen ‚costellazione' über die nur als sekundär wahrgenommene Dynamik der ‚azione'".
⁶³ Vgl. ebd., 42.
⁶⁴ Vgl. dazu ausführlich SALA DI FELICE, Metastasio, 7 ff.
⁶⁵ Vg. ebd. 47 und passim.
⁶⁶ Vgl. auch J. JOLY, Le didascalie per la recitazione nei drammi del Metastasio, in: Atti dei Convegni Lincei, 65. Convegno indetto in occasione del II centenario della morte di Metastasio (Roma, 25–27 Maggio 1983), Roma 1985, 277–291.
⁶⁷ Vgl. SALA DI FELICE, Metastasio, 37 ff.
⁶⁸ Zum Aparte vgl. auch EISENSCHMIDT, Die szenische Darstellung, 146–149. Die meisten Apartes bei Metastasio sind knappe Ausrufe, die in PFISTERS Terminologie jeweils als „motiviertes monologisches Beiseite" zu bezeichnen wären (192 f.); das gehäufte Vorkommen macht sie zu einem konventionellen Element.
⁶⁹ Opere scelte di Pietro Metastasio, a cura di F. GAVAZZENI, Bd. I, Torino 1968, 89–187.
⁷⁰ So GERHARD, Republikanische Zustände, 31 (im Anschluß an S. LEOPOLD).

Anmerkungen 269

[71] Im dritten Akt (III 12, V. 199 f.) meldet Osmida, daß Eneas Schiff die offene See erreicht hat; die folgenden 180 Verse gehören Didone und Iarba.

[72] GERHARD, Rollenhierarchie, 51 f., weist auf die Parallelität zwischen Eneas abgebrochener Erklärung (V. 80–84) und den abgerissenen Sätzen Didones in der Schlußszene hin.

[73] Vgl. MOINDROT, L'op. seria, 111 f., die daraus allerdings keine Konsequenzen für die Interpretation des Librettos zieht.

[74] Vgl. seine, den ersten Akt beschließende, Arie (I 18, V. 544–553): „Se resto sul lido, / se sciolgo le vele, / infido, crudele / mi sento chiamar. // E intanto, confuso / nel dubbio funesto, / non parto, non resto, / ma provo il martire / che avrei nel partire / che avrei nel restar."

[75] Dies scheint besonders auffällig angesichts der Tatsache, daß sich Metastasios Untertanen in der Regel kein Urteil über ihren Herrscher anmaßen dürfen (vgl. SALA DI FELICE, Metastasio, 159).

[76] Vgl. ähnlich schon I 11, V. 359–362.

[77] Vgl. Poetik, hrsg. von M. FUHRMANN, Kap. 11, 34 f. Es handelt sich um den von Aristoteles (vgl. Kap. 16, 50 f.) eher negativ beurteilten Typ der Wiedererkennung durch ein Zeichen (das Halsband Filintos).

[78] Vgl. III Ult., V. 415 f.: „Delfo m'impose / d'esporti al mar bambino" (zitiert nach Opere scelte, ed. GAVAZZENI, Olimpiade in Bd. I, 505–610).

[79] C. MAEDER, Metastasio, l'Olimpiade e l'opera del Settecento, Bologna 1993, 27 f., zeigt, daß sich in der Vorgeschichte drei Zeitebenen unterscheiden lassen: vor 25 Jahren (Aussetzung Filintos); vor einiger Zeit (Liebschaften Filinto/Licida – Argene und Megacle – Aristea, Freundschaft Licida – Megacle); und unmittelbar vor Beginn der Opernhandlung (Licida verliebt sich in Aristea). Die Ereignisse der zweiten und dritten Phase werden in der Exposition, die der ersten Phase am Ende des dritten Aktes offenbart.

[80] Vgl. MAEDER, L'Olimpiade, 38 f., der darauf hinweist, daß Megacle Clistenes Entscheidung, ihm die Hand Aristeas zu verweigern, akzeptiert hat, während Licida (vergeblich) versuchte, mit Argene zu fliehen.

[81] Vgl. ebd., 38.

[82] So ebd., 42. – Obwohl MAEDER sieht, daß die Oper in vieler Hinsicht dem Film oder dem Roman näherstehet als dem Drama (vgl. 53, mit Verweis auf DAHLHAUS), versucht er andererseits zu erweisen, daß Metastasios Libretti dem Modell der aristotelischen Tragödie entsprächen (vgl. 43). Er ist daher genötigt, die Kohärenz der Texte in der linearen Sukzession der Ereignisse zu suchen (vgl. 47 f.), und spielt Beobachtungen, die in eine andere Richtung weisen, in ihrer Bedeutung herunter. So stellt er etwa zu Recht fest, daß die Arien nicht nur in Metastasios melodrammi, sondern noch in der Oper des 19. Jahrhunderts häufig austauschbar sind (45); dies veranlaßt ihn aber nicht, nach möglichen paradigmatischen Zusammenhängen zwischen den Arientexten zu fragen.

[83] Zum Herrscher als Schiedsrichter vgl. SALA DI FELICE, Metastasio, 156 ff.

[84] Vgl. dazu A. KABLITZ, Boccaccios Decameron zwischen Archaik und Modernität. Überlegungen zur achten Novelle des zehnten Tages, in: Literarhistorische Begegnungen. Festschrift zum 60. Geburtstag von BERNHARD KÖNIG, hrsg. von A. K. und U. SCHULZ-BUSCHHAUS, Tübingen 1993, 147–181, speziell 156 f.

⁸⁵ Zu Licidas „ignoranza" vgl. MAEDER, L'Olimpiade, 33 f.
⁸⁶ Durch Voltaires Tragödie *Brutus* (1730) hatte dieser Stoff neue Aktualität gewonnen.
⁸⁷ H. LÜHNING betont, die Personen seien „gleichsam als Aristokraten verkleidete Schäfer", KNLL 11, 603; vgl. auch KANDUTH, Das Libretto im Zeichen der Arcadia, 42.
⁸⁸ I 8, V. 360 f.: „LIC. (...) Dì: non avrai / piacer del piacer mio? MEG. Grande."
⁸⁹ MAEDER, L'Olimpiade, 34, weist darauf hin, daß im dritten Akt alle außer den beiden Nebenfiguren sterben wollen, ohne darin ein ironisches Element zu erkennen, wie es m. E. naheliegt.
⁹⁰ Vgl. H. LÜHNING, KNLL 11, 601.
⁹¹ Bei den *Licenze*, den knappen Epilogen, die sich direkt an jenes Mitglied der kaiserlichen Familie wandten, zu dessen Ehren die erste Vertonung aufgeführt wurde, war die Anpassung an Ort und Zeit späterer Neukompositionen unvermeidlich; vgl. SALA DI FELICE, Metastasio, 197.
⁹² Vgl. R. WIESEND, Le revisioni di Metastasio di alcuni suoi drammi e la situazione della musica per melodramma negli anni '50 del Settecento, in: Metastasio e il mondo musicale, Firenze 1986, 171–197.
⁹³ Vgl. MAEDER, L'Olimpiade, 133–149.
⁹⁴ Vgl. H. LÜHNING, Titus-Vertonungen im 18. Jahrhundert. Untersuchungen zur Tradition der Opera seria von Hasse bis Mozart, Laaber 1983.

## Die italienische Oper in England zur Zeit Händels

[1] Vgl. M. LEFKOWITZ, Masque, NGroveD 11, 756–769; E. J. DENT, Foundations of English Opera, Cambridge 1928 [Reprint New York 1965], 9 ff.
[2] Vgl. NGroveD 11, 767.
[3] Vgl. M. LAURIE, Semi-opera, NGroveD 17, 124.
[4] Vgl. M. LAURIE, NGroveD 5, 259; DENT, Foundations, 52 ff.
[5] Vgl. GROUT 1, 136 f.
[6] Vgl. LEFKOWITZ, NGroveD 11, 767.
[7] Vgl. J. KLASSEN, PEnz 5, 138; DENT, Foundations, 149 ff. König Karl II., der in Frankreich im Exil gelebt hatte, war ein Liebhaber und Förderer der französischen Musik, vgl. GROUT 1, 137 f.
[8] Vgl. R. FISKE, Opera, §V, 1: England, NGroveD 13, 597.
[9] Vgl. R. FISKE, PEnz 1, 600 f.
[10] Näheres dazu in einem Artikel von J. ADDISON (The Spectator 18, 21. März 1711), auszugsweise abgedruckt bei GROUT 1, 147 f.
[11] Vgl. W. DEAN, NGroveD 16, 116 f.
[12] Zu ihm vgl. L. LINDGREN, The Accomplishments of the Learned and Ingenious Nicola Francesco Haym (1678–1729), in: Studi Musicali 16 (1987), 249–380, speziell 295–314: Operatic Adaptions, 1706–1729.
[13] Vgl. D. R. KIMBELL, The Libretto of Handel's *Teseo*, ML 44 (1963), 371–379.
[14] Vgl. D. R. KIMBELL, The ‚Amadis' Operas of Destouches and Handel, ML 49 (1968), 329–346.

[15] Vgl. E. DAHNK-BAROFFIO, Nicola Hayms Anteil an Händels Rodelinde-Libretto, Die Musikforschung 7 (1954), 295–300. Über Salvi, der die Vorlagen zu sieben Händel-Opern lieferte, vgl. GIUNTINI, I drammi per musica di A. Salvi.

[16] Vgl. den Überblick bei R. STROHM, Handel and his Italian opera texts, in: R. S., Essays on Handel, 34–79.

[17] Vgl. ebd., 41.

[18] Vgl. B. EDELMANN, PEnz 2, 700.

[19] Vgl. den Brief Rivas an Muratori vom 7.9. 1725, zitiert bei MAEDER, L'Olimpiade, 21.

[20] Zum folgenden vgl. auch A. GIER, Liebe, Komik und der Ernst des Lebens. Antike Stoffe in Händels späten Opern, Göttinger Händel-Beiträge, hrsg. von H. J. MARX, Bd. 6, Göttingen 1996, 85–100.

[21] Xerse. Drama per musica Nel Teatro a SS. Gio: e Paolo Per l'Anno MDC. LIV. dedicato All'Illustrissimo, & Eccellentissimo Signor Marchese Cornelio Bentivoglio, In Venetia, MDC.LIV. Per Matteo Leni.

[22] Stampiglias Text ist abgedruckt im Programmbuch *Serse* des Teatro Communale di Bologna, Stagione 1994/95, 86–154 (besorgt von L. BIANCONI, G. LA FACE BIANCONI und M. ARNELLINI; vgl. demnächst auch L. BIANCONI/G. LA FACE BIANCONI, I libretti italiani di Georg Friedrich Händel e le loro fonti, Bd. III, Firenze, in Vorb.).

[23] Imeneo in Atene. Componimento Dramatico di Silvio Stampiglia Da Rappresentarsi in Musica nel Teatro Grimani a San Samuel in Venezia, MDCCXXVI. Appresso Marino Rossetti in Merceria all'Insegna della Pace.

[24] Vgl. MEHLTRETTER, Die unmögliche Tragödie, 113, zur psychologischen Unwahrscheinlichkeit dieser Wendung.

[25] Vgl. ebd., 108.

[26] Vgl. ebd., 103–122.

[27] Zum folgenden vgl. auch GIER, Liebe, Komik, 97 f.

[28] Es liegt nahe, eine Parallele zu den *Menaechmi* des Plautus und anderen Komödien über Zwillingspaare zu ziehen, vgl. ebd., 98 f.

[29] Vgl. ebd., 95 f.

[30] Elviros Idiom wird in Händels Libretto (abgedruckt im *Serse*-Programmbuch des Teatro Communale di Bologna, 49–85, und in The Librettos of Handel's Operas, Bd. 8, 219–285) als „lingua franca" bezeichnet (vgl. die Regieanweisung vor II 1), nicht jedoch bei Minato oder Stampiglia.

[31] Zur Unterscheidung zwischen Komödienhandlung und komischer Handlung vgl. oben S. 11.

[32] Nur in Händels erster Oper *Almira* (1705) kommt mit Tabarco ein weiterer komischer Diener vor, vgl. W. DEAN, Handel and the Opera Seria, London 1970, 106. – In Minatos Text treten Elviro und Romildas Page Clito in einigen Szenen auf, die den Charakter komischer Einlagen haben; schon Stampiglia hat ihre Zahl reduziert (z. B. hat die Szene, die die beiden an Xerses geliebter Platane zeigt [Minato III 10], bei ihm keine Entsprechung). In Händels Text kommt Clito gar nicht mehr vor, und bis auf die Blumenverkäufer-Szene sind Elviros Auftritte stark gekürzt (vgl. die Zerstörung der Schiffsbrücke, Händel II 11, mit Stampiglia II 10 – Elviro/Clito – und III 11, wo auf die überstandene Gefahr Bezug genommen wird).

³³ Vgl. dazu GIER, Liebe, Komik, 95 f.

³⁴ Vgl. dazu GIER, Liebe, Komik, 87 f.

³⁵ Vgl. z. B. W. DEAN, Handel and the Opera seria, London 1970, 121; dagegen GIER, Liebe, Komik, 86 f.

³⁶ Die gespielte Geistesverwirrung Rosmenes in der letzten Szene, ehe sie ihre Entscheidung verkündet, könnte als komisches Element aufgefaßt werden; aber wenn sie vorgibt, die Erscheinung des Totenrichters Rhadamanthys zu sehen, steht dahinter eine psychologisch stimmig dargestellte Schwellenerfahrung: Die Trennung von Tirinto bedeutet den symbolischen Tod Rosmenes (Rhadamanthys' Schatten führt die Entscheidung durch einen Schwertstreich herbei, „e divise / Dal mio core il mio cor"), die als Imeneos Gefährtin wiedergeboren wird. Im übrigen kann den im 17. Jahrhundert vornehmlich grotesken Wahnsinnsszenen seit Beginn des 18. Jahrhunderts auch eine tragische Dimension zukommen, vgl. S. LEOPOLD, Wahnsinn mit Methode. Die Wahnsinnsszenen in Händels dramatischen Werken und ihre Vorbilder, in: Opernheld und Opernheldin, 71–83, speziell 72.

³⁷ Vgl. GIER, Liebe, Komik, 88 f.

³⁸ Vgl. die Textfassung von 1740 in The Librettos of Handel's Operas, Bd. 8, 289–327.

³⁹ Vgl. die Gegenüberstellung der beiden Szenen bei GIER, Liebe, Komik, 90 f.

⁴⁰ Zwei weitere Szenen, in denen Stampiglias Argenio seine Neigung, mit Vernunftgründen zu argumentieren, unter Beweis stellt, hat Händels Librettist gestrichen: In der ersten (II 4) fordert er Tirinto auf, Rosmene zu entsagen: Ein freiwilliger Verzicht würde ihm Ehre einbringen, wenn sich Rosmene jedoch für Imeneo entscheide, verliere Tirinto sowohl die Geliebte wie den Ruhm. Später (III 1) verlangt Argenio von Clomiri, sie solle Rosmene zur Ehe mit Imeneo raten.

⁴¹ Und nicht die Vorlagen-Version, wie MOINDROT, L'op. seria, 80, schreibt.

⁴² Zu untersuchen bleibt der spezifisch linguistische Aspekt der Libretto-Bearbeitungen: Wenn man die von Händel vertonten Texte mit ihren Vorlagen vergleicht, scheint es gelegentlich, als hätte der Bearbeiter auf rhetorischen Ornatus verzichtet und Syntax und Vokabular vereinfacht, um einem nicht-muttersprachlichen, aber über gewisse Italienisch-Kenntnisse verfügenden Publikum das Verständnis zu erleichtern (vgl. z. B., wie Imeneo bei Stampiglia und Händel seinen Sieg über die Piraten schildert, jeweils I 2). Zur Überprüfung dieser Hypothese wäre eine umfassende Studie erforderlich.

## Die Opera buffa

¹ Vgl. W. KRÖMER, Die italienische Commedia dell'arte, Darmstadt ³1990.

² Der Aussage von W. KRÖMER, MGG² 2, 959: „Von ihrem Wesen her hat die Commedia dell'arte keine direkte Beziehung zur Musik", ist zu widersprechen.

³ Vgl. dazu N. PIRROTTA, Commedia dell'arte and Opera, The Musical Quarterly 41 (1955), 305–324, speziell 306–310.

⁴ Vgl. ebd., 321 f.; A. L. BELLINA, Cenni sulla presenza della commedia dell'arte nel libretto comico settecentesco, in: Venezia e il melodramma nel Settecento, a cura di M. T. MURARO, Firenze 1978, 131–147, speziell 131.

## Anmerkungen

⁵ Vgl. Pirrotta, Comm. dell'arte, 311, und L. de Ridder, Der Anteil der Commedia dell'arte an der Entstehungs- und Entwicklungsgeschichte der komischen Oper. Studie zum Libretto der Oper im 17. Jahrhundert, Diss. Köln 1970, 33 ff.

⁶ Pirrotta, ebd.; der Verfasser geht von einem normativen Begriff des Dramatischen aus („coherent and logical succession", ebd.) und kritisiert die ‚statischen', ‚nebensächlichen' Elemente der Madrigalkomödie.

⁷ Vgl. W. C. Holmes, Orontea, 14; 71.

⁸ Vgl. ebd., 82 ff.; H. Chr. Wolff, Gesch. der kom. Oper, 17 („musikalische Komödie"); de Ridder, Der Anteil der Comm., 84 ff.; etc. In Chi soffre speri findet man erstmals eine Vorläufer-Form des Secco-Rezitativs, d. h. „a quick-moving, narrow-ranged, sharply accented, irregularly punctuated, semimusical speech", Grout 1, 73.

⁹ Vgl. oben S. 55. De Ridder, Der Anteil der Comm., 96–161, registriert die komischen Diener der venezianischen Oper mit viel Fleiß, geht aber leider nicht über Inhaltsangaben der einschlägigen Szenen hinaus. – Weiss, Goldoni, Librettist, 97 ff., bestreitet den Einfluß der Commedia dell'arte auf die Oper des späteren 17. Jahrhunderts: Die Namengebung der komischen Dienerfiguren verrate, daß sie aus der Commedia erudita stammten. Nun ist die Commedia erudita spätestens um 1600 von den italienischen Bühnen verschwunden, die Commedia dell'arte bleibt bis ins 18. Jahrhundert lebendig. Welche Assoziationen die Diener der Oper bei den Zuschauern weckten, dürfte klar sein.

¹⁰ Vgl. I. Mamczarz, Les intermèdes comiques italiens au XVIIIe siècle en France et en Italie, Paris 1972; C. E. Troy, The Comic Intermezzo. A Study in the History of Eighteenth-century Italian Opera. Ann Arbor 1979.

¹¹ Vgl. Troy, The Comic Intermezzo, 35 ff.; Gallarati, Musica e maschera, 97 f.; Wolff, Gesch. der kom. Oper, 59 ff.

¹² Vgl. Troy, The Comic Intermezzo, 72 ff.

¹³ Vgl. ebd., 106; W. Osthoff, Die Opera buffa, in: Gattungen der Musik in Einzeldarstellungen. Gedenkschrift Leo Schrade. Erste Folge, Bern – München 1973, 678–743, speziell 705 f.

¹⁴ Vgl. Troy, The Comic Intermezzo, 81.

¹⁵ Musik von T. Albinoni, in deutscher Übersetzung von J. Ph. Praetorius auch vertont von G. Ph. Telemann (1725); zum Verhältnis zur Serva padrona vgl. de Ridder, Der Anteil der Comm., 187 ff.

¹⁶ Zur Unterscheidung von (anderweitiger) Komödienhandlung und komischer Handlung vgl. oben S. 11.

¹⁷ Vgl. den Klavierauszug: G. B. Pergolesi, La serva padrona. Intermezzi, Milano 1947, S. 4. Die Antithese wird mehrfach wiederaufgegriffen, zuletzt von Serpina vor der Finalnummer: „E di serva divenni io già padrona" (S. 45).

¹⁸ Man könnte Ubertos Eingangsarie Aspettare e non venire und das monologische Rezitativ bis zum Auftritt Serpinas als eigene Szene (a) zählen, parallel zu seiner Solo-Szene (b) im zweiten Intermezzo (s. u.), so daß jeder Musiknummer eine Szene entspräche.

¹⁹ Vgl. die Arie Sempre in contrasti con te si sta (S. 8–10).

²⁰ Serpinas Abschiedsarie A Serpina penserete (S. 31–34) nimmt die Perspektive einer hypothetischen Zukunft auf die Gegenwart ein, die dann Vergangenheit sein

wird, um Uberto die heimliche Neigung zu seiner Dienerin bewußtzumachen („A Serpina penserete (...) e direte: ah! poverina, cara un tempo ella mi fu"), und konstatiert in den (vom Komponisten durch Tempowechsel – Allegro statt Larghetto – herausgehobenen) Apartes die Wirksamkeit ihrer Strategie.

[21] Vgl. oben Anm. 18.

[22] Daß er Serpina seine *padrona* nennt (S. 16), ist natürlich ironisch gemeint, gewinnt aber vor diesem Hintergrund einen tieferen Sinn.

[23] Eine politische Bedeutung, wie sie J. SCHLÄDER, PEnz 4, 682 f. erwägt, scheint sehr zweifelhaft.

[24] Bei der Uraufführung von Pergolesis *Prigionier superbo*, vgl. ebd., 681.

[25] Es wurde später meist durch ein Duett aus Pergolesis Oper *Flaminio* ersetzt, vgl. ebd., 682.

[26] Vgl. ebd., 682–684.

[27] Dort war *La serva padrona* schon 1746 gegeben worden, vgl. ebd., 683.

[28] Die Pamphlete der *Querelle* sind gesammelt bei D. LAUNAY, La Querelle des Bouffons, 3 Bde., Genève 1973.

[29] Vgl. E.-T. FORSIUS, Der *Goût français* und das Paradoxon *Le Devin du Village* von Rousseau aus der Sicht des *Coin du Roi*, in: Aufklärungen. Studien zur deutschfranzösischen Musikgeschichte im 18. Jahrhundert – Einflüsse und Wirkungen –, Bd. 2, hrsg. von W. BIRTEL und CHR.-H. MAHLING, Heidelberg 1986, 72–80, speziell 76 f.

[30] Vgl. ebd., 76.

[31] Zum folgenden vgl. GALLARATI, Musica e maschera, 107–128.

[32] Zur musikalischen Formgeschichte der Ensembles (besonders der Finali) vgl. OSTHOFF, Die Opera buffa, 722 ff.

[33] Anders gesagt: die emotive Funktion der Sprache dominiert gegenüber der referentiellen.

[34] Vgl. GALLARATI, Musica e maschera, 116. Für W. OSTHOFF, Die Opera buffa, 680, machen die Ensembles die Buffa zur „streng genommen" einzigen Form spezifisch musikalischen Theaters in der Operngeschichte.

[35] Vgl. aus späterer Zeit die Bemerkungen DA PONTES zum Finale, das als Großform des Ensembles „una spezie di commediola o di picciol dramma da sé" darstelle und die Beteiligung aller Darsteller wie auch größtmögliche Variation in Tempo und Dynamik fordere; Memorie. Libretti, 92 f.

[36] Vgl. GALLARATI, Musica e maschera, 126 f.

[37] Für die Commedia-dell'arte-Truppe Giuseppe Imers, die in Venedig im Teatro San Samuele spielte und deren Hausautor Goldoni seit 1734 war; vgl. WEISS, Goldoni, Librettist, 94 ff.

[38] Musik von Baldassare Galuppi; zitiert nach Tutte le opere di CARLO GOLDONI, a cura di G. ORTOLANI, vol. X, Milano 1951, 583–634.

[39] Eine solche Form legt auch das Vorbild nahe, auf das sich Goldonis LibrettoVorrede bezieht: Giovanni Sagredos *Arcadia in Brenta* (1667) ist eine Rahmenerzählung in der Tradition Boccaccios – während einer Schiffsreise vertreiben sich einige Herren und Damen die Zeit mit Erzählungen und Gedichten zu unterschiedlichsten Themen.

[40] Diese vier Figuren stammen aus Sagredos *Arcadia*, die übrigen drei hat Goldoni

hinzuerfunden; vgl. D. HEARTZ, Vis comica: Goldoni, Galuppi and *L'Arcadia in Brenta* (Venice, 1749), in: Venezia e il melodramma nel Settecento, 33–73, speziell 43 f.

[41] Neben den die drei Akte beschließenden Ensembles steht (I 3) ein Quintett, das die vier Verliebten mit Fabrizio kontrastiert, vgl. dazu ebd., 45–47.

[42] Vgl. ebd., 53–67.

[43] Entgegen der Konvention spricht er im Rezitativ in gereimten Versen, vgl. HEARTZ, Vis comica, 48.

[44] Daß Goldoni zu den traditionellen Typen neue hinzuerfindet, stellt auch BELLINA, Cenni, 138, heraus (am Beispiel von *La Calamita de' cuori*).

[45] Vgl. GALLARATI, Musica e maschera, 104.

[46] Vgl. das bürgerliche Trauerspiel in England und Deutschland (Lessing), die *comédie larmoyante* und Diderots *drame bourgeois* in Frankreich (dazu unten S. 104).

[47] La buona figliuola. Dramma Giocoso per Musica, in: Tutte le opere di Carlo Goldoni, a cura di G. ORTOLANI, vol. XI, Milano $^2$1964, 511–559; die erste Vertonung von Egidio Duni wurde mit mäßigem Erfolg 1757 in Parma, die zweite von Niccolò Piccinni 1760 in Rom uraufgeführt.

[48] Vgl. J. STENZL, „Una povera ragazza" – Carlo Goldonis *La buona figliuola* in Niccolò Piccinnis Vertonung, in: Zwischen Opera buffa und Melodramma, 81–97, speziell 92.

[49] Vgl. W. C. HOLMES, Pamela Transformed, The Musical Quarterly 38 (1952), 581–594; T. A. EMERY, Goldoni's Pamela from Play to Libretto, Italica 64 (1987), 572–582. In seinen *Mémoires* erklärt Goldoni, er habe den Schluß wegen der schwerwiegenden Folgen verändert, die die Heirat eines Adligen mit einer Bürgerlichen nach venezianischem Recht hätte haben müssen, vgl. STENZL, „Una povera ragazza", 83.

[50] Vgl. ebd., 90.

[51] Vgl. ebd.

[52] Vgl. EMERY, Goldoni's *Pamela*, 578.

[53] Ebd., 576; vgl. GALLARATI, Musica e maschera, 136. Auch in *La buona figliuola* gibt es fast ausschließlich Abgangsarien; zu ihrer Verteilung auf die verschiedenen Figuren vgl. STENZL, „Una povera ragazza", 86 f.

[54] Vgl. Cecchinas Reaktion auf die Beschimpfungen Lucindas (Arie *Una povera ragazza*, I 12) oder Lucindas Rachedurst (*Furie di donna irata*, I 14).

[55] So Sandrina, wenn sie Armidoro versichert, sie habe die reine Wahrheit gesagt (*Sono una giovane*, I 6).

[56] Paoluccia räsoniert in ihren beiden Arien über weiblichen Hochmut (I 10) und männliche Unbeständigkeit (III 1), aber ihre Vorliebe für Gemeinplätze soll sie als Frau aus dem Volk charakterisieren.

[57] Die Buffo-Partien und Mezzi caratteri in *La buona figliuola* haben gar keine Da-capo-Arien, die Arien der Parti serie weisen teils zweiteilige, teils Da-capo-Form auf; vgl. GALLARATI, Musica e maschera, 137 f.

[58] Vgl. STENZL, „Una povera ragazza", 94.

[59] Vgl. ebd., 95; zum Rollentypus des Mezzo carattere auch GALLARATI, Musica e maschera, 131.

[60] Vgl. EMERY, Goldoni's *Pamela*, 578.

⁶¹ Vgl. STENZL, „Una povera ragazza", 86; 95.
⁶² Dieses Begriffspaar gebraucht sie selbst (II 10).
⁶³ Vgl. STENZL, „Una povera ragazza", 89; HOLMES, Pamela Transformed, 589.
⁶⁴ In anderem Zusammenhang spricht F. FIDO, Riforma e „controriforma" del teatro: i libretti per musica di Goldoni fra il 1748 e il 1753, Studi goldoniani 7 (1985), 60–72, speziell 64, von der „semplificazione per alternative o scelte binarie che è il sintagma fondamentale nel codice dell'opera buffa".
⁶⁵ Vgl. GALLARATI, Musica e maschera, 137 f.
⁶⁶ Vgl. ebd., 142 f.
⁶⁷ Im zweiten Finale der Buona figliuola (II 15) ist die Protagonistin für Paoluccia und Sandrina Cecchina, für Tagliaferro (und den Marchese) Mariandel.

## Der französische opéra-comique

¹ Zum folgenden vgl. A. GREWE, Monde renversé, 45 ff.; außerdem M. BARTHÉLEMY, L'opéra-comique des origines à la Querelle des Bouffons, in: L'opéra-comique en France, 9–78, speziell 27 ff.
² Zur Commedia dell'arte und ihrer Beziehung zur Musik vgl. oben S. 91.
³ Parallel dazu entstehen in den sechziger Jahren auch im höfischen Milieu von Versailles Formen komischen Musiktheaters, vor allem dank der Zusammenarbeit Lullys mit Molière; vgl. H. SCHNEIDER in: PEnz 3, 586–593.
⁴ 1716, nach dem Tod Louis' XIV, trat erstmals wieder eine italienische Truppe in Paris auf, aber die Aufführungen bei den Foires gingen dennoch weiter.
⁵ Vgl. GREWE, Monde renversé, 145.
⁶ Seit 1682 spielte die Comédie-Italienne in französischer Sprache, vgl. M. BRAUNECK, Die Welt als Bühne. Geschichte des europ. Theaters, Zweiter Bd., Stuttgart – Weimar 1996, 195.
⁷ So GREWE, Monde renversé, 54.
⁸ Vgl. ebd., 72 f.
⁹ Auf dem Jahrmarkt entstanden Spielstätten für immerhin ca. 1000 Zuschauer, vgl. ebd., 82–93.
¹⁰ Vgl. D. TROTT, French Theatre from 1700 to 1750: The "Other" Repertory, in: Eighteenth-Century French Theatre. Aspects and Contexts. Studies pres. to E. J. H. GREENE, ed. by M. G. BADIR and D. J. LANGDON, Alberta 1986, 32–43, speziell 36 f.
¹¹ Vgl. GREWE, Monde renversé, 118 f.
¹² Vgl. ebd., 22; 63.
¹³ Vgl. BARTHÉLEMY, L'opéra-com., 11.
¹⁴ Vgl. den Artikel Vaudeville von M. BANDUR in HmT 18. Lieferung (1990), speziell 9 f.
¹⁵ Vgl. ebd., 10.
¹⁶ Vgl. die entsprechenden Passagen in Les Couplets en procès (1730) von Lesage und d'Orneval, die sowohl BARTHÉLEMY, L'opéra-com. 64, wie GREWE, Monde renversé, 397 f., zitieren.
¹⁷ Vgl. WOLFF, Gesch. der kom. Oper, 43–45.

Anmerkungen 277

[18] So GREWE, Monde renversé, 194.
[19] Vgl. dazu ebd. die Analyse des dramatischen Œuvres von Lesage.
[20] Vgl. oben S. 22.
[21] Encyclopédie, Artikel *poëme lyrique*, Bd. 12, 826 („le retour périodique du même chant à chaque couplet, s'oppose à toute expression particulière, à tout développement").
[22] Vgl. GREWE, Monde renversé, 66 f.
[23] Ebd., 129.
[24] Vgl. ebd., 329.
[25] Vgl. BARTHÉLEMY, L'opéra-com., 59.
[26] Vgl. ebd., 56.
[27] Vgl. BARTHÉLEMY, L'opéra-com., 66 f.
[28] Vgl. oben S. 93 f.
[29] Als erste französische Oper im Stil der italienischen Buffa gilt *Les Troqueurs*, Text von Jean-Joseph Vadé, Musik von Antoine Dauvergne (1753), vgl. H. SCHNEIDER in: PEnz. 1, 681 f.
[30] Vgl. A. WIERLACHER, Das bürgerliche Drama, in: Europäische Aufklärung (I. Teil), hrsg. von W. HINK, Frankfurt 1974, 137–160, speziell 139 f.
[31] So K. PENDLE, L'opéra-comique à Paris de 1762 à 1789, in: L'opéra-comique en France, 79–177, speziell 80.
[32] Zum Tableau bei Diderot vgl. P. SZONDI, Tableau und coup de théâtre. Zur Sozialpsychologie des bürgerlichen Trauerspiels bei Diderot. Mit einem Exkurs über Lessing, in: P. S., Schriften II, Frankfurt 1977, 205–232.
[33] Vgl. ebd. 211.
[34] Zitiert bei PENDLE, L'opéra-com. de 1762 à 1789, 81.
[35] Vgl. SMITH, 122.
[36] Œuvres complètes de MARMONTEL, nouvelle éd., Bd. 9, Paris 1819, 379–408.
[37] Œuvres complètes de DIDEROT revues sur les éd. originales, éd. J. ASSÉZAT, Bd. 7, Paris 1875, 95: „Je pense, pour moi, que si un ouvrage dramatique était bien fait et bien représenté, la scène offrirait au spectateur autant de tableaux réels qu'il y aurait dans l'action de moments favorables au peintre"; zitiert bei H. MICHEL, Ranieri Calzabigi als Dichter von Musikdramen und als Kritiker, Gluck-Jahrbuch 4 (1918), 99–171, speziell 149.
[38] Vgl. das folgende Kapitel.
[39] 1762 schlossen sich die Schauspieler der Truppe des Théâtre-Italien an, seitdem gab es keine Aufführungen auf dem Jahrmarkt mehr, vgl. PENDLE, L'opéra-com. de 1762 à 1789, 79.
[40] Théâtre de SEDAINE, avec une introd. de L. MOLAND, Paris 1878, 339–406.
[41] Vgl. PENDLE, L'opéra-com. de 1762 à 1789, 98 f.; SMITH, 134.
[42] Vgl. SZONDI, Tableau, 213 f.
[43] Zum Melodram vgl. unten S. 146.
[44] Vgl. H. JACOUBET, Le Comte de Tressan et les origines du genre troubadour, Paris 1923; zum *opéra-comique* 351–358.
[45] Zum historischen Hintergrund und zu den Quellen des Librettos vgl. D. CHARLTON, Grétry and the growth of opéra-comique, Cambridge etc. 1986, 228–230.

[46] So das Ende der endgültigen (dritten) Fassung von 1785; zu den verschiedenen Fassungen vgl. CHARLTON, Grétry, 248–250.

[47] Théâtre de SEDAINE, 407–457, speziell 420 (I 7).

[48] Vgl. CHARLTON, Grétry, 232: „Sedaine gives us a panorama as much as a play".

[49] Vgl. dazu S. DÖHRING, Die Rettungsoper. Musiktheater im Wechselspiel politischer und ästhetischer Prozesse, in: Beethoven. Zwischen Revolution und Restauration, hrsg. von H. LÜHNING und S. BRANDENBURG, Bonn 1989, 109–136, speziell 115–120.

[50] Ebd., 116.

[51] Ebd., 120.

[52] Dazu CHARLTON, Grétry, 232.

[53] Vgl. z. B. SMITH, 131 f.


## Italienische Librettistik in Wien nach Metastasio

[1] Vgl. den Titel des Sammelbandes Christoph Willibald Gluck und die Opernreform, hrsg. von K. HORTSCHANSKY (Wege der Forschung, 613), Darmstadt 1989.

[2] Vgl. GROUT 1, 217 ff.

[3] Vgl. P. GALLARATI, L'estetica musicale di Ranieri de' Calzabigi: il Caso Metastasio, Nuova Rivista Musicale Italiana 14 (1980), 497–538, speziell 509.

[4] Vgl. R. HAAS, Gluck und Durazzo im Burgtheater (die Opera comique in Wien), Zürich – Wien – Leipzig 1925.

[5] Vgl. oben S. 75.

[6] Vgl. z. B. GALLARATI, Musica e maschera, 54.

[7] Vgl. ebd., 61 f.

[8] Vgl. ebd., 78.

[9] Vgl. ebd., 78.

[10] ALGAROTTI, Saggi, 145–192; zu Algarottis Einfluß auf Calzabigi vgl. H. MICHEL, Ranieri Calzabigi als Dichter von Musikdramen und als Kritiker, Gluck-Jahrbuch 4 (1918), 99–171, speziell 152 f. Vgl. auch MOINDROT, L'opéra seria, 50–52.

[11] Ebd., 154.

[12] Vgl. dazu D. HEARTZ, Von Garrick zu Gluck: Theater- und Opernreform um 1750, in: Gluck und die Opernreform, 200–222, speziell 216 f.

[13] Kritisch dazu ST. KUNZE, Christoph Willibald Gluck, oder: die „Natur" des musikalischen Dramas. Versuch einer Orientierung, in: Gluck und die Opernreform, 390–418.

[14] Noch GALLARATI, Musica e maschera, 86, stellt fest, bei Calzabigi und Gluck werde das ‚in Musik gekleidete' Drama zum ‚Musikdrama'.

[15] KUNZE, Gluck, oder: die „Natur" des musikalischen Dramas, 407. KUNZE weist darauf hin, daß Orfeo eine „azione teatrale", also ein höfisches Festspiel, kein „dramma per musica" ist (405); von einem „Einheitstypus Reformoper" könne angesichts der u. a. gattungsbedingten Heterogenität von Glucks Œuvre nicht die Rede sein. Aus librettologischer Sicht ist natürlich vor allem zwischen den italienischen Libretti Calzabigis und den französischen du Roullets und Guillards zu differenzieren.

[16] Chr. W. Gluck, Sämtliche Werke, VII 1: Libretti [Faksimilia], hrsg. von K. Hortschansky, Kassel etc. 1995, 3–11, hier III 2, S. 10.

[17] Zur Allgemeinheit der Aussage in Glucks Opern vgl. auch Kunze, Gluck, oder: die „Natur" des musikalischen Dramas, 410.

[18] Orfeo versichert ihr ausdrücklich (III 1): „Ombra tu più non sei".

[19] Vgl. Grout 1, 233: „the plot (...) is presented in a series of tableaux rather than as a connected story".

[20] Vgl. Gallarati, L'estetica musicale, 512, der bei Calzabigi und Gluck eine Radikalisierung der „universale esemplarità etica" erkennt: Metastasios „razionalismo aulico-galante" habe den ethischen Gehalt nahezu ausschließlich über die Sentenzen der Arien-Texte vermittelt, erst bei Calzabigi seien Situationen und Charaktere exemplarisch. Gallarati – der mit Recht darauf hinweist, daß schon Horaz die Tragödie als Exemplum aufgefaßt wissen wollte – übersieht dabei, daß die italienischen Libretti schon seit Rinuccini moralische Wahrheiten exemplifizieren; insofern ist Calzabigi eher Vollender der Tradition als Neuerer.

[21] Vgl. Gallarati, ebd., 497 f.

[22] Vgl. ebd., 500 ff.

[23] Vgl. Gallarati, Musica e maschera, 71.

[24] Vgl. Gallarati, L'estetica musicale, 503.

[25] Daß das unter Glucks Namen veröffentlichte Vorwort von Calzabigi stammt, zeigt M. Donà, Dagli archivi milanesi: Lettere di Ranieri De Calzabigi e di Antonio Bernasconi, Analecta Musicologica 14 (1974), 268–300, speziell 274 f.

[26] Zit. nach Gallarati, Musica e maschera, 80; vgl. auch ders., L'estetica musicale, 518 f.

[27] Vgl. oben S. 104.

[28] Caterino Mazzolà bewahrt in seiner Bearbeitung von La clemenza di Tito (für Mozart, 1791) z. B. die drei sentenziösen Arien des Titelhelden (I 4; I 7; II 12) und die Arie Publios (II 5).

[29] So schon Gallarati, L'estetica musicale, 534.

[30] Vgl. dazu R. Angermüller, Reformideen von du Roullet und Beaumarchais als Opernlibrettisten, in: Gluck und die Opernreform, 286–324, speziell 288–302.

[31] Ebd., 291.

[32] Der Text ist leicht zugänglich in L'Avant-Scène opéra 62 (avril 1984): Gluck, Iphigénie en Tauride.

[33] Daran erinnert Iphigénie, vgl. I 1.

[34] Vorwort zum dramma serio per musica Il Disertore (Venedig 1785, Musik von Francesco Bianchi), zitiert bei R. Angermüller, Grundzüge des nachmetastasianischen Librettos, in: Analecta Musicologica 21 (1982), 192–235, speziell 194.

[35] Die Bezeichnung semiseria setzt sich erst nach 1810 durch, vgl. NGroveD 13, 648; vorher sind unterschiedliche Termini wie dramma eroicomico oder dramma di sentimento belegt, vgl. auch Angermüller, Grundzüge, 212–214. – H. Ruhnke, Opera semiseria und dramma eroicomico, in: Kolloquium „Die stilistische Entwicklung der italienischen Musik zwischen 1770 und 1830 und ihre Beziehungen zum Norden" (Rom 1978). Bericht, hrsg. von F. Lippmann, Laaber 1982, 263–275, plädiert (ausgehend von Opern Ferdinando Paers) für eine klare Unterscheidung der beiden im Titel genannten Subgattungen.

[36] Vgl. oben S. 71. – Klassizisten wie der Metastasio-Bewunderer Luigi Romanelli (Librettist der Scala in den ersten Jahrzehnten des 19. Jahrhunderts) lehnen die Semiseria ab, vgl. P. ROSSINI, L'opera classicista nella Milano napoleonica (1793–1815), in: Aspetti dell'opera it. fra Sette e Ottocento: Mayr e Zingarelli, a cura di G. SALVETTI, Lucca 1993, 127–179, speziell 128.

[37] Vgl. ebd.

[38] Vgl. D. GOLDIN, Aspetti della librettistica italiana, 142 und passim.

[39] Über ihn vgl. G. MURESU, Le occasioni di un libertino. G. B. Casti, Messina – Firenze 1973.

[40] Vgl. GALLARATI, Musica e maschera, 156 ff.

[41] Vgl. P. GALLARATI, I libretti non mozartiani di Lorenzo da Ponte (1784–1789), in: Zwischen Opera buffa und Melodramma, 99–118, speziell 101; D. GOLDIN, Da Ponte librettista fra Goldoni e Casti, Giornale storico della lett. it. 158 (1981), 396–408. Direkten Einfluß des *opéra-comique* auf Da Ponte erwägt GALLARATI, Musica e maschera, 194.

[42] Zu Biographie und Persönlichkeit Da Pontes vgl. H. GOERTZ, Mozarts Dichter Lorenzo Da Ponte. Genie und Abenteurer, München – Mainz 1988; A. LANAPOPPI, Un certain Da Ponte, Paris 1991; H. RÜDIGER, Die Abenteuer des Lorenzo Da Ponte. Librettist, Memoirenschreiber, Kulturmanager, in: Die Österreichische Literatur. Ihr Profil an der Wende vom 18. zum 19. Jahrhundert (1750–1830), hrsg. von H. ZEMAN, Teil I, Graz 1979, 331–353.

[43] Vgl. GALLARATI, I libretti non mozartiani, 107 ff.

[44] GALLARATI, Musica e maschera, 172.

[45] Vgl. ebd., 177 ff.

[46] Vgl. ebd., 190 ff.

[47] Brief an den Vater vom 13. 10. 1781, vgl. oben S. 22.

[48] Vgl. (mit Bezug auf den erwähnten Brief) GALLARATI, Musica e maschera, 165–169.

[49] Vgl. GOLDIN, Da Ponte librettista, 399.

[50] Vgl. z. B. die Treueprobe in Ariosts *Orlando Furioso* als mögliches Vorbild für *Così fan tutte*, s. u. S. 123.

[51] Vgl. GALLARATI, Musica e maschera, 188.

[52] GALLARATI spricht (ebd., 169 und passim) vom „realismo psicologico" Mozarts und behauptet mehrfach, die Opern bildeten eine „tranche de vie" ab (163 und passim; 193 dem „convenzionale gioco di palcoscenico" der älteren Oper gegenübergestellt); aber die abstrahierende Reduktion charakterlicher Komplexität zum Typ ist das Gegenteil realistischer Psychologie, und die Geschichte der *Nozze di Figaro*, die von einer tendenziösen Geschichtsfälschung (der Institution des *Ius primae noctis*) ausgeht, wird man kaum als „tranche de vie" bezeichnen können.

[53] Zitiert wird nach: L. DA PONTE, Memorie. Libretti, 399–508; vgl. außerdem (mit abweichender Szeneneinteilung): W. A. MOZART, Neue Ausgabe sämtlicher Werke. Serie II: Bühnenwerke. Werkgruppe 5: Oper und Singspiele. Bd. 16 (in 2 Teilbden.), vorgelegt von L. FINSCHER, Kassel etc. 1973.

[54] Zitiert nach: BEAUMARCHAIS, Théâtre. Le Barbier de Séville. Le mariage de Figaro. La mère coupable, éd. par R. POMEAU, Paris 1965.

⁵⁵ Vgl. J. VON STACKELBERG, *Cherubino d'amore*. Von Beaumarchais zu Da Ponte, Arcadia 25 (1990), 137–143.
⁵⁶ Das Finale bietet damit „ogni genere di canto. L'adagio, l'allegro, l'andante, l'amabile, l'armonioso, lo strepitoso, l'arcistrepitoso, lo strepitosissimo, con cui quasi sempre il suddetto finale si chiude", wie Da Ponte in seinen *Memorie* bemerkt (vgl. Memorie. Libretti, 92).
⁵⁷ Im Rezitativ der Gräfin (III 8) ist von dem geplanten Kleidertausch die Rede; daß Susanna im Auftrag ihrer Herrin handelt, wenn sie mit dem Grafen ein Rendezvous im Garten verabredet, wird schon vorher (III 2) deutlich.
⁵⁸ Vgl. GOLDIN, Da Ponte librettista, 404.
⁵⁹ So GALLARATI, Musica e maschera, 189.
⁶⁰ Vgl. VON STACKELBERG, *Cherubino d'amore*, 139.
⁶¹ Das ist gegen GALLARATI, Musica e maschera, 189, festzuhalten.
⁶² Vgl. Le rire. Essai sur la signification du comique, Paris 1924 [¹1900], 10 und ff.
⁶³ Das (zweifach wiederholte) Hornmotiv, Takt 79–84, ist als Anspielung auf den Kopfschmuck des Hahnreis zu verstehen.
⁶⁴ G. ROSSINI, Il barbiere di Siviglia. Melodramma buffo in due atti. Textbuch Italienisch/Deutsch, Übers. von TH. FLASCH, Nachwort von A. GIER, Stuttgart 1994; vgl. außerdem G. ROSSINI, Der Barbier von Sevilla (Il Barbiere di Siviglia), nach dem Autograph der Partitur revidiert von A. ZEDDA (1969), Klavierauszug mit dt. und it. Text, Mailand 1969.
⁶⁵ In der ersten und elften Strophe reimen die *versi tronchi* V. 2/4; in allen übrigen Strophen sind V. 1–3 ausnahmslos *versi piani* bzw. *sdruccioli*.
⁶⁶ Zitiert nach DA PONTE, Memorie. Libretti, 597–687; vgl. außerdem W. A. MOZART, Neue Ausg. sämtlicher Werke, Serie II, Werkgruppe 5, Bd. 18 (in zwei Teilbden.), vorgelegt von F. FERGUSON und W. REHM, Kassel etc. 1991.
⁶⁷ Vgl. u. a. K. KRAMER, Da Ponte's „Così fan tutte", Nachrichten der Ak. der Wiss. in Göttingen, Phil.-hist. Kl., 1973/1; J. VON STACKELBERG, Die Treueprobe (Ovid, Ariost, Cervantes, Marivaux, Schmidt, Da Ponte), in: J. VON ST., Senecas Tod und andere Rezeptionsfolgen in den romanischen Literaturen der frühen Neuzeit, Tübingen 1992, 93–101.
⁶⁸ Vgl. Canto XLIII, 9–46.
⁶⁹ Vgl. C. KRITSCH und H. ZEMAN, Das Rätsel eines genialen Opernentwurfs – Da Pontes Libretto zu „Così fan tutte" und das literarische Umfeld des 18. Jahrhunderts, in: Die österreichische Literatur. Ihr Profil an der Wende vom 18. zum 19. Jahrhundert (1750–1830), hrsg. von H. Z., Teil I, Graz 1979, 355–377, speziell 363.
⁷⁰ Vgl. J. HERZ, Möglichkeiten und Unmöglichkeiten der Interpretation am Beispiel von *Così fan tutte*, in: Zwischen Opera buffa und Melodramma, 135–143, speziell 142 f.
⁷¹ Vgl. oben S. 85.
⁷² Vgl. etwa Amastre in *Xerse*. Auf die Ironie, die darin liegt, daß den beiden Frauen die Uniformen des jeweils falschen Partners passen sollen, ist wiederholt hingewiesen worden.
⁷³ Vgl. VON STACKELBERG, Die Treueprobe, 98.
⁷⁴ Das Duett der beiden Frauen (Nr. 20) korrespondiert mit ihrem Auftritts-Duett

(Nr. 4, I 2) und unterstreicht dadurch retrospektiv das Zufällige der ursprünglichen Partnerwahl (aus dem folgenden Rezitativ [I 2] kann man im übrigen schließen, daß bei beiden der Wunsch nach erotischer Befriedigung in der Ehe stärker ist als die Zuneigung zu einem Individuum).

[75] Zu dieser Unterscheidung vgl. PFISTER, 240 f.

[76] Selbstverständlich werden diese knappen Bemerkungen dem komplexen Text in keiner Weise gerecht. Eine eigene Analyse verdiente die sprachliche Gestaltung: Wie in allen Libretti Da Pontes sind Zitate aus den italienischen Klassikern häufig; gelegentlich wird auch auf Klassiker-Zitate in zeitgenössischen Libretti angespielt (vgl. A. DI PROFIO, Le regole dell'inganno: *Così fan tutte* e la lezione goldoniana, Studi musicali 23 (1994), 313–328; ein Parallelbeispiel ist Cherubinos Canzone „Voi che sapete", die wohl eher Castis *Re Teodoro* als Dante zitiert, vgl. GOERTZ, Mozarts Dichter Da Ponte, 144 f.). Auch die parodistischen Elemente im *Così fan tutte*-Libretto sind noch nicht hinreichend differenziert beschrieben worden.

## Das italienische Libretto auf dem Weg zur Romantik

[1] Zu den Auswirkungen der Revolution und der französischen Herrschaft in Italien auf die Oper vgl. G. PESTELLI, Riflessi della Rivoluzione francese nel teatro musicale italiano, in: Bologna Nationes. Atti della „Natio Francorum" (Bologna, 5–7 ottobre 1989), raccolti da L. PETRONI e F. MALVANI, vol. II, Bologna 1993, 557–568; P. ROSSINI, L'opera classicista nella Milano napoleonica (1796–1815), zit. oben S. 280 Anm. 36. Eine mittelbare Folge der Revolution ist das allmähliche Verschwinden der Kastraten von der Opernbühne, vgl. E. SURIAN, Organizzazione, gestione, politica teatrale e repertori operistici a Napoli e in Italia, 1800–1820, in: Musica e cultura a Napoli dal XV al XIX secolo, a cura di L. BIANCONI e R. BOSSA, Firenze 1983, 317–367, speziell 319 f.

[2] Vgl. zu dieser Opernform die Beiträge des Sammelbandes I vicini di Mozart II. La farsa musicale veneziana (1750–1810), a cura di D. BRYANT, Firenze 1989.

[3] Es handelt sich um eine Variante des Genoveva-Stoffes, vgl. N. MILLER, PEnz 5, 359.

[4] Vgl. dazu A. GIER, È la storia di Tristano. Zum Liebestrank in der Oper, in: Tristan – Tristrant. Mélanges en l'honneur de DANIELLE BUSCHINGER, éd. par A. CRÉPIN et W. SPIEWOK, Greifswald 1996, 177–182.

[5] Vgl. z. B. G. FERRONI, Storia della lett. it., Bd. 3, 273; B. BENTIVOGLI, Preliminari sul linguaggio dei libretti nel primo Ottocento, Italianistica 4 (1975), 330–341, hier 330, bezeichnet die Librettisten als „campionii di poesia minore (o addiritura di nonpoesia)".

[6] Vgl. oben S. 16.

[7] Vgl. dazu (mit Beispielen) BENTIVOGLI, Preliminari.

[8] Vgl. H. SCHNEIDER, MGG$^2$ 1, 832 f.

[9] Vgl. etwa die übliche Gliederung des Duetts in tempo d'attacco (schnell), tempo di mezzo/Cantabile (langsam) und Cabaletta/Stretta (schnell); dazu SCHLÄDER, Das Opernduett, 132 ff.; R. A. MOREEN, Integration of text forms and musical forms in Verdi's early operas, PhD. Princeton 1975.

¹⁰ P. GALLARATI, Dramma e *ludus* dall' *Italiana* al *Barbiere*, in: Il melodramma italiano dell'Ottocento. Studi e ricerche per MASSIMO MILA, Torino 1977, 237–280, hier 246 und passim, verwendet in diesem Zusammenhang Verdis Begriff der ‚parola scenica' (dazu oben S. 25). Vgl. STENDHALS (Vie de Rossini [1823], éd. par P. BRUNEL, Paris 1992, 106) Beschreibung seiner eigenen Rezeptionshaltung in der Oper: „Je prends la situation du poète, et ne lui demande *qu'un seul mot, un seul*, pour me nommer le sentiment" (Hervorhebung A. G.); Stendhal fügt hinzu, in Vicenza habe das Publikum stets nur den ersten Vers einer Arie gelesen, der das darin ausgedrückte Gefühl benenne (ebd.).

¹¹ Vie de Rossini, 109; vgl. 115.

¹² Ed. critica delle opere di Gioachino Rossini, Sezione prima – opere teatrali, vol. 11 (in zwei Teilbden.): L'Italiana in Algeri, a cura di A. CORGHI, Pesaro 1981.

¹³ Zu diesem Duett vgl. auch GALLARATI, Dramma e *ludus*, 264–268. – Mit dem Begriffspaar „dramma" und „*ludus*" bezeichnet GALLARATI dynamisch-lineare und statisch-zirkuläre musikalische Strukturen; in der *Italiana*, die deutlich mehr Ensembles als Arien enthält, herrsche „dramma", im *Barbiere di Siviglia* (1816) „*ludus*" vor. Freilich wird (263 ff.) eingeräumt, daß auch die *Italiana* zahlreiche nichtdynamische Passagen enthält (vor allem die „concertati statici"); da andererseits im *Barbiere* eine Synthese aus Statik und Dynamik verwirklicht sei (279), kehrt sich die Opposition um, zuletzt erscheint der *Barbiere* als das ‚dramatischere' Werk. Dadurch erweist sich der Gegensatz als konstruiert; es handelt sich wohl eher um Gradunterschiede. Im übrigen ist die Opposition „dramma" vs. „*ludus*" in mehrfacher Hinsicht problematisch: Die Bezeichnung „realismo temporale" (S. 238) trifft auf die Zeitstruktur des „dramma" nicht zu; auch wenn die musikalischen Tempi häufig der Sprechgeschwindigkeit der Alltagsrede entsprechen, gibt es doch deutlich schnellere (Parlando) bzw. langsamere Passagen, so daß die Zeit als diskontinuierlich erfahren wird. Statisch-zirkuläre musikalische Gebilde mögen asemantisch sein (vgl. S. 275), sind aber nicht ohne weiteres als „absolute Musik" (vgl. S. 274) ohne Beziehung zur Fabel des Librettos einzustufen: Unsere Beispiele zeigen, daß das Verhältnis der Stimmen zueinander ein bedeutungstragendes Element sein kann; u. a. m.

¹⁴ GALLARATIS Kritik an diesem Duett (Dramma e *ludus*, 270) scheint mir daher verfehlt.

¹⁵ Vie de Rossini, Chap. III, 103–119.

¹⁶ Vgl. ebd., 115; 111 („une opposition admirable"), 110 („Après un tel accès de folie, il fallait un repos pour les spectateurs"), etc. etc. – Zu einer zentralen musikästhetischen Kategorie wird der Kontrast erstmals in Grétrys *Mémoires* (1794), vgl. A. GERHARD, Incantesimo o specchio dei costumi. Un'estetica dell'opera del librettista di Guillaume Tell, Bollettino del Centro rossiniano di studi (1987), 45–91, speziell 53–56; ders., Die Verstädterung, 51–54.

¹⁷ Vgl. DAHLHAUS, Musik des 19. Jahrhunderts, 98; dort auch zur Vorliebe des Publikums für Arien mit stützendem Ensemble oder Chor, woraus sich die „paradoxe Forderung" an den Librettisten ergibt, „Situationen zu entwerfen und sinnvoll miteinander zu verknüpfen, deren Grundcharakter zu lyrischem Ausdruck drängte und deren Vorgänge sich dennoch in einer Öffentlichkeit ereigneten, in der die Anwesenheit eines Chors plausibel erschien".

¹⁸ Vgl. dazu die materialreiche Untersuchung von F. LIPPMANN, Versificazione

italiana e ritmo musicale. I rapporti tra verso e musica nell'opera italiana dell'Ottocento, Napoli 1986; z. T. abweichende Deutungen bei Ross, Vertonung und Komposition.

[19] Auszüge aus Rossis Briefen und Randbemerkungen zum Libretto *Maria di Brabante* sind abgedruckt in M. G. MIGGIANI, Di alcuni termini e concetti prescrittivi in Gaetano Rossi, in: Le parole della musica I, 225–258.

[20] Brief vom 19. Dezember 1829, zitiert ebd., 244.

[21] Vgl. R. S. Ridgway, Voltairian bel canto: operatic adaptations of Voltaire's tragedies, in: Studies on Voltaire and the Eighteenth Century 241 (1986), 124–154, speziell 133–138. In Berlin war schon 1754 eine *Semiramide* von Friedrich II. (italienische Verse von Tagliazucchi, Musik von Graun) aufgeführt worden. Fernando Morettis *La Vendetta di Nino* wurde 1785 von Alessandro Prati und 1789 von Francesco Bianchi vertont; Antonio Simone Sografis *La morte di Semiramide* wurde seit 1790 dreimal in Musik gesetzt. Vgl. außerdem S. Döhring, PEnz 1, 338 f.

[22] Vgl. GOLDIN, Aspetti della librettistica italiana, 175 f.

[23] Vgl. G. ROSSINI, Semiramide. Melodramma tragico in due atti. Opera completa per canto e pianoforte (Ed. economiche Ricordi), Milano etc. o. J.

[24] Die Anregung dazu mag Metastasios *Semiramide riconosciuta* gegeben haben, in der sich drei Fürsten (darunter der Inder Scitalce) um die Hand der Prinzessin Tamiri bewerben; 1819 hatte Rossi Metastasios Libretto für Meyerbeer bearbeitet.

[25] Nicht Idreno, sondern der Chor führt das Stichwort „al trono un successor" ein, das Assur aufnimmt. Rossi läßt an dieser Stelle offenbar bewußt offen, ob der künftige König der Gatte Azemas (so versteht es Idreno) oder Semiramides sein soll (so kann der Zuschauer Assurs Hoffnung verstehen, die Königin werde seine Treue und Tüchtigkeit belohnen). Als Semiramide später (I 13) verkündet, der neue Herrscher solle ihr Gatte sein, reagieren alle Anwesenden mit Erstaunen („Sposo! ... (Oh cielo!) ...").

[26] Andante maestoso, vgl. im Klavierauszug S. 26–31. – Das Beispiel zeigt deutlich, daß „die Homogenisierung, ja Schematisierung der Dialoge" (SCHLÄDER, Das Opernduett, 140) – wenn man es denn so nennen will – nicht auf Rossini, sondern auf seinen Librettisten zurückgeht.

[27] Insofern scheint der Einwand, daß „sich die dramatische Handlung, genauer: die dramatische Figurenrede dem musikalischen Gliederungsschema nicht bruchlos fügt" (ebd., 136), die spezifische Dramaturgie des Librettos, die auf Verdeutlichung eines Systems von Oppositionen zielt, nicht hinreichend zu berücksichtigen.

[28] Vgl. das Werkverzeichnis bei ROCCATAGLIATI, Felice Romani, 291–306. ROCCATAGLIATI informiert u. a. über die Stellung des Librettisten im Theaterbetrieb (59–111): In Mailand war Romani vertraglich verpflichtet, sechs Libretti pro Jahr zu liefern; gewöhnlich hatte er für einen Text etwa 40–45 Tage Zeit. Wie seine Vorgänger im 18. Jahrhundert hatte der Librettist der vorgesehenen Sängerbesetzung und den Konventionen hinsichtlich Art und Zahl der den Darstellern zustehenden Gesangsnummern Rechnung zu tragen. Den Hauptteil von ROCCATAGLIATIS Untersuchung macht eine Analyse der Dramaturgie und formalen Gestalt von Romanis Libretti aus.

[29] Vgl. ebd., 43–57; Gaetano Rossi urteilte 1829, Romani sei bisher „affatto Classico" gewesen, „Ma pare che col *Pirata* abbia Apostatato da' Classici, e sia

disceso fra noi scomunicati Romantici" (zitiert bei MIGGIANI, Di alcuni termini, 234).

[30] Vgl. SMITH, 201.

[31] V. BELLINI, Norma. Tragedia lirica in due atti. Textbuch italienisch/deutsch, Übers. von L. QUANDT, Stuttgart 1994.

[32] Von den sieben Libretti, die Romani für Bellini schrieb, gehen vier auf französische Quellen zurück; zur Beliebtheit französischer Vorlagen in der italienischen Oper allgemein vgl. F. CELLA, Prospettive della librettistica italiana nell'età romantica, in: Contributi dell'Istituto di Filologia Moderna, Serie Storia del teatro, vol. 1, Milano 1968, 217–234, speziell 227.

[33] Vgl. F. LIPPMANN, PEnz 1, 251; SMITH, 204.

[34] Zum Klassizismus Jouys und zu den Widersprüchen seiner ästhetischen Position vgl. GERHARD, Die Verstädterung, Stuttgart – Weimar 1992, 43–60. Jouys *Essai sur l'opéra français* (1826) ist vollständig abgedruckt bei GERHARD, Incantesimo (Anm. 16), 61–91.

[35] Vgl. FERRONI, Storia della lett. it., Bd. 3, 275.

[36] Zu den die Struktur des Librettos bestimmenden „dramaturgischen Symmetrien und Parallelismen" vgl. SCHLÄDER, Das Opernduett, 189–192.

[37] Vgl. oben S. 100.

[38] Vgl. in diesem Sinne CLÉMENT, Die Frau in der Oper, 186–194.

[39] Vgl. I 4 NORMA: „(...) Tempra tu de' cori ardenti, / Tempra ancor lo zelo audace (...)".

[40] Vgl. Polliones Bemerkung über die nicht mehr geliebte Norma (gegenüber Flavio, I 2): „Profferisti un nome / Che il cor m'agghiaccia".

## Das deutsche Singspiel zu Beginn des 19. Jahrhunderts

[1] Vgl. zur Entwicklung im 17. und frühen 18. Jahrhundert A. SCHERLE, Das deutsche Opernlibretto von Opitz bis Hofmannsthal, Diss. (masch.) München 1954 (bietet hauptsächlich Inhaltsangaben).

[2] Vgl. R. HEYINK/H. J. MARX/(K. STEPHENSON), Artikel Hamburg, $MGG^2$ 3, 1758 f.

[3] Vgl. HAUFE, Die Behandlung der antiken Mythologie, 62 f.

[4] Vgl. H. LÜHNING, Das Theater Carl Theodors und die Idee der Nationaloper, in: Mozart und Mannheim. Kongreßbericht Mannheim 1991 hrsg. von L. FINSCHER, B. PELKER und J. REUTTER, Frankfurt etc. 1994, 89–99.

[5] Vgl. U. MAZUROWICZ, Wielands Singspieltheorie und ihr Niederschlag bei zeitgenössischen Komponisten, JbO 1990, 25–42.

[6] Vgl. seine ebd., 35 zitierte Kritik im *Versuch über das deutsche Singspiel*.

[7] Ebd.

[8] Auch das 1777 in Mannheim uraufgeführte „Singspiel" *Günther von Schwarzburg* (Text Anton Klein, Musik Ignaz Holzbauer) enthält Rezitative.

[9] Vgl. N. MILLER, Das Erbe der *Zauberflöte*. Zur Vorgeschichte des romantischen Singspiels, in: G. SCHNITZLER (Hrsg.), Dichtung und Musik. Kaleidoskop ihrer Beziehungen, Stuttgart 1979, 99–121.

¹⁰ Vgl. GROUT, 391; CHR. NIEDER, Von der „Zauberflöte", 25 f.
¹¹ Zum Melodram vgl. unten S. 146.
¹² Vgl. oben S. 109.
¹³ In frühen Rettungsopern kann die Figur des Schurken fehlen, vgl. ebd.
¹⁴ Vgl. H. U. GUMBRECHT, „Ce sentiment de douloureux plaisir, qu'on recherche, quoiqu'on s'en plaigne". Skizze einer Funktionsgeschichte des Theaters in Paris zwischen Thermidor 1794 und Brumaire 1799, Romanist. Zs. für Lit.gesch. 3 (1979), 335–373, speziell 358 ff.
¹⁵ Vgl. J. PRZYBOS, Mélodrame et rituel, in: Robespierre & Co. Atti della ricerca sulla Letteratura Francese della Rivoluzione. 2: Il Melodrammatico (...) a cura di M. MENGOLI, Bologna 1992, 85–106, speziell 102.
¹⁶ Das Libretto ist wiedergegeben in A. SANDBERGER, Ausgewählte Aufsätze zur Musikgeschichte. Zweiter Bd.: Forschungen, Studien und Kritiken zu Beethoven und zur Beethoven-Literatur, München 1924, 283–324; vgl. H. HUDDE, „Le vrai thermomètre de l'esprit public". Das Theater während der Französischen Revolution, in: Literatur der Französischen Revolution. Eine Einführung, hrsg. von H. KRAUSS, Stuttgart 1988, 51–93, speziell 84 ff.; H. C. JACOBS, Jean Nicolas Bouilly (1763–1842) und die Genese des Leonorenstoffes. „Léonore ou L'amour conjugal" als „Fait historique" der Revolutionszeit, Archiv für Musikwiss. 48 (1991), 199–216.
¹⁷ Zur Entstehungsgeschichte vgl. W. HESS, Beethovens Oper Fidelio und ihre drei Fassungen, Zürich 1953; die folgenden Bemerkungen beziehen sich auf die letzte Fassung von 1814 (Libretto-Bearbeitung von FRIEDRICH TREITSCHKE).
¹⁸ Zur Gattung des *Fait* (oder *Trait*) *historique* vgl. JACOBS, Jean Nicolas Bouilly, 207 f.
¹⁹ Vgl. K. HORTSCHANSKY, PEnz 2, 339 f.
²⁰ Vgl. HUDDE, „Le vrai thermomètre", 85.
²¹ Vgl. NIEDER, Von der Zauberflöte, 54.
²² Vgl. ebd., 81 f.
²³ Vgl. HUDDE, „Le vrai thermomètre", 86.
²⁴ Zum folgenden vgl. ausführlicher A. GIER, Befristete Gefahren. (Unter anderem) vergleichende Anmerkungen zur Zeitstruktur im *Fidelio*, erscheint in den Akten des Fidelio-Symposions Salzburg 1996.)
²⁵ Der Text wird zitiert nach Fidelio. Große Oper in zwei Aufzügen von L. van Beethoven. Klavierauszug hrsg. von K. SOLDAN, Leipzig o. J.
²⁶ Auch Leonore-Fidelio verfügt nicht frei über ihre eigene Zeit: Zu Anfang wartet Rocco „mit Ungeduld" auf die Briefe, die der Gehilfe abholen sollte (I 3, S. 32); dieser kommt spät zurück, weil er beim Schmied warten mußte (I 4, S. 32). Das Dilemma ‚Fidelios', der zwei letztlich unvereinbare Forderungen (gewissenhaft und schnell zu arbeiten) zugleich erfüllen soll, symbolisiert den Zwiespalt Leonores zwischen der nötigen Vorsicht und dem Wunsch, Florestan so schnell wie möglich zu befreien.
²⁷ Vgl. GIER, Befristete Gefahren.
²⁸ Also muß Rocco wissen (oder zumindest ahnen), daß Pizarro im Begriff ist, gegen das Gesetz zu handeln.
²⁹ Über „Hoffnung" als Schlüsselwort schon bei Bouilly vgl. HUDDE, „Le vrai thermomètre", 92; zum *Fidelio*-Libretto vgl. GIER, Befristete Gefahren.

³⁰ Vgl. NIEDER, Von der Zauberflöte, 55.
³¹ Vgl. GIER, Befristete Gefahren.
³² Vgl. E. BLOCH, Das Prinzip Hoffnung. In fünf Teilen. Kapitel 43–55, Frankfurt ³1990, 1297; BLOCHS Fidelio-Deutung verdankt dieser Abschnitt wichtige Anregungen.
³³ Gegen die Vorstellung, die romantische Oper sei eine spezifisch deutsche Gattung, wendet sich C. DAHLHAUS, Webers „Freischütz" und die Idee der romantischen Oper, Österr. Musikzs. 38 (1983), 381–388, speziell 381 f. Daß der Terminus „romantisch" seiner Vieldeutigkeit wegen kaum brauchbar ist, zeigt J. REIBER, Bewahrung und Bewährung. Das Libretto zu Carl Maria von Webers „Freischütz" im literarischen Horizont seiner Zeit, München 1990, 13–22; DAHLHAUS, Webers „Freischütz", 382, weist darauf hin, daß das Libretto Friedrich Kinds der Trivialromantik im Sinne des 18. Jahrhunderts, nicht der Romantik im Sinne Friedrich Schlegels zuzuordnen wäre. REIBER subsumiert den Freischütz-Text unter den Epochenbegriff der Biedermeierzeit (Bewahrung und Bewährung, 23); R. BRAUNMÜLLER (Geweihte Rosen und eine Kugel des Teufels. Die paradoxe Realität des Freischütz, in: Arbeitsfelder der Theaterwissenschaft, hrsg. von E. FISCHER-LICHTE, W. GREISENEGGER und H.-T. LEHMANN, Tübingen 1994, 159–168) spricht von Goethezeit, NIEDER, Von der Zauberflöte, 51, verwendet den Terminus Idealismus. – Zur Problematik des Epochenbegriffs ‚Romantik' allgemein vgl. U. WEISSTEIN, What is Romantic Opera? – toward a musicoliterary definition, in: GILLESPIE (ed.), Romantic Drama, Amsterdam/Philadelphia 1994, 209–229. WEISSTEIN faßt ‚Romantik' einerseits historisch auf (er behandelt Opern aus der Zeit von ca. 1810 bis ca. 1840, vgl. 212), andererseits überzeitlich-typologisch (Tristan und Isolde erscheint als „apogee of (...) perennial Romanticism", 220). Als Merkmale der ‚Romantischen Oper' nennt er die Personalunion von Komponist und Librettist und die enge Verbindung von Text und Musik im Gesamtkunstwerk (212). Diese Kriterien erfüllt aber keine einzige Oper aus dem fraglichen Zeitraum, weder E. T. A. Hoffmanns Undine noch Der Freischütz (diese beiden Werke „smack somewhat of the Biedermeier", 217), Der fliegende Holländer oder Rossinis Guillaume Tell; als einzige ‚romantische Oper' vor Tristan nennt WEISSTEIN, mit vielleicht übertriebener Lust am Paradox, die Symphonie fantastique von Berlioz (227).
³⁴ Offenbar die 1810 veröffentlichte „Volkssage" von Johann August Apel, vgl. REIBER, Bewahrung und Bewährung, 24–31.
³⁵ Vgl. DAHLHAUS, Webers „Freischütz", 384.
³⁶ Bekanntlich entsprach es den Gewohnheiten Webers, auf die Konzeption der Libretti Einfluß zu nehmen; auch Kind mußte sich den Wünschen des Komponisten, nicht nur hinsichtlich der Eröffnungsszene (s. u.), unterordnen, vgl. NIEDER, Von der Zauberflöte, 34 f. Ein Brief Webers über die Zusammenarbeit von Dichter und Komponist ist zitiert bei REIBER, Bewahrung und Bewährung, 21 f.
³⁷ Vor Wagner übernahm die deutsche Oper ihre Stoffe fast ausschließlich aus Frankreich, vgl. NIEDER, Von der Zauberflöte, 26.
³⁸ Der Text wird zitiert nach Der Freischütz. Romantische Oper in drei Aufzügen von C. M. VON WEBER. Dichtung von F. KIND. Vollständiges Buch, hrsg. von C. F. WITTMANN, Stuttgart ²o. J. In der Urfassung dieser von Weber gekürzten Szene ist Kaspars Wunsch, seine Opfer zu vernichten, noch deutlicher, vgl. BRAUNMÜLLER, Geweihte Rosen, 163 f.

[39] Kaspars Hoffnung, Samiel werde seine Lebenszeit noch einmal verlängern, wenn er ihm neue Opfer zuführe, erinnert an Charles Nodiers Melodram *Le Vampire* (1820, nach einer Novelle J.-W. Polidoris), das seinerseits als Vorlage für Marschners Oper *Der Vampyr* (1828, Text W. A. Wohlbrück) diente, vgl. REIBER, Bewahrung und Bewährung, 188–192.

[40] Zitiert bei REIBER, Bewahrung und Bewährung, 226 Anm. 222.

[41] Vgl. oben S. 131.

[42] Vgl. REIBER, Bewahrung und Bewährung, 47 f.

[43] „Es waltet dort [am Himmelszelt] ein heil'ger Wille, / Nicht blindem Zufall dient die Welt!" (III 5 Nr. 12)

[44] „Herrscht blind das Schicksal? Lebt kein Gott?" (I 5 Nr. 3); vgl. zum folgenden BRAUNMÜLLER, Geweihte Rosen, 159–161; REIBER, Bewahrung und Bewährung, 36 f.

[45] Vgl. ebd., 42.

[46] Ännchen tritt in keiner Szene ohne Agathe auf; ihre Aufgabe besteht hauptsächlich darin, für Mitspieler und Publikum die düstere Atmosphäre aufzuhellen, die Agathe umgibt. Vgl. REIBER, Bewahrung und Bewährung, 56 ff.

[47] Vgl. DAHLHAUS, Webers „Freischütz", 387.

[48] Vgl. ebd.

[49] Auch Spohrs *Jessonda* (1823) verzichtet auf gesprochene Dialoge, vgl. NIEDER, Von der Zauberflöte, 28.

[50] Zu ihrem wichtigsten Vertreter vgl. P. FISCHER, Vormärz und Zeitbürgertum. Gustav Albert Lortzings Operntexte, Stuttgart 1997.

## Eugène Scribe und der *Grand Opéra*

[1] Vgl. GERHARD, Die Verstädterung, 46–49; J. MONGRÉDIEN, La musique en France des Lumières au Romantisme (1789–1830), Paris 1986, 82 f.

[2] Der Komponist hat sein Dramma per musica *Maometto secondo* (Neapel 1820) für Paris grundlegend neu bearbeitet, vgl. N. MILLER, PEnz 5, 440–443. – Seit 1801 wurden im Théâtre Italien italienische Opern in der Originalsprache von meist italienischen Sängern aufgeführt; beginnend mit *L'Italiana in Algeri* (1817) waren dort auch Werke Rossinis gespielt worden, in den dreißiger Jahren komponierten u. a. Bellini und Donizetti Opern für dieses Theater, vgl. MONGRÉDIEN, La musique en France, 106–135; PH. GOSSETT, Music at the Théâtre-Italien, in: Music in Paris, 327–364.

[3] Vgl. GERHARD, Die Verstädterung, 65.

[4] Vgl. MILLER, PEnz 5, 438.

[5] Vgl. GERHARD, Die Verstädterung, 73–76.

[6] Vgl. ebd., 78 f.

[7] Vgl. ebd., 57 f.; zur weitverbreiteten Spiegel-Metaphorik U. SCHÖNING, Literatur als Spiegel. Zur Geschichte eines kunsttheoretischen Topos in Frankreich von 1800 bis 1860, Heidelberg 1984.

[8] Vgl. oben S. 11 f.

[9] GERHARD, Die Verstädterung, 8 f.

## Anmerkungen

[10] Vgl. ebd., 96.

[11] Zu dieser Theaterform vgl. z. B. J.-M. THOMASSEAU, Le mélodrame (Que sais-je? 2151), Paris 1984; E. C. VAN BELLEN, Les origines du mélodrame, Diss. Utrecht 1927. Nähe zur Oper ist im Melodram, das außer Ouverture und Balletteinlagen auch Orchester-Kommentare zum Bühnengeschehen kennt, gleichsam naturgegeben, vgl. N. WILD, La musique dans le mélodrame des théâtres parisiens, in: Music in Paris, 589–609.

[12] Vgl. oben S. 138.

[13] Vgl. A. GIER, „Et quoi! Ton cœur hésite entre nous deux?" Robert le diable und das Melodram, in: Giacomo Meyerbeer – Musik als Welterfahrung, 101–110. – Einflüsse des Melodrams auf Bühnenbild und szenische Realisierung der Opern belegt K. PENDLE, The Boulevard Theaters and Continuity in French Opera of the 19th Century, in: Music in Paris, 509–535, vor allem am Beispiel der Muette de Portici.

[14] Zum Kontrast als opernästhetischer Kategorie vgl. GERHARD, Die Verstädterung, 51–54, und oben S. 135 f. Gerhards These, daß Librettisten und Komponisten bewußt immer schärfere Kontraste zur Darstellung bringen, um auf „neue Wahrnehmungszumutungen" in der Großstadt (vgl. ebd., 5) zu reagieren, ist ansprechend; man sollte freilich nicht übersehen, daß der paradigmatischen Kontrastrelation im Libretto von jeher besondere Bedeutung zukommt.

[15] Vgl. GERHARD, ebd. 129 (zu La Muette de Portici von Scribe/Auber, 1828).

[16] Hier könnte einer der Gründe dafür liegen, daß mit der Entstehung des Grand Opéra der rasche Niedergang des Melodrams einsetzt, vgl. ebd., 136.

[17] Ebd., 72.

[18] Vgl. seine Vorbemerkung (1817) zum Libretto Fernand Cortez (Musik von G. Spontini, 1809), zitiert ebd., 50.

[19] Den „Vorrang des literarischen Elements in der ‚tragédie lyrique'" setzte noch das bis 1830 praktizierte Verfahren der Auswahl von Libretti voraus, die dann für den Opéra vertont wurden, vgl. ebd., 39.

[20] Vgl. A. GERHARD, Die französische „Grand Opéra" in der Forschung seit 1945, Acta Musicologica 59 (1987), 220–270, speziell 237–240.

[21] Vgl. PENDLE, Eugène Scribe, 2 f.

[22] PENDLE vertritt ebd., 13–16, gegen zeitgenössische Quellen die (unwahrscheinliche) These, Scribes Mitarbeiter hätten nur unwesentlichen Anteil an seinen Werken gehabt. Von anderen wurde vermutet, die Ausgangsideen zu Scribes opéras-comiques stammten stets von den Co-Autoren (vgl. ebd., 15). Fest steht, daß die erste (später grundlegend revidierte) Fassung des Muette de Portici-Librettos vom Mitverfasser Germain Delavigne niedergeschrieben und vermutlich auch konzipiert wurde, vgl. SCHNEIDER/WILD, La Muette de Portici, 4.

[23] Vgl. die bei GERHARD, Die französische „Grand Opéra", 240–242 aufgeführten Arbeiten; zu den Huguenots unten S. 149.

[24] Dazu GERHARD, ebd. 242 f.

[25] Véron führte die Oper als Privatunternehmer, erhielt aber weiterhin eine staatliche Subvention und war einer vom Innenminister eingesetzten Kontrollkommission verantwortlich; vgl. J. FULCHER, Le Grand Opéra en France: un art politique. 1820–1870. Trad. de l'anglais par J.-P. BARDOS, Paris 1988, 54 ff. Zur Kritik an der älteren

Gesamtdarstellung von W. L. CROSTEN, French Grand Opera: an art and a business, New York 1948 [Reprint New York 1973], vgl. GERHARD, Die französische „Grand Opéra", 225 f.

[26] Vgl. GERHARD, Die Verstädterung, 114.

[27] Vgl. H. U. GUMBRECHT, Musikpragmatik – Gestrichelte Linie zur Konstitution eines Objektbereichs, in: Oper als Text, 15–23, speziell 18.

[28] GERHARD, Die Verstädterung, 29.

[29] Die Dominanz des Optischen im Theater zeichnet sich etwa ab 1800 ab, vgl. H. EL NOUTY, Théâtre et pré-cinéma. Essai sur la problématique du spectacle au XIX$^e$ siècle, Paris 1978, 33 ff.; als Vorbild dienten u. a. die von der Französischen Revolution geschaffenen Inszenierungsformen, ebd., 42.

[30] Verwiesen wird auf den Erstdruck des Librettos, in der kritischen Ausgabe von SCHNEIDER/WILD 137–192.

[31] So GERHARD, Die Verstädterung, 134.

[32] Vgl. ebd., 92.

[33] Vgl. oben S. 105 f. auch zum Einfluß Diderots; GERHARD, Die Verstädterung, 91.

[34] Ebd., 92.

[35] DAHLHAUS, Musik des 19. Jahrhunderts, 103, spricht von einer „Dramaturgie der Konfigurationen".

[36] Vgl. ebd., 138.

[37] Vgl. DAHLHAUS, Musik des 19. Jahrhunderts, 104.

[38] Das letzte Bild der *Huguenots*, wo dem Komponisten Meyerbeer durch „musikalische Beschleunigung" „die musiktheatralische Realisierung eines dynamischen Zustandsbildes" gelingt, stellt eine Ausnahme dar; vgl. M. BRZOSKA, Historisches Bewußtsein und musikalische Zeitgestaltung, Archiv für Musikwiss. 45 (1988), 50–66, speziell 66.

[39] L'Œuvre et la vie de Delacroix (1863), deutsch in: CH. BAUDELAIRE, Sämtliche Werke/Briefe. In acht Bänden, hrsg. von F. KEMP und CL. PICHOIS in Zusammenarbeit mit W. DROST, München – Wien 1992, 272; Hinweis auf diese Stelle bei J. MAEHDER, Historienmalerei und Grand Opéra – Zur Raumvorstellung in den Bildern Géricaults und Delacroix' und auf der Bühne der Académie Royale de Musique, Vortragsms. 1987 (unveröff.).

[40] Vgl. das Zitat von A. B. MARX (1855) bei GERHARD, Die Verstädterung, 181 (bei MARX auf die Synthese von Bild und Geschichte im Opern-Tableau bezogen).

[41] Und auch zur zeitgenössischen Malerei; vgl. z. B. N. MILLER, Große Oper als Historiengemälde. Überlegungen zur Zusammenarbeit von Eugène Scribe und Giacomo Meyerbeer (am Beispiel des 1. Aktes von *Les Huguenots*), in: Oper und Operntext, 45–79.

[42] Vgl. ebd., 60.

[43] Vgl. GERHARD, Die Verstädterung, 146; zur Geschichte des seit 1772 gebräuchlichen Begriffs *couleur locale* ebd, 57.

[44] V. HUGO (Préface, in: Comwell [1827], introd. par A. UBERSFELD, Paris 1968, 90 f.) fordert im Zuge seiner Kritik am oberflächlichen Gebrauch der *couleur locale*: „Il faut qu(e) (...) toute figure soit ramenée à son trait le plus saillant, le plus *individuel*, le plus précis." (Hervorhebung A. G.)

## Anmerkungen    291

[45] Scribe verstand sich selbst als Klassizist, vgl. M. WALTER, *Hugenotten*-Studien, Frankfurt etc. 1987, 56 f.; über Scribes Verhältnis zu den Romantikern ebd., 94–96.

[46] So eine Begriffsbestimmung des Epischen im Drama bei PFISTER, 105.

[47] Vgl. WALTER, *Hugenotten*-Studien, 107; auch GERHARD, Die Verstädterung, 166. Natürlich ist der normativ wertende Begriff des Dramatischen, der hier zugrunde gelegt (wenn auch in Anführungszeichen gesetzt) wird, problematisch (vgl. oben S. 14). – Zum „Spannungsverhältnis von Tradition und Innovation", d. h. von zur Statik tendierender geschlossener Form und dynamischer Dialogszene, in den *Huguenots* vgl. am Beispiel des Duetts Raoul – Valentine SCHLÄDER, Das Opernduett, 12–51.

[48] Bürgerliche Oper [1955], in: Th. W. A., Klangfiguren. Musikalische Schriften I, Berlin–Frankfurt 1959, 32–54, speziell 40 f.; vgl. GERHARD, Die Verstädterung, 29.

[49] Brief an seine Frau vom 10. 10. 1832, vgl. WALTER, *Hugenotten*-Studien, 109; S. DÖHRING, Der andere Choral. Zur Dramaturgie von Marcels Monolog aus *Les Huguenots*, in: Giacomo Meyerbeer – Musik als Welterfahrung, 39–61, speziell 40. – Bevor Scribe das Libretto ausarbeitete, hatte er Meyerbeer (wohl im September 1832) ein detailliertes Szenario vorgelegt; die Kommentare des Komponisten hierzu hat J. MONGRÉDIEN veröffentlicht (Aux sources du livret des *Huguenots*. La collaboration entre Scribe et Meyerbeer, in: Giacomo Meyerbeer – Musik als Welterfahrung, 155–172).

[50] Vgl. WALTER, *Hugenotten*-Studien, 28 ff.

[51] Zur Entstehungsgeschichte der *Huguenots* vgl. ebd., 4–18. Während einer Italien-Reise im Herbst 1833 ließ Meyerbeer das Libretto von Gaetano Rossi (zu ihm vgl. oben S. 129 ff.) überarbeiten; Rossis italienischer Text wurde später von Emile Deschamps ins Französische übersetzt, der auch andere Änderungen ausführte.

[52] Vgl. WALTER, *Hugenotten*-Studien, 19–21.

[53] Vgl. MILLER, Große Oper, 67; GERHARD, Die Verstädterung, 166.

[54] Vgl. §§ 179/80. Der Text wird zitiert nach dem Abdruck in L'Avant-scène Opéra Nr. 134, septembre–octobre 1990: Meyerbeer, Les Huguenots, 34–94; verwiesen wird auf die fortlaufende Zählung der Repliken.

[55] Vgl. P. P. GILLESPIE, Plays: Well-Constructed and Well-Made, The Quarterly Journal of Speech 58 (1972), 313–321.

[56] Vgl. (in einer von Meyerbeer nicht vertonten Passage des Librettos, nach § 257) seine Reaktion, als Marguerite ihre bevorstehende Heirat ankündigt.

[57] Raoul erläutert den katholischen Adligen, sein Großvater habe Marcel „Dans l'horreur *de l'amour* du pape et de l'enfer" erzogen (§ 78, Hervorhebung A. G.).

[58] Vgl. H. BECKER, „Der Marcel von Meyerbeer". Anmerkungen zur Entstehungsgeschichte der Hugenotten, Jahrbuch des Staatl. Instituts für Musikforschung Preuß. Kulturbesitz 1979/80, 79–100; WALTER, *Hugenotten*-Studien, 60–74; 133–151 (zur musikalischen Gestaltung der Rolle); DÖHRING, Der andere Choral; etc.

[59] Scribe läßt ihn mit der (von Meyerbeer nicht vertonten) Drohung sterben, Saint-Bris vor Gottes Gericht zu verklagen, vgl. GERHARD, Die Verstädterung, 187; WALTER, *Hugenotten*-Studien, 73.

[60] Vgl. WALTER, *Hugenotten*-Studien, 65; DÖHRING, Der andere Choral, 41.

[61] Vgl. dazu DÖHRING, Der andere Choral; der Text ist (leider mit sinnentstellenden Druckfehlern) abgedruckt in G. MEYERBEER, Die Hugenotten. Oper in fünf Akten. Text von E. SCRIBE und E. DESCHAMPS. Dte. Übers. von B. BÖHMEL, Leipzig 1979, 114–119.

[62] Insofern ist DÖHRINGS Ansicht, Monolog und Duett seien unvereinbar, denn „Im Monolog mit der ‚noble fille' würde sich Marcels Wandlung, wie sie der Monolog gerade gezeichnet hat, gleichsam von neuem vollziehen" (Der andere Choral, 54), zu revidieren: Monolog und Duett antworten auf Choral und *Chanson huguenote* des ersten Akts.

[63] Auch in der Abfolge der Bilder, der musikalischen ‚Nummern' und selbst der Repliken in *Les Huguenots* sind antithetische Strukturen allgegenwärtig: Vgl. die Intimität des großen Liebesduetts (Nr. 24) nach dem öffentlichen Ritual der Dolchweihe (Nr. 23) im vierten Akt oder das Fest im Hôtel de Nesle, das im fünften Akt dem Pogrom vorausgeht; im Finale des zweiten Aktes (Nr. 12) die heftige Auseinandersetzung (Stretta: Allegro con spirito), die auf den Treueschwur (Maestoso) von Katholiken und Protestanten folgt; der Huldigung, die der Chor dem Frauenhelden Nevers darbringt (§ 165, Beginn des ersten Finales, Nr. 6), geht ein Aparte (§ 164) voran, in dem der Graf sich das Scheitern seiner Heiratspläne vergegenwärtigt, etc.

[64] GERHARD, Die Verstädterung, 158–162 betont mit Recht, daß Valentine den Typus der „passiven, unselbständigen Frau" (160) verkörpert; die Parallele zu Raoul deutet allerdings darauf hin, daß hier nicht, oder jedenfalls nicht in erster Linie, ein bestimmtes Frauenideal vorgestellt werden soll.

[65] Marcels Wandlung vollzieht sich im Duett mit Valentine (bzw. im Monolog, s. o.); in den letzten Szenen des dritten Aktes besteht seine Rolle wesentlich darin, Raoul vor den von Saint-Bris gedungenen Mördern zu schützen. Der vierte Akt ist der einzige, in dem Marcel nicht auftritt.

[66] Vgl. WALTER, *Hugenotten-Studien*, 67 und ff.

[67] Vgl. seine Bemerkungen zu *Robert le Diable* (1832), dazu u. a. GIER, „Et quoi!", 107–109.

[68] Vgl. WALTER, *Hugenotten-Studien*, 64.

[69] Vgl. GERHARD, Die Verstädterung, 188.

[70] Vgl. dazu A. GIER, Jakobiner-Austreibung. Das Volk in den Grands Opéras von Eugène Scribe, in: „Weine, weine, du armes Volk!" Das verführte und betrogene Volk auf der Bühne. Gesammelte Vorträge des Salzburger Symposions 1994, hrsg. von P. CSOBÁDI u. a., Anif/Salzburg 1995, 233–242.

## Giuseppe Verdis Librettisten und die Weltliteratur

[1] Zuzüglich Neufassungen wie *Aroldo* (1857, auf der Grundlage von *Stiffelio*, 1850).

[2] Vgl. die Übersicht bei A. LASTER, La musique, in: La gloire de Victor Hugo. Katalog der Ausstellung im Grand Palais, Paris, 1. 10. 1985–6. 1. 1986, 633–657.

[3] Auf die Affinität der Dramenkonzeption Hugos zur „zeitgenössischen Oper" hinzuweisen ist insofern irreführend (vgl. z. B. H. WENTZLAFF-EGGEBERT, Zwischen kosmischer Offenbarung und Wortoper: das romantische Drama Victor Hugos, Erlangen 1984, 44).

⁴ Vgl. etwa STENDHALS Essai Racine et Shakespeare (1823).
⁵ Vgl. E. W. WHITE, NGroveD 17, 217; E. HOTALING, Shakespeare and the Musical Stage – a guide to sources, studies, and first performances, Boston 1990.
⁶ *Macbeth* von Piave und Andrea Maffei, 1847; *Otello*, 1887, und *Falstaff*, 1893, beide von ARRIGO BOITO.
⁷ *Giovanna d'Arco* von Solera 1845; *I Masnadieri* von Maffei, 1847; *Luisa Miller* von Cammarano, 1849; *Don Carlos* auf ein französisches Libretto von Joseph Méry und Camille du Locle, 1867. Vgl. V. CISOTTI, Schiller e il melodramma di Verdi, Firenze 1975. GERHARTZ, Auseinandersetzungen, behandelt Verdis Hugo-, Schiller- und Shakespeare-Adaptationen bis zum *Rigoletto*.
⁸ *Il Trovatore* von Cammarano, 1853, und *Simon Boccanegra* von Piave, 1857, beide nach A. García Gutiérrez; *La forza del destino* von Piave, 1862, nach A. de Saavedra Duque de Rivas.
⁹ Vgl. dazu die programmatische Préface seines Dramas *Cromwell* (1827).
¹⁰ Vgl. (stellvertretend für viele andere) C. CASINI, Verdi, aus dem It. von H. RIEDT, Königstein 1985, 58: Verdi habe „nur eine geringe oder gar keine Berufung zur Komik" gehabt.
¹¹ Vgl. z. B. GERHARTZ, Auseinandersetzungen, 31–33; besonders Piave ordnete sich dem Komponisten bedingungslos unter.
¹² Vgl. ROSS, Libretto und Komposition, 6.
¹³ Das zeigt ROSS, ebd., an einer Vielzahl schlagender Beispiele (vgl. etwa 27). Zwar besteht die Möglichkeit, ein gegebenes Metrum (vor allem mittels Diärese oder Dialöphe) umzudeuten und folglich auch andere rhythmische Wirkungen zu erzielen, vgl. ebd., 12 ff.; dabei dürfte es sich allerdings meist um vom Librettisten angebotene Alternativen handeln, vgl. den ebd., 17 zitierten Brief Boitos an Verdi.
¹⁴ Beispiele ebd., passim: Die Musik fordert eine einheitliche metrische Struktur (52); Versi tronchi und Versi sdruccioli verschwinden, offenbar aus kompositorischen Gründen, fast ganz (72 f.); u. a. m.
¹⁵ R. WAGNERS Bemerkung: „*Metastasios* großer Ruhm bestand darin, daß er dem Musiker nie die mindeste Verlegenheit bereitete, vom dramatischen Standpunkte aus ihm nie eine ungewohnte Forderung stellte (...)" (Oper und Drama, 20), trifft insofern etwas Richtiges; Wagner verkennt aber die Differenz zwischen der Kunst des Ancien Régime und der Moderne, wenn er fortfährt: „(...) und somit der allerergebenste und verwendbarste Diener dieses Musikers war": Problemlos vertonbar sind die Texte Metastasios deshalb, weil sie die Vorgaben der Regelpoetik erfüllen (Wagner verweist zwar auf die „engen, ganz bestimmten Formen, die [der Dichter] – als selbst den Musiker wiederum gänzlich bindend – vorfand", ebd., 28, zieht aber keine Folgerungen daraus). Daß sich das Verhältnis von Dichter und Musiker seit 150 Jahren nicht verändert habe, kann Wagner (ebd.) nur behaupten, weil er aus historischer Unkenntnis von der Gegenwart auf die Vergangenheit rückschließt.
¹⁶ Vgl. auch GROUT, 375 f.
¹⁷ Vgl. den oben S. 22 zitierten Brief vom 13. Oktober 1781, wo die Verbindung eines „gute(n) komponist(en) der das Theater versteht" und eines „gescheide(n) Poet(en)" als „wahrer Phönix" bezeichnet wird.
¹⁸ Vgl. KERMAN, Opera as Drama, Berkeley – Los Angeles ²1988 [¹1956], 9 und passim.

[19] Vgl. DAHLHAUS, Musik des 19. Jahrhunderts, 177.
[20] Brief vom 8. Mai 1850, bei F. ABBIATI, Giuseppe Verdi, Bd. 2, Milano 1959, 62 f.; vgl. auch J. BUDDEN, The Operas of Verdi. From *Oberto* to *Rigoletto*, New York – Washington 1973, 477. – Zum Verhältnis des *Ernani* zur Dramen-Vorlage Hugos vgl. GERHARTZ, Auseinandersetzungen, 30–82; P. ROSS, Zur Dramaturgie des Finalaktes von Verdis *Ernani*, JbO 2 (1986), 27–50, speziell 32 f.
[21] Vgl. GERHARTZ, Auseinandersetzungen, 272.
[22] Vgl. *Le roi s'amuse* III 2 (benutzte Ausgabe: V. HUGO, Théâtre. Amy Robsart – Marion de Lorme – Hernani – Le roi s'amuse, éd. par R. POUILLIART, Paris 1979); dazu BUDDEN, The Operas, 480. – Der *Rigoletto*-Text wird zitiert nach: Tutti i libretti di Verdi, Introd. e note di L. BALDACCI, Milano 1975, 245–267.
[23] H. WENTZLAFF-EGGEBERT, *Le Roi s'amuse* und *Rigoletto*. Zum Verhältnis zwischen romantischem Drama und romantischer Oper, in: Romanische Literaturbeziehungen im 19. und 20. Jahrhundert. Festschrift für FRANZ RAUHUT zum 85. Geburtstag hrsg. von A. SAN MIGUEL u. a., Tübingen 1984, 335–349, speziell 336.
[24] WENTZLAFF-EGGEBERT, Zwischen kosmischer Offenbarung, 43.
[25] Vgl. ebd., 45; GERHARTZ, Auseinandersetzungen, 35 f.
[26] Ebd., 36.
[27] GERHARTZ selbst stellt (ebd., 74) fest, „daß ein aufmerksames Studium der Bühnenspiele Victor Hugos besonders aufschlußreich für die Erkenntnis der szenischen Gesetzmäßigkeiten der Oper ist".
[28] Vgl. oben S. 146.
[29] Vgl. WENTZLAFF-EGGEBERT, *Le Roi s'amuse*, 339.
[30] Vgl. GERHARTZ, Auseinandersetzungen, 73.
[31] Vgl. WENTZLAFF-EGGEBERT, Zwischen kosmischer Offenbarung, 53 f.; ders., *Le Roi s'amuse*, 346.
[32] Vgl. U. SCHULZ-BUSCHHAUS, *Ernani* und *Hernani*. Zum ‚Familialismus' der Verdischen Oper, in: Opern und Opernfiguren. Festschrift für JOACHIM HERZ, hrsg. von U. und U. MÜLLER, Anif/Salzburg 1989, 161–173, speziell 165.
[33] Eine signifikante musikalische Parallele zum Stil Hugos bietet erst D. Schostakowitschs *Ledi Makbet Mzenskowo ujesda* (*Lady Macbeth von Mzensk*, Text von A. G. Preis und dem Komponisten, 1934).
[34] Vgl. zu dieser Szene S. DÖHRING, *Le Roi s'amuse* – *Rigoletto*: vom ‚drame' zum ‚melodramma', in: Oper als Text, 239–247, speziell 245 f.
[35] Der Beginn des Duetts „È il sol dell'anima, la vita è amore" paraphrasiert die Rede des Königs in *Le Roi s'amuse* II 4, V. 733 ff.
[36] Ebd., V. 748.
[37] Durch rezitativische Passagen wird sie zur vierteiligen ‚Standardform' aus *scena* – (langsamem) *primo tempo* – *intermezzo* – (schneller) *cabaletta* erweitert, vgl. zu diesem Szenentyp ROSS, Libretto und Komposition, 81–123; zu Verdis Abneigung gegen die stereotypen Cabalette ebd., 117 f.
[38] Vgl. dazu P. Ross, Luisa Miller – ein „kantiger Schiller-Verschnitt"? Sozialkontext und ästhetische Autonomie der Opernkomposition im Ottocento, in: Zwischen Opera buffa und Melodramma, 159–178, speziell 165 ff. Zu unterscheiden ist zwischen Primarier-, Komprimarier- und Sekundarier-Rollen; nur die Primarier haben Anrecht auf eine zweiteilige Arie.

[39] Vgl. BUDDEN, The Operas, 482.

[40] Vgl. ebd., 499.

[41] Vgl. dazu oben S. 7.

[42] Der Theaterkritiker F. SARCEY schrieb 1867 über V. Hugos Dramen: „Il se prépare, comme un habile librettiste à un compositeur, des airs de bravoure, des duos, des trios, des finales. Plusieurs de ses drames sont devenus des opéras; c'est qu'ils avaient été coupés pour être des opéras, où le vers tiendrait lieu de la musique" (zit. nach WENTZLAFF-EGGEBERT, Zwischen kosmischer Offenbarung, 47); vgl. auch GERHARTZ, Auseinandersetzungen, 49.

[43] Vgl. WENTZLAFF-EGGEBERT, Zwischen kosmischer Offenbarung, 51.

[44] Vgl. Ross, Libretto und Komposition, 252 f.

[45] Wörtliche Übernahme aus *Le roi s'amuse* (V 3, V. 1483/84): „Maintenant, monde, regarde-moi. / Ceci, c'est un bouffon, et ceci, c'est un roi!"

[46] Die Figur der Maddalena steht einerseits durch ihren Lebenswandel im Gegensatz zu der unschuldigen Gilda, andererseits schafft die Tatsache, daß auch Maddalena den Herzog retten will (vgl. III 6), eine Gemeinsamkeit zwischen beiden Frauen.

[47] Zu ihm vgl. HELBLING, Arrigo Boito.

[48] Vgl. dazu J. MAEHDER, Szenische Imagination und Stoffwahl in der italienischen Oper des Fin de siècle, in: Zwischen Opera buffa und Melodramma, 187–248, speziell 202–215, der den Einfluß des Grand Opéra auf Personenkonstellation und Raumgestaltung in Boitos Libretto hervorhebt.

[49] Vgl. dazu J. A. HEPOKOSKI, Giuseppe Verdi. *Otello*, Cambridge etc. 1987, 183–185, der die ungewöhnlichen (und z. T. kakophonischen) Versformen Boitos als Nachahmungen klassisch-antiker Metren (nach dem Vorbild der *poesia barbara* Carduccis u. a.) erklärt. – Boitos Virtuosität erlaubte es ihm, an einigen Stellen (z. B. in der Traumerzählung Jagos [II 5] oder im großen Concertato [III 8]) die Versstruktur durch ein zweites metrisches Schema zu überlagern, so daß sich etwa die Settenari doppi der Traumerzählung (mit Ausnahme der drei Verse, die wörtliche Rede Cassios zitieren) in jeweils drei Quinari auflösen lassen; vgl. Ross, Libretto und Komposition, 14–18; ders., Mehrschichtigkeiten in *Otello*, in: Stadttheater Bern, Programmheft *Otello*, Spielzeit 1985/86, 1–4.

[50] Vgl. HELBLING, Arrigo Boito, 31 ff.; M. HENNEBERGER/R. A. ZONDERGELD, Der Traum von Perfektion. Arrigo Boito, Librettist und Komponist, in: Oper und Operntext, 117–130, speziell 122 f.; P. Ross, ‚E l'ideal fu sogno'. Arrigo Boito und seine Reformoper *Mefistofele*, JbO 3 (1990), 69–86, speziell 70 f.

[51] Zitiert nach J. BUDDEN, The Operas of Verdi 3. From *Don Carlos* to *Falstaff*, London 1981, 302.

[52] Die langwierige Entstehungsgeschichte des Librettos wird nachgezeichnet von HEPOKOSKI, *Otello*, 21–47; vgl. auch BUDDEN, Operas 3, 300 ff. Denkbar oberflächlich fällt der Vergleich des Librettos mit der Schauspiel-Vorlage bei ST. EINSFELDER, Zur musikalischen Dramaturgie von Giuseppe Verdis *Otello*, Kassel 1994, 26–56, aus.

[53] In einem Brief an Giulio Ricordi vom 22. April 1887 nennt Verdi Desdemona „il tipo della bontà, della rassegnazione, del sagrifizio" (F. ABBIATI, Giuseppe Verdi, Bd. 4, Milano 1959, 332); vgl. BUDDEN, Operas 3, 322.

[54] Schauspiel und Libretto werden zitiert nach W. SHAKESPEARE, Othello. Eng-

lisch/deutsch. Übers. von H. BOLTE und D. HAMBLOCK, Stuttgart 1985, bzw. Tutti i libretti di Verdi, 499–530.

[55] Vgl. BUDDEN, Operas 3, 305. Brabantio gibt Othello zu bedenken: „She [Desdemona] has deceiv'd her father, may do thee" (I 3, V. 293; vgl. HEPOKOSKI, Otello, 179); ähnlich Iago (III 3, V. 210): „She did deceive her father, marrying you".

[56] Vgl. dazu Boitos Brief an Verdi vom 17. 6. 1881, bei BUDDEN, Operas 3, 311.

[57] HEPOKOSKI, Otello, 180 spricht von „distinctly Nazarene, pre-Raphaelite-like attributes".

[58] Das Credo hat in Shakespeares Tragödie keine Entsprechung; HEPOKOSKI, Otello, 181 f. stellt eine Verbindung zu den Shakespeare-Interpretationen des 19. Jahrhunderts (A. W. Schlegel, Fr. V. Hugo) her.

[59] Vgl. BUDDEN, Operas 3, 310 f.

[60] Vgl. Jagos Credo (II 2): „Credo in un Dio crudel che m'ha creato / Simile a sé, e che nell'ira io nomo".

[61] Reminiszenzen gibt es an Othellos Bericht vor den Senatoren, wie er Desdemonas Liebe gewann (I 3, V. 127–170) und an die Begegnung Desdemonas und des Mohren im Hafen (II 1, V. 181–199; dort, V. 185–187, das Vorbild der eben zitierten Verse).

[62] Otellos „Un bacio ... ancora un bacio" nimmt seine letzten Worte „Un bacio ... un bacio ancora ... un altro bacio" (IV 4) vorweg.

[63] Zur schwierigen Genese dieses Concertato vgl. BUDDEN, Operas 3, 306 ff.

[64] Vgl. ebd., 384.

[65] Daran ändert auch die Tatsache nichts, daß Boito und Verdi den dritten Akt (aus eher äußerlichen Gründen) mit Otellos Ohnmacht beschließen (vgl. BUDDEN, Operas 3, 309).

## Richard Wagner als Librettist

[1] Diese Bezeichnung hat sich allgemein durchgesetzt, obwohl sie von Wagner selbst ausdrücklich abgelehnt wurde, vgl. DAHLHAUS, Wagners Konzeption, 7 ff.

[2] C. DAHLHAUS (Die Musik des 19. Jahrhunderts, 162) weist darauf hin, daß Wagner nicht den dichterisch-musikalischen Text, sondern dessen Vergegenwärtigung auf der Bühne als Kunstwerk („Drama") betrachte.

[3] Vgl. D. RÜLAND, Künstler und Gesellschaft. Die Libretti und Schriften des jungen Richard Wagner aus germanistischer Sicht, Frankfurt etc. 1986 (erfaßt die Libretti bis zum Holländer, 1843).

[4] Vgl. GROUT, 401; auch DAHLHAUS, Wagners Konzeption, 51–54, weist auf das Vorherrschen regulärer Periodik im Lohengrin hin.

[5] Der Text wird zitiert nach R. WAGNER, Lohengrin. Romantische Oper in drei Aufzügen. Vollständiges Buch, hrsg. und eingel. von G. R. KRUSE, Leipzig o. J.

[6] Vgl. NIEDER, Von der Zauberflöte, 33 f.

[7] Zum Verkauf des Holländer-Entwurfs vgl. R. WAGNER, Mein Leben, Erster Band, München 1911, 239 f.; J. COOPER (NGroveD 5, 470) nimmt allerdings an, das Libretto von Foucher und Revoil sei unabhängig von Wagner entstanden.

[8] Zum (nicht nur philosophischen) Hintergrund vgl. R. FRANKE, Richard Wagners Zürcher Kunstschriften. Politische und ästhetische Entwürfe auf dem Weg zum Ring des Nibelungen, Hamburg 1983.

⁹ WAGNER, Oper und Drama, 24.

¹⁰ Ebd., 362; an anderer Stelle werden die Stereotypen der „Opernform mit ihrem einfürallemaligen Zuschnitte von, dem Drama ganz abliegenden, Gesangstückformen" getadelt, ebd., 357.

¹¹ Ebd., 361.

¹² Ebd., 364 f. Schon *Lohengrin* charakterisiert Wagner als „ein, in allen theilen zusammenhängendes Ganzes, nicht als ein, aus mannigfachen theilen zusammengesetztes Verschiedenartiges" (Brief an v. Zigesar vom 9. September 1850, in: R. W., Sämtliche Briefe, hrsg. von G. STROBEL und W. WOLF, Bd. III, Leipzig 1983, 397, zitiert bei KROPFINGER, Nachwort in: R. W., Oper und Drama, 446). Vgl. T. KNEIF, Die Idee des Organischen bei Richard Wagner, in: Das Drama Richard Wagners als musikalisches Kunstwerk, hrsg. von C. DAHLHAUS, Regensburg 1970, 63–80.

¹³ Vgl. Oper und Drama, 356.

¹⁴ Vgl. SCHLÄDER, Das Opernduett, 1 f.; KROPFINGER, Nachwort in: WAGNER, Oper und Drama, 434.

¹⁵ Vgl. ebd., 249 ff.

¹⁶ Zu diesem Begriff ebd., 261; vgl. dazu H. DANUSER, Musikalische Prosa, Regensburg 1975, speziell 67–85.

¹⁷ Vgl. Oper und Drama, 102–105.

¹⁸ Vgl. oben S. 152 f.

¹⁹ Den Gegensatz zwischen Wagners Revolutionsbegeisterung und Scribes pessimistischer Haltung hebt auch D. BORCHMEYER hervor (anläßlich des Libretto-Entwurfs *Die hohe Braut* [1836]: Richard Wagner und die Französische Revolution, Programmhefte der Bayreuther Festspiele 1990/VI: „Götterdämmerung", 1–25).

²⁰ Oper und Drama, 99.

²¹ Zu Hugo vgl. WENTZLAFF-EGGEBERT, Zwischen kosmischer Offenbarung [zitiert oben S. 292], 15–17.

²² Vgl. z. B. CHR. PÖPPELREITER, Eine Lesart des Stückes, in: Der fliegende Holländer. Programmheft des Salzburger Landestheaters, Spielzeit 1995/96, unpaginiert.

²³ Vgl. oben S. 157.

²⁴ DAHLHAUS' Auffassung, Wagners Musikdrama sei „eine am gesprochenen Drama orientierte Ausnahme von den Gattungsregeln des Musiktheaters", da hier die „Einheit der Zeit" verwirklicht sei (Zeitstrukturen in der Oper, in: Vom Musiktheater, 27), scheint wesentlich die spezifische Art der Sprachvertonung zu reflektieren. Die Zeitstruktur in Wagners Bühnenwerken ist jedoch keineswegs „kontinuierlich", wie DAHLHAUS postuliert; seine idealtypische Gegenüberstellung von „Oper" und „Schauspiel" beruht auf der Absolutsetzung *eines* Dramentypus (vgl. o. S. 14) und führt notwendig zu Widersprüchen, die DAHLHAUS selbst keineswegs verborgen geblieben sind: So konstatiert er, daß „gerade die *Ring*-Tetralogie (...) das Formprinzip der Oper, des Gegentypus zum Musikdrama, am deutlichsten ausprägt" (Wagners Konzeption, 20). An anderer Stelle (Richard Wagners „Bühnenfestspiel". Revolutionsfest und Kunstreligion, in: Das Fest, hrsg. von W. HAUG und R. WARNING (Poetik und Hermeneutik, 14), München 1989, 592–609, speziell 604 f.) weist er auf Analogien zwischen dem Barocktheater (konkret: der Oper) und Wagners *Ring* hin; er nennt „die Schichtung in das unterirdische Reich der Nibelungen, die irdische Welt der Helden und Riesen und die Himmelsburg der ‚Lichtalben'", also eine pa-

radigmatische Grundstruktur, und konstatiert, daß „besonders im *Rheingold* (...) statt der Sprache die szenischen Bilder in den Vordergrund rücken: die Tableaux".

[25] Oper und Drama, 104.
[26] Ebd., 266.
[27] Vgl. dazu GERHARD, Die Verstädterung, und oben S. 289 Anm. 14.
[28] Oper und Drama, 223.
[29] Ebd., 217.
[30] Vgl. Oper und Drama, 161 ff. – Zu Wagners Mythos-Begriff vgl. die umfängliche Forschungsliteratur, z. B. D. INGENSCHAY-GOCH, Richard Wagners neu erfundener Mythos. Zur Rezeption und Reproduktion des germanischen Mythos in seinen Operntexten, Bonn 1982; Wege des Mythos in der Moderne. Richard Wagner, *Der Ring des Nibelungen*. Eine Münchner Ringvorlesung, hrsg. von D. BORCHMEYER, München 1987; Richard Wagner – *Der Ring des Nibelungen*. Ansichten des Mythos, hrsg. von U. BERMBACH und D. BORCHMEYER, Stuttgart – Weimar 1995.
[31] Vgl. dazu oben S. 9.
[32] CL. LÉVI-STRAUSS, Mythologiques I. Le cru et le cuit, Paris 1964, 23; vgl. auch C. KLETTKE, Die Affinität zwischen Mythos und Musik in der Konzeption von Claude Lévi-Strauss und ihre Übertragung in den postmodernen Mythenroman Michel Tourniers, in: Musik und Literatur, 61–81, speziell 63.
[33] Vgl. KLETTKE, ebd., 62 f., und Mythos und Bedeutung. Fünf Radiovorträge. Gespräche mit CLAUDE LÉVI-STRAUSS, hrsg. von A. REIF, Frankfurt 1980, 59 ff. C. DAHLHAUS, Musik als strukturale Analyse des Mythos. Claude Lévi-Strauss und *Der Ring des Nibelungen*, in: Wege des Mythos in der Moderne, 64–74, speziell 70, hebt hervor, daß in den Leitmotiven eher der System- als der Prozeßcharakter des Kunstwerks erfahrbar wird; es entstehe die „Vorstellung einer unbewegten Struktur, eines Gewebemusters, in dem die Fäden hin- und herlaufen" (73).
[34] Zu den Kategorien ‚Erinnerung' und ‚Ahnung' vgl. KROPFINGER, Nachwort zu: Oper und Drama, 492 f.
[35] Vgl. W. HAUG, Die Tristansage und das persische Epos ‚Wîs und Ramîn', in: W. H., Strukturen als Schlüssel zur Welt. Kleine Schriften zur Erzählliteratur des Mittelalters, Tübingen 1989, 583–599, speziell 594.
[36] Die symmetrische Anlage des Textes findet ihre Entsprechung in der musikalischen Makrostruktur, vgl. GROUT, 416.
[37] Zitiert wird nach R. WAGNER, Tristan und Isolde. Vollständiges Buch, hrsg. und eingel. von G. R. KRUSE, Leipzig o. J.
[38] Vgl. I 3 (S. 26) ISOLDE. „(...) Für der zinspflicht'gen / Kornen Fürsten / um Irlands Krone zu werben!"
[39] Vgl. die signifikanten Antithesen I 3 (S. 18): „Mir erkoren, / mir verloren, / hehr und heil, / kühn und feig!"
[40] Hier liegt ein Phänomen vor, das in der neueren Literaturwissenschaft als *mise en abyme* bezeichnet wird, vgl. L. DÄLLENBACH, Le récit spéculaire. Essai sur la mise en abyme, Paris 1977.
[41] Vgl. dazu SCHLÄDER, Das Opernduett, 313–316. Brangänes Warnrufe erinnern einerseits an das äußere Ereignis, das in der italienischen Oper den Übergang vom Cantabile zur Cabaletta zu motivieren pflegt, andererseits liegt wohl eine Parallele zum mittelalterlichen Tagelied vor, vgl. V. MERTENS, Richard Wagner und das Mit-

telalter, in: Richard Wagner und sein Mittelalter, hrsg. von U. und U. MÜLLER, Anif/Salzburg 1989, 9–84, speziell 59.

[42] Vgl. auch I. FLECHSIG, Beziehungen zwischen textlicher und musikalischer Struktur in Richard Wagners *Tristan und Isolde* [am Beispiel von Isoldes Rede „Die im Busen mir die Glut entfacht", II 1], in: Das Drama Richard Wagners als musikalisches Kunstwerk, 339–357.

[43] Vgl. z. B. E. VOSS, Musikdrama und Gesangsoper, in: Funk-Kolleg Musik, Bd. 1, hrsg. von C. DAHLHAUS, Frankfurt 1981, 274–304, speziell 297.

[44] Ein Vergleich zwischen *Tristan und Isolde*, wo die Versform gewöhnlich nach zwei, drei oder höchstens vier Versen wechselt, und einem älteren Text wie *Lohengrin*, wo zwar rhythmische Gleichförmigkeit vermieden wird (vgl. o.), die Versform jedoch innerhalb eines Gesprächsabschnitts, oder zumindest innerhalb einer Replik, gewöhnlich konstant bleibt, zeigt die allmähliche Herausbildung von Wagners Vorstellungen.

[45] Dabei mag die Vorliebe der hochmittelalterlichen, speziell der mittelhochdeutschen Lyrik für unregelmäßig gebaute Strophen eine Rolle spielen.

[46] Vgl. A. GIER, Volkslied und Bänkelsang. Einlagelieder von Grétry bis Jacques Offenbach, in: Die Opéra comique und ihr Einfluß auf das europäische Musiktheater im 19. Jahrhundert, hrsg. von H. SCHNEIDER und N. WILD, Hildesheim etc. 1997, 169–180.

[47] Vgl. Tristans Worte (II 3, S. 67): „Mein Freund war der [= Melot], / er minnte mich hoch und teuer; / um Ehr und Ruhm / mir war er besorgt wie keiner."

[48] Auch DAHLHAUS (Wagners Konzeption, 17) erkennt in Wagners Siegfried und Brünnhilde „Opernhelden", die „reflexionslos dem Wechsel der Affekte ausgesetzt sind".

[49] W. A. MOZART, Die Zauberflöte. Oper in zwei Aufzügen. Dichtung nach L. GIESEKE von E. SCHIKANEDER. Vollständiges Buch hrsg. von C. FR. WITTMANN, Leipzig o. J., I 27, S. 53.

[50] So H. R. JAUSS, Zeit und Erinnerung in Marcel Prousts *A la recherche du temps perdu*. Ein Beitrag zur Theorie des Romans, Frankfurt 1986 [$^1$1955], 145; zur Zeitwahrnehmung in der *Recherche* ebd., 136 ff.

[51] L. SPITZER, zitiert ebd., 156.

[52] Ebd., 146.

[53] Vgl. oben S. 9 und passim.

[54] Die Bedeutung Wagners für Proust ist allgemein bekannt, vgl. z. B. E. BEDRIOMO, Proust, Wagner et la coïncidence des arts, Tübingen/Paris 1984.

[55] Nachgelassenes Fragment von 1888, in: Nietzsche und Wagner. Stationen einer epochalen Begegnung, hrsg. von D. BORCHMEYER und J. SALAQUARDA, Bd. 2, Frankfurt – Leipzig 1994, 1047; vgl. auch D. BORCHMEYER, Wagner-Literatur – Eine deutsche Misere. Neue Ansichten zum ‚Fall Wagner', Internationales Archiv für Sozialgeschichte der deutschen Literatur, 3. Sonderheft: Forschungsreferate, 2. Folge, Tübingen 1993, 1–62, speziell 2 f.

## Nationale Sonderwege (Frankreich, Italien, Rußland)

[1] Vgl. GROUT, 322; zum Einfluß des Grand Opéra auf Verdi GERHARD, Die Verstädterung, 358 f.

[2] Vgl. GERHARD, ebd., 358 f.

[3] Die Spuren der Wagner-Rezeption, die man im späten 19. Jahrhundert nahezu bei allen Komponisten zu finden glaubte, bezeichnen allerdings keinen genau definierbaren Sachverhalt, sondern dienen (wie GROUT, 427, feststellt) als Argument gegen ‚alles, was ein Kritiker nicht mochte oder nicht verstand'; vgl. DAHLHAUS, Musik des 19. Jahrhunderts, 186.

[4] Vgl. die knappe Übersicht bei GROUT, 446–448.

[5] Goldmarks Vertonung läßt dagegen Einflüsse Wagners erkennen, vgl. S. DÖHRING, PEnz 2, 483.

[6] Vgl. P. P. PACHL, Die Märchenoper der Wagnernachfolge, in: Oper und Operntext, 131–149; das folgende Zitat Wagners ebd., 132.

[7] Vgl. demgegenüber Wagners Konstruktion in den *Meistersingern*, wo es eine isolierbare komische Handlung nicht gibt, denn der komisch scheiternde Beckmesser ist nicht nur der Rivale des Protagonisten der Komödienhandlung, zusätzlich sind Beckmessers Intrigen durch die zentrale Figur des Sachs untrennbar mit der Geschichte Stolzings und Evas verbunden.

[8] Über Berlioz als Librettisten vgl. SMITH, 305 ff.

[9] SMITH, 292 meint, die besonders in Frankreich häufige Zusammenarbeit zweier Librettisten stärke die Position des Komponisten, der die beiden gegeneinander ausspielen könne. In Einzelfällen mag dies zutreffen; die gängige Rollenverteilung innerhalb der Teams weist jedoch in eine andere Richtung, denn in der Regel entwirft etwa der eine ein Szenar, das der andere dann versifiziert, oder ein vielbeschäftigter Librettist wählt sich einen Junior-Partner mit eingeschränktem Mitspracherecht (das gilt sicher für die meisten Mitarbeiter Scribes). Im übrigen wurden im 19. Jahrhundert auch Sprechstücke (besonders Komödien) häufig von zwei oder mehr Autoren verfaßt.

[10] Vgl. DAHLHAUS, Musik des 19. Jahrhunderts, 229 f.: an die Stelle der Weltgeschichte trete das „Interieur privater Tragödien".

[11] SCHLÄDER, Das Opernduett, 106.

[12] Gelegentlich werden, wie bei *Faust* oder *Carmen*, Rezitative nachkomponiert, damit das Werk ins Repertoire des Opéra übernommen werden kann.

[13] Vgl. S. HENZE-DÖHRING, PEnz 2, 522 f.

[14] Vgl. ebd.

[15] Der Text wird zitiert nach: Margarete (Faust). Oper in fünf Akten. Dt. Übers. von J. BEHR. Vollst. Auszug für Klavier allein mit unterlegtem dt. und frz. Text. Neue Bearb. von F. H. SCHNEIDER, Berlin o. J.

[16] Vgl. auch die (im übrigen wenig hilfreiche) Diss. von F. LABUSSEK, Zur Entwicklung des französischen Opernlibrettos im 19. Jahrhundert – Stationen des ästhetischen Wandels, Frankfurt etc. 1994, 112.

[17] Der Gegensatz zwischen dem „sich absondernden Intellektuellen" und der Masse ist dagegen in Berlioz' Faustversion grundlegend, vgl. H. HOFER, Faust als Frédéric Moreau bei Hector Berlioz. Der Text von *La Damnation de Faust*, in: Oper als Text, 221–238, speziell 227 f.

## Anmerkungen 301

[18] Es wurde 1864 für London nachkomponiert, vgl. HENZE-DÖHRING, PEnz 2, 521.

[19] Vgl. seine letzten, an Marguerite gerichteten Worte: „Si Dieu te pardonne, / Soit maudite ici-bas!" (IV 8, Nr. 26).

[20] Vgl. III 5 Nr. 13: „Fuyons, je veux ne jamais la revoir!"

[21] Vgl. Méphistophélès' Dialog mit Faust, II 4, S. 67 f.

[22] Wenn man Verdammnis und Erlösung als das Thema des Librettos begreift, wird DAHLHAUS' Einwand hinfällig, Barbier und Carré seien bei der Anpassung von Goethes *Faust* an die Opernkonvention zu zaghaft verfahren (die Figur des Teufels sei überflüssig, denn „Was Mephisto bewirkt, brächte die Musik auch ohne ihn zustande", Musik des 19. Jahrhunderts, 230); und auch LABUSSEKS Kritik, nach der „einschneidenden Zäsur" zwischen drittem und viertem Akt setze die Handlung neu ein, so daß es nicht einen, sondern zwei Spannungsbögen gebe (Zur Entwicklung des französischen Opernlibrettos, 110), erweist sich vor diesem Hintergrund als unberechtigt.

[23] Vgl. oben S. 146.

[24] Vgl. oben S. 142.

[25] SCHLÄDER, Das Opernduett, 123; vgl. ebd., 116-123 zu den vier Duetten in dieser Oper.

[26] Ebd., 118.

[27] Vgl. PFISTER, 20 f. Die Unterscheidung zwischen empirischem und implizitem Autor bzw. Leser kann in unserem Zusammenhang außer Betracht bleiben. Zu perspektivischer Darstellung in dramatischen Texten vgl. auch unten S. 224 ff.

[28] Zum ‚unzuverlässigen Erzähler' vgl. W. C. BOOTH, The Rhetoric of Fiction, Chicago – London ²1983.

[29] Vgl. oben S. 44 und die dort zitierte Untersuchung N. LUHMANNS.

[30] So CL. DEBUSSY in einem Artikel von 1901, vgl. Cl. D., Monsieur Croche et autres écrits, Introd. et notes de F. LESURE, Paris 1987, 59.

[31] Stoffvorlage war der Roman *Thaïs* (1891) von Anatole France, allerdings hat Gallet die Ironie, durch die der auktoriale Erzähler der frommen Legende eine antiklerikale Wendung gibt, bewußt ignoriert; vgl. A. GIER, Thaïs: ein Roman von Anatole France und eine Oper von Jules Massenet, Romanist. Zs. für Lit.gesch. 5 (1981), 232–256.

[32] Benutzte Ausgabe: Thaïs. Comédie-lyrique en trois actes, sept tableaux. Poème de L. GALLET d'après le roman de Anatole France. Musique de J. MASSENET, Paris o. J. [1898?].

[33] Diesen Kontrast schafft erst das Libretto, das Nicias zum einzigen Gegenspieler des Mönchs macht; die Romanvorlage stellt dem Eiferer eine ganze Gruppe aufgeklärter Heiden gegenüber. Im übrigen ist France weniger an Thaïs als an dem (hier Paphnuce geheißenen) Mönch interessiert, dessen Anfechtungen (in Analogie zu den Versuchungen des hl. Antonius) breit geschildert werden.

[34] Vgl. J. W. GOETHE, Die Leiden des jungen Werthers. Die Wahlverwandtschaften. Kleine Prosa. Epen, in Zus.arbeit mit CHR. BRECHT hrsg. von W. WIETHÖLTER, Frankfurt 1994, 46/47.

[35] Ebd., 50/51.

[36] Zitiert wird nach Werther. Drame lyrique en Quatre Actes et Cinq Tableaux d'après Gœthe (...) Partition Piano et Chant, Paris o. J.

[37] Vgl. dazu H. BECKER, Massenets „Werther": Oper oder vertonter Roman?, in: Ars Musica Musica Scientia. Festschrift HEINRICH HÜSCHEN zum 65. Geburtstag, Köln 1980, 30–47, speziell 36 f.

[38] Vgl. auch LABUSSEK, Zur Entwicklung des französischen Opernlibrettos, 195.

[39] Vgl. ebd., 185. Es fällt schwer, den „Antagonismus zwischen Individuum und Gesellschaft" als ein Thema des Librettos zu erkennen (so ebd., 197).

[40] Außerdem verweisen Sommer, Herbst und Winter symbolisch auf die Phasen der Beziehung zwischen Werther und Charlotte, vgl. ebd., 189.

[41] Vgl. BECKER, Massenets „Werther", 43.

[42] Vgl. auch LABUSSEK, Zur Entwicklung des französischen Opernlibrettos, 186.

[43] Vgl. das Vorwort zum *Thaïs*-Libretto, I–XIII, sowie SMITH, 317 f. Die Beziehung zu WAGNERS Forderung, den Vers in „natürlich akzentuierte Prosa" aufzulösen (Oper und Drama, 261; vgl. oben S. 165), ist offensichtlich.

[44] *Thaïs*, III.

[45] Vgl. J. MAEHDER, Szenische Imagination und Stoffwahl in der italienischen Oper des Fin de siècle, in: Zwischen Opera buffa und Melodramma, 187–248, speziell 189.

[46] Vgl. HELBLING, Arrigo Boito, 9 ff.

[47] Vgl. R. TEDESCHI, *Addio, fiorito asil*. Il melodramma italiano da Boito al verismo, Milano 1978, 72.

[48] Vgl. dazu die breitangelegte Synthese von E. KOPPEN, Dekadenter Wagnerismus. Studien zur europäischen Literatur des Fin de siècle, Berlin – New York 1973.

[49] Vgl. das Zitat bei R. TEDESCHI, D'Annunzio e la musica, Firenze 1988, 35.

[50] Das beweisen die zahlreichen Verweise auf Wagners Opern in seinen Romanen, vgl. ebd., 7–34.

[51] Vgl. dazu ebd., passim sowie O. M. ROTH, Untersuchungen zu den Opernlibretti Gabriele D'Annunzios, Magisterarbeit Univ. Düsseldorf 1992 (masch.).

[52] Vgl. SMITH, 360.

[53] So TH. HIRSBRUNNER, PEnz 1, 699.

[54] Vgl. unten S. 199 ff.

[55] Vgl. J. MAEHDER, The Origins of Italian „Literaturoper" – *Guglielmo Ratcliff, La figlia di Iorio, Parisina* and *Francesca da Rimini*, in: Reading Opera, 92–128.

[56] Vgl. SMITH, 359.

[57] Vgl. oben S. 156 ff.

[58] Vgl. ROTH, Untersuchungen, 42.

[59] Vgl. ebd., 76 f.

[60] Vgl. TEDESCHI, D'Annunzio, 46 f.; 94 f.

[61] Als sich eine mögliche Zusammenarbeit mit Puccini abzeichnete, nannte er „la semplicità e la robustezza dell'architettura" als wesentliche Eigenschaften des Librettos und beteuerte: „Ho il proposito di comporre un poema lirico e mimico, di tal chiarezza che lo spettatore ne comprende immediatamente gli sviluppi" (Brief an Puccini vom 23. Februar 1906, zit. nach TEDESCHI, D'Annunzio, 46).

[62] Vgl. ebd., 99. Mit ca. 1070 Versen überschreitet der vertonte Text kaum den durchschnittlichen Umfang eines italienischen Librettos, dennoch dauerte die Uraufführung der Oper mehr als fünf Stunden, vgl. ebd., 100.

[63] Vgl. oben S. 42.
[64] Vgl. TEDESCHI, D'Annunzio, 84.
[65] Vgl. MAEHDER, Szenische Imagination, 194 ff.
[66] Vgl. zum folgenden ZONDERGELD, Ornament und Emphase, 151 ff.; MAEHDER, Szenische Imagination, 226–231.
[67] Vgl. MAEHDER, Szenische Imagination, 226.
[68] Zum „auktorialen Nebentext" als Mittel der „Episierung" des Dramas vgl. PFISTER, 107.
[69] Vgl. ZONDERGELD, Ornament und Emphase, 152; 155.
[70] Neben *Iris* z. B. *Germania* für Franchetti (1902) und *Isabeau* für Mascagni (1913), vgl. ebd., 154 ff.
[71] Dazu MAEHDER, Szenische Imagination, 227.
[72] Brief an Giulio Ricordi von 23. August 1896, in: G. PUCCINI, Tosca. Texte, Materialien, Kommentare, hrsg. von A. CSAMPAI und D. HOLLAND, Reinbek 1987, 159.
[73] Zu diesem, auf Eugène Scribe zurückgehenden, Schauspiel-Typus vgl. oben S. 150.
[74] Der französische Text wird zitiert nach V. SARDOU, Théâtre complet. I: La Tosca. L'affaire des poisons. Fédora, Paris 1934.
[75] Ähnlich wie bei Shakespeares Othello, vgl. oben S. 160.
[76] Zitiert wird nach: G. PUCCINI, Tosca. Melodramma in tre atti/Oper in drei Akten. Textbuch It./Dt., Übers. von TH. FLASCH, Nachwort von H. MEHNERT, Stuttgart 1994.
[77] Der Polizeichef zieht selbst die Parallele zwischen Jagos Taschentuch und dem Fächer, den Angelottis Schwester in der Kirche zurückgelassen hat (I, S. 40); vgl. auch den beiseitegesprochenen Kommentar, nachdem er Toscas Argwohn geweckt hat: „Già il velen l'ha rosa" (I, S. 44, s. u.), der Jagos „Il mio velen lavora" (*Otello*, II 5) evoziert.
[78] Der Komponist ist Paisiello, der bei Illica und Giacosa (die Sardous Vorliebe für bildungsbürgerliches Name-dropping nicht teilen) ebensowenig auftritt wie der Emigrant Trévilhac, der sich als Franzose über Bonapartes Sieg freut, obwohl er als Aristokrat darüber traurig sein müßte (II 5, S. 92).
[79] Zur Zeit der Uraufführung mag man den Freiheitsbegriff laizistisch aufgefaßt und aus dem Libretto eine antiklerikale bzw. antipäpstliche Tendenz herausgelesen haben.
[80] Eine Ausnahme bilden die siebzehn Verse, in denen Scarpia sein Begehren ausdrückt (S. 80): Seine emphatische Begeisterung wird durch drei Reimpaare unterstrichen.
[81] Bis auf den Kreuzreim, der die Schlußkadenz vorwegnimmt.
[82] Vgl. GROUT, 454; ebd., 454–493 eine Übersicht über die Anfänge der russischen, polnischen, tschechischen, ungarischen, spanischen, portugiesischen und lateinamerikanischen Oper. Einen umfassenden Überblick über an die dreißig nationale und regionale Traditionen bietet der Artikel Libretto in MGG² 5, 1116–1259.
[83] Vgl. auch den Definitionsvorschlag von DAHLHAUS (Musik des 19. Jahrhunderts, 180): „ein musikalischer Nationalstil entstehe dadurch, daß der Individualstil eines Komponisten von Rang in einer geschichtlichen Situation, in der die Träger-

schicht einer Musikkultur nach einem musikalischen Ausdruck oder Reflex politischen Nationalgefühls verlangt, als Nationalstil begrüßt werde".

[84] Vgl. DAHLHAUS, ebd., 180; zur Rettungsoper vgl. oben S. 138.

[85] Vgl. DAHLHAUS, ebd., 184.

[86] Vgl. (neben S. Cammaranos *Luisa Miller* für Verdi, 1849) z. B. G. Rossis Libretto *Maria Padilla* (für Donizetti, 1841): Wie in *Halka* (und wie in E. Scribes *Muette de Portici* für Auber, 1828) muß sich der Verführer zwischen einer standesgemäßen Heirat und der Bindung an die nicht standesgemäße Geliebte entscheiden. (Auber und Donizetti haben auch Moniuszkos Musik beeinflußt, vgl. K. BULA in PEnz 4, 220).

[87] Vgl. GROUT, 455 ff.; NGroveD 19, 381–383 (s. Union of Soviet Socialist Republics).

[88] Vgl. dazu E. STÖCKL, Puškin und die Musik. Mit einer annotierenden Bibliographie der Puškin-Vertonungen 1815–1965, Leipzig 1974.

[89] Vgl. J. SCHLÄDER, Operndramaturgie und musikalische Konzeption. Zu Tschaikowskijs Opern *Eugen Onegin* und *Pique Dame* und ihren literarischen Vorlagen, Dte. Vierteljahrsschrift für Lit.wiss. und Geistesgesch. 57 (1983), 525–568, speziell 534–538.

[90] Vgl. ebd., 544.

[91] Ebd., 548.

[92] Ebd., 545.

[93] Vgl. ebd., 559 f.

[94] Vgl. ebd., 568; zu Puschkins Novelle ebd., 529–534, zur Oper 539–544.

[95] So C. K[OCH], KNLL 13, 742.

[96] Vgl. S. NEEF, PEnz 1, 676.

[97] Ebd., 675.

[98] Vgl. J. M[ATEJKAU], KNLL 13, 734.

[99] Vgl. E. FISCHER, PEnz 4, 365 f.

[100] Vgl. J. M[ATEJKA], KNLL 13, 734.

[101] Zum Verhältnis der beiden Fassungen vgl. die Zusammenfassung bei FISCHER, PEnz 4, 366.

[102] Ebd., 369.

[103] Einzelne „Nummern" wurden von Mussorgski selbst markiert, vgl. FISCHER, PEnz 4, 370.

[104] Zitiert wird nach der deutschen Übersetzung von A. VON SCHLIPPE in: MODEST MUSSORGSKI, Boris Godunow. Texte, Materialien, Kommentare, hrsg. von A. CSAMPAI und D. HOLLAND, Reinbek 1982, 29–103.

[105] Die Historie als Oper. Gattungsgeschichte und Werkinterpretation, in: C. D., Vom Musikdrama, 49–59, speziell 51.

[106] Diese Charakterisierung wird dem von DAHLHAUS als Beispiel herangezogenen *Prophète* ungleich besser gerecht als den *Huguenots*; vgl. oben S. 149 ff.

[107] DAHLHAUS, Die Historie als Oper, 56.

[108] Zur „Dialektik der Beziehung zwischen Boris und dem Volk" vgl. auch ebd.

[109] In der letzten Szene von Puschkins Drama wird dem Volk der Tod von Boris' Sohn und Witwe verkündet.

[110] Dieses Bild, das keine Entsprechung bei Puschkin hat, zeichnet sich durch seinen nichtnarrativen Tableau-Charakter aus, vgl. C. EMERSON, Mussorgsky's Libretti on Historical Themes: From the Two Borisses to Khovanshchina, in: Reading Opera 235–267, speziell 238.

[111] Zwei Segmente dieses Bildes wurden in die neue „Vagabunden-Szene" des ‚Original-*Boris*' übernommen, vgl. FISCHER, PEnz 4, 366.

## Die Zusammenarbeit Hugo von Hofmannsthals mit Richard Strauss

[1] Vgl. WAGNER, Oper und Drama, 20 f. und passim.
[2] Vgl. dazu oben S. 36.
[3] Vgl. oben S. 156.
[4] Vgl. STRAUSS –HOFMANNSTHAL, Briefwechsel.
[5] Vgl. beispielhaft die Auseinandersetzung um *Ariadne auf Naxos*, dokumentiert ebd., 132 ff.
[6] Hervorhebung A. G.
[7] Ariadne (1912). Aus einem Brief an Richard Strauss, in: H. VON HOFMANNSTHAL, Dramen V. Operndichtungen (Ges. Werke in zehn Einzelbden.), Frankfurt 1979, 297–300, Zitat 297. Für den erstmals im Almanach für die musikalische Welt 1912–1913 erschienenen Text (vgl. STRAUSS – HOFMANNSTHAL, Briefwechsel, 188–190) benutzte Hofmannsthal einen im Juli 1911 geschriebenen Brief an den Komponisten, abgedruckt ebd., 132–135.
[8] Am 11. März 1906 schrieb Strauss an Hofmannsthal, er habe *Elektra* „auch schon bereits ganz schön zum Hausgebrauch zusammengestrichen" (ebd., 17); der Dichter stimmte den Änderungen ohne Einschränkungen zu (Brief vom 18. Juli 1906, ebd., 26). Zwei Textpassagen, darunter die einzige Ensemble-Stelle der Oper (Zwiegesang Elektra – Chrysothemis unmittelbar vor dem Ende), wurden für die Vertonung eingefügt (vgl. H. VON HOFMANNSTHAL, Dramen II. 1892–1905 [Ges. Werke in zehn Einzelbden.], Frankfurt 1979, 237–239, im Anschluß an den Schauspiel-Text, 185–234 [im folgenden wird auf die Seitenzahlen dieser Ausg. verwiesen]; die erste hier abgedruckte Stelle – zu 209: Elektras Mord-Phantasie im Gespräch mit Klytämnestra – ist mit Kürzungen und Umstellungen aus der Szene Elektra–Chrysothemis, 197 f., übernommen).
[9] Der Kontrast wurde von Hofmannsthal neu eingeführt: In seiner Vorlage, der *Elektra* des Sophokles, steht der Chor der Frauen von Mykene auf der Seite Elektras gegen die Mörder Agamemnons, warnt aber vor den Folgen ihres übermäßigen Schmerzes (vgl. SOPHOKLES, Elektra, Übers. und Nachwort von W. SCHADEWALDT, Stuttgart 1995, 8–16).
[10] Hofmannsthal insistiert auf der bei Sophokles (ebd., 53) nur angedeuteten Erniedrigung Elektras; in Chrysothemis begegnet die Protagonistin dem Ebenbild ihrer vergangenen Schönheit und gesunden Kraft, vgl. HOFMANNSTHAL, 216 f.
[11] Vgl. den „namenlosen Tanz" (233), mit dem Elektra Orests Rachetat feiert.
[12] Die Struktur der Mythen [1955], zitiert oben S. 9.
[13] Strauss hat hier eine lange Passage (S. 194 unten – 196) gestrichen, nicht zuletzt wohl, um die Sängerinnen nicht zu überfordern.

[14] Auch hier hat Strauss Kürzungen vorgenommen (die Passage S. 205 unten – 207 oben ist vollständig weggefallen).

[15] Vgl. Hofmannsthals eigene Formulierung, oben S. 192.

[16] Von Strauss gekürzt und zugleich (durch Umstellung) erweitert, vgl. oben S. 305 Anm. 8.

[17] Vgl. die Regieanweisung zum stummen Spiel Klytämnestras, 211.

[18] Vgl. 222: „Weil ich nicht Vater und nicht Bruder hab, / bin ich der Spott der Buben!"; Strauss hat diesen und die folgenden Sätze gestrichen.

[19] Vgl. die Antithesen der im Libretto eingefügten Passage (238): „ELEKTRA. Ich habe *Finsternis* gesät / und ernte *Lust über Lust*. Ich war ein *schwarzer Leichnam / unter Lebenden*, und diese Stunde / bin ich das *Feuer des Lebens* und meine Flamme verbrennt die *Finsternis* der Welt. (...)"

[20] Brief vom 15. Juni 1911, in: STRAUSS – HOFMANNSTHAL, Briefwechsel, 130.

[21] Vgl. zur Figurenkonstellation sein *Ungeschriebenes Nachwort zum Rosenkavalier* (1911), in: HOFMANNSTHAL, Dramen V, 146.

[22] Brief von Mitte Juli 1911, in: STRAUSS – HOFMANNSTHAL, Briefwechsel, 134; dieser Brief und die für die Veröffentlichung überarbeitete Fassung (vgl. oben Anm. 7) sind komplementär und werden hier nebeneinander benutzt.

[23] Ebd.

[24] Ariadne (1912), in: HOFMANNSTHAL, Dramen V, 299; ebd. auch die folgenden Zitate.

[25] Brief vom 20. März 1911, in: STRAUSS – HOFMANNSTHAL, Briefwechsel, 114; im Rückblick (Brief vom 20. Januar 1913, ebd., 213) stellte Hofmannsthal fest, er habe im *Rosenkavalier* „einen Weg eingeschlagen, der (...) ein scheinbar ganz fernliegendes Stilelement – die geschlossenen Nummern – gleichsam hinterrücks wieder hereinzog". – Am 8. Juli 1918 dekretiert der Dichter in der Selbstkritik der Bearbeitung des *Bourgeois gentilhomme*: „Das wahre Grundelement des Dramas ist Handlung" (ebd., 413); daß damit eine allgemeine Wahrheit und nicht die Maxime seines eigenen Schaffens ausgesprochen sein soll, beweist eine spätere Stelle: Bei *Arabella* habe ihm Strauss „geholfen, ein wenig über (s)einen Schatten zu springen, der sich zu gern mit dem Zuständlichen der Figuren begnügt, statt ihr Letztes in der Aktion zu suchen" (Brief vom 5. August 1928, ebd., 657; vgl. auch eine Selbsteinschätzung vom 29. Oktober 1927: „Ich bin ein Dichter, aber kein *primärer* Theatraliker (...)", ebd., 598).

[26] Vgl. die von R. Strauss entworfene Liste der Nummern im Brief vom 22. Mai 1911, ebd., 120.

[27] Vgl. die Briefe des Dichters vom 16. 5. 1918 (also nach Abschluß der *Frau ohne Schatten*), ebd., 406, vom 27. Februar 1923, ebd., 488, und noch vom 4. 5. 1925 (während der Arbeit an der *Ägyptischen Helena*), ebd., 539.

[28] Vgl. die Notizen zu diesem Projekt in: HOFMANNSTHAL, Dramen V, 405–424.

[29] Brief vom 20. März 1911, in: STRAUSS – HOFMANNSTHAL, Briefwechsel, 112.

[30] Vgl. Funktion A in VL. PROPPS (Morphologie des Märchens, Frankfurt 1975) Schema; die folgende Analyse geht, ohne das jeweils explizit zu machen, von PROPPS Kategorien aus.

[31] Darauf macht Hofmannsthal den Komponisten wiederholt aufmerksam, vgl. seinen Brief vom 22. April 1914 in: STRAUSS – HOFMANNSTHAL, Briefwechsel, 265; Brief vom 25. Juli 1914, ebd., 284.

³² Vgl. das von A. J. GREIMAS (Sémantique structurale. Recherche de méthode, Paris 1966, 172 ff.) entworfene Aktantenmodell des Märchens: Die Kaiserin als Subjekt erwirbt das Objekt für den *Destinataire* (sich selbst, bzw. den Kaiser), die höhere Instanz, deren Verfügungen das Geschehen in Gang setzen (*Destinateur*), ist Keikobad; zu den Helfern/Gegenspielern vgl. unten.

³³ So Hofmannsthal im Brief vom 12. Februar 1919, vgl. STRAUSS – HOFMANNSTHAL, Briefwechsel, 441.

³⁴ Brief Hofmannsthals vom 28. Dezember 1913, ebd., 255.

³⁵ So die Amme im ersten Aufzug, vgl. *Die Frau ohne Schatten*, in: HOFMANNSTHAL, Dramen V, 305–378 [auf die Seitenzahlen dieser Ausg. wird im folgenden verwiesen], speziell 316.

³⁶ So heißt es im letzten Satz der (nach dem Libretto entstandenen) Erzählung *Die Frau ohne Schatten*, in: H. VON HOFMANNSTHAL, Erzählungen. Erfundene Gespräche und Briefe. Reisen (Ges. Werke in zehn Einzelbden.), Frankfurt 1979, 342–439, speziell 439.

³⁷ Vgl. den Ruf der Wächter, mit dem der erste Aufzug endet (331): „Ihr Gatten, die ihr liebend euch in Armen liegt, / ihr seid die Brücke, überm Abgrund ausgespannt, / auf der die Toten wiederum ins Leben gehn!" (als zentrale Stelle von Hofmannsthal in seiner Zusammenfassung „Die Handlung" [1919] zitiert, vgl. ebd., 383).

³⁸ Das Phantom (vgl. Hofmannsthals Brief vom 14. Mai 1912, in: STRAUSS – HOFMANNSTHAL, Briefwechsel, 309) des Jünglings, das die Amme ihr zeigt (326, 342 f.), ist nichts als eine Projektion ihrer Wünsche; insofern ist die narzißtische Aussage der Färbersfrau: „geschmückt hab ich mich / für den Spiegel" (332), wahrer, als ihr selbst bewußt sein dürfte.

³⁹ So das Versprechen der Amme, 325; vgl. auch die Erzählung, in: HOFMANNSTHAL, Erzählungen, 412.

⁴⁰ Auf die Analogie zur *Zauberflöte* hat schon Hofmannsthal (Brief vom 20. März 1911, STRAUSS – HOFMANNSTHAL, 113) hingewiesen.

⁴¹ HOFMANNSTHAL, Die Handlung, Dramen V, 381.

⁴² Vgl. ebd. – Als die Kaiserin ihren Gemahl in diesem Zustand findet, ruft sie aus: „Versteinert sein Herz / von meiner Härte!" (373), aber daß sie sich in diesem, für sie höchst schmerzlichen, Augenblick die Schuld an seinem Schicksal gibt, bedeutet nicht notwendigerweise, daß der Zuschauer ihr zustimmen soll.

⁴³ Brief Hofmannsthals vom 26. Dezember 1913, in: STRAUSS – HOFMANNSTHAL, Briefwechsel, 255.

⁴⁴ HOFMANNSTHAL, Erzählungen, 394.

⁴⁵ Ebd., 380–396.

⁴⁶ Das verbindet ihn mit dem Geisterkönig Keikobad, der aber in der Oper nicht auftritt.

⁴⁷ Vgl. HOFMANNSTHAL, Die Handlung, in: Dramen V, 383.

⁴⁸ Vgl. im dritten Aufzug ihr wiederholtes Versprechen, der Kaiserin den Schatten der Färbersfrau zu verschaffen: „Ihresgleichen / scheinst du dann / und bist es nicht (...)" (360).

⁴⁹ Vgl. seinen Brief vom 24. September 1913, in: STRAUSS – HOFMANNSTHAL, Briefwechsel, 240 f.

[50] Ebd., 241.
[51] Brief Hofmannsthals vom 15. April 1922, in: STRAUSS – HOFMANNSTHAL, Briefwechsel, 476.
[52] Brief vom 3. Juni 1913, ebd., 232.
[53] Brief vom 25. Juli 1914, ebd., 285.
[54] Erzählungen, 360.
[55] Brief vom 15. April 1915, HOFMANNSTHAL – STRAUSS, Briefwechsel, 307.
[56] Brief vom 27. Mai 1915, ebd., 311.
[57] Vgl. im ersten Aufzug (327) die Streichung von sechs Versen vor den Worten der Amme: „Abzutun / Mutterschaft / auf ewige Zeiten", die von Strauss vorgeschlagen (Brief vom 5. Juli 1914, STRAUSS – HOFMANNSTHAL, 275 f.), von Hofmannsthal zweimal abgelehnt (Brief vom 8. Juli 1914, ebd., 277 f.; Brief vom 12. Juli 1914, ebd., 280 f.: „ganz unmöglich meinem Gefühl nach im höhern Stil, vor allem für das Verständnis dieser hochwichtigen Stelle geradezu destruktiv!"), aber schließlich doch akzeptiert wurde.

Eine problematische Kategorie: Die sogenannte Literaturoper

[1] Vgl. C. DAHLHAUS, Zur Dramaturgie der Literaturoper, in: C. D., Vom Musikdrama, 238–248, speziell 242.

[2] Zur Bedeutung strophenähnlicher Formen in Wagners Operntexten vgl. oben S. 169 f.

[3] Er scheint 1914 von E. ISTEL (vgl. Das Libretto, 44) geprägt worden zu sein, vgl. H. J. KREUTZER, Vom Schauspiel zur Oper. Ingeborg Bachmanns Libretto für Hans Werner Henzes Der Prinz von Homburg, in: H. J. K., Obertöne, 217–261, speziell 227.

[4] Zur Problematik des Begriffs vgl. z. B. DANUSER, Musik des 20. Jahrhunderts, 350; TH. KOEBNER, Vom Arbeitsverhältnis zwischen Drama, Musik und Szene und ein Plädoyer für eine „Opera impura", in: Für und Wider die Literaturoper, 65–81, speziell 65 f.; K. D. GRÄWE, „Halbgestaltete dichterische Materie", ebd., 233–243. P. PETERSEN und H.-G. WINTER (Die Büchner-Opern im Überblick. Zugleich ein Diskussionsbeitrag zur „Literaturoper", in: Hamburger Jahrbuch für Musikwissenschaft, 14: P. P. – H.-G. W. (Hrsg.), Büchner-Opern. Georg Büchner in der Musik des 20. Jahrhunderts, Frankfurt etc. 1997, 6–31, speziell 10) definieren ‚Literaturoper' als „eine Sonderform des Musiktheaters, bei der das Libretto auf einem bereits vorliegenden literarischen Text (Drama, Erzählung) basiert, dessen sprachliche, semantische und ästhetische Struktur in einen musikalisch-dramatischen Text (Opernpartitur) eingeht und dort als Strukturschicht kenntlich bleibt"; die folgende Diskussion der Büchner-Opern zeigt, daß die (der Präzisierung bedürftigen) Kategorien weniger deskriptiv als ästhetisch wertend aufgefaßt werden.

[5] So C. DAHLHAUS, Traditionelle Dramaturgie in der modernen Oper, in: C. D., Vom Musikdrama, 229–237, speziell 231. – GRÄWE, „Halbgestaltete dichterische Materie", 234, macht als Specificum der Literaturoper das „Bedürfnis" aus, „Texte individuellen Charakters dem musizierten Geschehen einzuverleiben", so daß auch Originaltexte Pfitzners, Busonis oder Hindemiths dazuzurechnen wären.

⁶ Vgl. unten S. 207.
⁷ Vgl. GRELL, Ingeborg Bachmanns Libretti; zum *Prinzen von Homburg* unten S. 207–210.
⁸ Vgl. auch oben S. 176 f.
⁹ Vgl. PFISTER, 108 ff.
¹⁰ Vgl. z. B. die Opposition zwischen Peter Grimes und der Kleinstadtgesellschaft des Borough in *Peter Grimes* von Benjamin Britten (Text: M. Slater, nach einer Verserzählung von G. Crabbe; 1945), dazu J. KÜHNEL, Die Novelle als Opernvorwurf. Zur Dramaturgie einiger Opern Benjamin Brittens, in: Oper und Operntext, 227–260, speziell 233 f.
¹¹ Vgl. im einzelnen E. FISCHER, PEnz 5, 79–81.
¹² Vgl. ebd., 82.
¹³ Vgl. KÜHNEL, Die Novelle als Opernvorwurf, 227.
¹⁴ Vgl. ebd., 248 f.
¹⁵ Das folgende nach KÜHNEL, ebd.
¹⁶ Ebd., 255.
¹⁷ Eine imaginäre Kamera folgt gleichsam Aschenbach, der von Anfang bis Ende ununterbrochen auf der Bühne ist, auf seinem Weg durch Venedig; vgl. ebd., 250 ff.
¹⁸ C. DAHLHAUS, in: Für und Wider die Literaturoper, 84. An anderer Stelle (Zur Dramaturgie der Literaturoper, ebd., 148; wieder in: C. D., Vom Musikdrama, 238) spricht DAHLHAUS zutreffender vom Schauspiel, „dessen Text *in größeren oder kleineren Bruchstücken* die Grundlage der Oper bildet" (Hervorhebung A. G.).
¹⁹ Vgl. CHR. ANGELET, *Pelléas et Mélisande. Des brouillons de Maeterlinck au livret de Debussy*, in: *Pelléas et Mélisande. Actes du Colloque International de Gand (27 novembre 1992)*, éd. par CHR. A., Gand 1994, 49–58, speziell 56 f. Es handelt sich um die Szenen I 1 (Servantes – Portier), II 4 (Arkel – Pelléas), III 1 (Pelléas – Mélisande, später Yniold, zuletzt Golaud) und V 1 (Servantes); vgl. M. MAETERLINCK, Théâtre II, Bruxelles 1908, 1–113.
²⁰ Die Dramaturgie hätte sich gegenüber dem Schauspiel auch dann verändert, wenn Debussy die beiden Szenen beibehalten hätte: Die Reden der kaum individualisierten Mägde wären wie von selbst zum Chor geworden; ein Chor zu Beginn des Werkes (oder auch zu Beginn des letzten Aktes) verweist aber in jedem Fall, mag er nun als geschlossene Nummer oder in musikalischer Prosa komponiert sein, auf die Konventionen der Oper, denen Maeterlincks *Pelléas* durchaus fernsteht. Eben dies könnte ein Grund für die Streichung gewesen sein.
²¹ Nur Pelléas spricht wiederholt davon, die Burg zu verlassen (s. u.), aber der Freund, dem er beistehen will (Maeterlinck I 3 = Debussy I 2), stirbt, ohne Pelléas wiedergesehen zu haben (vgl. Maeterlinck II 4).
²² Er selbst hat Debussy vorgeschlagen, die beiden Szenen der Dienerinnen zu streichen, vgl. ANGELET, *Pelléas*, 57.
²³ IV 2: Zimmer der Prinzessin; vgl. GRELL, Ingeborg Bachmanns Libretti, 173.
²⁴ Vgl. die Übersicht von TH. SIEDHOFF, Verzeichnis der Opern deutschsprachiger Komponisten nach literarischen Vorlagen 1945–1981, in: Für und Wider die Literaturoper, 257–289, mit 266 Nummern (großenteils Adaptationen narrativer Texte; zwischen Vertonungen eines Schauspieltextes und freieren Bearbeitungen wird nicht

unterschieden). K. ACHBERGER, Literatur als Libretto. Das deutsche Opernbuch seit 1945, Heidelberg 1980, gibt nur ein „Verzeichnis der neuen Opern 1945–1976" (241–288), darunter zahlreiche Werke, für die sich eine bestimmte literarische Vorlage nicht angeben läßt.

[25] S. WIESMANN, Bedingungen der Komponierbarkeit. Bernd Alois Zimmermanns *Soldaten*, György Ligetis *Le Grand Macabre*, in: Für und Wider die Literaturoper, 27–34, Zitat 27; ähnlich DANUSER, Musik des 20. Jahrhunderts, 360 f. Vgl. außerdem D. SCHMIDT, Lenz im zeitgenössischen Musiktheater. Literaturoper als kompositorisches Projekt bei Bernd Alois Zimmermann, Friedrich Goldmann, Wolfgang Rihm und Michèle Reverdy, Stuttgart – Weimar 1993, 31–99.

[26] Vgl. Werke Kleists auf dem modernen Musiktheater, hrsg. von K. KANZOG und H. J. KREUTZER, Berlin 1977.

[27] Vgl. Hamburger Jahrbuch für Musikwissenschaft, 14: Büchner-Opern.

[28] Vgl. M. ZIMMERMANN, Padrona la serva? Text und Musik im 19. und im 20. Jahrhundert, in: Für und Wider die Literaturoper, 13–25, speziell 15.

[29] Vgl. DAHLHAUS, Zur Dramaturgie der Literaturoper, ebd., 162 f. (wieder in: Vom Musikdrama, 247 f.).

[30] Vgl. ebd., 163 (248).

[31] Vgl. PFISTERS Kritik an der von V. KLOTZ vorgeschlagenen Unterscheidung zwischen „offener" und „geschlossener" Form im Drama, PFISTER, 319–326, speziell 322.

[32] Vgl. oben S. 156 ff.

[33] Zum gängigen Repertoire zählen heute z. B. *A kékszakállú herceg vára* [*Herzog Blaubarts Burg*] von Béla Bartók (Text: Béla Balázs, 1918), mit nur zwei Sängern, oder *Z mrtvého domu* [*Aus einem Totenhaus*] von Leoš Janáček (1930), eine Oper, in der es, wenn Aljeja mit einem Tenor besetzt wird, keine einzige Frauenstimme gibt.

[34] Bezeichnenderweise lassen sich die von DAHLHAUS (Zur Dramaturgie der Literaturoper) genannten Merkmale der ‚Literaturoper' fast ausnahmslos mit einer von der italienischen Oper des 19. Jahrhunderts abstrahierten Definition des Librettos in Einklang bringen, vgl. GRELL, Ingeborg Bachmanns Libretti, 228–232.

[35] Diese werden im Gegenteil eher selten als Operntexte verwendet (vgl. C. DAHLHAUS, Traditionelle Dramaturgie in der modernen Oper, 231), was nicht zuletzt urheberrechtliche (bzw. finanzielle) Gründe haben mag.

[36] So *Schenitba* von Mussorgski (vgl. oben S. 187); mittels einer um sich selbst kreisenden Handlung stellt Gogols Komödie einen Zustand dar (ein zeitgenössischer Kritiker monierte: „Keine Schürzung des Knotens, keine Lösung, keine Charaktere (...)", vgl. KNLL 6, 563).

[37] So *Guglielmo Ratcliff* von Pietro Mascagni (1895); Textvorlage war Andrea Maffeis italienische Übersetzung (1875) von Heinrich Heines Tragödie *William Ratcliff* (1822). Die außergewöhnliche Bedeutung epischer Momente in Heines Dichtung begründet deren „gattungsmäßige Sonderstellung" (N. CHRISTEN, PEnz 3, 712); übrigens hat Maffei Binnenreime, Assonanzen u. ä. neu eingeführt (vgl. P. ROSS, MGG$^2$ 5, 1138), was eine Annäherung an die formale Gestaltung italienischer Libretti bedeutet. Vgl. auch J. MAEHDER, The Origins of Italian „Literaturoper", zitiert oben S. 302 Anm. 55.

[38] Vgl. D. CANTONI, La poétique du silence dans Pelléas et Mélisande, in: Pelléas et Mélisande. Actes du Coll. de Gand, 71–117, speziell 75.

[39] Die vergleichende Erzählforschung spricht vom Typus des „conte mélusinien", vgl. L. HARF-LANCNER, Les fées au moyen âge. Morgane et Mélusine. La naissance des fées, Paris 1984, 85 ff.

[40] Zum folgenden vgl. A. GIER, Mélisande oder die ewige Gegenwart, in: Pelléas et Mélisande. Programmheft Oper Frankfurt, Spielzeit 1993/94, 84–92.

[41] Wenn Maeterlincks Schauspieltext mit der gekürzten Version Debussys übereinstimmt, wird hier nur auf diese verwiesen (Pelléas et Mélisande. Drame lyrique en cinq actes tiré du théâtre de M. MAETERLINCK. Musique de CL. DEBUSSY, Paris o. J.).

[42] Golaud hat die Heimreise mit Mélisande zu Schiff gemacht (vgl. I 3, S. 15), nachdem er die Quelle, bei der er sie traf, offenbar auf dem Landweg erreicht hatte; der Vorliebe der jungen Frau für das Meer gibt er offenbar nur nach, um sie desto sicherer in seine eigene Sphäre (den Wald) zu entführen.

[43] Gegenüber Mélisande erwähnt er seine bevorstehende Abreise gleich im ersten Gespräch (I 3, S. 16); eine zweite Unterredung mit Arkel, der Pelléas nicht fortlassen will, hat Debussy nicht vertont (Maeterlinck II 4). Verweist der junge Mann zunächst nur auf seine Reisepläne, um von Mélisande einen Beweis ihrer Zuneigung zu erhalten (III 1, S. 33), scheint er nach der Gesundung seines Vaters ernsthaft zum Aufbruch entschlossen (IV 1, S. 48; IV 3, S. 53 f.).

[44] Unterstrichen wird sie durch die Reaktion Golauds: Der Verlust des Rings wiegt schwerer, als wenn ihm all sein Besitz genommen würde (II 2, S. 27).

[45] Vgl. ANGELET, Pelléas, 51.

[46] Vgl. die knappen Andeutungen bei GIER, Mélisande, 88.

[47] Vgl. N. ABELS, Maurice Maeterlinck und die Suche nach der Weltseele, in: Pelléas et Mélisande. Programmheft Oper Frankfurt, Spielzeit 1993/94, 74–83.

[48] Da Mélisande vor einer Berührung zurückschreckt, lehnt sich Golaud, der Mann des Waldes, an einen Baum in einiger Entfernung von ihr (I 1, S. 6).

[49] So P. PETERSEN, Alban Berg. Wozzeck. Eine semantische Analyse unter Einbeziehung der Skizzen und Dokumente aus dem Nachlaß Bergs (Musik-Konzepte. Sonderband), München 1985, 12; durch PETERSENS Darstellung der Entstehungsgeschichte des Librettos (13–40) sind alle früheren Arbeiten zu diesem Thema überholt.

[50] In diesem Jahr veröffentlichte G. Witkowski, der 1920 eine auf den Handschriften basierende Neuedition (erstmals unter dem korrekten Titel Woyzeck) publizierte, eine Kritik der Franzos-Ausgabe, die Berg zur Kenntnis nahm, vgl. PETERSEN, 22 f.

[51] Vgl. ebd., 51–53.

[52] Vgl. ebd., 37; PETERSEN nimmt an, Berg habe die Ausgabe Witkowskis erst im Sommer 1921 einsehen können.

[53] Vgl. die Übersicht bei PETERSEN, 52, sowie G. PLOEBSCH, Alban Bergs Wozzeck. Dramaturgie und musikalischer Aufbau, Strasbourg – Baden-Baden 1968, 15 ff.

[54] A. BERG, Wozzeck-Vortrag, in: H. F. REDLICH, Alban Berg. Versuch einer Würdigung, Zürich – London – Wien 1957, 311–327, speziell 312; vgl. PETERSEN, Wozzeck, 72. DANUSER, Musik des 20. Jahrhunderts, 89, weist zu Recht darauf hin,

daß „die Kategorien der Theorie der Tragödie (...) hier nur in einem vagen Sinn" greifen.

[55] Daß es Wozzecks Geistesgestörtheit ist, die ihn von seinen Schicksalsgenossen unterscheidet, hebt G. PERLE, The Operas of Alban Berg. Vol. 1: Wozzeck, Berkeley – Los Angeles – London 1980, 39 hervor.

[56] Zitiert wird nach A. BERG, Wozzeck. Texte, Materialien, Kommentare, hrsg. von A. CSAMPAI und D. HOLLAND, Reinbek 1985, 39–76.

[57] PLOEBSCH, Alban Bergs Wozzeck, 19, spricht von „Stationendrama".

[58] Vgl. PETERSEN, Wozzeck, 72.

[59] Vgl. Hauptmann und Doktor als Karikaturen einer religiös gebundenen Moral (I 1) bzw. des naturwissenschaftlichen Denkens (I 4, und die von Berg nicht vertonte Szene „Der Hof des Doktors", G. BÜCHNER, Woyzeck. Kritische Lese- und Arbeitsausgabe, hrsg. von L. BORNSCHEUER, Stuttgart 1994 [$^1$1972], 60–63), Wozzecks Verweis auf „die Natur" als menschliches Verhalten determinierende Macht (I 4) und die Parodie der Leibniz-Wolfschen Philosophie in der Rede des Handwerksburschen (II 4); in den von Berg nicht vertonten Szenen außerdem das nihilistische Märchen der Großmutter (Woyzeck, 38–41) und die Ausführungen zum Verhältnis von Mensch und Tier in der Rede des Marktschreiers (ebd., 50–53). Wenn es Büchners Absicht gewesen sein sollte, auch Woyzecks Prozeß auf der Bühne darzustellen (so u. a. PETERSEN, Wozzeck, 49), wäre jedenfalls auch der juristische Diskurs über den Menschen einbezogen worden.

[60] Vgl. auch P. PETERSEN, Berg und Büchner – Wozzeck und Woyzeck. Von der „offenen Form" des Dramas zur „geschlossenen Form" der Oper, in: Hamburger Jahrbuch für Musikwissenschaft, 14: Büchner-Opern, 169–188.

[61] Vgl. PERLE, The Operas, 39. – Die Freundschaft, die Büchners Andres Wozzeck entgegenbringt, wird durch einen Zusatz des Herausgebers Franzos in Frage gestellt (vgl. PETERSEN, Wozzeck, 48). Berg hat die Konsequenz daraus gezogen und Andres negativ dargestellt, möglicherweise, um Wozzeck noch mehr zu isolieren.

[62] Vgl. PETERSEN, Wozzeck, 69 f.

[63] Ebd., 58.

[64] Vgl. TH. KOEBNER, Vom Arbeitsverhältnis zwischen Drama, Musik und Szene, in: Für und Wider die Literaturoper, 73.

[65] So PETERSEN, Wozzeck, 72.

[66] Zu berücksichtigen ist auch, daß der Komponist den einzelnen Szenen der Oper durch Verwendung traditioneller Formen der Instrumentalmusik Geschlossenheit verleiht (außerdem trennt er die Szenen innerhalb der Akte durch instrumentale Zwischenspiele): So besteht der erste Akt aus fünf „Charakterstücken", der zweite aus den fünf Sätzen einer Sinfonie. Wozzecks Gespräch mit dem Hauptmann (I 1) ist als Suite vertont. Die Musik ist damit einer „strengen außertextlichen Bindung" unterworfen (PLOEBSCH, Alban Bergs Wozzeck, 28); die Sätze der Suite korrespondieren nicht in jedem Fall mit der Abschnittgliederung der Szene. Die musikalische Ordnung der Oper wurde als „irrational, meaningless, non-human, indifferent" bezeichnet (PERLE, The Operas, 36); sie stünde folglich für das anonyme Unterdrückungssystem, an dem Wozzeck zerbricht. Allerdings nimmt U. KRÄMER (Die Suite als Charakterstudie des Hauptmanns in Alban Bergs Wozzeck, in: Hamburger Jahrbuch für Musikwissenschaft, 10: Musiktheater im 20. Jahrhundert, Laaber 1988,

47–75) an, die absolut musikalische Form verweise zeichenhaft auf außermusikalische Inhalte (in I 1: auf den Charakter des Hauptmanns).

[67] A. REIMANN, Wie arbeite ich an einer Oper?, in: Für und Wider die Literaturoper, 181 f.

[68] C. H. HENNEBERG, Gedanken zur Beziehung zwischen Literatur und Libretto am Beispiel von Aribert Reimanns *Lear*, in: Oper und Operntext, 261–269, speziell 268; dort auch (265 f.) zum Problem der Übersetzung der Schauspiel-Vorlage ins Deutsche.

[69] Vgl. KREUTZER, Vom Schauspiel zur Oper (s. S. 308 Anm. 3), 223. Die Literatur zum *Prinzen von Homburg* ist umfangreicher als zu den meisten anderen Libretti neuerer Opern, vgl. noch GRELL, Ingeborg Bachmanns Libretti, 169–236; ACHBERGER, Literatur als Libretto, 122–132 (vgl. die berechtigte Kritik bei KREUTZER, 222 Anm. 12); DAHLHAUS, Traditionelle Dramaturgie in der modernen Oper, in: Vom Musikdrama, 229–237, speziell 235–237. – Zitiert wird nach I. BACHMANN, Werke, hrsg. von CHR. KOSCHEL, I. VON WEIDENBAUM, CL. MÜNSTER, Erster Bd. Gedichte – Hörspiele – Libretti – Übersetzungen, München – Zürich 1978, 331–368, mit fortlaufender Szenenzählung für alle drei Akte; wir geben dennoch Akt (röm. Ziffer) und Szene (ar. Ziffer) an.

[70] So H. H. STUCKENSCHMIDT, zitiert bei KREUTZER, Vom Schauspiel zur Oper, 226.

[71] Hinzugefügt wurden nur zwei kurze Passagen, die jeweils Verse aus anderen Dramen Kleists verwenden: In der ersten Szene deutet der Prinz seine Gefühle zu Natalie an (I 1, S. 337), etwas später (I 3, S. 349) wird die Gelegenheit zu einem Duett der beiden Liebenden geschaffen, vgl. KREUTZER, ebd., 253 f.

[72] Vgl. ebd., 248 und ff.

[73] Zitiert wird nach H. VON KLEIST, Prinz Friedrich von Homburg. Ein Schauspiel, mit einem Nachwort von E. VON REUSNER, Stuttgart 1995 [$^1$1968].

[74] Kottwitz gibt zu bedenken (V 5, V. 1532–1536), daß die Schweden ohne das Eingreifen des Prinzen möglicherweise die Oberhand behalten hätten; daß dieser nach seiner Begnadigung als „Sieger in der Schlacht von Fehrbellin" (V 11, V. 1855; BACHMANN III 10, S. 367) apostrophiert wird, ist daher kein Widerspruch.

[75] Hans Werner Henze hat wiederholt deutlich gemacht, daß er Homburg als „Schwärmer (...) und Träumer" sieht, vgl. die Zitate bei KREUTZER, Vom Schauspiel zur Oper, 218 f.

[76] Bei Kleist sagt der Kurfürst: „Im Traum erringt man solche Dinge nicht!", I. Bachmann präzisiert zu „Ruhm und Liebe", vgl. KREUTZER, ebd., 252; GRELL, Ingeborg Bachmanns Libretti, 177.

[77] So Henze, zitiert bei KREUTZER, Vom Schauspiel zur Oper, 219.

[78] Ebd., 231.

[79] Ebd., 231 f.; ähnlich GRELL, Ingeborg Bachmanns Libretti, 175 f.

[80] Vgl. DAHLHAUS, Traditionelle Dramaturgie in der modernen Oper, 235.

[81] Prinzessin Natalie steht als Mittlerin zwischen den beiden Welten, vgl. GRELL, Ingeborg Bachmanns Libretti, 177.

[82] Vgl. KREUTZER, Vom Schauspiel zur Oper, 234; 258 f.

[83] Zu der „harten Fügung" zwischen der Zuversicht des Prinzen und dem ohne Verwandlung folgenden Auftritt des Kurfürsten vgl. ACHBERGER, Literatur als Libretto, 129.

[84] Vgl. GRELL, Ingeborg Bachmanns Libretti, 220.
[85] Vgl. KREUTZER, Vom Schauspiel zur Oper, 255–257.
[86] Zu dieser Änderung vgl. ebd., 252f.; GRELL, Ingeborg Bachmanns Libretti, 210.
[87] Vor diesem Hintergrund ist der Schlußsatz von Schauspiel und Libretto („In Staub mit allen Feinden Brandenburgs!") zu verstehen, vgl. ACHBERGER, Literatur als Libretto, 128.
[88] Vgl. KREUTZER, Vom Schauspiel zur Oper, 219.
[89] Vgl. ebd., 244ff., speziell 246.
[90] Vgl. ebd., 248ff. Dadurch entstehende Unwahrscheinlichkeiten (vgl. ebd., 240, 250f.) wirken kaum störend, da die symbolische Bedeutung des Geschehens Raum- und Zeitlosigkeit impliziert.
[91] Vgl. ebd., 230.
[92] DAHLHAUS, Zur Dramaturgie der Literaturoper, in: Vom Musikdrama, 242.
[93] H. W. HENZE, Musik und Politik. Schriften und Gespräche 1955–1975, hrsg. von J. BROCKMEIER, München 1976, 73; vgl. dazu GRELL, Ingeborg Bachmanns Libretti, 170; KREUTZER, Vom Schauspiel zur Oper, 219f.
[94] Vgl. I. BACHMANN, Entstehung eines Librettos, in: Werke, Erster Bd., 369–376, speziell 373.
[95] Vgl. ebd., 372. – Einen Sonderfall stellt die „Todesfurchtszene" (II 5) dar: Kleists Prinz *schildert* (III 5, V. 981ff.) der Kurfürstin (und Natalie) die Panik, die ihn beim Anblick des für ihn ausgehobenen Grabes erfaßte, im Libretto wird die Szene auf der Bühne *gezeigt*. KREUTZER (Vom Schauspiel zur Oper, 243) nimmt an, durch die Änderung solle eine „Arien-Situation"geschaffen werden; DAHLHAUS (Traditionelle Dramaturgie in der modernen Oper, 235) deutet den Eingriff wohl zutreffender (eine statische Soloszene hätte auch der Bericht vor der Kurfürstin ergeben) als Umformung verdeckter zu offener Handlung.
[96] C. DAHLHAUS, Ludwig van Beethoven und seine Zeit, Laaber 1987, 227f.
[97] Schon im frühen 20. Jahrhundert postuliert das Schlagwort ‚Zurück zu Mozart' eine „antiwagnerische Operndramaturgie, der die Wahl zwischen handlungsfördern- dem Dialog im Rezitativton und musikalischem Verweilen wieder offenstünde" (DANUSER, Musik des 20. Jahrhunderts, 82).

## Zeichenhaftigkeit und Abstraktion im neueren Libretto

[1] Vgl. oben S. 203ff.
[2] Vgl. M. STEGEMANN, Jean Cocteau, librettiste, in: Les écrivains français et l'opéra, éd. par J.-P. CAPDEVIELLE et P.-E. KNABE, Köln 1986, 295–306.
[3] Vgl. G. TROMP, Artaud et Varèse, ebd., 275–284.
[4] Vgl. unten S. 222f.
[5] Vgl. G. HELDT, ‚Jedermann Bérenger'. Anmerkungen zu Heinrich Sutermeisters Ionesco-Oper Le roi Bérenger (UA München 1985), in: Europäische Mythen der Neuzeit. Faust und Don Juan. Ges. Vorträge des Salzburger Symposions 1992, hrsg. von P. CSOBÁDI u. a., Anif/Salzburg 1993, 741–752.
[6] Auch unter den Opernkomponisten sind die Traditionalisten zahlreich, und seit

den siebziger Jahren ist eine „übergreifende Rückkehr zur Tradition" zu beobachten (DANUSER, Musik des 20. Jahrhunderts, 350).

[7] Vgl. oben S. 70f.

[8] Vgl. C. DAHLHAUS, Igor Strawinskijs episches Theater, in: C. D., Vom Musikdrama, 174–198, speziell 191.

[9] Ebd.

[10] Vgl. I. STRAWINSKY im Gespräch mit E. ZANETTI (1951), in: B. BRECHT/K. WEILL, Die Dreigroschenoper – I. STRAWINSKY, The Rake's Progress. Texte, Materialien, Kommentare, hrsg. von A. CSAMPAI und D. HOLLAND, Reinbek 1987, 244–248; das Textbuch wird zitiert nach der zweisprachigen Fassung ebd., 139–235.

[11] Vgl. die Ausführliche Erklärung der Hogarthischen Kupferstiche von G. CHR. LICHTENBERG, in: G. Chr. L., Schriften und Briefe, hrsg. von W. PROMIES, Dritter Bd., München 1972, 657–1060, speziell 821 ff.; dazu G. SCHNITZLER, Von der Zeitkritik zum Welttheater: *The Rake's Progress* von Hogarth, Lichtenberg, Strawinsky, in: Welttheater, Mysterienspiel, rituelles Theater, 517–534.

[12] Strawinsky erinnerte sich (im Gespräch mit R. Craft) daran, wie er gemeinsam mit Auden die Szenenfolge des Librettos entwarf, „beginnend mit einem Helden, einer Heldin und einem Bösewicht" (zit. nach: BRECHT/WEILL – STRAWINSKY, 253).

[13] Oder Gounods Faust zwischen Marguerite und Méphistophélès, vgl. oben S. 176. – Eine Beziehung zwischen Max und Rakewell, der als Mann ohne Charakter „den Zufällen eines Schicksals, das blind um sich schlägt, um so widerstandsloser ausgesetzt" ist, stellt auch DAHLHAUS her (Igor Strawinskijs episches Theater, 192).

[14] Vgl. ebd., 191.

[15] Nick hält ihm hämisch vor: „Was Fortune not your mistress once?" (S. 218).

[16] So DAHLHAUS, Igor Strawinskijs episches Theater, 191. – Die Lehren, die im „Epilogue" (S. 234) aus der Geschichte gezogen werden, sind gewollt banal, vermutlich deshalb, weil dieses Vaudeville-artige Ensemble der fünf Hauptfiguren als Parodie des Schlußsextetts aus *Don Giovanni* gemeint ist.

[17] Vgl. ebd., 192; SCHNITZLER, Von der Zeitkritik zum Welttheater, 528: „für sich stehende Ur-Szenen".

[18] Vgl. FELDHEGE, Busoni als Librettist, 8 ff.

[19] F. BUSONI, Arlecchino oder Die Fenster. Ein theatralisches Capriccio, Wiesbaden o. J., 3; vgl. FELDHEGE, Busoni als Librettist, 132.

[20] BUSONI, Arlecchino, 25; vgl. FELDHEGE, Busoni als Librettist, 162.

[21] Vgl. ebd., 163.

[22] Zu den durchgehenden (textlichen und musikalischen) Bezügen auf Mozarts Oper vgl. A. RIETHMÜLLER, Mozart – Don Juan – Arlecchino – Busoni. Fragmente zu einem Rollenspiel, in: Mozart in der Musik des 20. Jahrhunderts. Formen ästhetischer und kompositionstechnischer Rezeption, hrsg. von W. GRATZER und S. MAUSER, Laaber 1992, 149–169.

[23] Vgl. in Arlecchinos Epilog die Frage: „Wiederholt sich nicht alles und ewig im gleichen Kreise?" (S. 25).

[24] Benutzte Ausgabe: Aus einem Totenhaus. Wörtl. Übers. aus dem Tschechischen von S. CERVENA, Bearbeitung von N. ABELS, in: Aus einem Totenhaus. Programmheft Oper Frankfurt, Saison 1993/94, 29–64.

[25] Vgl. M. EWANS, Janáčeks Opern, aus dem Engl. übers. von S. VOGT, Stuttgart 1981, 158.
[26] W. WILLASCHEK, Parabel in Musik, in: Moses und Aron. Programmheft Oper Frankfurt, Saison 1989/90, 25–38, speziell 29.
[27] Der Text wird zitiert nach A. SCHÖNBERG, Sämtliche Werke, Abt. III, Reihe A, Bd. 8 (in 2 Teilbden.): Moses und Aron. Oper in drei Akten, hrsg. von CHR. SCHMIDT, Mainz – Wien 1977/78.
[28] Vgl. H. MAYER, Die Oper als Endspiel: *Moses und Aron* von Arnold Schönberg, in: H. M., Versuche über die Oper, Frankfurt 1981; abgedruckt in: Moses und Aron. Programmheft Oper Frankfurt, 99–113, speziell 106.
[29] Vgl. ebd., 102.
[30] Vgl. WILLASCHEK, Parabel in Musik, 25.
[31] So wurden im September 1996 bei den Internationalen Musikfestwochen Luzern die Oper *Narcissus* von Beat Furrer (*1954) und das Monodram *Kassandra* von Michael Jarrell (*1958; nach der Erzählung von Christa Wolf, 1983) uraufgeführt. – Vgl. außerdem die Entfaltung des Gegensatzes Ratio vs. Irrationalität in H. W. Henzes *Bassariden* (1966, Text von W. H. Auden und Ch. S. Kallman, dazu M. SCHWARZ, PEnz 3, 4), den Kontrast männliche Gewalt vs. weibliches Leiden in A. Reimanns *Troades* (1985, Text von G. Albrecht und dem Komponisten nach F. Werfels *Troerinnen des Euripides*), etc. etc. Vgl. außerdem den Sammelband Antike Mythen im Musiktheater des 20. Jahrhunderts. Gesammelte Vorträge des Salzburger Symposions 1989, hrsg. von P. CSÓBADI u. a., Anif/Salzburg 1990.
[32] Vgl. u. a. Europäische Mythen der Neuzeit: Faust und Don Juan. Gesammelte Vorträge des Salzburger Symposions 1992, hrsg. von P. CSOBÁDI u. a., Anif/Salzburg 1993.
[33] Zur Unterscheidung zwischen „thèmes de héros" und „thèmes de situation" vgl. R. TROUSSON, Thèmes et mythes. Questions de méthode, Bruxelles 1981, 43 ff.

Epische und filmische Techniken im neueren Libretto

[1] Zur Episierung im Drama vgl. PFISTER, 103–122, und oben S. 10 ff.
[2] Vgl. z. B. den Prolog zu Busonis *Arlecchino* und dazu oben S. 216.
[3] Vgl. oben S. 199 ff.
[4] PFISTER, 105.
[5] Vgl. ebd.
[6] Vgl. dazu die Beiträge des Sammelbands Welttheater, Mysterienspiel, rituelles Theater.
[7] Vgl. oben S. 200.
[8] Vgl. A. GOODMAN, Auf dem Weg zu Nixon in China, in: Nixon in China. Programmheft Oper Frankfurt, Saison 1992/93, 11 f. Dort (S. 38–61) auch der Text des Librettos mit deutscher Übersetzung.
[9] Die metrische Form ist regelmäßig (vierhebige Verse für längere Reden, zweihebige für den Chor in der Ballettszene), sporadisch kommen Paarreime vor.
[10] Vgl. auch J. ADAMS, Als habe sich die Tonalität schuldig gemacht... (Gespräch mit K. HOFFMANN), in: Nixon in China. Programmheft, 14–17, speziell 16.

¹¹ Vgl. W. THOMAS, Carl Orffs *De temporum fine comoedia*. Das Spiel vom Ende der Zeiten. Vigilia. Eine Interpretation, Tutzing 1973.
¹² Vgl. M. KOSTAKEVA, Die imaginäre Gattung, 137–208.
¹³ Vgl. S. WIESMANN, PEnz 3, 504.
¹⁴ Ligeti selbst hat ausdrücklich beide Möglichkeiten offengelassen, vgl. M. KOSTAKEVA, Die Welt im Zerrspiegel der singenden Maske. Zu einigen ‚makabren' Sujets im Musiktheater des 20. Jahrhunderts, in: Welttheater, Mysterienspiel, rituelles Theater, 593–603, speziell 600.
¹⁵ Vgl. S. WIESMANN, Bemerkungen zu Olivier Messiaens *Saint François d'Assise*, in: Welttheater, Mysterienspiel, rituelles Theater, 605–610, speziell 605.
¹⁶ So M. STEGEMANN, PEnz 4, 180.
¹⁷ Vgl. TH. HIRSBRUNNER, PEnz 4, 109.
¹⁸ Vgl. den Text in: MESSIAEN, Saint François d'Assise (L'Avant-Scène Opéra, Hors Série, 4), Paris – Salzburg 1992, 41–101, speziell I 1 § 15.
¹⁹ Vgl. J.-CHR. MARTI, Gespräch mit Olivier Messiaen, in: Saint François d'Assise, 19–30, speziell 25.
²⁰ Vgl. PFISTER, 21, sowie oben S. 176 f.
²¹ Vgl. z. B. G. GENETTE, Figures III, Paris 1972; ders., Nouveau discours du récit, Paris 1983; A. KABLITZ, Erzählperspektive – Point of view – Focalisation. Überlegungen zu einem Konzept der Erzähltheorie, Zs. für frz. Sprache und Lit. 98 (1988), 237–255; etc.
²² In GENETTES Terminologie (Figures III, 206 f.) als „focalisation externe", sonst auch als Kameraperspektive bezeichnet.
²³ PFISTER, 248, der in diesem Zusammenhang von „transpsychologisch konzipierten Figuren" spricht.
²⁴ Vgl. PFISTER, 110.
²⁵ GENETTE bezeichnet die von ihm eingenommene Perspektive als *focalisation zéro*, Figures III, 206 f.
²⁶ Vgl. PFISTER, 48.
²⁷ Vgl. auch V. KLOTZ, Radikaldramatik. Szenische Vor-Avantgarde: Von Holberg zu Nestroy, von Kleist zu Grabbe, Bielefeld 1996, 226–228.
²⁸ Die folgenden Bemerkungen beziehen sich auf die Inszenierung von J. SAMS im Queens Theatre, London (1996).
²⁹ Ähnlich verdeutlicht auch Jean Cocteau im Schauspiel *Orphée* (1926) die Relativität der Zeit, vgl. die Szenen 7/8/8bis (J. COCTEAU, Orphée. The Play and the Film, ed. by E. FREEMAN, Oxford 1976, 28 f.).
³⁰ CL. MAURER ZENCK, PEnz 3, 338.
³¹ Das Libretto übernimmt „grad zwei Prozent" der umfangreichen Dichtung, vgl. H. WOLLSCHLÄGER, Die verlorenen Worte. Zu Pendereckis Rappresentazione von Miltons *Verlorenem Paradies*, in: K. PENDERECKI, Das Verlorene Paradies. Programmheft Württ. Staatstheater Stuttgart [1979], 15–20, speziell 19.
³² Vgl. W. SCHWINGER, PEnz 4, 666.
³³ Der Text ist abgedruckt im Programmheft der Uraufführung: Sala Olimpia, Madrid, Temporada de Ópera 1989, 21–37 (ich verdanke es der freundlichen Vermittlung von ARNO GIMBER).
³⁴ Vgl. ihre Selbstcharakterisierung (I 3), deren arienähnlicher Charakter durch

die strophische Form (je vier reimlose Siebensilber) unterstrichen wird; dort heißt es etwa: „He bebido en mil copas, / Mil bocas he besado, / Me estrecharon mil brazos / Pero no vi sus caras."

[35] Vgl. den Prólogo (Monolog der Sombra, gleiches Metrum wie in I 3): „El viento, el viento, el viento. / No hay reposo, no hay tregua. / No soy más que una hoja. / ¡Qué oscuridad, qué frío!"

[36] M. FOUCAULT, Les mots et les choses. Une archéologie des sciences humaines, Paris 1966, 60 (Übers. A. G.).

[37] Textbuch: Pour un Don Quichotte. Opera [sic] en un acte, Milano [1961].

[38] Das Libretto ist abgedruckt im Programmheft der Uraufführung Paris (L'Auditorium/Châtelet) Saison 1991/92, 31–38.

[39] Die Wahrheit über Sancho Pansa, in: F. KAFKA, Sämtliche Erzählungen, hrsg. von P. RAABE, Frankfurt 1969, 349f.

[40] Textbuch Wiesbaden – Leipzig – Paris 1992; für eine Kopie danke ich dem Komponisten und dem Verlag Breitkopf & Härtel, Wiesbaden.

[41] Vgl. die Allgemeine Einführung zum Textbuch.

[42] Vgl. FOUCAULT, Les mots et les choses, 60–62.

[43] Als impliziter Autor wird die aus dem Text zu erschließende Autorinstanz bezeichnet, die vom empirischen Autor (Miguel de Cervantes Saavedra) zu unterscheiden ist.

### Der Text im experimentellen Musiktheater

[1] W. KLÜPPELHOLZ, Jenseits von Literatur und Oper. Zur Sprachkomposition im neueren Musiktheater, in: Oper und Operntext, 271–282, speziell 272.

[2] Ebd.

[3] D. SCHNEBEL, Sprache als Musik in der Musik, in: Literatur und Musik. Ein Handbuch zur Theorie und Praxis eines komparatistischen Grenzgebietes, hrsg. von S. P. SCHER, Berlin 1984, 209–220, speziell 218; vgl. auch GIER, Musik in der Literatur, 69 f.

[4] KLÜPPELHOLZ, Jenseits von Literatur und Oper, 271.

[5] Die Krise des Librettos, in: Lebt die Oper (Musik der Zeit, hrsg. von H. LINDLAR und R. SCHUBERT, N. F., 3), Bonn 1960, 29 f.; vgl. auch KREUTZER, Obertöne, 221.

[6] Poulenc hat den Text nur geringfügig gekürzt, vgl. J. HEINZELMANN, PEnz 5, 60. Vgl. G. Apollinaire, Les Mamelles de Tirésias/Die Brüste des Tiresias. Frz./dt., übers. und hrsg. von R. KROLL, Stuttgart 1987.

[7] Vgl. HEINZELMANN, PEnz 5, 60.

[8] Vgl. etwa die Reihe *merdecin* (statt *médecin*) – *mère des seins* – *merdecine* – *mère des cygnes* (I 7).

[9] Hier sind Einflüsse Marinettis und der italienischen Futuristen spürbar, ähnlich wie bei A. J. Krutschonych, der in *Pobeda nad solnzem* [*Sieg über die Sonne*] (1913; Musik von M. W. Matjuschin) „das sprachliche Material so weit wie möglich von seiner Semantik zu befreien und das klangliche Moment der Sprache zu emanzipieren" sucht (M. BRZOSKA, PEnz 4, 4; vgl. auch H. GÜNTHER, Futuristisches Welttheater. Die Erstaufführung der futuristischen Oper *Sieg über die Sonne* (St. Petersburg 1913), in: Welttheater, Mysterienspiel, rituelles Theater, 381–393).

## Anmerkungen

[10] W. HASENCLEVER, Die Aufgabe des Dramas, in: Der Zwinger. Zs. für Weltanschauung, Theater und Kunst, 4 (1920); abgedruckt im Programmheft Die Menschen, Nationaltheater Mannheim, Spielzeit 1990/91 Nr. 5, 5 f.

[11] D. MÜLLER-SIEMENS, [Zu meiner Oper *Die Menschen*], in: Programmheft Mannheim, 51.

[12] Vgl. S. SCHIBLI, Den Gestus der Unmittelbarkeit retten. Der Komponist Detlev Müller-Siemens im Gespräch, Neue Zs. für Musik 151 (1990), H. 11, 19–23, speziell 23.

[13] Vgl. das Textbuch, Mainz etc. 1990.

[14] Vgl. MÜLLER-SIEMENS, Programmheft Mannheim, 51.

[15] So SCHIBLI, Den Gestus der Unmittelbarkeit retten, 22.

[16] Vgl. U. ECO, Opera aperta, Milano 1962.

[17] Vgl. dazu J. STENZL, PEnz 4, 460 f.; ders., Intolleranza 1960, in: L. NONO, Intolleranza 1960. Programmheft Staatsoper Stuttgart, Spielzeit 1992/93, 58–70.

[18] Der Text wird zitiert nach der zweisprachigen Ausgabe (Übers.: A. ANDERSCH) im Stuttgarter Programmheft, 101–113.

[19] Vgl. STENZL, Programmheft Stuttgart, 65.

[20] Eine solche Szene war in A. Ripellinos Libretto-Entwurf enthalten, aber Nono hat sie gestrichen, vgl. N. SANI, *Intolleranza 1960*. Anmerkungen zum Originaltyposkript von Angelo Maria Ripellino, in: Programmheft Stuttgart, 54–57, speziell 55.

[21] Vgl. STENZL, Programmheft Stuttgart, 61 ff.

[22] Vgl. N. SANI, *Intolleranza 1960*. Luigi Nono – Angelo Maria Ripellino. Briefe, in: Programmheft Stuttgart, 40–53, speziell 51 ff.

[23] J. STENZL, PEnz 4, 462.

[24] V. WACKER, Hans Zenders Oper *Stephen Climax*. Betrachtungen und Aspekte, in: Hamburger Jahrbuch für Musikwissenschaft, 10: Musiktheater im 20. Jahrhundert, Laaber 1988, 239–258, 242. Zender spricht im Textbuch (Wien 1985, 5) von einer „Collage zweier voneinander völlig unabhängiger Handlungen", vgl. ebd., 241.

[25] Vgl. dazu den Selbstkommentar H. ZENDERS, zit. ebd., 243 f.

[26] Ebd., 248.

[27] So ZENDER, zit. ebd., 242.

[28] ZENDER, zit. ebd., 256.

[29] KLÜPPELHOLZ, Jenseits von Literatur und Oper, 274, läßt die Geschichte des Instrumentalen Theaters mit *Music Walk* (1958) von John Cage beginnen.

[30] E. ROELCKE, Instrumentales Theater. Anmerkungen zu Mauricio Kagels *Match* und *Sur scène*, in: Hamburger Jahrbuch für Musikwissenschaft, 10, 215–238, speziell 215.

[31] KAGEL, zit. ebd., 218.

[32] Vgl. ebd., 225.

[33] Ebd.; vgl. CHR. M. SCHMIDT/R. FRANKE, PEnz 3, 231 f.

[34] Von wenigen Einwürfen (Ein-Wort-Sätzen) abgesehen.

[35] Vgl. ROELCKE, Instrumentales Theater, 226–236; CHR. M. SCHMIDT, PEnz 3, 229 f.; DANUSER, Musik des 20. Jahrhunderts, 367 f.

[36] Vgl. SCHMIDT, PEnz 3, 229.

[37] Dazu ROELCKE, Instrumentales Theater, 234 f.

[38] P. FALTIN, zitiert nach G. W. GRUBER, Musik und Literatur – ein komparatives Dilemma, in: Musik und Literatur, 19–33, speziell 25.

[39] Vgl. ROELCKE, Instrumentales Theater, 216f.

[40] CHR. M. SCHMIDT/R. FRANKE, PEnz 3, 234.

[41] Vgl. auch DANUSER, Musik des 20. Jahrhunderts, 370.

[42] KLÜPPELHOLZ, Jenseits von Literatur und Oper, 275, spricht von einer „Rückverwandlung des Produkts Oper in den Prozeß ihrer Produktion". – Zu Kagels „Verfahren der Montage, Synthese und Analyse von Sprache" in Werken der siebziger und frühen achtziger Jahre vgl. ebd., 276–281.

[43] Zu diesem Terminus vgl. DANUSER, Musik des 20. Jahrhunderts, 366.

[44] Ebd. 381.

[45] TH. W. ADORNO, Fragment über Musik und Sprache, in: Literatur und Musik, hrsg. von S. P. SCHER, 138–141; vgl. A. GIER, Musik in der Literatur, 62–64.

[46] Vgl. ebd., 63.

[47] Vgl. ebd., 62.

[48] SCHNEBEL, Sprache als Musik in der Musik, 217f., konstatiert, daß „für eine Musik, in die die Sprachlaute bruchlos eingehen sollten (...) das Reservoir der herkömmlichen Instrumentalklänge nicht differenziert genug" war; daher kombinierte K. STOCKHAUSEN in *Gesang der Jünglinge* (1956) stimmliche Klänge mit elektronischer Musik (vgl. auch DANUSER, Musik des 20. Jahrhunderts, 377).

[49] Vgl. das Kapitel „Sprach- und Klangkomposition" bei DANUSER, Musik des 20. Jahrhunderts, 373–392.

[50] Ebd., 377.

[51] KLÜPPELHOLZ, Jenseits von Literatur und Oper, 272.

[52] Das heißt von einem Satz, der vorwärts und rückwärts gelesen den gleichen Sinn ergibt.

[53] DANUSER, Musik des 20. Jahrhunderts, 377.

[54] Zit. nach PEnz1, 364.

[55] Vgl. dazu KOSTAKEVA, Die imaginäre Gattung, 81–135.

[56] Vgl. S. WIESMANN, PEnz 3, 501.

[57] SCHNEBEL, Sprache als Musik in der Musik, 218 (auf *Aventures* [1962/63] bezogen).

[58] Vgl. den Titel des mehrfach zitierten Aufsatzes von KLÜPPELHOLZ.

[59] Vgl. DANUSER, Musik des 20. Jahrhunderts, 350, 392 und passim.

[60] M. KLÜGL, Unter dieser Liebe. Notizen zu Wolfgang Rihms *Die Eroberung von Mexiko*, in: Beiheft zum Live-Mitschnitt der Uraufführung [CPO 999 185-2], unpaginiert.

## Kurze Bemerkungen zum Text in der Operette

[1] Übersetzt nach dem Originaltext bei R. POURVOYEUR, Offenbach, Paris 1994, 73.

[2] Vgl. ebd., 78ff. und passim.

[3] Vgl. oben S. 101ff. – Es überrascht, daß in diesem Zusammenhang Cimarosa genannt wird; man könnte an eine Verwechslung mit Pergolesi denken, wenn Offenbachs musikalische Kultur diese Möglichkeit nicht nahezu ausschlösse.

Anmerkungen 321

[4] Das heißt mit der ‚Komödienhandlung' im Gegensatz zur ‚komischen Handlung' vgl. oben S. 11.

[5] Vgl. z. B. das gesungene Selbstportrait (Nr. 7) von Bijou/Alcindor im 2. Akt des *Postillon de Lonjumeau* (1836, Text: de Leuven und L.-L. Brunswick, Musik: A. Adam).

[6] Vgl. oben S. 104 ff.

[7] Zum Begriff vgl. V. KLOTZ, Bürgerliches Lachtheater. Komödie – Posse – Schwank – Operette, München 1980, 185 ff. Neben (eventuell vor) Offenbach ist als Begründer der Gattung HERVÉ (FLORIMOND RONGER, 1825–1892) zu nennen, über ihn vgl. J. ROUCHOUSE, 50 ans de folies parisiennes. Hervé (1825–1892), le père de l'opérette, Paris 1994.

[8] J. OFFENBACH, Die beiden Blinden (Les deux aveugles). Text von J. MOINAUX. Deutsch von C. F. WITTMANN, Vollst. Klavier-Auszug mit dt. und frz. Text, Berlin o. J., 33.

[9] Text und Musik sind beeinflußt von der kurz vor 1800 entstandenen *Romance de Bélisaire* (Text: N. Lemercier, Musik: D.-P.-J. Garat), die im Nouveau Larousse Illustré, Bd. 1, Paris o. J., 826 wiedergegeben ist.

[10] Bruchstückhaft: Nur die ersten Silben jedes Verses werden gesungen.

[11] DAHLHAUS, Die Musik des 19. Jahrhunderts, 189, weist mit Recht darauf hin, daß die führenden Schichten des Zweiten Kaiserreichs, die Offenbach applaudierten, die angeblich regimekritische Tendenz offenbar nicht wahrnahmen.

[12] Vgl. ebd.

[13] Zu diesen und anderen im folgenden genannten Werken vgl. ausführlicher V. KLOTZ, Operette. Porträt und Handbuch einer unerhörten Kunst, München – Zürich 1991.

[14] Textbuch: K. MILLÖCKER, Der Bettelstudent. Operette in drei Aufzügen, hrsg. von A. WÜRZ, Stuttgart 1963.

[15] In der Aufführungspraxis wurde es gewöhnlich durch Zusatzstrophen aktualisiert, vgl. ebd., 68.

[16] Vgl. oben S. 73.

[17] Vgl. z. B. Offenbachs *Périchole* (1874, Text: Meilhac und Halévy), Hervés *Mam'zelle Nitouche* (1883, Text: H. Meilhac und A. Millaud), E. Kálmáns *Zigeunerprimas* (1912, Text: J. Wilhelm und F. Grünbaum) und *Csárdásfürstin* (1915, Text: L. Stein und B. Jenbach), und viele andere.

[18] Vgl. ST. FREY, Franz Lehár oder das schlechte Gewissen der leichten Musik, Tübingen 1995, 21 und passim.

[19] V. KLOTZ, PEnz 3, 442.

[20] Vgl. FREY, Franz Lehár, 19–62.

[21] Vgl. KLOTZ, Operette, 178–186, und ähnlich PEnz 3, 438–444.

[22] Vgl. oben S. 224.

[23] Dazu KLOTZ, PEnz 3, 442.

[24] Vgl. FREY, Franz Lehár, 48, im Anschluß an DAHLHAUS.

[25] Vgl. FREY, ebd., 48 und passim.

[26] KLOTZ, PEnz 3, 442.

[27] Vgl. KLOTZ, Operette, 399.

[28] Vgl. WARNING, Elemente einer Pragmasemiotik der Komödie, 289 f., und oben S. 11.

[29] So H. von Hofmannsthal am 25. Mai 1911 über *Ariadne auf Naxos*, in: STRAUSS – HOFMANNSTHAL, Briefwechsel, 121.

[30] Allerdings stehen auch die Secco-Rezitative der it. Opera buffa einer revueartigen Anlage keineswegs entgegen, wie zahlreiche Beispiele des 18. und 19. Jahrhunderts zeigen (vgl. oben S. 95).

[31] Vgl. FREY, Franz Lehár, 145 ff.

[32] Vgl. ebd., 162 f.; 172 ff.

[33] Ebd., 14–18: Zwischen Lehárs Opernerstling *Kukuška* (1896) und der Uraufführung von *Giuditta* in der Wiener Staatsoper (1934) wird die Operettenproduktion zum ‚Intermezzo'.

[34] In Anlehnung an den von V. KLOTZ eingeführten Begriff des ‚Bürgerlichen Lachtheaters', vgl. oben.

[35] Das Beispiel Offenbachs zeigt, daß dabei auch die Musik, bzw. das Verhältnis der Musik zum Text, einbezogen werden kann.

[36] Hier besteht eine Verbindung zu der von KLOTZ (Operette, 17) getroffenen Unterscheidung zwischen ‚guten' Operetten („musikdramatisch und szenisch aufsässige Bühnenstücke, die wider erstarrte und verhockte Lebenshaltungen anrennen") und ‚schlechten' („solche, die, bei aller handwerklichen Gediegenheit, sich und ihr Publikum abfinden mit einer gütlichen Befriedigung des immer schon zubemessenen, dankbar hingenommenen Kleinglücks").

[37] Grundlage von *By Jeeves* ist das 1975 nach wenig mehr als einem Monat abgesetzte Musical *Jeeves* der gleichen Autoren, vgl. dazu M. WALSH, Andrew Lloyd Webber. Der erfolgreichste Komponist unserer Zeit, Wien 1992, 78–83.

# Verzeichnis der abgekürzt zitierten Literatur

Im folgenden sind nur Quellentexte und Forschungsarbeiten aufgeführt, auf die in mehreren Kapiteln des vorliegenden Buches Bezug genommen wird; sie werden stets mit Verfassernamen und Kurztitel (im folgenden durch Kursivsatz hervorgehoben) bzw. Abkürzung bezeichnet. Für Arbeiten, auf die nur innerhalb eines Kapitels verwiesen wird, werden bei der ersten Nennung die vollständigen bibliographischen Daten, an allen späteren Stellen ein Kurztitel angegeben.

ALGAROTTI, F., Saggi, a cura di G. DA POZZO, Bari 1963
BECKER, H. (Hrsg.), Quellentexte zur Konzeption der europäischen Oper im 17. Jahrhundert, Kassel 1981
BRAUN, W., Die Musik des 17. Jahrhunderts (Neues Handbuch der Musikwissenschaft, 4), Laaber 1981
CLÉMENT, C., Die Frau in der Oper. Besiegt, verraten und verkauft. Aus dem Französischen von A. HOLOCH, München 1994 [Originalausg.: L'opéra ou la défaite des femmes, Paris 1979]
DAHLHAUS, C., Wagners Konzeption des musikalischen Dramas, Regensburg 1971
–, Vom Musikdrama zur Literaturoper. Aufsätze zur neueren Operngeschichte, München – Salzburg 1983
–, Die Musik des 19. Jahrhunderts (Neues Handbuch der Musikwissenschaft, 6), Laaber 1989
DANUSER, H., Die Musik des 20. Jahrhunderts (Neues Handbuch der Musikwissenschaft, 7), Laaber 1984
DA PONTE, L., Memorie. Libretti mozartiani, Milano 1976
DELLA CORTE, A. (Hrsg.), Drammi per musica dal Rinuccini allo Zeno, 2 Bde., Torino 1958
Encyclopédie ou Dictionnaire raisonné des sciences, des arts et des métiers (...), 35 Bde., Paris (bzw. Neufchastel, bzw. Amsterdam) 1751–1780 [Reprint in 5 Bden., New York 1969]
FABBRI, P., Il secolo cantante. Per una storia del libretto d'opera nel Seicento, Bologna 1990
FELDHEGE, CL., Ferruccio Busoni als Librettist, Anif/Salzburg 1996
FERRONI, G., Storia della letteratura italiana, 4 Bde., Milano ²1992
Für und Wider die [sic] Literaturoper. Zur Situation nach 1945, hrsg. von S. WIESMANN, Laaber 1982
GALLARATI, P., Musica e maschera. Il libretto italiano del Settecento, Torino 1984
GERHARD, A., Die Verstädterung der Oper. Paris und das Musiktheater des 19. Jahrhunderts, Stuttgart – Weimar 1992
GERHARTZ, L. K., Die Auseinandersetzungen des jungen Giuseppe Verdi mit dem

literarischen Drama. Ein Beitrag zur szenischen Strukturbestimmung der Oper, Berlin 1968

*Geschichte der italienischen Oper*, hrsg. von L. BIANCONI und G. PESTELLI, Bde. 4, 5, 6 [mehr nicht ersch.], Laaber 1990–1992 [it. Originalausg. 1987/1988]

*Giacomo Meyerbeer – Musik als Welterfahrung*. HEINZ BECKER zum 70. Geburtstag, hrsg. von S. DÖHRING und J. SCHLÄDER, München 1995

GIER, A., *Musik in der Literatur*. Einflüsse und Analogien, in: Literatur intermedial. Musik – Malerei – Photographie – Film, hrsg. von P. V. ZIMA, Darmstadt 1995, 61–92

GIUNTINI, F., *I drammi per musica di Antonio Salvi*. Aspetti della „riforma" del libretto nel primo Settecento, Bologna 1994

GOLDIN, D., *Aspetti della librettistica italiana fra 1770 e 1830*, in: Analecta Musicologica 21 (1982), 128–191

GRELL, P., *Ingeborg Bachmanns Libretti*, Frankfurt etc. 1995

GREWE, A., *Monde renversé – Théâtre renversé*. Lesage und das Théâtre de la Foire, Bonn 1989

GRONDA, G., *La carriera di un librettista*. Pietro Pariati da Reggio di Lombardia, Bologna 1990

GROS, E., *Philippe Quinault*. Sa vie et son œuvre, Paris 1926

GROUT = D. J. GROUT, A Short History of Opera, 2 Bde., New York/London ²1965

HAUFE, E., *Die Behandlung der antiken Mythologie in den Textbüchern der Hamburger Oper 1678–1738*, hrsg. von H. BIRUS und W. HARMS, Frankfurt etc. 1994

HELBLING, H., *Arrigo Boito*. Ein Musikdichter der italienischen Romantik, München – Mainz 1995

HmT = Handwörterbuch der musikalischen Terminologie, Loseblattsammlung, hrsg. von H. EGGEBRECHT, Stuttgart 1972 ff.

HOLMES, W. C., *Orontea: a study of change and development in the libretto and the music of mid-seventeenth-century Italian opera*, PhD. Columbia University 1968

ISTEL, E., *Das Libretto*. Wesen, Aufbau und Wirkung des Opernbuchs nebst einer dramaturgischen Analyse des Libretto [sic] von „Figaros Hochzeit", Berlin – Leipzig 1914

JbO = Jahrbuch für Opernforschung

KLOTZ, V., *Geschlossene und offene Form* im Drama, München [13]1992

KNLL = Kindlers Neues Literaturlexikon, hrsg. von W. JENS, 20 Bde., München 1988–1992

KOSTAKEVA, M., *Die imaginäre Gattung*. Über das musiktheatralische Werk G. Ligetis, Frankfurt etc. 1996

KREUTZER, H. J., *Obertöne*: Literatur und Musik. Neun Abhandlungen über das Zusammenspiel der Künste, Würzburg 1994

*The Librettos of Handel's Operas*. A Collection of Seventy One Librettos Documenting Handel's Operatic Career, ed. by E. T. HARRIS, 13 Bde., New York – London 1989

MEHLTRETTER, F., *Die unmögliche Tragödie*. Karnevalisierung und Gattungsmischung im venezianischen Opernlibretto des siebzehnten Jahrhunderts, Frankfurt etc. 1994

## Verzeichnis der abgekürzt zitierten Literatur

MGG¹ = Die Musik in Geschichte und Gegenwart. Allgemeine Enzyklopädie der Musik hrsg. von FRIEDRICH BLUME. 17 Bde., Kassel etc. 1951–1986

MGG² = Die Musik in Geschichte und Gegenwart. Allgemeine Enzyklopädie der Musik begründet von F. BLUME. Zweite, neubearb. Ausg. hrsg. von L. FINSCHER, Kassel etc. 1994 ff.

ML = Music and Letters

MOZART, W. A., *Briefe und Aufzeichnungen*. Gesamtausgabe, ges. und erl. von W. A. BAUER und O. E. DEUTSCH, 7 Bde., Kassel etc. 1962–1975

*Music in Paris in the Eighteen-Thirties. La musique à Paris dans les années mil huit cent trente*, ed. by P. BLOOM, Stuyvesant, NY 1987

*Musik und Literatur*. Komparatistische Studien zur Strukturverwandtschaft, hrsg. von A. GIER/G. W. GRUBER, Frankfurt etc. 1995

NGroveD = The New Grove Dictionary of Music and Musicians, ed. by S. SADIE, 20 Bde., London 1980 [Paperback-Ausg. 1995]

NIEDER, CHR., *Von der Zauberflöte zum Lohengrin. Das deutsche Opernlibretto in der ersten Hälfte des 19. Jahrhunderts*, Stuttgart 1989

*L'opéra-comique en France au XVIII$^e$ siècle*, éd. par PH. VENDRIX, Liège 1992

*Oper als Text. Romanistische Beiträge zur Librettoforschung*, hrsg. von A. GIER, Heidelberg 1986

*Opernheld und Opernheldin im 18. Jahrhundert. Aspekte der Librettoforschung. Ein Tagungsbericht*, hrsg. von K. HORTSCHANSKY, Hamburg – Eisenach 1991

*Oper und Operntext*, hrsg. von J. M. FISCHER, Heidelberg 1985

*Le parole della musica I. Studi sulla lingua della letteratura musicale in onore di GIANFRANCO FOLENA*, a cura di F. NICOLODI e P. TROVATO, Firenze 1994

PENDLE, K., *Eugène Scribe and French Opera of the Nineteenth Century*, Ann Arbor 1979

PEnz = Pipers Enzyklopädie des Musiktheaters. Oper – Operette – Musical – Ballett, hrsg. von C. DAHLHAUS und dem Forschungsinstitut für Musiktheater der Universität Bayreuth unter Leitung von S. DÖHRING, München – Zürich 1986 ff.

PFISTER = M. PFISTER, Das Drama. Theorie und Analyse (UTB, 580), München ⁸1994

*Reading Opera*, ed. by A. GROOS/R. PARKER, Princeton 1988

ROCCATAGLIATI, A., *Felice Romani librettista*, Lucca 1996

ROSS, P., Studien zum Verhältnis von *Libretto und Komposition* in den Opern Verdis, Diss. Bern 1979 [1980]

SCHLÄDER, J., *Das Opernduett. Ein Szenentypus des 19. Jahrhunderts und seine Vorgeschichte*, Tübingen 1995

SCHNEIDER, H./WILD, N., *La Muette de Portici. Kritische Ausgabe des Librettos und Dokumentation der ersten Inszenierung*, Tübingen 1993

SMITH = P. J. SMITH, The Tenth Muse. A Historical Study of the Opera Libretto, London 1970

STRAUSS, R. – VON HOFMANNSTHAL, H., *Briefwechsel*, hrsg. von W. SCHUH, München – Mainz 1990 [= ⁵1978]

STROHM, R., *Essays on Handel* and Italian Opera, Cambridge 1985

WAGNER, R., *Oper und Drama*, hrsg. und komm. von K. KROPFINGER, Stuttgart ²1994

WEISS, P. E., Carlo *Goldoni, Librettist*: the Early Years, PhD. Columbia University 1970

*Welttheater, Mysterienspiel, rituelles Theater.* „Vom Himmel durch die Welt zur Hölle". Gesammelte Vorträge des Salzburger Symposions 1991, hrsg. von P. CSOBÁDI u. a., Anif/Salzburg 1992

WOLFF, H. CHR., *Geschichte der komischen Oper*. Von den Anfängen bis zur Gegenwart, Wilhelmshaven 1981

*Zwischen Opera buffa und melodramma*. Italienische Oper im 18. und 19. Jahrhundert, hrsg. von J. MAEHDER und J. STENZL, Frankfurt etc. 1994

# Glossar

(Die Definitionen musikalischer Termini folgen – gelegentlich wörtlich – den Begriffsbestimmungen im Glossar des Register-Bandes zum Neuen Handbuch der Musikwissenschaft – Bd. 13, zusammengestellt von H.-J. HINRICHSEN, Laaber 1995)

**Accompagnato-Rezitativ**
„begleitetes" Rezitativ, das in der Melodik zum Arioso und in der Begleitung zu einem motivisch ausgearbeiteten Orchesterpart tendiert

**Alexandriner**
zwölfsilbiger Vers der französischen Dichtung (im 17./18. Jahrhundert mit Mittelzäsur)

**Anagnorisis**
Wiedererkennung (von Verwandten, Freunden etc.), in der Poetik des Aristoteles als ein Grundelement der tragischen Handlung bezeichnet

**anakreontisch**
in Antike und früher Neuzeit Bezeichnung für eine Richtung der Lyrik, die Liebe, Wein und Geselligkeit feiert

**Aparte**
beiseitegesprochene Bemerkung einer Bühnenfigur, die vom Publikum wahrgenommen, von den Mitspielern jedoch überhört wird

**Apostrophe**
rhetorische Figur; emphatische Wendung des Sprechers an (gegenwärtige oder abwesende) Personen

**aristotelisches Drama**
(Drama der geschlossenen Form) Dramentypus, der sich am reinsten in der Tragödie der (französischen und deutschen) Klassik ausprägt und u. a. gekennzeichnet ist durch die Einheit von Ort, Zeit und Handlung und durch symmetrische (oder geometrische) Komposition; Zeit wird als „reine Sukzession" (V. KLOTZ) erfahren (→ syntagmatisch)

**auktorialer Erzähler**
allwissender Erzähler, der die Handlung von einem übergeordneten Standpunkt aus kommentiert

**Bukolik**
Dichtung, die eine idealisierte Hirten- oder Schäferwelt darstellt

**Cabaletta**
in der italienischen Oper des 19. Jahrhunderts der Schlußteil einer Arie oder eines Duetts, in schnellem Tempo

**Cantabile**
in der italienischen Oper des 19. Jahrhunderts der erste statische Teil mehrteiliger Arien und Duette, in langsamem Tempo (Adagio)

**Comédie larmoyante**
‚weinerliches Lustspiel', entstanden in der Zeit der Empfindsamkeit (1. Hälfte des 18. Jahrhunderts), zeichnet sich durch eine sentimentale Handlung aus, die auf komische Elemente (fast) ganz verzichtet, das Publikum rühren und moralisch bessern soll. In der Tradition der Comédie larmoyante steht das bürgerliche Drama Diderots

**Commedia dell'arte**
italienische Stegreifkomödie (entstanden im 16. Jahrhundert); die Handlung wird von typisierten, immer gleichen Rollen getragen. Nur die komischen Alten (Pantalone, Dottore) und die Diener (Arlecchino, Brighella ...) tragen Masken, hinzu kommen ein Liebespaar, die schlaue Zofe (Colombina) und einige andere. Die Darsteller improvisieren ihren Text auf der Grundlage eines Handlungsentwurfs (des Szenars), als Bausteine dienen einstudierte szenische Gags (*lazzi*) und immer wieder verwendbare Tiraden

**Compagnia di canto**
Solistenensemble der italienischen Oper, mit streng hierarchischer Abstufung zwischen Primariern (erste Partie), Komprimariern (mittlere Partie) und Sekundariern (kleine Partie), denen eine je unterschiedliche Zahl von Arien zusteht

**Concertato**
in der italienischen Oper des 19. Jahrhunderts der erste statische Teil mehrteiliger Ensembles, in langsamem Tempo

**Concetto**
geistreiches Wortspiel, zugespitzte Pointe, während des 16. und 17. Jahrhunderts (Manierismus, Barock) bei italienischen Dichtern (Giambattista Marino), aber auch in anderen Ländern beliebt

**Coup de théâtre**
überraschende, effektvolle Wendung der Dramenhandlung

**Da-capo-Arie**
die Standardform der Arie in der → Opera seria; der Anfang ist zweiteilig ($A^1$ $A^2$) und wird nach einem Mittelteil (B) als durch Koloraturen ausgeschmückter Schluß wiederholt ($A^1$ $A^2$)

**denotativ**
→ referentiell

**drame lyrique**
Typus der ernsten Oper mit lyrischem Grundzug (Frankreich, 2. Hälfte des 19. Jahrhunderts)

**Enjambement**
Zeilensprung, das Ende eines Verses (oder einer Strophe) und der Beginn des folgenden bilden eine syntaktische Einheit, so daß dem Versende kein Sinneinschnitt entspricht

**Exempel**
Beispielerzählung, aus der sich eine (moralische) Lehre ableiten läßt; ursprünglich (antike Rhetorik, mittelalterliche Predigt) zur Veranschaulichung eines Sachverhalts in argumentativen Texten. Die frühneuzeitliche Literatur weist insgesamt exemplarischen Charakter auf, da (gemäß dem Anspruch, Unterhaltung und Belehrung zu verbinden, vgl. Horaz) die Protagonisten beispielhaft richtiges bzw. falsches Verhalten verkörpern

**Grand Opéra**
Große Historische Oper, der in Frankreich zwischen ca. 1830 und ca. 1850 dominierende Operntypus; öffentliche (politische) und private (Liebes-)Intrige sind dialektisch aufeinander bezogen (und finden meist ein tragisches Ende), die musikalische Dramaturgie wird durch die Tendenz geprägt, die Nummern in die größere Einheit des Bildes (Aktes) einzubinden

**Hypostasierung**
Vergegenständlichung (Personifikation) eines abstrakten Begriffs

**Katastrophe**
entscheidender Wendepunkt (am Schluß) einer dramatischen Handlung

**Katharsis**
in der Poetik des Aristoteles das Ziel der tragischen Handlung, die Jammer und Schaudern hervorruft, um diese Empfindungen im Zuschauer zu ‚reinigen' (oder: um den Zuschauer von diesen Empfindungen zu ‚reinigen'; die frühneuzeitliche Theorie der Tragödie kennt unterschiedliche Auslegungen)

**kontemplatives Ensemble**
(Gegensatz: Aktionsensemble) polyphoner Satz: nach einem → Coup de théâtre bringen die Figuren gleichzeitig, aber jeweils für sich (oder zu zweit, zu dritt …) ihre Reaktionen zum Ausdruck (→ Concertato)

**konzeptistisch**
→ Concetto

**lieto fine**
glückliches (versöhnliches) Ende, als Konvention der → Opera seria im 18. Jahrhundert

**Literaturoper**
Operntypus des 20. Jh.s, dessen Text aus „größeren oder kleineren Bruchstücken" (DAHLHAUS, vgl. oben S. 309) eines nicht in Hinblick auf eine Vertonung geschriebenen Schauspiels besteht

**Madrigal**
nichtstrophische Gedichtform (Italien, 16. Jahrhundert), die in unregelmäßiger Folge eine beliebige Zahl von sieben- und elfsilbigen Versen kombiniert, ohne festes Reimschema; als musikalische Gattung des 16. Jahrhunderts kunstvoller mehrstimmiger Satz (über ein Madrigal, ein Sonett oder eine Ottava rima)

**‚Mächtiges Häuflein'**
Gruppe russischer Komponisten, die sich Anfang der sechziger Jahre des 19. Jahrhunderts zusammenfindet mit dem Ziel, eine national-russische Musik zu schaffen (u. a. A. Borodin, M. Mussorgski, N. Rimski-Korssakow)

**Melodram**
als literarische Gattung (Ende 18./1. Hälfte des 19. Jahrhunderts): populäre Theaterform mit stereotyper Personenkonstellation (vier Hauptrollen: Schurke, verfolgte Unschuld, redlicher Mann, Dummkopf), die auf dem Kontrast von Gut und Böse basiert; der scheinbar sichere Sieg des Schurken wird regelmäßig durch einen → Coup de théâtre in letzter Minute verhindert

**Mimesis**
die ‚Nachahmung' (bildhafte Darstellung) von Wirklichkeit (bzw. der ‚schönen', idealisierten Wirklichkeit), in der die frühneuzeitliche Ästhetik im Anschluß an

Platon und Aristoteles den eigentlichen Zweck der Künste erkannte; die Ausdrucksästhetik der Moderne markiert einen scharfen Gegensatz zur Nachahmungsästhetik

**musikalische Prosa**
nach Arnold Schönberg polyphone Musiksprache, die über die asymmetrische Gliederung der Phrasen hinaus von jeglicher Floskelhaftigkeit befreit ist und den musikalischen Gedanken durchgehend expressiv entwickelt

**Musikdrama**
der Wagnersche Operntypus seit *Rheingold* (1854), gekennzeichnet durch → ‚musikalische Prosa', Aufhebung der Nummerngliederung und der Differenz zwischen Rezitativ und Arie in eine durchkomponierte „unendliche Melodie" und ein die musikalische Struktur nahezu lückenlos bestimmendes Netz von Leitmotiven

**Nebentext**
jene Teile eines dramatischen Textes, die von den Darstellern bei einer Aufführung nicht gesprochen werden: Bühnenanweisungen (zu Szenerie und Aktion), aber auch der Titel, Widmung, Vorwort, Personenverzeichnis, Akt- und Szenenmarkierung u. a.

**Opéra-bouffe**
von Jacques Offenbach geschaffener Typus des musikalischen Lachtheaters mit gesprochenen Dialogen und deutlich ausgeprägten grotesk-parodistischen Zügen, der sich von der späteren (Wiener) Operette signifikant unterscheidet

**Opera buffa**
gegen Ende des 18. Jahrhunderts umgangssprachlich üblich gewordene Bezeichnung für die komische italienische Oper

**Opéra-comique**
französischer Operntypus mit gesprochenen Dialogen und (im 18. Jahrhundert) heiteren bzw. heiter-sentimentalen Sujets; im 19. Jahrhundert fallen auch ernste Opern, die gesprochene Dialoge enthalten, unter diesen Begriff

**Opera seria**
→ S. 68 ff.

**Oxymoron**
rhetorische Figur: Verbindung von zwei einander scheinbar ausschließenden Begriffen zu einer Einheit (z. B. *süßer Schmerz*)

**paradigmatisch**
bezeichnet die Äquivalenz- (oder Konstrast-)Relationen zwischen (sprachlichen) Zeichen, die innerhalb eines Syntagmas (→ syntagmatisch) austauschbar sind, z. B. können alle Elemente der vertikalen Reihe *Wald/Garten/Keller/Laden* die Leerstelle im Satz *Ich gehe in den ...* einnehmen

**Pasticcio**
Verknüpfung von Arien und Ensembles aus verschiedenen Werken eines oder mehrerer Komponisten zu einem neuen Ganzen, wobei die Texte der Einzelnummern erhalten bleiben oder ersetzt werden können; vor allem im 18. Jahrhundert beliebt

**Pastiche**
spielerische Nachahmung der stilistischen Eigenheiten eines Autors, z. B. in parodistischer Absicht

# Glossar

**Pastorale**
idyllische Darstellung des idealisierten Hirtenlebens, speziell im Musiktheater

**Periodik**
vor Wagner basiert die Melodiebildung auf der achttaktigen Periode, „in der sich zwei Viertaktgruppen wie Frage und Antwort zu einem Ganzen verbinden" (E. Voss); auch wenn sich Taktgruppen nicht zu Perioden im strengen Sinne ordnen, sind sie „geradzahlig und nach Potenzen von 2" organisiert und stehen so „in stets ununterbrochener metrischer Kontinuität". Wagner ersetzt die klassische Periodik durch → musikalische Prosa

**Peripetie**
unerwartet plötzliche Wendung innerhalb der dramatischen Handlung, in der Poetik des Aristoteles als ein Grundelement der tragischen Fabel bezeichnet

**Plurimedialität**
distinktives Merkmal dramatischer Texte: bei der Bühnenrealisierung spielen neben der Sprache nichtsprachlich-akustische und optische Codes eine Rolle, deren Verwendung im Libretto- oder Schauspieltext vorgezeichnet ist

**Poetik**
Theorie der Literatur, ihrer Gattungen und Formen

**Pragmatik**
Teildisziplin der Semiotik (Zeichentheorie), die die Beziehungen zwischen (z. B. sprachlichen) Zeichen und ihren spezifischen Verwendungssituationen untersucht

**referentiell**
(denotativ) ist die Beziehung, die zwischen einem sprachlichen Zeichen (Name, Wort) und einem Gegenstand der außersprachlichen Realität (Begriff) besteht

**Regelpoetik**
(normative Poetik) der frühneuzeitlichen Ästhetik liegt die Überzeugung zugrunde, daß die Befolgung überindividuell verbindlicher, formaler und inhaltlicher Vorschriften über die Qualität eines Kunstwerks entscheidet; die für die einzelnen literarischen Gattungen aufgestellten Regeln sind produktionsästhetisch (als Anweisungen für den Schriftsteller oder Dichter) wie rezeptionsästhetisch (als Maßstab für den Kritiker) von Bedeutung. Dagegen findet die Moderne ihr Ideal im Typus des schöpferischen Individuums, das sich kühn über die vorgefundenen Regeln hinwegsetzt

**Reihenkomposition**
„Methode der Komposition mit zwölf nur aufeinander bezogenen Tönen" (A. Schönberg), Bezugssystem ist die Reihe als die zwölf Tonqualitäten der chromatischen Skala umfassende Anordnung von Intervallklassen; durch Krebs, Umkehrung, Krebsumkehrung und Transposition ergeben sich vielfältige Erscheinungsweisen der Reihe

**Rettungsoper**
französischer Operntypus der Revolutionszeit (aus dem → Opéra-comique entwickelt, d. h. mit gesprochenen Dialogen), der (analog zum → Melodram) die in letzter Minute erfolgende Rettung aus einer (politisch begründeten) Gefahr zum Thema hat

**Secco-Rezitativ**
flüchtige Musikalisierung des schnellen Sprechens mit wenigen stützenden Cembalo-Akkorden, besonders in der → Opera buffa

## Glossar

**Semantik**
Teildisziplin der Sprachwissenschaft, die die (lexikalische) Bedeutung sprachlicher Zeichen untersucht

**Semiseria**
Operntypus mit den musikalischen Gattungsmerkmalen der → Opera buffa und einer empfindsamen Handlung im Stil des bürgerlichen Rührstücks (1. Hälfte des 19. Jahrhunderts)

**Stilhöhen**
aus den antiken Mustern leitet die frühe Neuzeit eine strikte Trennung zwischen hohem, mittlerem und niederem Stil ab; nicht nur der Ornatus (Häufigkeit und Art der rhetorischen Figuren), sondern z. B. auch das Vokabular sind jeweils unterschiedlich. Fürsten und Personen von Stand dürfen nur in den Gattungen hohen Stils – Epos und Tragödie – auftreten; die Komödie als Gattung niederen Stils duldet nur nichtadlige Protagonisten (Ständeklausel). Die klassizistische Poetik → Regelpoetik) wertet jede Stilmischung als Fehler

**syllabisch**
Bezeichnung für den Kompositions- und Gesangsstil, der jeder Textsilbe eine Note zuordnet und auf Verzierungen (Melismen) verzichtet

**Symbolismus**
literarische Strömung (Frankreich, letztes Drittel des 19. Jahrhunderts), ohne einheitliches Programm; gegen den konventionellen (alltäglichen) Sprachgebrauch setzen die Symbolisten die Vieldeutigkeit metaphorischen Sprechens und die suggestive („musikalische") Wirkung lautlicher und rhythmischer Strukturen

**syntagmatisch**
bezeichnet die Relation zwischen (sprachlichen) Zeichen, die auf der horizontalen Ebene miteinander kombinierbar sind, z. B. die Elemente des Satzes *Ich gehe in den Wald*

**Tableau**
‚lebendes Bild', das in einem rührenden oder spannungsvollen Moment (z. B. nach einem → Coup de théâtre) den Stillstand der Zeit markiert; die Gruppierung der Figuren auf der Bühne gibt Aufschluß über ihre Beziehungen zueinander. Als musikalische Form entspricht dem Tableau das → kontemplative Ensemble. Im → Grand Opéra wird auch die szenische Einheit des Bildes als Tableau bezeichnet

**Terzine**
italienische Strophenform (erstmals von Dante in der *Divina Commedia* verwendet): je drei Elfsilber mit durchgehender Reimverkettung (Schema aba/bcb/cdc/ded etc.)

**tragédie lyrique**
die französische ernste Oper des späten 17. und des 18. Jahrhunderts, die sich durch sprachnahe musikalische Deklamation auszeichnet (Rezitativvortrag)

# Personenregister

Adam, Adolphe 238. 321
Adams, John 221 f.
Albrecht, Gerd 316
Algarotti, Francesco 21. 111
Alighieri s. Dante Alighieri
Andreozzi, Gaetano 81
Anelli, Angelo 128
Anicet-Bourgeois, Auguste 154
Apel, Johann August 287
Apollinaire, Guillaume 211. 230 f.
Aracil, Alfredo 226
Ariosti, Attilio 83
Ariosto, Ludovico 58. 64. 123
Aristoteles 21. 69. 72. 74. 75. 78
Arteaga, Esteban de 113
Artaud, Antonin 211. 236 f.
Auber, Daniel François Esprit 238. 304
Auden, Wystan Hugh 33. 212–215. 316
Aureli, Aurelio 84
Avellaneda, Alonso Fernández de 229
Ayckbourn, Alan 244

Bachmann, Ingeborg 200. 202. 207–210
Badoaro, Giacomo 21
Balász, Béla 217. 310
Balloco, Giuseppe Luigi 145
Barbier, Jules 173. 174–176. 179
Bartók, Béla 217. 310
Baudelaire, Charles 148
Beaumarchais, Pierre-Augustin Caron de 116. 118 f. 120
Beda-Löhner, Fritz 243
Beethoven, Ludwig van 138–141. 143. 165. 209. 210
Bellini, Vincenzo 133–136. 154
Benincasa, Francesco 115

Berg, Alban 202. 205–207
Bergson, Henri 120
Berlioz, Hector 23. 173. 287. 300
Bianchi, Francesco 279. 284
Bizet, Georges 173
Blacher, Boris 235
Blau, Edouard 178
Boccaccio, Giovanni 78. 79. 274
Boieldieu, François Adrien 238
Boito, Arrigo 6. 17. 25. 33. 155. 159–162. 180. 181. 293
Bonarelli, Prospero 88
Bononcini, Giovanni 83. 86
Bouilly, Jean Nicolas 138
Brecht, Bert 233
Britten, Benjamin 201. 309
Brunswick, Léon-Lévy 321
Büchner, Georg 202. 205 f.
Busenello, Giovanni Francesco 49–54
Busoni, Ferruccio 6. 24. 207. 216. 308
Butor, Michel 211
Byron, George Gordon Noel, Lord 155

Cage, John 319
Calzabigi s. Ranieri de' Calzabigi
Cambert, Robert 56
Cammarano, Salvatore 8. 11. 154. 293. 304
Capuano, Luigi 180
Carducci, Giosuè 295
Carré, Michel 173. 174–176. 179
Casti, Giambattista 22. 115. 282
Cavalieri, Agostino dei 49
Cervantes Saavedra, Miguel de 227–229
Cesarotti, Melchiorre 130
Chateaubriand, François-René de 134
Cicero 79

## Personenregister

Cimarosa, Domenico 186. 320
Claudel, Paul 211. 223
Clayton, Thomas 83
Cocteau, Jean 211. 317
Corneille, Pierre 57. 61–63. 75. 83
Cornelius, Peter 173
Cornu, Francis 154
Corsi, Iacopo 43
Crabbe, George 309

D'Annunzio, Gabriele 180 f. 184
Dante Alighieri 45. 48. 53. 180. 216. 226 f. 259. 282
Da Ponte, Lorenzo 18. 33. 34. 100. 115–125. 127. 215. 274
Dargomyschski, Alexandr 187. 188
Dauvergne, Antoine 277
Davenant, William 82
Debussy, Claude 180. 201. 203–205. 207. 211
Delacroix, Eugène 148
Delavigne, Germain 289
Deschamps, Emile 291
Destouches, André Cardinal 83
Destouches, Philippe s. Néricault-Destouches, Philippe
Diderot, Denis 7. 104. 106. 107. 108. 115. 155
Dietsch, Louis 164
Dominique (eigtl. Pierre-François Biancolelli) 103
Donizetti, Gaetano 133. 154. 155. 304
Dostojewski, Fjodor Michailowitsch 217
Dryden, John 82
Dumas, Alexandre (Vater) 150
Duni, Egidio Romualdo 105. 275
Duque de Rivas s. Saavedra, Angel de

Egk, Werner 235
Euripides 58. 111

Faggioli, Michelangelo 94
Favart, Charles-Simon 105. 107. 137
Federico, Gennaro Antonio 92
Feind, Berthold 70

Fénelon, Philippe 228
Fétis, François-Joseph 23
Feydeau, Georges 81
Flaubert, Gustave 248
Foppa, Giuseppe 126
Foucher, Paul 164
France, Anatole 301
Franchetti, Alberto 180. 303
Franzos, Karl Emil 205 f.
Friedrich II. von Preußen 33. 284
Frigimelica Roberti, Girolamo 265
Fry, Christopher 226
Furrer, Beat 316
Fuzelier, Louis 34. 102

Gagliano, Marco da 41, 44
Galilei, Vincenzo 257
Gallet, Louis 177. 179
Galuppi, Baldassare 274
Garat, Dominique-Pierre-Jean 321
García Gutiérrez, Antonio 293
Gaveaux, Pierre 138
Genée, Richard 241
Ghelderode, Michel de 211. 222
Ghislanzoni, Antonio 25
Giacosa, Giuseppe 30. 182–185
Gilbert, William Schwenck 240. 243
Gislerti, Domenico 260
Glinka, Michail Iwanowitsch 186
Gluck, Christoph Willibald 22. 110–114. 134. 203
Goethe, Johann Wolfgang 176. 178. 202
Goetz, Hermann 173
Gogol, Nikolai 186. 187. 310
Goldmark, Karl 173
Goldoni, Carlo 94–100. 110. 126
Goodman, Alice 221 f.
Gottfried von Straßburg 167
Gounod, Charles 173. 174–176
Graun, Carl Heinrich 284
Gravina, Gian Vincenzo 74
Grétry, André Ernest Modeste 105–109. 239. 283
Grimm, Frédéric Melchior, Baron de 21. 58. 68. 70. 93. 103

Grünbaum, Fritz 321
Guillard, Nicolas François 114
Guillion, Albert 129
Hacks, Peter 3
Händel, Georg Friedrich 28. 83–90
Halévy, Fromental 31
Halévy, Ludovic 36. 173. 177. 240. 243. 321
Hart, Charles 225. 241
Hartmann, Georges 178
Hasenclever, Walter 231
Hauff, Wilhelm 200
Haym, Nicola Francesco 83
Heine, Heinrich 152. 310
Henneberg, Claus H. 207
Henze, Hans Werner 200. 207–210
Herodot 84 f.
Hervé (eigtl. Florimond Ronger) 230. 243. 321
Herzer, Ludwig 243
Hill, Aaron 84
Hiller, Johann Adam 137
Hindemith, Paul 308
Hinsch, H. 137
Hoffmann, Ernst Theodor Amadeus 287
Hofmannsthal, Hugo von 16. 24. 33. 191–198
Hogarth, William 212–215
Holzbauer, Ignaz 285
Honegger, Arthur 223
Houdar de la Motte, Antoine 83
Hugo, François-Victor 296
Hugo, Victor 7. 9. 18. 33. 133. 146. 154. 155. 156–159. 166. 180. 202. 290
Humperdinck, Engelbert 173

Illica, Luigi 30. 181–185
Imer, Giuseppe 274
Ionesco, Eugène 211

James, Henry 201
Janáček, Leoš 217 f. 310
Jarrell, Michael 316

Jarry, Alfred 222
Jenbach, Béla 321
Jommelli, Niccolò 110
Jouy, Victor-Joseph-Etienne de 134. 146
Joyce, James 233

Kafka, Franz 228
Kagel, Mauricio 234. 236
Kallman, Chester 212. 215. 316
Kálmán, Emmerich 321
Karamsin, Nikolai Michailowitsch 187
Keiser, Reinhard 137
Kind, Friedrich 142 f.
Klein, Anton 285
Kleist, Heinrich von 200. 202. 207–210
Korngold, Erich Wolfgang 226
Korngold, Julius Leopold 226
Křenek, Ernst 226
Krutschonych, Alexei Jelissejewitsch 318

Landau, Paul 206
Landi, Stefano 91
Lapine, James 225
Lecerf de la Viéville 64
Lehár, Franz 36. 242 f.
Lemercier, Népomucène 321
Lemoine, Randal 228
Lenz, Jakob Michael Reinhold 202. 203
León, Viktor 242
Lesage, Alain-René 102. 103
Leuven, de (eigtl. Adolphe Graf Ribbing) 321
Lichtenberg, Georg Christoph 315
Liebermann, Rolf 230
Ligeti, György 211. 222. 236
Lillo, George 104
Ljubimow, Juri Petrowitsch 233
Lloyd Webber, Andrew 225. 241. 244
Locle, Camille de 293
Lortzing, Gustav Albert 288
Lully, Jean-Baptiste 22. 34. 57. 58. 63. 64. 82

# Personenregister

Maeterlinck, Maurice 9f. 180. 201. 203–205
Maffei, Andrea 293. 310
Majakowski, Wladimir 233
Malipiero, Federico 50
Mann, Thomas 18
Manni, Agostino 49
Manzoni, Alessandro 134
Marcello, Benedetto 73
Marinetti, Filippo Tommaso 318
Marino, Giambattista 69
Marmontel, Jean-François 105–107. 239
Marschner, Heinrich 164. 288
Martello, Pier Jacopo 22
Martínez de Merlo, Luis 226 f.
Mascagni, Pietro 180. 181. 303. 310
Massenet, Jules 173. 176. 177–179
Matjuschin, Michail Wassiljewitsch 318
Matthus, Siegfried 221
Mazzolà, Caterino 81. 279
Mei, Girolamo 257
Meilhac, Henri 36. 173. 177. 240. 243. 321
Menasci, Guido 180
Mérimée, Prosper 177
Méry, Joseph 293
Meschke, Michael K. J. A. 222
Messiaen, Olivier 223 f.
Metastasio, Pietro 6. 17. 22. 24. 33. 35. 71. 72. 73. 74–81. 84. 98. 110. 111. 113. 114. 115. 116. 126. 127. 130. 134. 147. 172. 191. 284. 293
Meyerbeer, Giacomo 24. 35. 146. 147. 149–153. 163. 165 f. 174. 180. 188. 191. 197. 199. 239. 284
Milhaud, Darius 211. 223
Millaud, Arthur David Paul Albert Samuel 321
Milliet, Paul 178
Millöcker, Karl 241
Milton, John 226
Minato, Nicolò 84–88. 123
Moinaux, Jules 239

Molière (eigtl. Jean-Baptiste Poquelin) 7. 276
Moniglia, Giovanni Andrea 266
Moniuszko, Stanisław 186
Monsigny, Pierre Alexandre 107
Montemezzi, Italo 180
Monteverdi, Claudio 46–54
Moretti, Fernando 284
Mosenthal, Salomon Hermann Ritter von 173
Motteux, Peter Anthony 83
Mozart, Wolfgang Amadeus 3. 4. 22. 81. 116–125. 137. 156. 203. 245. 299. 315
Müller-Siemens, Detlev 231 f.
Mussorgski, Modest Petrowitsch 187–190. 310

Néricault-Destouches, Philippe 104. 105
Nivelle de la Chaussée, Pierre-Claude 104
Nodier, Charles 288
Nono, Luigi 232 f.

Offenbach, Jacques 11. 36. 230. 238–240
Opitz, Martin 137
Orff, Carl 222
Orneval, d' 276
Ovid 58. 60. 61

Paer, Ferdinando 279
Paisiello, Giovanni 186. 303
Pariati, Pietro 73 f. 84. 92
Pascal, Blaise 108
Penderecki, Krzysztof 226
Pergolesi, Giovanni Battista 92 f. 320
Peri, Iacopo 5. 41 f. 43. 91
Perrin, Pierre 56–58
Petrarca, Francesco 50. 69
Pfitzner, Hans 308
Piave, Francesco Maria 154. 155. 156–159. 180. 191. 197. 202. 293
Piccinni, Niccolò 98. 275
Piper, Myfanwy 201

Piron, Alexis 103
Pizzetti, Ildebrando 180. 181
Polidori, John William 288
Poliziano, Angelo 45
Ponchielli, Amilcare 159
Porter, Cole 241
Poulenc, Francis 211. 230 f.
Pousseur, Henri 211
Prati, Alessandro 284
Preis, Alexandr Germanowitsch 294
Prividali, Luigi 126
Prokofjew, Sergej 200. 221
Puccini, Giacomo 181. 182–185. 243
Purcell, Henry 82. 83
Puschkin, Alexandr Sergejewitsch 186 f.

Quinault, Philippe 34. 58–67. 82

Racine, Jean 60. 75. 111
Rameau, Jean-Philippe 22. 58. 147. 262
Ranieri de' Calzabigi, Simone Francesco Maria de 22. 106. 110–115. 116. 134
Reimann, Aribert 207. 316
Révoil, Henri 164
Reznicek, Ernst Nikolaus von 173
Richardson, Samuel 97. 99
Ricordi, Giovanni 23
Ricordi, Giulio 180. 182. 295
Rihm, Wolfgang 236 f.
Rinuccini, Ottavio 41–46. 57. 112. 137. 200
Ripellino, Angelo Maria 232 f.
Rivière, Jean-Pierre 228
Rolli, Paolo Antonio 83 f.
Romanelli, Luigi 280
Romani, Felice 34. 126 f. 133–136. 154. 155
Rosen, Jegori Fjodorowitsch Baron 186
Rospigliosi, Giulio 49. 91. 267
Rossi, Gaetano 129–133. 134. 142. 155. 284. 291. 304
Rossi, Giacomo 84

Rossini, Gioachino 11. 28. 100. 116. 122 f. 126. 128 f. 130–133. 142. 145. 154. 155. 210
Roullet, Marie François Louis Bailli du 114
Rousseau, Jean-Jacques 93. 110

Saavedra, Angel de (Duque de Rivas) 293
Sabina, Karel 186
Sagredo, Giovanni 274
Saint-Évremond, Charles de 21. 57
Salvi, Antonio 83. 84
Sardou, Victorien 182 f.
Sartre, Jean-Paul 232. 233
Scarlatti, Alessandro 266
Schikaneder, Emanuel 137. 299
Schiller, Friedrich 154. 202
Schilowski, Konstantin 186
Schirkow, Walerjan Fjodorowitsch 186
Schlegel, August Wilhelm von 296
Schönberg, Arnold 218–220
Schostakowitsch, Dmitri Dmitrijewitsch 294
Schreker, Franz 207
Schütz, Heinrich 137
Schumann, Robert 23
Schweitzer, Anton 137
Scola, Ettore 225
Scott, Walter 145. 146. 148 f.
Scribe, Eugène 17. 24. 34. 35 f. 126. 127. 134. 145–153. 165 f. 172. 174. 176. 191. 197. 239. 300. 304
Sedaine, Jean-Michel 107–109. 137. 239
Shakespeare, William 82. 154. 159–161. 187. 188. 207. 241
Shaw, George Bernard 160
Slater, Montagu 309
Smetana, Bedřich 186
Sografi, Antonio Simone 284
Solera, Temistocle 154. 155. 293
Somma, Antonio 25
Sondheim, Stephen 225
Sophokles 45. 111

Soumet, Alexandre 134. 145
Spewack, Bella 241
Spewack, Samuel 241
Spohr, Louis 288
Spontini, Gaspare 134. 289
Stampiglia, Silvio 33. 69. 84. 86–90
Stanzani, Tomaso 83
Stein, Leo 242. 321
Stendhal (eigtl. Marie Henri Beyle) 127. 129. 283
Sterbini, Cesare 11. 116. 122 f.
Stilgoe, Richard 225. 241
Stockhausen, Karlheinz 320
Strauß, Johann (Sohn) 241
Strauss, Richard 16. 17. 23. 24. 191–198
Strawinsky, Igor 212–215
Striggio, Alessandro 46–48. 112
Sullivan, Arthur 240
Sutermeister, Heinrich 211

Tagliazucchi, Giampietro 284
Tarchetti, Iginio Ugo 225
Tasso, Torquato 58. 74. 84
Tate, Nahum 83
Tolstoi, Lew Nikolajewitsch Graf 200
Tommaseo, Niccolò 34
Traetta, Tommaso 110
Tragioni-Tozzetti, Giovanni 180
Treitschke, Friedrich 286
Tschaikowski, Modest Iljitsch 187
Tschaikowski, Pjotr Iljitsch 186 f.
Tullio, Francesco Antonio 94

Vadé, Jean-Joseph 277
Varèse, Edgar 211
Vecchi, Orazio 91
Verdi, Giuseppe 8. 17. 24. 25. 154–162. 172. 191. 197. 199. 202. 210. 304
Verga, Giovanni 180
Vergil 76. 227
Véron, Emile 147
Voltaire (eigtl. François Marie Arouet) 104. 130–133. 134. 154. 180. 270

Wagner, Richard 6. 7. 10. 16. 17. 18. 19. 20. 24. 25. 30. 36. 111. 144. 163–171. 172. 173. 180. 181. 187. 191. 199. 200. 221. 245. 293. 300. 302
Wagner, Siegfried 173
Weber, Carl Maria von 142–144. 164
Weisse, Christan Felix 137
Werfel, Franz 316
Werner, Zacharias 155
Widmann, Viktor 173
Wieland, Christoph Martin 137
Wilhelm, Julius 321
Winckelmann, Johann Joachim 111
Wohlbrück, Wilhelm August 288
Wolski, Wlodzimierz Dionizy 186

Zandonai, Riccardo 180
Zell, Friedrich 241
Zender, Hans 228 f. 233
Zeno, Apostolo 73 f. 84. 88
Zimmermann, Bernd Alois 202